出口退（免）税

日常操作合规解析 及 风险控制

李长青 / 编著

U0780440

团结出版社
UNITY PRESS

图书在版编目（CIP）数据

出口退（免）税日常操作合规解析及风险控制 / 李长青编著 . -- 北京：团结出版社，2023.3
ISBN 978-7-5234-0056-2

Ⅰ.①出… Ⅱ.①李… Ⅲ.①出口退税—税收管理—研究—中国 Ⅳ.① F812.424

中国国家版本馆 CIP 数据核字 (2023) 第 044790 号

出　　　版：	团结出版社
	（北京市东城区东皇城根南街84号　邮编：100006）
电　　　话：	（010）65228880　65244790
网　　　址：	http://www.tjpress.com
E-mail：	zb65244790@vip.163.com
经　　　销：	全国新华书店
印　　　刷：	三河市华东印刷有限公司

开　　　本：	185mm×260mm　1/16
印　　　张：	49
字　　　数：	940千字
版　　　次：	2023年3月第1版
印　　　次：	2023年4月第1次印刷

书　　　号：	978-7-5234-0056-2
定　　　价：	480.00元

（版权所属，盗版必究）

前 言

出口退（免）税在我国的税收体系中占有非常重要的位置，是诸多税种中唯一一个可以获得"高额回报"的税种，大部分出口企业也将出口退税视为经营的产品利润。随着我国对外贸易以及宏观经济形势的发展情况总体向好，以及"走出去"的战略布局下，2022年5月份政府出台两个文件，推出15项刺激退税政策，涉及十个重要部门，出口退税进入真正"数字化""网络化""规范化""合规化"。政府将强化税务、公安、海关、人民银行、外汇等十部门协作及信息共享，对虚假出口、不合规的出口退税等违法犯罪实行"零容忍"，从事后打击向事前事中精准防控转变。对于合规化的企业，则能便捷通关，简化收付汇流程，快速退税！

对于一个企业来说，如果想在国际贸易中获得高额利润并提高产品在国际市场上的竞争力，必须降低运营成本、提高资金使用效率。面对复杂的出口退（免）税操作流程，多样的退税政策，企业应该做的就是：通过熟悉国家进出口税收政策、法规，及时做出有效的应对策略，熟练掌握申报流程，做到申报合规，避免因不必要的申报盲点使企业在办理出口退税事宜受到阻碍，而其中最重要的一点就是提炼出适宜企业自身特点且合规操作申报精要，活学活用，争取合法的回报。随着海关和退税部门无纸化申报要求不断深化，退税申报提供办税资料越来越简化，但2022年9号公告政策出台，看似简单的单证，出口退税企业为何问题总是层出不穷？如何内控和监管？进出口中常见单据如何提交以满足国家行政监管要求，如何合规操作？

《出口退（免）日常操作合规解析及风险控制》是一本指导企业办理出口退（免）税业务，帮助企业建立退税风险控制体系，解析出口退税相关正常政策的实务参考书。它不同于一般的参考书，是作者通过20年一线退税工作实际操作经验真正地面对面讲解出口退税，将全面提升你的出口退税实战技巧！全书共分为9章，解析三大版本操作系统：离线版、电子税务局版、单一窗口版。具体细化到各种出口业务的实务介绍，并辅以大量实际案例，将企业出口退（免）税的整个过程由浅入深、循序渐进地呈现出来，旨在帮助广大企业准确掌握出口退税原理、免抵退和免退计算方法，合理合法地规划退（免）税业务操作。编者力求做到政策准确，内容翔实，以帮助读者举一反三，熟练掌握生产和外贸各种业务知识和操作技巧。无论您是出纳、会计、财会管理人员、公司管理人员，还是想要转行外贸退税行业的小白，这都是一本注定让你受益匪浅的外贸财税书籍。

由于笔者水平有限，时间仓促，再加上出口退（免）税政策还在不断地调整与完善之中，书中的内容难免有遗漏和差错，恳请读者批评指正。

2023 年 3 月

目 录

第一章 出口退税必须掌握的国际贸易知识 ································ 001
  一、价格术语 ··· 001
  二、运保杂费填写规则及实际应用 ······································ 009
  三、汇率选择 ··· 012
  四、通关管理基础知识梳理 ·· 014
  五、报关单填写对于出口退税影响 ······································ 015
  六、中国电子口岸执法系统操作与退税申报关联 ······················· 024

第二章 出口退（免）税基础业务知识 ··································· 033
  一、什么是出口退税的货物？ ·· 033
  二、享受退税的出口企业划分标准 ······································ 034
  三、出口退税货物必须具备的四个条件 ·································· 035
  四、出口货物退税率的确定及变化规律 ·································· 036
  五、出口货物退（免）税认定 ·· 037
  六、成功办理出口退税的操作"地图" ·································· 038
  七、出口退税申报管理时限前世今生 ···································· 042
  八、免税货物与免税业务存在的区别 ···································· 044
  九、出口货物"退税率为零""零税率"与"内销征税"的区别 ········· 045
  十、出口收入的确认的方法及企业存在困惑 ···························· 047

第三章 生产企业"免抵退"日常实务操作精讲 ·························· 050
  一、正确理解"免抵退"的基本含义 ···································· 050
  二、生产企业"免抵退"税的计税依据 ·································· 051
  三、生产企业一般贸易免抵退税计算方法解析 ·························· 051
  四、生产企业"免抵退"增值税的会计处理 ···························· 056
  五、生产企业进料加工计算方法解析 ···································· 064
  六、生产企业来料加工核算方法 ·· 069

七、生产企业"免抵退"税申报流程 …………………………………… 074
　　八、生产企业进料加工手册核销流程 …………………………………… 101
　　九、生产企业特殊业务操作流程 ………………………………………… 119
　　十、跨境应税服务（服务贸易）出口退税申报方法 …………………… 159
　　十一、单证申报操作方法 ………………………………………………… 169

第四章　外贸企业"免退税"日常实务操作精讲 …………………………… 176
　　一、外贸企业"免退"的基本含义 ……………………………………… 176
　　二、外贸企业"免退税"的计税依据 …………………………………… 176
　　三、外贸企业一般贸易免退税核算方法解析 …………………………… 177
　　四、外贸企业如何正确勾选发票 ………………………………………… 188
　　五、外贸企业申报退税时进货发票与报关单比对的三要素 …………… 191
　　六、外贸企业出口货物免退税的申报 …………………………………… 194
　　七、外贸企业特殊业务操作流程 ………………………………………… 220

第五章　出口证明类申报及特殊退（免）税申报规定 ……………………… 239
　　一、出口证明类申报业务流程与系统操作流程解析 …………………… 239
　　二、特殊退（免）税申报规定 …………………………………………… 270

第六章　新金三退税系统升级后在自检中出口企业退税
　　　　申报经常出现的疑点及解决方法 …………………………………… 309
　　一、审核疑点级别 ………………………………………………………… 309
　　二、疑点调整结果处理 …………………………………………………… 309

第七章　出口退税日常管理及风险控制管理 ………………………………… 350
　　一、出口业务合同的管理 ………………………………………………… 350
　　二、对于出口企业供货商管理——风险控制 …………………………… 352
　　三、发票管理系统升级后，出口退税遇到异常增值税发票的
　　　　处理方法 ……………………………………………………………… 356
　　四、出口退（免）税认定管理 …………………………………………… 359
　　五、信息查询管理 ………………………………………………………… 377
　　六、货样广告品关务、税务、外汇的最佳处理方法 …………………… 378
　　七、删单和修改报关单在海关办理方法及对出口退税影响差异 ……… 380
　　八、出口退税分类管理 …………………………………………………… 383
　　九、收汇管理 ……………………………………………………………… 392

十、单证备案管理 ……………………………………………… 398
十一、函调管理 ………………………………………………… 415
十二、免税申报管理 …………………………………………… 420
十三、海关商品代码调整对于出口退税影响 ………………… 424
十四、新审核系统汇总表与增值税报表的逻辑比对方法 …… 428
十五、出口退税评估指标 ……………………………………… 434

第八章 出口退税政策集锦 446

国家税务总局关于发布
《出口货物劳务增值税和消费税管理办法》的公告 ………… 446
出口货物劳务增值税和消费税管理办法 ……………………… 448
国家税务总局关于《出口货物劳务增值税和消费
税管理办法》有关问题的公告 [条款失效] ………………… 464
财政部 国家税务总局关于出口货物劳务增值税
和消费税政策的通知 …………………………………………… 468
国家税务总局关于出口企业申报出口货物退（免）
税提供收汇资料有关问题的公告（全文作废） ……………… 493
国家税务总局关于出口货物劳务增值税和消费税
有关问题的公告 ………………………………………………… 497
财政部 国家税务总局关于防范税收风险若干增值税政策
的通知 …………………………………………………………… 500
国家税务总局关于调整出口退（免）税申报办法的公告 …… 503
财政部 国家税务总局关于全面推开营业税改征增值税试点的通知 … 505
营业税改征增值税试点实施办法 ……………………………… 506
国家税务总局关于发布修订后的《出口退（免）税企业
分类管理办法》的公告 ………………………………………… 560
国家税务总局关于出口退（免）税申报有关问题的公告 …… 566
国家税务总局关于统一小规模纳税人标准
有关出口退（免）税问题的公告 ……………………………… 570
财政部 税务总局 海关总署关于深化增值税改革有关政策的公告 … 572
财政部 税务总局关于明确国有农用地出租等增值税政策的公告 … 576
国家税务总局关于优化整合出口退税信息系统
更好服务纳税人有关事项的公告 ……………………………… 578
国家税务总局关于进一步便利出口退税办理
促进外贸平稳发展有关事项的公告 …………………………… 589

关于发布《纳税信用管理办法（试行）》的公告 …………… 599
关于发布《纳税信用评价指标和评价方式（试行）》的公告 …… 604
纳税信用评价指标和评价方式（试行） …………………… 605
财政部 税务总局 商务部 海关总署关于跨境
电子商务综合试验区零售出口货物税收政策的通知 ……… 612
国家税务总局关于印发《出口退税审核关注信息管理办法》
的通知 ……………………………………………………… 613
出口退税审核关注信息管理办法 …………………………… 615
国家税务总局关于异常增值税扣税凭证管理等有关事项的公告 … 619
国家税务总局关于出口退（免）税有关问题的公告 ………… 621
国家税务总局关于进一步便利出口退税办理
促进外贸平稳发展有关事项的公告 ………………………… 623

第九章 出口退税合规申报精华文章节选及附件资料 …… 631

关于跨境电子商务出口退运商品税收政策的公告 …………… 631
出口企业税负核算 …………………………………………… 633
关于出口退税申报取消退税申报期政策解析
——现行退税申报业务期限说明 ………………………… 635
出口退税必须关联业务
——海关企业信用管理制度考核解析 …………………… 640
出口退税必须关联业务
——外汇局现场核查业务解析 …………………………… 643
关于出口退税企业建立并报送"企业出口退（免）税
风险控制体系"的内容规范 ………………………………… 647
生产企业退税风险点详解 …………………………………… 648
税控盘被锁死情况 …………………………………………… 650
外贸企业退税风险点详解 …………………………………… 651
样品出口的账务处理图 ……………………………………… 655
暂时进出口业务解析 ………………………………………… 656
单一窗口退税申报系统解析 ………………………………… 657
生产退税申报系统操作说明 ………………………………… 707
附件1：取消出口退税的钢铁产品清单 …………………… 735
附件2：出口货物备案目录表 ……………………………… 739
附件3：出口收汇信息报告台账表 ………………………… 740
附件4：提高出口退税率的产品清单 ……………………… 741

第一章 出口退税必须掌握的国际贸易知识

一、价格术语

（一）出口企业常见三种贸易方式 FOB、CFR、CIF 的异同

国际贸易术语种类（常用的三种）在整个实际工作中，经常使用的贸易术语为 FOB、CFR、CIF。

1.FOB：是指船上交货（……指定装运港），当货物在指定的装运港越过船舷，卖方即完成交货。这意味着买方必须从该点起承当货物灭失或损坏的一切风险。FOB 术语要求卖方办理货物出口清关手续。

2.CFR：成本加运费（……指定目的港），有时也称 CNF，是指在装运港货物越过船舷卖方即完成交货，卖方必须支付将货物运至指定的目的港所需的运费和费用。但交货后货物灭失或损坏的风险，以及由于各种事件造成的任何额外费用，即由卖方转移到买方。

3.CIF：成本、保险费加运费（……指定目的港），是指在装运港当货物越过船舷时卖方即完成交货。卖方必须支付将货物运至指定的目的港所需的运费和费用。但是，在 CIF 条件下，卖方还必须办理买方货物在运输途中灭失或损坏风险的海运保险。货物装运出口后，企业收到对外运输单位收取的运费单据时，按实际支付的海运费（包括空运费、陆运费）冲减出口销售收入。海运费是指运费单据上注明的海运费，不包括其他费用，单据上注明的其他费用应做销售费用处理。

对以外币支付的海运费，应向外汇银行按当日的现汇卖出价申购外汇划拨收款单位，即外汇应按支付当日的现汇卖出价折合人民币。

所以在实际业务中进出口企业在支付海运费的时候最佳的方式是使用人民币支付，可以规避汇率风险，用人民币支付的时候一般对于进出口企业会有汇率损失。

FOB、CFR、CIF 三种贸易术语的比较及风险点分析：

贸易术语是重要的合同要素，选择不同术语意味着买卖双方选择不同的交易步骤，承担不同的交易风险。贸易术语从风险、权利义务、费用、进出口手续等各个方面对

进出口双方都做了详细的界定和划分。

三种贸易术语的相同点：

（1）均适用于海上运输。

（2）交货地点和风险划分点都在装运港船上。

（3）均是象征性交货，即"卖方凭单交货、买方凭单付款"。

三种贸易术语不同点：

（1）价格构成不同：CIF＞CFR＞FOB，相较于FOB来说，CFR报价中包括从装运港到目的港的通常运费，而CIF与CFR比较起来，报价中除包括从装运港到目的港的通常运费外，还包括保险费。

（2）卖方承担的责任和费用不同：CIF＞CFR＞FOB，在CFR和CIF术语条件下，卖方需要办理运输手续和支付费用。

（3）装船通知的时间不同：FOB、CFR术语下由买方负责办理海上运输保险，所以卖方应在装船前告知买方装船的内容及装船的细节，以便买方及时投保。但CIF术语下由卖方负责海上运输及保险，所以卖方可在装船后几天内发出装船通知。

常用贸易术语的异同					
贸易术语	风险	手续		费用	
	何方承担货装船后的风险	何方办理租船订舱	何方办理保险	何方支付到目的港运费	何方支付保险费
FOB	买方	买方	买方	买方	买方
CFR	买方	卖方	买方	卖方	买方
CIF	买方	卖方	卖方	卖方	

（二）新通关方式下三种有争议的贸易方式 DAP、DDP、EXW

DAP(Delivered at Place)该术语可适用于任何运输方式,也可适用于多种运输方式。"目的地交货"是指当卖方在指定目的地将仍处于抵达的运输工具之上，且已做好卸载准备的货物交由买方处置时，即为交货。卖方承担将货物运送到指定地点的一切风险。

如适用时，DAP要求卖方办理出口清关手续。但是卖方无义务办理进口清关、支付任何进口税或办理任何进口海关手续。如果希望卖方办理进口清关、支付所有进口关税，并办理所有进口海关手续，则应当使用DDP术语。

DDP的英文为"Delivered Duty Paid"，该术语可适用于任何运输方式，也可适用于多种运输方式。

"完税后交货"是指当卖方在指定目的地将仍处于抵达的运输工具上，但已完成进口清关，且已做好卸载准备的货物交由买方处置时，即为交货。卖方承担将货物运至目的地的一切风险和费用，并且有义务完成货物出口和进口清关，支付所有出口和进口的关税和办理所有海关手续。

DDP 代表卖方的最大责任：

（1）如卖方不能直接或间接地完成进口清关，则特别建议双方不使用 DDP。

（2）如双方希望买方承担所有进口清关的风险和费用，则应使用 DAP 术语。

（3）除非买卖合同中另行明确规定，任何增值税或其他应付的进口税款由卖方承担。

（4）两者的最大区别在于：货物在目的港进口清关过程中的风险和费用究竟由谁承担的问题。

知识拓展：

（1）DAP 是 INCOTERMS 2010 新增术语，旨在替代 INCONTERMS 2000 中 DAF、DES 和 DDU 术语。也就是说，DAP 的交货地点既可以是在两国边境的指定地点，也可以是在目的港的船上，也可以是在进口国内陆的某一地点。

（2）卖方在指定目的地交货，但卖方不负责将货物从到达的运输工具上卸下，这一点与 INCOTERMS 2000 中的 DAF、DES 和 DDU 类似。买方负责在指定目的地将货物从到达的运输工具上卸下，但卖方要保证货物可供卸载。卖方在签订运输合同时应注意运输合同与买卖合同相关交货地点的协调，如果卖方按照运输合同在指定目的地发生了卸货费用，除非双方另有约定，卖方无权向买方要求偿付。

（3）由于卖方承担在特定交货地点交货前的风险，买卖双方应尽可能清楚地订明指定目的地的交货地址，最好能具体到指定目的地内特定的点。如果没有约定特定的交货点或该交货点不能确定，卖方可以在指定目的地选择最适合其目的的交货点。

（4）卖方对买方没有订立保险合同的义务，但由于整个运输过程的风险要由卖方承担，卖方通常会通过投保规避货物运输风险。

（5）如果买卖双方希望由卖方办理进口所需的许可或其他官方授权，以及货物进口所需的一切海关手续，包括支付所有进口关税，则应该使用 DDP 术语。

注意事项：

（1）DDP 业务出口之后是可以办理退税的，按报关单办理退税。

（2）DDP 业务支付关税一般可以按服务贸易支付，有的企业从货款里扣除，但会影响出口退税 EXW（EX WORKS 工厂交货）。

该术语可适用于任何运输方式，也可适用于多种运输方式。它适合国内贸易，而 FCA 一般则更适合国际贸易。

"工厂交货"是指当卖方在其所在地或其他指定地点（如工厂、车间或仓库等）

将货物由买方处置时,即完成交货。卖方不需将货物装上任何前来接收货物的运输工具,需要清关时,卖方也无须办理出口清关手续。

需要注意的问题:

(1)卖方对买方没有装货的义务,即使实际上卖方也许更方便这样做。如果卖方装货,也是由买方承担相关风险和费用。当卖方更方便装货物时,FCA 一般更为合适,因为该术语要求卖方承担装货义务,以及与此相关的风险和费用。

(2)以 EXW 为基础购买出口产品的买方需要注意,卖方只有在买方要求时,才有义务协助办理出口,即卖方无义务安排出口通关。因此,在买方不能直接或间接地办理出口清关手续时,不建议使用该术语。

(3)买方仅有限度地承担向卖方提供货物出口相关信息的责任。但是,卖方则可能于缴税或申报等目的,需要这方面的信息。

(4)由于 EXW 是以买方作为业务的重点,所有通关流程都应由买方承担,包括物流、通关等,所以绝大部分的 EXW 的出口业务卖方是无法收齐出口单证的,有的出口企业认为只要由出口货物的报关单就可以办理退税,这个理解是片面的,退税检查时需要出口企业提供全部的业务单据,包括提单、物流发票、国际运输发票等,但很多以这种方式出口企业是很难提供的,如果不能够提供合理的理由,出口退税就损失了。

(5)EXW 的业务中买方由于对国内运输不是很熟悉,往往要求卖方协助工厂到港口的运输,然后在通关的时候在出口的价格中加入这部分运费,这是现在不能够退税的另外的一个堵点,因为这部分运费应该由买方承担,所以应视同为国际运输费,国际运输费是不能够办理退税的,所以出口企业必须切记,EXW 出口金额里面不能够含有的国内物流费用,否则不能够办理退税。

(三)出口退税企业如何选择合适的国际贸易术语

国际贸易中,可供买卖双方选用的国际贸易术语有很多,由于各种价格术语都有其特定的含义,不同的价格术语,买卖双方所承担的责任、义务、风险也不同,价格术语选择正确与否不仅直接关系到买卖双方的经济利益,而且也会影响买方出口退税办理,以及出口收汇核查业务。

选用贸易术语时,一般要综合考虑以下几个因素。

1.选用价格术语必须考虑我国的海关政策。

我们必须按照平等互利的原则在双方自愿的基础上选择价格术语。选择双方海关熟悉的,对买卖双方都较为便利的价格术语,如 FOB、CIF、CFR 三种价格术语,已经成为各国企业经常使用的价格术语。且双方风险的划分界限是以装运港的船舷为界,这有利于双方履行合同。

2.选择价格术语时应考虑本国保险业和运输业的情况。

出口时争取使用 CIF 或 c&F 术语,也有助于我方做好船货衔接,按时履行合同。

出口时,必须考虑国外港口装卸条件和国际物流环境因素。如果目的港条件较差,费用较高,卖方应采用 FOB 术语成交,或者因为国际局势不稳定,像 2022 年发生俄乌战争之后,国际运费出现大幅度上升,对于很多出口毛利低的企业也可以考虑 FOB 价,如果必须使用 CIF 或 CFR 术语,则应选用其变形 CIF Exship's hold 或 CFR Exship's hold。

3.适合使用的运输方式。

根据惯例每种贸易术语都有其所适用的运输方式。FOB、CFR 和 CIF 术语只适用于海洋运输和内河运输,而不适用于空运、铁路和公路运输。如果合同规定用空运、铁路或公路运送货物,则应选用 FCA、CPT 或 CIP 术语。在出口货物中,如果货物是以集装箱运输或多式联运方式运输的,也应该使用 FCA、CPT 和 CIP 术语。

4.选用价格术语时从风险规避的方式进行考虑。

在国际贸易中,出口人一般都不愿意用目的地交货类的价格术语,如 DDU、DDP;因为会加大费用和业务风险,进口人一般不愿意用出口国内陆交货的价格术语,如 EXW。这主要是由于对国外情况不了解,谁都不愿意冒此风险。

5.从资金的融通和周转方面考虑。

如果以远期信用证或托收远期方式支付,则采用 CIF 或 CFR 条件对买方有利,因为这两种贸易术语的运费和保险费由卖方承担。卖方支出这两笔费用后,买方的付款却是远期的,这样,买方得到了资金融通。如果采用即期信用证或托收即期支付,在运费、保险费所占成本比较大时,选择 FOB 对买方是有利的,因为在 FOB 术语下,一般是运费到付,买方可以减少开证金额和费用。此外,在出口时,卖方采用 CIF 或 CFR 术语可以及时装运,加速收汇;而如果采用 FOB 方式,买方船舶延期到达,将影响卖方获取提单的时间,从而影响卖方的资金周转。

6.有利于安全收汇或安全收货。

在贸易术语的选用方面,涉及如何保障出口收汇,在出口业务中,一般要求采用 CIF 术语而不是 FOB 术语,是有安全方面的考虑在内的。如果采用 FOB 术语,买方租船订舱,有可能与承运人勾结,越过向银行赎单的正常渠道,向承运人无单提货,随后采用破产的手段,骗取货物。

(四)出口退税企业在实际操作时 CIF 与 FOB 价的取舍

在出口企业实际办理出口退税的时候都会有一个疑问,是 CIF 价报关单与 FOB

价关单谁办理退税手续更为简化，更有利于出口企业快捷退税。这可以从以下三方面来进行分析。

1. 从出口退税的计算上进行分析。

按国税发 2012 年 24 号公告相关规定，出口退税是以离岸价格（FOB）作为计税依据，因此 FOB 价的报关单在办理出口退税的时候可以直接按报关单上显示的金额进行计算出口收入，若以 CIF 价格成交的，应扣除按会计制度规定允许冲减出口销售收入的运费、保险费、佣金等，若申报数与实际支付数有差额的，在下次申报时调整（或年终清算时一次调整），所以从计算上分析 FOB 价核算更为简化。

2. 可以减少退税申报的冲红。

由于 FOB 价不含有运保佣，所以在退税申报的时候可以直接进行录入或者导入，一般不会出现计算错误，但 CIF 价在录入或导入的时候需要考虑运保费的准确性，因为在货代办理通关时候报关单上的运保费大概率是估算的，与实际支付的运费存在差异，还有就是有的时候报关单的运费币种与实际关单的金额币种不一致，或者有的出口货物报关单上会出现多条报关记录计算运保费需要加权平均，以上的三种情况都会面临系统的冲红、账务的调整，给退税企业工作带来困难。

3. 与单证备案业务相关。

单证备案是在退税无纸化改革后税务部门非常重视的检查项目，尤其是在 2022 年 5 月出台税法 9 号公告之后，出口单证准备、收集更是每个出口企业必须掌握的业务能力，但由于这个业务涉及关务部门、财务部门，外部还要涉及货代公司、船公司、物流公司、报关行等，所以准备一套完整出口单证也不是很容易，其中一个非常重要的原因就是与成交方式有关系，CIF 价等于卖方负责租船订舱，可以掌控货代与报关行，对于出口业务单据例如提单、物流发票等可以在出口之后就可以拿到，但 FOB 价由于买方或者中间商掌握货代，出口方对于提单很难从卖方获得，这就造成了单证备案检查不全，不符合税局相关规定，从而失去出口退税。

（五）讲解 FOB 与 EXW 异同以及核查风险应对及单证准备

EXW 和 FOB 之间的差异主要在于国内段的运保费和出口清关手续，FOB 价在前面的文中已经有过详细的介绍，而且在工作中普遍被运用。EXW，俗称工厂交货，又被称为卖方最小风险，买方承担自卖方的所在地将货物运至预期目的地的全部费用和风险。在实际业务中，很多财务人员与业务人员容易将 EXW 与 FOB 发生混淆，认为两种之间没有区别，甚至一些比较资深的关务人员认为是海关处理不当，原因是在有纸化之前在通关时这两种的贸易术语在通关时是没有区别的。随着海关无纸化改革与通关审核方法的改变，EXW 的成交情况逐渐增多，在海关报关单的成交方式中也有

EXW 一项，出口企业有了更多自主权，更加便利了企业的申报。但是，在 EXW 成交方式下，由于贸易术语在通关、运输单据、国内物流等方面的约定，出口企业在实际的出口退税时也产生了一些困惑，很多用这种价格条件报关的关单在办理退税时候税局是不给企业办理退税的。

那在实际工作时，EXW 这个业务是否可以办理退税呢？那就首先要看退税的四个基础条件：

（1）资格条件——必须是一般纳税人，办理过出口退税的备案，货物必须是具有出口退税率的商品。

（2）货物流——必须是报关出口货物，包括进入海关特殊监管区域，在中国在电子口岸可以查询到报关单信息。

（3）运输流——必须有完整的出口运输单据，包括国内运输和国际运输，且都是由买方承担。进入海关特殊监管区域（必须提供离境备案清单或者通关单）。

（4）资金流——出口货物必须确认收入，必须收汇，必须保证货物流与资金流一致。

FOB 价在办理出口的时候也需要同时具备以上四个条件，但二者的区别就在条件三中的国内运输，EXW 必须由买方承担，但 FOB 价可以由卖方承担，如出口企业是生产企业国内运输产生的增值税也可以办理出口退税。

这两种价格条件的核查风险主要是来自于两个方面：出口退税额的计算和出口退税后续管理中的备案单证。

（1）出口退税额的计算

参照财税法 2012 年 39 号文件相关规定：出口退税额的计算必须以 FOB 价作为计算依据，按照当期出口货物离岸价 FOB 乘以外汇人民币牌价计算出口退税额。

FOB ＝ EXW ＋国内运费＋清关费用

或者 EXW ＝ FOB －国内运费 －清关费用

因此报关单成交方式是 EXW，那么换算成 FOB 为基础的出口退税额时，要考虑国内运费和出口报关费用，如果报关单金额中含有这些费用而且没有在报关单予以体现，那税局就会不给企业办理退税。因为，从国家贸易规定中可以发现，这些费用不是由卖方承担的，其实可以理解为国际运输费，所以不能够参与退税计算。如果是 FOB 价，货物是在以过船舷为交货界限，国内运费和出口报关费用（俗称港杂费）是可以办理退税或参与出口报价核算的。

（2）出口退税后续管理中的备案单证

由于工作中 EXW 和 FOB 都是买方负责出口运输和通关手续，提单和运输发票也由买方取得，作为退税申请的卖方，在取得运输单据（包括提单、运费发票等）方面存在一定的困难；同时，按照贸易术语的定义，清关手续也是由买方安排的，换句话说，

EXW 条件下委托报关协议和委托报关发票也是不能获得的，税局出台最新政策要求，从 2022 年 5 月 1 日开始已申报过退税的企业必须提供委托报关协议和委托报关服务发票，如不能够提供，将会面临不能够退税的风险。

①出口商即卖方如何应对提单问题？

没有提单该如何解决在出口业务清关方面，FOB 价虽是卖方负责租船订舱，但提单上的发货人有些是填写卖方的名称，如果涉及中间商业务，还要写上中间商的名字，甚至有的中间商办理清关时指定的货代，卖方根本就无法取得提单，这都会给卖方在办理退税的时候增加困难。同时 EXW 贸易术语，也是买方安排出口清单，同样会面临 FOB 价的问题。首先，为了方便出口退税申报及相关核查，买卖双方应提前约定由卖方协助报关或直接由卖方通关，并以卖方的名义办理出口报关手续，即卖方作为出口货物报关单上的发货人。其次，用以上两种价格条件通关的企业，通常是由国外买方或者买方指定的第三人，承运人听从提单单证发货人的指令，发放提单给国外的买方，所以卖方在业务中是很难拿到正本提单。

出口企业在遇到以上两个问题的时候都会感到非常的棘手，和税局首先解释不清楚，找货代也没有回应，找买方也会被各种理由所拒绝，例如客户信息保密、单据时间长没有保存等，最终企业只能放弃该笔出口退税，给企业造成损失。

有的企业说，没有提单是否可以用 FCR 单进行代替？在这里首先给您介绍一下什么是 FCR 单据。FCR 单本身并不是运输单据，仅是收货证明；因此，FCR 单证本身是货物收据而非运输单据，而且签发人是代理而非承运人的身份，所以税局现在已经明确了其不能代替提（运）单成为备案单证。

如何才能够拿到合规的出口提单呢？首先要明确的是，按照税局 9 号公告的要求，备案单证中的提单并不是正本提单，而是指正本提单的复印件。对于复印件，卖方应通过与国外买方协商以及与货运代理沟通积极获取。卖方在签署合同的时候应该就和买方协商好，或者积极与货代企业沟通，按照中国相关法律，货运代理企业不得以其与货物卖方不存在合同关系为由，损害货物卖方作为托运人合法的提单权利（但是按操作惯例出口方还是被货代拒绝提供情况是普遍存在）。要求买方或货运代理公司在通关之后就给卖方提供复印件，如果提单上有重要信息例如最终的收货人可以进行遮盖。

②关于运输发票的问题。

这个问题也是困扰了很多的出口企业，这两种价格条件是否需要提供运输发票呢？FOB 价的出口企业应该提供国内运输发票和港杂费，不能够提供海运费发票，如果在核查中税局发现海运费发票，这是属于"骗税风险嫌疑业务"，在后面章节中会有重点讲解。EXW 这种贸易术语，买方安排订舱（租船），并与承运人签订运输合同，所以国内运输和国外运输都是由买方承担，因此，卖方在核查备案单证时是坚决不能够提供国内运输，如果负责了国内运输，而且运费含在出口报关金额中，这个业务就不能够办理退税，这也是现在很多税局不给 EXW 这种价格条件办理退税的原因之一。

二、运保杂费填写规则及实际应用

（一）运费填写规范

填报进口货物运抵我国境内输入地点起卸前的运输费用，出口货物运至我国境内输出地点装载后的运输费用。

运费可按运费单价、总价或运费率三种方式之一填报，注明运费标记（运费标记"1"表示运费率，"2"表示每单位货物的运费单价，"3"表示运费总价），并按海关规定的《货币代码表》选择填报相应的币种代码。

三种运费方式：

（1）运费显示为 502/200/3，含义为运费总计为 USD200。

（2）运费显示为 502/20/2，含义为每单位的运费是 USD20。

（3）运费显示为 0/0.4/1，含义为运费率为 0.4% 或者千分之四。

（二）保费填写规范

填报进口货物运抵我国境内输入地点起卸前的保险费用，出口货物运至我国境内输出地点装载后的保险费用。

保费可按保险费总价或保险费率两种方式之一填报，注明保险费标记（保险费标记"1"表示保险费率，"3"表示保险费总价），并按海关规定的《货币代码表》选择填报相应的币种代码。

保费关单上显示的方式：

（1）保费显示为 502/200/3，含义为保费总计为 USD200。

（2）运费显示为 0/0.4/1，含义为保费率为 0.4% 或者千分之四。

（三）杂费填写规范

杂费关单上显示的方式：

（1）保费显示为 502/200/3，含义为保费总计为 USD200。

（2）运费显示为 0/0.4/1，含义为保费率为 0.4% 或者千分之四。

填报成交价格以外的、按照《中华人民共和国进出口关税条例》相关规定应计入完税价格或应从完税价格中扣除的费用。可按杂费总价或杂费率两种方式之一填报，注明杂费标记（杂费标记"1"表示杂费率，"3"表示杂费总价），并按海关规定的《货币代码表》选择填报相应的币种代码。

杂费关单上显示的方式：

（1）杂费显示为 502/200/3，含义为杂费总计为 USD200。

（2）杂费显示为 0/0.4/1，含义为杂费率为 0.4% 或者千分之四。

（四）运保杂在退税核算时的计算方法

在退税核算时是以 FOB 价作为会计核算，出口退税的基准价。如果是到到岸价必须换算成离岸价。

核算公式：FOB ＝ CIF －运费－保费－杂费

FOB＝ C＆F －运费－杂费

【计算案例】讲解一张报关单上有多条数据时，运保费标记为总价的情况下，如何计算每一条的 FOB 价。

通常情况下，我们可以用下面方法计算每一项的 FOB 价。

总 FOB＝ 总 CIF－ 运费 － 保费

每项出口业务 FOB 价 ＝ 总 FOB/ 总 CIF× 每项出口业务 CIF 价

【案例】一家外贸公司出口货物，出口货物报关单参考下图，成交方式为 CIF 价，计算如何换算成 FOB 价。

批准文号		成交方式	运费	保费	杂费
		CIF	CNY/67000/总价	CNY/966/总价	/0/
合同协议号		件数	包装种类	毛重（千克）	净重（千克）
GJVN-20220707-231AS		25	其它	13860	11814
集装箱号		随附单据			
SEGU6975501					
标记唛码及备注					
中欧班列					

商品序号	商品编号	商品名称、规格型号	数量/单位	数量及单位	目的国（地区）	单价	总价	币制	征免
1	8456301090	数控线切割机	法定数量/法定单位	4台	中国	215200	860800	CNY	
		1|0|计算机自动控制|利用电火花进行金属物体加工|切割	第二数量/第二单位	8560千克	(142)			人民币	
			申报数量/申报单位	4台					
2	8456301090	数控单轴电火花小孔机	法定数量/法定单位	4台	中国	41985	167940	CNY	
		1|0|数控|利用电火花对金属进行打孔加工|打孔加工|同	第二数量/第二单位	2320千克	(142)			人民币	
			申报数量/申报单位	4台					
3	8454909000	压铸机配件:坩埚	法定数量/法定单位	160千克	中国	5460	5460	CNY	
		0|0|适用于振力牌压铸机|无中文品牌|无外文品牌|无型	第二数量/第二单位	0	(142)			人民币	
			申报数量/申报单位	1个					
4	8454909000	压铸机配件:射嘴身	法定数量/法定单位	64千克	中国	850	13600	CNY	
		0|0|适用于振力牌压铸机|无中文品牌|无外文品牌|无型	第二数量/第二单位	0	(142)			人民币	

第一步：计算总 FOB 价 =（860800+167940+5460+13600）-67000-966=979834

第二步：比值计算 = 总 FOB/ 总 CIF=979834/1047800=0.935

第三步：计算每项业务出口 FOB 价

   第一项 FOB 价 =860800×0.935=804848

   第二项 FOB 价 =167940×0.935=157023.90

   第三项 FOB 价 =5460×0.935=5105.10

   第四项 FOB 价 =13600×0.935=12716

（五）报关单中运保费与实际运保费不一致在申报退税产生的影响

海运费的核算是出口退税核算中一个非常重要的组成部分。也是比较容易出错的一个部分。出口企业基本都会产生一个共识，就是在报关单中显示的海运费或者保费与企业实际支付的运保费会有出现差额，这个差额对于出口退税计算的准确性，申报的合规性以及账务与报表的一致性都会产生影响。

出现差额的原因通常有两种，现在分别对这两种情况进行业务上的分析。

（1）估算错误，估算错误一般有两种：一般是低估或者是高估。

产生这两种情况的原因是，出口企业在通关的时候，首先要进行预录入。在预录入这个环节，船东不能够实际反馈具体运费的价格，这是由于海运业这个业务本身的特性决定的。海运费受国际局势、航线繁忙程度的影响非常大。海运费的价格也随着发生波动。货运代理部门、贷部门在填报报关单运费的时候一般给的都是估算值。也有部分出口企业反馈，报关单中显示的海运费与实际支付的保持一致。这种情况是存在的。但在实际业务操作中少之又少。出现运费的差额是很正常的事情，只要出口企业做好相应的调整也就可以了。低估运费就是实际报关上的海运费小于实际支付的海运费。在退税计算中，会产生一种多退税的可能，高估海运费则反之。这两种情况从税务的角度是违规吗？关键看产生差额的大小，一般情况税局不会对出口企业产生追查。

新金三退税系统上线之后，出口退税申报数据必须以报关单的电子数据为准。报关单上显示的海运费具有一定的合法性，建议退税申报企业如果出现海运费不一致的情况，以报关单的数据为准。如果退税审核部门认为差额较大，按实际支付的运费进行调整。

（2）出现瞒报或虚报。

这两种行为是在退税审核中税务机关重点关注的问题，一旦发现之后都会追回已退税款，涉及金额较大或者恶意操作的企业会被税务机关列为骗税高风险企业。所谓瞒报海运费就是出口企业把应该报关单中体现出来的海运费故意隐瞒，达到多退税的目的，有的出口企业签署的合同是CIF价，但是出口货物报关的时候采用FOB价，即报关单的价格中含有海运费，虚增了出口报关单金额，由于出口收入的变大，生产企业会产生更多的免抵退税，如果生产企业增大当期的期末留抵税，这样就会产生更多出口退税额；对于外贸企业，由于出口收入变大，在计算换汇成本的时候由于分子FOB价增大，分母中采购成本也会随着变大，这样根据外贸公司退税计算公示，采购成本变大之后，当期产生的应退税额也会变大，因此税务机关一旦发现出口企业FOB价中存在海运费，都会认定出口企业有涉嫌多退税或者骗税可能性。

所谓虚报海运费就是有些出口在办理货物通关的时候，故意将实际海运费恶意进行低报，或通过"移花接木"的手段降低海运费，即出口报关单金额是美元，但是在报关中显示的海运费为人民币，在计算出口退税的时候，利用汇款变化降低海运费的金额，达到增大出口收入的目的，达到多退税的目的。

重要提醒：

通过上述的分析，出口企业在实际业务中出现海运费不一致的情况应该是普遍存在，只要不是故意瞒报和虚报，税务机关还是可以接受的，随之各部门的共享机制加强，税务机关可以通关海关稽查数据分析海运费违规的问题，建议出口企业真实申报海运费。

三、汇率选择

（一）出口退税企业汇率确认方法

出口企业在外贸业务办理中，在确认收入时候和办理退税申报时都会使用到汇率，按照会计制度和计算出口退税的原理，出口收入必须换算成人民币金额，在换算的过程中汇率正确的使用方法决定办理出口退税的准确性。首先，出口企业必须搞懂准确的汇率确认方法，一般情况在汇率选择的时点选择出口货物报关（必须是出口退税联）的出口日期作为标准，例如报关单的出口日期是9月15日，选择汇率的时候应该选择9月份的汇率，大家切记使用出口报关单的时候不要使用"出口货物报关收汇核销联"或预录入报关单，因为收汇核销联上的出口日期是不准确的，是结关日期不是出口货物真正的离境日期。其实汇率就应该选择出口当月的汇率，具体选择哪天的作为标准呢？或者是否有其他确认方法呢？一般分为三种情况：

（1）记账汇率：按照国家颁布的《会计准则》相关规定，一般涉及外币业务做账时应该选择当月1号或第一个工作日的汇率，可以选择外汇管理局发布的汇率的中间价。这种方法被出口企业广泛使用。

（2）即时汇率：又称出口当天汇率，出口企业为了保证收入的准确性，一般都会用出口当天的汇率作为记账和申报退税标准汇率，这样操作会给出口企业带来繁重的工作量，因为部分企业出口频率非常频繁，这就造成了需要使用多个汇率，影响财务核算的准确性，也会降低退税申报的工作效率。所以不建议出口企业使用。

（3）规定汇率：就是税务部门根据市场汇率在每个月的月初发布，这种汇率确定的方法一般是税局为了防止出口企业利用汇率的变化虚增出口收入，造成多退税的可能性；还有就是便于统一管理。目前，这种方法使用明显减少，一般使用规定汇率都是在外汇波动比较大的时候。提醒广大出口企业合理使用汇率，新金三退税审核系统对于企业汇率选择会进行监控，如果超出合理范围会有提示的疑点。

（二）海关汇率与记账汇率的区别

记账汇率是出口企业日常做账普遍采用的，税务部门要求申报退税的报表与财务报表的税局要求一致，尤其是出口收入必须确认一致，这也就要求做账和申报退税的汇率使用也要求一致。有的报关单出口金额不是以美元计价，是用其他货币，比如港币、欧元、人民币等，出口企业在申报退税的时候就用银行发布的汇率进行核算，先把其他货币变成美元，再折算成人民币，审核的时候会出现"申报美元离岸价与审核系统的美元价不一致"。造成不一致的原因就是汇率。税务局的审核系统的出口数据是来源于中国电子口岸，传送的数据无论是何种货币都会被折算成美元，称为"统计美元价"，中国电子口岸折算时使用的汇率海关统计汇率，海关使用的汇率与记账的汇率选择日期有着明显差异，所以也就造成了会出现审核疑点，海关汇率是用报关当月第三周星期三的汇率，遇到工作日或者节假日顺延。为了方便计算，提高申报效率和准确性，出口企业遇到币种问题时可以不用查询海关汇率，直接登录中国电子口岸，用该报关单的统计美元价除以总价计算汇率，用这个汇率参与计算就正确了。

（三）汇率选择错误改正方法

出口企业在工作中如果发现前期的业务使用汇率不正确，可以进行修正，修改的方法需要分两步：

第一步，需要在退税系统中首先做红字冲减，红字冲减之后，在当期的申报录入中再录入正确的汇率的出口数据。

注意事项：如果之前这条数据已经向税局进行了退税申报，必须做撤销申报再冲红，否则会影响后续申报业务。

第二步，在退税系统冲红之后，出口企业必须在账务上进行同步操作。

四、通关管理基础知识梳理

（一）国际贸易单一窗口应用

国际贸易"单一窗口"标准版系统依托中国电子口岸平台建设，是实现现代化、信息化、智能化的口岸通关模式的信息系统。简化、统一单证格式与数据标准，实现申报人通过"单一窗口"向口岸管理相关部门一次性申报，口岸管理相关部门通过电子口岸平台共享信息数据、实施职能管理，执法结果通过"单一窗口"反馈申报人，简化了通关手续和降低通关费用。系统目前已实现货物申报、舱单申报、运输工具申报、企业资质办理、许可证件申请、原产地证书申请、出口退税申请、税费办理、加工贸易备案、跨境电商、物品通关、检验检疫、服务贸易、金融服务、口岸物流、查询统计等19大类基本服务功能。

由于"单一窗口"上线，增加了"出口退税申请"。出口退税真正实现了网络化，做到报关单数据海关与税务部门的无缝对接，加快了退税申报速度，2022年5月份税务部门出台了最新的9号公告，对于单证备案业务进行了改革，增加了新的单证"委托报关协议"。出口企业可以做到足不出户在"单一窗口"的"货物申报"模块进行打印。

（二）海关通关涉及单证汇总

出口单证：

（1）合同。

（2）装箱单。

（3）出口发票。

（4）报关单。

（5）提货单。

（6）细码单。

（7）出口许可证。

（8）原产地证书。

（9）出口商品检验证书。

（10）增值税专用发票和专用缴款书。

报关单证：

（1）报关单（预录入单）。

（2）出口发票。

（3）装箱单。

（4）出口许可证（副本）。

出口退税单证：

（1）出口货物报关单（出口退税联）。

（2）出口收汇核销单。

（3）出口发票。

（4）增值税专用发票和专用缴款书。

（5）出口货物报关单（出口退税联）。

（三）出口企业、货代、报关行、船公司关系解析及委托报关环节应注意的问题

出口企业是一个综合业务主体，和一般的内贸公司存在差异，内贸公司外部关联主要是供货商或者生产企业、物流公司，监管部门涉及工商、税务部门等，但出口企业不仅要面对内贸企业面临的这些部门，还要在监管部门涉及海关、外汇、商检、中国人民银行、交通物流部门等，关联部门还要涉及货代、报关行、船公司等，大部分的出口企业都非常重视监管部门，往往忽略这些通关辅助部门。尤其在海关实行无纸化通关业务之后，报关单等数据通过网络化来实现数据传送之后，这种认识更为严重。在办理退税的时候只重视申报结果，轻视整个出口业务办理过程，出口企业虽然获得了出口退税款，但很多必要的出口单证确没有获得，或者是获得了，但不符合规定，例如提单、委托报关协议、报关服务发票等，在税务部门办理出口退税检查的时候被追回了退税款。根本原因就是出口企业没有处理好与货代、报关行、船公司之间的业务关系。

出口企业的关务部门"重货轻单"，就是认为货物出口了，上船了，发到客户手里就万事大吉了，对于出口单据的管控不严格，面对税务部门核查的时候也不积极配合，最后给出口企业造成不可以弥补的损失。2019年，一家出口企业关务部门在制作提单的时候没有和货代部门沟通好，将重量填写错误，造成提单重量与报关单的重量出现不一致，被税务部门检查时发现，最后此笔出口业务被依规取消出口退税，作为内销处理；2020年，北京一家外贸公司在办理退税的时候长时间没有关单信息，误认为是税务部门的问题，其实是货代与船公司没有协调好，造成结关数据与预录入数据不一致，结关失败造成关单不能够及时传送给税务部门，最终因为修改时间超过海关规定的时间，不能进行修改，导致无信息不能够申报退税。更多案例及解决方法在后续章节会继续阐述。

五、报关单填写对于出口退税影响

海关出台最新的报关单填制方法，在对于境内发货人/生产销售单位、境外收发人、境内货源地、运抵国、经停港、"进境关别/出境关别"等新内容的描述准确填写方法，

保证企业在办理出口退税时候税务部门进行电子审核和人工检查时顺利通关。

涉及海关法规：

关于修订《中华人民共和国海关进出口货物报关单填制规范》的公告（海关总署2018年第60号）。

关于修订《中华人民共和国海关进出口货物报关单填制规范》的公告（海关总署2019年第18号）2月1日执行。

（一）"消费使用单位/生产销售单位"填写对于出口退税影响

（1）消费使用单位填报已知的进口货物在境内的最终消费、使用单位的名称，包括：

①自行进口货物的单位。

②委托进出口企业进口货物的单位。

（2）生产销售单位填报出口货物在境内的生产或销售单位的名称，包括：

①自行出口货物的单位。

②委托进出口企业出口货物的单位。

具体影响：

生产企业：自营进出口的生产企业在通关时填报消费使用单位/生产销售单位应该与境内收发货人填写名称保持一致，如果不一致这个业务就会变成代理进出口。

外贸企业：自营进出口的外贸企业在通关时填报消费使用单位/生产销售单位应该与境内收发货人填写名称保持一致，如果不一致会影响外贸公司的出口退税。因为有的外贸公司在填报生产消费单位时会填写实际工厂的名称，造成报关单错误，退税性质也发生变化，由自营出口退税变成代理出口退税，外贸公司的这种错误操作也会给生产工厂带来巨大麻烦，工厂变成退税主体，在工厂的电子口岸中会产生一张关单的电子数据，税务部门也会出现这张关单数据，最终导致外贸企业自己不能够办理退税，工厂会被税局进行征税或免税处理。

（二）"境内外收发货人"填写对于出口退税影响

填报在海关备案的对外签订并执行进出口贸易合同的中国境内法人、其他组织名称及编码。编码填报18位法人和其他组织统一社会信用代码，没有统一社会信用代码的，填报其在海关的备案编码。

特殊情况下填报要求如下：

（1）进出口货物合同的签订者和执行者非同一企业的，填报执行合同的企业。

（2）外商投资企业委托进出口企业进口投资设备、物品的，填报外商投资企业，并在标记唛码及备注栏注明"委托某进出口企业进口"，同时注明被委托企业的18位法人和其他组织统一社会信用代码。

（3）有代理报关资格的报关企业代理其他进出口企业办理进出口报关手续时，填报委托的进出口企业。

（4）海关特殊监管区域收发货人填报该货物的实际经营单位或海关特殊监管区域内经营企业。

出口企业在办理出口退税的时候电子审核一般不会对于该项进行比对，但在单证备案检查时，报关单上的发货人与提单发货人必须一致，而且必须书写出口方。

（三）"合同协议号码"填写对于出口退税影响

海关要求该申报项目为必填选填项，该项目数据类型为字符型，最多支持录入32位。填报进出口货物合同（包括协议或订单）编号。未发生商业性交易的免予填报。

出口企业应准确填写合同协议号码，税务部门在检查出口单证时要求提供相关合同或者订单，要求报关单合同协议号码与实际业务合同中号码保持一致。

（四）"提运单号码"填写对于出口退税影响

海关填报要求：填报进出口货物提单或运单的编号。一份报关单只允许填报一个提单或运单号，一票货物对应多个提单或运单时，应分单填报。

提醒注意：

1.直接在进出境地或采用全国通关一体化通关模式办理报关手续的。

（1）水路运输：填报进出口提单号。如有分提单的，填报进出口提单号+"*"+分提单号。

（2）公路运输：启用公路舱单前，免予填报；启用公路舱单后，填报进出口总运单号。

（3）铁路运输：填报运单号。

（4）航空运输：填报总运单号+"_"+分运单号，无分运单的填报总运单号。

（5）邮件运输：填报邮运包裹单号。

2.转关运输货物的报关单。

（1）进口。

①水路运输：直转、中转填报提单号。提前报关免予填报。

②铁路运输：直转、中转填报铁路运单号。提前报关免予填报。

③航空运输：直转、中转货物填报总运单号+"_"+分运单号。提前报关免予填报。

④其他运输方式：免予填报。

⑤以上运输方式进境货物，在广东省内用公路运输转关的，填报车牌号。

（2）出口。

①水路运输：中转货物填报提单号；非中转货物免予填报；广东省内汽车运输提前报关的转关货物，填报承运车辆的车牌号。

②其他运输方式：免予填报。广东省内汽车运输提前报关的转关货物，填报承运车辆的车牌号。

3.采用"集中申报"通关方式办理报关手续的，报关单填报归并的集中申报清单的进出口起止日期〔按年（4位）月（2位）日（2位）年（4位）月（2位）日（2位）〕。

4.无实际进出境的货物，免予填报。

退税核查要求：参考税务局2022年9号公告第三项法规要求，出口企业在申报退税之后的15日内需要自行进行出口单证备案业务，提单与出口货物报关单是必须准备的单据之一，其中报关单中提运单号的填写应该与正本的提单上的号码保持一致，否则税务部门会认为单据不一致，出口业务不具备真实性，取消此笔的出口退税，视同免税。后续在单证备案章节会详细讲解。

（五）运抵国填写对于出口退税影响

运抵国（地区）按海关规定的《国别（地区）代码表》填报出口货物，离开我国关境直接运抵或者在运输中转国（地区）未发生任何商业性交易的情况下，最后运抵的国家（地区）。例如：申报出口货物的运抵国为马来西亚时，根据下拉菜单选择填报代码为"MYS-马来西亚"，也可在本栏录入中文"马来西亚"。

提醒注意：

不经过第三国（地区）转运的直接运输进出口货物，应在启运国（地区）项目中填报进口货物的装货港所在国（地区），在运抵国（地区）项目中填报出口货物的指运港所在国（地区）。

经过第三国（地区）转运的进出口货物，如在中转国（地区）发生商业性交易，则以中转国（地区）作为启运/运抵国（地区）填报在本栏。

无实际进出境的货物，填报"中国"或"CHN"。

（六）离境口岸填写对于出口退税影响

出境口岸填报装运出境货物的跨境运输工具离境的第一个境内口岸的中文名称及代码；采取多式联运跨境运输的，填报多式联运货物最初离境的境内口岸中文名称及代码；过境货物填报货物离境的第一个境内口岸的中文名称及代码；从海关特殊监管区域或保税监管场所出境的，填报海关特殊监管区域或保税监管场所的中文名称及代码。其他无实际出境的货物，填报货物所在地的城市名称及代码。

离境口岸类型包括港口、码头、机场、机场货运通道、边境口岸、火车站、车辆装卸点、车检场、陆路港、坐落在口岸的海关特殊监管区域等。按海关规定的《国内口岸编码表》选择填报相应的境内口岸名称及代码。

离境口岸在实际申报退税的时候正常申报审核一般不会有疑点提示，但是税务部门在退税审核结案之后会有风险评估，离境口岸被作为评估点之一。

特别注意：税局在评估时，只评估生产企业，暂不评估外贸公司。在后续的章节会有详细介绍。

【案例】一家天津的生产企业出口一批货物，通关的时候口岸代码没有写天津口岸（0202），写的是上海口岸，税局在评估的时候对于企业开展业务真实性核查，如何处理？风险点是什么？

【案例解析】首先，税务风险评估部门会对这笔业务的出口真实性进行考核，按照业务习惯，天津的生产企业应该在本地生产之后在本地出口，但出口企业确"舍近求远"，在上海口岸出口，税务部门会怀疑出口企业存在非自产行为，即在上海采购之后在当地出口，实质上成为采购出口。税务部门会要求天津生产企业提供物流凭证（运输合同，运输发票，付款凭证）、原材料采购发票、采购合同、货物付款凭证等，除此之外，税务部门还会进行实地核查，检查生产过程，设备，工艺流程等。

税务部门经过核查之后如发现出口企业存在异地采购，不具备生产过程，将会依据国税发 2012 年 24 号公告、国税发 2013 年 12 号公告中规定取消该业务的出口退税，适用征税政策，情节严重涉及退税金额重大的业务将会移交稽查部门。

（七）"贸易国"填写对于出口退税影响

发生商业性交易的进口填报购自国（地区），出口填报售予国（地区）。未发生商业性交易的填报货物所有权拥有者所属的国家（地区）。

按海关规定的《国别（地区）代码表》选择填报相应的贸易国（地区）中文名称及代码。

一般税局对于贸易国不作为核查退税的条件，但是由于税局加强审核之后，对于贸易国的要求就是必须和境外付款方一致，也就是贸易国应该与合同上的买方保持一致。

（八）"境内货源地"填写对于出口退税影响

《出口货物报关单》上的"境内货源地"栏很容易出现填写混乱或错误，一是海关部门对于通关业务审核制度转变，通关企业有更多的自主权，出口企业没有按照海关相关规定进行填写，还有就是在很长的一段时间内税务机关从没有对报关单中这项内容进行核查，办理退税不重视。税务机关在 2016 年发布第 2 版出口退税操作规范 2.0 附件 6 中出现关于"备案单证与出口货物报关单核对"之一"出口货物报关单'境内货源地'与购货合同供货者地址"作为检查项目之后，很多地区的税务机关将报关中的"境内货源地"作为出口退税审核检查内容，检查主要是两个方向，一是在单证备案检查的时候,二是在出口退税电子审核的时候,会出现不可以跳过的疑点(见下图),一旦在检查中出现填写错误问题,税务机关会要求企业修改报关单,如不能修改,税局会要求企业取消出口退税,视同内销处理。随着税务机关提高监管力度,出口企业应该规范"境内货源地"填写,首先要符合海关规定,然后在海关政策前提下与税务机关对于货源地填写要求相匹配,税务机关具体要求是从业务真实性角度进行检查,而且会与增值税发票管理相结合,核查退税企业采购源头或生产期,防止退税存在虚开行为。

下面先分析一下海关填写具体要求规范:

按照《中华人民共和国海关进出口货物报关单填制规范》(海关总署公告2019年第18号)第四十二条"境内货源地"规定:

境内货源地填报出口货物在国内的产地或原始发货地。出口货物产地难以确定的,填报最早发运该出口货物的单位所在地。

海关特殊监管区域、保税物流中心(B型)与境外之间的进出境货物,境内目的地/境内货源地填报本海关特殊监管区域、保税物流中心(B型)所对应的国内地区。

按海关规定的《国内地区代码表》选择填报相应的国内地区名称及代码。境内目的地还需根据《中华人民共和国行政区划代码表》选择填报其对应的县级行政区名称及代码。无下属区县级行政区的,可选择填报地市级行政区。

海关对于境内货源地的填写还是有多种选择的,并不是具有强制性的,海关对于货源地要求能证明货物实际的产地。税务机关对于货源地要求和海关是不同的,税务机关的关注点是把货源地和实际开票地相关联,即申报的境内货源地与实际生产/制造出口货物或最早发运出口货物的单位所在地不相符的,将很可能影响退税,需要注意的是税务机关要求的"实际生产/制造出口货物或最早发运出口货物的单位所在地"填写要求是供货企业的开票的,而不是真正的货物生产地。因此在实际业务中,外贸公司采购的出口货物,货源地以购货的增值税专用发票为准,就是哪里开的增值税发票，货源地就应该填报哪里，简单的理解就是货源地要与增值税发票上显示的销货方的地址相一致。例如：一家北京的外贸公司A从山东省青岛市的供货商B采购货物出口，北京A公司收到青岛B公司开具增值税专用发票，由于这家B公司也是没有贸易公司，本身没有生产能力，货物是从天津的工厂C采购的，北京A外贸公司出口报关的时候境内货源地必须是青岛的B公司，如果填山东省会或者实际生产地天津C公司，都不符合税务机关的规定，一般是不能够办理退税的，视同内销进行处理。

上述介绍的是外贸公司采购货物只有一家供货商的情况，如果遇到存在多个供货商且分别在不同的城市，这个时候出口货物报关单货源地如何确定呢？出口货物来源于不同城市，可选择一个货值占的比重最大的作为主要货源地在"境内货源地"一栏填写，并同时在报关单的"标记唛码及备注"栏填写其他货源地。建议外贸公司将货源地填写齐全。例如江苏南京的企业分别从"昆山""淮北""张家港"三个城市的供货商采购货物，其中从昆山采购量占总采购金额的60%，淮北占25%，张家港占15%，因此在填写货源地的时候应该填写"昆山"，在"标记唛码及备注"栏填写"淮北""张家港"，可以参见下图：

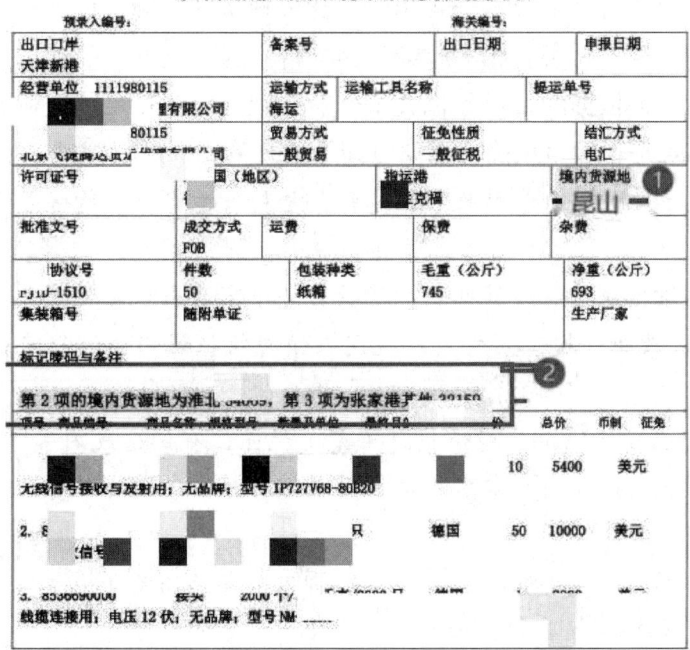

在实际业务中出口企业不仅要关注外贸企业的货源地填写，还要多关注生产企业填写要求，税务机关在审核退税的时候对于生产企业货源地填写也是有明确的要求，填写错误也是不能够办理退税的。生产企业在填写货源地时应该填写生产企业自己所在城市为货源地，例如天津的一家生产企业出口货物，在向海关申报填写货源地的时

候必须写天津，写其他城市是不可以的；在实际办理出口业务的时候会出现这种特殊的情形，就是生产企业由于自己公司的产能不足，去找其他工厂进行委托加工，等于实际的产地就不是出口货物的生产企业，变成加工地，这种出口企业在货源地填写必须写生产企业所在城市，不能写加工地所在城市，否则，税务机关在核查业务的时候是不会给办理退税的。例如一家深圳的生产企业 A，生产电器元器件，由于公司接到了一个大订单，造成公司的产能不足，为了满足的需求，该企业在湖北武汉找到一家工厂 B，让武汉 B 公司给深圳的 A 企业做代加工，加工之后由深圳 A 公司报关离境，这时出口货物报关单上填写的境内的货源地必须写深圳，虽然武汉 B 公司是实际的产地，按照税务机关核查要求是不能够填写的。

通过以上的分析，可以清楚地表明货源地填写重要性，作为出口企业在货源地填写方面须在海关的要求框架下，结合税务机关的审核要求来准确填写，尤其很多出口企业业务人员对税务机关的退税政策和要求不了解，这就需要公司的财务人员多与业务人员沟通并对业务人员进行退税政策培训，财务人员对于出口报关单据及时进行检查，如果发现有填写错误的应及时向海关修改，避免出现"货物报关的时候就已经决定了出口业务不能办理退税"。

有很多出口退税企业经常会提出一个比较现实的问题，税务机关因货源地填写错误不给企业办理退税是否有相关政策作为支持？这一点可以明确告诉大家，税务机关是有相关政策作为依据的，税务机关给企业办理退税首先要检查业务是否真实，提供的退税凭证内容是否填写正确，下面将涉及的政策要求进行梳理：

①财税发 2012 年 39 号 财政部 国家税务总局关于出口货物劳务增值税和消费税政策的通知

七、适用增值税征税政策的出口货物劳务：下列出口货物劳务，不适用增值税退（免）税和免税政策，按下列规定及视同内销货物征税的其他规定征收增值税（以下称增值税征税）：

5. 出口企业或其他单位增值税退（免）税凭证有伪造或内容不实的货物。（这里所谓退税凭证有伪造或内容不实其中一个含义就是如果报关单货源地名称与发票开出城市不一致）

②国家税务总局公告 2013 年第 65 号 国家税务总局关于出口货物劳务增值税和消费税有关问题的公告

十三、出口企业按规定向国家商检、海关、外汇管理等对出口货物相关事项实施监管核查部门报送的资料中，属于申报出口退（免）税规定的凭证资料及备案单证的，如果上述部门或主管税务机关发现为虚假或其内容不实的，其对应的出口货物不适用增值税退（免）税和免税政策，适用增值税征税政策。查实属于偷骗税的按照相应的

规定处理。(这里指的是相当于出口企业向海关申报的时提供资料的货源地与实际开票供货商所在城市不一致，属于虚假或内容不实)

在税务机关审核的过程中判定为内容不实或虚假的单证：

参见下面两张案例图片，外贸公司货物从辽宁省调兵山市采购的出口货物，外贸公司在报关的时候对应出口货物报关单的货源地填写是：河北省廊坊市，这样单证在税务机关核查备案单证的时候就会被定义为"虚假或内容不实"，一般就不能够办理出口退税了，视同内销征税。

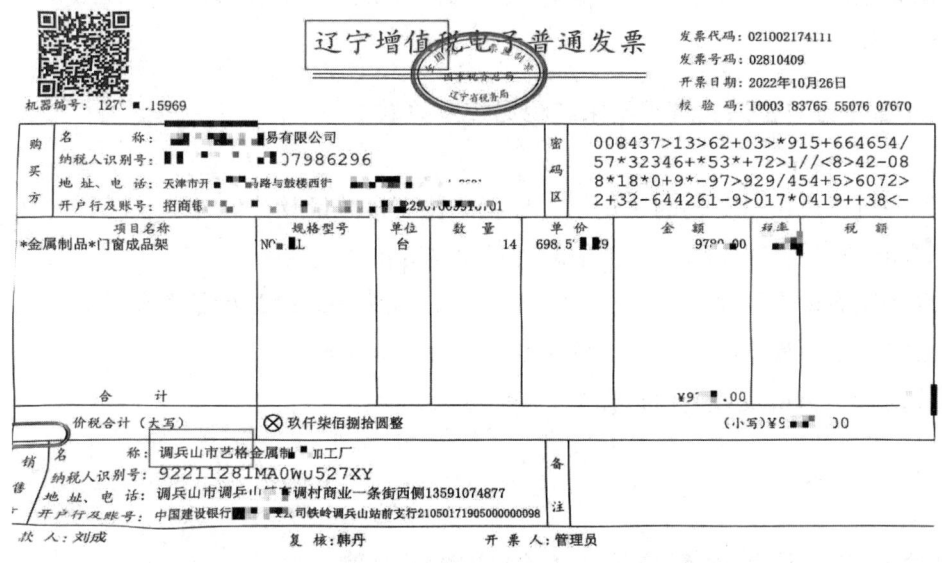

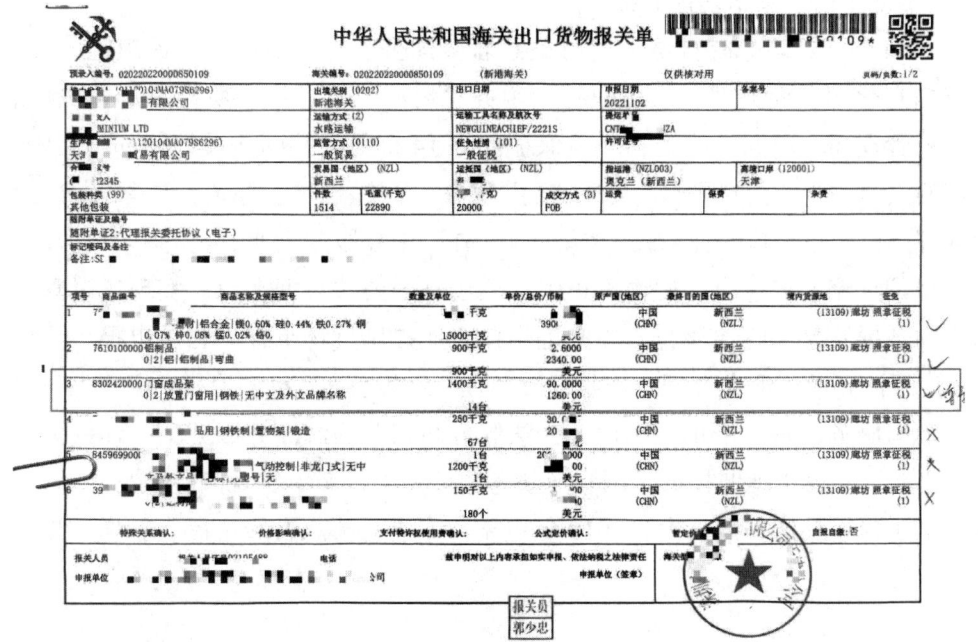

（九）规格型号栏填写要求及退税审核要素

分两行填报。第一行填报进出口货物规范的中文商品名称，第二行填报规格型号。

1. 商品名称及规格型号应据实填报，并与进出口货物收发货人或受委托的报关企业所提交的合同、发票等相关单证相符。

2. 商品名称应当规范，规格型号应当足够详细，以能满足海关归类、审价及许可证件管理要求为准，可参照《中华人民共和国海关进出口商品规范申报目录》中对商品名称、规格型号的要求进行填报。

3. 已备案的加工贸易及保税货物，填报的内容必须与备案登记中同项号下货物的商品名称一致。

（十）数量及单位海关填写要求与税局核查关联

分三行填报。

1. 第一行按进出口货物的法定第一计量单位填报数量及单位，法定计量单位以《中华人民共和国海关统计商品目录》中的计量单位为准。

2. 凡列明有法定第二计量单位的，在第二行按照法定第二计量单位填报数量及单位。无法定第二计量单位的，第二行为空。

3. 成交计量单位及数量填报在第三行。

六、中国电子口岸执法系统操作与退税申报关联

（一）电子口岸基本功能介绍

电子口岸是经国务院批准，由海关总署会同公安部、财政部、铁道部、交通部、工业与信息化部、商务部、人民银行、税务总局、工商总局、质检总局、民航总局、国家外汇管理局、国家发改委和环境保护部等14个部委共同建设的跨部门、跨地区、跨行业的大通关统一信息平台，实现工商、税务、海关、外汇、外贸、质检、公安、铁路、银行等部门以及进出口企业、加工贸易企业、外贸中介服务企业、外贸货主单位的联网，将进出口信息流、资金流、货物流集中存放于一个公共数据平台，实现口岸管理相关部门间的数据共享和联网核查，并向进出口企业提供货物申报、舱单申报、运输工具申报、许可证和原产证书办理、企业资质办理、公共查询、出口退税、税费支付等"一站式"窗口服务，是一个集口岸通关执法服务与相关物流商务服务于一体的大通关统一信息平台，并逐步延伸扩展至国际贸易各主要服务环节，实现国际贸易"单一窗口"功能。电子口岸功能日渐强大，2019年电子口岸进行改版升级之后，新增"出口退税

联网稽查系统",报关单的传送时间大幅度缩短,提高了申报的效率,方便企业查询、下载、导入,成为出口企业申报退税时与税务部门、海关部门的重要桥梁,起到了纽带作用。

登录的网址:https://www.chinaport.gov.cn

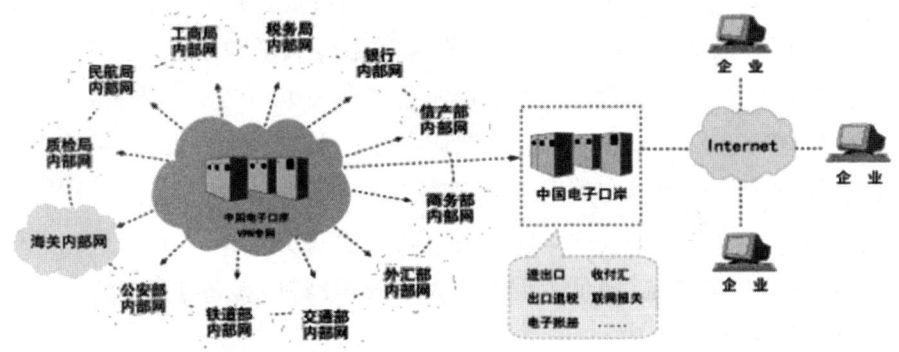

(二)介绍改版之后新增功能"出口退税联网稽查系统"具体用途

2019年6月30日电子口岸进行改版升级,根据海关 外汇管理局 2019年93号文

件相关要求,电子口岸承担海关发生业务的关单打印、传送、下载、查询等功能,出口退税联、收付汇核销联都由电子口岸负责打印,海关不再受理任何打印业务,实行海关通关无纸化。新改版的功能中原"出口退税"功能升级为"出口退税联网稽查系统",实现海关数据与税务部门的新金三退税系统做到真正的数据共享,做到网络化、平台化。海关通关之后将结关数据,所谓结关即出口货物在离开港口之后,船公司48小时,航空公司一般24小时之内将入仓单发送给海关平台系统,海关系统用出口企业货物申报数据与之进行比较,如果数据一致,海关给予结关。海关将结关数据上传给中国电子口岸的"出口退税联网稽查系统",电子口岸再将数据发送给国家税务总局。新改版的系统对于传送失败的数据给予重放功能,大大减少了企业申报退税因为没有信息,或者信息重放办理手续的等候时间。新改版系统完善了数据查询、下载、导入功能,使打印数据更加稳定,降低数据导入失败概率,整体提高办理退税企业申报效率。下面章节详细介绍功能操作。

(三)"出口退税联网稽查系统"查询,打印结关出口退税报关单数据操作方法

新的出口退税联网稽查系统界面:

特别提示:

第一次登陆新版本系统时,先下载控件并安装,然后录上操作员卡密码进入新系统。安装控件成功后如果登陆还是不成功,需要进入电脑系统中将原来安装的老控件删除,就可以登陆成功了。

安全控件去电子口岸的官网进行下载,如果企业下载不成功或找不到,直接点击上图中的下载控件就可以。

安装控件后登录系统:

登录之后建议出口企业修改密码。

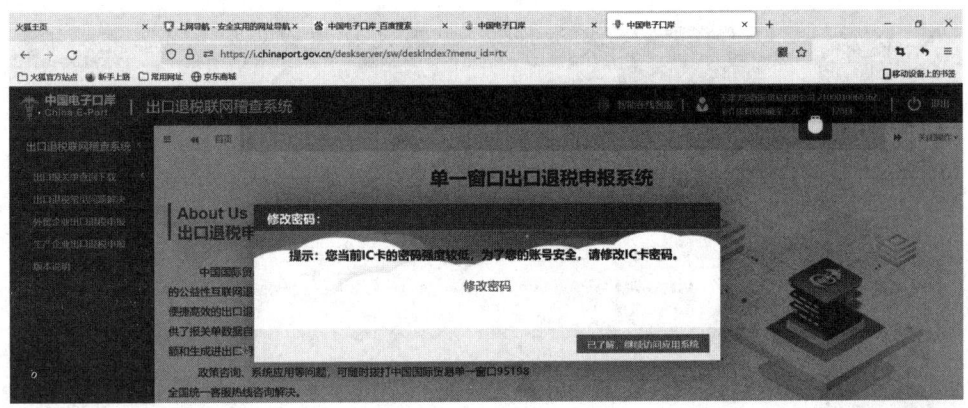

进入系统界面后,首先要选择查询下载的日期,注意在选择日期区间的时候必须用整月的时间,不允许跨月或半月下载。报关单的类型选择"结关报关单"。

错误的下载方法容易造成数据混乱,或者出口在使用下载导入功能时将数据导入退税系统时提示出现导入失败。

举例:

正确的查询下载方法:2020-05-01-----2020-05-31

错误的查询下载方法:2020-05-01-----2020-05-15

2020-04-25-----2020-05-15

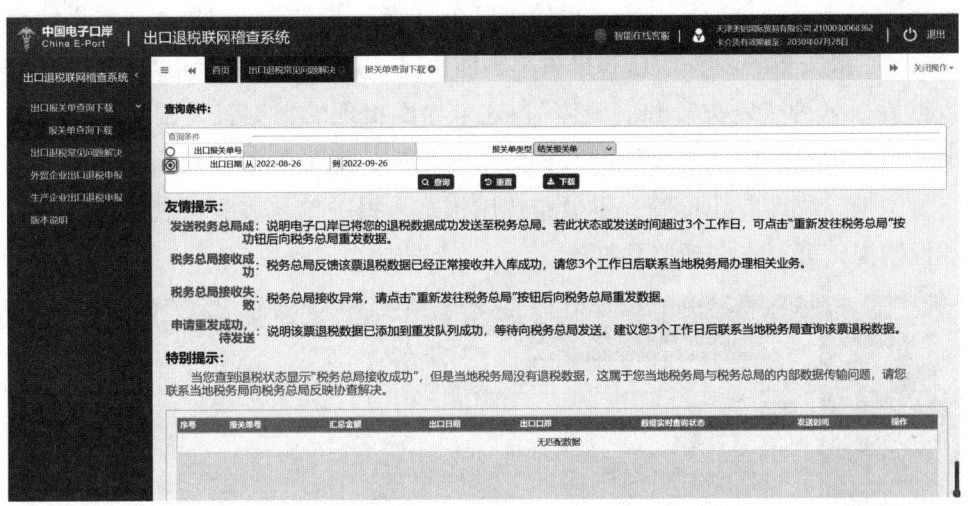

点击查询按键之后，

会出现查询当月出口明细，上图这个查询到了出口退税的报关单之后的界面非常重要：原因是可以知道申报退税的关单现在的状态，这个状态直接影响出口企业办理退税的进度，因为在实际业务中很多企业在申报退税时会出现没有关单信息的情形，而且很多税务部门会直接让企业去找海关或电子口岸，其实很多时候没有信息是税局内部的问题，所以电子口岸中的报关单实时的信息状态就利于企业判断是税局问题，还是电子口岸传送的问题，或者是海关的问题。

关单数据查询到之后，双击红色的报关单号码，进入到打印界面，本界面存在两个重要信息：报关单的表头信息和报关单表体信息，点击之后，会出现关单数据界面，关单数据界面分为"表头"和"表体"，这个界面出现的数据就是国税局在审核企业时的电子数据，税局以电子口岸的数据为审核依据，最为关键的数据是出口日期、运保费、货源地、统计美元价等，出口企业用预录入报关单与表头与表体信息比对之后没有数据错误，可以点击预览并打印。

点击之后出现上图：这是一张合规的办理出口退税的报关单——出口退税联，打印之后进行留存。

出口企业在打印关单之前必须注意报关单的实时状态，关单状态有问题，必须解决之后变成状态，再进行打印处理。否则打印出来报关单申报退税也不会成功。现在分析以下中国电子口岸的报关单的状态，介绍电子口岸的状态代表的含义：

（1）发送税务总局成功：说明电子口岸已将您的退税数据成功发送至税务总局。若此状态或发送时间超过3个工作日，可点击"重新发往税务总局"按钮后向税务总局重发数据。

业务解释：这种状态只代表数据已经由电子口岸传送给税局，但税局并没有收到。这种状态的关单去税局申报退税是不能成功的。企业在工作中若此状态或发送时间超过3个工作日，而且没有变化成新的状态，可点击"重新发往税务总局"按钮后向税务总局重发数据。如果重新发送还没有信息，需要联系中国电子口岸解决。

（2）税务总局接收成功：税务总局反馈该票退税数据已经正常接收并入库成功，请您3个工作日后联系当地税务局办理相关业务。

业务解释：

这种状态代表数据已经由电子口岸成功传送给税局，税局已经收到。看到这种状态出口企业可以向税局申报出口退税。

在实际工作中有企业反应，电子口岸已经显示税局接受成功，但申报还是没有信息。出现审核疑点"海关数据种无此报关单号码"，出现这个疑点税局会让企业去找电子口岸或海关，或者要求企业等待，大家一定注意，显示这种状态之后，电子口岸和海关不会再为企业办理任何查询。

问题原因：这个问题其实是税局内部数据传送的问题，电子口岸中显示"国税局"不是代表审核税局，是代表国家税务总局，所以企业看到这个状态时，数据有可能还在税局内部之间传送。

解决方法：

解决方案一：去找税局的退税管理人员，告知原因，最好将电子口岸的状态截图给税局看，一般税局会让企业继续等待，税局会扩大信息接收范围。（这种方法是被动式的，企业只能每个月通过在退税平台自检或从平台的"外部数据"功能中查询，无法确定查出关单信息时间）

解决方案二：根据国税发2013年61号文件相关规定，出口企业可以通过"信息查询申报的方法"在单机版系统、单一窗口退税系统、电子税务局系统中生成信息查询数据，报给主管退税机关，税局会根据企业生成的查询数据登陆税局内网服务器进行查询。具体查询方法在系统操作环节将有详细解读。

（3）税务总局接收失败：税务总局接收异常，请点击“重新发往税务总局”按钮后向税务总局重发数据。

业务解释：这种状态显示数据税务部门没有收到，这种状态代表出现的问题与税务部门和海关部门都没有直接的关系，申报退税的时候肯定没有信息。

解决方法：打开查询界面之后，请点击“重新发往税务总局”按钮后向税务总局重发数据。

（4）申请重发成功，待发送。

业务解释：说明该票退税数据已添加到重发队列成功，等待向税务总局发送。建议 3 个工作日后联系当地税务局查询该票退税数据。如果超过 3 个工作日以上状态没有更新，说明数据重新发送失败。

解决方法：该状态存在时间超过 3 个工作日以上，退税企业不需要再等待，直接拨打中国电子口岸热线电话，要求口岸人员进行手工重新发送。出口企业每次登录电子口岸应该建立登记制度或者建立台账，记录发送时间和更新时间，提高发送效率。

JG09
报关单证明第 1 次打印
主页

出口退税联

中华人民共和国海关出口货物报关单

预录入编号：E20220000886634169　　海关编号：020220220000586976

出口口岸(0202) 新港海关	备案号	出口日期 20220802	申报日期 20220730
境内收发货人(12049631DX) 天津美铝国际贸易有限公司	运输方式 水路运输	运输工具名称 LOS ANGELES TRADER	提运单号 COSU6339422140
生产销售单位 天津美铝国际贸易有限公司	贸易方式(0110) 一般贸易	征免性质	结汇方式
许可证号	运抵国（地区）(609) 新西兰	指运港（地区）(3295) 奥克兰（新西兰）	境内货源地(13109) 廊坊
批准文号	成交方式 FOB　运费 /0/	保费 /0/	杂费 /0/
合同协议号 GM-SD22323	件数 1139　包装种类 其它	毛重（千克） 82480	净重（千克） 74398
集装箱号 FCIU9816000, FFAU3033422, TGHU6875136	随附单据		
标记唛码及备注 港集			

商品序号	商品编号	商品名称、规格型号	数量/单位	数量及单位	目的国(地区)	单价	总价	币制	征免
1	7604210000	铝型材	法定数量/法定单位	59500千克	新西兰	3	178500	USD	
		0|2|异型材|铝合金|镁0.60%，硅0.44%，铁0.27%，铜0.0	第二数量/第二单位	0	(609)			美元	
			申报数量/申报单位	59500千克					
2	7610100000	铝制品	法定数量/法定单位	900千克	新西兰	3	2700	USD	

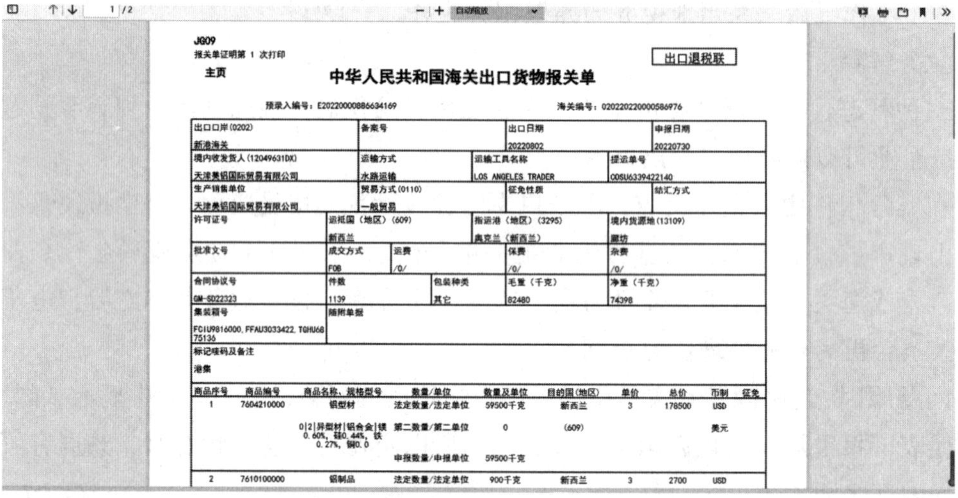

特别提醒：

上图这个界面是非常重要的，图中有一个非常重要的图标“退税联打印”，企业点击这个图标之后，就会打出一张带有“出口退税联”标志的出口货物报关单，而且在关单上会显示“第一次打印”，按照国税局发 2012 年 24 号公告相关规定，申报出口退税时必须提供报关单的“出口退税联”，其余系统打出的关单只能作为参考，不具有合法性（因为出口日期，出口金额不准确）。

由于现在税务部门实行了无纸化审核，很多税局在申报退税时只审核电子数据，电子数据无误就可以办理退税，所以企业对于报关单的管理就不是很严格，有的企业用“预录入单”“海关作业联”“收汇核销联”进行单据留存。要注意，这些关单其实和电子口岸的数据有些是不一致的，税局审核的依据是电子口岸的数据，所以从合规化的角度，应该提供"出口退税联"，而且有很多税局也是这样要求的，有的企业在培训课上或线上咨询时和我说过，税务部门的没有强制要过，这要和大家讲清楚，税务部门管理尺度不一，但出口企业一定注意：随着国税局的合并和金税三的上线，各地税局都成立稽查局，依托大数据信息（海关、外汇、征管信息共享），不定期地进行核查，在核查时一般都要合规的退税单据，否则电子口岸就不用设立此打印功能了。

（四）出口退税联网稽查系统的报关单数据下载，导入退税系统具体方法

打印关单之后，可以点击"下载"图标，下载的方法也是整月下载，下载之后的文件是尾缀加.XML，下载之后保存到电脑C盘下，下载之后可以导入单机版或单一窗口退税系统，切记导入之前不要擅自打开下载之后的文件，因为这个文件是加密的，打开之后会造成导入失败：

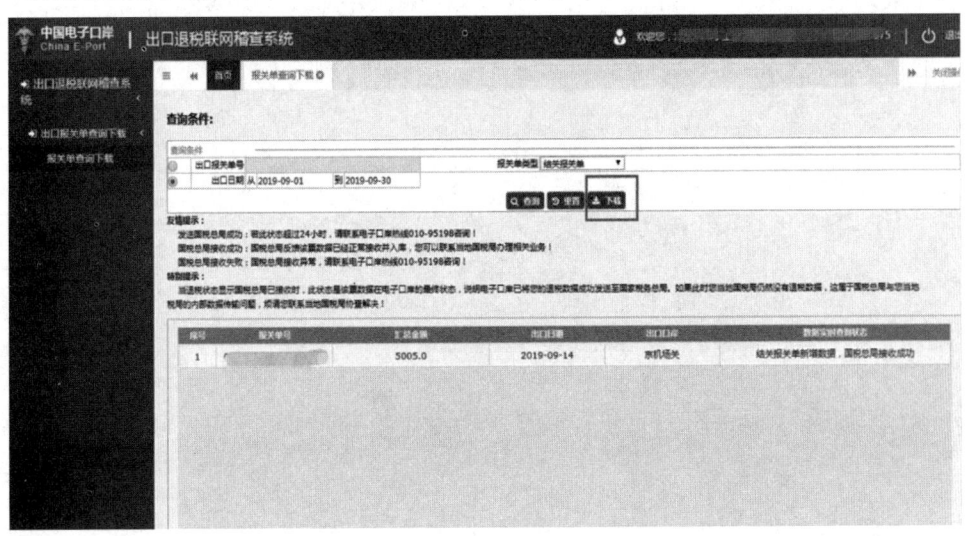

下载之后可以导入出口退税系统（单机版，单一窗口版，电子税务局版），部分地区在导入之前必须进行数据转化，找当地税务部门或软件服务商索要数据转换工具。

（五）出口退税联网稽查系统中报关单数据传送税局失败的解决方法

出口企业在申报退税的时候经常会遇到报关单没有信息的问题，在前面的章节已经给小伙伴介绍过电子口岸数据传送的业务流程，现在给小伙伴们汇总传送税务局失败的原因：

第一，电子口岸数据传送失败，只要确定电子口岸已经收到电子信息，在电子口岸系统点击"重新发送"就可以解决。如果重新发送之后三个工作日税务机关还是没有收到数据，需要出口企业直接联系中国电子口岸进行手工操作。

第二，税务内部传送失败，就是税局在收到口岸数据之后在清分下发的过程中出现传送失败,解决方法为主动向税务部门做信息查询申报。

第三,在电子口岸中显示"无此数据或查不到该数据",这种问题是企业比较难处理的,因为很多企业都会认为电子口岸的数据是海关传送的,这种问题肯定是海关传送失败,所以都会去找海关,但在实际业务中海关对于这种业务是不予解决的,把问题会推回电子口岸,企业往返多次得不到明确的解决方法,最后由于没有信息,导致最终退税失败。

问题原因:在实际业务中出现这种问题大概率(根据全国企业该类问题咨询最后统计的数据)是企业关务人员或代理报关人员向海关办理通关之后,货物已经离境,但海关在办理结关的时候出现预录入数据与船公司、航空公司的入仓单数据出现不一致,没有结关,导致海关数据不能传送给电子口岸。

解决方法:向海关办理补结关手续,但这个需要注意时限。海关数据一般情况超过180天以上数据就不能够再进行补办。

第二章 出口退（免）税基础业务知识

一、什么是出口退税的货物？

出口货物退（免）税是指对出口货物再采购环节已承担或应承担的增值税和消费税实行退还或免征。

出口货物退税是指国家将出口货物出口前在国内生产、流通环节实际承担的流转税即增值税、消费税，在货物报关出口后退还给出口企业，使出口货物免税即零税负。出口退（免）税是国际上的操作惯例，不属于税收优惠政策，是国际贸易中通常采用并为国际普遍接受的、旨在鼓励各国出口货物公平竞争的一项税收措施。等于出口企业给境外客户报价的是不含有增值税和消费税，然后对于国内采购环节的流转税进行退还，其目的是为了增强本国出口商品在国际市场上的竞争力。根据我国的实际情况，采取出口退税与免税相结合的政策，有力地促进了对外经济贸易的发展。

按照增值税暂行条例的规定，实行出口货物征税率为零的优惠政策。对货物出口的不同情况，遵循"征多少、退多少、未征不退"的基本原则。不是所有的出口货物都可以享受退税，出口企业必须搞清楚自己出口的货物是享受出口退税，还是免税，或者征税。可以通过电子税务局进行查询和购买海关的通关税则进行查询。

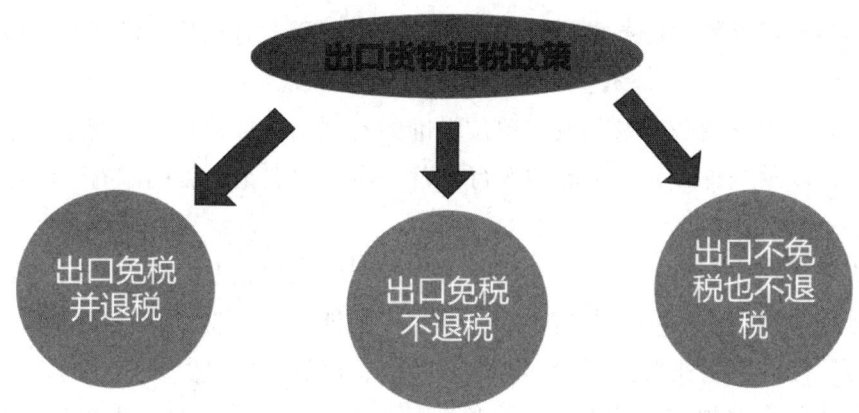

根据出口企业的不同形式和出口货物的不同种类，我国的出口货物税收政策分为三种形式：（1）出口免税并退税；（2）出口免税不退税；（3）出口不免税也不退税。

出口免税是指对货物在出口环节不征收增值税、消费税，但对于采购环节产生的增值税和消费税不予退还。

出口退税是指对货物在出口前实际承担的流转税，按政策规定的退税率计算后根据出口企业的类型按照不同的退税方式予以退还。

出口不退税是指出口货物因在前一道生产、销售环节或进口环节是免税的，出口时货物本身不征税，也无须退税。或者国家进行政策调控取消出口货物的退税率，没有退税率的产品也就不能办理退税。

二、享受退税的出口企业划分标准

根据国家相关规定，享受出口货物退（免）税的出口企业，包括对外贸易经营者即外商投资企业以及办理过进出口经营权的内资企业、没有进出口经营权委托出口的企业、特定退（免）税的企业和人员。对外贸易经营者是指依法办理工商登记或者其他执业手续，经国家商务部及其授权单位赋予出口经营资格的从事对外贸易经营活动的法人、其他组织或者个人。其中，个人是指注册登记为个体工商户、个人独资企业或合伙企业。上述特定退（免）税的企业和人员是指根据国家有关规定可以申请出口货物退（免）税的企业和人员。这里需要特别说明，个人申请退税资格税务部门审查会非常严格，再有上述企业必须具备一般纳税人资格，小规模企业是不能够办理退税的，我国现行享受出口货物退（免）税的出口企业具体有下列 8 类。

第一类是经国家商务部及其授权单位批准的有进出口经营权的外贸企业，含外贸总公司和在异地设立的商务部批准的有进出口经营权的独立核算的分支机构。

出口企业在异地设立的分公司，凡没有进出口经营权的，可汇总到出口企业统一向其主管部门出口退税的税务机关申报办理退（免）税。对只是提供货源，没有取得进出口经营权的市（县），外贸企业不能申报办理退（免）税。

第二类是经国家商务部及其授权单位批准的有进出口经营权的自营生产企业生产型集团公司，以及经省商务厅批准的实行自营进出口权登记制度的国有、集体生产企业。

第三类是经国家商务部批准的有进出口经营权的工贸企业、集生产与贸易为一体的集团贸易公司等。这类企业，既有出口货物生产功能，又有出口货物经营（贸易）功能。对此，凡是执行外贸企业财务制度、无生产实体、仅从事出口贸易业务的，可比照第一类外贸企业的有关规定办理退（免）税；凡是有生产实体，且从事出口贸易业务，执行工业企业财务制度的，可比照第二类自营生产企业的有关规定办理退（免）税。

第四类是外商投资企业。

第五类是委托外贸企业代理出口的生产企业。

第六类是经国务院批准设立，享有进出口经营权的中外合资企业和合资连锁企业（简称"商业合资企业"），其收购自营出口业务准予退税的国产货物范围，按商务部规定的出口经营范围执行。

第七类是将货物运出境外用于对外承包工程公司。

第八类是对外承接修理修配业务的企业。

第九类是利用国外政府贷款或国际金融组织贷款，通过国际招标机电产品的中标的企业。

第十类是利用中国政府的援外优惠贷款和合资合作项目基金方式出口货物的企业。

第十一类是对外进行补偿贸易项目和易货贸易，以及对港澳台地区贸易而享受退税的企业。

第十二类是国家旅游局所属中国免税品公司统一管理的出境口岸免税店。

三、出口退税货物必须具备的四个条件

出口货物享受出口退税必须同时具备四个条件，随着政策的不断变化，对于条件的时限要求有所变化，但每个都不可以缺少。

1. 资格条件——出口企业必须是一般纳税人，必须是属于增值税、消费税征税范围的，并取得增值税专用发票和专用缴款书的货物。而且出口企业对应供货商也必须具有一般纳税人的资格。小规模企业不能够申报出口退税，只能享受免税。其次出口货物具有退税率的商品。

2. 财务健全——货物出口之后必须在财务上已做销售的货物。按照国家税务总局关于发布《出口货物劳务增值税和消费税管理办法》的公告（国家税务总局公告2012年第24号）第四项第一条中的规定：企业当月出口的货物须在次月的增值税纳税申报期内，向主管税务机关办理增值税纳税申报、免抵退税相关申报及消费税免税申报。即以出口货物报关单上的出口日期作为确认出口收入的唯一标准。出口货物销售价格一律以离岸价（FOB）折算人民币入账。对非贸易性的出口货物,如捐赠给外商的礼品、不作销售处理的样品和展品、个人在国内购置自带出境的货物等，不予退税。

3. 货物流——出口必须报关离境（包括所谓"关境"）这里讲到离境实际有两层含义，一是实际报关离境，具备报关单和备案单证中提及的运输单据佐证。二是进入海关特殊监管区，这里又分为保税区和非保税区两种货，进入非保税区的特殊区域，不具备运输单据，通过报关单证和物流凭证体现；货物进入保税区，是不能够直接享

受出口退税，需要通过报关单、备案清单、物流凭证申报单据佐证。

4. 资金流——出口必须收汇：按照2016年46号分类管理公告相关规定，出口企业是四类必须收汇之后办理退税，一类、二类、三类的企业，可以先退税，再收汇。出口收汇的最后期限根据国家税务总局公告2022年第9号。企业必须在出口次年4月征期前完成收汇，如果不能够完成收汇必须提供相关证明和备案手续，否则取消出口退税。

四、出口货物退税率的确定及变化规律

出口货物办理退税的一个关键因素就是出口退税率，出口退税率是国家根据产业政策，税收政策，国际外部环境对本国出口业务调控的一种策略，出口退税率在我国实行出口退税制度之后调整了若干次，总体趋势是下降的，这是由于增值税率进行了调整，由17%调整到了13%，但之前很多出口商品的退税率与征税率存在差额，也就增加了出口企业的成本。

简析一下2018之后出口退税率变化动态。从2018年11月1日起，国家确定完善出口退税政策加快退税进度的措施，为企业减负、按照结构调整原则，参照国际通行做法，将现行货物出口退税率为15%的和部分13%的提至16%，9%的提至10%，其中部分提至13%，5%的提至6%，部分提至10%；对高耗能、高污染、资源性产品和面临去产能任务等产品出口退税率维持不变；进一步简化税制，退税率由原来的七档减为五档；自2019年4月1日起，增值税中税率16%的下调为13%、税率10%的下调为9%。为配合增值税税率调整，自今年4月1日起，原征税率和退税率均为16%的出口货物服务，退税率调整为13%；原征税率和退税率均为10%的出口货物服务，退税率调整为9%，在增值税率调整到了13%，出口退税率整体进行大变动，取消了部分出口退税率，新退税率调整为4档，使大部分出口商品的退税率与征税率相同，达到了13%，等于取消16%、10%两档退税率，这样看似退税率下降，但很多出口商品取消征退税差异，出口企业降低了税收成本；2020年国税局出台《财政部税务总局公告2020年第15号》公告对于将瓷制卫生器具等1084项产品出口退税率提高至13%；将植物生长调节剂等380项产品出口退税率提高至9%；具体退税率调整明细参考本章节结束图集（附件1）；2021年国家税务局继续出台《财政部 税务总局公告2021年第16号》《财政部 税务总局公告2021年第25号》分别在5月份和8月份取消钢铁产品出口退税，具体详细取消目录参考本章节结束图集（附件2、附件3）。

根据《中华人民共和国增值税暂行条例》和《中华人民共和国消费税暂行条例》的规定，出口货物退（免）税的税种为增值税和消费税。除财政部和国家税务总局根据国务院决定而明确的增值税出口退（免）税率外，出口货物的退税率为其适用税率。

税务总局根据上述规定将退税率通过出口货物劳务退税率文库予以发布。退税率有更新调整的，除另有规定外，执行时间以出口货物报关单（出口退税专用）上注明的出口日期为准。目前，我国出口退税率包括13%、9%、6%、0%四档。

出口退税率的执行时间应按照下列原则确认：

一是报关离境（不含保税区出口）的，以出口报关单上注明的出口日期为准；

二是出口企业经保税区出口的，以离境时海关出具的离境货物备案清单上注明的出口日期为准；

三是非报关出口的，以出口发票或普通发票的开具时间为准。服务贸易的出口时间，也按照此原则确定。

五、出口货物退（免）税认定

出口企业按照国家相关法规办理完毕进出口经营权证明（外资企业为"批准证书"，一般的内贸企业为"对外贸易经营者备案表"）、海关手续、外汇手续后，在办理出口退税之前凭着相关证明材料到主管属地税务机关填写《出口退（免）税认定表》，出口退税的税务机关办理出口货物退（免）税认定手续，审批通过之后，出口企业才可以获得出口退税的办理资格，才可以办理出口退（免）税。参考国税发2012年24号相关规定，出口退税认定手续的办理的时限为自"批准证书"或"对外经营者备案表"下发之日起30天内办理完毕，如果逾期未办按税法作相应的处罚则不予办理退税。

出口企业在办理退税过程中，《出口货物退（免）税认定表》上填写的任何事项发生变更，例如：企业地址，银行账号等，应于变更之日起30日内持有关证明文件、原《出口货物退（免）税认定表》等资料，向所在地主管出口退税业务的税务机关办理变更认定手续。

出口企业发生破产、解散、合并、重组、撤销以及其他依法应当终止事项的，须在向主管税务机关机关办理税务登记注销登记前，申报办理退税注销认定。如需办理注销登记的，应在一个月内持原批准的认定表及有关证明向主管出口退税的税务部门提出申请，税务部门接到申请后应对企业的出口货物退（免）税款进行清算，对已退（免）税款多退少补后，及时办理注销出口退税认定手续。

2018年随着出口退税管理升级，新金三退税系统的上线使用，《出口退税认定表》的名称、操作流程、管理办法发生变化，出口退（免）税的认定手续变化为出口退（免）税备案手续，认定表的名称变更为"出口退（免）税备案表"，新的备案表参考下图：

出口退（免）税备案表

以下信息由备案企业填写				
统一社会信用代码/纳税人识别号：				
纳税人名称				
海关企业代码				
对外贸易经营者备案登记表编号				
企业类型	内资生产企业（ ） 外商投资企业（ ） 外贸企业（ ） 其他单位（ ）			
退税开户银行				
退税开户银行账号				
办理退（免）税人员	姓名		电话	
	身份证号			
	姓名		电话	
	身份证号			
退（免）税计算方法	免抵退税（ ） 免退税（ ） 免税（ ） 其他（ ）			
是否提供零税率应税服务	是（ ） 否（ ） 提供零税率应税服务代码			
享受增值税优惠政策	先征后退（ ） 即征即退（ ） 超税负返还（ ） 其他（ ）			
出口退（免）税管理类型				
附送资料				

本表是根据国家税收法律法规及相关规定填报的，我单位确定它是真实的、可靠的、完整的。

经办人：
财务负责人：
法定代表人
（印 章）
年 月 日

以下信息由主管税务机关从税务登记信息中提取				
工商登记	证照号码		法定代表人（个体工商户负责人）	姓名
	开业（设立）日期			身份证号
	营业期限止			
	注册资本			电话
注册地址				
生产经营地址				
联系电话				
纳税人类型	增值税一般纳税人（ ） 增值税小规模纳税人（ ） 其他（ ）			
登记注册类型		行业		
纳税信用级别		纳税人状态		
以下信息由主管税务机关填写				
主管税务机关代码		主管税务机关名称		
退税机关代码		退税机关名称		
企业分组		分类管理类别		
备案状态				
撤回标识		撤回时间		
其他扩展信息				

六、成功办理出口退税的操作"地图"

办理出口退税是一个系统性的工作，要经历工商、外经贸、海关、中国电子口岸、外汇、税务等多个部门，不同的职能部门有着不同管理要求和业务流程，同时还需要货代公司、报关行、运输公司、银行、保险公司进行辅助工作，而且每个环节都紧密相连，因此出口企业必须掌握各个工作部门的相关政策要求，熟悉每个环节的关键节点，保证出口退税的顺利进行。下面为出口企业详细的分析办理出口退税详解流程。

第一步，出口主体工商登记手续。

到市场监督管理部门登记进出口业务经营范围。这时办理出口退税流程初始步骤，在这里要注意公司经营范围，区分生产企业和外贸公司，在办理出口退税备案的时候要填写出口退税的方法。

第二步，办理进出口经营权。

在这里分为两个部分，若是内资企业，需要办理对外经营者备案表，若是外商投资企业需要办理"批准证书"，商务主管部门自2020年1月1日不再颁发《外商投资企业批准证书》。

第三步，海关备案登记手续。

登录中国国际单一窗口，点击全部应用，选择标准版应用，点击企业资质。

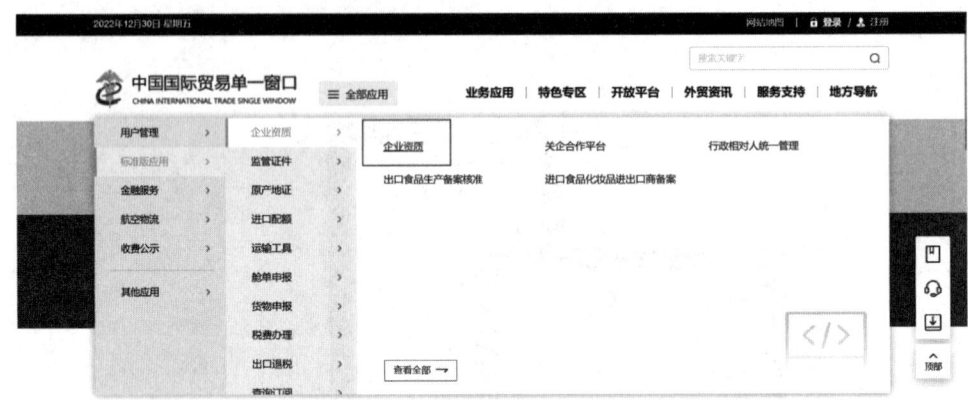

进入之后，用自己公司的用户名和密码登录之后进入操作平台，点击海关企业注册备案栏目办理海关备案登记，就可以办理登记了。

特别提示：符合条件的分支机构也可以办理备案登记。

第四步，外汇管理登记手续。

登录国家外汇管理局数字外管平台（ASOne），登录的网址：http://zwfw.safe.gov.cn/asone

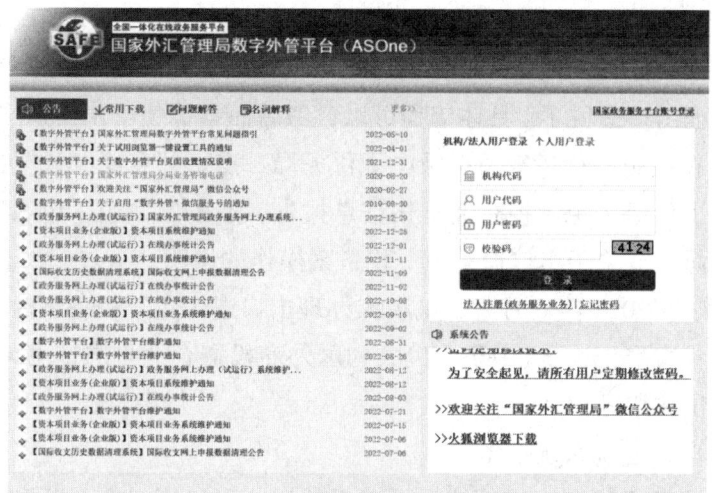

通过用户名和密码登录之后，企业在网上办理注册手续，注册之后在行政许可业务栏目办理企业名录，也可以去外汇管理局现场办理登记手续。

第五步，中国电子口岸的入网手续（这步手续非常重要，涉及办理出口退税的报关单的电子信息传送的问题以及报关单信息查询问题）。

登录"中国电子口岸"网站，网址为：https://www.chinaport.gov.cn，进入之后备案企业信息，并开通电子口岸领法人卡，操作员卡。

第六步，出口退（免）税备案。

出口企业首次向税务机关申报出口退（免）税前，应申请增值税一般纳税人资格，并向主管税务机关办理出口退（免）税备案。大家注意也有的税务机关会要求出口企业在办理完毕"对外经营者备案表"之后的30天之内进行退（免）税备案。具体操作方法有两种：

一是首先在离线版系统中生成备案数据，将生成税局通过电子税务局向主管退税的部门进行申报，税务机关受理审核通过之后反馈给企业，读取反馈信息，备案结束，就可以正式办理出口退税了。具体流程可以参考后面章节关于出口退（免）税备案操作。

二是通过在线版进行备案，登录电子税务局，点击"我要办税"进入出口退税管理之后，点击出口退（免）税企业资格信息报告，点击出口退（免）税备案。具体流程可以参考后面章节关于出口退（免）税备案操作的说明。

特别提示：自2021年6月起，纳税人办理出口退（免）税备案时，停止报送《对外贸易经营者备案登记表》《中华人民共和国外商投资企业批准证书》《中华人民共和国海关报关单位注册登记证书》。

第七步，出口退税系统准备。

出口退税业务必须在申报系统生成申报数据，可以通过离线版和在线版，离线版系统可以登录各地税务机关官网下载中心进行下载，下载完整的数据包，每次系统升级之后可以在离线版系统内部进行在线升级，或下载升级离线版系统数据包。使用在线版的企业可以分为电子税务局版本和单一窗口版，直接登录相关平台进入系统进行在线数据申报，每次系统升级的时候，在线版系统数据会自动升级。

特别提示：离线版系统，电子税务局版，单一窗口版，是全国税务机关普遍的使用的系统，统称为"新金三退税系统"是国家税务总局统一在2020年设计并使用的，虽然三套系统界面存在差别，但系统的操作流程，录入方法，申报流程完全相同。也就是说出口企业只要掌握一套系统操作方法，其余的系统也可以进行使用。做到了全国系统无差别的申报，即使个别的城市使用自己的申报系统，但是操作模板和录入要求也要用税务总局的统一模板。

第八步，进行出口退（免）税申报。

首先准备出口货物报关单信息，外贸企业在准备报关单电子信息的同时，还要关注进货增值税发票信息，在信息准备完毕之后通过离线版和在线版系统进行系统录入，生成申报数据，进行数据自检，自检之后如果没有疑点向税务机关提交正式数据，税务机关审核通过之后给出口企业办理退税并将反馈数据返回退税企业，退税企业打印退税报表并留存。出口企业必须在规定时间内进行收汇，而且按照税务机关的规定在申报退税之后15日之内进行单证备案。

七、出口退税申报管理时限前世今生

关于出口退税的申报管理时限，是在退税工作中必须要搞清楚的一个问题，出口退税申报和他纳税申报都有时限，但时限约束力有着明显的区别，例如大家非常熟悉的增值税申报，如果企业存在有漏申报的业务，是可以补申报，出口退税业务存在申报逾期的业务，就不会有补申报的机会，这笔业务就不能办理出口退税了，只能申报免税或者内销，所以长期以来会计人员谈到出口退税的时候都说不好办理，很大一部分的原因与出口退税的期限有关系。因为一旦退税申报出现逾期之后是不可以补救的，直接就给企业造成现金流的损失。出口退税申报管理期限从管理上可以分为退税申报时限与出口收汇期限，而且两个时限都符合要求才能够办理出口退税。

随着我国经济的发展，国力的增强，国家对于出口退税的制度进行一系列的改革，尤其在出口退税申报管理的期限方面的改革具有里程碑的意义，从2006年开始的退税申报必须在"90天"内申报，如果没有办理收汇核销单暂不办理退税，需要等在外汇管理局办完外汇核销，提供收汇核销单才能够办理退税，外汇核销的办理时限是"180"天之内，如果超过180天不能核销，必须由外汇管理局出具远期收汇证明之后才能办理退税，证明中有延期的收汇时间，到期之后还不能够收汇，该笔业务内销处理。从2006年6月份到2012年7月份这段时间一直延续这个政策规定。从2012年国家税务局出台24号公告之后，外汇管理出台了汇发2012年1号公告开始，分别对于退税申报期限和收汇管理政策进行了调整，退税取消了"90天"的申报期限，退税期限变化为本年度的出口业务退税申报的截止日期为止次年4月30日前的增值税纳税申报期，即通常所说的"4月15日"，期限由"90天"变成所谓的"470天"，收汇方面，新政出台首先取消外汇核销单，外汇管理不再出具远期收汇证明，退税收汇的期限由退税机关统一管理，收汇期限由最晚不能超过180天之内提供外汇核销单变化为与出口退税申报期限一致，也是到次年4月30日前的增值税纳税申报期，同时要求退税分类管理为一类、二类、三类的企业可以先办退税后收汇，若收汇期限到达之后没有收汇，出口企业可以向税务机关办理收汇延期备案手续，只有要求四类企业必选先收汇才可以办理退税。2012年退税政策改革缓解出口企业申报压力，提高出口企业申报效率，加快企业资金流动。

2020年国家陆续上线新三系统和发票综合管理平台、海关、外汇、税局数据全面共享，真正做到数字化、网络化、平台化，真正实现无纸化申报，国家为了继续加大"放管服"的力度，国家税务局出台了财政部 税务总局公告2020年第2号公告，里面第四条的内容明确阐明了从2020年开始，取消出口企业申报退税的期限，即出口企业出口货物劳务、发生跨境应税行为，未在规定期限内申报出口退（免）税或者开具《代理出口货物证明》的，在收齐退（免）税凭证及相关电子信息后，即可申报办理出口退（免）税；未在规定期限内收汇或者办理不能收汇手续的，在收汇或者办理不能收汇手续后，即可申报办理退（免）税。新的退税期限政策明确出口退税申报业务从2号公告出台之后（2020年2月份开始），不再设定申报期限，只要收齐相关单证和电子信息就可以申报退税，新政策没有取消收汇申报期限，对收汇期限做了一个优化，收汇期限还是次年 4 月份增值税申报期截止日，只是对于超过收汇期限业务且已经办理退税的业务，不再做免税处理，只需要暂时归还已退税款，等实际收汇之后还可以重新向税务部门办理退税。

重点提示： 从 2020 年 2 号公告出台之后，出口退税申报期限已经取消了，生产企业和外贸公司应该安排自己的退税工作，及时主动向税务机关申请出口退税手续，千万不要认为没有期限就产生怠慢的工作情绪，不及时办理退税，不仅会影响公司的现金流，而且也会引发税务机关核查。还有就是新政策对于出口的收汇期限还是存在，这点绝对不应该忽视，后续章节会有详细介绍。

八、免税货物与免税业务存在的区别

在前面的文章中介绍过什么是退税的货物，只要符合退税的条件都可以办理出口退税，我国出台所有关于退税的文件中对于出口业务办理退税的描述都会写成"出口货物退（免）税"，退税估计大家已经有了深刻印象，但是对于这个"免税"有哪些形式的业务，如何申报就不一定说得清楚了。出口货物有两种方式：一是出口免税并退税，其实就是享受退税；二是出口免税不退税，第二种方式其实就是"免税"，即出口货物不享受退税，就是不退税的货物，所以在讲解免税之前先对于"不退税的货物"进行解读。先看下图：

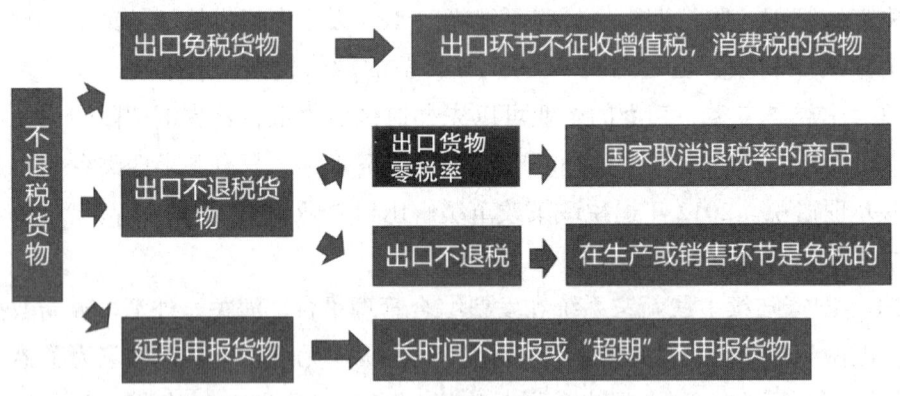

通过图解，可以发现免税货物是不退税货物的一个分项，在出口环节也是免税的，这是符合国际惯例的，大家一定要注意所有的出口货物其实在出口环节都是免税的（取消退税率业务除外），符合退税的四个条件的，符合增值税管理政策的，符合退税企业条件的都可以办理退税，这里介绍的出口免税货物其实就是符合国税发 2012 年 24 号公告第六项规定适用增值税免税政策的出口货物，有的因为是供货商是小规模企业，有的因为是采购环节没有增值税，例如来料加工业务，有的是货物是因为供货商开票不合规，有的是企业不具备条件，例如没有进出口经营权等等。

在工作中有的企业会提到另外一个名词就是"免税业务"，这个与免税货物是属于同一种业务方式吗？他们是相会存在的关系，免税业务包含两层含义：一就是享受免税政策的货物，就是前文给大家讲到的免税货物，二就是出口货物享受退税，但是由于操作错误或对于政策理解错误，超过申报期限等违规行为使该出口货物不能够办理退税，即违规的业务。参见下图：

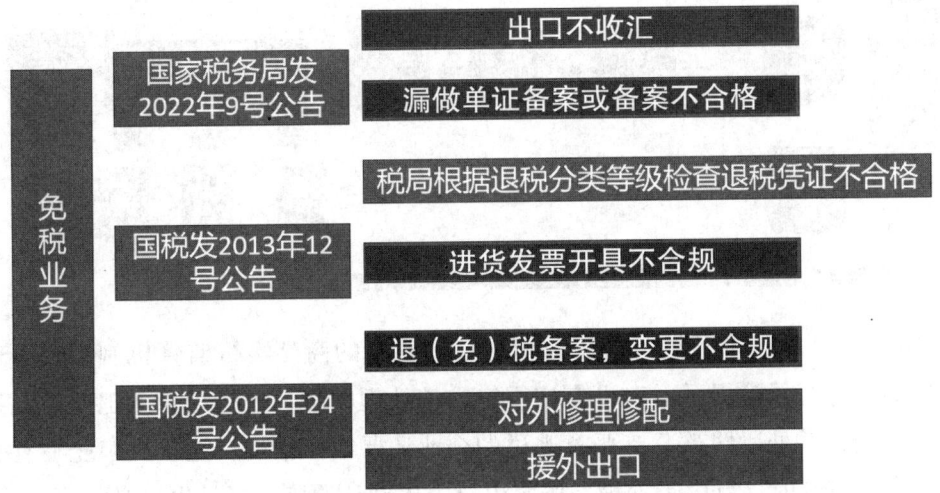

免税货物和免税业务都是不能够办理退税的，都需要向税务部门做免税申报。出口货物免税属于政策约束范畴，没有调控的空间；免税业务是企业自身问题造成的，原则上是可以避免的。

九、出口货物"退税率为零""零税率"与"内销征税"的区别

所谓出口货物"退税率为0"就是退税率为0的产品，即取消退税的产品，一般情况下是国家不鼓励出口或限制出口的产品，例如：2021年国家出台政策，取消部分钢材的出口退税率，被取消出口退税率的商品实际该如何处理呢？一般有两种处理方法：一，适用免税政策，出口企业采购货物的征税率为零即纳税人免税购进的货物，将出口货物涉及的进项税额需做转出处理。二，适用征税政策，出口企业采购货物的征税率不为零，按照规定是要按内销处理的，账务处理就按内销业务，记内销收入，提销项，对应进项票可以抵扣。因此出口必须出口该种产品的话，只能在和境外客户报价的时候，不要考虑退税的因素了，也就是将损失的税金含在出口报价里，这样做可能会降低出口商品的竞争。

零税率是将出口环节之前征收的增值税进行退税，使该货物在出口时完全不含增值税，从而以无税进入国际市场。概括地说，零税率是指以不含税价格出口，既免又退。

出口"内销征税"的货物包括出口货物是不退税商品，退税率为零的商品，还有

就是出口货物违反出口政策的规定或者不符合退税操作被要求进行内销处理。

"退税率为零"的货物错误操作带来的危害？（见下图）

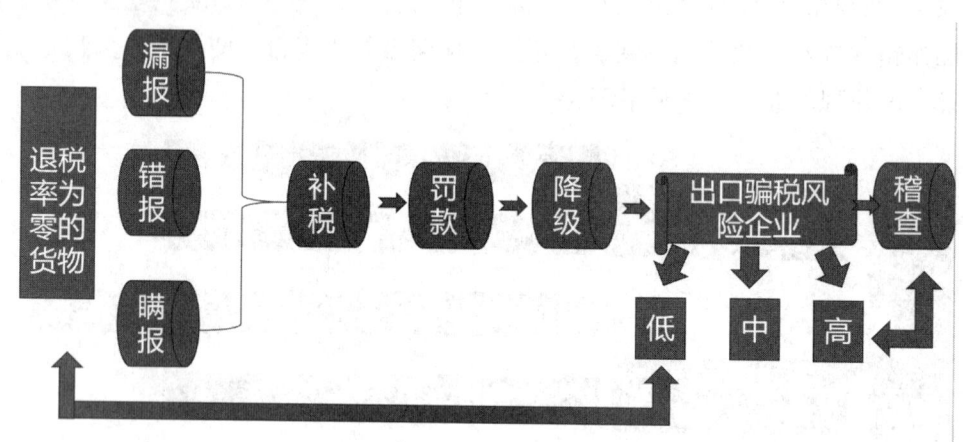

从 2021 年开始，税务机关对于取消出口退税率的商品实行监管机制，对于退税率为零的商品进行风险提示，对没有按规定内销处理的货物进行税金的追缴，逾期还要补缴滞纳金，并处以罚款，有恶意逃税的企业还要实行稽查。建议出口企业存在取消退税率商品应及时进行内销处理，按照出口收入确认原则，当月出口必须当月确认，即出口收入的确认时限就是以报关单的出口日期作为标准，如果报关单中的出口商品存在"退税率为零"的，必须在出口日期的次月纳税申报期进行内销处理。例如报关单大的出口日期为 2022 年 11 月 1 日，报关单中商品为退税率为零，这个业务必须在 12 月 15 日（在增值税纳税申报截止日之前）之前进行内销处理，否则会产生滞纳金。具体内销征税和免税处理方法及相关账务处理方法在后续章节进行介绍。

知识拓展：什么是滞纳金？

相关政策：

《征管法》第三十二条规定，纳税人未按照规定期限缴纳税款的，扣缴义务人未按照规定期限解缴税款的，税务机关除责令限期缴纳外，从滞纳税款之日起，按日加收滞纳税款万分之五的滞纳金。

《征管法》第三十二条及国家税务总局《征管法若干问题的规定》（国税发 [2003]47 号）规定，对纳税人未按照法律、行政法规规定的期限或者未按照税务机关依照法律、行政法规的规定确定的期限向税务机关缴纳税款，滞纳金的计算从纳税人应缴纳税款的期限届满之次日起至实际缴纳税款之日止。

特殊情况分析：

（1）节假日是否加收滞纳金？

滞纳金是与税款连带的，如果在确定应纳税款的纳税期限时，遇到了应该顺延的节假日，则从顺延期满的次日起加收滞纳金，但在税款滞纳期间遇到节假日，不能从滞纳天数中扣除节假日天数。

（2）查补税款的滞纳金如何计算？

税务机关对检查出纳税人以前纳税期内应缴未缴税款如何加收滞纳金，重点是要明确加收滞纳金的起止期限。计算起始时间时按照有关税种的实体法规定，纳税人应纳税款期限届满的次日，这一起始时间并不因税务检查的进行而发生改变，纳税人超过这一期限没有纳税，就发生了税款滞纳行为，当然这给税务检查工作增加了很大的工作量；计算截止时间是纳税人实际缴纳税款的当日，而不是至税务处理决定书送达或者下达之日。

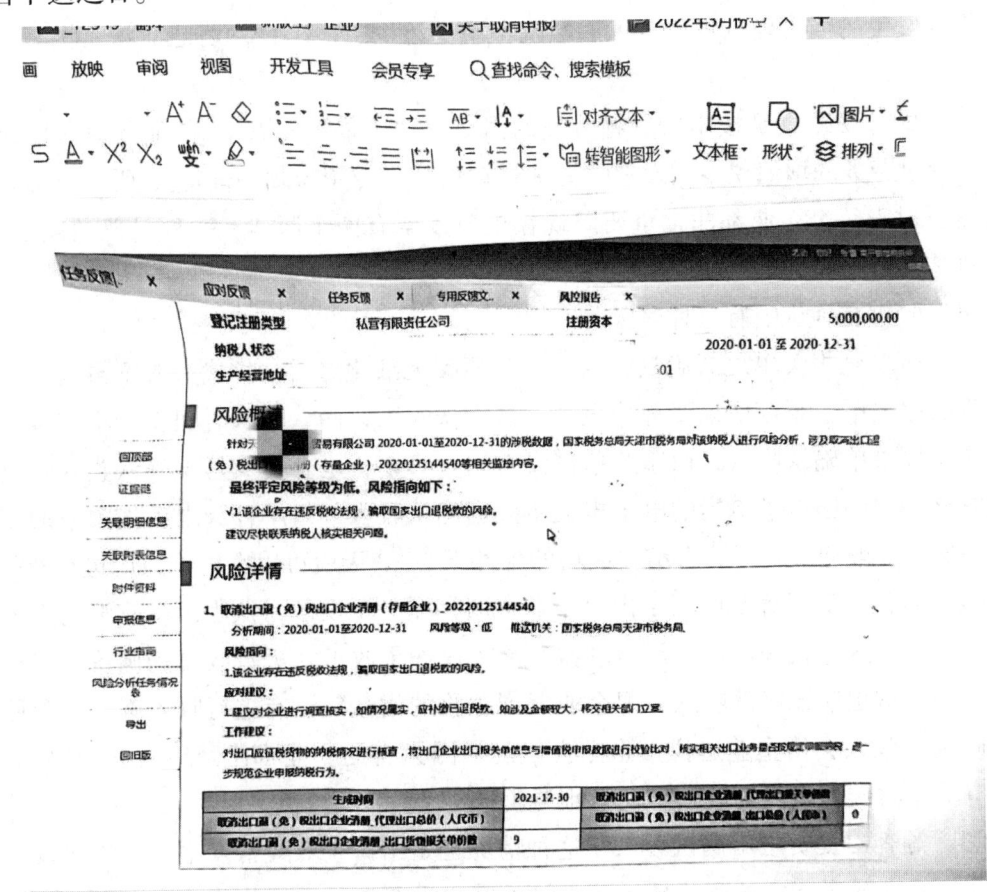

见图

十、出口收入的确认的方法及企业存在困惑

在前文中介绍了出口退税必须具备的条件，其中的一条就是确认收入，由此可见出口收入的确认在整个退税申报中有着非常重要的地位，也是税务部门对于出口退税

监管的重要手段之一，出口收入在做账的时候对于确认时限，计税依据都有政策规定。

在收入确认时限按照国税发2012年24号公告第四项中（一）的要求：企业当月出口的货物须在次月的增值税纳税申报期内，向主管税务机关办理增值税纳税申报、免抵退税相关申报及消费税免税申报。可以理解为：出口企业发生的货物贸易应做到当月出口当月申报收入，以报关单的出口日期为准，生产企业和外贸企业开具出口发票，在每个月申报纳税时分别填在增值税申报主表的"免抵退销售额"和"免税销售额"栏目里。如果在12月31日确认收入有困难也尽量在1月份或者是退税申报之前确认，但最晚不应超过次年4月15日。一定要遵守先确认收入再申报出口退税原则。

出口企业发生的服务贸易应参考国税发2016年29号相关规定，应在合同签署之日或业务发生的当月确认免税收入，最晚不要超过12月31日，切记不要在收汇时确认收入。

收入的计税依据是按出口货物劳务的出口发票（外销发票）、其他普通发票或购进出口货物劳务的增值税专用发票、海关进口增值税专用缴款书确定。所以准确开具出口发票对于每个企业都非常重要。现在出口发票有两个版本，一种是普通发票版，另一种是自制发票版。

出口收入在确认中有三种误区：

（1）等拿到报关单之后确认收入，因为通关无纸化之后，货代一般不再给企业提供纸质的报关单，企业如果要等待报关单再确认收入，确认收入时间就会不准确，有的企业用预录单确认收入，由于此单据没有出口日期，也会造成延误确认收入。出口企业应该利用中国电子口岸的电子报关单数据确认收入，口岸升级之后报关单的传送速度提速，一般通关之后，在结关成功的条件下2—3天就可以在电子口岸进行查询。

（2）收汇之后再确认收入：出口企业普遍存在一个误区，认为出口收汇之后才需要确认收入，这才代表所谓"经济利益"流入。如果收汇才进行收入的确认，出口企业存在预收款也应该确认收入，但企业遇到预收的货款都没有进行收入确认，参照这个原则确认收入会给企业退税带来巨大风险，因为有的企业都已经申报完毕退税了，还没有确认收入。出口企业必须杜绝此类业务发生。

（3）等客户提货之后确认收入：这种情况也是出口企业经常发生的，货物发往境外的客户仓库或者指定的存货地，等于境外客户没有实际进行收货，出口企业会认为货权实际没有发生转移，也不应该确认收入。但出口企业必须注意一点，税务部门对于出口收入的确认原则和内销货物的确认原则是存在差异的，这是出口业务本身的特性决定的，即出口业务必须以货物离境作为标准，即获得出口离境证明就应该确认，不能按照会计准则要求确认收入。出口离境证明包括：出口货物报关单，离境备案清单。

以上的三种情况都会给企业在确认收入的问题中带来困惑，有的企业反映税务部门在审核退税的时候没有要求退税企业提供收入做账明细表和凭证，对于收入确认的环节就不是很重视，往往都是在税务部门核查的时候才感觉到问题严重性，一般都会要求企业提供销售明细账和做账凭证的复印件，不能够提供的，一般都会被税局追回出口退税；在工作中还有一种情形也是令出口企业感到非常的头痛，有部分出口企业每年需要审计，尤其是上市公司，在审计的过程中会计师事务所对于收入会重点考核，一般都会以《会计准则》的条款来要求，特别是关于第三种情况境外客户在境外没有收货，审计部门认为这不符合收入确认的原则，关于货物风险发生转移，所以往往会让企业进行调整收入，可是企业已经在税务部门申请过出口退税了，如果调整收入就会违反出口退税的相关收入确认的规定。出现这种情况该如何处理？审计部门有着自己的工作原则，企业应当主动咨询税务部门，必须得到税局的同意才能够进行调整。

第三章 生产企业"免抵退"日常实务操作精讲

一、正确理解"免抵退"的基本含义

我国出口企业在办理退税一般有三种方式：免税，免抵退，免退，一般免税业务一般适用国内采购没有开具增值税专用发票（开具普票）或者采购货物无进项税，还有一种情形就是从国外采购原材料或商品，例如来料加工，免抵退适用生产企业，免退适用外贸公司。

我国最早对于生产企业有两种退税方法，一是先征后退，二是免抵退税，现对"先征后退""免、抵、退"税两种办法作一下比较："先征后退"办法是对生产企业出口的货物先按规定征税，再按规定的退税率退税。这种办法计算简单，操作简便，但由于企业在购进、出口环节需要垫付税款，大量占用出口企业的资金，影响资金利用效率，不利于外贸出口的扩大发展。另外，这种办法征、退税脱节，退税资金流量大，容易诱发骗取出口退税违法行为的发生。"免、抵、退"税管理办法与前种办法比较，具有较明显的先进性和管理的科学性。第一，该办法对出口货物以及内销货物实行的免税和抵税在很大程度上减少了对企业资金的占用，有利于加速企业的资金周转；第二，可以减少退税的资金流，避免诱发骗取出口退税违法行为发生；第三，"免、抵、退"税办法促进了征、退税管理部门的结合，强化了出口货物税收管理功能。免抵退适用生产企业自营或委托代理出口货物，从2002年1月1日开始实行，已知延续至今。这里先介绍分析生产企业"免抵退"的方式。

"免"出口环节不缴纳销项税，即出口免税。

"抵"就是抵税的过程，用国内采购进项税额和用于生产出口产品的进项税额加在一起先去抵减内销的销项税额，抵减之后如果有剩余就是当期增值税的结余，即期末留抵税可以理解为：一个企业同时存在内外销，应退税款首先从应交增值税中偿付，这称为"抵"，其实质是把内销税冲抵了出口退税。这是应收税款和应付税款的冲低。实际上退税企业既没有交税也没有退税。

退：如果冲抵之后还不能偿付应退税款，从增值税报表上看有期末留抵税的存在，那再用当期出口销售额通过计算得出"免抵退税额",用期末留抵税额与当期单证齐信息齐的免抵退税额进行比较,两者中较低者(简称孰低)为出口的应退税额。如免抵退税比较之后仍有剩余即为"免抵税额"。

二、生产企业"免抵退"税的计税依据

生产企业在办理出口退税的根据业务的区分有三种计税方法。

(1)生产企业出口货物劳务贸易方式为一般贸易,增值税退(免)税的计税依据为出口货物劳务的实际离岸价(FOB)。实际离岸价应以出口发票上的离岸价为准,所以开具出口发票时如果遇到报关单金额是 CIF 价,必须进行转换。但如果出口发票不能反映实际离岸价,主管税务机关有权予以核定。核定的标准是中国电子口岸上的报关单统计美元价。

(2)生产企业进料加工复出口(包括进料加工和来料加工)货物增值税退(免)税的计税依据,按出口货物的离岸价(FOB)扣除出口货物所含的海关保税进口料件的金额后确定。

这里所说的海关保税进口料件,是指海关以进料加工贸易方式监管的出口企业从境外和特殊区域等进口的料件。包括出口企业从境外企业或个人购买并从海关保税仓库提取且办理海关进料加工手续的料件,以及保税区外的出口企业从保税区内的企业购进并办理海关进料加工手续的进口料件。

(3)这是特殊的方式,生产企业从国内购进无进项税额且不计提进项税额的免税原材料加工后出口的货物的计税依据,按出口货物的离岸价(FOB)扣除出口货物所含的国内购进免税原材料的金额后确定。

三、生产企业一般贸易免抵退税计算方法解析

生产企业出口货物实行"免、抵、退"税办法,按照出口货物的离岸价(FOB)和现行的退税率计算"免、抵、退"税额。对一般贸易的具体计算公式如下:

1.当期应纳税额的计算。

(1)当期应纳税额=当期内销货物的销项税额-(当期进项税额-当期免抵退税不得免征和抵扣税额)+上期期末留抵税额-前期应退税额

(2)当期免抵退税不得免征和抵扣税额=当期出口货物离岸价×外汇人民币牌价×(出口货物征税率-出口货物退税率)

注:上式(1)"当期出口货物离岸价"一般是指出口企业当期单证齐信息齐报关单的金额。(2)"当期免抵退税不得免征和抵扣税额"一般是指征退税率之差又称进项税额转出,对应增值税主表第14栏,如征税率与退税率一致可以忽略计算。(3)"前

期"应退税额指上期申报退税的应退税税额,对应是增值税主表第15栏。

业务解释:上述公式中,如果当期应纳税额>0,表示当期无期末留抵税额,即应退税款已全部抵,所以不可以办理退税,还应向税务机关交纳内销等抵扣后差额的增值税;如果当期应纳税额<0,表示有期末留抵税额,可以全部或部分抵顶内销等应纳税额,不足以抵顶的部分以办理退税,期末无须交纳增值税;如果当期应纳税额=0,表示无期末留抵税额,即应税款已正好全部抵扣,所以也不可以办理退税,期末也无须交纳增值税。

2. 当期免抵退税额的计算。

免抵退税额 = 当期出口货物离岸价 × 外汇人民币牌价 × 出口货物退税率

3. 当期应退税额和免抵税额的计算,按照孰低原则。

(1)若当期期末留抵税额≤当期免抵退税额,则:

当期应退税额 = 当期期末留抵税额

当期免抵税额 = 当期免抵退税额 – 当期应退税额

(2)若当期期末留抵税额 > 当期免抵退税额,则:

当期应退税额 = 当期免抵退税额

当期免抵税额 =0

(3)若当期期末留抵税额≤ 0,证明当期内销过大,进行税额不够抵扣,即当期为应纳税额。

当期应退税额 =0

当期免抵税额 = 当期免抵退税额

业务解释:

(1)当期期末留抵税额根据当期《增值税纳税申报表》中"期末留抵税额"填写。

(2)当期产生免抵税额不能够继续结转下期,即不可以继续办理退税。

生产企业免抵退税三种业务模型:

(1)内销比重大,有征税,无退税。

	进项	销项	应纳税额
内销	100	200	100
出口	50	免	-50
A：应纳税额=200-（100+50）			50
B：免抵退税额=1000×13%			130
C：应退税额：如果A≥0			0
免抵税额：当期进项税额不够抵减，为B			130

注释：本模型反映出口企业内销比重大，当月产生的国内和用于出口进项税额不够抵减当月内销的销项税额，产生应纳税额50，当月的应当办理退税的进项税额全部抵减完毕，所以没有应退税额了，只能享受出口免抵政策了。

计算分析：某公司10月份出口一笔业务，出口金额为1000万，当月的进项税额为150万，国内销售产生销项税额为200万，计算当月的出口退税额。征税率13%，退税率9%，汇率可忽略不计。

①当期免抵退税不得免征和抵扣税额=当期出口货物离岸价×外汇人民币牌价×（出口货物征税率-出口货物退税率）

=1000×（13%-9%）=40

②当期应纳税额=当期内销货物的销项税额-（当期进项税额-当期免抵退税不得免征和抵扣税额）+上期期末留抵税额-前期应退税额

=200-（150-40）=90

③免抵退税额=当期出口货物离岸价×外汇人民币牌价×出口货物退税率

=1000×9%=90

④若当期期末留抵税额《0，即当期应纳税额》0，所以当期没有出口退税

当期的应退税税额=0

当期的免抵税额=90

（2）有退税，有免抵

	进项	销项	应纳税额
内销	80	150	70
出口	110	免	-110
A：应纳税额=150-（110+80）			-40
B：免抵退税额=1000×13%			130
C：应退税额：如果A≥0			40
D：免抵税额=130-40			90

业务分析：在国内采购的进项税额当期抵顶内销销项税额之后有剩余的，剩余的进项税额于当期免抵退税额进行比较，谁小退谁，在上图分析中 A 与 B 进行比较，A 小，所以当期的应退税额就是 A，B 虽参与退税计算，但由于只有剩余进项税额可以退税，所以 B 不能全部办理退税，剩余的部分为 B-|A|，即"免抵税额"，且不能够结转下期继续参与计算。

计算分析：某公司 10 月份出口一笔业务，出口金额为 1000 万，当月的进项税额为 190 万（内销进项 80，出口进项 110），国内销售产生销项税额为 150 万，计算当月的应退税额，免抵税额，征税率 13%，退税率 13%，汇率可忽略不计。

①当期免抵退税不得免征和抵扣税额 = 当期出口货物离岸价 × 外汇人民币牌价 ×（出口货物征税率 - 出口货物退税率）

业务注解：由于当期征税率与退税率一致，所以当期不得免征和抵扣税额为 0。

②当期应纳税额 = 当期内销货物的销项税额 -（当期进项税额 - 当期免抵退税不得免征和抵扣税额）+ 上期期末留抵税额 - 前期应退税额

=150-190=-40

③免抵退税额 = 当期出口货物离岸价 × 外汇人民币牌价 × 出口货物退税率

=1000×13%=130

④因为当期应纳税额为 -40 万，即当期期末留抵税额为 40 万，所以当期形成出口退税，由于【2】小于【3】所以：

当期的应退税额=40 万

⑤由于当期的免抵退税额大于期末留抵税，经过分析比较会形成免抵税额

当期免抵税额 = 当期免抵退税额 - 当期期末留抵税

=130-40

=90

（3）有退税，同时有结转下期留抵

	进项	销项	应纳税额
内销	200	150	−50
出口	110	免	−110
A：应纳税额=150−（110+200）			−160
B：免抵退税额=1000×13%			130
C：应退税额：如果A≥0			130
D：免抵税额=130−130			0

计算分析：某公司10月份出口一笔业务，出口金额为1000万，当月的进项税额为190万（内销进项80，出口进项110），国内销售产生销项税额为150，计算当月的应退税额，免抵税额，征税率13%，退税率13%，汇率可忽略不计。

①当期免抵退税不得免征和抵扣税额=当期出口货物离岸价×外汇人民币牌价×（出口货物征税率−出口货物退税率）

业务注解：由于当期征税率与退税率一致，所以当期不得免征和抵扣税额为0

②当期应纳税额=当期内销货物的销项税额−（当期进项税额−当期免抵退税不得免征和抵扣税额）+上期期末留抵税额−前期应退税额

=150−190=−40

③免抵退税额=当期出口货物离岸价×外汇人民币牌价×出口货物退税率

=1000×13%=130

④因为当期应纳税额为−40万，即当期期末留抵税额为40万，所以当期形成出口退税，由于②小于③所以：

当期的应退税额=40万

⑤由于当期的免抵退税额大于期末留抵税，经过分析比较会形成免抵税额

当期免抵税额=当期免抵退税额−当期期末留抵税

=130−40=90

业务分析：在国内采购的进项税额当期抵顶内销销项税额之后有剩余的，剩余的进项税额于当期免抵退税额进行比较，谁小退谁，在上图分析中A与B进行比较，|A|大于B，所以当期的应退税额就是B，B全部参与退税计算，即"免抵税额"为0；当期期末留抵税额办理退税之后仍有剩余，剩余金额为|A|−B，剩余的税额结转下期继续参与抵扣。

经过以上的案例分析之后，我们对免抵退计算方法做一个总结，将整体计算过程

分为六个步骤,简称为六步法。

(1)免:出口环节免税,确认当期退税核算的出口收入;

(2)剔,当期免抵退税不得免征和抵扣的税额。出口货物离岸价 × 外汇人民币牌价 ×(征税率 – 退税率),如果有免税购进原材料的需要从外销价格中扣减;

(3)抵,当期应纳税额(或期末留抵税),内销销项 –(进项 – 剔)– 上期留抵税额;

(4)算尺度,免抵退税额,出口货物离岸价 × 外汇人民币牌价 × 退税率;

(5)比,抵和尺度比,谁小按谁退。抵 – 尺度 = 下期留抵税额;

(6)免抵税额,尺度比 = 免抵税额。

四、生产企业"免抵退"增值税的会计处理

生产企业"免、抵、退"税的会计核算,根据业务流程主要可分为:免抵退出口销售收入的核算、不予抵扣税额的核算、应交税费的核算、进料加工不予抵扣税额抵减额的核算、出口免抵税额和应退税额的核算,以及免抵退税调整的核算。根据现行会计制度的规定,对出口货物免抵退税的核算,主要涉及"应交税费——应交增值税"和"应收出口退税"。其中"应交税费——应交增值税"的借方有"进项税额""已交税费""减免税费""出口抵减内销产品应纳税额""转出未交增值税"5个专栏,贷方设有"销项税额""出口退税""进项税额转出""转出多交增值税"4个专栏。需要注意的是,这些专栏核算时借贷方是固定的,增加用蓝字,减少用红字。在一般情况下,企业取得主管退税机关当期审核通过的业务通知,即在退税审核系统当期转为"正式申报数据"之后,根据生产企业汇总表上面注明的免抵税额、应退税额分别借记"应交税费——应交增值税(出口抵减内销产品应纳税额)""应收出口退税",根据上面注明的免抵退税总额贷记"应交税费——应交增值税(出口退税)"。有进料加工的生产企业,在当期出口业务审核通过之后,在电子税务局的出口退税管理模块的业务状态转为"审批退税成功",或当年进料加工手册核销的次月,依据"新金三退税申报系统"中打印取得的《生产企业免抵退税出口明细表》《生产企业进料加工免税核销证明》后,根据上面注明的"不予抵扣税额抵减额",红字借记"主营业务成本"、贷记"应交税费——应交增值税(进项税额转出)"。实行"免、抵、退"办法的企业,购进用于加工出口货物的材料价款、运杂费等,借记"材料采购"科目,按增值税专用发票上注明的进项税额借记"应交税费——应交增值税(进项税额)"科目,按照应付或实际支付的金额贷记"应付账款""应付票据""银行存款"等科目。对可抵扣的运费金额的进项税额,借记"应交税费——应交增值税(进项税额)"科目,贷记"应付账款"或"银行存款"科目。加工货物出口销售后,结转主营业务成本时,借记"主营业务成本"科目,贷记"产成品"科目;企业按规定的增值税征收率与退税率之差计算的

出口货物不得免征和抵扣税额，借记"主营业务成本"科目，贷记"应交税费——应交增值税（进项税额转出）"科目；用全部进项税额中剔除出口货物不得免征和抵扣税额后的余额去抵减内销货物的销项税额，即为当期应纳税额或当期留抵税额。月末对当期应纳税额，借记"应交税费——转出未交增值税"科目，贷记"应交税费——未交增值税"；申报入库时借记"应交税费——未交增值税"，贷记"银行存款"科目。

对按规定计算出的当期应退税额借记"应收出口退税"科目，当期免抵税额借记"应交税费——应交增值税（出口抵减内销应纳税额）"科目，按当期计算的免抵退税额贷记"应交税费——应交增值税（出口退税）"科目，此项会计处理一般是在取得银行退税入账单后进行，收到税务机关退回的增值税税额借记"银行存款"科目，贷记"应交税金—应交增值税（出口退税）税"科目。

（一）生产企业一般贸易账务的分录分析

（1）实行"免、抵、退"办法有进出口经营权的生产性公司，当月出口之后确认收入。

借：应收账款或银行存款

贷：主营业务收入。

（2）按规定计算的当期出口物资不予免征抵扣和退税的税额，计入出口物资成本。

借：主营业务成本——自营出口销售成本

贷：应交税费——应交增值税（进项税额转出）

（3）当期货物采购进项税额。

借：库存商品或原材料

借：应交税费——应交增值税（进项税额）

贷：应付账款或银行存款

（4）参与当期退税计算后有征税无退税。

借：应交税费——应交增值税（出口抵减内销产品应纳税额）

贷：应交税费——应交增值税（出口退税）

参与当期退税计算后有退税有免抵。

借：其他应收款—出口退税

借：应交税费——应交增值税（出口抵减内销产品应纳税额）

贷：应交税费——应交增值税（出口退税）

参与当期退税计算后有退税无免抵。

借：其他应收款—出口退税

贷：应交税费——应交增值税（出口退税）

（5）收到退回的税款。

借：银行存款
　　贷：其他应收款——应收出口退税

（二）生产企业如何正确对待产生"免抵"税额

通过以上的学习大家已经对免抵退有了一定的了解，在整个计算过程中在一些特定条件下会产生的一个数据"免抵税额"，有很多办过退税的企业对于这个数据都会产生疑惑，免抵税额是企业的退税吗？当期产生的免抵税额是否能够结转下期继续办理出口退税？为什么有的企业产生免抵税额还要加纳税收，缴纳哪些税收？甚至有些生产企业在办理退税过程中因产生"免抵税额"缴纳的税收大于办理退税的金额而放弃办理出口退税，给生产企业带来损失。这些疑惑和问题都源自对于免税 税额 产生原因不是很清楚，下面给大家对免抵税额进行介绍。

免抵税额是享受"免抵退"税办法的生产企业，就出口应退税额抵顶内销环节应纳税额的部分。实行免抵退税办法的出口企业，由于内销环节需要正常纳税，出口环节需要退税，那么税务机关规定，可以先用退税额抵顶内销环节的税额，这样内销环节的应纳税额就无须再缴纳，如果抵顶之后仍有剩余税额，税务机关以抵顶后的净额实际退还给企业。免抵税额的计算分为两种情况：（1）是当期期末留抵税额小于当期免抵退税额时，当期应退税额等于当期期末留抵税额，则当期免抵税额等于当期免抵退税额减当期应退税额；（2）当期期末留抵税额为负数，即当期存在应纳税额，当期应退税额等于0，则当期免抵税额等于当期免抵退税额。并且当期产生的免抵税额不能够结转下期。免抵税额需要缴纳税收，缴纳7%城市维护建设税，3%教育费附加，1%~3%地方性附加，总体税负率11%~13%不等，部分城市缴纳10%，全国只有上海免征该项税收。

（三）涉及免抵税额征税的文件

在实际业务工作中，很多企业对于免抵税额缴纳税收认为缺少政策支持，在这里和大家明确：免抵税额缴纳税收是由国家政策支持的，文件名称是财税发2005年25号文件，文件中明确提到了生产企业产生的免抵税额的交税问题。除非生产企业享受减免政策，否则一律应按时加纳税款。

（四）免抵税额交税的时间

上文已经提到了免抵税额纳税合法性，现在给出口企业讲解一下交税的时间及注意事项。生产企业每个所属期在办理退税之后，当期产生了免抵税额，在产生免抵税额当期或退税申报所属期下一个增值税申报期缴纳税款。例如生产企业在2022年9月份所属期申报出口退税，生产企业应当在9月份当月缴纳免抵税额的附加税，或者最迟不超过 10 月份征期结束之前申报缴纳。如果超期没有缴纳不仅补税还需要缴纳滞纳金，涉及重大漏税金额的还会影响当年的纳税信用等级考核。

案例提醒：某北京生产企业在 2016 年全年形成大约 300 万免抵税额，基本上是每个月都会形成一定的税额，该企业由于没有按政策在法定时间进行缴纳免抵税额的附加税，企业缴纳的时间在 2017 年 1 月份一次缴纳大约 40 万税额，税务征管部门收到退税审核部门反馈的 2016 年全年生产企业汇总表的免抵税额的金额，这点要和大家说明一下，生产企业汇总表的"免抵税额"是共享数据，退税部门会定期传送给征管部门，征管部门会对出口企业进行监管。最后这家生产企业不仅补税 40 万，还要按天计算滞纳金，不仅如此，征管部门根据 2015 年 85 号文件规定：企业当年出现过重大漏税行为纳税信用等级降为 D 类，这里指得重大漏税是指当年漏交总额超过 10 万元！

（五）免抵税额产生的原因

免抵税额就是出口应退税额抵顶内销税额的部分，这部分是不退税的。有的企业会反问，出口应退税额如何抵减销项税额，这里所说的出口应退税额是指这部分出口对应国内采购进项税额，这和出口退税的本身性质有关系，因为退的是国内采购环节的增值税，出口业务对应采购环节进项税额去抵减了销项税额，等于出口销售额乘以退税率，计算出的免抵退税也就不用退税了，假如这部分退税，那么内销那部分就要交税。这样此部分不退，内销相应的部分也不交，就两相抵了。

	进项	销项	应纳税额
内销	80	200	120
出口	110	免	-110
A：应纳税额 =200-（110+80）			10
B：免抵退税额 =1000×13%			130
C：应退税额：A ≥ 0			0
免抵税额：当期进项税额不够抵减，为 B			130

通过上图分析：用当期销项 200- 当期内销项 80=120，如没有出口业务，该企业应交税金为 120，但当期有出口业务 1000，出口业务产生的进项税额为 110，如果按照先征后退的管理办法，需要缴纳增值税的 120，然后税务部门给出口企业再办理退税 110，这样虽给企业退税 110，其实生产企业总体纳税是 10，但要先交出 120 的税款，会占用出口企业大量的现金流，影响企业的流动性。

用免抵退管理办法，内销产生 120 的税款之后不用缴纳，可以用出口的进项税额

110去抵顶，等于当月纳税金额=200-（110+80）=10，只缴纳10，当期用于出口的全部进项税额和国内销项就相抵减了，节省了企业资金，抵减税额对应的出口销售计算出的免抵退额也就不能够办理退税了。由于这样操作之后，国内增值税的附加税由于当期没有了增值税也就不用缴纳了，但增值税附加税是归地方所有，鉴于这种税收征收制度，抵减之后的不能够退税的免抵退税额即"免抵"税额也就需要缴纳附加税了。

（六）什么样的企业可以没有免抵税额

作为生产企业采用免抵退的这种退税方式，只要出口生产企业存在利润，就会产生免抵税额。很多企业都会问，哪些企业或者通过哪些操作可以没有免抵税额？一般来说外贸公司出口办理退税是不会产生免抵税额，这是外贸公司退税的计算特点决定，后面再讲解外贸公司核算的时候会进行详细介绍。还有很多生产企业通过对报关单收齐时间来人为的进行调整，就是生产企业在每个所属期申报退税的时候，会根据当月的增值税报表的期末留抵税多少，决定当月收齐报关单参与退税核算的金额，通常收齐的金额会小于期末留抵税，这样产生的免抵退税额当期就会全部参与退税核算，免抵税额就会为0。出口退税企业一定要注意，这种操作经常频繁操作，就会造成当期或当年的应退税额比例过高，如果超过税务部门评估预警指标，会被税务部门怀疑有虚开增值税专用发票的嫌疑，或者存在出口价格与采购价格倒挂等，从而引发税务部门核查。还有一种方法是生产企业放弃出口退税，向税务部门申请免税，免税的企业是不会形成免抵税额的，这需要对整个企业税收核算进行核算分析，不要轻易进行放弃，因为放弃退税的企业需要向税务部门提交"放弃退税声明"，放弃退税的期限是三年。

综上所述，免抵税额是生产企业核算特点决定，是不可避免的，不论是"人工调整"还是"放弃退税"都会对出口企业产生风险。只有通过退税方式的改变即由"免抵退"转化成"免退"才能从根本上改变。

（七）生产企业重视免抵税额的原因

生产企业对于免抵税额的认识会出现两个极端：重视与忽视。

重视：主要是企业负责人或财务人员对于免抵税额缴纳附加税不能够接受，认为是增加了企业税负，想通过筹划操作来减免税额，通过前面的讲述我们应该都已经清楚免抵税额核算原理。

忽视：一部分出口企业由于缺乏出口退税业务知识，政策了解不是很清楚，造成漏缴。

其实生产企业应该重视免抵税额，但重视侧重点不是如何规避纳税，而是了解免抵税税额带给企业税收的影响，以及税务部门对于不参与退税核算的免抵税额为什么如此重视？

首先介绍免抵税额对于生产企业的增值税税负的影响：出口企业也是要考察税负

的，有的出口企业是纯出口的生产企业，没有内销，这样的企业也会存在税负考核。增值税税负率不达标对于发票增量，税收稽查都会产生影响，所以有出口的生产企业必须要会计算自己的税负率。

生产企业增值税得到税负率计算公式 = 已纳税额/总收入
= （已交增值税金额 + 免抵税额）/ 内销收入 + 出口收入

已交增值税金额为当期或当年增值税纳税申报的缴税金额，免抵税额为当期或当年生产企业免抵退税汇总表中"免抵退税额"。特别说明，生产企业是纯出口的生产企业，有企业认为没有内销就等于企业不用核算税负了，这种理解是错误的，生产企业在核算退税中会形成"免抵税额"，因为免抵税额其实就是抵减了内销的销项税额，其实也就是相当于进行缴税了。

纯出口生产企业的税负计算公式 = 免抵税额 / 出口收入

其次税务部门为什么重视免抵税额呢？从两个方面分析：

一是免抵税额多少决定生产企业退税是否合规，可以通过免抵税额发现生产企业是否存在"虚开发票"、价格倒挂等问题，是税务部门的重要监控手段。

二是和税务部门的税源管理有关系，税务部门每个年度都要进行纳税统计，当每个年度统计的数据和预测数据存在差异，征管部门会进行"调库"，就是等于把退税审核部门当年产生免抵税额进行调整到征税部门进行整体统计核算。

所以对于生产企业不存在免抵税额的或者偏小的也就意味着当年该企业进项税额偏大，税务部门会分析生产企业整体进项税的架构是否合理，是否存在不该抵扣的税金或虚开发票行为，或者成本费用列支不合理。

（八）生产企业自营出口退税额计算及账务处理举例

为了说明生产企业退税全过程，下面以有自营进出口权的生产企业为例，对其自营出退税额的计算及出口退税中账务处理作说明。

案例分析：某玩具出口厂是具有进出口经营权的生产企业，出口产品实行"免、抵、退"方法。记账本位币为人民币，对外币交易采用出口当月或第一个工作日的汇率折算。销售和外购货物的增值税为17%，退税率为13%，该厂2022年有关业务如下：

一月份：

（1）报关离境出口玩具，FOB:USD30万元，汇率：6.60。
（2）内销玩具销售额：550万元。
（3）外购原材料取得的增值税专用发票上注明的价款600万元，原材料已验收入库。

（4）福利部门领用本厂自产玩具折合销售额10万元。

（5）期初"应交税费—应交增值税"无留抵税额，出口退税凭证在本期全部收齐。

要求：计算应纳或应退增值税及相关数据。

计算案例分析：一月份

按生产企业计算的"六步法"经过计算分析。

（1）免：当月出口确认=30×6.60=198。

（2）剔：当期免抵退税不得免征和抵扣的税额=30×6.60×（17%-13%）

（3）抵：当期应纳税额=（550+10）×17%-[600×17%-30×6.60×（17%-13%）]

　　　　　　　　　=（550+10）×17%+30×6.60×4%-600×17%

　　　　　　　　　=95.20+7.92-102

　　　　　　　　　=1.12（万元）>0

（4）算尺度：当期免抵退税额=30×6.60×13%=25.74（万元）

（5）比，谁小按谁退当期，以内本月应纳的增值税为1.12万元，即期末留抵税为0，所以不再退税也无留抵税额。

（6）免抵税额，当期免抵税额=当期免抵退税额=25.74万元。

由于本期存在应纳税额，当期没有留抵，当期的出口产生的免抵退税全部转化为免抵税额，且需要缴纳7%城市维护建设税，3%教育费附加，1%-3%地方性附加税，这个案例中按11%收取附加税。

免税税额产生的附加税=25.74×11%=2.83（万元）

二月份：

（1）报关离境出口玩具，FOB:USD20万元，汇率:6.635。

（2）内销玩具销售额：500万元。

（3）外购货物取得的增值税专用发票上注明的价款650万元，货物已验收入库。

（4）本厂厂房扩建的在建工程领用库存外购货物成本20万元。

（5）出口退税凭证在本期全部收齐。

要求：计算应纳或应退增值税及相关数据。

解：二月份：

∵当期应纳税额=500×17%-[650×17%-20×6.635×（17%-13%）-20×17%]

　　　　　　=500×17%+20×6.635×4%+20×17%-650×17%

　　　　　　=85+5.308+3.40-110.5

　　　　　　=16.792（万元）（退税前留抵税额）

当期免抵退税额=20×6.635×13%=17.251（万元）>16.792（万元）

当期应计入成本税额=20×6.635×（17%-13%）=5.308（万元）

∴本月份可予办理出口退税 16.792 万元。

现假设二月份出口退税凭证均未收齐，留抵税额 16.792 万元结转下期继续抵扣

三月份：

（1）报关离境出口玩具，FOB：USD40 万元，汇率：6.64。

（2）内销玩具销售额：420 万元。

（3）外购货物取得的增值税专用发票上注明的价款 480 万元，货物已验收入库。

（4）外购生产玩具用设备取得的增值税专用发票上的价款 25 万元。

（5）出口退税凭证在本期全部收齐。

要求：计算应纳或应退增值税及相关数据。

解：三月份：

∵当期应纳税额 =420×17%−[（480+25）×17%−40×6.64×（17%−13%）]−16.792

=71.40+10.624−81.60−4.25−16.792

=−20.618（万元）<0（退税前留抵税额）

当期免抵退税额 =40×6.64×13%=34.528（万元）>20.618（万元）

当期应计入成本税额 =40×6.64×（17%−13%）=10.624（万元）

∴本月份可以办理出口退税。

假设上期和本期出口的退税凭证在本期全部收齐，则：

三月份免抵退税额 =17.251+34.528=51.779（万元）>20.618（万元）

三月份出口抵减内销产品应纳税额 =51.779−20.618=31.161（万元）

∴三月份出口退税额 = 退税前留抵额 =20.618（万元）

退税后留抵税额 =20.618−20.618=0（万元）

本月份准予退税 20.618 万元，出口抵减内销产品应纳税额 31.161 万元，退税后期末无留抵税额。

四月份：

（1）报关离境出口玩具，FOB：USD35 万元，汇率：6.65。

（2）内销玩具销售额：180 万元。

（3）外购货物取得的增值税专用发票上注明的价款 850 万元，货物已验收入库。

（4）库存外购货物遭受水灾报损成本 50 万元。

（5）出口退税凭证在本期全部收齐。

要求：计算应纳或应退增值税及相关数据。

解：四月份：

当期应纳税额 =180×17%−[850×17%−35×6.65×（17%−13%）−50×17%]

=30.60−（144.50−9.31−8.50）

=−96.09（万元）（退税前留抵税额）

当期免抵退税额 =35×6.65×13%=30.2575（万元）<96.09（万元）

当期应计入出口成本税额 =35×6.65×（17%-13%）=9.31（万元）

∴出口退税额 = 当期免抵退税额 =30.2575（万元）

退税后留抵税额 =96.09-30.2575=65.8325（万元）

本月份准予退还增值税 30.2575 万元，退税后留抵税额 65.8325 万元，结转下期继续抵。

特别提示：本案例计算中，为了方便出口退税计算的企业掌握更加全面的业务知识，特将征税率与出口退税退税率设定为不一致，即在计算中会产生征退税率之差，也就是平时俗称的进项税额转出（计入出口成本），官方成为不予抵扣税额。2021 出口退税率全面调整之后，大部分出口商品的退税率与征收率保持一致，也就没有进项税额转出了。但作为出口退税的财务人员须掌握"征退税率存在差额"的计算方法。

五、生产企业进料加工计算方法解析

（一）进料加工业务退（免）税规定解析

1. 进料加工概念：所谓进料加工是指我国具有进出口经营权的企业用外汇进口原料、材料、辅料、元器件、配套件和包装物，进口的货物在海关办理手册，享受进口业务免税（关税和增值税）加工成成品或半成品再通过手册复出口的业务。进料加工业务分为进料对口业务和非对口业务。

2. 进料加工复出口货物贸易退（免）税的加工方式：

根据国家现行税收政策规定，进料加工复出口货物贸易的加工方式为：生产企业应采取自行加工、委托加工方式；贸易企业可采用委托加工、作价加工方式。本章节主要讲解生产企业进料加工。

3. 对进料加工复出口货物的退（免）税政策规定为：

（1）对特准设立的保税工厂，其进料时予以保税，加工后对实际出口部分予以免税，内销部分（不出口部分）予以征税；

（2）对签有对口合同的进料加工复出口货物税收政策规定：对签有进口料件和出口成品对口合同（包括不同客户的对口联号合同）的进料加工，经批准可对其进口料件予以保税，加工后实际出口部分予以免税；

（3）对不具有保税工厂、对口合同贸易条件的进料加工复出口货物税收政策：对不属于保税厂、对口合同贸易条件的经营进料加工的单位或加工生产企业，其进口料件可根据《进料工进口料件征免税比例表》的规定，分别按 85% 或 95% 作为出口部分免税，15% 或 5% 作不能出口部分照章征税。加工后，可按实际出口情况向海关申请补税或退税。

4. 进料加工复出口业务核算分析：

进料加工复出口货物的退税就复出口货物的退税计算环节看，退税的办法与一般贸易出口货物退税办法基本上是一致的，但由于进料加工复出口货物在料件的进口环节存在着不同的减免税，生产企业进料加工与一般贸易免抵退税计算有着本质的区别，因此，采用作价加工方式使用的进口料件加工生产的货物，由于进口的原材料已经在海关实行了减免增值税，根据出口退税的计算原理，对于货物的退税实际是退的采购环节的增值税，因此对已实行减免税的进口料件必须实行进项扣税，使复出口货物的退税款与国内实际征收的税款保持一致，因此，在计算复出口货物退税时，如按增值税适用退税率（税额）计算退税，而不考虑进口料件实际上并未全额征税的因素，将会出现把进口料件在进口环节已减免的税款也退给企业，造成多退税的现象。

为了加强对进料加工复出口货物退（免）税的管理，主要把涉及海关保税进口料件的组成计税价格不得参与免抵退税计算，并通过两指标做出调整：一是当期不得免征和抵扣税额抵减额；二是当期免抵退税抵减额，第一个指标是针对有征退税率之差的企业，存在不予免征和抵扣税额，这个指标是根据出口货物的FOB价核算出来的，出口货物的货值里面包含保税进口料件的价值，即进口原料没有征税，没有征税就不应该做进项税额的转出，所以如果抵减了就等于企业损失了进项税额，第二个指标"免抵退税抵减额"是指出口货物用FOB价参与当期退税计算形成免抵退税额，出口的货物中也是含有免税的进口料件，如果进口是免税，则这部分货值在退税核算也就不能够参与退税计算，必须从免抵退税中进行抵减。

上述两个抵减额的核算有两种，即"实耗法"和"购进法"。实耗法具体是指生产企业在取得海关核发的《进料加工登记手册》后，向主管退税机关备案的同时，根据《进料加工登记手册》上合同约定的出口总值和进口总值，确定一个计划分配率（计划分配率＝计划进口总值÷计划出口总值×100%），企业在进口退税申报时，对同一《进料加工登记手册》项下的出口货物统一依据已确定的计划分配率计算确定当期出口货物应分摊的免税进口料件组成计税价格，并计算"免抵退货物不予抵扣税额抵减额"和"免抵退税额抵减额"。然后，根据上述计算出来的当期免税进口料件组成计税价格，在进行"免、抵、退"税申报时，根据计算当期的出口货物明细表中"免抵退货物不予抵扣税额抵减额"和"免抵退税额抵减额"计算当月的"免抵退税额"。

购进法是对当期的进料一次性全部折算完毕的一种计算法。就是根据当期取得手册的进口货物报关单后，根据进口货物报关单的金额（CIF价）作为进口料件组成计税价格进行计算当期的"免抵退货物不予抵扣税额抵减额"和"免抵退税额抵减额"。【（进口CIF价 × 汇率 ×（征税率－退税率），（进口CIF价 × 汇率 × 退税率）】

出口退税申报改革之后,国家税务局在2012年7月份出台2012年24号公告,进料加工办理出口退税申报时候实行"实耗法"与"购进法"并行的政策,在2013年出台国税发2013年12号公告,自2013年7月份开始全国统一实行"实耗法",取消"购进法"。

现在对于购进法与实耗法的进行比较:购进法的优点是计算简单,便于操作,但缺点是免税料件集中在一起时,免抵退货物不予抵扣税额抵减额的计算较集中,致使企业有可能在没有出口的情况下进行当期的抵扣税额计算,造成不能如实反映企业当期的应纳税额,影响税款的所属期。另外,企业在退货或原材料转内销时,税务机关难于跟踪管理。而实耗法就能合理计算企业当期出口货物所含的免税进口料件组成计税价格,从而正确计算当期的"应纳税额"和"免抵退税额"。但实耗法的缺点是计算复杂,因此必须依靠计算机技术支持,对于财务人员的业务知识有一定要求。

进料加工核算业务流程分析:("实耗法")

(1)进料加工计划分配率的确定。

确定依据:根据海关办理手册的计划进口总值和计划出口总值来计算。

计算时间:企业应在首次申报进料加工手(账)册的进料加工出口货物免抵退税前,向主管税务机关报送《进料加工企业计划分配率备案表》(附件3)及其电子数据。无纸化申报之后,只要提供电子数据就可以,纸质数据打印出来备查。

计算方法:进料加工计划分配率=(计划进口总值÷计划出口总值)×100%。

业务解释:现在"实耗法"计算的分配率与老的"实耗法"在计算分配率是有区别的,老"实耗法"是每本手册计算一个分配率,造成企业计算过于复杂,业务繁琐,不方便操作。咱们把2013年的之后的实耗法可以称为新"实耗法",这个新的"实耗法"要求进料加工核算企业以第一本的手册作为当年的计划分配率,如当年有若干本手册,其余手册都是以第一本手册的计划分配率作为核算标准,其他手册实际分配率与计算的计划分配率存在差异,可以在当年手册办理核销的时候进行调整。

(2)进料加工出口货物的免抵退税申报。

计税依据:对进料加工出口货物,企业应以出口货物人民币离岸价扣除出口货物耗用的保税进口料件金额的余额进行计算。

第一步,计划分配率=(计划进口总值/计划出口总值)×100%。

第二步,进料加工出口货物耗用的保税进口料件金额=进料加工出口货物人民币离岸价×进料加工计划分配率。

特别提示:对于计划分配率的确认,主要分为两种情况,一是使用纸质手册和电子化手册的,生产企业应根据海关签发的加工贸易手册或加工贸易电子化纸质单证所列的计划进出口总值计算计划分配率。由于海关无纸化之后,现在基本上已经没有纸质手册了。二是使用电子账册的，计划分配率按前一期已核销的实际分配率确定；新启用电子账册的，计划分配率按前一期已核销的纸质手册或电子化手册的实际分配率确定。

第三步，两个抵减额的核算。

计算不得免征和抵扣税额时，应按当期全部出口货物的离岸价扣除当期全部进料加工出口货物耗用的保税进口料件金额后的余额乘以征退税率之差计算。进料加工出口货物收齐有关凭证申报免抵退税时，以收齐凭证的进料加工出口货物人民币离岸价扣除其耗用的保税进口料件金额后的余额计算免抵退税额。这里指的收齐凭证是单证齐，信息齐。

"两个抵减额"的计算公式：

当期免抵退税额抵减额 = 当期免税进口料件组成计税价格 × 出口退税率

免抵退货物不得抵扣税额抵减额 = 当期免税进口料件组成计税价格 ×（征税率 − 出口货物退税率）

"实耗法"下的当期免税进口料件组成计税价格 = 当期（单证齐且信息齐的）出口货物离岸价 × 外汇人民币牌价 × 计划分配率

第四步：计算出口退税时：

当期不予抵扣税额 = 当期出口货物离岸价（FOB）× 外汇人民币牌价 ×（征税率 − 退税率）− 免抵退货物不得抵扣税额抵减额

当期免抵退税额 = 出口货物离岸价（FOB）× 外汇人民币牌价 × 出口货物退税率 − 当期免抵退税额抵减额

剩余的计算过程就和一般贸易的计算方法一样了，也要参照之前和大家介绍过的"六步法"。在计算过程中有两个必须要注意的问题，就是两个抵减额存在不够的抵减的如何处理？即存在负数的处理方法：

当期出口货物离岸价（FOB）× 外汇人民币牌价 ×（征税率 − 退税率）小于免抵退货物不得抵扣税额抵减额，即为负数，正确的处理方法：如不够抵减，当期不予抵扣税额为 0，剩余的不得抵扣税额抵减额可以继续下期继续抵减。由于 2021 年之后随着退税率的上升，大部分的出口商品的征税率与退税率相等，因此，这个抵减额在实际工作中已经不是经常使用，但出口企业的财务人员对于这个抵减额的计算原理和方法还是要掌握的。

出口货物离岸价（FOB）× 外汇人民币牌价 × 出口货物退税率小于当期免抵退税额抵减额，当期出现负数，当期免抵退税额视同为 0，剩余免抵退税额抵减额可以继续下期继续抵减，直到抵减完毕为止。出口企业一定要注意生产企业免抵退税汇总表的免抵退税额栏次不能为负数。

(二)进料加工复出口业务账务处理

1. 外销收入确认

借:应收账款或银行存款

贷:主营业务收入

2. 按规定计算的当期出口物资不予免征抵扣和退税的税额,计入出口物资成本。

借:主营业务成本——自营出口销售成本

贷:应交税费——应交增值税(进项税额转出)

如果当期出口申报存在进料加工业务,申报完毕之后打印出《生产企业出口货物劳务免抵退申报明细表》,根据表中第18栏数据进行账务处理。

借:主营业务成本(红字)

贷:应交税费——进项税额转出(红字)

3. 当期货物采购进项税额

国内原材料采购:

借:库存商品或原材料

借:应交税费——应交增值税(进项税额)

贷:应付账款或银行存款

购入免税料件时:

借:库存商品或原材料——进料加工——xx料件

贷:应付账款或银行存款

4. 参与当期退税计算后有征税无退税

借:应交税费——应交增值税(出口抵减内销产品应纳税额)

贷:应交税费——应交增值税(出口退税)

参与当期退税计算后有退税有免抵

借:其他应收款——出口退税

借:应交税费——应交增值税(出口抵减内销产品应纳税额)

贷:应交税费——应交增值税(出口退税)

参与当期退税计算后有退税无免抵

借:其他应收款——出口退税

贷:应交税费——应交增值税(出口退税)

5. 收到退回的税款

借:银行存款

贷:其他应收款——应收出口退税

六、生产企业来料加工核算方法

（一）来料加工业务概念

本章节的参考的文件：国税发 2012 年 24 号公告第九项（四）中第 2 点。

来料加工、来件装配是加工贸易中的又一种贸易方式，它一般由境外企业提供一定的原材料、半成品、零部件、元器件（必要时也提供些技术设备），经营企业不需要付汇进口，也不要收取全额外汇货款，由中方加工企业根据境外企业的要求进行加工装配，成品交境外企业销售，由我方收取外汇工缴费。制成品由经营企业外销出口的经营活动。来料加工、来件装配业务的确定，一般以海关核签的来料加工货物报关单和来料加工登记手册为准。来料加工、来件装配一般是境外企业在交付原材料、半成品、零部件、元器件、设备时，我方开出远期信用证或 D/A 远期结算方式，加工成品交境外企业，境外企业开出即期信用证或 D/P 即期结算方式。这种形式通常又被称为"各作各价"或"对开信用证"业务。这种业务也可以使用一般结算方式，即进口不付汇，出口不收汇，凭着进口货物的来料加工货物报关单和出口货物来料加工货物报关单，到银行收取差价，即加工费。特别注意来料加工业务必须从境外收取工缴费，从境内收取的不符合退（免）税规定。

（二）来料加工的税收政策规定

1. 从事来料加工业务的企业可以享受以下税收优惠政策：

【参考的文件：国税发 2012 年 24 号公告第九项（四）中第 2 点】

①对出口企业凭在海关办理的来料加工手册进口的原材料、零部件、元器件、设备海关予以免征进口环节的增值税或消费税，关税。

②凭在税务部门开具的《来料加工贸易免税证明》可享受以下税收优惠：来料加工复出口货物免征增值税或消费税；取得的工缴费收入免征增值税、消费税。

③出口货物耗用的国内货物的进项税不得抵扣与退税，转入生产成本。

2. 承接来料加工务所耗用的国内原辅材料的进项税额处理：

加工过程中所耗用的国内原材料，辅料（水费，电费）所支付的进项税不得抵扣，转入生产成本，其所耗用的国内原辅材料的已征税款也不予以退税。加工过程中所耗用的国内原辅材料与其他非免税货物的进项税额划分不清的，按增值税有关免税货物的规定处理，即按免税与非免税货物的销售收入比例划分各自耗用的当期进项税额，将免税货物耗用的原辅材料的进项税额转出，进入生产成本。

划分不清的业务：当期应转出的进项税额 = 当期进项税额 ×（当期免税销售额 ÷ 当期销售总额）

(三)来料加工委托加工出口的货物免税证明及核销办理

生产企业填报《生产企业来料加工贸易免税申请表》。从事来料加工委托加工业务的生产企业自海关取《来料加工登记手册》后,依据《来料加工登记手册》《来料加工进口料件报关单》,在取得加工企业开具的加工费的普通发票后,应在加工费的普通发票开具之日起至次月的增值税纳税申报期内,在退税系统填报《来料加工免税证明申请表》,提供正式申报电子数据,及下列资料向主管税务机关办理《来料加工免税证明》。

如果生产企业采取的外加工的方式,出口企业应将审核通过的《来料加工免税证明》转交加工企业,加工企业持此证明向主管税务机关申报办理加工费的增值税、消费税免税手续。

取得税务机关的《生产企业来料加工贸易免税证明》后生产企业在来料加工货物复出口并做销售,申请来料加工复出口货物的免税时,必须提供相关《生产企业来料加工贸易免税证明》。

出口企业以"来料加工"贸易方式出口货物并办理海关核销手续后,生产企业在《来料加工登记手册》核销期限内,持海关签发的核销结案通知书,在退税系统填写《来料加工出口货物免税证明核销申请表》(见图30)及正式申报电子数据并同时申报下列资料:出口货物报关单原件,来料加工免税证明,加工企业开具的加工费的普通发票原件及复印件,收汇凭证,来料加工合同等;向主管税务机关办理来料加工出口货物免税核销手续。此时,《来料加工登记手册》的来料加工贸易业务涉税手续才全部完成。

业务提示:对于委托其他企业进行加工后出口的来料加工复出口业务,需要在次年5月15日前对上年度已在海关核销的来料加工手册所对应的来料加工免税证明做核销,超期未核销的不得享受免税。主管出口退税机关将会同海关和主管征税机关对其实行征税,缴纳滞纳金,如果涉及税收金额较大还会影响出口企业纳税信用等级。由于2020年2号公告出台,出口申报期限已经取消,但来料加工的核销期限是否取消了没有明确,建议还是在次年5月15日之前办理核销。

(四)来料加工的会计处理核算

1. 科目设置。

· 原材料——来料加工——××料件。

· 待转来料加工料件款:存货抵减类科目,也可采用其他名称。

· 生产成本——来料加工——××成品——直接材料。

· 生产成本——来料加工——××成品——直接人工。

・生产成本——来料加工——××成品——制造费用。

・生产成品——来料加工——××成品。

・主营业务成本——来料加工——××成品。

2. 会计核算。

进口免税料件时：

借：原材料——来料加工——××料件

贷：待转来料加工料件款

领用保税料件时：

借：生产成本——来料加工——××成品——直接材料

贷：原材料——来料加工——××料件

核算直接人工时：

借：生产成本——来料加工——××成品——直接人工

贷：应付职工薪酬

核算制造费用时：

借：生产成本——来料加工——××成品——制造费用（水电费）

贷：制造费用——××费用

结转产成品时：

借：产成品——来料加工——××成品

贷：生产成本——来料加工——××成品——直接材料——直接人工——制造费用（水电费）

结转销售成本时：

借：主营业务成本——来料加工——××成品

贷：产成品——来料加工——××成品

・调整主营业务成本：

由于来料加工的免税收入是加工费，等于出口货物金额减掉进口货物的金额，通过这个科目调整之后，等于主营业务成本科目里就减掉免税购进的原材料的成本，实际也就是减掉了进口货物的金额。

借：待转来料加工料件款

贷：主营业务成本—来料加工——××成品

・确认工缴费收入：

借：应收账款

贷：主营业务收入—来料加工——××成品——工缴费

出口免税货物所耗用的国内原辅材料及辅助动力（水电费）所支付的进项税额不

得抵扣，计入出口成本：

借：主营业务成本

贷：应交税费——应交增值税（进项税额转出）

业务提示：在来料加工会计处理的时候，购进免税进口材料的时候可以只做数量，不计金额，后续领用保税进口料件也只计数量，这时候待转来料加工料件款这个科目就可以取消，参与会计核算的科目只有人工费用，制造费用（水电费），还有不能够抵扣的进项税额，这种方法称为来料不结算，作表外处理。

（五）来料加工核算案例分析

案例：某生产企业在海关办理一本来料加工手册，手册中备案的进口金额20万美元，出口金额25万美元；在国内购买辅料的进额为10万人民币，当月消耗的水电费不含税金额共计5万元人民币，本期内销不含税收入100万人民币，本月采购货物的金额80万元，征税率为13%，退税率为13%，本月汇率为6。

计算分析：

（1）内销确认收入

借：应收账款　113万元人民币

贷：主营业务收入　100万元人民币

应交税金—销项税额　13万元人民币

（2）确认来料加工收入

来料加工出口的工缴费=（出口金额–进口金额）×外汇人民币牌价

=（30–25）×6

=30万人民币

（3）进口保税料件时

借：原材料—来料加工　120万人民币

贷：待转来料加工料件款　120万人民币

国内销售采购原材料：

借：原材料—国内采购　80万人民币

借：应交税金—进项税额　10.4万人民币

贷：应付账款　90.4万人民币

购买来料加工辅料：

借：原材料—来料加工辅料　10万人民币

借：应交税金—进项税额　1.3万人民币

贷：应付账款　11.3万人民币

消耗辅助动力水电费：

借：制造费用—水电费 5万人民币

借：应交税金—进项税额 0.65万人民币

贷：应付账款 5.65万人民币

（4）成本核算

领用保税料件时：

借：生产成本——来料加工 120万人民币

贷：原材料——来料加工 120万人民币

领用国内料件时：

借：生产成本——国内采购 80万人民币

贷：原材料——国内采购 80万人民币

领用来料加工辅料时：

借：生产成本——来料加工辅料 10万人民币

贷：原材料——来料加工辅料 10万人民币

核算制造费用时：

由于生产国内货物和来料加工都使用了水电费，核算成本应进行分配

来料加工货物使用的水电费 =5×［150÷（150+100）］=3万人民币

内销货物使用的水电费 =5×［100÷（150+100）］=2万人民币

借：生产成本——来料加工——制造费用（水电费）3万人民币

借：生产成本——内销货物——制造费用（水电费）2万人民币

贷：制造费用——水电费 5万人民币

结转产成品时：

借：产成品——来料加工 133万人民币

借：产成品——内销货物 82万人民币

贷：生产成本——来料加工 120万人民币

——来料加工辅料 10万人民币

——内销货物 80万人民币

——制造费用（水电费）5万人民币

结转销售成本时：

借：主营业务成本——来料加工 133万人民币

借：主营业务成本——内销货物 82万人民币

贷：产成品——来料加工 133万人民币

贷：产成品——内销货物 82万人民币

·调整主营业务成本：

借：待转来料加工料件款　120万人民币

贷：主营业务成本——来料加工　120万人民币

来料加工货物的国内原辅材料及辅助动力（水电费）所支付的进项税额不得抵扣，计入出口成本，本月水电费中含有来料加工的进行税额不能够抵扣当月的销项税额，必须做进项税额转出

本月水电费的进项税额=0.65万人民币，本月的转出的进项税额=0.65×［150÷（150+100）］=0.39万人民币，本月的转出辅料的进项税额=10×0.13=1.3万人民币

借：主营业务成本——来料加工　1.69万人民币

贷：应交税费——应交增值税（进项税额转出）1.69万人民币

七、生产企业"免抵退"税申报流程

出口退税的申报需要通过系统软件生成申报数据进行申报，申报系统从2003年之后全国分为多个版本，以全国版的大连龙图为主，其余的还有浙江版，重庆版，江苏的擎天版等，还包括一些代理机构的辅助系统，由于存在过多的申报系统，对于国家政策执行带来差异性，同类的业务的申报方法，申报流程，申报资料也会出现不同，为了实现监管政策统一，减少申报差异，提高全国审核效率，国家税务总局在2020年推出全国统一操作版本"新金三退税系统"，做到申报流程，录入方法一致，申报表格格式一致，政策执行标准一致。做到系统操作标准化，模块化，审核标准统一化。新金三退税系统全国分为三个版本：离线版，海关单一窗口版，电子税务局版。

（一）退免税备案申报流程

通用申报流程：

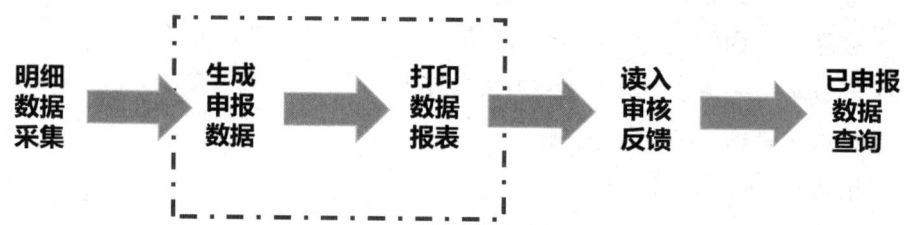

特别注意：一般贸易申报流程及资料准备

1. 申报程序和期限

申报程序：生产企业当月出口的货物须在次月的增值税纳税申报期内，向主管税务机关办理增值税纳税申报，将适用退（免）税政策的出口货物销售额填报在增值税纳税申报表的"免抵退税货物销售额"栏，并在征期内申报增值税，从中国电子口岸查询、下载、打印出口货物报关单出口退税联，并导入或手工录入出口退税申报系统，生成数据，在税务部门进行审核，审核通过之后办理退税。办理退税的企业根据税务部门按照退税分类管理要求向税务部门提供收汇手续。

申报期限：自2020年2月份国家税务局发布2号公告起，企业应收齐有关凭证，向主管税务机关办理出口货物增值税、消费税免退税申报。不再设置退税申报期限，但生产企业必须要注意，当年已经申报过出口退税的业务，自出口货物劳务出口日期起必须在次年4月份纳税申报期到期之前完成收汇手续。

出口货物劳务的出口日期，按以下原则确定：属于向海关报关出口的货物劳务，以出口货物报关单信息上注明的出口日期为准；属于非报关出口销售的货物以出口发票或普通发票的开具时间为准；属于保税区内出口企业或其他单位出口的货物以及经保税区出口的货物，以货物离境时海关出具的出境货物备案清单上注明的出口日期为准。

生产企业办事流程图：

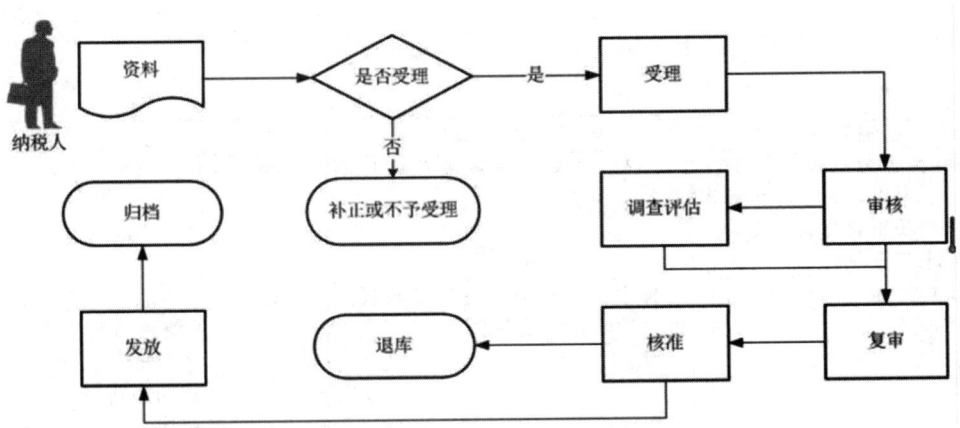

出口退税申报资料：
（1）《免抵退税申报汇总表》（见附件）；
（2）《增值税申报表》主表及附表1和附表2（见附件）；
（3）《生产企业出口货物免抵退税申报明细表》（见附件）；
（4）出口货物退（免）税正式申报电子数据；
（5）下列原始凭证：
①出口货物报关单（出口退税专用联，保税区内的出口企业可提供中华人民共和

国海关保税区出境货物备案清单,简称出境货物备案清单);

②出口收汇水单(跨境贸易人民币结算方式出口的货物,也必须收汇,退税分类为四类的企业,必须先收汇在办理退税)

③出口发票;

④委托出口的货物,还应提供受托方主管税务机关签发的代理出口货物证明,以及代理出口协议复印件;

⑤主管税务机关要求提供的其他资料。如果首次退税的生产公司,还要进行实地核查,核查之后还要检查上述资料,除此之外还要提供出口合同,提单,物流发票,海运费发票,委托报关协议,报关服务发票等。

序号	申报材料	数量
1	出口货物退(免)税申报电子数据	1份
2	《免抵退税申报汇总表》	1份
3	《生产企业出口货物免抵退税申报明细表》	1份
4	出口货物报关单(出口退税联)	1份
5	出口发票	1份
	《增值税申报表》主表及附表1和附表2	1份

有以下情形需要提供下列资料

适用情形	申报材料	数量	
报送的《生产企业出口货物免、抵、退税申报明细表》中的离岸价与相应出口货物报关单上的离岸价不一致的	《出口货物离岸价差异原因说明表》及电子数据	1份	
委托出口货物	受托方主管税务机关签发的代理出口货物证明复印件	1份	税务机关为纳税人开具的《代理出口货物证明》为电子证明的,纳税人申报办理出口退(免)税相关涉税事项时,仅需填报电子证明编号等信息,无须另行报送证明的纸质版和电子件
在出口货物报关单上的申报日期和出口日期期间,若海关调整商品代码,导致出口货物报关单上的商品代码与调整后的商品代码不一致的	《海关出口商品代码、名称、退税率调整对应表》及电子数据	1份	

适用情形	申报材料	数量	
从事进料加工出口业务的企业，在申报免抵退税前	《进料加工企业计划分配率备案表》及电子数据		
	以双委托方式从事进料加工业务的企业，委托方还应报送代理进、出口协议		
保税区内出口企业或通过保税区仓储企业报关离境的出口货物	保税区出境货物备案清单或保税区仓储企业的出境货物备案清单		
企业出口的视同自产货物以及列名生产企业出口的非自产货物，属于消费税应税消费品的	《生产企业出口非自产货物消费税退税申报表》		
	消费税专用缴款书或分割单		
	海关进口消费税专用缴款书		
	委托加工收回应税消费品的代扣代收税款凭证		
退税分类为四类的生产企业	收汇水单，出口收汇明细表		
首次退税的生产企业	函调表，付款凭证，运输单据，物流发票，海运费发票，委托报关协议，报关服务发票，收汇水单，出口发票，销售明细账复印件，增值税主表即附表1附表2		
超过收汇期限的外贸企业	收汇水单，出口收汇明细表		

生产企业免抵退税申报、审核步骤：

（1）在申报系统"退税申报向导"——"免抵退明细数据采集"模块，在出口货物劳务免抵退税申报表里录入出口报关单数据。（必要时还需相应录入《离岸价差异原因说明表》《海关商品码调整对应表》《出口收汇表情况表》、零税率相关的运输、研发、设计等表）

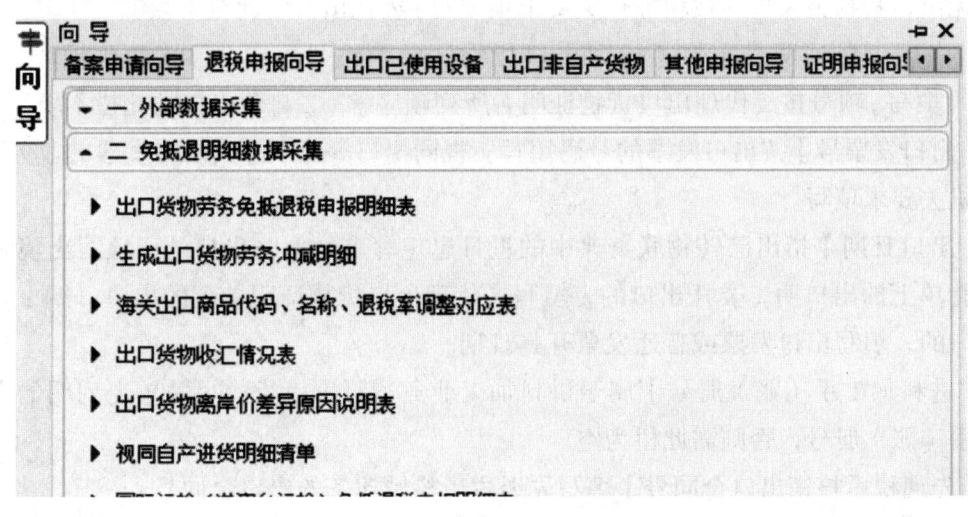

录入方法说明：

【所属期】按《生产企业出口货物劳务免抵退税申报明细表》对应的增值税纳税申报表的税款所属年月填写，应与增值税申报期保持一致。

【序号】按八位流水号填写，从 00000001 到 99999999。

【出口报关单号】按出口货物报关单上的统一编号 +0+ 项号填写，共 21 位；实际业务无出口货物报关单的按税务机关要求项项写：委托出口的此栏不填。

【代理出口证明号】按《代理出口货物证明》编号（18 位）+ 两位项号（01、02~~）填写，项号按《代理出口货物证明》所列顺序编号，自营出口的此栏不填。

【出口发票号】按出口发票的号码填写。视同出口等无须开具出口发票的业务，按税务机关要求填写。

【出口日期】指出已转物联美典中的世日思想写多经俄脱出口的，填写出境货物备案青单上的出口明；委托出口的，填写《代理出口货物证明》上的出口日期：非报关出口的，填写出口发票或普通发票开具日期。

【进料加工手（账）册号】属于讲料加工业务道写出口货物报关单上列明的讲料加工手（账）册号，否则需此栏为空。

【先遇税后核销出口合同号】填写先退税后核销业务的出口合同号。

【出口商品代码】按出口货物报关单中商品代码对应的遗税享文库中基本商品代

码填写。无出口货物报关单的按出口发票中货物名称对应的退税率文库中的基本商品代码填写。

【出口商品名称】按退税率文库中商品代码对应的名称填写，或按商品实际名称填写。

【申报商品代码】如果属于按出口商品主要原材料退税率申报退税的，按主要原材料商品代码填写。不属于此类情况的，此栏不填。

【计量单位】按出口商品代码在退税率文库中的计量单位填写。

【出口数量】按本次申报的出口数量填写，如出口货物报关单上的计量单位气申报计量单位不一致的，应按申报计量单位折算填写。

【原币离岸价】报关单成交币制的FOB价。

【原币汇率】含义：100外币兑人民币汇率。

【人民币出口销售额】填写出口发票上列明的人民币离岸价。

【美元汇率】含义：100美元兑人民币汇率。

【美元出口销售额】填写出口发票上列明的美元离岸价，非美元价格成交或成交方式非FOB的，需折算填写。

【征税率】填写出口商品法定增值税税率。

【退税率】填写退税率文库中的增值税退税率；适用退税率特殊规定的，按照规定的增值税退税率填写。

【计划分配率】填写当前有效的计划分配率。如进料加工手（账）册已完成核销，则按照对应手（账）册的实际分配率填写。

【进料加工保税进口料件组成计税价格】按"人民币出口销售额 * 计划分配率"填写。

【国内购进免税原材料价格】填写用于加工出口货物的不计提进项税额的国内免税原材料价格。

【不得免征和抵扣税额】（人民币出口销售额 – 进料加工保税进口料件组成计税价格 – 国内购进免税原材料价格）*（征税率 – 退税率）填写。

【免抵退税额】（人民币出口销售额 – 进料加工保税进口料件组成计税价格 – 国内购进免税原材料价格）* 退税率填写。

【业务类型代码】按出口业务在《业务类型代码表》中对应的"业务类型代码"填写。

【免抵退税年月】参与免抵退计算的年月。

【备注】航线维护（航次维修）业务备注中应填写国外（地区）企业名称、航班号（船名）；销售给海上石油天然气开采企业自产的海洋工程结构物时，填写内处企业名称。

【申报标志】空：未申报　　R：已申报

【审核标志】未审核通过B：已审核通过

（2）汇总表数据采集

点击离线版系统，点击基础数据采集——出口退（免）税申报——免抵退申报——免抵退税汇总表，进入汇总表。

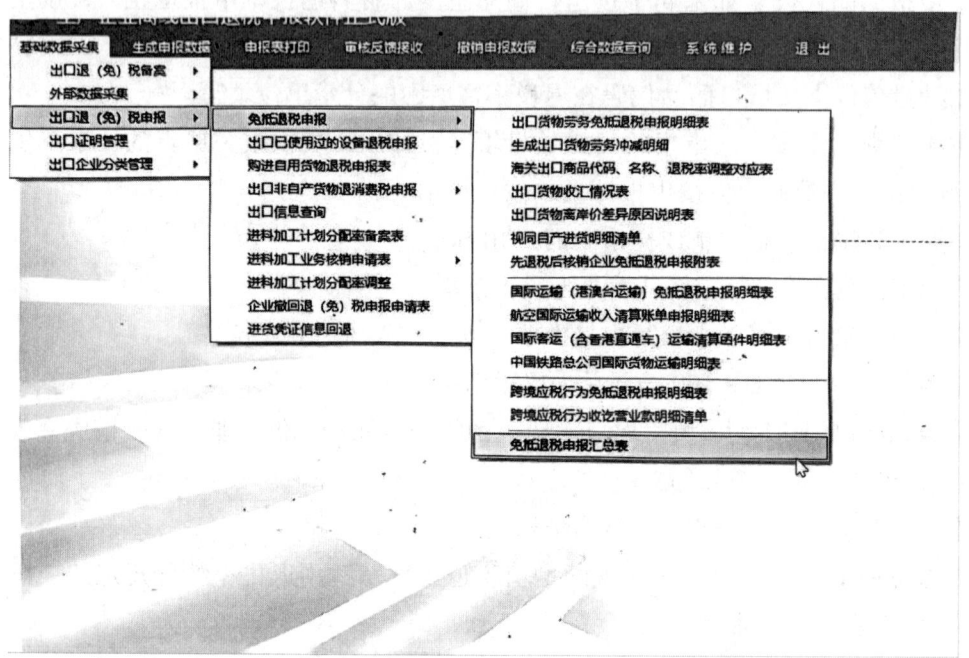

进入之后。点击"增加"，所属期必须和明细数据一致，也必须和当期的增值税申报期保持一致，按回车键，大家要注意，汇总表内所有数据都是自动生成。生成之后点击保存。

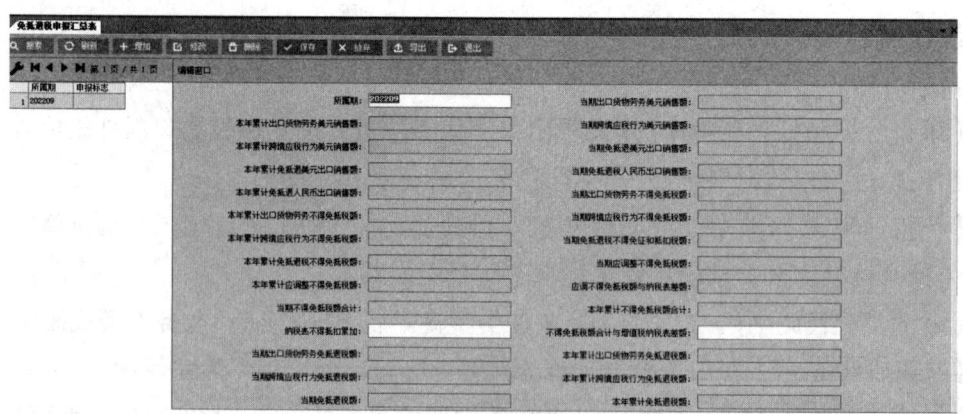

按回车键，出现一个对话框"退税汇总计算"，其中"纳税表不得抵扣累加"填写数据为大于上次已申报汇总表所属期且小于等于当前所属期的增值税纳税申报表免

抵退税办法不得抵扣的进项税额累加之和。取数的原则是与增值税报表附表2第18栏数据保存一致，填写时要注意两点，第一点如果出口企业商品的征退税率相等，这时候填写的数据应为0，第二点：如果出口商品存在征退税率之差，填写的时候应该是当前所属期至系统默认的上期已申报的最大所属期之间的纳税表附表2第18栏的合计数，例如，当前的所属期为10月份，弹框显示上期申报的最大所属期为202207，不予抵扣税额累加＝当前所属期10月份不予抵扣税额＋已申报最大所属期202207的不予抵扣税额的累加数；其中"期末留抵税额"填写的规则就是填写当期增值税申报表的期末留抵税额。汇总表其他有数据都是自动生成。生成之后点击保存。

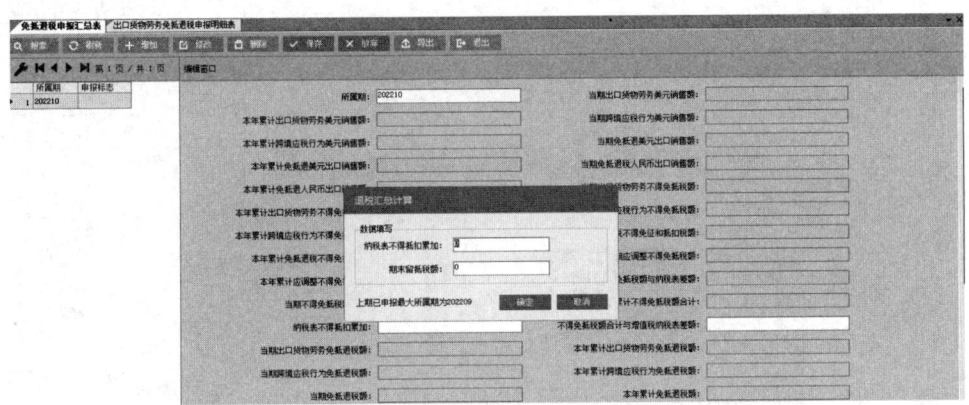

保存之后，进行生成数据操作。点击"生成申报数据"，点击"生成出口退（免）税申报数据"。

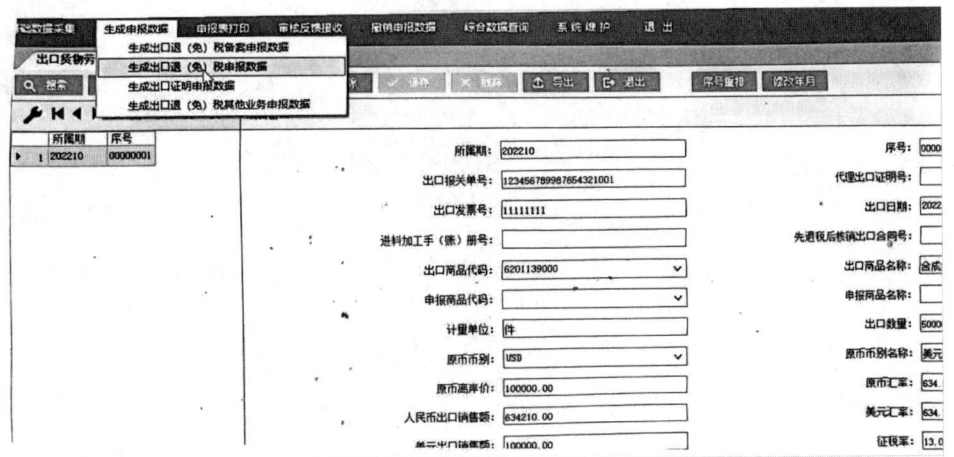

选择"免抵退申报"，点击确定，生成申报数据并打印报表。明细、汇总数据都集中在一起，压缩成一个加密的子系统文件（见图3），一般的解压工具无法解密，必须使用审核系统读入才能打开文件，上报主管税务分局。

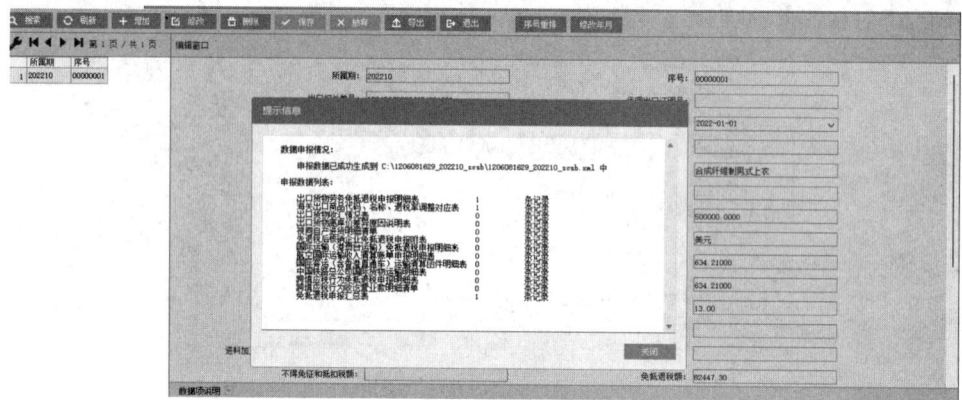

将生成的电子数据通过电子税务局进行在线申报，点击"上传"，自检成功之后，做正式数据申报。

生成数据后点击"申报表打印——出口退（免）税申报表——免抵退税申报表"进入界面之后先在打印所属期选择正确的所属期，再选择打印"出口货物劳务免抵退申报明细表和免抵退税汇总表"，点击打印预览并进行打印。

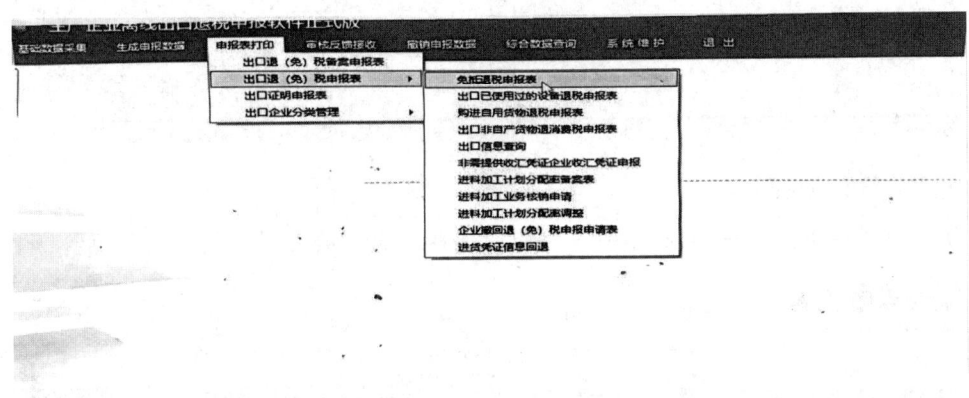

免抵退税申报汇总表

（表格略）

在线版操作流程：

登录电子税务局——我要办税——出口退税管理，点击进入：

进入系统之后,点击"出口退(免)税申报":

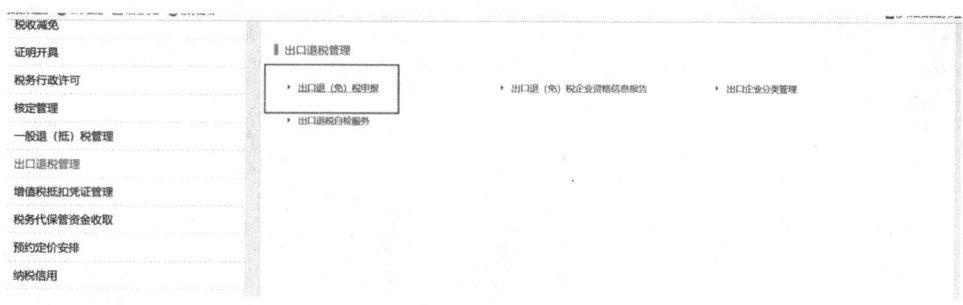

进入之后,点击"免抵退申报"中的"在线申报":

点击进入之后,进入出口退税基本业务申报流程:
明细数据采集——确认汇总表——退税申报——申报结果查询。
第一步,明细数据采集,点击红色对话框"出口货物劳务免抵退申报明细表"。

进入之后,点击"新建",进入明细数据录入界面。

进入之后按照离线版的录入操作要求进行数据采集,在其他信息操作模块里面的"业务类型"一般贸易,进料加工企业都不需要进行录入,只有存在特殊业务的企业进行选择录入。例如存在"视同自产业务"需要"业务冲减"等。采集完毕之后点击"保存并增加",继续采集业务,如果本次申报只存在一张报关单,直接点击"保存"就可以。需要特别注意的是,采集界面带有红色星号标记的是必须进行录入,否则会影响数据保存。

第二步，确认汇总申报。明细数据采集结束之后，点击确认汇总申报。

点击进入之后，出现一个对话框，进行纳税表数据采集，采集方法和注意事项可以参考"离线版"纳税表数据采集方法。采集之后，点击确认，生成汇总表数据。

第三步，退税申报。汇总表数据采集之后，操作顺序是（1）-（2）-（3）。点击"退税申报"进入操作界面。

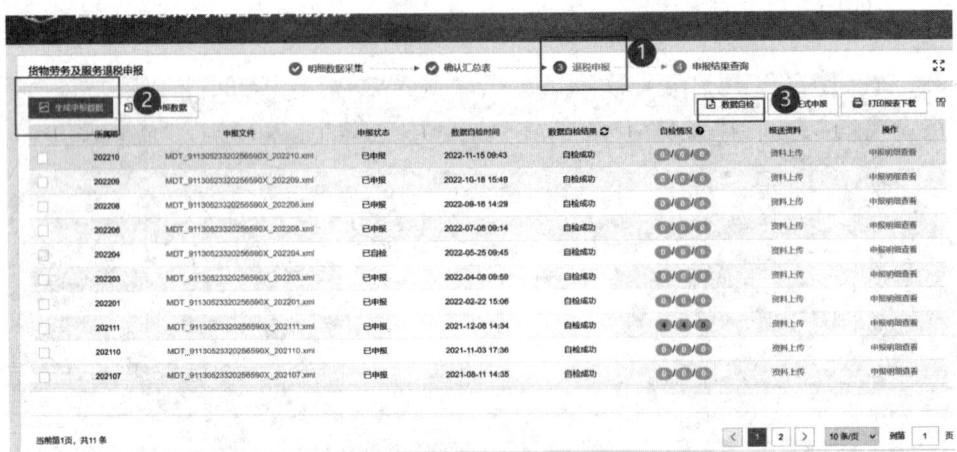

之后点击"生成申报数据",填写申报当前的所属期,并点击"确认",之后会弹出一个对话框,点击"生成"。

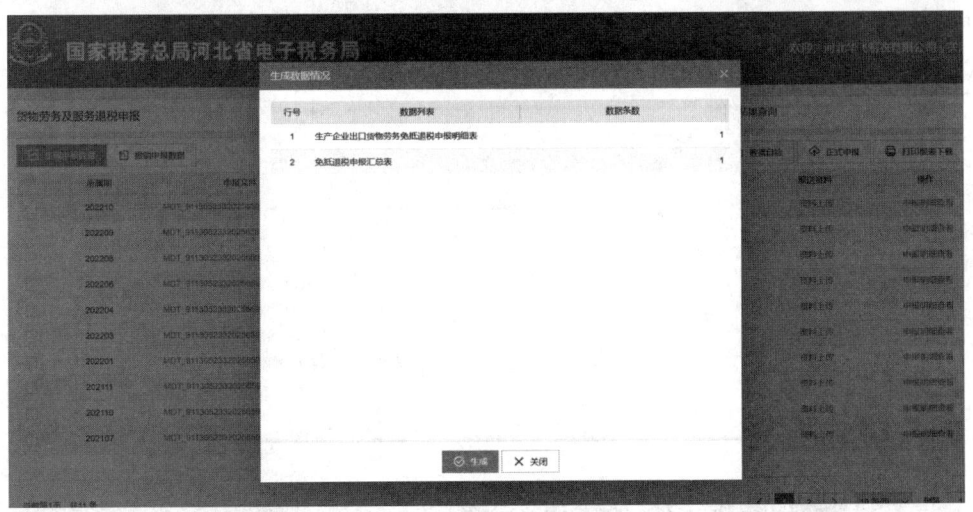

生成数据之后,选择需要申报数据,在前面的方框进行勾选,勾选之后点击"数据自检",自检之后,在"自检情况"检查自检的状态。自检状态分为三种情况:疑点数量合计/允许挑过疑点数量/不允许跳过疑点数量,即 0/0/0 代表没有疑点;1/1/0,代表存在一个疑点且这个疑点是可以跳过的疑点;1/0/1,代表存在一个疑点这个疑点是不可以跳过的疑点;2/1/1 代表存在 2 个疑点,其中一个疑点是不可以跳过的疑点,另外一个是可以跳过的疑点。数字可查看对应疑点信息,如果是没有疑点或存在可以跳过的疑点,可以继续做正式申报,如果存在不可以跳过的疑点,需要撤销申报数据,修改之后,重新自检。

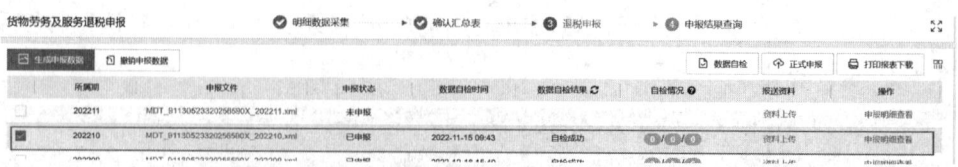

点击自检之后如果是没有疑点或存在可以跳过的疑点，可以继续做正式申报。

如果存在不可以跳过的疑点，点击自检情况中疑点数字，查看疑点，之后点击"撤销申报数据"，进入界面之后点击"确认"，撤销数据且修改之后，重新自检，并生成正式申报数据。

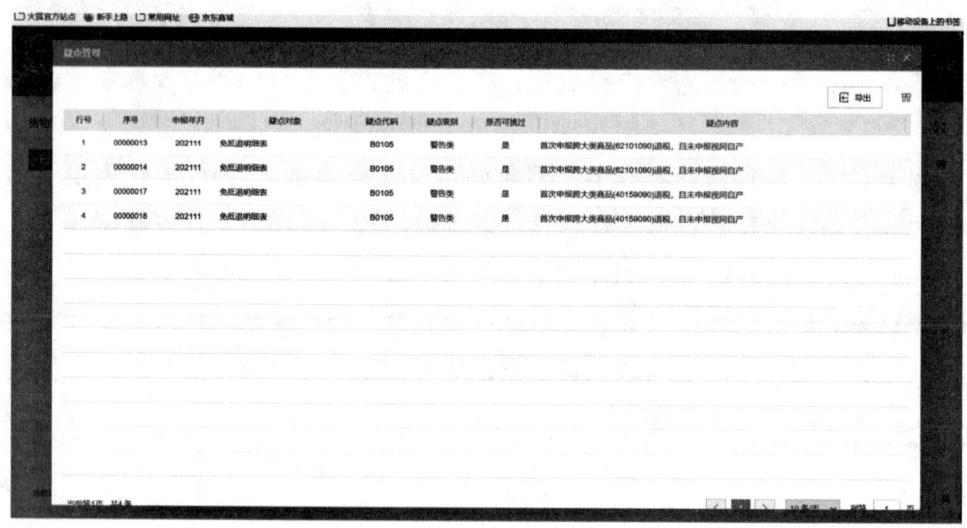

正式申报数据之后。点击打印报表下载,将本次申报数据进行打印留存。

第四步，查询申报结果，①点击"申报结果查询"，进入界面之后，②查看"审核流程信息"显示申报成功，③点击"准予受理通知书"打开受理通知书并打印留存。

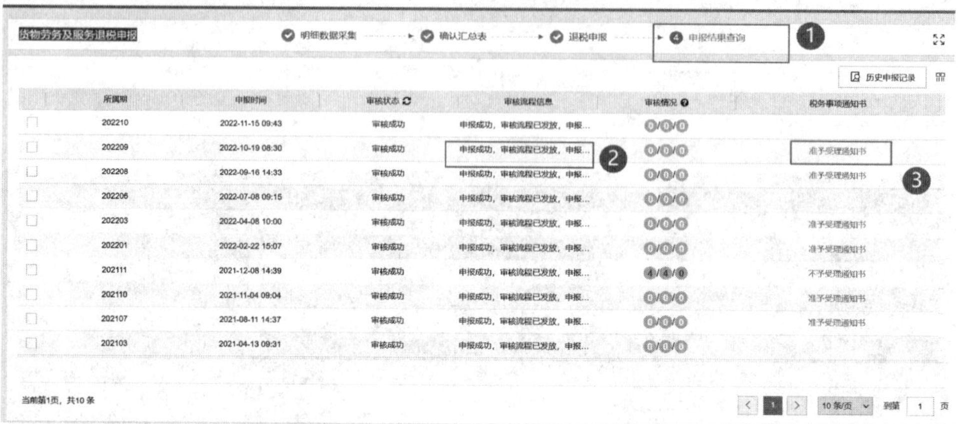

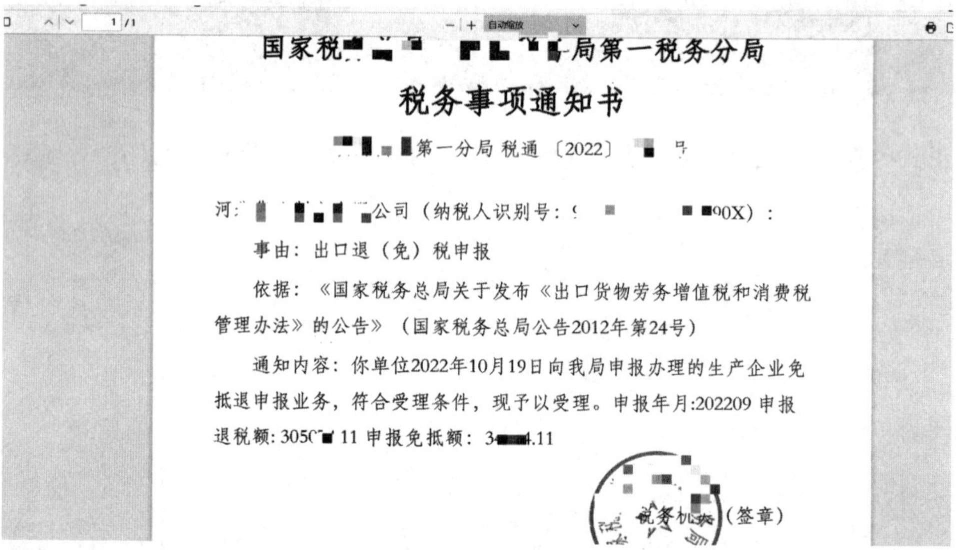

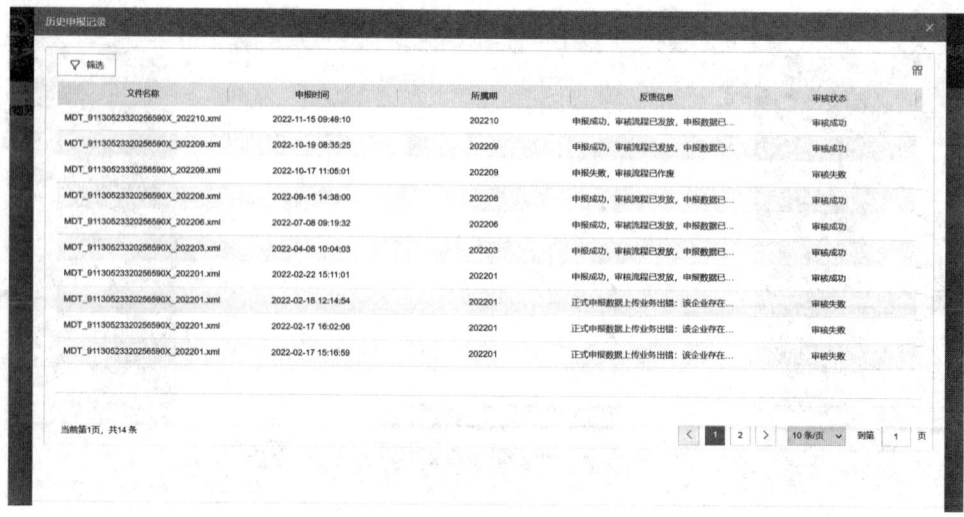

（二）进料加工贸易申报流程

进料加工企业办理出口退税之前，必须向税务机关进行计划分配率的申报，确定之后才能够进行正常的退税申报。按照国税发 2013 年 12 号公告相关规定从 2013 年 7 月份开始实行新的计划分配率的确定方法。具体方法是：对于第一次办理进料加工的企业，当年进料加工业务的计划分配率是以在海关办理首份进料加工手（账）册的作为依据确定的。企业应在首次申报进料加工手(账)册的进料加工出口货物免抵退税前，向主管税务机关报送《进料加工企业计划分配率备案表》及其电子数据。

具体的操作方法：

1.离线版系统操作方法：

进入离线版系统，点击基础数据采集——出口退（免）税申报——进料加工计划分配率备案表。

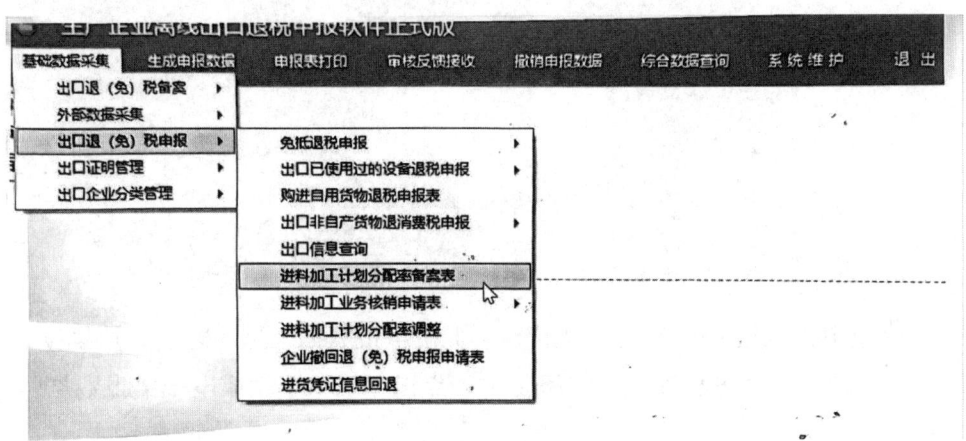

进入界面之后，点击"新增"，按照以下的要求进行录入，显示灰色的部分数据自动生成。

【所属期】4 位年份 +2 位月份，如：202001。

【序号】8 位流水号，如：00000001,00000002。

【手册（账册）号】新发生选科加工业务的，按照企业 2013 年 07 月 01 日以后首份进料加工手册填写。可以理解为新企业就填写在海关办理第一本手册作为税务机关备案手册，即备案手册的计划分配率就是全年唯一计划分率。

【市种代码】对于手册备案的进出口币种不同的，应折算成同一币种填列。

【计划（备案）进口总值】合规规定且在海关办理备案的计划进口总值：新发生进料加工业务的。

【计划（备案）出口总值】合规规定且在海关办理备案的计划出口总值。

【计划分配率】计划分配率 = 计划进口总值 / 计划出口总值 ×100%。

录入完毕之后,点击保存。

点击生成申报数据——生成出口退(免)税申报数据,进入之后,所属期选择与申报所属期一致,选择进料加工分配率备案,点击"确认"生成电子申报数据。

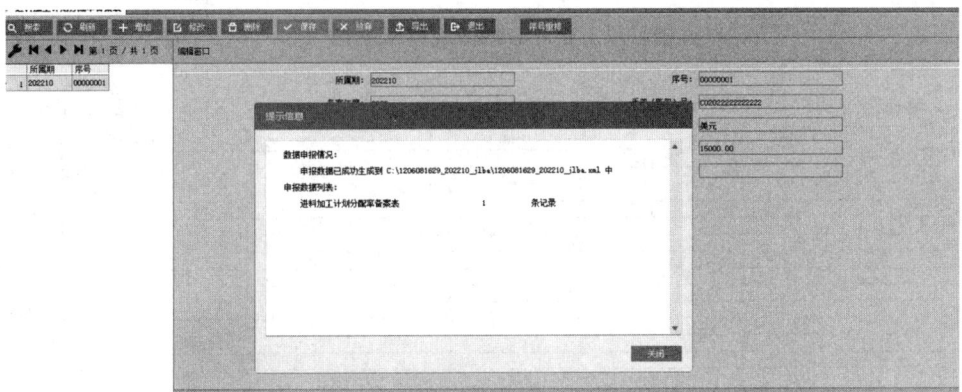

生产电子申报数据之后,进行申报表打印,点击"申报表打印"——出口退(免)税申报——进料加工分配率备案表,进入之后点击确认之后,进行打印。

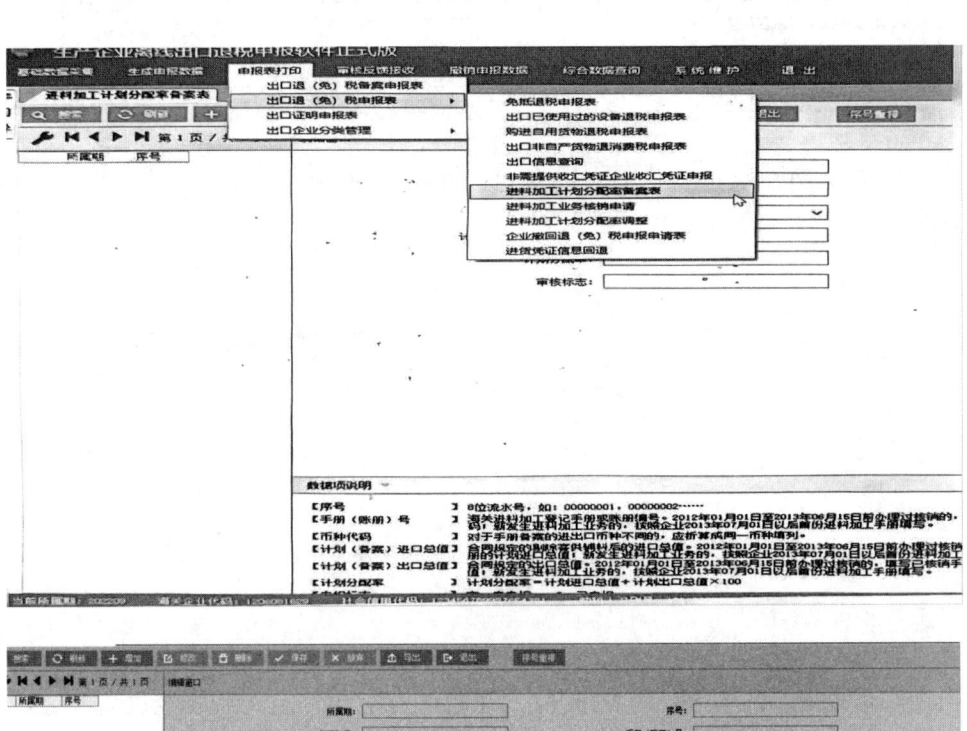

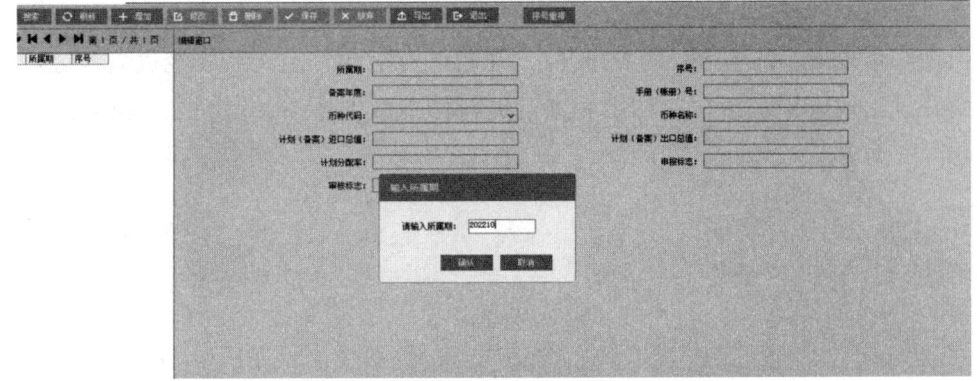

进料加工企业计划分配率备案表

生成电子数据之后，打开电子税务局，进入出口退税管理，选择离线申报之后，进入界面，点击"上传"。

出现对话框之后，选择上传的文件，开始进行上传，上传后，经过自检之后，没有疑点进行正式申报，申报成功之后进行进料加工数据反馈，反馈之后读入离线版系统，进行数据更新。

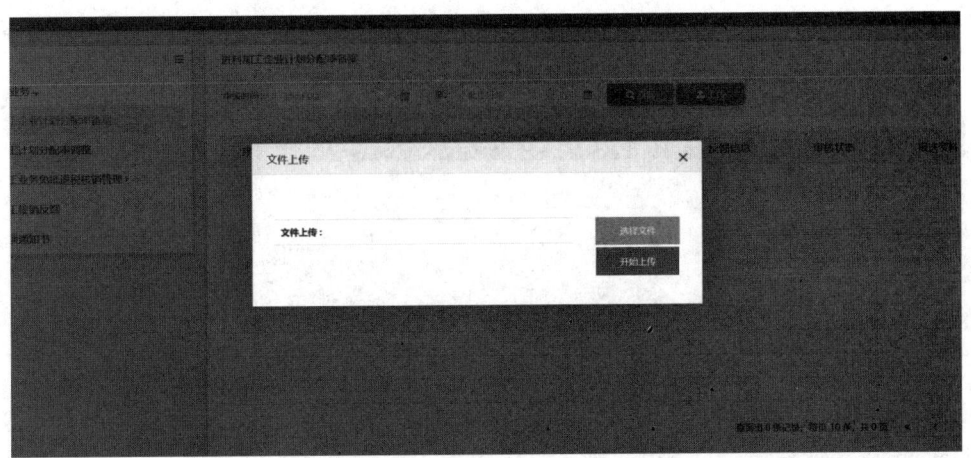

申报成功之后点击"进料加工核销反馈",拷取审核通过的进料加工的分配率,反馈之后读入离线版系统,进行数据更新。

将税务机关反馈的数据读入离线版系统,点击"审核反馈接收"——"读入税务机关反馈信息"。

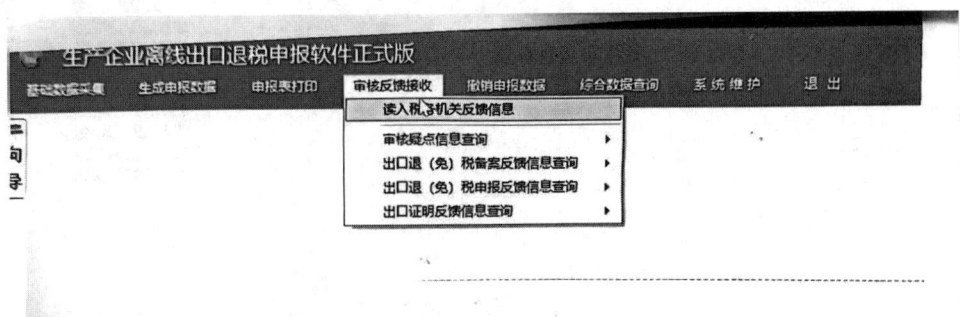

打开之后，按照之前反馈数据的保存路径找到反馈数据并录入出口退税申报系统。反馈成功之后就可以进行日常进料加工业务出口退税申报了。

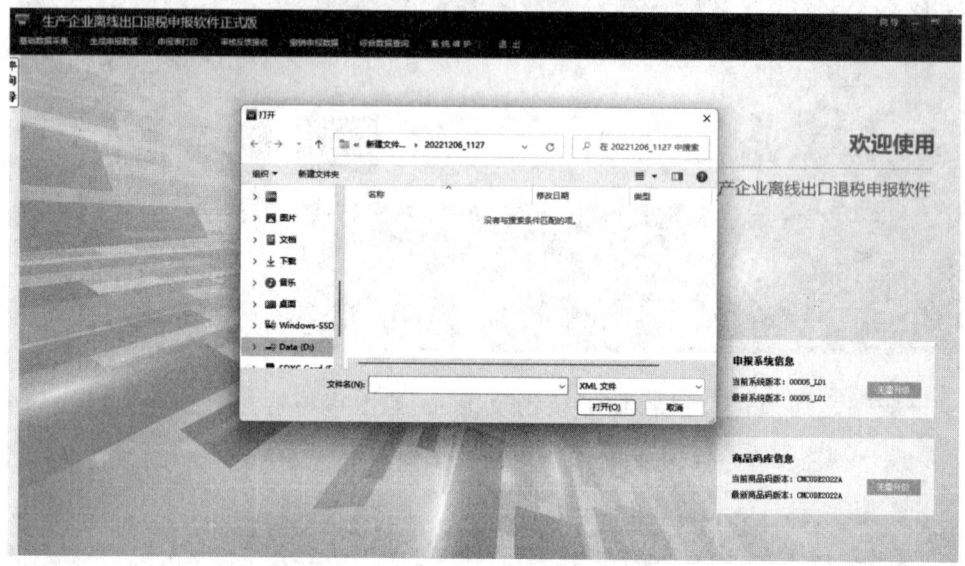

2. 在线版系统操作：

第一步，明细数据采集。

进入电子税务局——出口退税管理——退（免）税申报——进料加工计划分配率，点击"在线申报"。

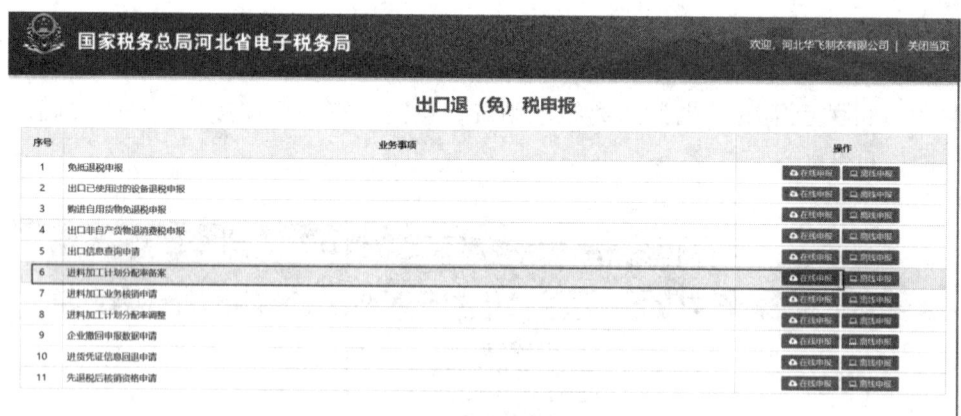

进入之后，点击新建。

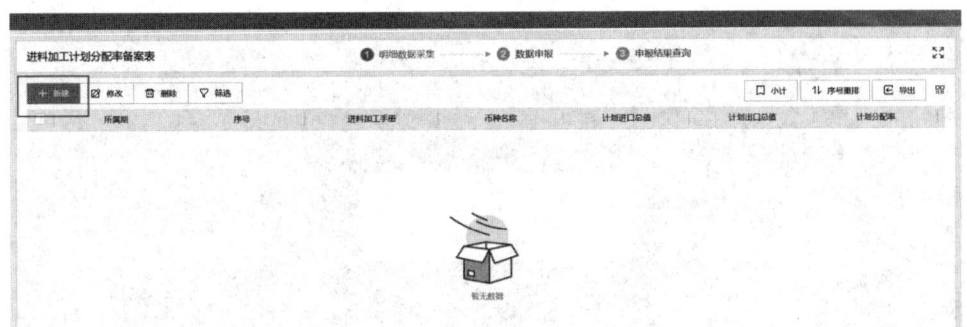

进入采集界面之后，采集方法可以参考离线版操作，采集完毕之后，点击保存。注意红色星号数据是必须填写项目。

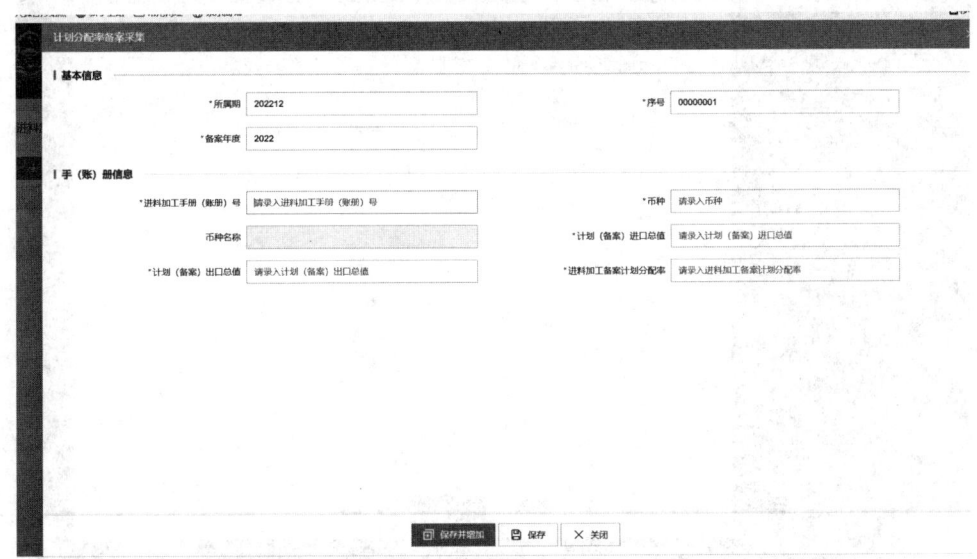

第二步，数据申报。

采集完毕之后点击"数据申报"，进入界面之后，点击"生成申报数据"。

进入之后,点击确认,点击"生成"。

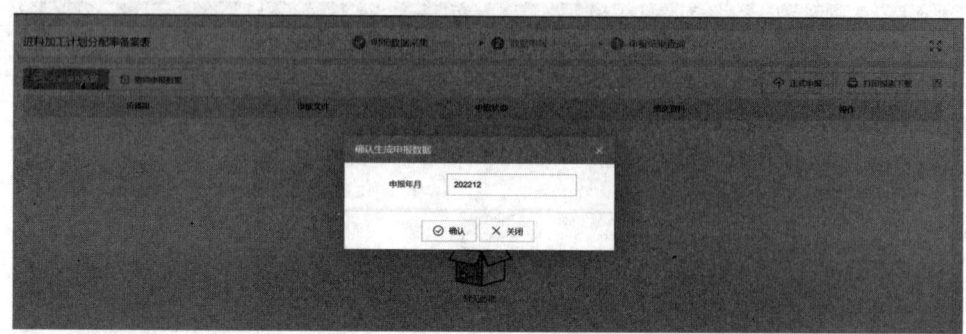

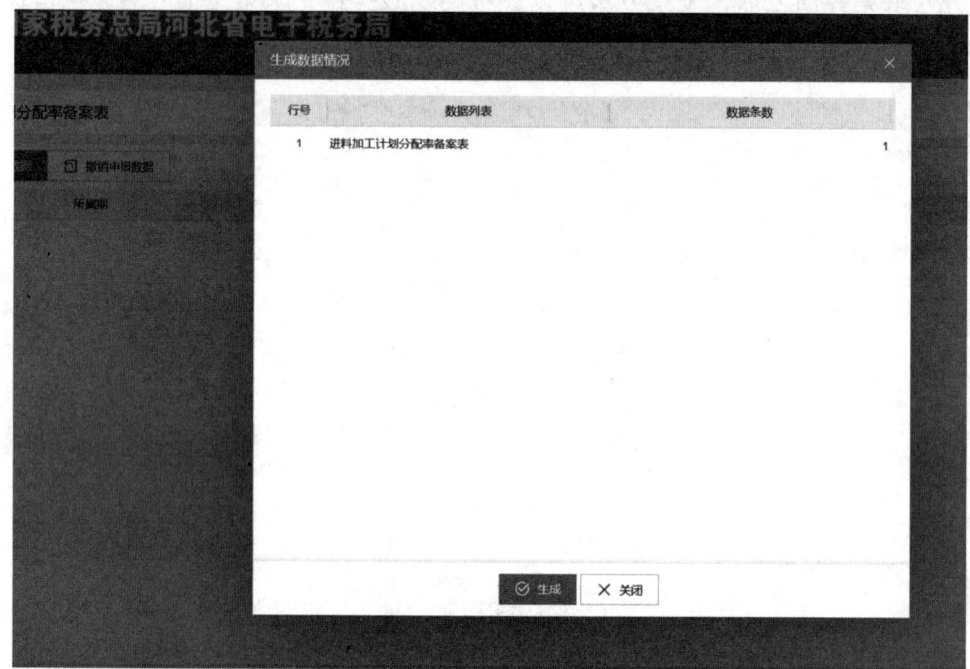

生成数据之后,勾选生成数据,点击正式申报。

第三步，申报结果查询，检查申报是否成功，审核状态显示成功之后，可以进行进料加工出口退税申报。

八、生产企业进料加工手册核销流程

（一）进料加工业务手册核销业务政策依据：

1. 国税发 2013 年 12 号公告——国家税务总局关于《出口货物劳务增值税和消费税管理办法》有关问题的公告。

文件原文：12 号公告第二大项里面第（十）小项第 3 小点。

从事进料加工业务的生产企业，自 2013 年 7 月 1 日起，按下列规定办理进料加工出口货物退（免）税的申报及手（账）册核销业务。《管理办法》第四条第（三）项停止执行。2013 年 7 月 1 日以前，企业已经在主管税务机关办理登记手续的进料加工手（账）册，按原办法办理免抵退税申报、进口料件申报、手（账）册核销（电子账册核销指海关办结一个周期核销手续后的核销）。

特别提示：《管理办法》第四条第（三）项停止执行。特指的是国税发 2012 年 24 号公告中关于进料加工业务相关解释。即 24 号公告中关于进料加工业务的文件全部作废。

2. 国家税务总局公告 2018 年第 16 号 国家税务总局关于出口退（免）税申报有关问题的公告（第九项）。

文件内容：

生产企业应于每年 4 月 20 日前，按以下规定向主管税务机关申请办理上年度海关已核销的进料加工手册（账册）项下的进料加工业务核销手续。4 月 20 日前未进行核销的，对该企业的出口退（免）税业务，主管税务机关暂不办理，在其进行核销后再办理。

解析：文件明确手册核销时限，如果出口企业没有在次年4月20日进行手册核销，那次年退税业务不能够进行申报，如果上年度在海关没有办理手册核销业务，那在次年4月20日之前不用进行税局核销，次年的进料加工业务的计划分配率继续使用上年度的计划分配率。

（二）进料加工业务手册核销业务流程

手册核销之前必须要了解的知识：海关已核销的进料加工手（账）册项下的进料加工业务核销手续，应于次年申报期申报办理。

需要注意的是：

（1）次年4月20日前未进行核销的，主管税务机关对出口退（免）税业务暂不办理，进行核销后再办理。

（2）由于国税局发布新文件，财政部 国税局2020年2号公告，文件中取消退税申报期限，但出口企业必须注意，涉及进料加工的出口业务必须在4月15日之前申报，因为手册核销时间没有取消，还是4月20日。

（3）手册核销之前必须将上年度已经办理的出口业务退税申报结束，如有在手册核销后存在漏申报业务，该出口业务视同内销征税。

（4）如果发现核销数据有误的，应在发现次月按照有关规定向主管税务机关重新办理核销手续。

1. 手册核销业务说明：

进料加工是指国内有外贸经营权的单位用外汇从国外进口原材料、材料、辅料、元器件、配套件和包装物料，经生产加工成成品或半成品后再返销出口的业务。海关对加工贸易经营单位签发手册，对进口原辅料、元器件、配套件和包装物根据加工贸易制度予以保税管理。在全部出口之后在海关需要办理手册核销手续，海关核销完毕之后，出口企业凭海关出具核销结案通知书，向主管税务机关在规定的时间内进行退税的手册核销。

2. 进料加工业务手册核销业务需要提供的资料：

（1）进口报关单、出口报关单（无纸化不需要，除启运港业务）；

（2）进料加工登记手册（手册核销时用）；

（3）委托出口/进口的货物，提供受托方主管税务机关签发的代理出口/进口货物证明，以及协议复印件；

（4）进料加工手册海关结案通知书（手册核销时用）；

（5）提供进料加工手册电子数据。

3.进料加工手册海关核销时间：

每年4月20日前。

建议不要太早，太早了海关还未传递加贸数据给税局，生产企业无法获取加贸数据进行核对。一般在3月份或4月份申报期内进行核销即可。

特别提醒：根据2013年12号公告相关规定，手册核销执行的是"一年一核"，所谓"一年一核"是指在一个会计年度内出口企业在海关办理手册核销的业务并且海关出具"核销结案通知书"。

即上年度已经在海关办理核销的手（账）册，指的是结案通知书上显示的"同意结案日期"在上年度1.1–12.31之间。

4.进料加工手册核销流程总述：

根据国家税务总局公告2018年第16号的规定，自2018年5月1日起，进料加工核销流程发生了大变化。2020年进料业务手册全面进入无纸化时代，整体操作全部电子化操作（四类企业除外）。

办理流程如下：

（1）生产企业申请核销前，应从主管税务机关获取海关联网监管加工贸易电子数据中的进料加工"电子账册（电子化手册）核销数据"以及进料加工业务的进口和出口货物报关单数据。获取后反馈读入系统，然后与需要核销的手（账）册对应的进口报关单和出口报关单进行核对，找出有无差异；

（2）生产企业将获取的反馈数据与进料加工手册（账册）实际发生的进口和出口情况核对后，报送简并优化后的《生产企业进料加工业务免抵退税核销表》。企业获取的主管税务机关反馈数据与实际业务不一致的，报送简并优化后的《已核销手册（账册）海关数据调整表》。

提示：进行核销数据录入，若有与加贸数据不符的报关单，则在调整表中直接调整；生成核销数据给税局进行核销，税局对企业核销数据进行审核，若相符则反馈核销反馈给企业，若不符则让企业重新调整直至相符为止。

（3）主管税务机关确认核销后，生产企业应根据《生产企业进料加工业务免抵退税核销表》确认的应调整不得免征和抵扣税额在首次纳税申报时（核销次月）申报调整。

（4）生产企业发现核销数据有误的，应在发现次月按照有关规定向主管税务机关重新办理核销手续。

进料加工核销流程图解：

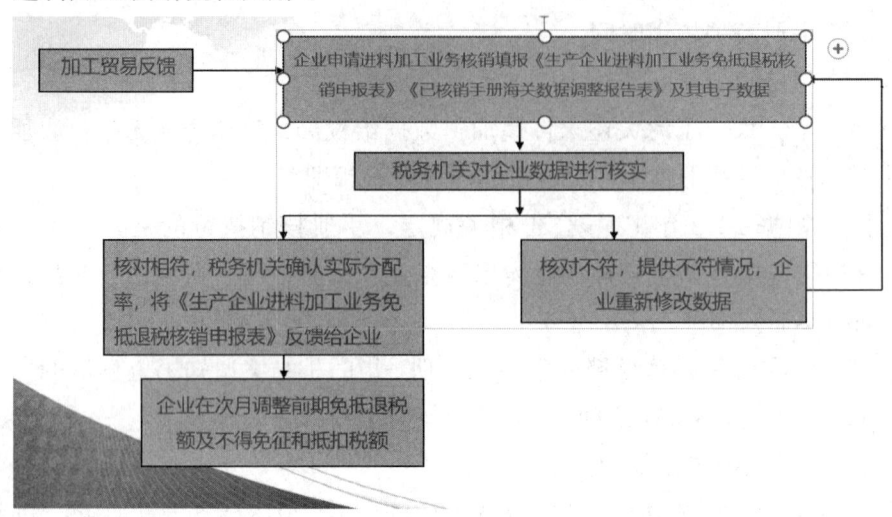

进料加工核销系统流程操作解析：

（1）准备工作

①把去年海关已核销的手（账）册对应的出口业务先申报完退税，若未申报退税的一旦核销后就不能退税了。

把所需要核销的手（账）册及对应的进口报关单、出口结关报关单准备好。

②获取加贸数据

登录出口退税综合服务平台做进料加工核销反馈下载，或去税局拷加贸数据。这一步是为了下载需要核销的加贸数据并核对下企业所要核销的数据是否与税局的一致。找出不一致的在核销时做调整。

③把税局的加贸数据读入退税申报系统，把企业需要核销的手（账）册即对应的进出口报关单与加贸数据核对找出是否有差异。

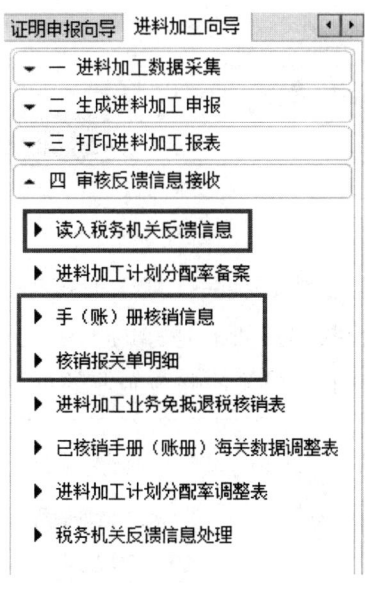

反馈数据读入之后：

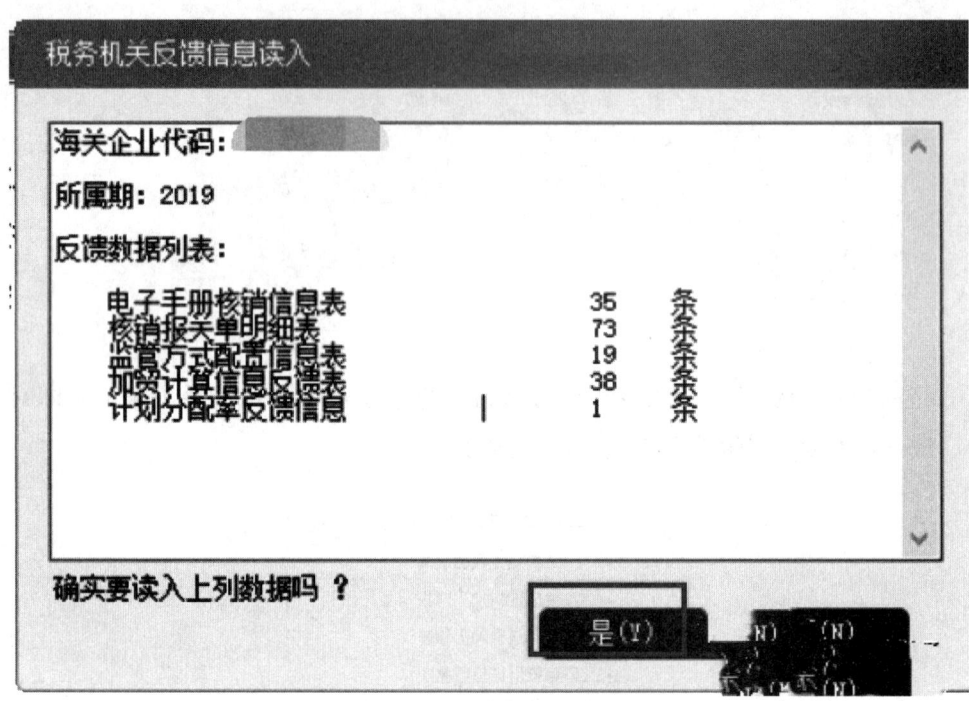

在进料加工向导的第五步中，在手（账）册核销信息查询中做需核销手（账）册查询并与企业的进行核对，找出是否有遗漏的；在核销报关单明细查询中查询税局的加贸数据中的进口报关单、出口报关单并与企业的进行核对，找出是否有遗漏或差异。

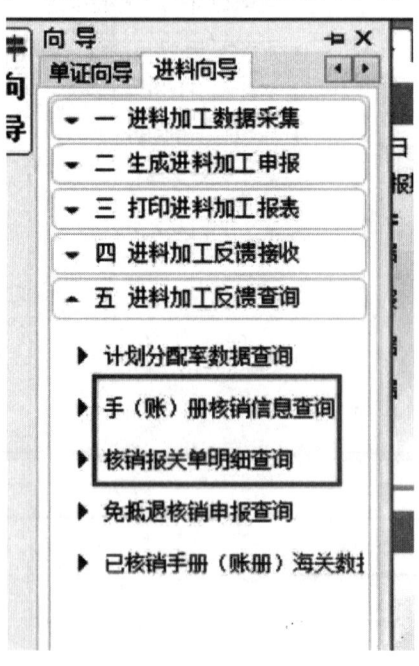

导入手册信息截图：

导入报关单信息截图：

在导入账册信息和报关单信息之后，实际分配率会根据导入信息的数据进行相关计算，将计算原理进行分析：

实际分配率 = 进口总值 / 出口总值

在进料加工手册核销计算的时候,系统会根据不同的贸易形式进行核销计算,实际分配率是根据参与计算的数据计算出来的,将参与计算大的贸易形式列表进行分析:

注意:I 代表进口数据,E 代表出口数据。

序号	贸易性质码	贸易性质名称	进出口标志	贸易性质全称	计算属性
1	0615	进料对口	I	进料加工(对口合同)	1
2	0654	进料深加工	I	进料深加工结转货物	1
3	0657	进料余料结转	I	进料加工余料结转	1
4	0700	进料料件退换	I	进料加工料件退换	1
5	0715	进料非对口	I	进料加工(非对口合同)	1
6	1215	保税工厂	I	保税工厂	1
7	0657	进料余料结转	E	进料加工余料结转	4
8	0664	进料料件复出	E	进料加工复运出境的原进口料件	4
9	0700	进料料件退换	E	进料加工料件退换	4
10	0864	进料边角料复出	E	进料加工项下边角料复出口	4
11	0200	料件放弃	I	主动放弃交由海关处理的来料或进料加工料件	4
12	0644	进料料件内销	I	进料加工料件内销	4
13	0844	进料边角料内销	I	进料加工项下边角料转内销	4
14	0615	进料对口	E	进料加工(对口合同)	2
15	0654	进料深加工	E	进料深加工结转货物	2
16	0715	进料非对口	E	进料加工(非对口合同)	2
17	1215	保税工厂	E	保税工厂	2
18	4600	进料成品退换	E	进料成品退换	2
19	4600	进料成品退换	I	进料成品退换	6

注:仅供参考。计算属性:0-不参与计算 1-分子 2-分母 3-分子加项 4-分子减项 5-分母加项 6-分母减项

例如:企业 A C001 手册信息。

进口贸易性质码	金额(美元)	计算方式	出口贸易性质码	金额(美元)	计算方式
0615 进料对口	800	1-分子项	0615 进料对口	1000	2-分母项
0654 进料深加工	500	1-分子项	0654 进料深加工	500	2-分母项
0657 进料余料结转	300	1-分子项	0657 进料余料结转	300	4-分子减项
0700 进料料件退换	200	1-分子项	0700 进料料件退换	200	4-分子减项
0644 进料料件内销	200	4-分子减项	0664 进料料件复出	300	4-分子减项
0844 进料边角料内销	200	4-分子减项	0864 进料边角料复出	200	4-分子减项
4600 进料成品退换	300	6-分母减项	4600 进料成品退换	200	2-分母项

注意:黄色代表调整数据

计算方式:

【800+500+300+200-200-300-200-300】÷【1000+500】

=800÷1500=53.3333%

调整表:分子项:-400 分母项:-100

调整后实际:400÷1400=28.5714%

(2)核销录入

企业核对后,找出企业需要核销的手(账)册及对应的进出口货物报关单数据与获取到的加贸数据中并不一致的,找出差异后即可进行核销,在进料加工向导第一步,做手(账)册核销录入:

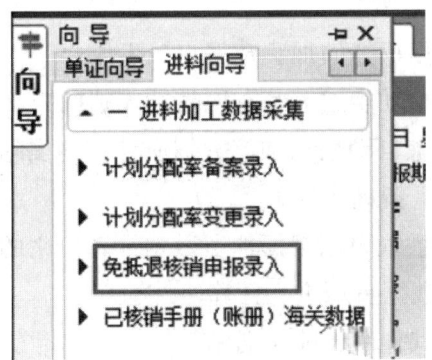

点击进入之后：

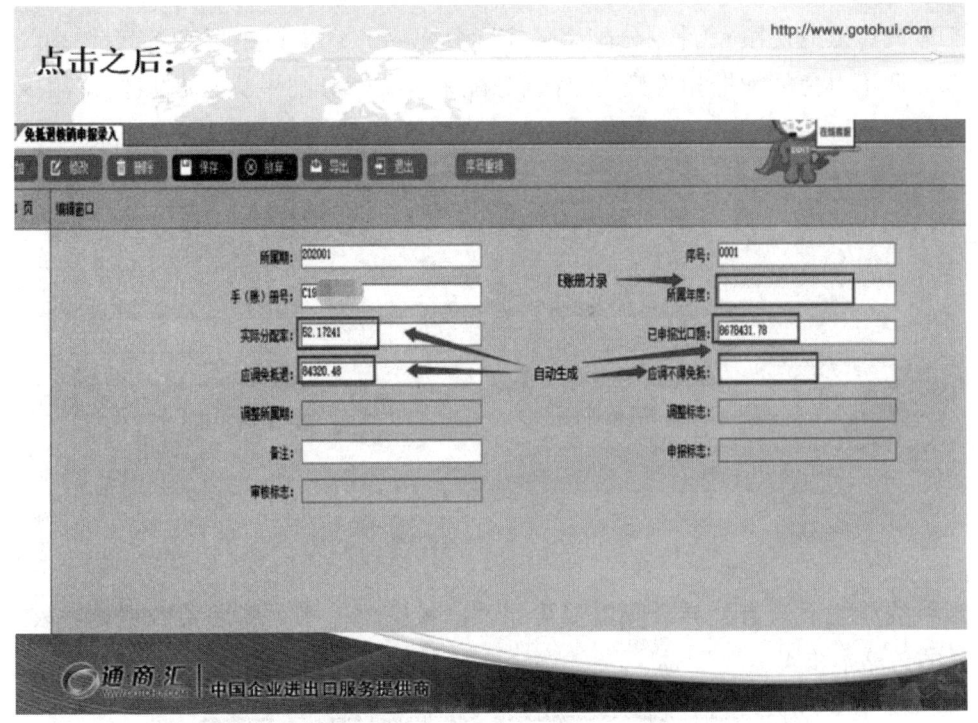

录入操作方法如下：

①所属期：本次核销进入的所属期。如果该所属期有免抵退税要申报，应先申报完免抵退税再以该所属期进行核销。比如要在 2020 年 3 月核销，则先申报完 202002 所属期的免抵退，再以 202002 所属期进行核销。

②序号：按 0001 顺序排列。

③手（账）册号：电子或纸质手册的，录入 C 开头的手册号；电子账册的，录入 E 开头的账册号。

④所属年度：若为 C 手册，不填；若为 E 账册，填本次申请核销的电子账册核销

年度 2021。

⑤实际分配率：根据反馈的加贸数据自动生成。

⑥已申报出口额：自动生成。若有调整录入则按调整后的数据重新进行计算。

⑦应调免抵退：系统自动根据加贸数据所计算的实际分配率自动计算，若有调整录入则按调整后的数据重新进行计算。

⑧应调不得免抵：系统自动根据加贸数据计算出来的实际分配率自动计算，若有调整录入则按调整后的数据重新进行计算。

录完后保存，再录其他手（账）册信息。

注解：重点讲解⑦⑧，因为数据是自动生成的数据，下面将系统 计算公示分享如下：

⑦应调免抵退税额：(计划分配率－实际分配率) × 出口销售额 × 退税率。

⑧应调不得免征和抵扣税额：(计划分配率－实际分配率) × 出口销售额 × (征税率－退税率)。

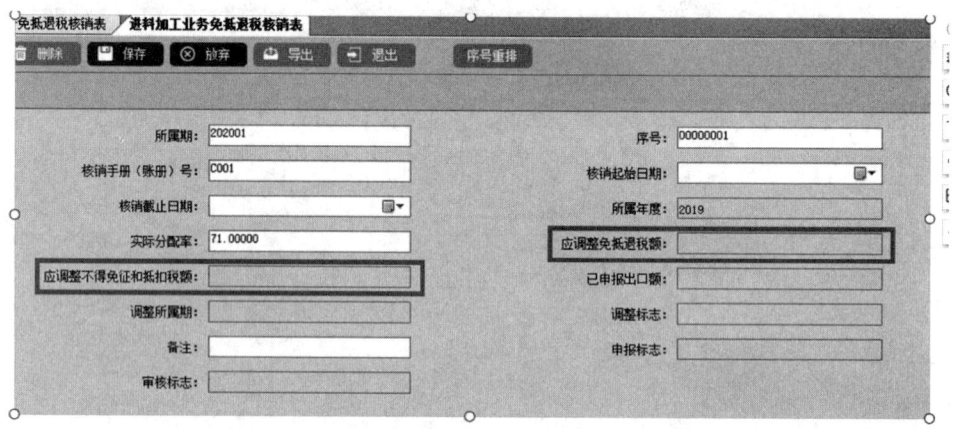

录入完毕之后若有差异，则需要再录"已核销手（账）册海关数据调整表"（没有差异的忽略本步）。

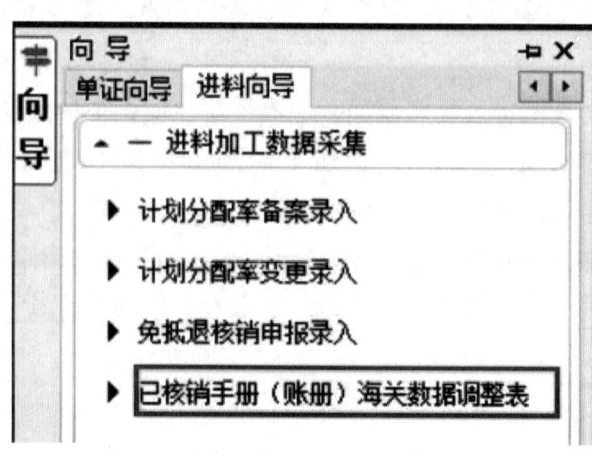

点击红色选框之后，进入操作界面。

注：一定要根据有差异的报关单显示的信息填写，尤其是监管方式代码和进出口标识不要填错，这关系到核销计算。

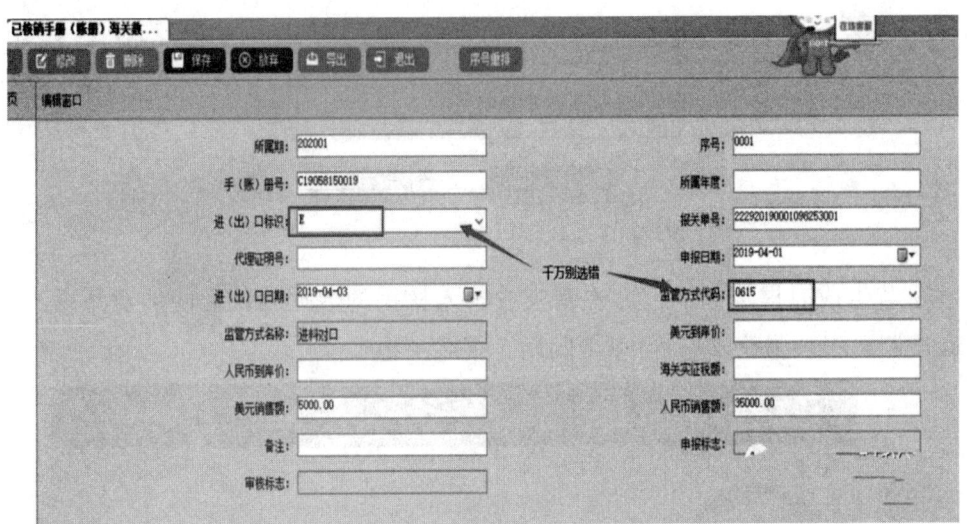

调整表填写完成后，回到第 2 步核销录入中，对有差异的手（账）册数据，点修改并回车，第 3 步调整的差异会自动进行计算，保存即可。

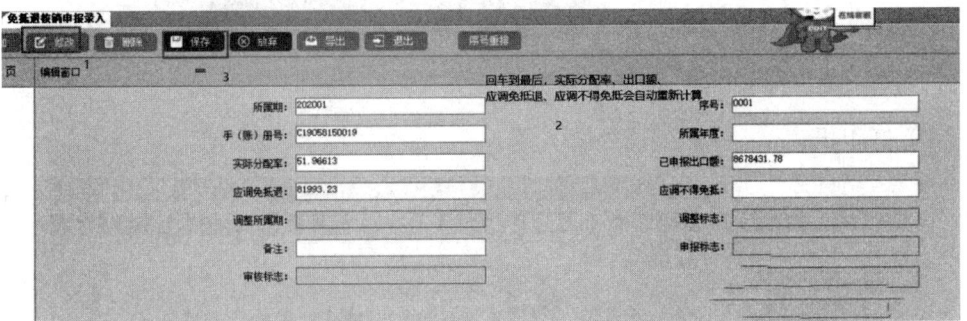

（3）生成核销数据

点击红色选框之后，进入生成数据的操作界面，选择"免抵退税核销申报"。

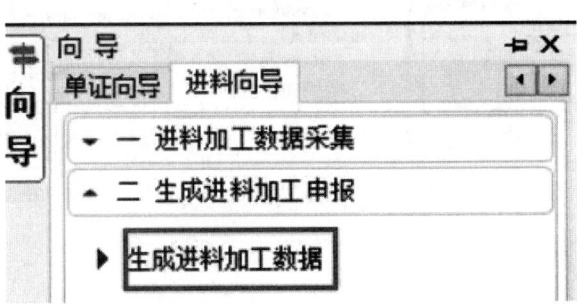

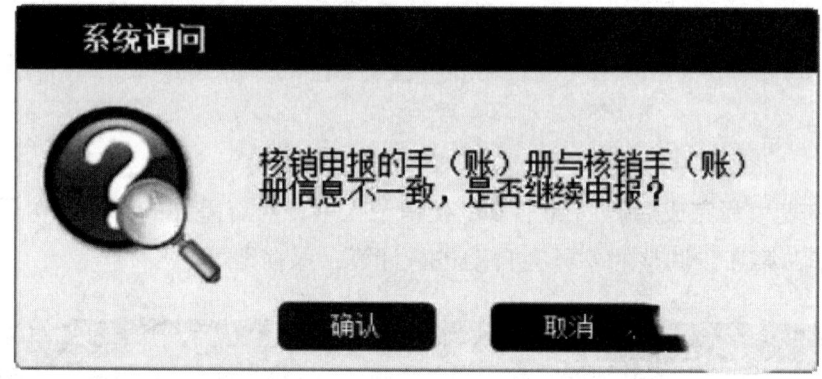

注：若生成时提示如下，这说明企业录入核销的数据与税局的加贸数据不一致，还得通过调整表来调整成一致 点击确认，继续申报。

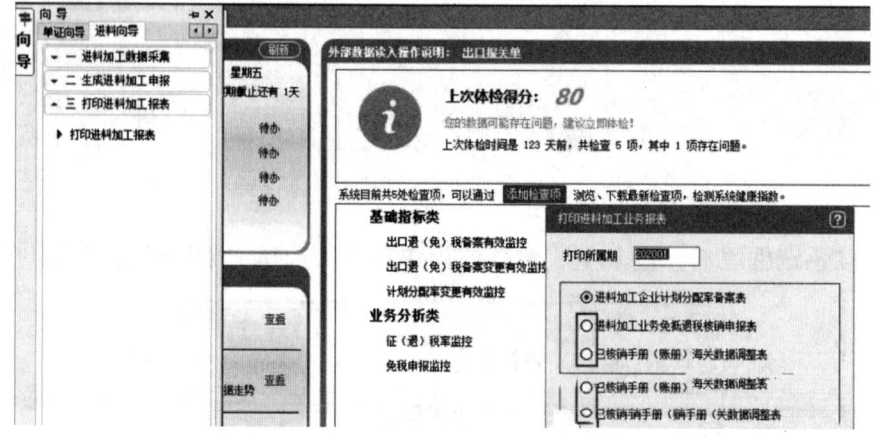

（4）打印报表

（5）核销申报：在电子税务局中进行申报

（6）税务机关进料加工审核

企业送交核销表及核销资料（注：核销不属于无纸化办理事项，应提交纸质资料。疫情期间，可不要求资料直接无纸化审核，事后补资料），税局将企业报送的电子数据读入出口退税审核系统，对《生产企业进料加工业务免抵退税核销表》和《已核销手册（账册）海关数据调整表》及证明资料进行审核。

核销相符则确认核销完成，给企业核销反馈，企业读入核销反馈并做反馈处理即可；核销不符，生产企业应撤销核销数据，继续通过调整录入进行调整直至相符。

（7）核销完成，核销数据读入出口退税系统

税务机关完后审核后，税局给企业生成反馈数据，下载之后，企业读入退税系统中并做反馈处理后，即可查询到本年度的计划分配率及带有审核标识 R 的已核销完成的手（账）册。

读入系统之后就可以查询核销进料数据。

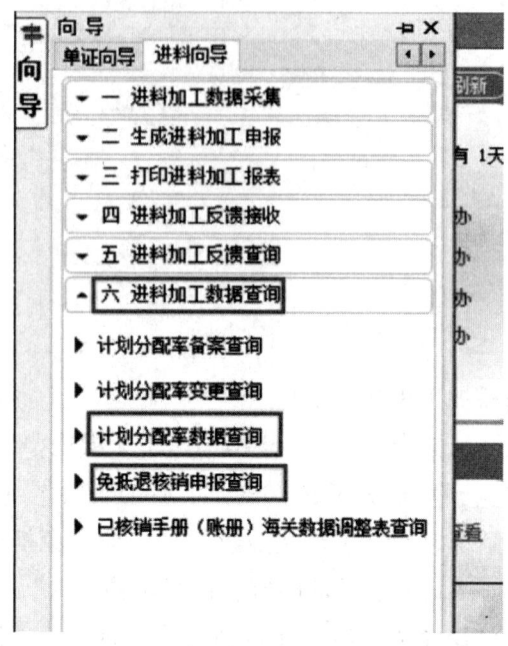

数据读入出口退税系统之后,"免抵退税核销表"中的数据就参与汇总表计算。

生产企业根据《生产企业进料加工业务免抵退税核销表》中的"已核销手册(账册)综合实际分配率",作为当年度进料加工计划分配率。在核销确认的次月,根据《生产企业进料加工业务免抵退税核销表》确认的不得免征和抵扣税额在纳税申报时做申报调整,即在增值税申报表附表二第 18 栏做进项转出调整;在确认核销后的首次免抵退税申报时,根据《生产企业进料加工业务免抵退税核销表》确认的调整免抵退税额申报调整当期免抵退税额。

进料加工业务免抵退核销表参与汇总表计算对应关系：

不得免征和抵扣税额	免抵退税不得免征和抵扣税额	5=6+7
	其中：出口货物不得免征和抵扣税额	6
	应税服务不得免征和抵扣税额	7
	进料加工核销应调整不得免征和抵扣税额	8
	免抵退税不得免征和抵扣税额合计	9=5+8
应退税额和免抵税额	免抵退税额	10=11+12
	其中：出口货物免抵退税额	11
	应税服务免抵退税额	12
	上期结转需冲减的免抵退税额	13
	进料加工核销应调整免抵退税额	14
	免抵退税额合计	15（如10-13+14>0则为10-13+14,否则为0）
	结转下期需冲减的免抵退税额	16=13-10-14+15
	增值税纳税申报表期末留抵税额	17
	应退税额	18(如15>17则为17,否则为15)
	免抵税额	19=15-18

免抵退核销后，若征退税率一致，汇总表的第 8 栏应为 0；生成的应调免抵退金额若为正数，该金额抵减下期的免抵退税额；若为负数，则增加下期的免抵退税额。生成的应调不得免抵金额若为正数，抵减下期的不得免征和抵扣税额，若为负数，则增加下期的不得免征和抵扣税额。

注意：

进料加工业务免抵退核销表反馈数据要在核销的次月读入出口退税系统，参与汇总表计算，如果免抵退税额抵减额和不予抵扣税额抵减额（一般会在征退税率存在差异的时候会出现不与抵扣税额抵减额）在抵减当月汇总表数据不够抵减，不够抵减部分会自动结转下期，而且抵减当月必须调整当期的纳税申报表，汇总表与增值税报表的调整必须同步，且金额相等。

特别讲解：生产企业如果核销的进料加工业务是账册，核销的流程是一样的，但是在数据采集方面是略微存在差异的，将账册的核销注意事项进行介绍：

进料加工业务免抵退核销表——账册。

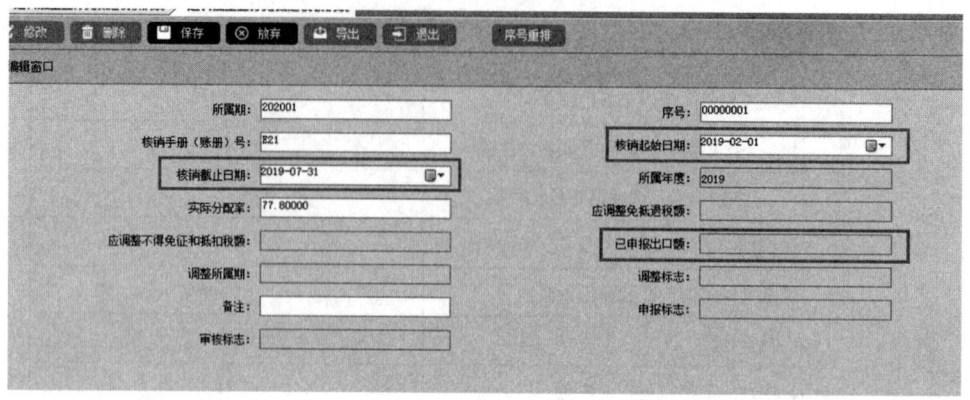

①账册的核销由之前的按"所属年度"核,改为按"核销起始日期"和"核销截止日期"核。

②核销起止日期范围最小为3个月,最大为1年。

③二次核销时核销起止日期必须一致。

④核销起止日期不能重复,不能有间隔,必须连续。

⑤已申报出口额的计算范围变化:按企业已申报免抵退税的出口销售额(人民币)计算对应账册的已申报出口额填写。

特别提醒:

报核开始日期:

申报核销为账册号时,对应的所获取的海关加贸数据中,上年度海关已核销的报核周期的报核起始日期。有多个报核起始日期需分别申报。

报核截止日期:

有多个报核截止日期,应分别申报;

海关核销的周期报核周期小于90天时,需报核周期合并成不少于90天的报核周期申报核销。

例如:账册E1

海关的核销周期是2019年12月1日至2020年7月30日,在2021年企业申报核销申请的时候应该怎么报?

新系统升级后:

加贸反馈:下载2019年和2020年。

核销周期:2019年12月1日至2020年7月30日。

实际分配率取报关单范围:海关核销周期截止日在申报核销周期内且进出口日期在核销周期内的对应的进出口报关单。

已申报出口额:取该账册下所有已经申报并且已退税且出口日期在核销周期内的

出口报关单的人民币销售额。

其余流程和进料加工业务电子手册流程一致。

在线版进料加工核销流程：

进入电子税务局——我要办税——出口退税管理，进入操作界面，选择出口退（免）税申报，点击"进料加工业务核销申请在线申报"。

进入之后，点击红色选项"加贸数据下载"，下载关单信息和手册信息等。

下载之后点击"明细数据采集"进入录入界面：具体录入方法与离线版方法一致。

录入完毕之后若有差异,则需要再录"已核销手(账)册海关数据调整表"(没有差异的忽略本步)。

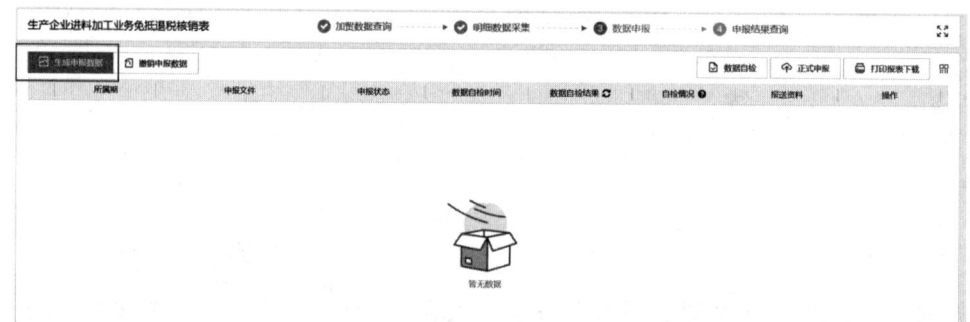

录入完毕之后,选择录入的数据之后,点击红色选框"生成申报数据"。

生成数据之后,进入审核环节,审核成功之后,在"申报结果查询"中查看进料加工核销申报数据。

九、生产企业特殊业务操作流程

（一）存在需要报关单"冲红"业务操作方法

在日常申报的出口退税业务中，存在以下的业务必须在出口退税的管理系统中进行相关业务的冲减，俗称"冲红"，一般情况，冲红的操作其实就是向税务机关归还已申报的出口退税款。

（1）已经申报退税业务，由退税改成免税。

（2）已经申报退税业务，由退税改成内销。

（3）出口企业办理出口退运中的退货业务（出口货物退运之后不在出口）。

注意：当期申报的业务发现录入出现错误的业务，根据疑点可以撤销申报数据，重新录入，不要进行冲红业务。

进入离线版出口退税系统之后，点击"基础数据采集"——免抵退申报——生成出口货物劳务冲减明细，点击进入。

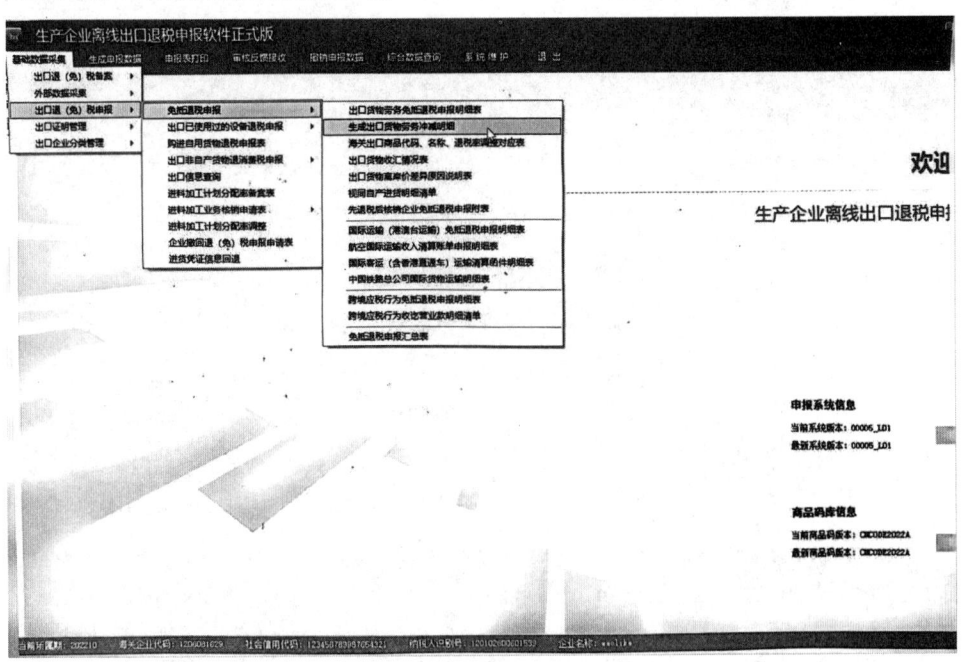

进入之后选择要冲减的数据，选择之后点击"冲减出口"。

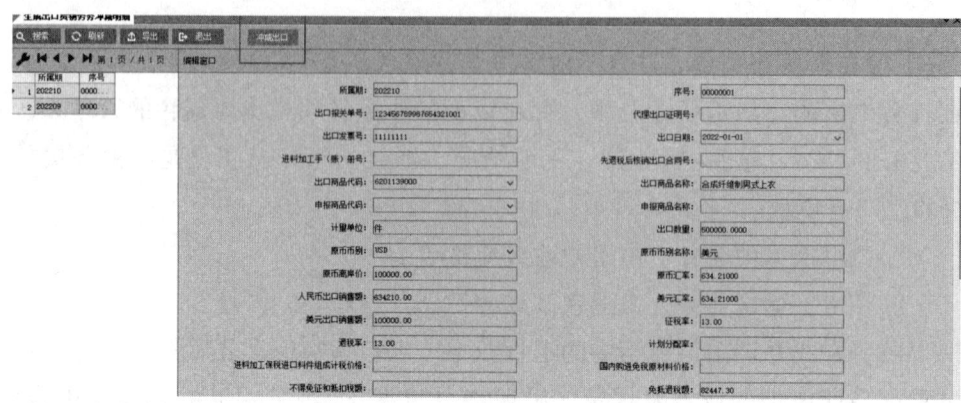

点击之后会出现一个对话框，首先，在冲减所属期里进行录入，录入的规则就是和当期申报的所属期保持一致，如冲红一条数据，在记录操作范围选择"当前记录"，如冲减数据是多条数据，可以选择"当前筛选条件下所有的记录"，最后进行"确定"操作。会出现一个提示的对话框，选择"确认"冲红业务完毕。

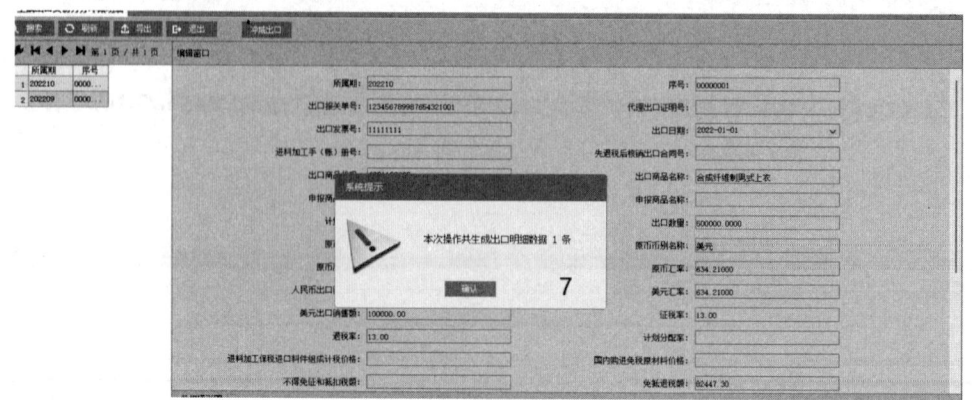

冲红操作成功之后，进入"出口货物劳务免抵退申报明细"界面查看已生成的冲红数据，首选，可以发现冲红完毕之后生成的数据"序号"显示"00000000"出口可以点击界面中的"序号重排"进行重新排序，再进行当期正式申报。

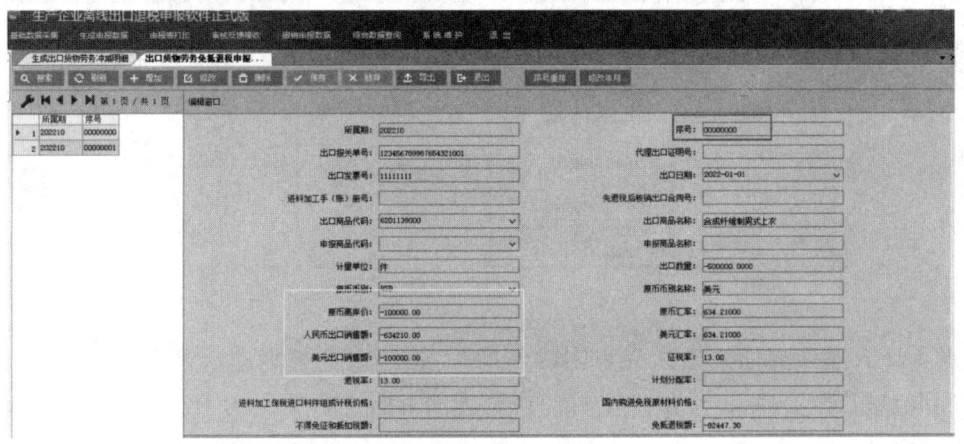

（二）申报错误"撤回申报"的操作方法

这是新金三系统上线之后新增加的操作，存在以下三种情况的企业需要操作"企业撤回申报"。

第一，解决生产企业免抵退税申报数据不予办理后无法申报的问题。生产企业免抵退税每月仅能申报一个所属期的数据；生产企业免抵退税申报数据复审确认后会生成当月审核通过的退税额参与留底退税计算，因此，需要将企业申报数据作废后系统才能允许生产企业重新申报，否则企业只能下月申报。

第二，解决企业申报的数据转调查评估岗后税务机关长期无法做出结论，企业自愿放弃后将资料退还企业后的后续管理问题。

第三，解决企业申报数据后发现申报错误要求税务机关作废相关数据后产生争议无据可查的问题。

业务提示：新增的功能解决了出口申报成功后出现错误修改的问题，可以将已经申报的数据进行作废操作，方便出口企业重新办理退税申报。

操作流程：

点击"基础数据采集"——出口退（免）税申报——企业撤回退（免）税申报申请表，点击进入。

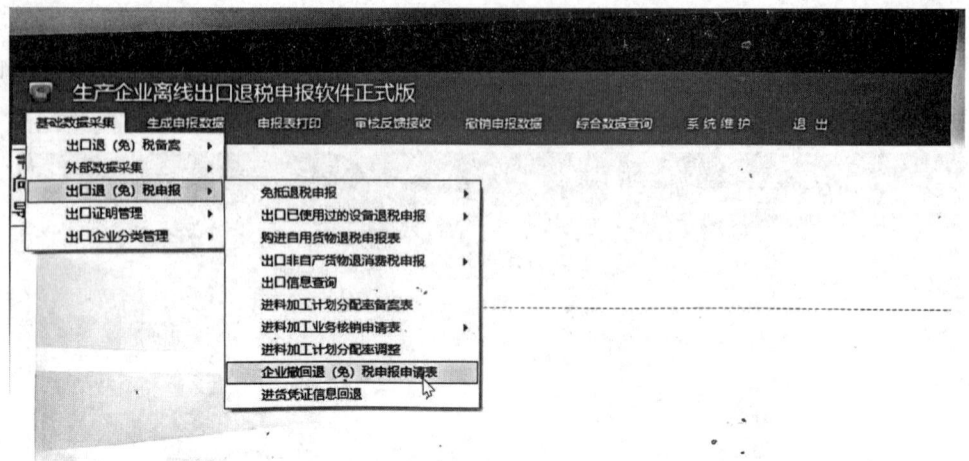

点击计入操作界面之后，先点击"新增"，按照以下规则进行录入。

【申报年月】规则：4位年份+2位月份，如：202001。

【申报批次】按申报年月的第几次申报填写。

【序号】按八位流水号填写，从00000001到99999999。

【撤回原因】按申请撤回的原因填写，具体包括申报错误申请撤回（代码100）、自愿放弃申请撤回（代码200）两种。参照下图，点击下拉菜单，会出现两种选择项，根据不同业务需要进行选择。一般情况下，出口企业选择100代码，是因为申报错误而申请撤回，撤回之后进行修改可以再次申请退税。代码200撤回，一般撤回之后税务机关就不在给企业办理出口退税了。

【撤回业务类型】按申请撤回的原申报业务类型填写。系统自动根据企业选择撤回代码生成。

【申请撤回的原申报年月】按申请撤回的原申报年月填写。

【申请撤回的原申报批次】按申请撤回的原申报批次填写，原申报数据中无申报批次的无须填写。

【原申报关联号】按自愿放弃的实际申报数据情况填写；撤回原因为申报错误申请数回的，无须填写此栏。

【原申报序号】按自愿放弃的实际申报数据情况填写；撤回原因为申报错误申请数回的，无须填写此栏。

【凭证种类】按自愿放弃的实际凭证种类填写，具体包括出口货物报关单、代理出口货物证明、进货凭证；数回原因为申报销误申请数回的，无须填写此栏。

【凭证号码】按自愿放弃的实际凭证号码填写；撤回原因为申报错误申请赎回的，无须填写此栏。

录入完毕之后点击保存。

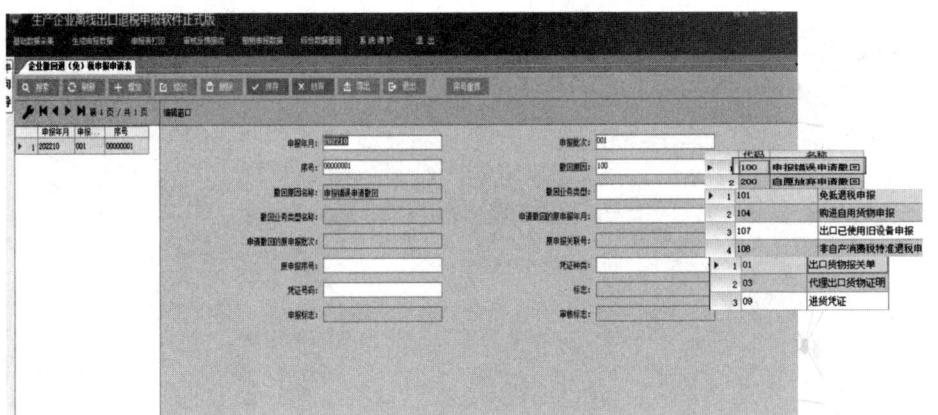

保存之后,生成电子申报数据。打开生成申报数据——生成出口退(免)税申报数据。

进入界面之后,选择企业撤回退(免)税申报申请表,点击确认。

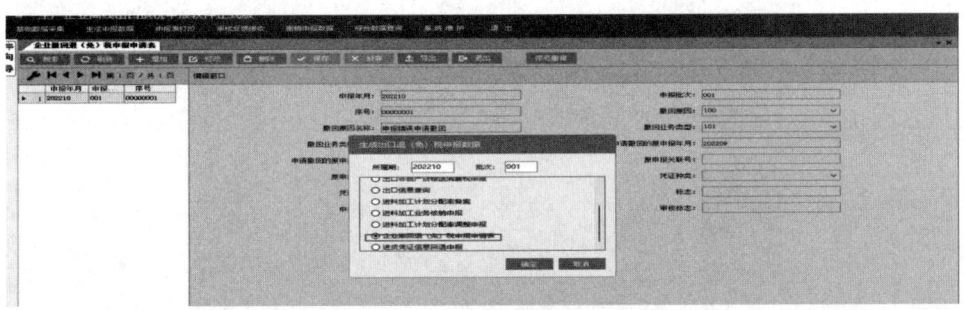

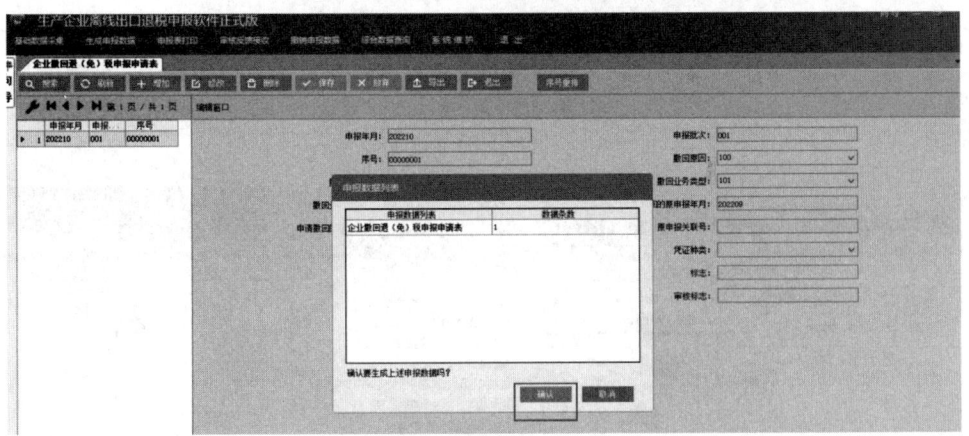

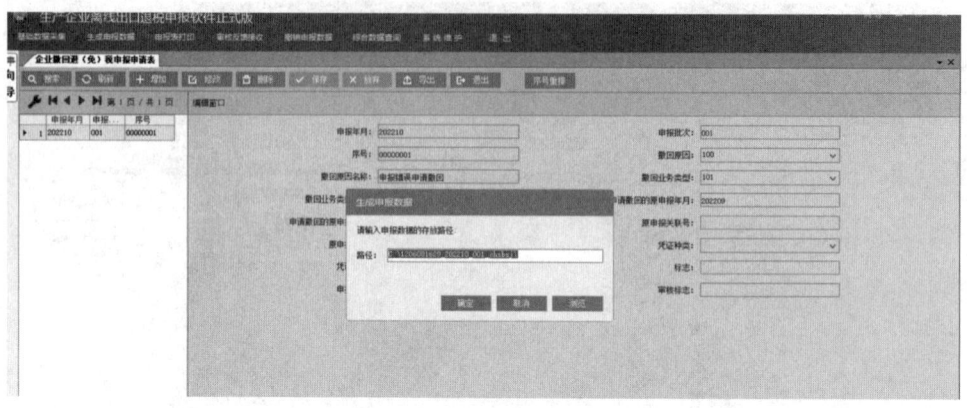

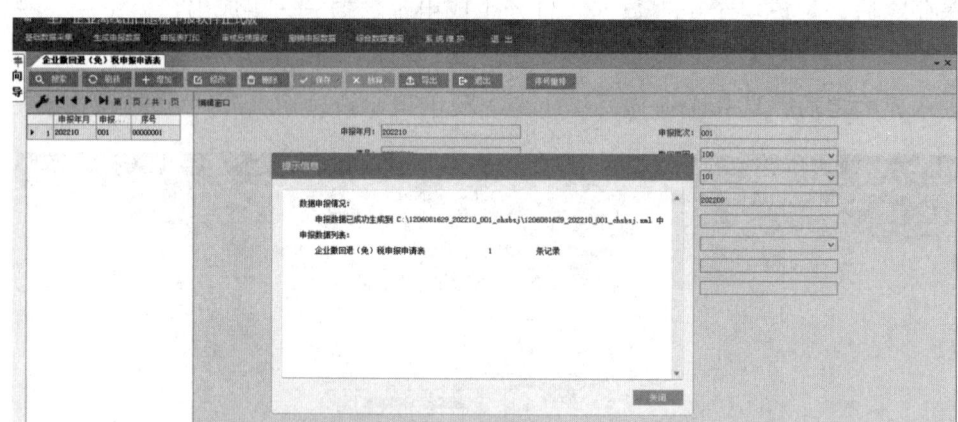

生成数据之后，打印报表。点击"申报表打印"——企业撤回退（免）税申报申请表，选择当前所属期，如果是当前所属期第一次撤销，录入"001"，本所属期如撤销多个批次申报，按顺序填写批次号，打印申请表，企业自己盖章保存。

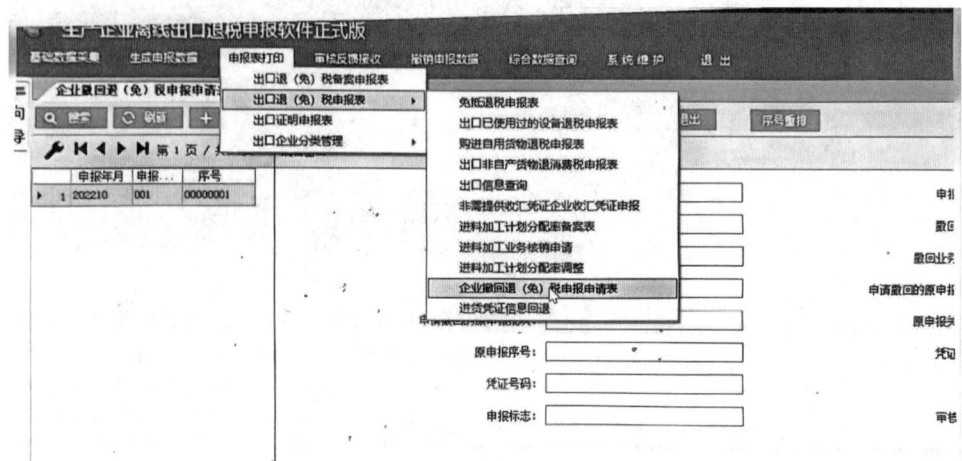

（三）出口企业购买旧设备出口的退税操作方法

出口已使用过的设备（俗称"出口旧设备"）免退税申报事项是指出口企业对出口的未计算抵扣进项税额的已使用过设备，向主管税务机关申请办理增值税免退税申报业务。

已使用过的设备是指出口企业根据财务会计制度已经计提折旧的固定资产。已使用过的设备包括：出口企业出口的在 2008 年 12 月 31 日以前购进的设备、2009 年 1

月 1 日以后购进但按照有关规定不得抵扣进项税额的设备、非增值税纳税人购进的设备，以及营业税改征增值税试点地区的出口企业出口在本企业试点以前购进的设备。

出口企业和其他单位应在已使用过的设备报关出口之后收齐相关单证的各增值税纳税申报期内，向主管税务机关单独申报退税。

业务分析：企业出口的已使用过的设备，如该设备未抵扣过进项税额（包括2008年前购入的"当时是生产型增值税，不得抵扣进项"和2009年以后购入未抵扣进项税额的），可以进行退税（原文"均实行增值税免退税办法"）。退税的方法是"均实行增值税免退税办法"，即已使用过的设备出口退税生产企业不是参与免抵退，外贸企业不是直接退还进项税，而是需要单独申报。企业需计算设备的折旧情况，并填报《出口已使用过的设备退税申报表》，提供正式申报电子数据及规定的材料，在规定时间内向主管税务机关申报退税。

出口已使用过的设备退税的计算方法：

已使用过的设备退税金额 = 设备折余价值（已使用过的设备的凭证情况【金额】）× 设备退税率

折余价值 = 增值税专用发票上的金额或海关进口增值税专用缴款书注明的完税价格 × 已使用过的设备固定资产净值（设备净值）÷ 已使用过的设备原值

已使用过的设备固定资产净值（设备净值）= 已使用过的设备原值 − 已使用过的设备已提累计折旧

计算逻辑报表图解：

已使用过的设备凭证情况					设备原值	已使用年限	已提累计折旧	设备净值	申报退税额	备注
凭证号码	开票日期	金额	税额	征税率						
9	10	11	12=11×13	13	14	15	16	17=14-16	18=11×17/14×8	19

金额单位：元至角分

税务机关：
经办人：
复核人：
负责人：
年　月　日

计税报表内部逻辑关系公示 =11*（14−16）/14=11*17/14

申报退税额的计算 = Σ 申报退税额（18栏）= Σ【计税金额（11栏）* 设备净值（17栏）/ 设备原值（14栏）* 征税率（8栏）】

业务提醒：由于现在使用的是新金三退税系统，新系统对于文件中的"设备折余价值"进行删除，改为"已使用过的设备的凭证情况【金额】"。由于已使用过的设备的退税是按照设备当前价值（折余价值）和退税率计算出来的，因此如果购入设备时抵扣了进项税额，那么使用过的设备后面再出口，也就不能再退税了。

出口使用过的旧设备提供正式申报电子数据及留存资料：

（1）出口货物报关单；

（2）委托出口的货物，还应提供受托方主管税务机关签发的代理出口货物证明，以及代理出口协议；

（3）增值税专用发票（抵扣联）或海关进口增值税专用缴款书；

（4）出口收汇水单；

（5）《出口已使用过的设备折旧情况确认表》（已作废）；

（6）主管税务机关要求提供的其他资料（有的税务机关会要求企业提供设备入账的原始凭证、记账凭证、固定资产及累计折旧明细账的复印件）。

业务注解：关于提供资料（5）《国家税务总局关于优化整合出口退税信息系统 更好服务纳税人有关事项的公告》（国家税务总局公告2021年第15号）第二条第（六）项 纳税人办理已使用过且未计算抵扣进项税额设备的出口退（免）税申报时，报送简并优化后的《出口已使用过的设备退税申报表》，停止报送《出口已使用过的设备折旧情况确认表》。

离线版操作流程：

进入离线版出口退税系统之后，点击"基础数据采集"——出口退（免）税申报——出口已使用过的设备退税申报，点击进入。

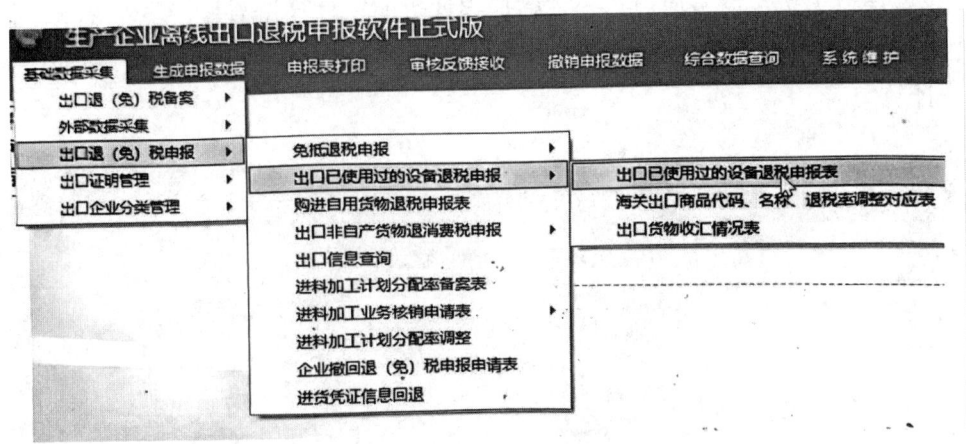

进入之后，点击"增加"，按照以下操作要求进行录入。

【申报年月】规则：4位年份+2位月份，如：202001。

【序号】按八位流水号填写，从00000001到90000000。

【设备名称】按照取得设备时凭证上的商品名称填写。

【出口报关单号】按出口货物报关单上的海关统一编号项号填写，共21位，委托出口的此栏不填。

【出口日期】按出口货物报关单中的出口日期端写：经保税区出口的，填写出境货物备案清单上的出口日期；委托出口的，填写《代理出口货物证明》上的出口日期。

【代理出口证明号】按《代理出口货物证明》编号（10位）+两位项号（01、02……）编写，项号按《代理出口货物证明》所列顺序编写，自营出口的此栏不填。

【出口商品名称】按退税率文库中商品代码对应的名称填写，或按商品实际名称填写。

【退税率】按退税率文库对应出口商品的退税率填写；如退税率有特殊规定，按政策规定的退税率填写。

【设备凭证号】按进货凭证（一般指进货增值税发票）实际内容填写。

【开票日期】按进货凭证（一般指进货增值税发票）实际内容填写。

【金额】按进货凭证（一般指进货增值税发票）实际内容填写。

【征税率】按进货凭证（一般指进货增值税发票）实际内容填写。

【税额】按进货凭证（一般指进货增值税发票）实际内容填写。

【设备原值】填写企业取得设备时的入账原值。

【已使用年限】填写出口设备的已使用年限，以年为计量单位。

【已提累计折旧】填写已使用过设备计提的累计折旧额。

【设备净值】按"设备原值"—"已提累计折旧"计算填写。

【退税额】按"已使用过的设备凭证情况（金额）"ד设备净值"÷"设备原值"ד退税率"计算填写。

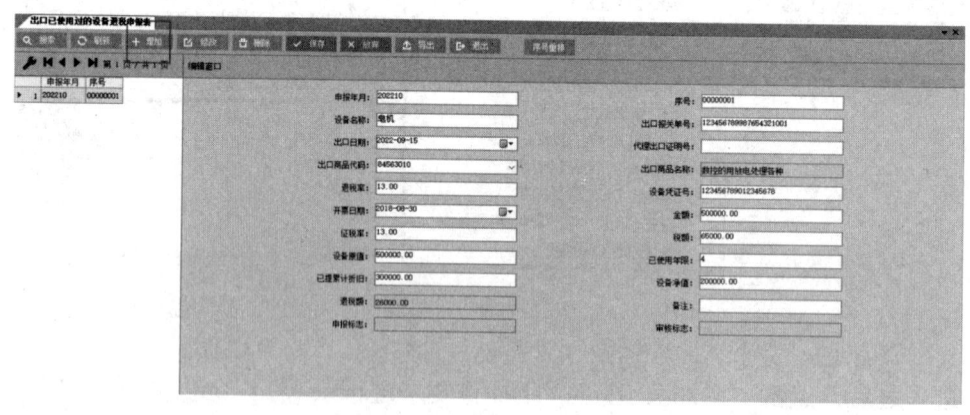

录入完毕之后点击"保存",如果是多项数据点击"保存并增加"。

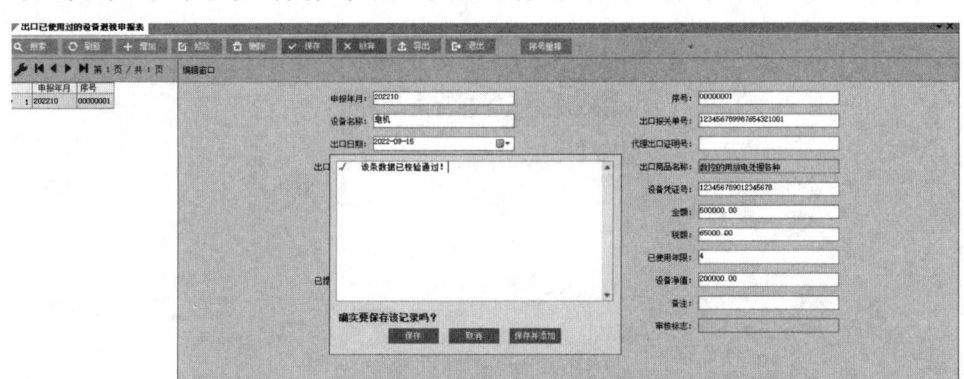

保存完毕之后,生成电子申报数据,点击"生成申报数据"——生成出口退(免)税申报数据,点击进入。

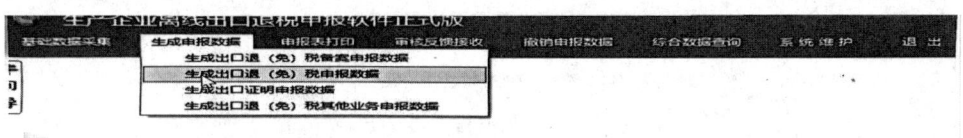

进入之后,在弹出的对话框里选择"出口已使用过的设备退税申报",点击"确认"之后,出现一个新的弹窗,检查生成数据的条数与录入数据是否准确,没有错误点击"确认",进入新的界面:选择数据保存路径,可以用默认路径,或者用自己使用的路径保存;生成数据之后,再次确认数据是否正确,没有错误,点击"关闭",生成电子数据操作完毕。

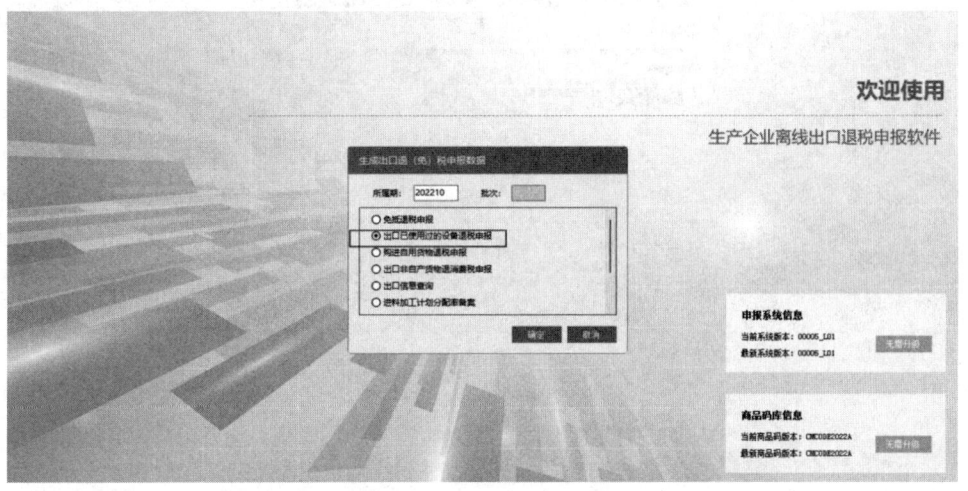

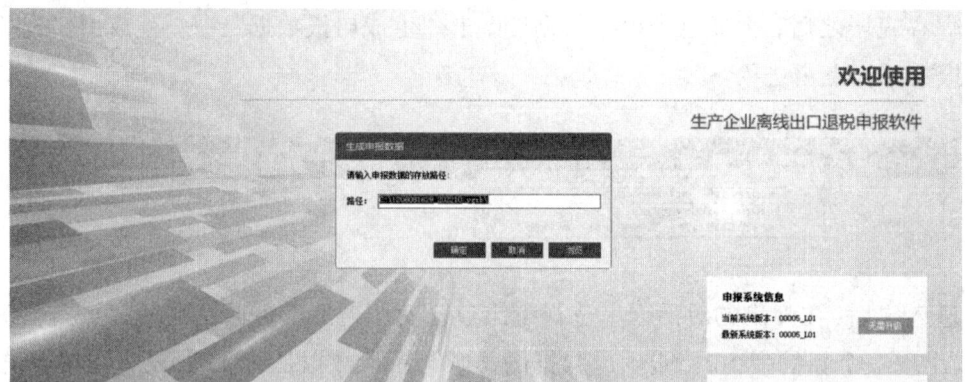
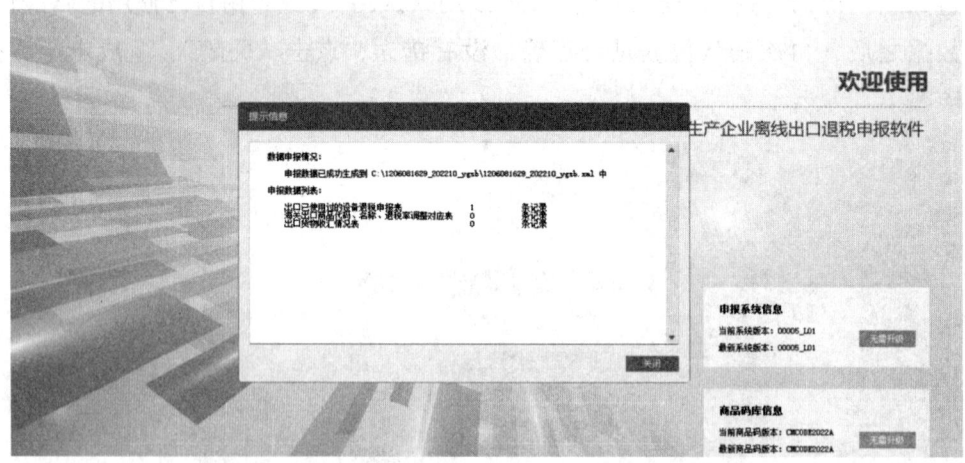

生成数据之后,打印报表。点击"申报表打印"——出口已使用过的设备退税申报,选择当前所属期,并勾选"出口已使用过的设备退税申报",点击确认,打印申请表,企业自己盖章保存。

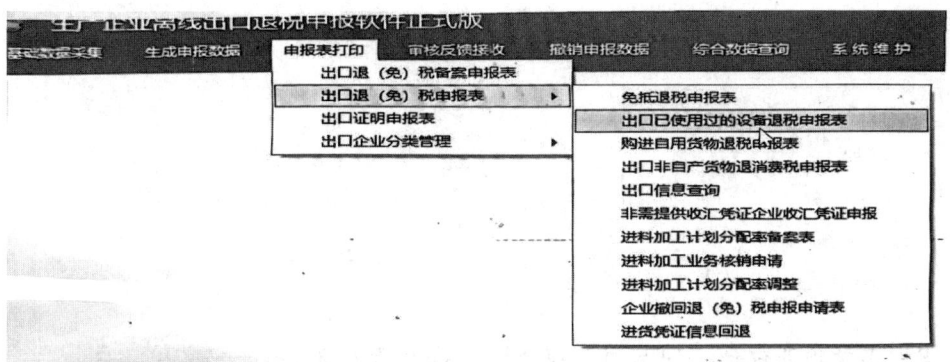

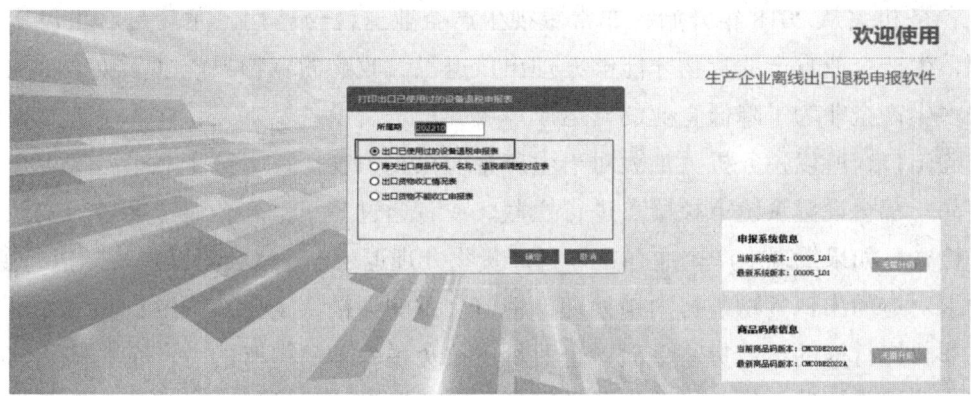

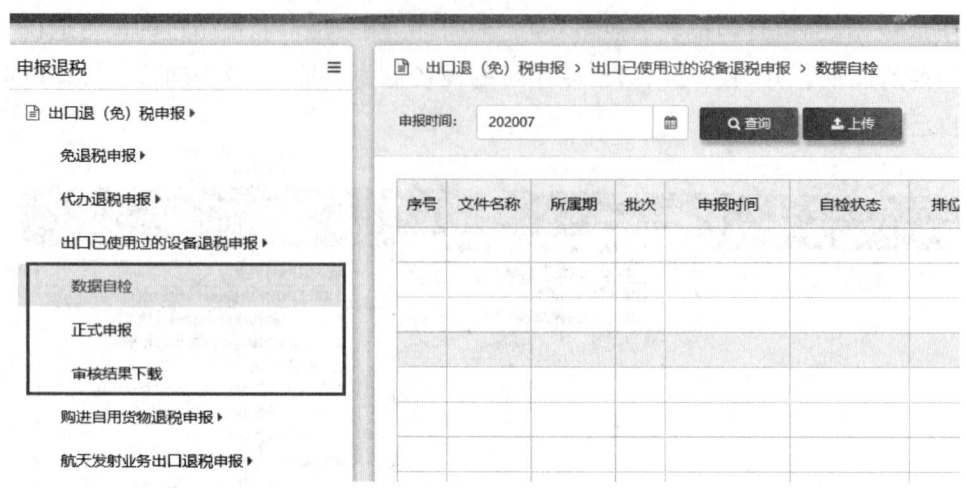

(四)生产企业存在"视同自产业务"退税操作方法

税务机关从 2018 年开始,非常重视生产企业退税合理性,尤其是对出口货物的来源,生产企业自产的货物才能够办理出口退税,收购的货物只能享受免税。在工作中很多生产企业为了降低企业的营运成本放弃厂房、设备及工人,变为外加工或者完全收购出口,所以税务机关加大对于生产企业核查力度,在生产企业第一次申报的出口商品,都会设置系统审核疑点进行拦截。或者通过对于生产企业定期进行实地核查进行检查。如果发现生产企业存在非自产货物办理退税的,将会对已退税款进行追缴,并要求对应的出口货物进行内销处理,情节严重的会被认定出口骗税行为;如果确实存在非自产行为的出口货物,出口企业可以按免税处理。但有的生产企业采购的货物存在一些特殊情况,税务机关为了鼓励生产企业出口的积极性,对符合政策要求的采购货物出口给予退税,即"生产企业视同自产业务"按照相关业务流程和操作向税务机关进行申报。

生产企业视同自产业务涉及出口退税政策:

涉及文件:参考文件国税法 2013 年 65 号公告第七项。

生产企业外购的不经过本企业加工或组装,出口后能直接与本企业自产货物组合成成套产品的货物,如配套出口给进口本企业自产货物的境外单位或个人,可作为视同自产货物申报退(免)税。生产企业申报出口视同自产的货物退(免)税时,应按《生产企业出口视同自产货物业务类型对照表》,在《生产企业出口货物免、抵、退税申报明细表》的"业务类型"栏内填写对应标识,主管税务机关如发现企业填报错误的,应及时要求企业改正。

参考文件：财税发 2012 年 39 号文件。

一、持续经营以来从未发生骗取出口退税、虚开增值税专用发票或农产品收购发票、接受虚开增值税专用发票（善意取得虚开增值税专用发票除外）行为且同时符合下列条件的生产企业出口的外购货物，可视同自产货物适用增值税退（免）税政策：

（一）已取得增值税一般纳税人资格。

（二）已持续经营 2 年及 2 年以上。

（三）纳税信用等级 A 级。

（四）上一年度销售额 5 亿元以上。

（五）外购出口的货物与本企业自产货物同类型或具有相关性。

二、持续经营以来从未发生骗取出口退税、虚开增值税专用发票或农产品收购发票、接受虚开增值税专用发票（善意取得虚开增值税专用发票除外）行为但不能同时符合本附件第一条规定的条件的生产企业，出口的外购货物符合下列条件之一的，可视同自产货物申报适用增值税退（免）税政策：

（一）同时符合下列条件的外购货物：

1. 与本企业生产的货物名称、性能相同。

2. 使用本企业注册商标或境外单位或个人提供给本企业使用的商标。

3. 出口给进口本企业自产货物的境外单位或个人。

（二）与本企业所生产的货物属于配套出口，且出口给进口本企业自产货物的境外单位或个人的外购货物，符合下列条件之一的：

1. 用于维修本企业出口的自产货物的工具、零部件、配件。

2. 不经过本企业加工或组装，出口后能直接与本企业自产货物组合成成套设备的货物。

（三）经集团公司总部所在地的地级以上国家税务局认定的集团公司，其控股（按照《公司法》第二百一十七条规定的口径执行）的生产企业之间收购的自产货物以及集团公司与其控股的生产企业之间收购的自产货物。

（四）同时符合下列条件的委托加工货物：

1. 与本企业生产的货物名称、性能相同，或者是用本企业生产的货物再委托深加工的货物。

2. 出口给进口本企业自产货物的境外单位或个人。

3. 委托方与受托方必须签订委托加工协议，且主要原材料必须由委托方提供，受托方不垫付资金，只收取加工费，开具加工费（含代垫的辅助材料）的增值税专用发票。

（五）用于本企业中标项目下的机电产品。

（六）用于对外承包工程项目下的货物。

（七）用于境外投资的货物。

（八）用于对外援助的货物。

（九）生产自产货物的外购设备和原材料（农产品除外）。

视同自产业务操作流程：

进入离线版出口退税系统之后，点击"基础数据采集"——出口退（免）税申报——出口货物劳务免抵退申报明细表，点击进入，视同自产的出口业务基本数据录入和正常出口业务操作相同，不同点是：在"业务类型代码"里选择视同自产的业务类型，例如：STZC02——视同符合外购，之后点击确认，数据采集完毕。

业务提示：生产企业在日常申报中如果没有在"业务类型代码"里选择视同自产业务类型代码，税务机关将认为企业申报的该笔业务为自产，以后在核查中发现业务属于非自产则视同内销处理。如果选择了"视同自产业务类型代码"，在审核中会产生审核疑点，提示出口企业申报业务存在"视同自产业务"税务机关会对企业进行实地核查。

视同自产出口货物明细数据采集完毕之后，需要下一步重要操作，就是向税务机关申报"视同自产业务清单",打开点击"基础数据采集"——出口退(免)税申报——视同自产业务清单,点击进入,按以下操作方法录入:

【所属期】填写该表对应的《生产企业出口货物劳务免抵退税申报明细表》的所属期。

【序号】8位流水号,如:00000001,00000002。

【免抵退税申报明细序号】填写《生产企业出口货物劳务免抵退税申报明细表》中业务类型包含视同自产的明细的序号。

【进货凭证号】填写该条视同自产免抵退税申报明细对应的外购货物的发票代码·号码。同一条视同自产免抵退税申报明细对应多张发票的,分行填写。

【销方纳税人识别号】填写发票对应的销方纳税人识别号。

【销方纳税人名称】填写发票对应的销方纳税人名称。

【开票日期】填写发票的开具日期。

录入完毕之后点击保存。

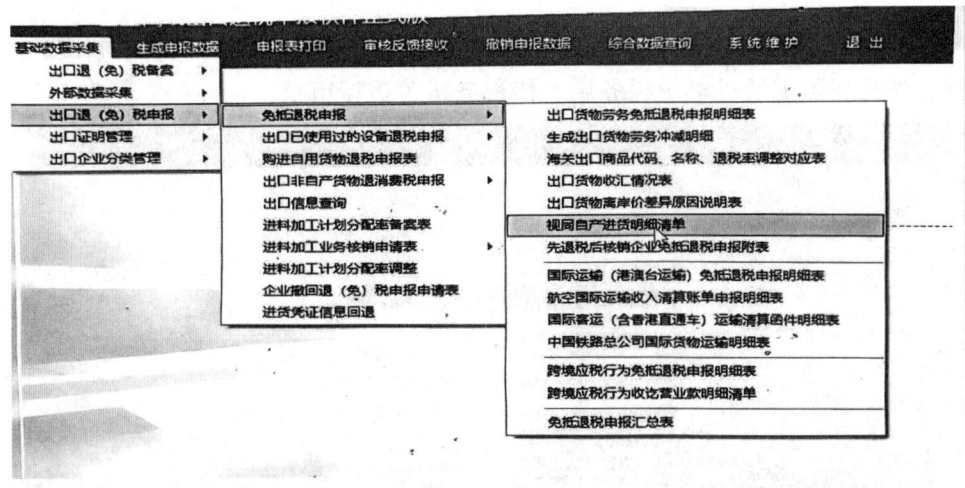

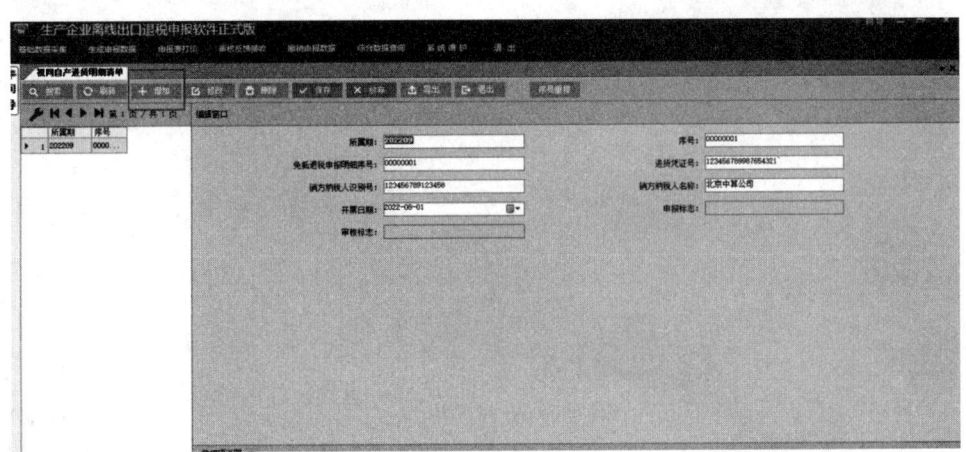

采集完毕之后，生成视同自产业务申报数据，这时企业应特别注意，本期申报数据中存在视同自产业务，直接点击"生成申报数据"——生成出口退（免）税申报数据，点击进入，选择"免抵退申报"，之后点击确认，特别提醒：视同自产业务清单会和免抵退明细申报数据一起生成电子申报数据。

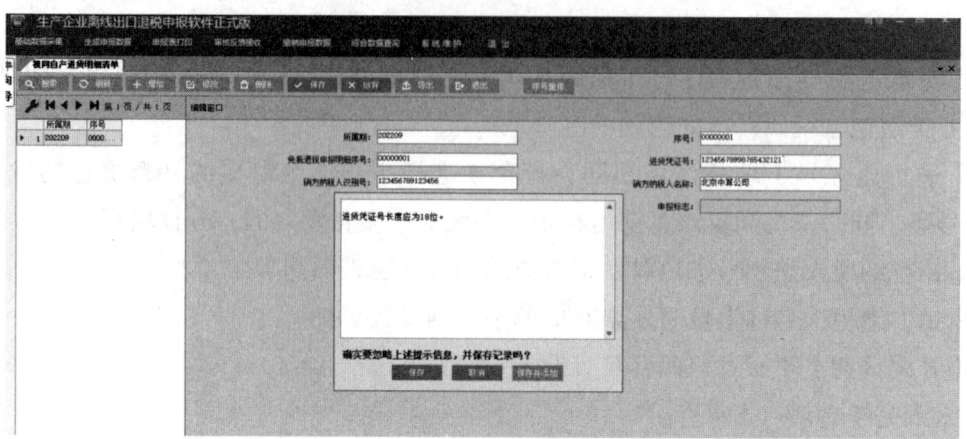

点击保存之后，出现对话框，注意红框部分，点击确认，之后出现保存路径，点击保存。然后将数据通过电子税务局上传税务机关进行审核。

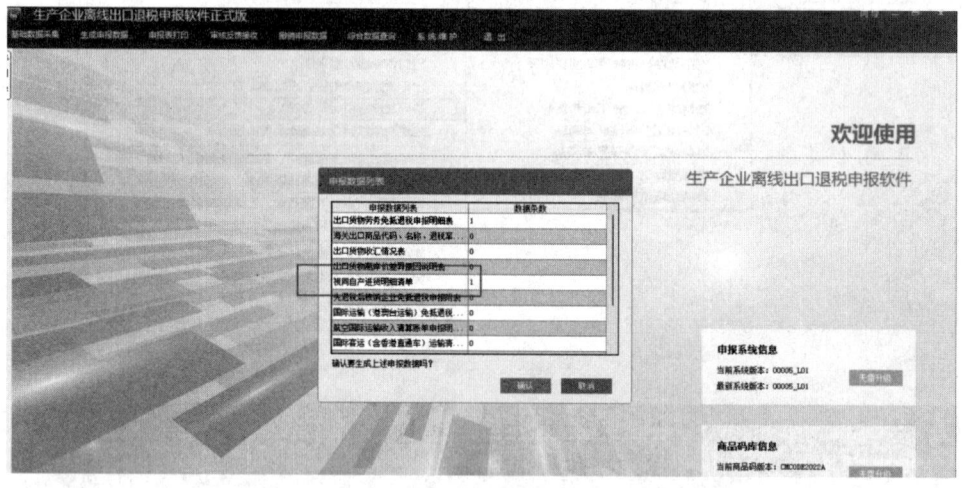

生成数据之后，打印报表。点击"申报表打印"——生成出口退（免）税申报数据——"免抵退申报"，选择当前所属期，分别打印以下图中的三个红色对话框中的报表。

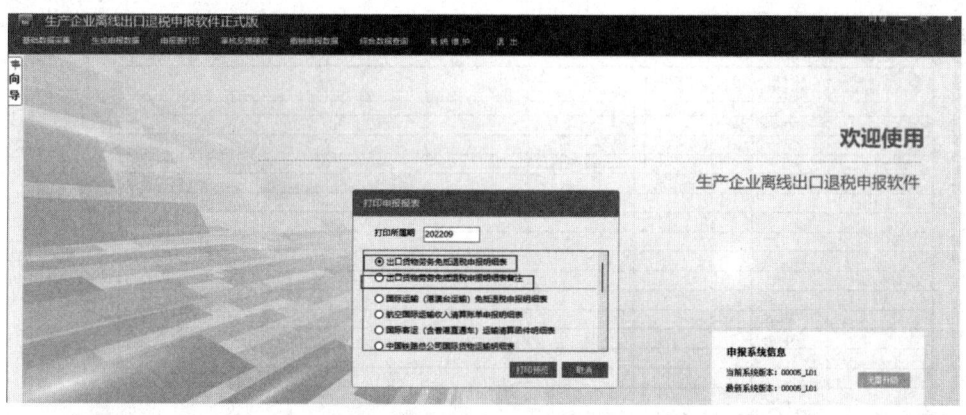

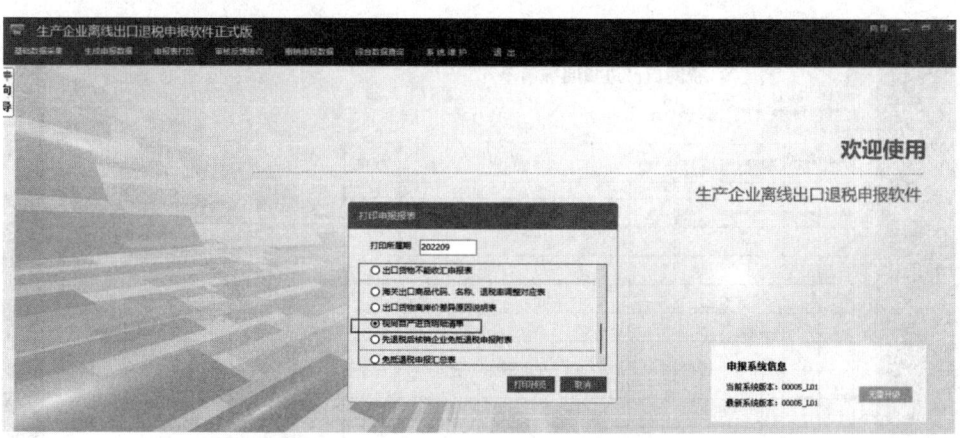

生产企业出口货物劳务免抵退税申报明细表

生产企业出口货物劳务免抵退税申报明细表

纳税人识别号（统一社会信用代码）：123456789987654321

纳税人名称：veolike

所属期：2022年09月 金额单位：元（列至角分）

序号	出口发票号	出口货物报关单号	出口日期	代理出口货物证明号	业务类型		备注
1	2	3	4	5	6		7
0000001	1	123456789987654321001	2022.08.03		STZC-02		

视同自产进货明细清单

纳税人名称：veolike

统一社会信用代码/纳税人识别号：123456789987654321

所属期：2022年09月

序号	免抵退税申报明细序号	进货凭证号码	销方纳税人识别号	销方纳税人名称	开票日期
1	2	3	4	5	6
0000001	0000001	12345678998765432121'	123456789123456	北京中[illegible]公司	2022.08.01

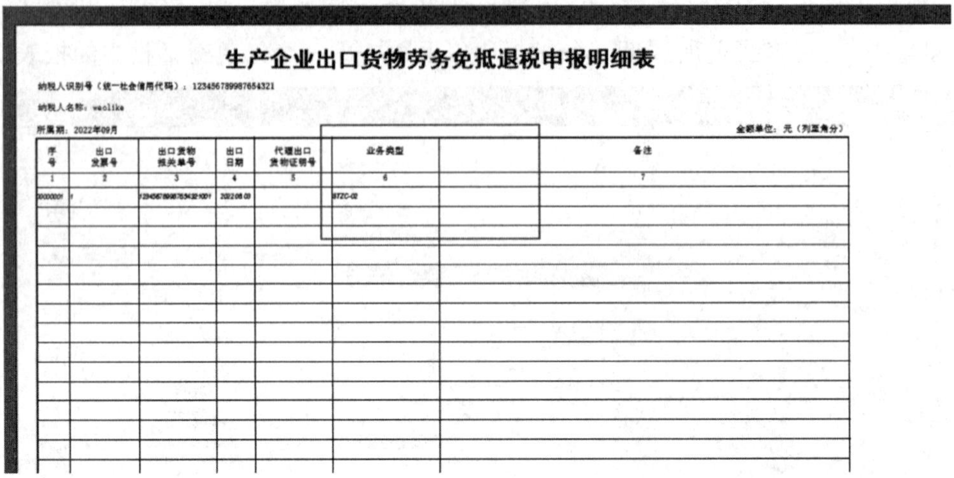

（五）生产企业已申报业务在操作系统中的查询方法

生产企业已经申报成功的业务，历史申报数据可以到申报系统中进行相关查询，便于出口企业进行统计数据。点击“综合数据查询”之后，会出现四个查询事项：

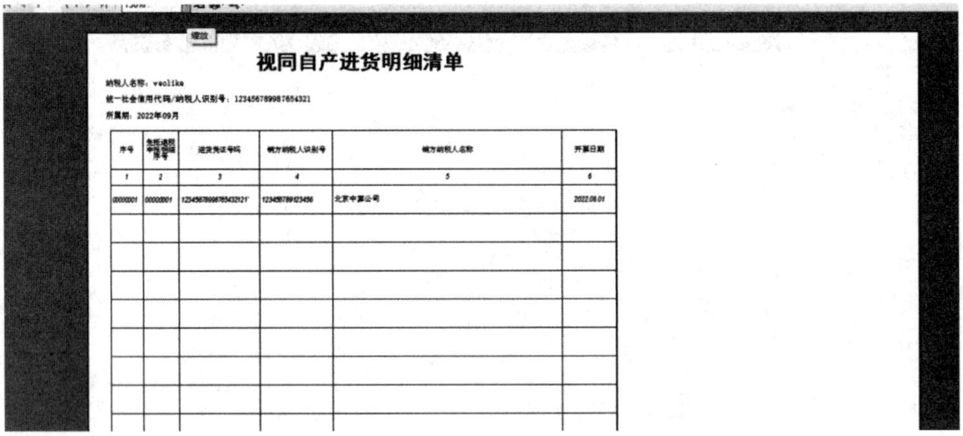

（1）出口退（免）税备案数据查询——查询备案类的数据

（2）出口退（免）税申报数据查询——查询出口货物明细申报等相关项目

（3）出口证明数据查询——查询出口单证证明类

（4）出口企业分类管理查询——查询出口企业退税分类管理状态

出口企业根据查询的需求选择查询内容。

举例说明：如果出口企业想查询已申报的而出口货物明细，可以点击综合数据查询——出口退（免）税申报数据查询——免抵退申报——出口货物劳务免抵退申报明细表，点击进入（图2）就是查询界面。

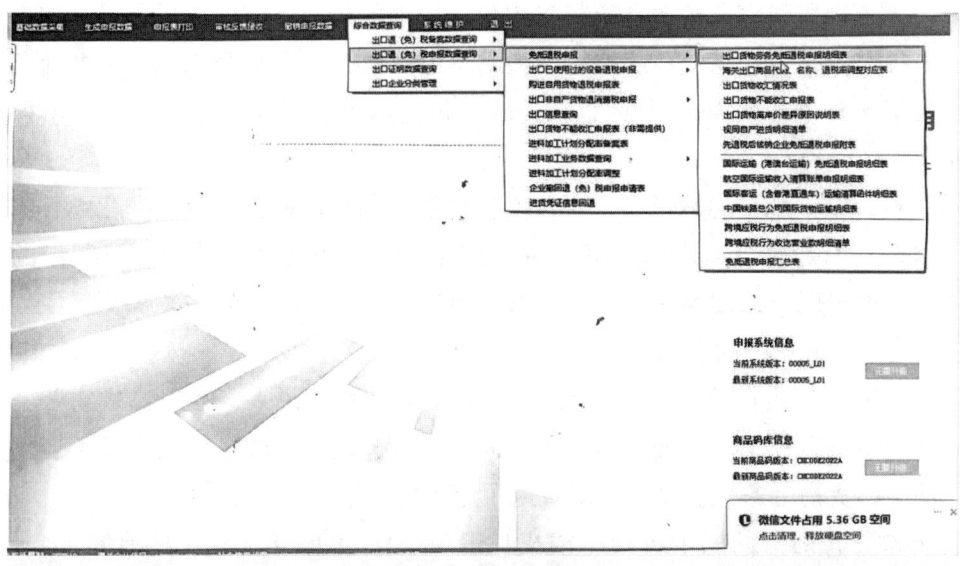

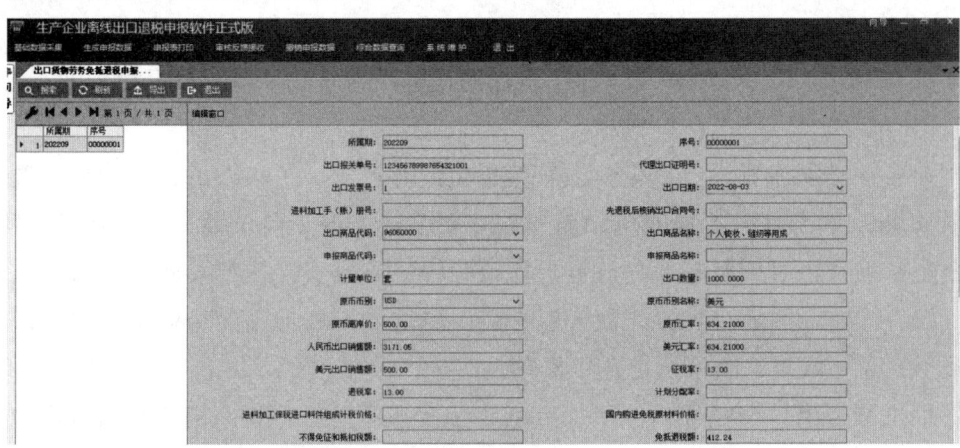

（六）出口企业放弃退税的操作与恢复方法

在实际业务应用中，有些生产企业根据业务的需要对于申报退税的业务不再办理退税变为免税，或者直接变更为内销，这时需要生产企业向税务机关做放弃退（免）税权、免税权的业务申请。具体分为以下四种：

（1）出口企业可以放弃全部适用退（免）税政策出口货物劳务的退（免）税，并选择适用增值税免税政策或征税政策。放弃适用退（免）税政策的出口企业，应向主管税务机关办理备案手续。自备案次日起36个月内，其出口的适用增值税退（免）税政策的出口货物劳务，适用增值税免税政策或征税政策。

（2）适用增值税免税政策的出口货物劳务，出口企业或其他单位如果放弃免税，实行按内销货物征税的，应向主管税务机关办理备案手续。自备案次月起执行征税政策，36个月内不得变更。

（3）增值税零税率应税服务提供者提供适用增值税零税率的应税服务，如果放弃适用增值税零税率，选择免税或按规定缴纳增值税的，应向主管税务机关办理备案手续。自备案次月1日起36个月内，该企业提供的增值税零税率应税服务，不得申报增值税退（免）税。

（4）符合以下规定的纳税人，可在增值税税率或出口退税率发生变化之日起（自2019年4月1日起恢复适用出口退（免）税政策的，自2020年3月1日起）的任意增值税纳税申报期内，按照现行规定申报出口退（免）税，同时一并提交《恢复适用出口退（免）税政策声明》：

①已放弃适用出口退（免）税政策未满36个月的纳税人，在出口货物劳务的增值税税率或出口退税率发生变化后，可以向主管税务机关声明，对其自发生变化之日起的全部出口货物劳务，恢复适用出口退（免）税政策。

②出口货物劳务的增值税税率或出口退税率在2020年3月1日前发生变化的，已放弃适用出口退（免）税政策的纳税人，无论是否已恢复退（免）税，均可以向主管税务机关声明，对其自2019年4月1日起的全部出口货物劳务，恢复适用出口退（免）税政策。

出口企业必须注意：出口企业或其他单位放弃退（免）税权的，执行增值税免税或征税政策，36个月内不得变更，而非放弃单笔出口退（免）税、免税业务。所以，出口企业如果只想对于单笔业务放弃退税或免税，可以直接按相关政策进行操作，不要进行放弃操作，因为一旦操作放弃退（免）税之后，其他出口企业也不能够进行正常申报了，而且恢复起来手续也会很繁琐。

特别提醒：出口企业或其他单位可以放弃全部适用退（免）税政策出口货物劳务的退（免）税，并选择适用增值税免税政策或征税政策，即放弃退（免）税权。放弃退（免）税权36个月内，除非出口货物劳务的增值税税率或出口退税率发生变化，否则，出口企业不得恢复适用出口退（免）税政策；若是出口货物劳务的增值税税率或出口退税率在2020年2月底之前发生变化的，已放弃适用出口退（免）税政策的出口企业，无论是否已恢复退（免）税，均可以向主管税务机关声明，对其自2019年4月1日起的全部出口货物劳务，恢复适用出口退（免）税政策。

业务办理流程：

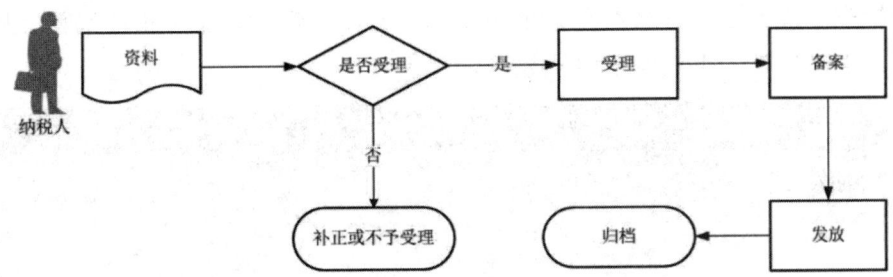

系统操作流程：

进入离线版出口退税系统之后，点击"基础数据采集"——出口退（免）税备案——出口货物劳务服务放弃退免税备案，选择之后会出现四个选项：

（1）放弃适用增值税零税率声明；
（2）出口货物劳务放弃退（免）税声明；
（3）出口货物劳务放弃免税权声明；
（4）恢复适用出口退（免）税政策声明；

出口企业可以根据自己的需要进行相关的操作，例如放弃出口货物或劳务操作，点击"出口货物劳务放弃退（免）税声明"，进入之后点击"增加"。

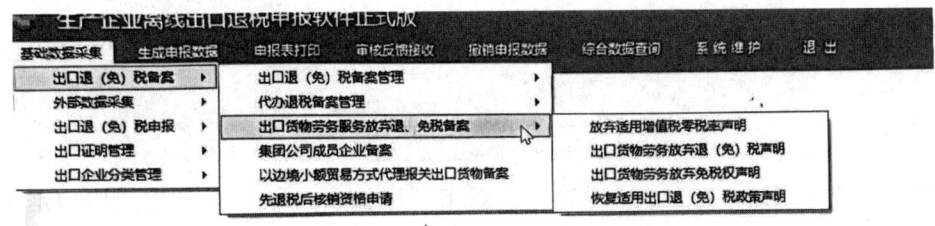

进入操作界面之后，按照以下操作录入：

【声明日期】填写申请的日期。默认系统时间，可修改。放弃时间自备案次日起36个月内。

【选择适用政策】根据需要选择放弃期间内出口货物劳务适用政策，规则：01-征税、02-免税。录入完毕之后点击保存。

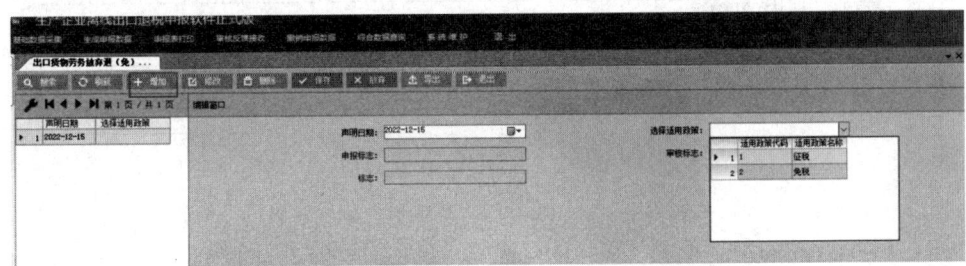

保存之后，生成电子申报数据，点击"生成申报数据"——生成出口退（免）税备案申报数据，点击进入，按红色选框里不同业务需求进行数据申报。确认之后，出现对话框，点击确认，生成电子申报数据。

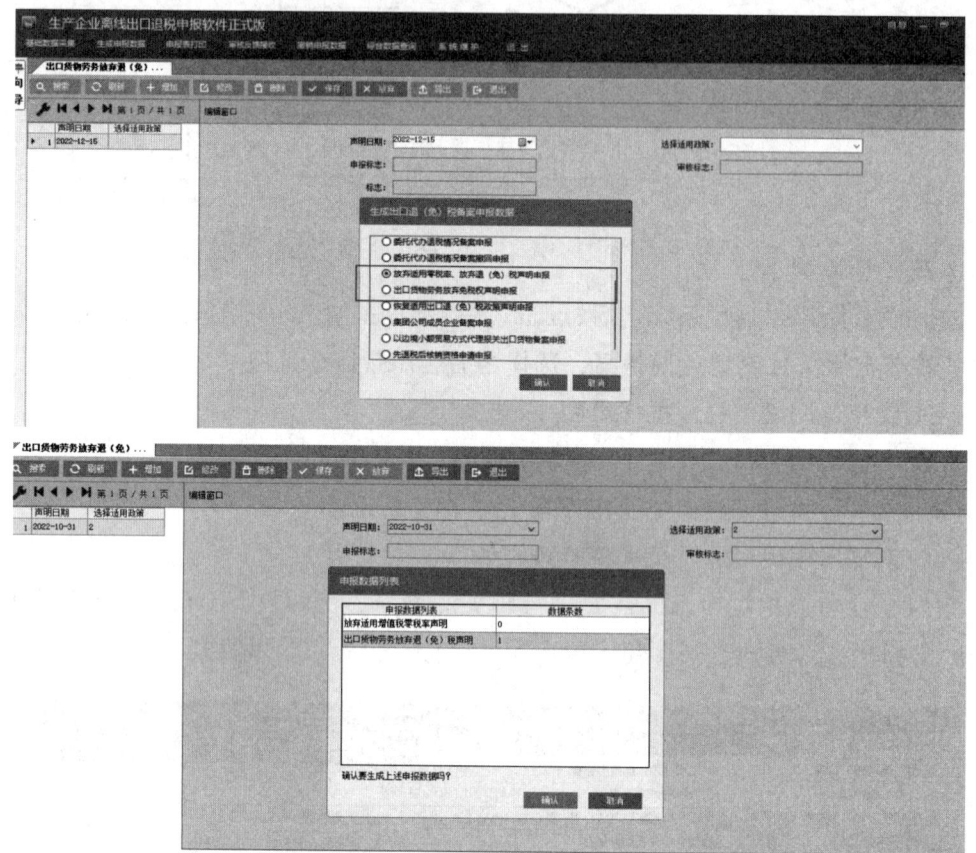

生成电子数据之后，进行打印处理，点击"申报表打印"——生成出口退（免）税备案申报表。

进入之后，按照弹窗里红色部分里选择进行打印，点击"确认"，进行打印。

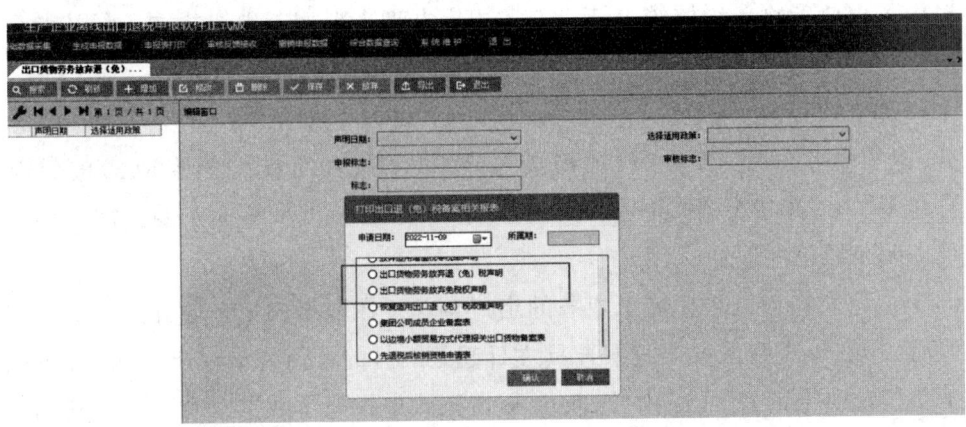

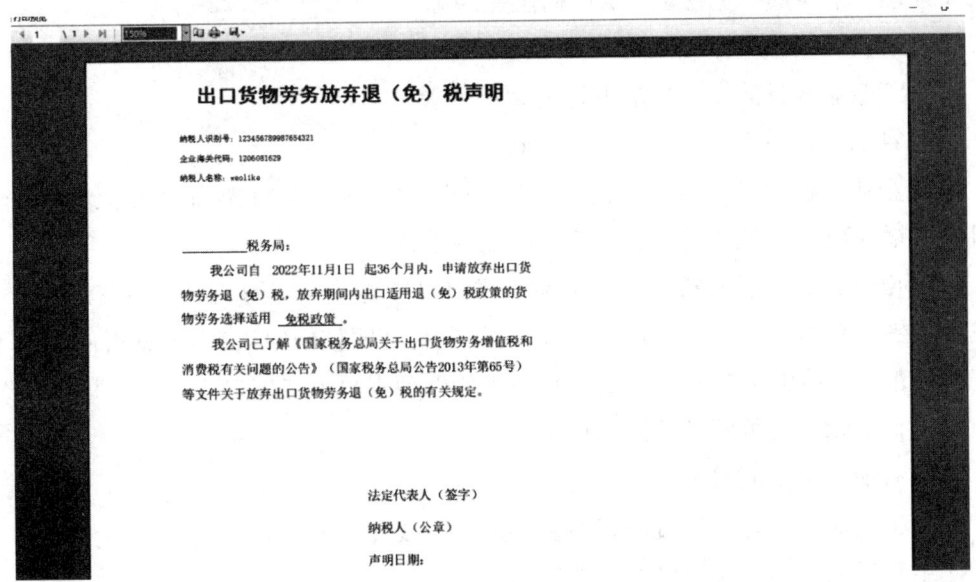

（七）生产企业来料加工免税操作方法

来料加工免税证明及核销办理业务是指从事来料加工业务的出口企业针对其来料加工出口货物，向主管税务机关申请办理来料加工免税证明及核销业务。

（1）出口企业应在加工费的普通发票开具之日起至次月的增值税纳税申报期内，向主管税务机关退税部门申请出具《来料加工免税证明》，并将其转交给加工企业，加工企业持此证明向主管税务机关申报办理加工费的增值税、消费税免税手续。

出口企业在申请开具《来料加工免税证明》时，如提供的加工费增值税普通发票不是由加工贸易手（账）册上注明的加工单位开具的，主管税务机关应要求出口企业提供书面说明理由及主管海关出具的书面证明，否则不得申请开具《来料加工免税证明》，相应的加工费不得申报免税。

（2）出口企业应当在海关办结核销手续的次年 5 月 15 日前，向主管税务机关办理来料加工出口货物免税核销手续。未按规定办理来料加工出口货物免税核销手续或者不符合办理免税核销规定的，委托方应按规定补缴增值税、消费税。

来料加工业务政策依据：

1.《国家税务总局关于发布〈出口货物劳务增值税和消费税管理办法〉的公告》（国家税务总局公告 2012 年第 24 号）第九条 第四项 第二目来料加工委托加工出口的货物免税证明及核销办理：

（1）从事来料加工委托加工业务的出口企业，在取得加工企业开具的加工费的普通发票后，应在加工费的普通发票开具之日起至次月的增值税纳税申报期内，填报《来料加工免税证明申请表》（见附件 28），提供正式申报电子数据，及下列资料向主管税务机关办理《来料加工免税证明》（见附件 29）。

①进口货物报关单原件及复印件；
②加工企业开具的加工费的普通发票原件及复印件；
③主管税务机关要求提供的其他资料。

出口企业应将《来料加工免税证明》转交加工企业，加工企业持此证明向主管税务机关申报办理加工费的增值税、消费税免税手续。

（2）出口企业以"来料加工"贸易方式出口货物并办理海关核销手续后，持海关签发的核销结案通知书、《来料加工出口货物免税证明核销申请表》（见附件 30）和下列资料及正式申报电子数据，向主管税务机关办理来料加工出口货物免税核销手续。

①出口货物报关单原件及复印件；
②来料加工免税证明；
③加工企业开具的加工费的普通发票原件及复印件；
④主管税务机关要求提供的其他资料。

2.《国家税务总局关于进一步便利出口退税办理促进外贸平稳发展有关事项的公告》（国家税务总局公告 2022 年第 9 号）：

第四条第（三）项："纳税人办理来料加工委托加工出口货物的免税核销手续时，停止报送加工企业开具的加工费普通发票原件及复印件。"

第四条第（六）项："纳税人申请开具《来料加工免税证明》时，停止报送加工费普通发票原件、进口货物报关单原件。"

第七条第（一）项第一款："纳税人申请开具《代理出口货物证明》《代理进口货物证明》《委托出口货物证明》《出口货物转内销证明》《中标证明通知书》《来料加工免税证明》的，税务机关为其开具电子证明，并通过电子税务局、国际贸易'单一窗口'等网上渠道（以下简称网上渠道）向纳税人反馈。纳税人申报办理出口退（免）税相关涉税事项时，仅需填报上述电子证明编号等信息，无须另行报送证明的纸质件和电子件。"

来料加工业务办理：

业务办理流程：

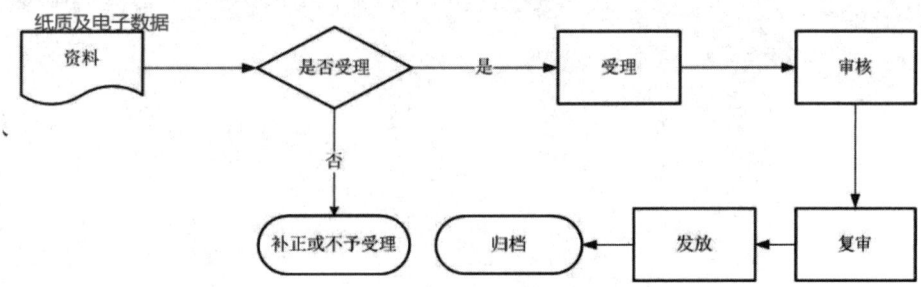

系统操作流程：

进入离线版出口退税系统之后，点击"基础数据采集"——出口证明管理——来料加工免税证明管理——来料加工免税证明申请表，点击进入。

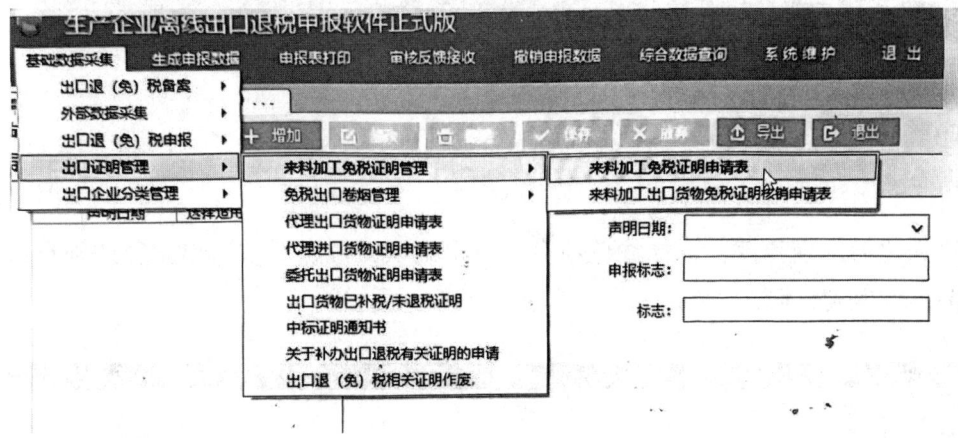

进入界面之后，点击增加，进行录入操作：

所属期：规则：4位年份+2位月份，如：202001。

序号：8位流水号，如：00000001,00000002。

编号：6位所属期+4位流水号，如：2020010001。注意：若一份证明包含多条记录，则这些记录的编号应保持唯一。

加工费发票号：按照加工企业已开具的加工费发票上内容填列。

货物名称：按照加工企业已开具的加工费发票上内容填列。

单位：按照加工企业已开具的加工费发票上内容填列。

数量：按照加工企业已开具的加工费发票上内容填列。

加工费金额：按照加工企业已开具的加工费发票上内容填列。

录入完毕之后，点击保存，录入界面完成。

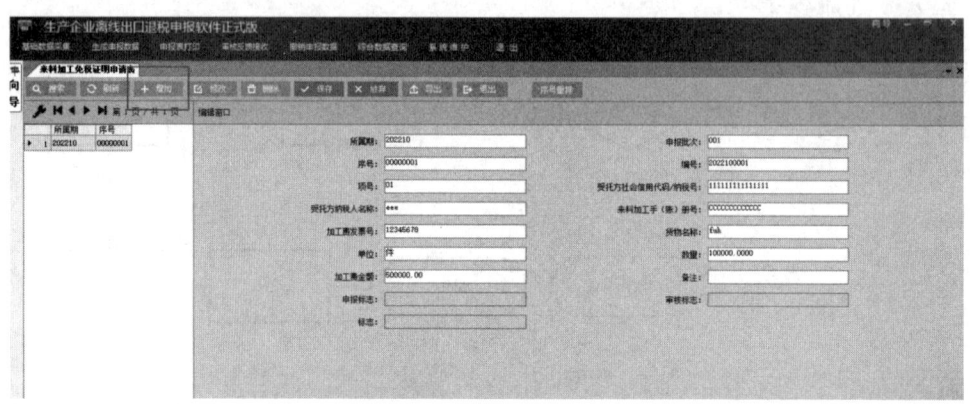

保存完毕之后，生成电子申报数据，点击"生成申报数据"——生成出口证明申报数据，点击进入。

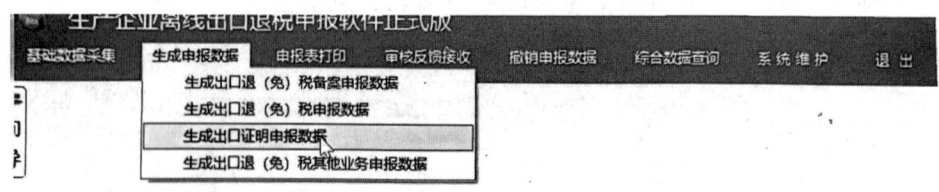

进入之后出现弹框，选择红色项目，点击确认，按照系统给出路径或则自选路径进行保存，生成数据。

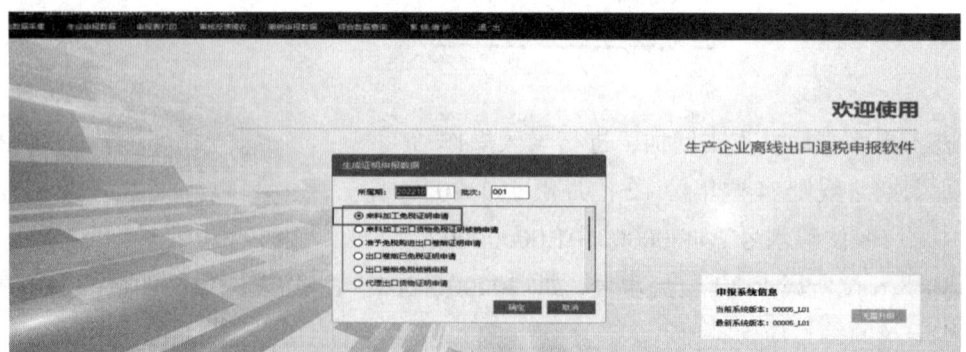

生成数据之后，打印报表。点击"申报表打印"——出口证明申报表，选择当前所属期。

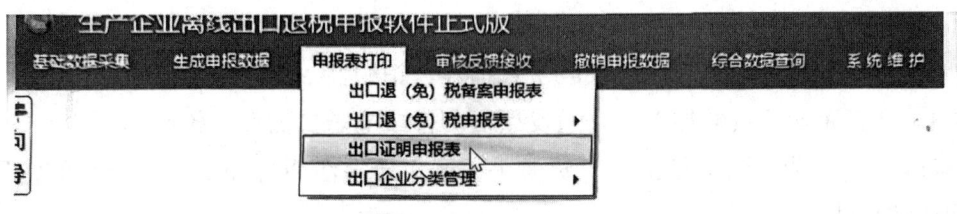

选择当前所属期，批次，按申报顺序填写，第一批就写001，依次类推，选择红色选项，点击"打印预览"，进行打印。

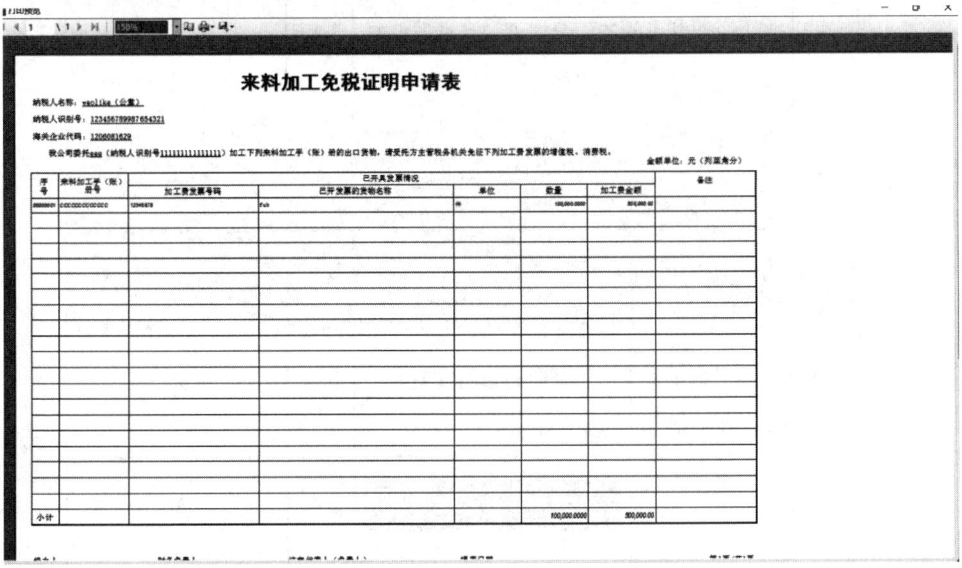

申请开具《来料加工免税证明》资料留存：

（1）《来料加工免税证明申请表》的电子数据；

（2）《来料加工免税证明申请表》的纸质资料或电子扫描件、拍照件；

（3）进口货物报关单复印件或电子扫描件、拍照件；

（4）加工企业开具的加工费普通发票复印件或电子扫描件、拍照件。

有以下加工费发票不是由加工贸易手（账）册上注明的加工单位开具的情形的，还应提供相应材料；

（5）企业的书面说明；

（6）主管海关出具的书面证明。

序号	材料名称	数量	备注
1	《来料加工免税证明申请表》及申报电子数据	1份	无
2	进口货物报关单复印件	1份	无
3	加工贸易手(账)册	1份	无
4	加工企业开具的加工费增值税普通发票复印件	1份	无
有以下情形的，还应提供相应材料			
适用情形	材料名称	数量	备注
加工费发票不是由加工贸易手（账）册上注明的加工单位开具的	企业的书面说明	1份	无
	主管海关出具的书面证明	1份	无

来料加工免税核销办理：

业务办理流程：

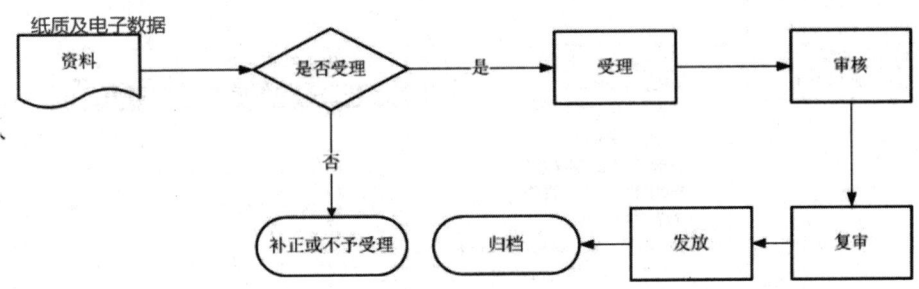

系统操作流程：

进入离线版出口退税系统之后，点击"基础数据采集"——出口证明管理——来料加工免税证明管理——来料加工出口货物免税证明核销申请表，点击进入界面之后，点击"增加"，进行录入操作：

【所属期】规则:4位年份+2位月份，如:202001。

【序号】8位流水号，如:00000001,00000002

【编号】规则：6位所属期*4位流水号，如：2020010001。注意：若一份证明包含多条记录，则这些记录的编号应保持唯一。

【项号】是税务机关打印在一张凭证项下的第几条记录标志，系统会默认"01"后续按顺序排序。

【加工企业社会信用代码/纳税号】加工企业的统一社会信用代码或纳税人识别号。

【来料加工免税证明编号（已开具证明）】已开具来料加工贸易免税证明的编号。

【加工费发票号（已开具证明）】已开具来料加工贸易免税证明的加工费发票号。

【计量单位（已开具证明）】按照已开具来料加工贸易免税证明的内容填列。

【数量（已开具证明）】按照已开具来料加工贸易免税证明的内容填列。

【加工费金额（已开具证明）】按照已开具来料加工贸易免税证明的内容填列。

【出口报关单号】填写海关出口货人报关单右上角的海关统一编号+0+2位项号，共21位。

【出口商品代码】按照出口货物报关单上的商品编码填写。

【出口商品名称】关联出口商品代码在出口退税率文库中对应的商品名称填写。

进入界面之后，点击"增加"，进行录入操作：

【所属期】规则：4位年份+2位月份，如：202001。

【序号】8位流水号，如：00000001,00000002。

【编号】规则：6位所属期*4位流水号，如：2020010001。注意：若一份证明包含多条记录，则这些记录的编号应保持唯一。

【项号】是税务机关打印在一张凭证项下的第几条记录标志，系统会默认"01"，后续按顺序排序。

【加工企业社会信用代码/纳税号】加工企业的统一社会信用代码或纳税人识别号。

【来料加工免税证明编号（已开具证明）】已开具来料加工贸易免税证明的编号。

【加工费发票号（已开具证明）】已开具来料加工贸易免税证明的加工费发票号。

【计量单位（已开具证明）】按照已开具来料加工贸易免税证明的内容填列。

【数量（已开具证明）】按照已开具来料加工贸易免税证明的内容填列。

【加工费金额（已开具证明）】按照已开具来料加工贸易免税证明的内容填列。

【出口报关单号】填写海关出口货人报关单右上角的海关统一编号+0+2位项号，共21位。

【出口商品代码】按照出口货物报关单上的商品编码填写。

【出口商品名称】关联出口商品代码在出口退税率文库中对应的商品名称填写。

【出口商品数量】按照出口货物报关单出口数量填写。

录入完毕之后，点击保存，录入界面完成。

保存完毕之后,生成电子申报数据,点击"生成申报数据"——生成出口证明申报数据,点击进入。

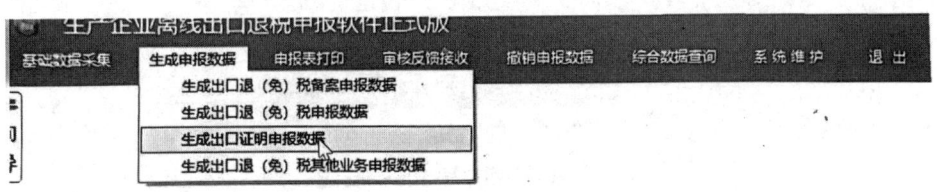

进入之后出现弹框,选择红色项目,点击确认,按照系统给出路径或自选路径进行保存,生成数据。

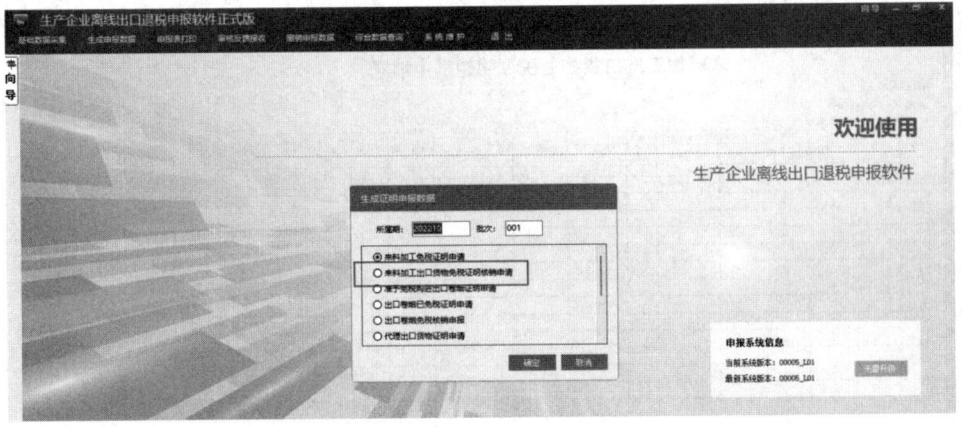

生成数据之后，打印报表。点击"申报表打印"——出口证明申报表。

进入界面之后，选择当前所属期批次，按申报顺序填写，第一批就写001，依次类推，选择红色选项，点击"打印预览"，进行打印。

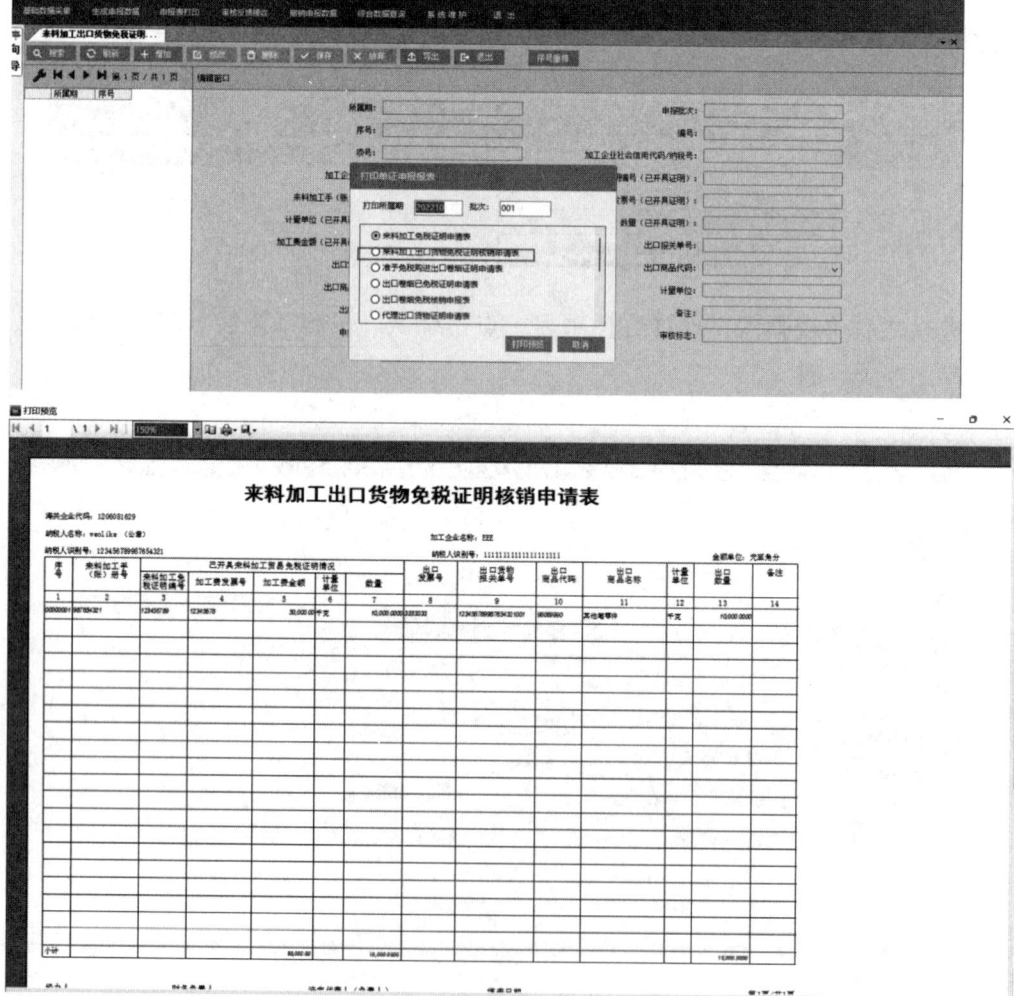

申请办理来料加工免税证明核销提供资料：
（1）《来料加工免税证明核销申请表》的电子数据；

（2）《来料加工免税证明核销申请表》的纸质资料或电子扫描件、拍照件；

（3）海关签发来料加工核销售案通知书原件或电子扫描件、拍照件；

（4）出口货物报关单的非"出口退税专用"联原件或复印件、电子扫描件、拍照件（有的税务机关要）；

（5）《来料加工免税证明》原件或复印件、电子扫描件、拍照件。

特别注意：有的税务机关为了方便出口企业办理退税，根据2022年9号公告文件精神，在无纸化申报的时候可以提影像资料，即扫描件和拍照件，核查时候再提供纸质资料。

序号	材料名称	数量	备注
1	《来料加工出口货物免税证明核销申请表》及电子数据	1份	无
2	《来料加工免税证明》	1份	税务机关为纳税人开具的《来料加工免税证明》为电子证明的，纳税人在申报办理出口退（免）税相关涉税事项时，仅需填报电子证明编号等信息，无需另行报送证明的纸质版和电子件
3	海关签发的核销结案通知书	1份	无

（八）出口发票与报关单金额不一致的具体操作方法

生产企业在办理出口退税申报的时候，会出现依据出口发票金额或者合同金额确定的出口货物免抵退销售额与出口货物报关单金额不一致，出现不一致的原因是有的企业在货物通关的时候由于操作失误将出口货物的货值低报，即出口合同或发票金额大于出口货物报关单金额，在实际业务中，向海关修改报关单是非常困难的，因此，出口企业如果按实际低报的出口金额办理出口退税，就会给生产企业带来损失，国家税务机关为了便利出口企业退税，降低企业损失，允许生产企业在符合政策前提下向税务机关进行相关操作之后，提供《出口货物离岸价差异原因说明表》，审批通过之后可以按出口发票或合同金额（出口货物免抵退销售额）办理退税。

政策依据：国税法 2013 年 12 号公告中第二条中（九）。

生产企业申报免抵退税时，若报送的《生产企业出口货物免、抵、退税申报明细表》中的离岸价与相应出口货物报关单上的离岸价不一致的，应按主管税务机关的要求填报《出口货物离岸价差异原因说明表》及电子数据。

系统操作流程：

出口企业发现确认的出口货物免抵退销售额与报关单金额不一致之后，进入出口退税系统之后，在录入"出口货物劳务免抵退税申报明细表"之后，点击"基础数据采集"——出口退（免）税申报——免抵退税申报——出口货物离岸价差异原因说明表，点击进入。

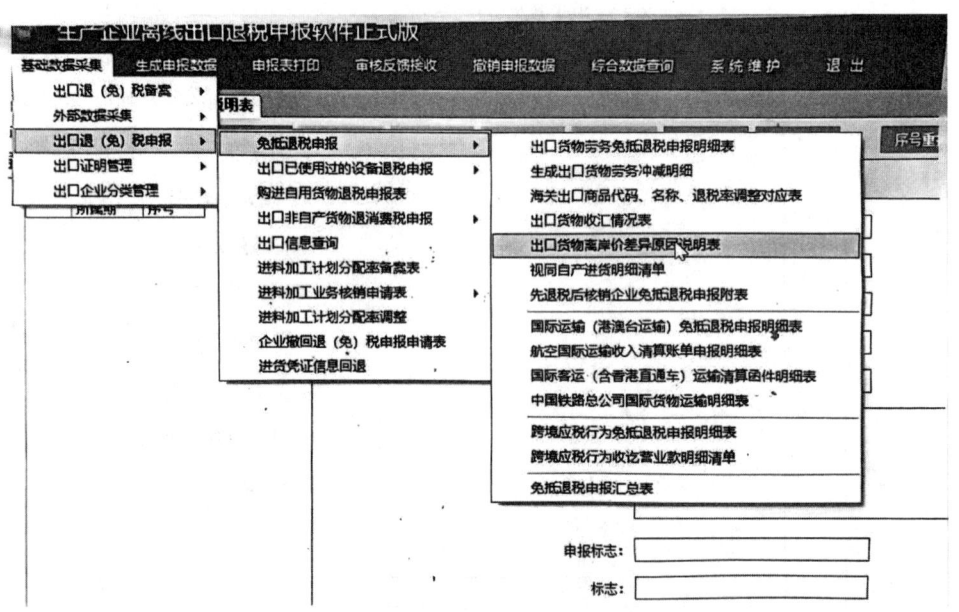

进入之后，点击"增加"，按照以下操作要求进行录入。

【出口发票美元离岸价】指企业开具出口发票并依此做销售账的美元销售金额。

【出口发票人民币离岸价】指企业开具出口发票并依此做销售账的人民币销售金额。

【出口报关单号码】填写出口货物报关单或者代理出口证明号。若填写出口货物报关单号，则为 21 位编码，按报关单右上角 18 位编码 +0+ 两位项号（01、02……）填写。填写代理出口证明号，则为 20 位编码，按《代理出口货物证明》的编号 + 两位项号（01、02……）填写。

【出口报关单美元离岸价】出口货物报关单上的美元离岸价。

【出口报关单人民币离岸价】规则：出口报关单人民币离岸价＝出口报关单美元离岸价＊美元汇率。

【人民币离岸价差异额】规则：出口发票和出口报关单人民币离岸价差异额＝出口报关单离岸价－出口发票离岸价。

【人民币离岸价差异率】规则：出口发票和出口报关单人民币离岸价差异率＝出口发票和出口报关单人民币离岸价差异额/出口发票离岸价＊100。

【差异原因说明】据实填写。

录入完毕之后点击"保存"，如果是多项数据点击"保存并增加"。

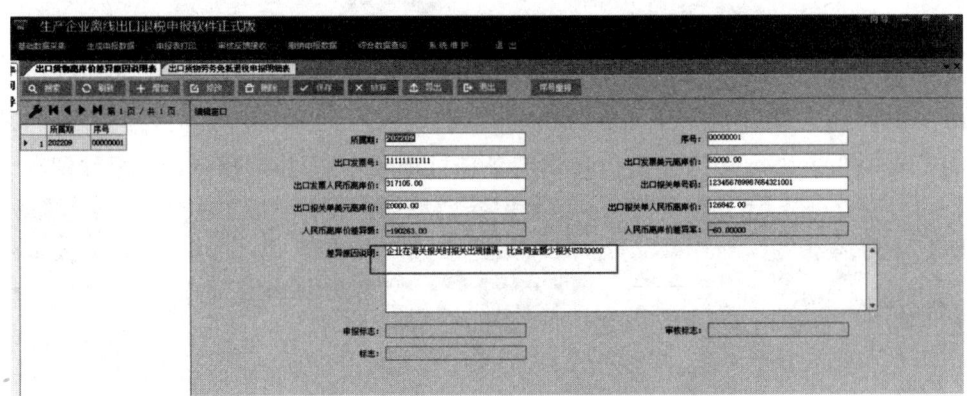

保存完毕之后，生成电子申报数据，点击"生成申报数据"——生成出口退（免）税申报数据，点击进入，点击确认。

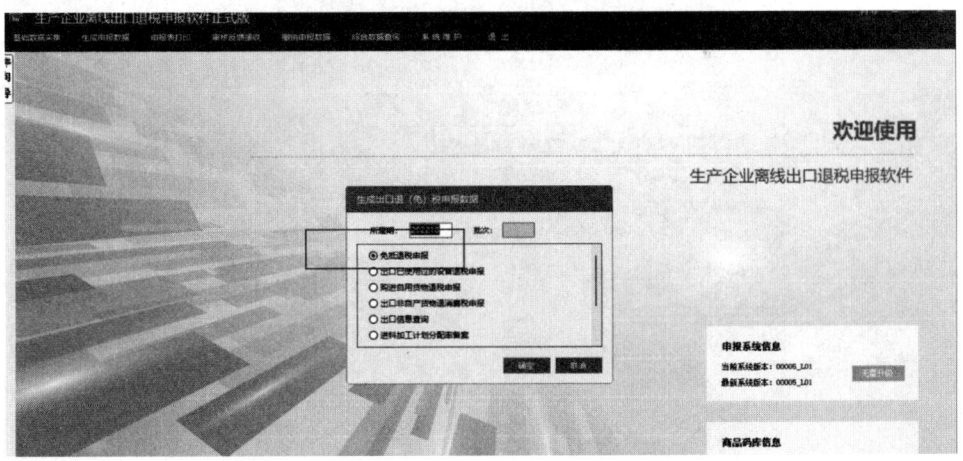

确认完毕之后，确认生成的申报数据中存在红色对话框的内容之后，点击确认，生成申报数据。

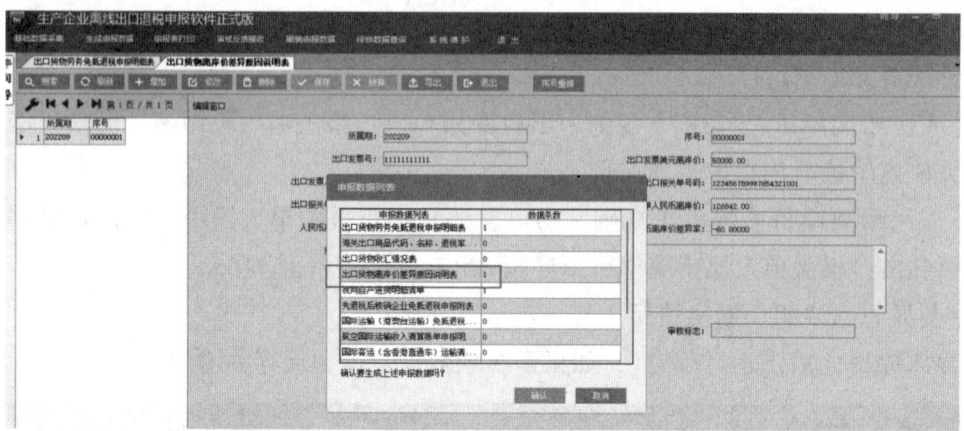

生成数据之后，打印报表。点击"申报表打印"——出口退（免）税申报表——免抵退申报表，点击进入，选择当前所属期，点击确认，打印申请表，企业自己盖章保存，打印出差异说明表必须和当期出口货物劳务免抵退税申报明细表一起申报并留存。

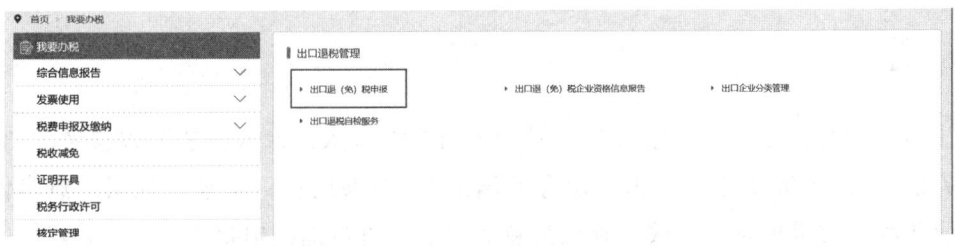

在线版操作系统：

进入电子税务局——我要办税——出口退税管理，进入操作界面，选择出口退（免）税申报。

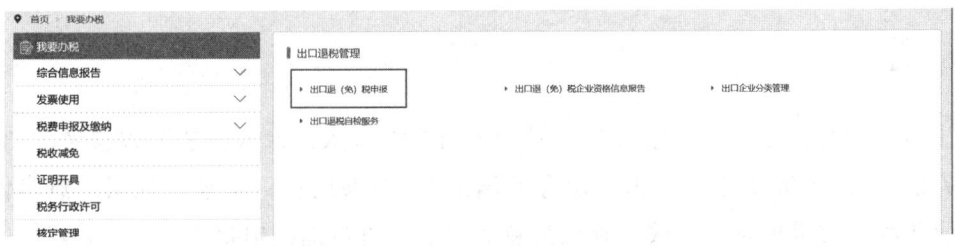

进入界面之后，点击在线申报。

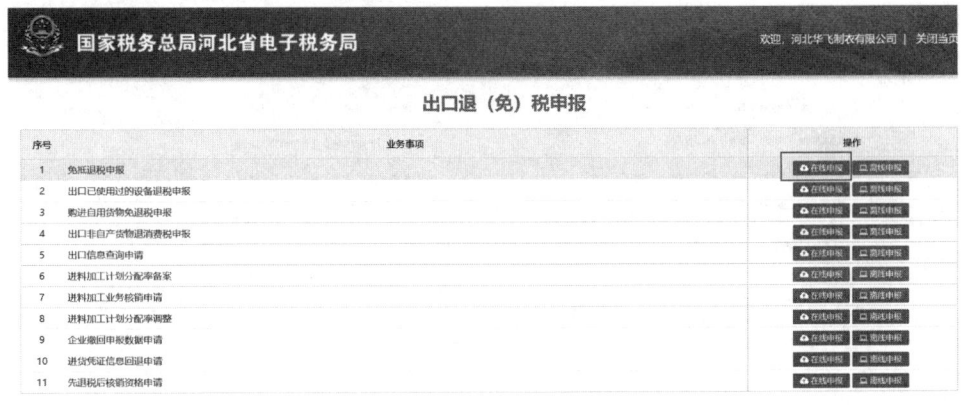

进入之后选择"出口货物离岸价差异原因说明表",点击进入。

进入操作界面,点击"新建"。

出现采集界面:将所有带红色星号的项目全部录入,录入方法可以参考"离线版录入方法",录入完毕之后点击"保存并增加",如果只有一条录入数据,点击保存,后续业务和正常申报业务一致,确认汇总表之后,进行退税申报。

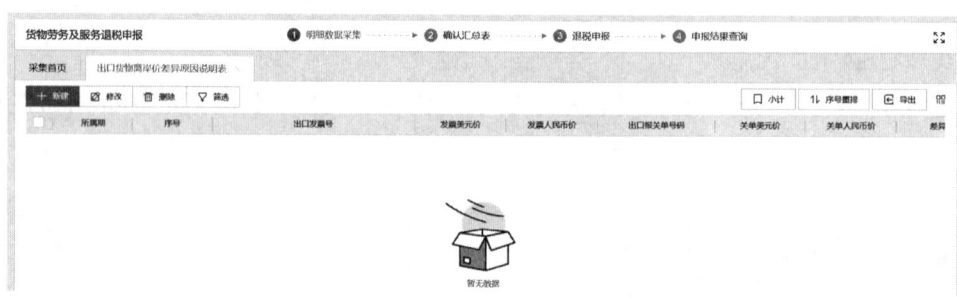

十、跨境应税服务（服务贸易）出口退税申报方法

增值税零税率应税服务就是指实行免抵退税办法的生产企业向境外单位提供增值税零税率应税服务后，即向境外客户提供服务贸易，如果提供这项服务属于国家给予退税的业务，在提供服务之后根据相关业务单证向主管税务机关申请办理免抵退税申报业务。

适用免抵退税办法的生产企业提供增值税零税率跨境应税服务的，收齐有关凭证后，应在财务作销售收入次月（按季度进行增值税纳税申报的为次季度首月，下同）的增值税纳税申报期内，向主管税务机关办理增值税纳税和退（免）税相关申报。

生产企业发生跨境应税服务贸易，适用免抵退税办法的，可以在同一所属期期内，既申报服务贸易免抵退税又申请办理留抵退税。税务机关应先办理免抵退税，办理免抵退税后，纳税人仍符合留抵退税条件的，再办理留抵退税。

生产企业第一次办理服务贸易退税时，如果是新成立的企业，在退（免）税备案的时候，必须在业务选项中加上"提供零税率应税服务"，如果是已经发生过或货物贸易的出口企业，需要向税务机关做退（免）税备案的变更，加上"提供零税率应税服务"，否则是不能够办理"零税率应税服务"退税的。

业务办理流程图：

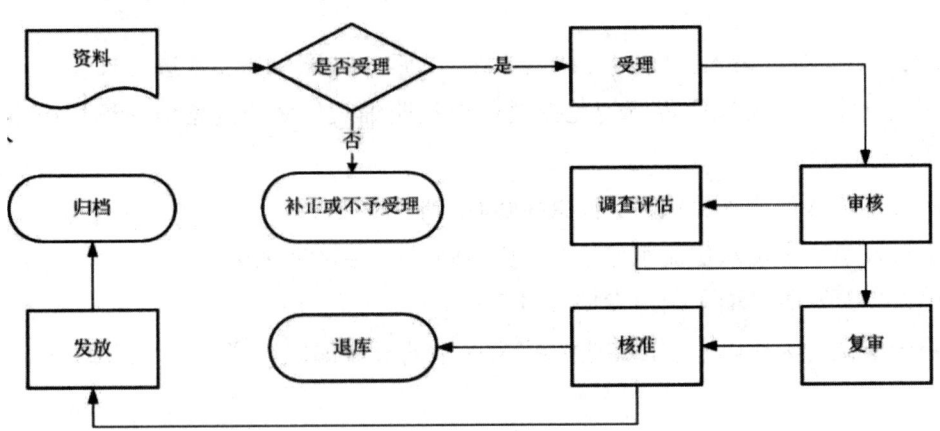

系统操作流程：

进入离线版出口退税系统之后，点击"基础数据采集"——出口退（免）税申报——免抵退申报，点击进入红色对话框进行"零税率应税服务"对应业务申报，零税率应税服务包括：

（1）对外提供研发服务或设计服务的；

（2）提供国际运输服务、港澳台运输服务的；

（3）提供航天运输服务的。

然后根据具体业务细分，按照税务机关申报要求进行操作并申报。

例如：用对外提供研发服务或设计服务的业务办理退税，举例说明：

点击"基础数据采集"——出口退（免）税申报——免抵退申报——跨境应税行为免抵退税申报明细表，点击进入。

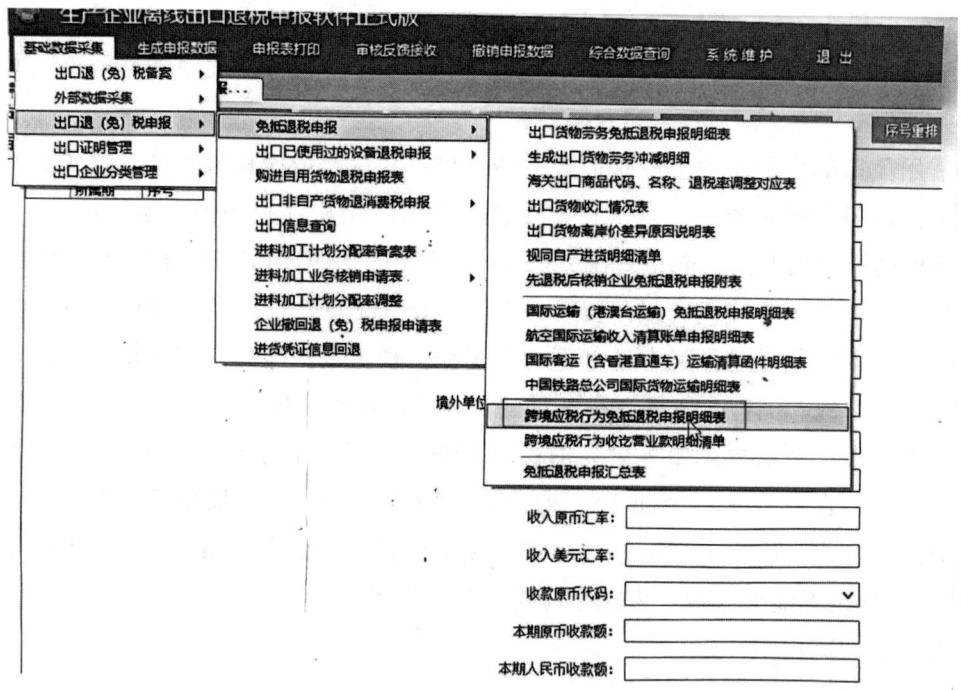

进入之后，进入录入界面，点击"新增"之后，按照业务要求进行录入。

【所属期】按《跨境应税行为免抵退税申报明细表》对应的增值税纳税申报表的税款所属年月填写。

【序号】按八位流水号填写，从00000001到99999999。

【出口发票号】按八位流水号填写，从00000001到99999999。

【出口发票开具日期】出口发票开具日期。

【跨境应税行为代码】按出口退税率文库中的对应编码填写。

【跨境应税行为名称】关联出口退税率文库中的编码对应跨境应税行为名称。

【合同号】与境外单位签订的提供跨境应税行为的合同编号。

【境外单位名称】与之签订跨境应税行为合同的境外单位全称。

【境外单位所在国家或地区代码】与之签订跨境应税行为合同的境外单位所在的国家或地区的代码。

【境外单位所在国家或地区名称】与之签订跨境应税行为合同的境外单位所在的国家或地区的名称。

【合同人民币总金额】按"合同总金额（折美元）"折算的人民币金额填写。

【有关证明编号】 提供电影、电视剧的制作服务的；填写行业主管部门出具的在有效期内的影视制作许可证编号；提供电影、电视剧的发行服务的；填写行业主管部门出具的在有效期内的发行证明版权证明、发行许可证明的编号；提供研发服务、设计服务、技术转让服务的，填写与发生跨境应税行为收入相对应的《技术出口合同登记证》或《软件出口合同登记证》的编号。

【合同美元总金额】与境外单位签订的跨境应税行为合同的美元总金额，若为其他外币签订的折算成美元金额填列。

【营业收入人民币金额】本期确认跨境应税行为营业额的金额，以其他币种结算的填写折算人民币金额。

【本期人民币收款额】本期收款的跨境应税行为所取得的全部价款的人民币金额，以其他币种结算的填写折算人民币金额。

【本期美元收款额】本期从与之签订跨境应税行为合同的境外单位收款的美元金额，若为其他外币成交的折算成美元金额填列。

【免抵退税计税金额】跨境应税行为营业额，即人民币营业额。

【征税率】在境内提供应税行为法定增值税税率。

【退税率】按跨境应税行为在退税率文库中对应的增值税退税率填写，如退税率有特殊规定，按政策规定的退税率填写。

【免抵退税计税金额乘征退税率之差】规则：免抵退税计税金额乘征退税率之差 = 免抵退税计税金额 × （征税率 – 退税率）。

【销售额乘退税率】规则：免抵退税计税金额乘退税率 = 免抵退税计税金额 × 退税率。

【跨境应税行为业务类型代码】对外提供研发服务的，填写"YFFW"；提供设计服务的，填写"SJTW"；提供广播影视节目（作品）的制作服务的，填写"GBYSZZFW"；对外提供广播影视节目（作品）的对外服务的，填写"GBYSFXFW"；提供技术转让服务的，填写"JSZRFW"；提供软件服务的，填写"RJFW"；提供电路设计及测试服务的，填写"DLSJCSFW"；提供信息系统服务的，填写"XXXTFW"；提供业务流程管理服务的，填写"YWLCGL"；提供合同标的物在境外的合同能源管理服务的，填写"HTNYGLFW"；提供信息技术外包服务的，填写"ITO"；提供技术性业务流程外包服务（BPO）的，填写"BPO"；提供技术性知识流程外包服务（KPO）的，填写"KPO"。

录入完毕之后，点击保存，如果有多项数据，点击保存并增加。

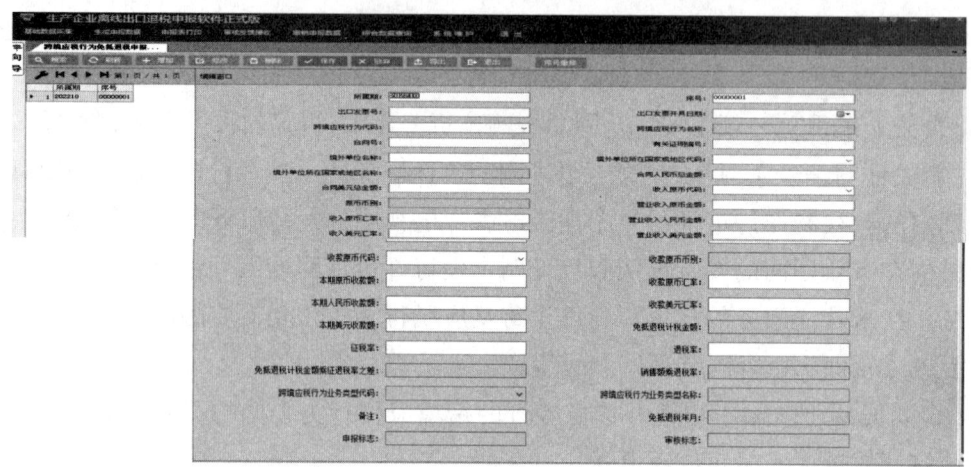

明细表录入完毕之后，点击"基础数据采集"——出口退（免）税申报——免抵退申报——跨境应税行为收讫营业款明细清单，点击进入。

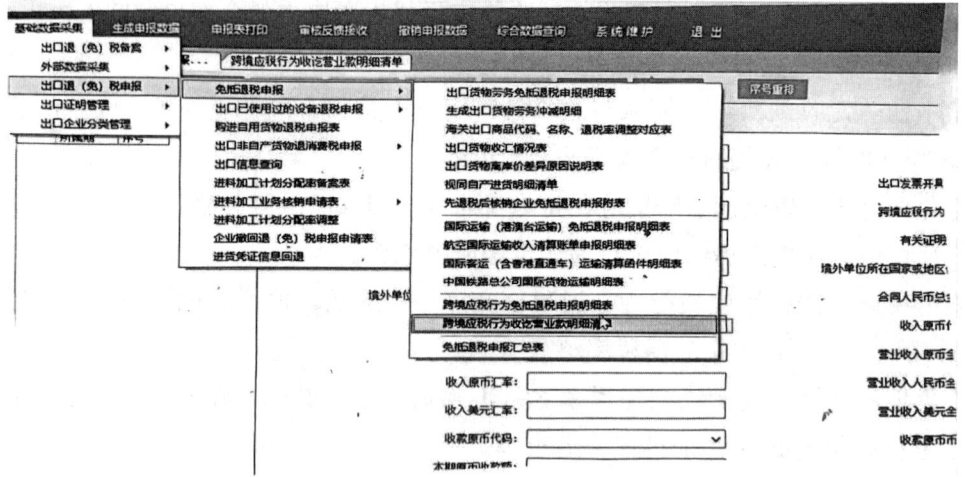

进入之后，点击增加，按照录入要求进行录入：

【所属期】规则:4位年份+2位月份，如:202001。

【序号】按八位流水号填写，从00000001到99999999。

【合同号】与境外单位签订的提供跨境应税行为的合同编号。

【本期收款时间】本期收取营业款的时间。

【本期收款凭证号】银行收取营业款款项的凭证号。

【收款凭证美元总金额】银行收取款项的凭证号对应的美元总金额。

【本期收款人民币额】收款凭证对应的本合同号的收款金额人民币金额，以其他币种结算的填写折算人民币金额。

【本期收款美元额】收款凭证上对应的本合同号的收款金额美元金额，以其他币种结算的填写折算美元金额。

【本期收款银行名称】收取该款项的银行全称。

【本期付款单位名称】支付该款项的单位全称。

【付款单位所在国家（地区）代码】支付该款项的单位所在的国家或地区的代码。

【付款单位所在国家（地区）名称】支付该款项的单位所在的国家或地区的名称。

【本期付款银行名称】支付该款项的银行全称。

录入完毕之后，点击保存，如果多项数据，点击保存并增加。

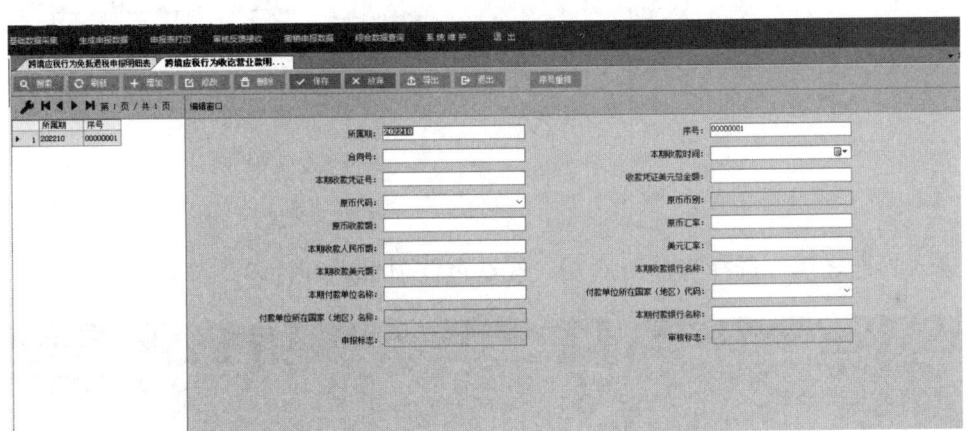

保存完毕之后，生成电子申报数据，点击"生成申报数据"——生成出口退（免）税申报数据，进入生成数据对话框，选择免抵退申报，点击确认之后，出现界面显示出红色框，点击确认。注意实行免抵退税办法的增值税零税率应税服务提供者，如果同时与出口货物劳一起申报且未分别核算的，应一并计算免抵退税，同时生成数据。

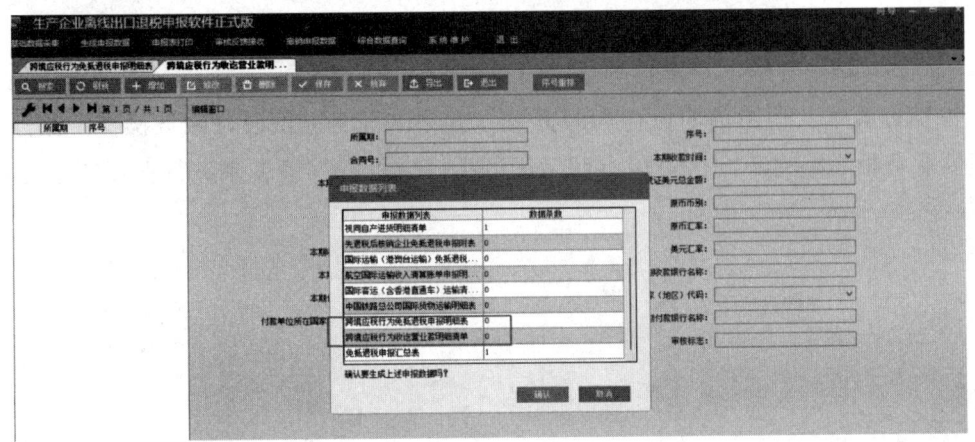

生成数据之后,打印报表。点击"申报表打印"——出口退(免)税申报表——免抵退税申报表。

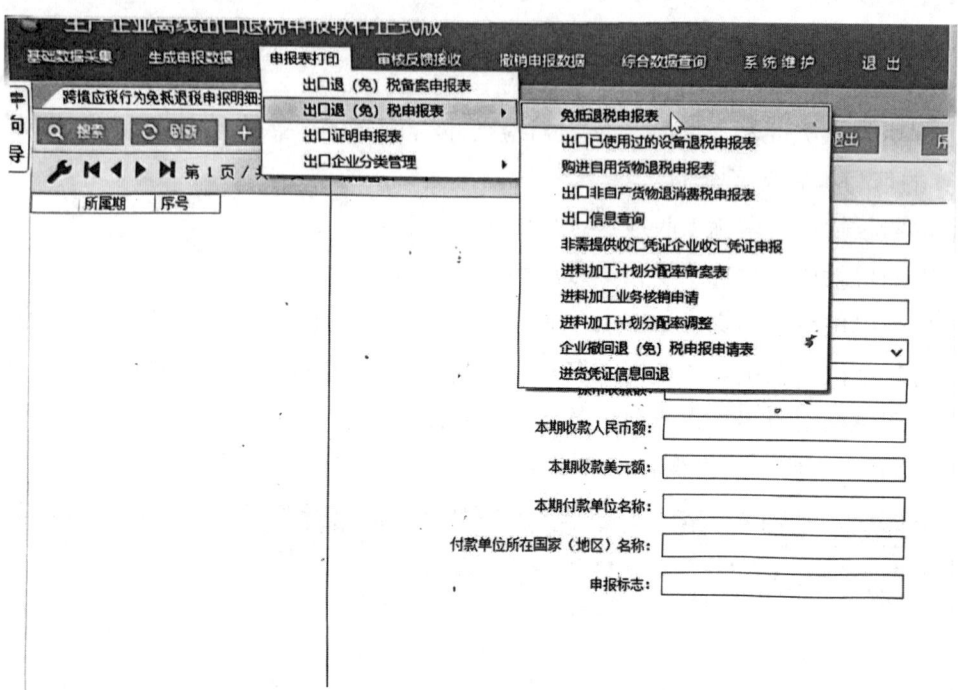

进入界面之后,选择当前所属期,按红色框项目进行打印预览并打印。

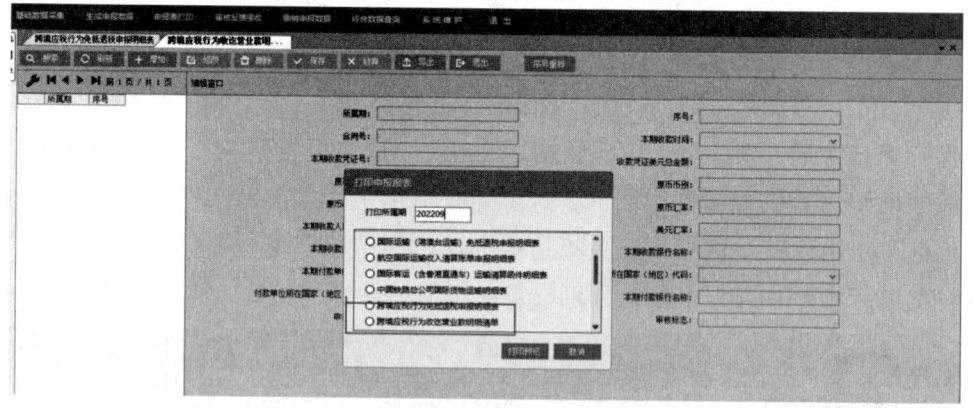

特别提醒:其他跨境应税行为服务操作方法流程与提供设计服务操作一致,就是在提供业务报表略有不同,可以参照后面的提供申报资料报表来进行在系统中准备。

在线版操作流程：

进入电子税务局——我要办税——出口退税管理，进入操作界面，选择出口退（免）税申报。

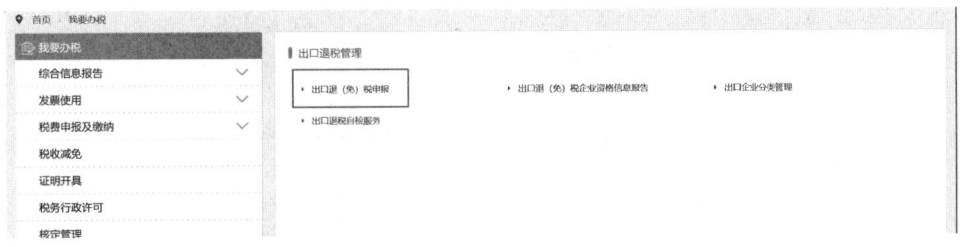

进入界面之后，点击在线申报。

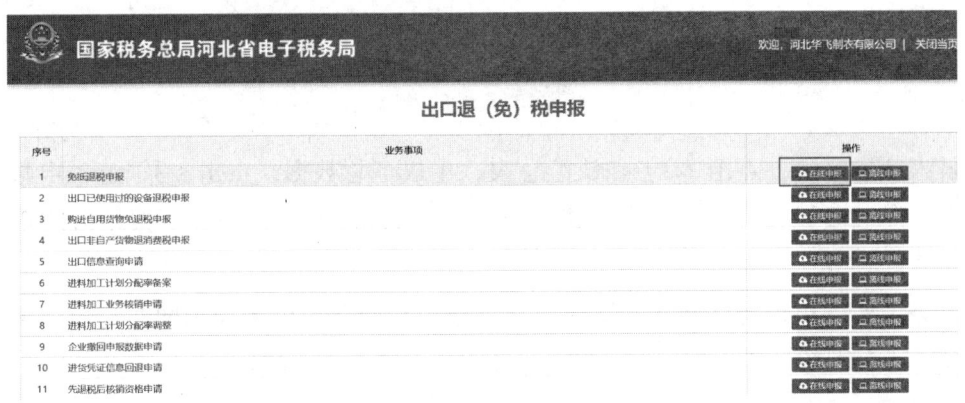

进入之后按照不同业务，选择操作的选项，以提供研发设计服务业务为例，进入界面，点击"新建"。

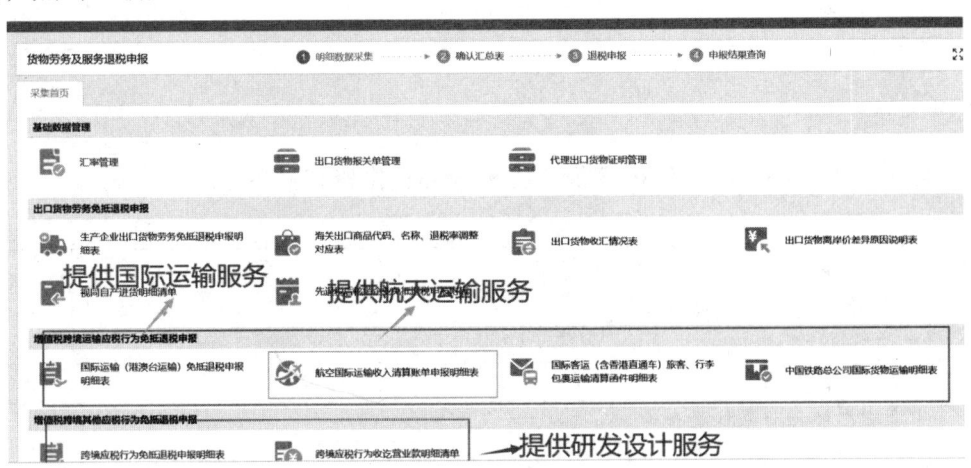

以提供研发设计服务业务为例（其他形式跨境应税服务操作与其相同），进入界面，点击"新建"，录入完毕之后，点击保存并增加，一条条数据点击保存。具体录入方

法与离线版操作同。

[跨境应税行为免抵退税申报明细表采集表单截图]

录入完毕之后，点击（2）确认汇总表，生成汇总数据，点击（3）退税申报，生成数据，向税务机关进行申报，并进行报表打印，最后点击（4）申报结果查询，查验申报是否成功。

注意：实行免抵退税办法的增值税零税率应税服务提供者如果同时与出口货物一起申报且未分别核算的，应一并计算免抵退税，同时生成数据。

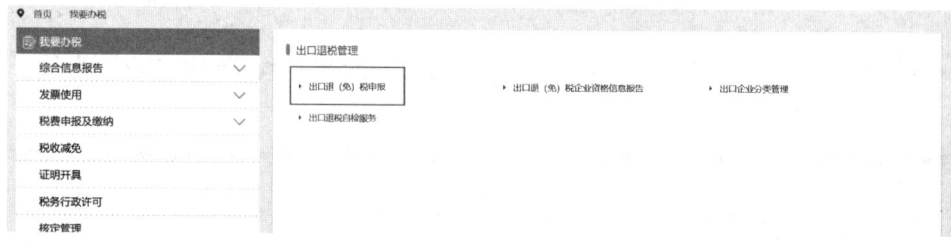

实行免抵退税办法的增值税零税率应税服务提供资料清单：

序号	材料名称	数量	备注
1	出口货物退（免）税申报电子数据	1份	无
2	《免抵退税申报汇总表》	1份	无
3	《跨境应税行为免抵退税申报明细表》	1份	无
4	《跨境应税行为收讫营业款明细清单》	1份	无

序号	材料名称	数量	备注
5	从与之签订提供增值税零税率应税服务合同的境外单位取得收入的收款凭证	1份	注意：这种业务可以不提供：《国家税务总局关于出口货物劳务退（免）税管理有关问题的公告》（国家税务总局公告2014年第51号）第二条 经外汇管理部门批准实行外汇资金集中运营管理的跨国公司，其成员公司在批准的有效期内，可凭银行出具给跨国公司资金集中运营公司符合下列规定的收款凭证，向主管税务机关申报对外提供的研发、设计服务退（免）税，不再提供从与之签订研发、设计合同的境外单位取得收入的收款凭证。
6	增值税零税率应税服务所开具的发票	1份	经主管税务机关认可，可只提供电子数据，原始凭证留存备查。
7	与境外单位签订的提供增值税零税率应税服务的合同复印件	1份	注意：有税务机关必须查验合同原件，复印件上必须注明与原件保持一致。

存在以下情形的，还应补充相应材料：

适用情形	资料名称	数量	备注
提供国际运输服务、港澳台运输服务	《增值税零税率应税服务（国际运输/港澳台运输）免抵退税申报明细表》	1份	无
国际运输服务、港澳台运输服务以水路运输、航空运输、公路运输方式	增值税零税率应税服务的载货、载客舱单或其他能够反映收入原始构成的单据凭证复印件	1份	无
国际运输服务、港澳台运输服务以航空运输方式且国际运输和港澳台运输各航段由多个承运人承运	《航空国际运输收入清算账单申报明细表》	1份	无
以程租、期租、湿租服务方式租赁交通运输工具从事国际运输服务和港澳台运输服务	程租、期租、湿租的合同或协议复印件，向境外单位和个人提供期租、湿租服务，按规定由出租方申报退（免）税的，可不提供增值税零税率应税服务的载货、载客舱单或其他能够反映收入原始构成的原始凭证复印件	1份	无

适用情形	资料名称	数量	备注
提供的适用增值税零税率的铁路运输服务	属于客运的，应当提供《国际客运（含香港直通车）旅客、行李包裹运输清算函件明细表》；属于货运的，应当提供《中国铁路总公司国际货物运输明细表》，或者提供列明本企业清算后的国际联运运输收入的《清算资金通知清单》	1份	注意：[1] 属于货运的：启运地的铁路运输企业还应提供国际铁路联运运单以及"发站"或"到站（局）"名称包含"境"字的货票，还有运输收入会计报表等单据留存备查； [2] 铁路运输客运服务的，以下原始凭证留存企业备查： （1）国际客运联运票据（入境除外）； （2）铁路合作组织清算函件； （3）香港直通车售出直通客票月报。
提供软件服务、电路设计及测试服务、信息系统服务、业务流程管理服务，以及离岸服务外包业务	合同已在商务部"服务外包及软件出口管理信息系统"中登记并审核通过，由该系统出具的证明文件复印件	1份	无
提供广播影视节目（作品）的制作和发行服务	合同已在商务部"文化贸易管理系统"中登记并审核通过，由该系统出具的证明文件复印件	1份	无
提供电影、电视剧的制作服务	行业主管部门出具的在有效期内的影视制作许可证明复印件	1份	无
提供电影、电视剧的发行服务	行业主管部门出具的在有效期内的发行版权证明、发行许可证明复印件	1份	无
提供研发服务、设计服务、技术转让服务	与提供增值税零税率应税服务收入相对应的《技术出口合同登记证》及其数据表	1份	必须提供，税务机关要核实其真实性和合规性。
提供航天运输服务或在轨交付空间飞行器及相关货物	《航天发射业务免退税申报明细表》复印件	1份	无
	签订的发射合同或在轨交付合同复印件	1份	无
	发射合同或在轨交付合同对应的项目清单项下购进航天运输器及相关货物和空间飞行器及相关货物的增值税专用发票或海关进口增值税专用缴款书、接受发射运行保障服务的增值税专用发票复印件	1份	无
	从与之签订航天运输服务合同的单位取得收入的收款凭证复印件	1份	无

政策依据：

（1）《国家税务总局关于发布〈适用增值税零税率应税服务退（免）税管理办法〉的公告》（国家税务总局公告 2014 年第 11 号）第十二条、第十三条。

（2）《国家税务总局关于出口退（免）税申报有关问题的公告》（国家税务总局公告 2018 年第 16 号）第八条。

（3）《国家税务总局关于办理增值税期末留抵税额退税有关事项的公告》（国家税务总局公告 2019 年第 39 号）第四条、第五条、第六条。

（4）《国家税务总局关于优化整合出口退税信息系统 更好服务纳税人有关事项的公告》（国家税务总局公告 2021 年第 15 号）第二条：简化出口退（免）税报送资料。

十一、单证申报操作方法

系统申报流程：

通用流程：

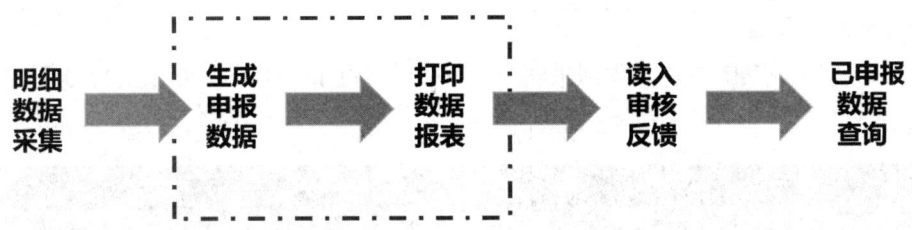

业务办理流程：

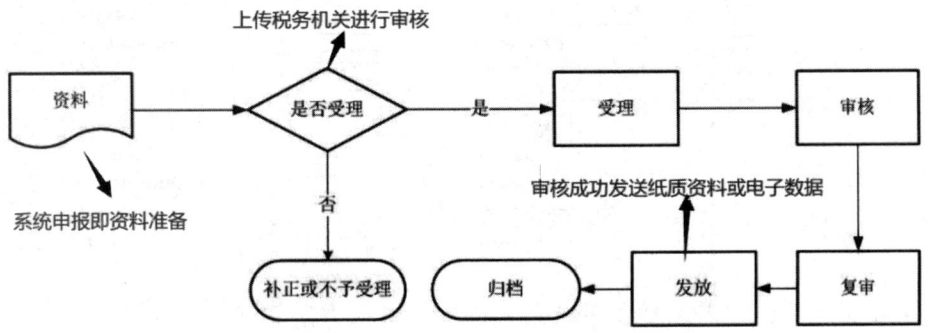

（一）委托出口证明操作方法

1. 业务描述

生产企业委托出口的货物，在货物出口之后，委托方应向主管的税务机关申请开具《委托出口证明》。开具之后，受托方凭这个证明到主管税务机关办理《代理出口证明》，为了方便纳税人更快办理退税，从2017年开始，除国家取消出口退税的货物外，即出口退税率为零的货物，委托方不再向主管税务机关报送《委托出口货物证明》。

委托出口的货物，委托方应自货物报关出口之日起至次年3月15日前，向主管税务机关申请开具《委托出口货物证明》。因未收齐单证信息等原因，纳税人未能在规定期限内申请开具相关证明的，待收齐退（免）税凭证及相关电子信息后，即可向主管税务机关申请开具相关证明。

2. 申请开具《委托出口货物证明》时，提供资料：

（1）《委托出口货物证明申请表》的电子数据；

（2）《委托出口货物证明》的纸质资料；

（3）委托代理出口协议复印件。

3. 系统操作流程

进入系统后，点击"基础数据采集"——出口证明管理——委托出口证明申请表，点击进入。

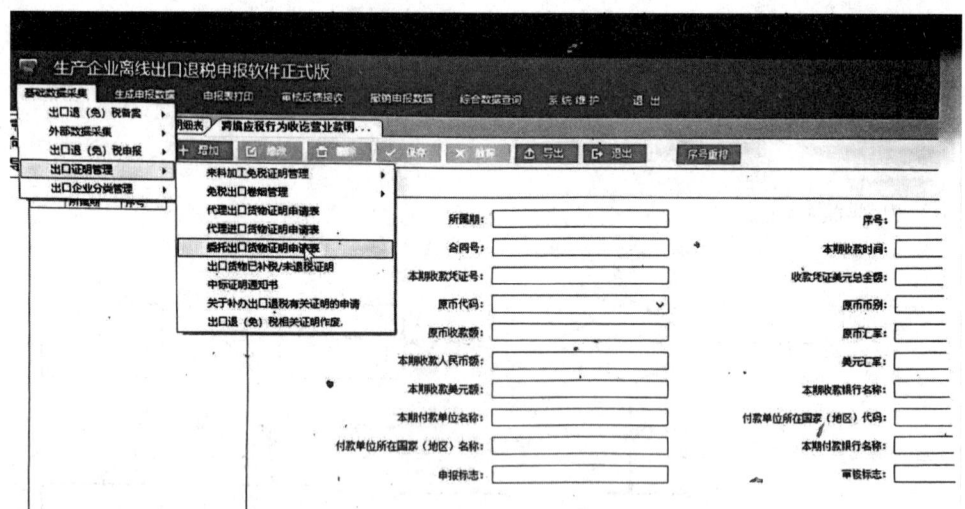

进入界面之后，点击新增，进行录入操作，录入方法如下：

【所属期】规则：4位年份+2位月份，如：202001。

【申报批次】所属年月的第几次申报。

【序号】8位流水号，如：00000001，00000002。

【编号】是税务机关将数据打印到一张凭证的标志。

【项号】是税务机关打印在一张凭证项下的第几条记录标志。

【受托方社会信用代码/纳税号】受托方统一社会信用代码或纳税人识别号。

【出口报关单号】填写海关出口货物报关单右上角的海关统一编号+0+2位项号，共21位。

【出口商品代码】按报关单商品代码录入，不足10位的请在后面填0补位。

录入完毕之后点击保存，如果是多项或多条数据，点击保存并增加。

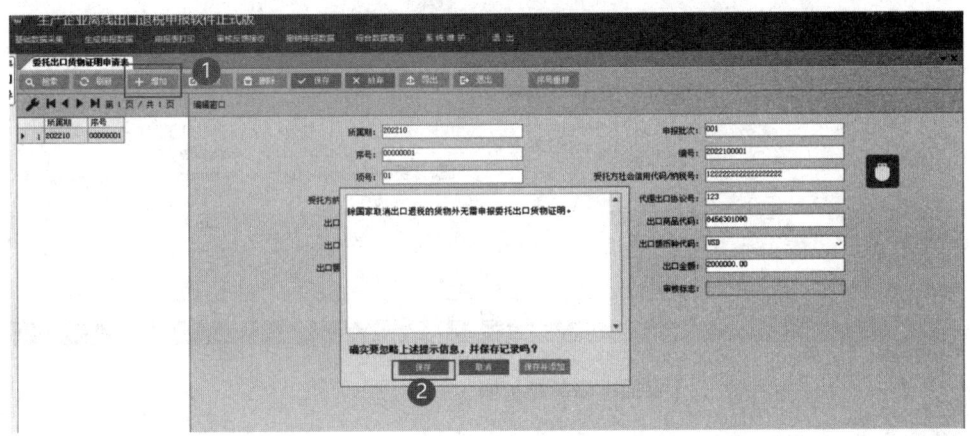

保存完毕之后，生成电子申报数据，点击"生成申报数据"——生成出口证明申报数据，点击进入。

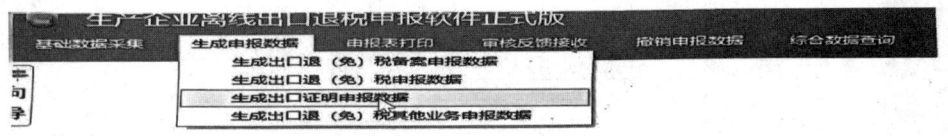

进入之后，选择申报的数据（红框），点击确认，进入新的界面，选择数据保存路径，可以用默认路径，或者用自己使用的路径保存；生成数据之后，再次确认数据是否正确，没有错误，点击"关闭"，生成电子数据操作完毕。

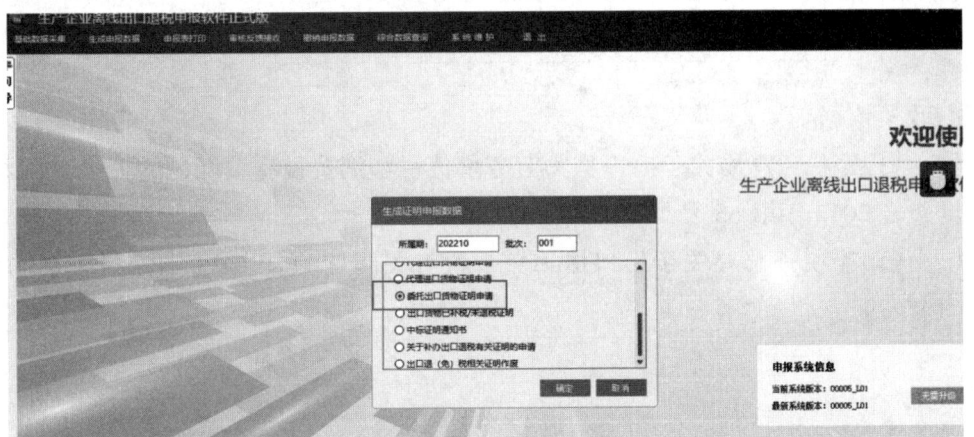

生成数据之后,打印报表。点击"申报表打印"——出口证明申请表,进入界面之后,选择当前所属期,选择打印项目(红色框),点击打印预览,进行打印并留存。

4. 政策依据:

(1)《国家税务总局关于出口货物劳务增值税和消费税有关问题的公告》(国家税务总局公告2013年第65号)中的第十一条。

(2)《国家税务总局关于出口退(免)税有关问题的公告》(国家税务总局公告2015年第29号)中的第三条。

（二）代理进口——代理进口证明操作方法

1. 业务描述

生产企业进口料件、出口成品均委托其他出口企业办理的进料加工业务，委托进口加工贸易料件，受托进口企业及时向其主管税务机关申请开具《代理进口货物证明》，并及时转交给委托方，委托方据此向其主管税务机关申请办理退（免）税相关业务。

2. 受托企业申请开具《代理进口货物证明》时，需要提供资料

（1）《代理进口货物证明申请表》的电子数据；

（2）《代理进口货物证明申请表》的纸质资料；

（3）加工贸易手册复印件的纸质资料；

（4）代理进口协议复印件的纸质资料。

3. 政策依据

（1）《国家税务总局关于发布〈出口货物劳务增值税和消费税管理办法〉的公告》（国家税务总局公告 2012 年第 24 号）第十条，有关单证证明的办理。

4. 系统操作流程

进入系统后，点击"基础数据采集"——出口证明管理——代理进口证明申请表，点击进入。

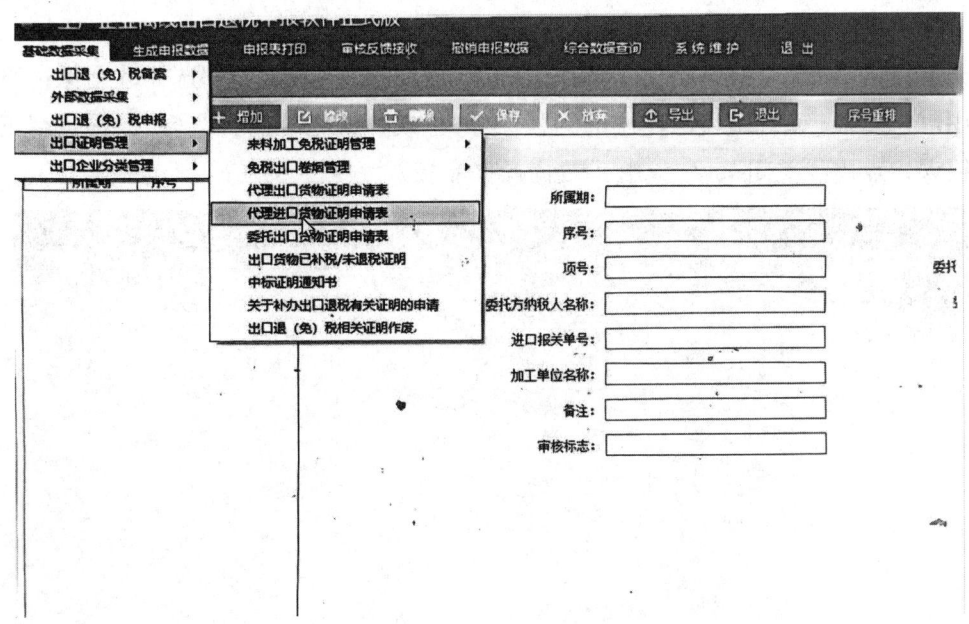

进入界面之后，点击新增，进行录入操作，录入方法如下：

【所属期】规则:4 位年份 +2 位月份，如 :202001。

【申报批次】所属年月的第几次申报。

【序号】8 位流水号，如 :00000001,00000002。

【编号】规则：6位所属期+4位流水号，如：2020010001。注意：若一份证明包含多条记录，则这些记录的编号应保持唯一。

【委托方社会信用代码/纳税号】委托方统一社会信用代码或纳税人识别号。

【进口报关单号】填写海关进口货物报关单右上角的海关统一编号+0+2位项号，共21位。

【加工单位名称】进料加工手册对应的加工单位名称。

录入完毕之后点击保存，如果是多项或多条数据点击保存并增加。

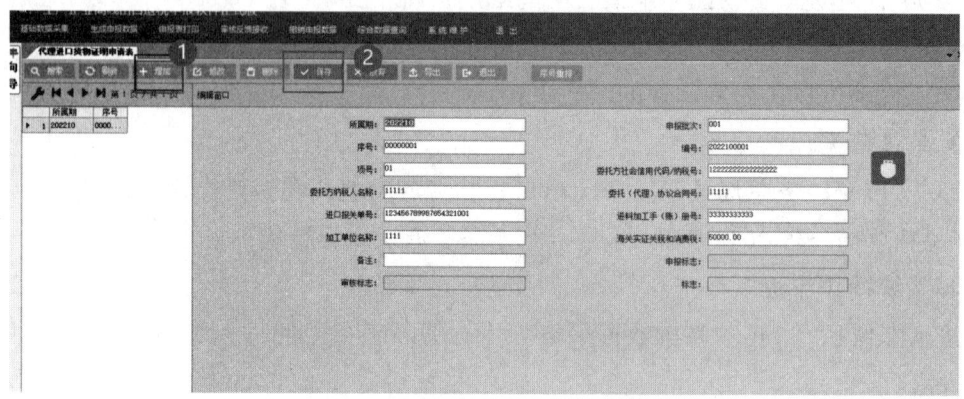

进入之后，选择申报的数据（红框），点击确认，进入新的界面，选择数据保存路径，可以用默认路径，或者用自己使用的路径保存；生成数据之后，再次确认数据是否正确，没有错误，点击"关闭"，生成电子数据操作完毕。

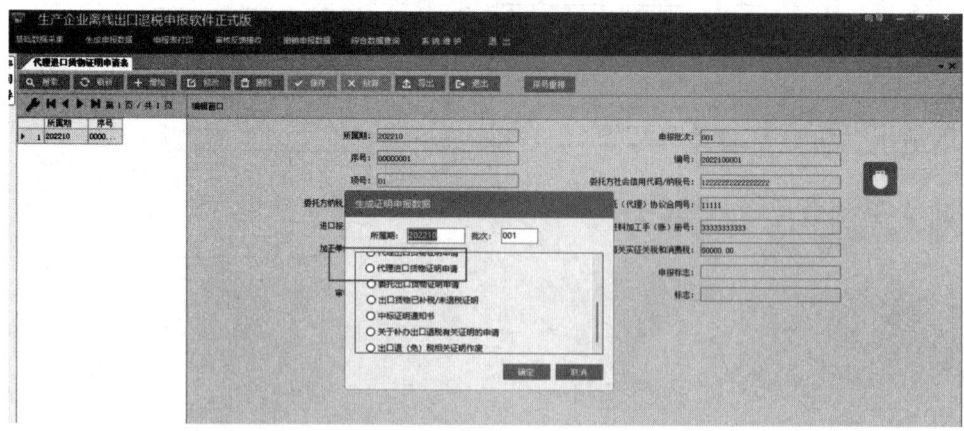

生成数据之后，打印报表。点击"申报表打印"——出口证明申请表，进入界面之后，选择当前所属期，选择打印项目（红色框）点击打印预览，进行打印并留存。

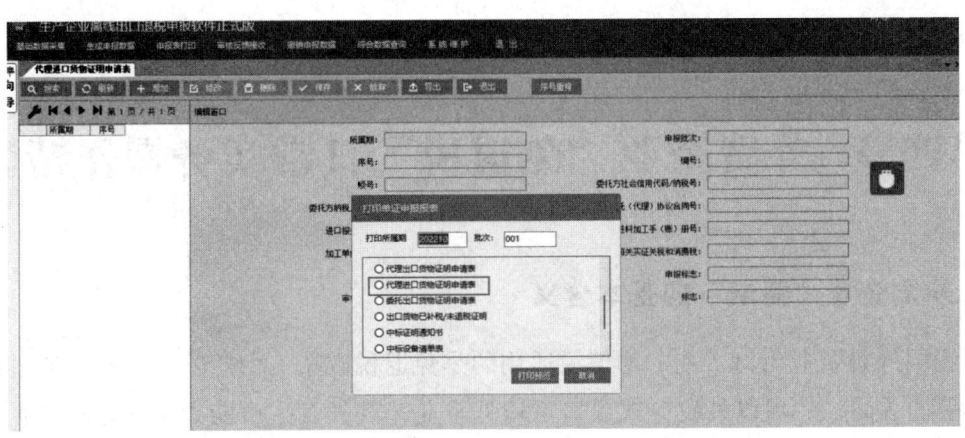

第四章 外贸企业"免退税"日常实务操作精讲

一、外贸企业"免退"的基本含义

我国外贸企业出口货物的增值税适用的是免退税政策。由于外贸企业仅通过内贸方式采购成品,然后以外贸方式出口至境外企业,其没有生产能力(部分外贸企业采用委托加工),故没有"抵"的情况。同时,我国对进口和出口贸易模式是分开核算的,故无法按进口应缴税金和出口应退税金进行相抵冲。"免"就是出口环节不征收增值税,然后对于外贸企业在国内采购用于出口的产品形成的进项税额用不同的税率进行退税。因此外贸企业和生产企业在退税的方式有着本质的不同,区别有二,生产企业要采购原材物料进行加工生产成产品,然后再内销或出口;而外贸企业没有生产加工的环节,这是其一。好了,有的可能会问,那购进产成品算不算进项呢?当然算,这就要企业理解如何计算当期应退税额了,外贸企业由于采购的是加工或生产好的成品,从供货商获得合规的增值税专用发票,用不含税购进价乘以出口退税率,而这不是抵,属于退;而生产企业应退税额要用成交价(即FOB)乘以出口退税率,如果有进料加工业务产生的抵减额也要扣除掉,在计算应退税之前,还要计算当前免抵退税额和当期应纳税额,这是其二。因此外贸公司申报退税和当期的纳税申报表的期末留抵税没有关系,与采购的进货发票有着紧密的关联,也就是平时常说的出口不征税,用进货发票办理退税,出口货物报关单和进货发票是退税必要凭证。

二、外贸企业"免退税"的计税依据

外贸企业采购的出口货物应单独设立库存账和销售账记载,依据购进出口货物增值税专用发票所列明的进项金额为计税依据,不同的业务方式退税的计算方法也有不同。

第一种:外贸企业采购货物自营出口的增值税退(免)税的计税依据,为购进出口货物的增值税专用发票注明的金额或海关进口增值税专用缴款书注明的完税价格。

第二种:外贸企业自购原材料委托加工修理修配货物增值税退(免)税的计税依据,

为加工修理修配费，增值税专用发票注明的金额。外贸企业应将加工修理修配使用的原材料（进料加工海关保税进口料件除外）作价销售给受托加工修理修配的生产企业，受托加工修理修配的生产企业应将原材料成本并入加工修理修配费用开具发票，开出的发票的货物名称应与出口货物名称相符。

业务提示：2013年国家税务局出台国税发2013年12号公告，文件明确要求出口货物报关单上的名称与进货增值税专用发票的名称保持一致，从2013年7月1日开始，外贸企业委外加工货物加工方开具加工修理修配发票将不能够办理退税。

第三种：从小规模纳税人购进特准退税的出口货物退税计税依据是普通发票所列销售金额。

业务提示：从小规模纳税人购进的一般货物是不能够办理出口退税的。

第四种：外贸企业收购应税消费品出口，其应退消费税的退税办法分别依据该消费税征税办法确定，即退还该消费税在生产环节实际缴纳的消费税。凡属从价定率计征消费税的货物，应依外贸企业从工厂购进货物时征收消费税的价格为依据；凡属从量定额计征消费税的货物应依货物购进和报关出口的数量为依据。

三、外贸企业一般贸易免退税核算方法解析

（一）外贸企业出口货物劳务增值税，消费税依下列公式计算

1. 外贸企业出口一般采购的货物

增值税应退税额 = 采购货物增值税专用发票不含税金额 × 出口货物退税率

2. 外贸企业出口委托加工修理修配货物

（1）作价销售给生产加工方

加工方购进原材料金额 = 外贸企业作价销售材料金额 × （1+征税率）

（2）委外加工方开具发票给外贸企业

出口委托加工修理修配货物的开票金额 = ［委托加工修理修配的加工费 + 加工方购进原材料金额 ÷ （1+征税率）］× 出口货物退税率

出口委托加工修理修配货物的增值税应退税额 = ［委托加工修理修配的加工费 + 加工方购进原材料金额 ÷ （1+征税率）］×（1+征税率）

（3）退税率低于适用税率的，相应计算出的差额部分的税款计入出口货物出口成本。一般这种情况多发生在从小规模纳税人购进的货物。

（4）外贸企业出口货物应退消费税税额计算公式分别如下：

① 实行从价定率征收办法的

应退税额 = 出口货物的工厂销售额 × 消费税税率

②实行从量定额征收办法的

应退税额＝出口数量×消费税单位税额

③实行从量定额和从价定率相结合的复合计税办法的

应退税额＝（出口数量×消费税单位税额）+（出口货物的工厂销售额×消费税税率）

（二）外贸企业出口退税账务处理分析

外贸企业收购出口的货物，出口库存和内销的库存应分别记账，在购进时应按照增值税专用发票上注明的增值税额"应交税费——应交增值税（进项税额）"科目，按照专用发票上记载的应计入成本的金额，借记"库存商品"等科目；按照应付或实际支付的金额，贷记"应付账款""银行存款"等科目。货物出口销售后，结转商品销售成本借记"主营业务成本"科目，贷记"库存商品"科目；如果存在征退税率差异按照购进时取得的增值税用发票上记载的增值税额与规定的退税率计算的增值税额的差额，借记"主营业成本"科目，贷记"应交税费——应交增值税（进项税额转出）"科目。

外贸企业按照规定的退税率计算出应收的出口退税时，借记"其他应收款——应收出口退税目"，贷记"应交税费——应交增值税（出口退税）"科目；收到出口退税时，借"银行存款"科目，贷记"其他应收款——应收出口退税"科目。

自营出口应税消费品的外贸企业，应在应税消费品报关出口后申请出口退税时，借记"其他应收款——应退消费税"科目，贷记"主营业务成本"科目。实际收到应税消费品退回的税金，借记"银行存款"科目，贷记"其他应收款——应退消费税"科目。

（三）外贸企业核算案例分析

1. 外贸企业采购一般货物应退增值税的核算

外贸企业的出口货物基本上是单独设立库存账和销售账的，当其货物出口销售后，依其购入货物的《增值税专用发票（抵扣联）》和《海关（出口货物专用）缴款书》所注明的"进项税额"计算退税额，其计算公式为：

应退税额＝增值税发票货物价值×现行退税率

应计入成本的税额（进项税额转出额）＝增值税发票税额－应退税额

＝采购货物不含税金额×（征税率－退税率）

【案例一】某工艺品进出口公司2020年7月从供货商购进电子表3000件，增值税专用发票上注明不含税金额为50万元，出口至英国，货物报关的离岸价为10万美元，工艺品的征税率为13%，退税率为9%，汇率为6，试计算该公司当月应退税额。

应退增值税税额 =500000×9%=45000（元）

应计入成本的税额（进项税额转出额）=500000×（13%－9%）=20000（元）

①购进货物时：

借：材料采购 500000

　　应交税费——应交增值税（进项税额）45000

贷：银行存款 545000

②出口报关销售时：

借：应收账款 600000

贷：主营业务收入——出口销售收入 600000

③结转商品销售成本：

借：主营业务成本 500000

贷：库存商品 500000

④进项税额转出：

借：主营业务成本 20000

贷：应交税费——应交增值税（进项税额转出）20000

⑤计算出应收增值税退税款：

借：其他应收款－应收出口退税 45000

贷：应交税费——应交增值税（出口退税）45000

⑥收到增值税退税款时：

借：银行存款 45000

贷：应收出口退税（增值税）45000

业务提示：随着增值税率的进一步下调，从2021年国家税务局调整出口退税率之后，大部分商品的退税率上升至13%，这样出口商品的征退税率就保持一致了，所以核算中的应计入成本的税额（进项税额转出额）就不存在了。

上列核算应退增值税额时，应注意如外贸企业是从小规模纳税人购进货物出口是不能退税的，但如有特准退税的出口货物，应按下列公式确定出口应退增值税额：

应退税额 = 普通发票所列销售金额 ÷（1＋征收率）× 退税率

除上列特殊情况之外，从小规模纳税人购进的一般货物出口应凭税务机关代开的增值税专用发票退税。代开的适用税率低于退税率的，产生税率的差额进入出口成本。下列公式确定应退税额：

应退税额 = 代开增值税专用发票上注明的销售金额 × 适用税率

接案例一：如果购买电子表的供货商是小规模纳税人，采购货物金额是 50 万元，去税务部门代开的适用税率是 3%，实际征税率 13%，退税率 13%，其他条件不变，计算当月应退税额。

应退税额 =500000×3%=15000

计入出口成本 =500000×（13%-3%）=50000

2.外贸企业应退消费税的核算

外贸企业收购应税消费品出口，除退还其已纳增值税外，还应退还其已纳的消费税。消费税的退税办法分别依据该消费税的征税办法确定，即退还该消费品在生产环节实际缴纳的消费税。

【案例二】：某外贸公司 2007 年 1 月从某日用化妆品公司购进出口用化妆品 5000 箱，取得的增值税专用发票注明的价款为 500 万元，进项税额为 85 万元，货款已用银行存款支付。当月该批商品已全部出口，售价为每箱 800 美元（当日汇率为 1 美元 =8 元人民币），申请退税的单证齐全。该化妆品的消费税税率为 30%，增值税退税率为 13%。要求计算应退增值税和消费税并编制会计分录。

①根据公式核算

应退增值税税额 =5000000×13%=650000（元）

转出增值税额 =850000-650000=200000（元）

应退消费税税额 =5000000×30%=1500000（元）

②购进货物时：

借：材料采购 5000000

应交税费——应交增值税（进项税额）850000

贷：银行存款 5850000

③货物入库时：

借：库存商品——库存出口商品 5000000

贷：材料采购 5000000

④出口报关销售时：

借：应收账款 64000000

贷：主营业务收入——出口销售收入 64000000

⑤结转商品销售成本：

借：主营业务成本 5000000

贷：库存商品 5000000

⑥进项税额转出：

借：主营业务成本 200000

贷：应交税费——应交增值税（进项税额转出）200000

⑦计算出应收增值税退税款：

借：应收出口退税 650000

贷：应交税费——应交增值税（出口退税）650000

⑧收到增值税退税款时：

借：银行存款 650000

贷：应收出口退税（增值税）650000

⑨计算出应收消费税退税款：

借：应收出口退税（消费税）1500000

贷：主营业务成本 1500000

⑩收到消费税退税款时：

借：银行存款 1500000

贷：应收出口退税款（消费税）1500000

通过以上的案例对外贸公司应退税税款进行详细解析，有一点出口企业必须注意，在实际工作中的时候通过计算的应退税额必须通过换汇成本这个指标进行分析决定，申报退税额是否能够归还企业。在后面章节会详细分析"换汇成本"对于外贸公司的重要性。

（四）外贸公司单票对应法、单项对应法申报差异与具体应用

所谓单票对应法，是指出口和进货的关联号内进货数据和出口数据配齐申报，对进货数据实行加权平均，合理分配各出口占用的数量，计算出每笔出口的实际退税额。它是出口退税二期网络版审核系统中设置的一种退税基本方法。在一次申报的同关联号的同一商品代码下应保持进货数量和出口数量完全一致，进货、出口均不结余。对每一笔进货分批出口的，出口企业应注意将进货发票制作进货分批申报单。随着业务的发展，审核系统的不断升级，税务部门要求外贸企业办理退税的时候应该将一张出口货物报关单与进货发票编制成一个关联号码下，这种单票对应法的优势就是编制方法简单，便于企业核算，但税局对于出口退税的申报准性在利用换汇成本进行关联检查时会由于进货数据是加权平均的，造成不能体现报关单每项数据核算是否合理，加大税务部门人工审核的工作量，容易出现申报漏洞。

举例说明：假设一张出口货物报关单有两项数据 A1 和 A2，商品代码都是 96100000，出口数量分别为 500 和 1000，出口金额 A1 为 USD500 和 USD2500，进货

成本 A1 为 3500，A2 为 17500。外贸企业在退税系统中经过核算后在经过关联检查时的换汇成本 A1 是 7，A2 的换汇成本也是 7，都是在税务部门规定合理的区间内，外贸企业将数据导入税务部门的审核系统中后，由于报关单上的两项数据 A1 和 A2 是同一个商品代码，审核系统根据审核原理会将报关单上的两项数据出口金额进行加权平均，这样就会造成 A1 的换汇成本为 3.5，A2 的换汇成本为 8.75，税务部门会认为 A2 的换汇成本超出合理范围，将会暂停该笔出口的退税申报，需要企业提交说明，降低了自己申报效率，同时也增加税务部门人工的审核工作量。

从 2020 年年初开始，国家税务总局为了加快退税速度，全国实行标准化的系统操作，出口退税系统和审核系统进行全方面升级和整合，推出"新金三退税系统"。新系统上线后，外贸系统出口货物报关单与进货增值税专用发票关联方面取消"单票对应法"，采用更为科学合理的"单项对应法"，就是在编写关联号的时候不在用报关单作为要素，用报关单中的每项数据作为编制要素。可以这样理解，在没有系统改革之前，假设一张报关单中有 2 项数据，在与进货发票关联的时候，只编写一个关联号码，升级之后，报关单中每项出口数据就编写一个关联号码，这样虽造成个每次退税申报的时候会出现多个关联号码，增加编制难度，但可以很清晰地分析出每项出口数据申报退税的金额是否合理，也方便税务部门对于换汇成本这个关联指标监控。

现行的出口与进货的对应方式主要有以下 4 种模式：一是出口一票进货一票，二是出口多票进货一票，三是出口一票进货多票，四是出口多票进货多票。随着"单项对应法"的使用，建议外贸企业在实际工作选择第一和第三种模式。

（五）外贸企业换汇成本在申报系统和审核系统计算关系发生改变

1. 换汇成本业务解释及分析

（1）换汇成本业务分析

外贸企业申报出口退税的时候是用进货发票金额作为出口退税的依据，即应退税额＝采购发票不含税金额 × 退税率。换句话说就是进货发票的不含税开出越高出口企业办理退税的金额也就越高，这里就存在一个非常重要的风险，如果出口企业开出发票不合规，或者有虚开情况，税务部门在审核方面是不容易发现的。为了加强审核，退税部门设定了一个监控指标——换汇成本，在退税审核系统利用出口金额和发票金额的关联，设定一个监控区间，超过上限或低于下限且无合理解释都不能办理出口退税。

具体来说，外贸企业生成数据后在申报出口退税时，在退税审核系统自检后，经常会出现换汇成本过高或过低的疑点，而且这个疑点是不可以跳过的疑点，税务部门会要求退税人员在审核调整疑点时，核实换汇成本高于合理上限或低于合理下限的具体原因，并提交纸质说明。由于从 2020 年开始，上线新金三退税系统后，外贸企业出口退税申报方法正式实行"单项对应法"，退税申报系统不在对"换汇成本"进行关联检查，改为由审核系统直接监控，这就要求办理退税的财务人员对于换汇成本计算原理和方法必须熟练掌握。在实际办理业务的时候，出口企业财务人员和业务人员感到审核系统计算的出口退税换汇成本和出口企业自己计算的换汇成本不完全一致。办税人员在核实换汇成本的高或低时或配合税务部门核实疑点的原因之前，必须从财务、业务、审核的角度真正了解购进货物的成本、所发生的费用、出口退税的换汇成本、出口商品换汇成本、外汇牌价以及税务部门设定综合换汇成本之间的关系，只有把这些业务常识理解、了解透彻，才能对各种情况的疑点有一个正确的判断并准确及时处理。

（2）出口商品换汇成本与商品成本，出口费用关联

出口商品换汇成本是根据境外客户的外币报价（通常使用 FOB 价）依照银行汇率买入价计算出出口销售总收入与出口商品总成本，按不同指标进行比较就可得出该笔交易的换汇成本与盈亏额。其实也就是核算给境外客户的出口价格是否合理。出口换汇成本又称换汇率，是指商品出口后净收入每 1 美元所耗费的人民币成本。把换汇成本与当时的银行发布外汇汇率进行比较，换汇成本低于银行汇率则可保本或盈利，高的则意味着亏损。

出口商品换汇成本 = 出口商品总成本（人民币）/ 出口收入 FOB（美元）
= 采购成本不含税价 + 采购成本不含税价 ×（征税率 – 退税率）
+ 出口费用 / 出口收入 FOB（美元）

出口商品总成本 = 商品成本 + 出口费用

这里所指商品成本即为采购成本，一般来讲，供货商所报的价格就是外贸企业的采购成本，是指外贸企业向供货商采购商品的价格（增值税发票上的计税金额），在核算的时候这个商品价格是不含税的价格。

出口费用包括国内段运费、保险费、仓储费和经营费用等；外贸公司正式出口货物之前的与货物相关的运杂费、包装费、商品损耗费、仓储保管费及经营管理费等；报关的商品质量认证费、商检报关费、港区港杂费、出口保险费。如果涉及中间商的业务，还需支付佣金。

（3）外贸企业出口退税换汇成本解析

出口退税换汇成本是指某商品出口后的离岸价（FOB）换回一单位外汇需多少元本国货币（人民币）成本。即用多少元人民币的"出口总成本"可换回单位外币的"净收入外汇"。这里指的出口总成本是实际采购成本与前面介绍的出口商品换汇成本中的商品总成本是不同的。

计算公式分析：

出口退税换汇成本 = 实际采购成本（人民币）/ FOB 出口价（美元）

实际采购成本 = [含税采购价 /（1+ 增值税率）] ×（1+ 增值税率 - 出口退税率）

= 实际采购不含税价格 + 实际采购不含税价格 ×（征税率 - 退税率）

①计税金额：为不含税价格，是企业购进产品的不含税成本。即不含税计税金额 = 含税采购价 /（1+ 增值税率）。

②计税金额 ×（征税率 - 退税率）：部分商品的退税率低于商品的增值税税率，因此征退税差的部分也是出口企业的成本之一。如果在实际业务中征税率与退税率一致，实际采购成本就是采购不含税价格。

③如果成交方式为 CIF,CIF 或其他价格条件，都应折成 FOB 出口价，这是换汇成本计算的重要参考数据。

④"FOB 出口价（美元）"金额越大，计算的换汇成本金额就越小，意味着该出口商品的利润越高，相反，则越大。结合出口商品换汇成本计算原理，在盈利与亏损之间设定换汇成本上限和下限，换汇成本的合理上下限是根据高于或低于汇率来设置的。换汇成本的合理上限设置最高不能高于汇率，换汇成本如高于银行外汇牌价，企业出口就亏损，反之则盈利。实际上，最高上限应和汇率保持一定的距离，以使企业具有一定的盈利，企业得以持续经营。换汇成本的合理下限是考虑出口业务盈利过高的合理性指标。

【案例】某外贸公司于 2020 年 1 月 16 日出口某商品 A，采购时候的含税价为人民币 56500 元，报关出口的 FOB 价为 10000 美元，商品 A 的退税率为 9%，增值税税率为 13%，假设 2020 年 1 月 16 日的汇率为 1 美元 = 6.5 元人民币。

计算解析：

实际采购成本 = 实际采购不含税价格 + 实际采购不含税价格 ×（征税率 - 退税率）

= 56500/（1+13%）+ 56500/（1+13%）×（13%-9%）

= 50000+2000=52000

出口退税换汇成本 = 实际采购成本（人民币）/ FOB 出口价（美元）

= 52000/10000

= 5.2

假设报关出口的 FOB 价为 5000 美元，征退税率都为 13%，其他条件不变。

实际采购成本 = 实际采购不含税价格 + 实际采购不含税价格 ×（征税率 - 退税率）

= 56500/（1+13%）+ 56500/（1+13%）×（13%-13%）

= 50000

出口退税换汇成本＝实际采购成本（人民币）／FOB出口价（美元）

$$=50000/5000$$
$$=10$$

计算过程：

换汇成本＝[计税金额＋计税金额×（征税率－退税率）]／美元出口价

$$=[50000/（1+13\%）×（1+13\%-9\%）]/5000$$
$$=10000/1650$$
$$=9.2$$

（4）出口退税的换汇成本和出口商品的换汇成本的存在区别

通过上述内容可以看出出口退税换汇成本和企业的换汇成本有一定的区别，那就是出口退税换汇成本没有将费用提供到退税管理系统当中，因为出口退税审核系统是面向所有外贸企业，每个外贸企业的费用水平是不一致的，无法计算每一个企业的费用率，不能综合考虑出口企业的实际状况。另外也考虑到出口退税设置换汇成本的目的和出口企业计算换汇成本的目的是不完全相同的，出口退税设置换汇成本是为发现出口退税存在的问题，如高报价问题、骗税问题等。出口企业计算换汇成本，可以说是整个贸易的基础，它决定了一笔交易是否可行、交易的盈利程度及报价水平，要做出准确合理的成本核算。首先须清楚地了解出口过程中所发生的各种国内外成本和费用，然后根据预期利润做出正确的报价，最后根据报价所计算的收入与总成本的比较指标核算出该笔交易的盈利状况。

正常情况退税的换汇成本比企业的换汇成本低，低在费用上。退税换汇成本等于外汇牌价也必然亏损，所以换汇成本其实就是核算外汇汇率。

2. 换汇成本在出口退税中的应用

（1）换汇成本的计算方法及合理范围

新金三系统上线后实行了"单项对应法"出口退税系统进行计算换汇成本关联检查，出口退税出口明细申报表中每项关联号项下商品代码都会单独核算下换汇成本，由于只有在审核自检环节才会显示每笔出口换汇成本是否合规，这就要求退税企业必须掌握换汇成本的计算方法。

"单项对应法"换汇成本计算公式是[实际采购不含税价格＋实际采购不含税价格（征税率－退税率）－应退消费税]÷美元出口额（FOB价），因此在实际业务中，关单中每项都要进行换汇成本核算，只有整单关单都在合理范围内才可以进行退税审核。

出口退税审核系统设置换汇成本高于合理上限或低于合理下限，目的是对出口退税是否合理起到监督检查作用,因为它是目前唯一能在出口退税审核系统中对进货和出口起到关联的指标。对于外贸企业来说,换汇成本这个指标超过税务部门的合理范围,都会在审核中产生疑点,没有合理解释的企业是不能够办理退税的。

换汇成本的合理范围是多少呢?

国家税务总局会结合汇率的变化进行适时地调整,国家税务总局给出的基准范围是【上限8,下限5】。很多城市都在使用这个基准范围,也有部分城市的税务部门对于换汇成本在基准范围的基础上进行了调整,换汇成本的最高限和最低限各地主管税务机关都有自己设置的权限。特举例说明:山东部分地区的换汇成本是7.5-5,浙江地区是6.8—4,江苏部分地区是7—4,广东部分地区是7—2。

在实际工作中对于出口商品单一,且每月申报退税大的外贸企业,应注意这个综合换汇成本的风险!

(2)换汇成本高或者低的企业能否申请退税

因为在实际审核的业务中,税务部门很难用手工计算的方法来检测企业办理退税的商品采购成本(退税计算的依据)是否合理,所以用换汇成本的计算原则进行系统审核和监控,并设定一个上限和下限范围审核疑点,在审核之后如果出现换汇成本高于上限一般税务部门是不会给出口企业办理退税,这个疑点在审核中是不可以跳过的疑点,因为高于上限意味着退税企业销售价格低于采购成本价格,出现亏损,也就是通常大家所说的"高买低卖";低于下限的出口业务税务部门会给企业办理退税,因为低于下限的原因一般是退税企业的出口商品利润过高,出现盈余,而且这个盈余税务部门认为超过合理利润区间,这个审核出现的问题一般是可以跳过的,出口企业必须提交情况说明。

从2020年7月份开始,新金三系统上线后,退税申报系统取消了换汇成本检查,换汇成本监控由税务部门进行监控,意味着出口企业必须用手工核算您公司的出口价格和成本价格是否合理。首先,必须会计算;其次,清楚地了解换汇成本的监控范围。出口必须注意:换汇成本高于上限肯定是不能够申报出口退税,但这个出口商品如果出现亏损有的时候是可以办理退税。有的企业会说,这是自相矛盾的,之前已经讲过了出现"高买低卖"是不能退税的,从业务的原理的上是没有错的,但是结合到具体的工作中,这个亏损就要注意一个"度"了,有的出口企业虽然亏损,但是换汇成本还是在合理的范围内,主要的原因就是和各地税务部门指定换汇成本的监控范围存在差异。所以出口企业在实际操作的时候,尤其是很多出口企业当地税务部门将换汇成本的监控范围指定偏低的地区,并且出口企业产品毛利降低的企业,出口企业必须要了解办理退税城市的换汇成本的上限之后再联系供货商开具进货发票。下面通过两个不同城市的案例进行分析:

【案例一】天津某外贸出口企业，8月份出口商品 USD2000，采购该商品的不含税价格 15000，当月月初汇率为 6.9036，征税率 13%，退税率 13%。当地税务机关设定的换汇成本为基准范围【上限为 8，下限为 5】。

通过业务描述之后计算所得：

退税换汇成本 = 实际采购不含税价格 + 实际采购不含税价格 ×（征税率 − 退税率）/
　　　　　　　FOB 出口价（美元）

=15000/2000+15000×（13%−13%）

=7.5

当月实际出口收入 =2000×6.9306=13861.20

商品销售利润 =13861.20−15000=−1138.80

通过这个上述的计算可以很清楚地发现：产品的销售利润出现了负数，即为亏损。出口企业经过计算分析的换汇成本是 7.5，当地税务机关设定的换汇成本的监控范围上限为 8，所以虽然企业出现了亏损，但是换汇成本在合理的范围内，是可以向当地税务机关申请办理退税。

假设同样的条件，把办理退税的城市换作江苏某城市。

【案例二】江苏某外贸出口企业，8月份出口商品 USD2000，采购该商品的不含税价格 15000，当月月初汇率为 6.9036，征税率 13%，退税率 13%。当地税务机关设定的换汇成本为基准范围【上限为 7，下限为 4】。

通过业务描述之后计算所得：

退税换汇成本 = 实际采购不含税价格 + 实际采购不含税价格 ×（征税率 − 退税率）/
　　　　　　　FOB 出口价（美元）

=15000/2000

=7.5

当月实际出口收入 =2000×6.9306=13861.20

商品销售利润 =13861.20−15000=−1138.80

经过计算分析，由于出口企业不仅出现了亏损，换汇成本 7.5 超过了当地监控上限，所以该笔出口退税在当地税务部门审核时候就会出现疑点，不能够办理退税。

因此通过以上两个不同城市案例分析，大家对于换汇成本考核的本质已经清楚了，关键是不能够超过上限，一般情况超过换汇成本上限额的企业都亏损，但亏损不一定超过上限，但是对于采用换汇成本为 8.5 的企业，也要特别注意，有的税局会通过综合换汇成本进行分析或者在人工检查的时候，或函调的时候也会发现企业出现亏损，也会对企业产生影响，还是建议外贸公司合规开票，合规退税，避免"高买低卖"的出现。

(3) 新系统上线后综合换汇成本对于申报退税的影响

自从退税系统升级为金三系统后,外贸企业的新金税三期出口退税申报系统中,取消了换汇成本的计算及检查,而且也取消了原申报系统中出现换汇成本过高或过低的情况说明操作,这是否意味着就是取消了外贸企业的换汇成本了呢?有的企业甚至认为外贸企业全面放开了,这种理解是完全错误的。新审核系统变得更加强大及完善,只是在企业申报端取消了换汇成本的计算及检查,税务端审核系统中还是有换汇成本监控的,只是改为更科学的"综合换汇成本"。总之,换汇成本并未取消!

所谓综合换汇成本,就是在一定期限内,一般3—6个月,外贸企业这段时间的所有已申报退税业务合计计算出一个换汇成本(按商品代码前8位归类合并计算),同时还对这期间所申报的累计退税额及同一供货商所开具发票申请退税额设置一定的金额监控,对于达到标准的直接预警。因此对于出口退税企业尽量按照正规商品归类的方法进行通关申报,不要为了通关申报方便,一些出口企业会将一大类商品归类到一个商品代码下,由于不同采购价格,会造成的整体出口成本不准确,从而引发综合换汇成本不准确。

综合换汇成本的优点是不再对某一个关联号下的退税数据进行监控,而是更加合理地按某一段期间的所有退税业务进行监测。如果外贸企业已经申报的退税数据达到综合换汇成本条件了,则会有疑点提醒,税务机关则会启动调查评估。对于出口商品单一(多种商品使用同一海关商品代码),采购价格上限浮动比例大且每月申报退税大的外贸企业,应注意这个综合换汇成本的风险!

四、外贸企业如何正确勾选发票

外贸企业在申报退税整个业务流程中,增值税发票的发票信息是否传送到税局的审核系统是一个非常重要环节,也是出口企业经常遇到的问题。很多外贸企业都反映过这个问题,其实这个问题的核心要素就是企业在操作过程中对于现在退税增值税发票在勾选环节出现了问题。首先,咱们先介绍一下什么是增值税发票勾选的前世今生。在2018年之前,税务部门对于外贸企业用于退税的发票和内销发票都是采用认证方面或者扫描方法,等于一家企业无论是内销或外销业务的进货增值税专用发票都会进入一个发票管理平台,每个月纳税申报的时候都会填在一张增值税报表及附表里。从表面上看,这些发票都进入抵扣环节,这就造成外贸企业"一票两用"!即用于退税的进货发票和当期的内销进货发票都去抵减当期的销项税额,等于用于退税的发票的既办理了出口退税,又抵减当月的销项税额,虽退税以后外贸企业会在纳税表调整,但对于当期的增值税造成延迟纳税。外贸企业的退税依据是采购货物的专用发票或进口增值税缴款书，这是退税凭证，而非抵扣凭证！出口退税所对应的进货增值税专用发票不得参与销项税额抵扣，由于当时发票管理系统的限制，外贸企业"退税勾选"未出现之前，外贸企业是否抵扣了出口退税所对应的购货增值税专用发票，主要靠税务机关工作人员检查。

在 2018 年年底的时候，国家税务总局出台了新的增值税发票管理制度，金三征管系统与发票管理系统实行并网，实行全国税务部门税局共享，上线了"全国发票管理综合服务平台"，增值税发票由之前"认证抵扣法"升级为"勾选法"，增值税发票综合服务平台是现有增值税发票选择确认平台的升级版，在原有基础上更改与新增了一些功能，提供增值税专用发票等抵扣凭证的网上抵扣勾选、退税勾选、代办退税勾选、成品油消费税申报、勾选库存、进销项发票查询和下载等功能。

新平台对于进货发票的使用设置了两个模块，分别是"抵扣勾选""退税勾选"。"抵扣勾选"是对用于办理进项抵扣用途的发票进行勾选确认与统计签名。"退税勾选"功能仅外贸企业、外综服企业具有该功能权限。对用于办理出口退税的进项发票进行勾选确认企业内销货物取得的购货增值税专用发票，勾选时选择"抵扣勾选"，发票进入征管系统，出口退税货物取得的进货增值税专用发票；勾选时选择"退税勾选"，该进项不再参与抵扣，发票信息传送到退税审核系统，不再像之前老系统都进入征管系统，解决外贸企业一票两用的问题，增加了退税申报的速度。

出口退税企业在发票勾选时会出现一些特殊业务具体处理方法：

1. 进货发票中的开票内容既有内销货物也有外销货物

取得的进货增值税专用发票不能确定用于内销还是出口退税货物的，或者是既有内销货物也有外销货物的，参考税务相关规定先选择"退税勾选"；以后确定用于内销的部分再作"出口转内销"后用于抵扣！出口企业必须注意由于"出口转内销"需在退税系统提交申请后再去税务部门开具证明，有的税务部门对于这个证明开具比较严格，一旦出现不能开具，这笔进项税额就会损失。因此，建议出口企业对从同一供货商采购货物但分别用于内外销的，一定及时分出口、内销后分别开具。

2. 进货发票勾选用于退税，但被税务部门要求出口货物内销（出口转内销勾选）处理方法

取得的进货增值税专用发票已经勾选了"用于退税"，不能参与抵扣，要求内销之后可以根据退税申报情况考虑不同的操作方法。

第一种：已经勾选退税并确认了，但没有进行退税申报，这种情况可以在出口退税系统作"进货发票回退申请"，并报退税系统审核，审核通过之后该张发票重新进行"抵扣勾选"。

第二种：已经勾选退税并确认了，进行退税申报，并退税成功。

首先，应在外贸退税系统做红冲或者填写缴款书归还出口退税款。

其次，在外贸退税系统做单证申报的"出口转内销证明申请"模块里生成"出口转内销证明"申请，并报税务部门进行审批并通过。

最后，开完证明之后在"全国发票综合服务平台里"做"出口转内销证明"勾选，并在当期申报增值税时填报增值税纳税申报表附表2里第12栏。

3.进货发票勾选错误的处理方法

第一种：将用于内销抵扣的发票误操作出口退税勾选

（1）发票已"退税勾选"，尚未进行"确认退税勾选"

出口企业发现勾选错误后，需要调整为"抵扣勾选"，因为发票未进行退税勾选确认，首先在发票服务管理平台选择撤销"退税勾选"，撤销成功之后重新勾选"抵扣勾选"。

（2）进货发票已"退税勾选"且已"确认退税勾选"

由于该发票已操作"确认退税勾选"，出口企业应使用外贸企业出口退税申报系统，在"进货凭证回退"模块生成申报数据，再通过电子税务局提交相应申报数据。企业可在审核通过的次日后，在增值税发票综合服务平台的抵扣勾选功能模块重新进行抵扣勾选。注意，进行以上操作应确保该发票尚未进行退税申报，如果该发票已经申请出口退税，参考前文的"出口转内销"勾选的处理方法。

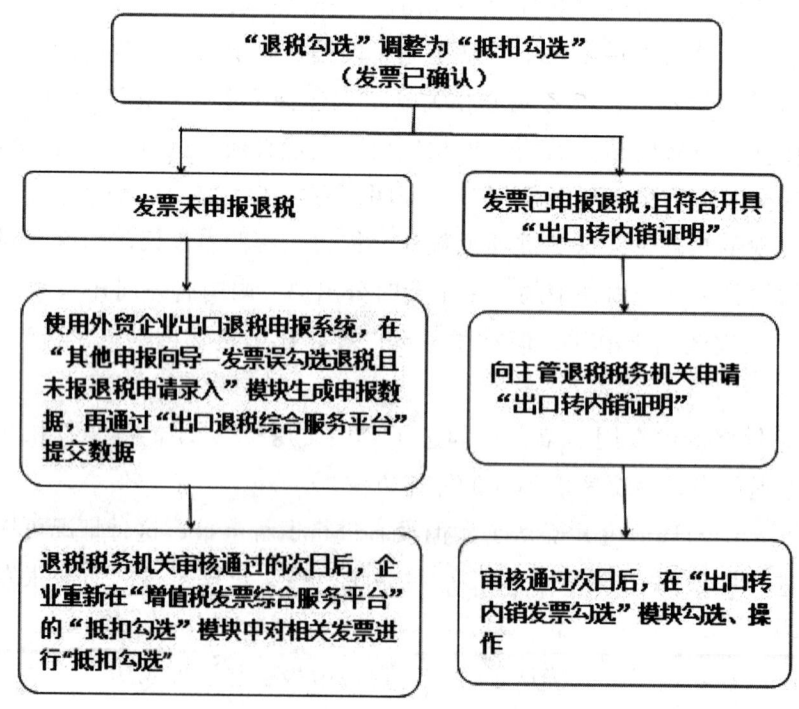

第二种：将用于出口退税的发票误操作成"抵扣勾选"

（1）"发票抵扣勾选"数据需调整为"发票退税勾选"且尚未用于纳税申报

①已"抵扣勾选"，尚未进行申请统计

操作方法：取消原勾选；选择"退税勾选"。

②已"申请统计"，尚未进行"确认签名"

操作方法：撤销统计；取消原勾选；选择"退税勾选"。

③已"确认签名"，尚未进行"纳税申报"

操作方法：撤销"确认签名"并撤销统计；取消原勾选；选择"退税勾选"。

（2）"发票抵扣勾选"数据需调整为"发票退税勾选"且已用于纳税申报

①当月的增值税纳税申报可撤销（即申报没有跨月）

操作方法：首先在电子税务局或去税务局办税服务大厅撤销申报；其次在"增值税发票综合服务平台"首页，选择"回退税款所属期"，回到上一所属期；再次撤销"确认签名""申请统计"；最后撤销"抵扣勾选"，并进行"退税勾选"。

②增值税纳税申报已经跨月不可撤销

操作方法：由于增值税申报已经跨月，外贸企业应向主管征税税务机关申请开具《增值税扣税凭证进项税额转出情况核实函》进行处理。由税务机关在征管系统中进行撤销，然后外贸企业在重新进行"出口退税勾选"。

业务提醒：每张发票只能开具一次《增值税扣税凭证进项税额转出情况核实函》。建议外贸企业在勾选发票的时候一定要准确，在勾选确认的时候一定要再次核对进货发票是属于内销还是外销，对于不确定的进货发票最好不进行勾选。

五、外贸企业申报退税时进货发票与报关单比对的三要素

税务部门在审核外贸企业出口退税时必须经过电子审核和人工审核两个环节，由于现在实行的是无纸化审核，只要电子审核通过就可以获得退税，电子审核的过程中必须检查出口货物报关单和增值税专用发票两个单证关联性，而且单证重要内容必须保持一致。主要是三个关键要素：名称、数量、计量单位。

参考国税发2013年12号公告中要求，2013年5月1日以后报关出口的货物（以出口货物报关单上的出口日期为准），出口企业或其他单位申报出口退（免）税提供的出口货物报关单上的第一计量单位、第二计量单位及出口企业申报的计量单位，至少有一个应与其匹配的增值税专用发票上的计量单位相符，且上述出口货物报关单、增值税专用发票上的商品名称须相符，否则不得申报出口退（免）税。

文件中明确要素一：发票与关单上的名称必须一致，若存在不一致的情况，出口业务不得申报退税，作视同内销处理。这里所指的商品名称有的税务部门在人工审核

时候会把纸质进货发票上的商品规格与报关单上商品规格也纳入比对环节，建议外贸企业开具进货发票的时候应在出口货物报关之后开具，尽量做到发票与关单上的商品与规格都一致。

【案例一】一家化工的外贸企业出口一笔货物，进货发票开具的商品名称为酒精，出口货物报关单上的商品名称为85%酒精，这票出口业务是否可以办理出口退税？

解析：这笔出口业务报关单上的商品名称和进货发票商品名称都有酒精，但报关单上多了一个商品的浓度，其实这个"85%"的可以算是出口商品的规格，但是这个85%的规格与商品名称写在了一起，就应该都算作整体的商品名称了，相当于报关单的商品名称是85%酒精，而不能理解为名称是酒精，商品的规格是85%，因此企业进行正式申报的时候，在电子审核的时候，发票上的名称"酒精"与报关单上商品名称"85%酒精"就会出现审核疑点，显示为商品名称不一致，而且这个疑点是不可以跳过的疑点。

整改方法：外贸企业或者换发票，或者修改报关单，否则将会被内销处理。

文件中明确要素二：计量单位，外贸企业出口货物报关单一般有三个计量单位，第一计量单位又称为法定单位、第二计量单位和外贸企业自己申报的计量单位。其中一个"单位"必须与进货发票显示的"单位"保持一致，否则不能够办理退税。建议外贸企业在开具进货发票的时候尽量开具第一计量单位，这样便于简化退税录入操作。

【案例】出口货物报关单上的显示两个计量单位，第一计量单位为千克，数量为1000，第二计量单位为个，数量为5000，但供货商在开具进货发票的时候出现以下的情况：

第一种情况：计量单位开具"千克"，在退税审核的时候，符合国税发2013年12号公告要求，电子审核通过，正常办理出口退税。

第二种情况：计量单位开具"个"，在退税审核的时候，会出现疑点。进货数量与出口数量不一致，因为出货明细表中显示1000千克，进货明细表中也会显示第一单位，进货发票的数量是5000个，因此进货明细表中就会显示成5000千克，就会出现疑点了。整改方法：在录入退税系统进货明细表的时候应该按照第一法定单位数量1000千克进行录入就可以了。

第三种情况：计量单位开具"套"，进货发票是5000套，这种情况即使在进货明细中录入为1000千克，在税务部门正式审核的时候，由于发票的计量单位是"套"也会出现比对不符，不能够办理退税。整改方法：出现这种情况只能去和供货商协商重新开具发票。

特别提醒：有的外贸企业反映供货商开具的计量单位和报关单第一单位和第二单位都不一致，出现这种情况外贸企业可以要求公司的业务人员在通关的时候可以填写自己申报的计量单位，保证报关单的三个单位其中一个与进货发票相符，保证退税申报成功。

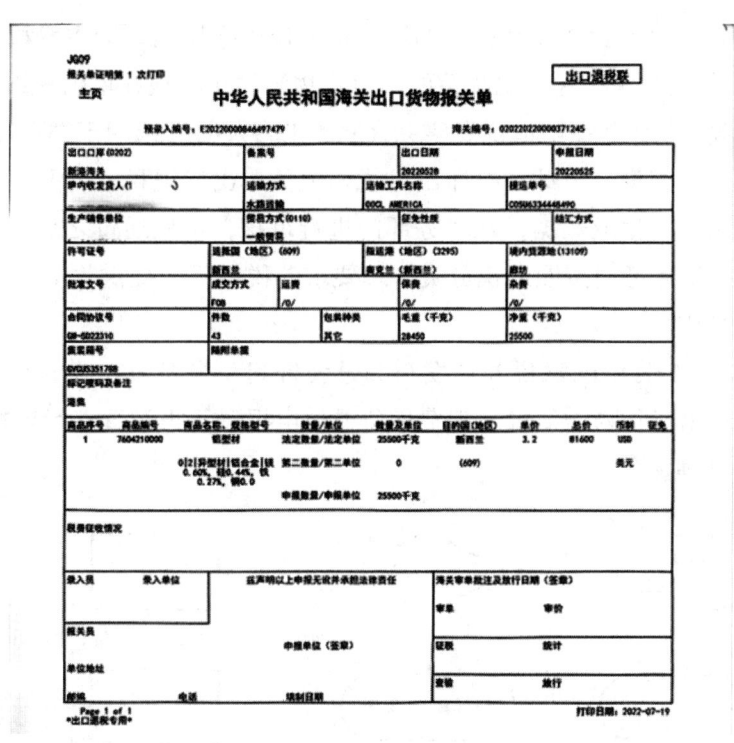

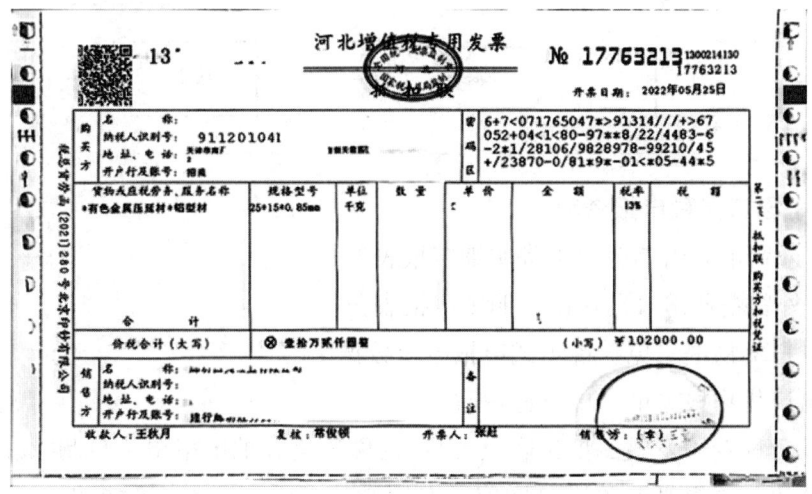

六、外贸企业出口货物免退税的申报

（一）申报程序和期限

1. 申报程序

企业当月出口的货物须在次月的增值税纳税申报期内，向主管税务机关办理增值税纳税申报，将适用退（免）税政策的出口货物销售额填报在增值税纳税申报表的"免税货物销售额"栏，并在增值税发票综合服务平台及时勾选用于办理退税的进货发票，从中国电子口岸查询、下载、打印出口货物报关单出口退税联，并导入或手工录入出口退税申报系统，生成数据，在税务部门进行审核，审核通过之后办理退税。办理退税的企业根据税务部门按照退税分类管理要求向税务部门提供收汇手续。

2. 申报期限

自2020年2月份国家税务局发布2号公告起，企业应在收齐有关凭证，向主管税务机关办理出口货物增值税、消费税免退税申报。不再设置退税申报期限。

3. 业务办理流程

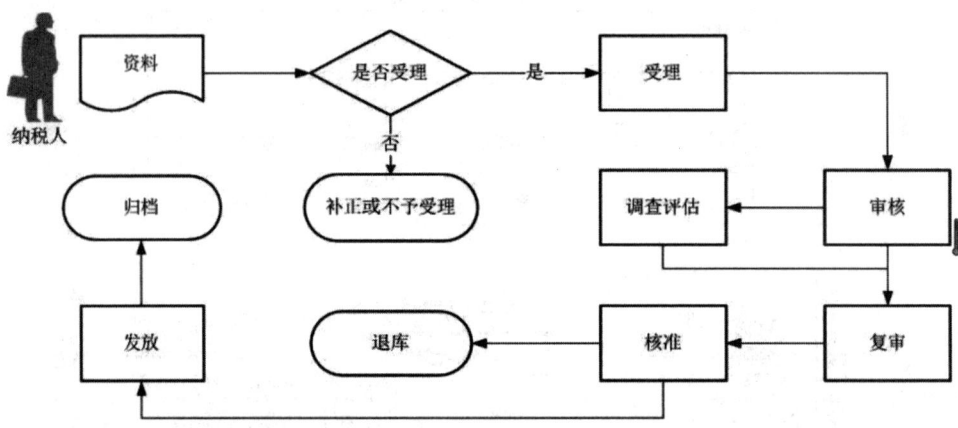

（二）出口退税申报资料

1.《外贸企业出口退税进货明细申报表》；

2.《外贸企业出口退税出口明细申报表》；

3. 出口货物退（免）税正式申报电子数据；

4. 出口货物报关单（出口退税联）；

5. 增值税专用发票（抵扣联）、出口退税进货分批申报单（自制）、海关进口增值税专用缴款书（提供海关进口增值税专用缴款书的，还需同时提供进口货物报关单，下同）；

6. 委托出口的货物，还应提供受托方主管税务机关签发的代理出口货物证明以及代理出口协议副本；

7.属应税消费品的，还应提供消费税专用缴款书或分割单、海关进口消费税专用缴款书（提供海关进口消费税专用缴款书的，还需同时提供进口货物报关单，下同）；

8.主管税务机关要求提供的其他资料，包括收汇水单、出口发票、销售明细账复印件、增值税主表（即附表1、附表2）如果首次退税的外贸公司，还要进行函调处理，回函之后还要检查上述资料，除此之外还要提供付款凭证、提单、物流发票、海运费发票、委托报关协议、报关服务发票等。

列表显示：

序号	申报材料	数量
1	外贸企业出口退税进货明细申报表	1份
2	外贸企业出口退税出口明细申报表	1份
3	出口货物退（免）税正式申报电子数据。	
4	出口货物报关单（出口退税联）	
5	增值税专用发票（抵扣联）、海关进口增值税专用缴款书	
	一般外贸企业提供上述资料机电子数据	

有以下情形需要提供下列资料

适用情形	申报材料	数量
委托出口货物	代理出口协议以及受托方主管税务机关签发的代理出口货物证明	
属于应税消费品的应报送	消费税专用缴款书或分割单、海关进口消费税专用缴款书	
在出口货物报关单上的申报日期和出口日期期间，若海关调整商品代码，导致出口货物报关单上的商品代码与调整后的商品代码不一致的		
《海关出口商品代码、名称、退税率调整对应表》及电子数据		
退税分类为四类的外贸企业	收汇水单，出口收汇明细表	
首次退税的外贸企业	函调表，付款凭证，运输单据，物流发票，海运费发票，委托报关协议，报关服务发票，收汇水单，出口发票，销售明细账复印件，增值税主表即附表1附表2	
超过收汇期限的外贸企业	收汇水单，出口收汇明细表	

业务提醒：退税分类四类以外的外贸企业，一般可以先退税再收汇，收汇凭证留存企业备查。

(三)退税申报办理时限

1. 退税管理类别为一类的出口企业在 5 个工作日内办结退（免）税手续；
2. 退税管理类别为二类的出口企业在 10 个工作日内办结退（免）税手续；
3. 退税管理类别为三类的出口企业在 15 个工作日内办结退（免）税手续；
4. 退税管理类别为四类的出口企业在 20 个工作日内办结退（免）税手续。

外贸企业一定要注意在申报中产生审核疑点的，对需要排除相关疑点的和因为发函或评估调查按规定暂缓退税的业务不受办结手续时限的限制。

(四)外贸企业退税申报流程

外贸申报通用流程：

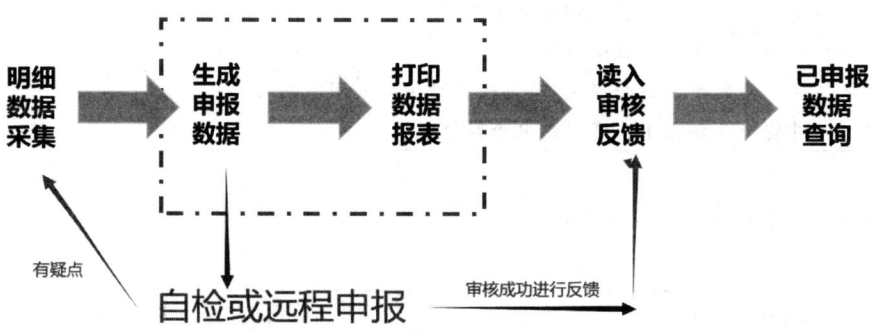

2020 年全国申报系统升级到新金三系统之后，外贸企业退税申报系统（包括离线版、在线版）变化非常大。在明细数据采集时，进货明细和出货明细关联号编制规则发生变化：一是位数发生变化，二是编制规则发生变化。由原系统的单票对应法变为单项对应法，即报关单上每条税局都要编制一个关联号；在生成数据的检查环节数量一致性检查在保存的时候增加校验。换汇成本检查取消不要求在申报端进行了，在审核的时候由税务机关进行核验换汇成本是否准确，取消确认明细申报，直接生成汇总数据，同时取消汇总表，用进货表中的退税额合计作为申报的总退税额。

申报项目	原系统	新系统
申报批次	两位，从 01~99，如不足，可使用字母替代，如 A1、A2	三位，从 001~999
序号	最长四位，从 0001~9999，如不足，可使用字母替代，如 A001、A002	八位，从 00000001~99999999
出口发票号	非必录	必录
出口数量	可按实际出口数量或申报退税数量填写	按申报退税数量填写

申报项目	原系统	新系统
关联号	编写规则：纳税人自行编写	编写规则：申报年月（六位）+申报批次（三位）+关联号流水号（五到八位）
	位数：纳税人自行编写，最长十位	位数：固定为十四位到十七位
	关联关系：纳税人自行编写	关联关系：每21位报关单号应作为一个关联号编写单位，不同的报关单或同一报关单上项号不同的出口货物不得使用同一关联号。

升级前后新老系统操作比较分析图

1. 外贸企业离线版操作系统申报方法

（1）进入离线版出口退税系统之后，先录入出货明细，再录入进货明细，采集顺序不要颠倒，否则影响数据生成，点击"基础数据采集"——出口退（免）税申报——免退税申报——出口退税出口明细申报表，点击进入。

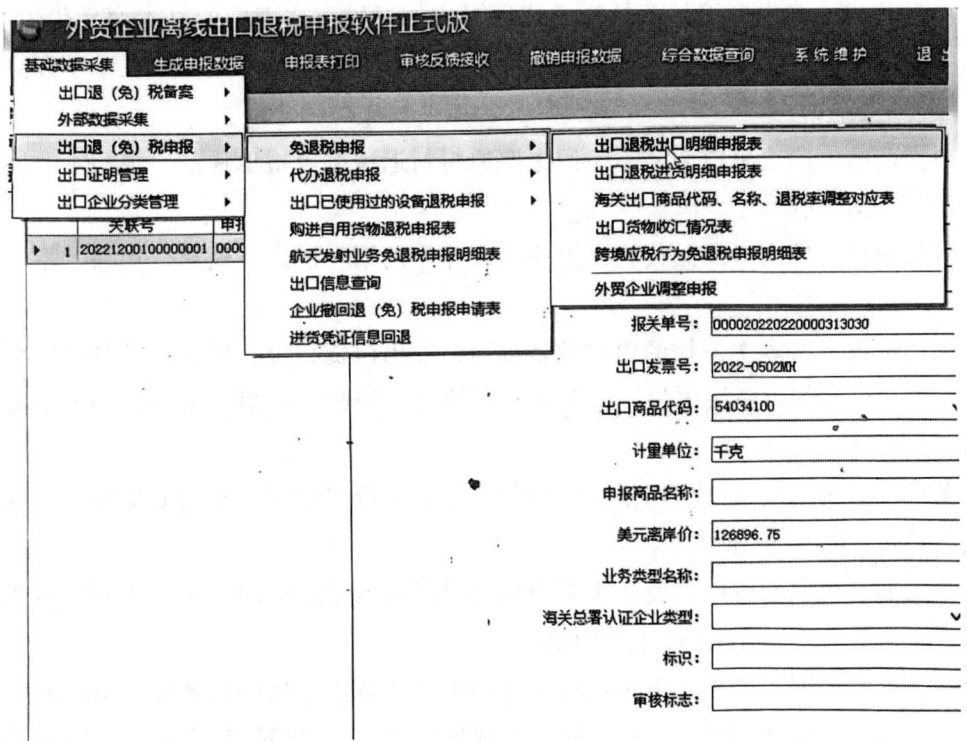

（2）进入界面之后，点击"增加"，按照以下操作要求进行录入。

申报年月：按申报期年月填写，对跨年度的按上年12月份填写。

申报序号：填写八位流水号，从00000001到99999999。

关联号：出口企业可以自行编写，是进货和出口数据唯一关联的标志。关联号编写时应按照"申报年月（6位数字）+申报批次（3位数字）+关联号流水号（5—8位数字）"的规则进行填写；每21位报关单号应作为一个关联号编写单位，不同的报关单或同一报关单上项号不同的出口货物不得使用同一关联号。

出口发票号：按出口发票的号码填写。视同出口等无须开具出口发票的业务，按税务机关要求填写。

出口货物报关单号：按出口货物报关单上的海关编号+0+项号填写，共21位；委托出口的此栏不填。

代理出口货物证明号：按《代理出口货物证明》编号（18位）+两位项号（01、02……）填写，项号按《代理出口货物证明》所列顺序编写，自营出口的此栏不填。

出口日期：按出口货物报关单中的出口日期填写；经保税区出口的，填写出境货物备案清单上的出口日期；委托出口的，填写《代理出口货物证明》上的出口日期；非报关出口的，填写出口发票或普通发票开具日期。

商品代码：按出口报关单的商品代码对应的退税率文库中的基本商品代码填写。如属于无出口报关单的按照进货凭证中货物名称对应的退税率文库中的基本商品代码填写。

申报商品代码：出口商品需按照主要原材料退税率申报退税的，填写主要原材料商品代码，其他不填写。

计量单位：按出口商品代码在退税率文库中的第一法定计量单位填写，系统自动生成。

出口数量：按本次申报的出口数量填写，如出口货物报关单上的计量单位与申报计量单位不一致的，应按申报计量单位折算填写。原则上申报数量不能够大于报关单实际出口数量。

美元离岸价：按出口货物报关单中的美元离岸价格填写，非美元价格成交或成交方式非FOB的，需折算填写。

申报商品代码：按出口商品主要原材料退税率申报退税的，按主要原材料商品代码填写。不属于此类情况的，此栏不填。

业务类型：据实填写。下拉选择对应的出口业务类型代码及名称。出口业务《业务类型代码表》详见《国家税务总局关于优化整合出口退税信息系统更好服务纳税人有关事项的公告》（国家税务总局公告2021年第15号）（见下表）

业务类型代码表

序号	出口货物劳务服务	业务类型代码	备注
1	报关进入特殊区域并销售给特殊区域内单位或境外单位、个人的货物（除销售给特殊区域内生产企业生产耗用的列名原材料外）	TSQY	
2	销售给特殊区域内生产企业生产耗用的列名原材料	LMYCL	
3	对外援助出口货物	DWYZ	
4	用于对外承包工程项目的出口货物	DWCB	
5	用于境外投资出口的货物	JWTZ	
6	免税品经营企业销售的货物	MSD	
7	销售的中标机电产品	ZB	
8	销售给海上石油天然气开采企业的自产的海洋工程结构物	JGW	
9	销售给外轮、远洋国轮的货物	WL	
10	生产并销售给国内和国外航空公司国际航班的航空食品	HKSP	
11	对外提供加工修理修配劳务（除修理修配飞机、船舶外）	XLXP	
12	对外修理修配飞机	XLXP-01	
13	对外修理修配船舶	XLXP-02	
14	航线维护	HXWH	
15	航次维修	HCWX	
16	输入特殊区域的水电气	SDQ	
17	横琴、平潭购进水电气	GJSDQ	
18	横琴、平潭购进货物	GHQYTS	
19	研发机构采购国产设备	GCSB	
20	运输企业购进船舶退税	CBTS	
21	出口企业销售给境外单位、个人，经保税区出口的货物	BSQ	
22	边境地区一般贸易或边境小额贸易项下以人民币结算的从所在省（自治区）的边境口岸出口到接壤毗邻国家，并采取银行转账人民币结算方式的出口货物	BM	
23	边境小额贸易企业代理外国企业、外国自然人报关出口货物	BMDL	
24	启运港退税的出口货物	QYGTS	
25	实行先退税后核销办法的生产企业出口的货物（先退税）	XTHH-XT	企业在交通运输工具或机器设备会计上做销售后申报免抵退税时填写 XTHH-XT

序号	出口货物劳务服务	业务类型代码	备注
26	实行先退税后核销办法的生产企业出口的货物（核销冲减）	XTHH-CJ	企业在交通运输工具或机器设备报关出口后，收齐凭证申报免抵退税前，填写XTHH-CJ，办理已退（免）税的核销冲减
27	实行先退税后核销办法的生产企业出口的货物（核销退税）	XTHH-HX	企业在交通运输工具或机器设备报关出口后，收齐凭证申报免抵退税时，填写XTHH-HX
28	红字冲减	HZCJ	
29	退运冲减	HZCJ-TY	
30	备案清单退税	BAQDTS	
31	融资租赁	RZZL	
32	航天运输服务	HTYSFW	
33	在轨交付空间飞行器及相关货物	ZGJF	
34	未列明商品	WLMSP	
35	外贸综合服务	WMZHFW	
36	符合财税[2012]年39号文件附件4第一条所列条件出口企业出口的视同自产货物	STZC-01	生产企业申报出口视同自产的货物退（免）税时填写
37	同时符合以下条件的外购货物：1.与本企业生产的货物名称、性能相同 2.使用本企业注册商标或境外单位和个人提供本企业使用的商标 3.出口给进口本企业自产货物的境外单位和个人	STZC-02	
38	与本企业所生产的货物属于配套出口，且出口给进口本企业自产货物的境外单位和个人的外购货物，符合下列条件之一的：1.用于维修本企业出口的自产货物的工具、零部件、配件；2.不经过本企业加工或组装，出口后能直接与本企业自产产品组合成成套产品的货物。	STZC-03	
39	经税务机关认定的集团公司及其控股的生产企业之间收购的自产货物	STZC-04	
40	同时符合以下条件的委托加工货物：1.必须与本企业生产的产品名称、性能相同，或者是用本企业生产的货物再委托深加工的货物；2.出口给进口本企业自产货物的境外单位和个人；3.委托方与受托方必须签订委托加工协议，且主要原材料必须由委托方提供，受托方不垫付资金，只收取加工费，开具加工费（含代垫的辅助材料）的增值税专用发票。	STZC-05	
41	用于本企业中标项目下的机电产品	STZC-06	
42	用于对外承包工程项目下的货物	STZC-07	
43	用于境外投资的货物	STZC-08	

序号	出口货物劳务服务	业务类型代码	备注
44	用于对外援助的货物	STZC-09	
45	生产自产货物的外购设备和原材料（农产品除外）	STZC-10	
46	对外提供研发服务	YFFW	
47	提供设计服务	SJFW	
48	提供广播影视节目（作品）的制作服务	GBYSZZFW	
49	对外提供广播影视节目（作品）的发行服务	GBYSFXFW	
50	提供技术转让服务	JSZRFW	
51	提供软件服务	RJFW	
52	提供电路设计及测试服务	DLSJCSFW	
53	提供信息系统服务	XXXTFW	
54	提供业务流程管理服务	YWLCGL	
55	提供合同标的物在境外的合同能源管理服务	HTNYGLFW	
56	提供信息技术外包服务	ITO	
57	提供技术性业务流程外包服务	BPO	
58	提供技术性知识流程外包服务	KPO	
59	期租	QZ	填写在《国际运输（港澳台运输)免抵退税申报明细表》"备注"栏
60	程租	CZ	填写在《国际运输（港澳台运输)免抵退税申报明细表》"备注"栏
61	湿租	SZ	填写在《国际运输（港澳台运输)免抵退税申报明细表》"备注"栏

注意：一般贸易出口可以不填写，跨境人民币贸易不再需要单独申报业务类型，取消"kj"业务类型。

录入完毕之后点击"保存"，如果是多项数据点击"保存并增加"。

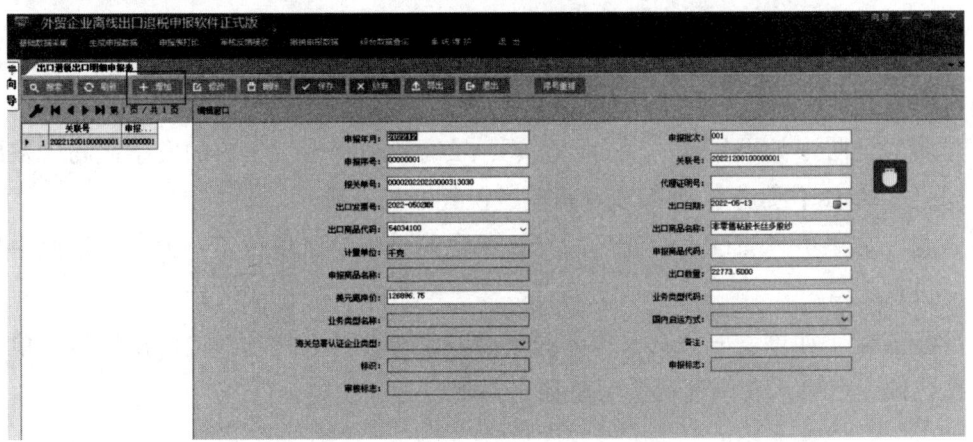

（3）出货明细录入完毕之后，需要录入进货明细，注意进货明细的关联号必须与出货明细保持一致。点击"基础数据采集"——出口退（免）税申报——免退税申报——出口退税进货明细申报表，点击进入。

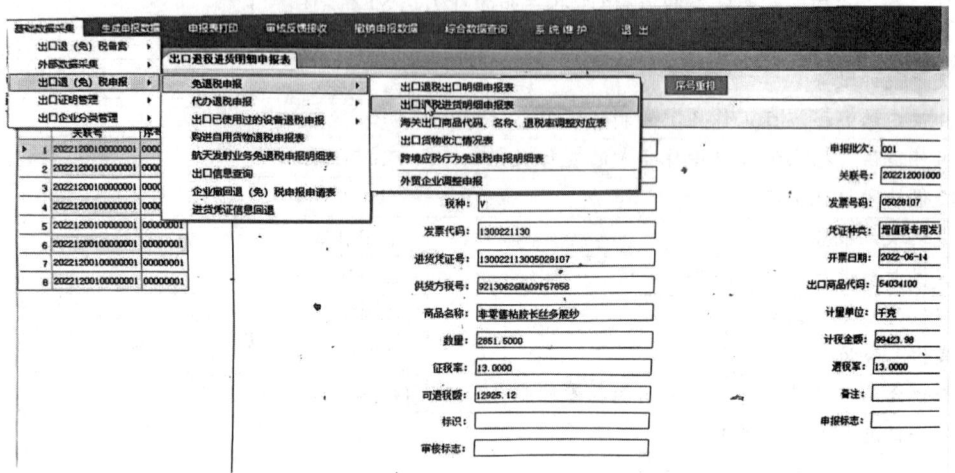

（4）进入界面之后，点击"增加"按照以下操作要求进行录入。

申报年月：按申报期年月填写，对跨年度的按上年12月份填写。

申报序号：填写八位流水号，从00000001到99999999。

关联号：出口企业可以自行编写，是进货和出口数据唯一关联的标志。关联号编写时应按照"申报年月（6位数字）+申报批次（3位数字）+关联号流水号（5—8位数字）"的规则进行填写；每21位报关单号应作为一个关联号编写单位，不同的报关单或同一报关单上项号不同的出口货物不得使用同一关联号。

凭证种类：按实际申报的进货凭证种类填写。

商品代码：按出口报关单的商品代码对应的退税率文库中的基本商品代码填写。如属于无出口报关单的按照进货凭证中货物名称对应的退税率文库中的基本商品代码填写。

申报商品代码：出口商品需按照主要原材料退税率申报退税的，填写主要原材料商品代码，其他不填写。

进货凭证号：如果是增值税专用发票，填写增值税专用发票的发票代码+发票号码共同组成的18位数字。否则填写其他退税凭证的号码。

数量：如果进货凭证上该商品的计量单位与申报计量单位不一致，应按照申报计量单位折算数量。

计税金额：如果增值税发票开具的货物或应税劳务名称项对应的出口报关单为同一商品代码，可录入发票计税金额总和，否则应分项填写。

征税率：若为增值税，则按百分比的格式填写专用发票上的税率；若为消费税从价定率方式征税的，则按百分比的格式填写消费税专用税票的法定税率；若为消费税从量定额方式征税的，则填写消费税专用税票的法定税额。

退税率：填写退税率文库对应出口商品的退税率；如属退税率有特殊规定，需按现行政策规定的退税税率填写。

可退税额：根据表内项目计算得出。

录入完毕之后点击"保存"，如果是多项数据点击"保存并增加"。

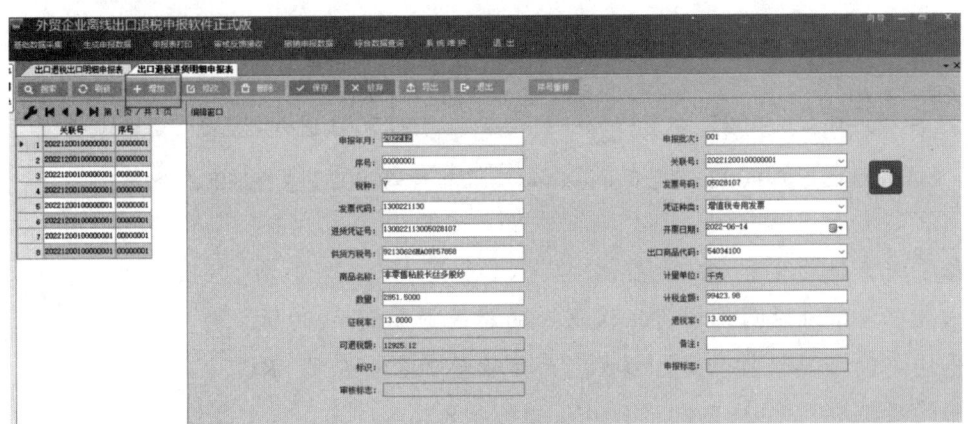

注意事项：申报系统的升级，导致外贸企业申报系统进货明细表和出货明细表关联号编制规则发生变化，由单票对应变为单项对应法。前者是根据系统计算之后，根据进货明细表的关联号、商品代码、出口数量计算出平均单价、出口进货金额、平均退税率后，再计算出《外贸企业出口退税出口明细申报表》上每项商品的退税额、退税率，这样会导致报关单上出口货物名称不同，但商品代码一致前提下，商品单价进行了加权平均，从而导致报关单中某项出口商品的换汇成本不准确，审核失败；后者按报关单上每条数据编一个关联号码，这样就不再将退税额、退税率计算分配到每条报关单下面，而是直接根据《外贸企业出口退税进货明细申报表》中的每条明细数据计算对应的退税额，汇总后得出该批次申报的合计退税额。这样就保证每条出口商品对应换汇成本计算准确性，提高申报效率。

下面通过计算分析过程演示申报表数据项调整带来系统计算方式的变化：

原系统：

　　　　《外贸企业出口退税进货明细申报表》
　　　　　　↓　　　　根据关联号、商品代码、出口数量（单票对应法）
　　　　计算：平均单价、出口进货金额、平均退税率

计算《外贸企业出口退税出口明细申报表》上每项商品的退税额、退税率（会出现换汇成本计算偏高

【案例】外贸企业取得凭证情况如下：

报关单 001 15KG 服装商品代码 A，征 13% 退 13%

002 5KG 服装商品代码 A，征 13% 退 13%

进货凭证 001 10KG 服装 100 元，税率 13% 可退税额 13 元

002 10KG 服装 80 元，税率 3% 可退税额 2.4 元

①原系统申报方式：

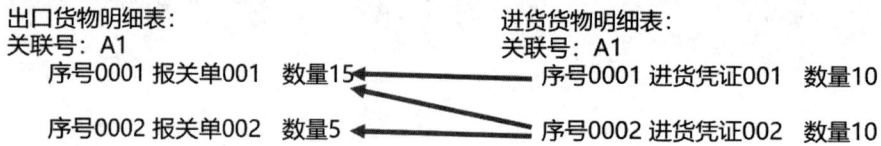

原系统申报计算：

该关联号下进货明细中商品代码 A 的总进货金额 =180 元

平均单价 = 总进货金额 180 元 / 商品数量 20KG=9 元 /KG

平均退税率 =（13+2.4）/（100+80）≈ 8.56%

出口报关单 001 申报情况：

出口进货金额 = 平均单价 9× 申报数量 15=135 元

增值税退税额 = 出口进货金额 135× 平均退率税 8.56%=11.55

退税率 =8.56% 四舍五入显示 9%

出口报关单 002 申报情况：

出口进货金额 = 平均单价 9× 申报数量 5=45 元

增值税退税额 = 出口进货金额 45× 平均退税率 8.56%=3.85

退税率 =8.56% 四舍五入显示 9%

出口明细表计算结果：

报关单号	商品代码	出口进货金额	退税率	申报增值税退税额
001	A	135	9%	11.55
002	A	45	9%	3.85

退税额共计：15.4 元

②新系统申报计算方案：

出口货物明细表：
关联号：A1
　　序号 000000001 报关单001 数量15
关联号：A2
　　序号 000000001 报关单002 数量5

进货货物明细表：
关联号：A1
　　序号 000000001 进货凭证001 数量10
　　序号 000000002 进货凭证002 数量5
关联号：A2
　　序号 000000001 进货凭证002 数量5

进货明细表计算结果：

关联号	序号	商品代码	进货凭证号	数量	计税金额	退税率（%）	退税额
A1	00000001	A	001	10	100	13	13
A1	00000002	A	002	5	40	3	1.2
A2	00000001	A	002	5	40	3	1.2

退税额共计：15.4元

（5）保存完毕之后，生成电子申报数据，点击"生成申报数据"——生成出口退（免）税申报数据，点击进入。

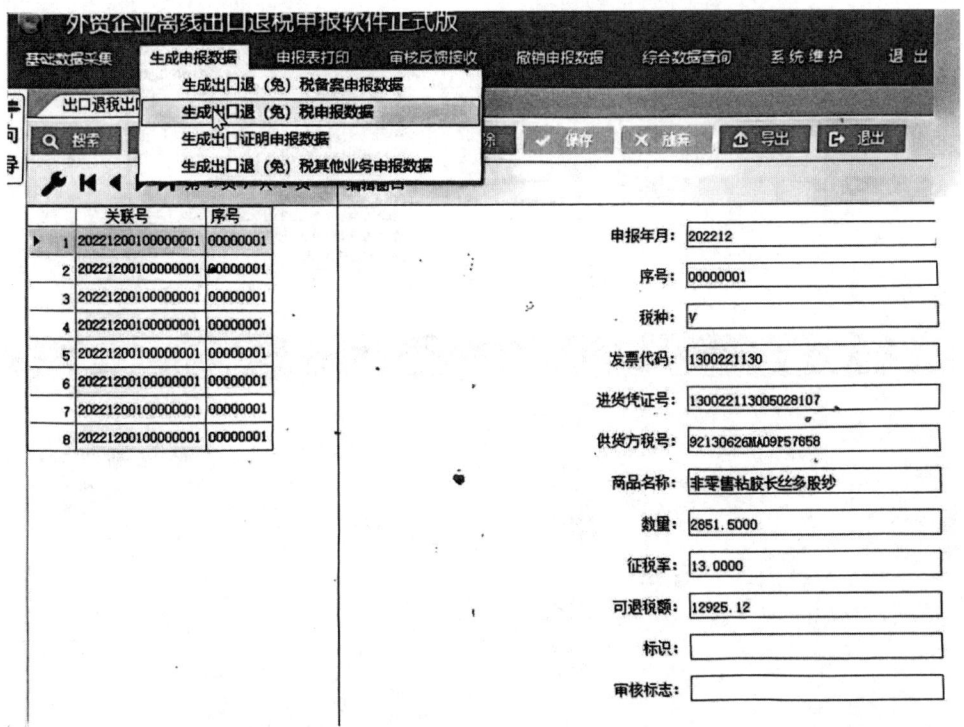

进入之后，选择申报的数据，点击确认，进入新的界面，选择数据保存路径，可以用默认路径，或者用自己使用的路径保存；生成数据之后，再次确认数据是否正确，没有错误，点击"关闭"，生成电子数据操作完毕。

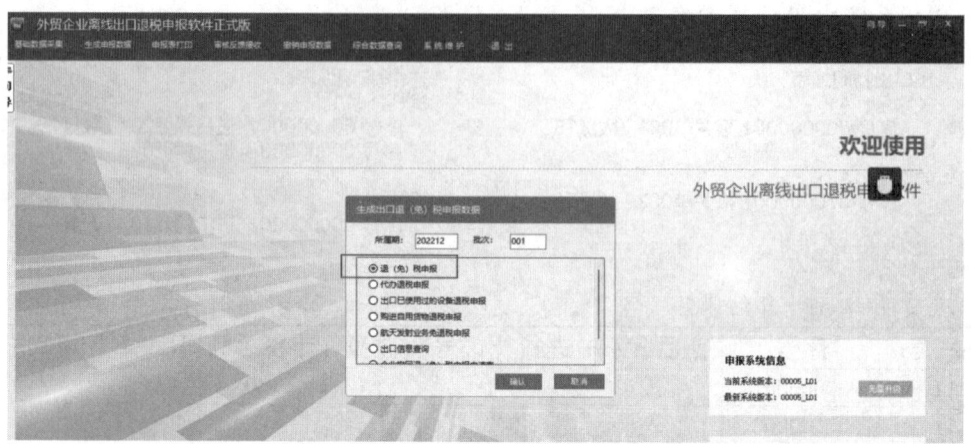

（6）生成数据之后，打印报表。点击"申报表打印"——出口退（免）税申报——免退税申报，选择当前所属期和批次号，并勾选"出口退税出口明细申报表"，点击确认，打印申请表，企业自己盖章保存。外贸企业一定要注意：新系统已经取消汇总表，"外贸企业出口退税进货明细表"作为汇总表使用。

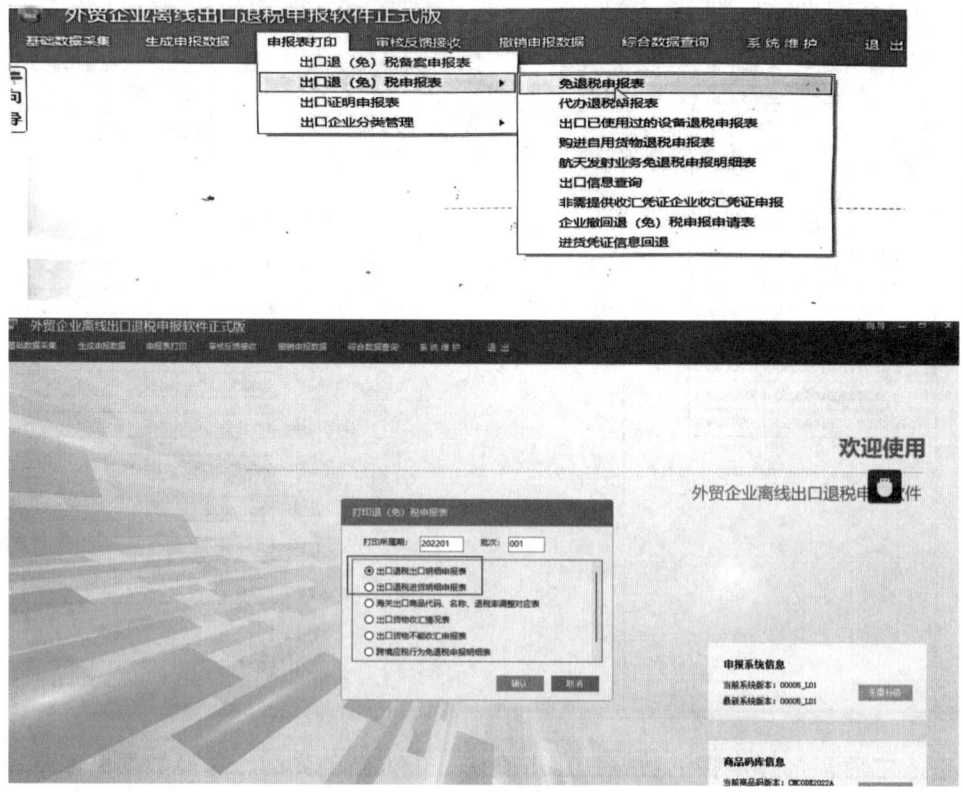

2. 外贸企业在线版操作系统申报方法

外贸企业登录电子税务局点击"我要办税"——"出口退税管理"——"出口退（免）税申报"——"出口货物劳务免退税申报"办理外贸企业出口货物劳务免退税申报业务。

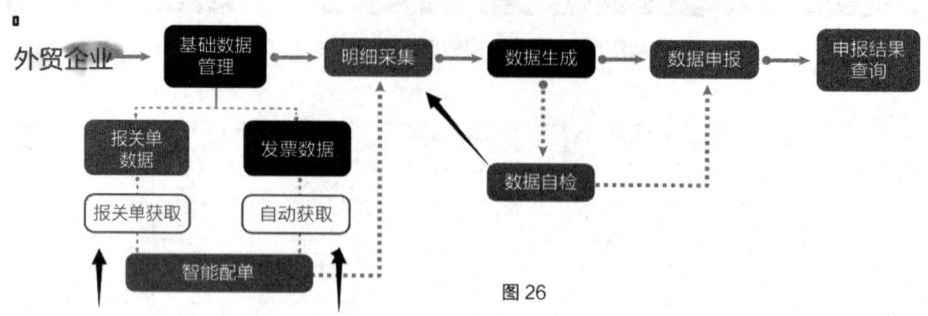

图26

（1）手工录入企业先进行明细数据采集

登录电子税务局，点击"我要办税"——"出口退税管理"——"出口退（免）税申报"。

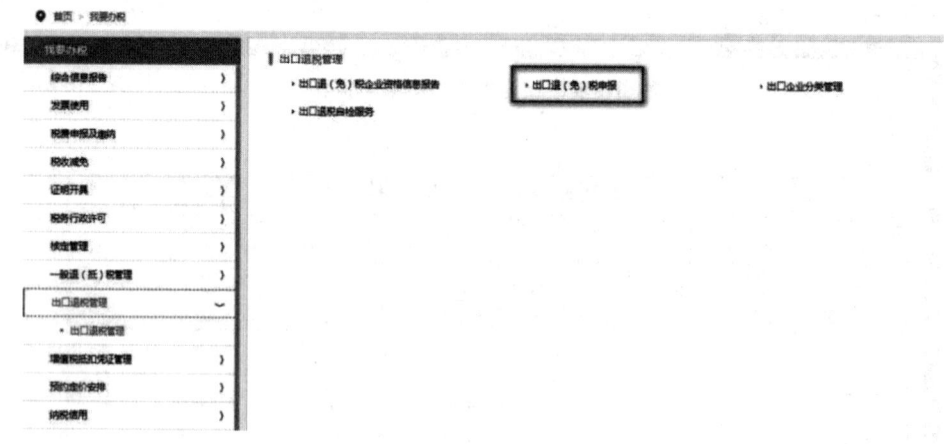

点击进入之后选择"在线申报"。

（2）进入"出口货物劳务免退税申报"模块，选择"明细数据采集"——"出口/进货明细申报表"，点击"新建"按钮，出现采集界面。根据报关单和进项凭证的信息分别录入，将所有带红色星号的项目全部录入，录入方法可以参考"离线版录入方法"，录入完毕之后点击"保存并增加"。如果只有一条录入数据，点击"保存"。

（3）保存之后，进入"退税申报"页面，完成退税正式申报并下载打印申报表单。首先点①"退税申报"，进入界面之后，选择框②之后，点击③"生成申报数据"，输入正确的所属期和批次，点击"确认"按钮，即可生成申报数据。

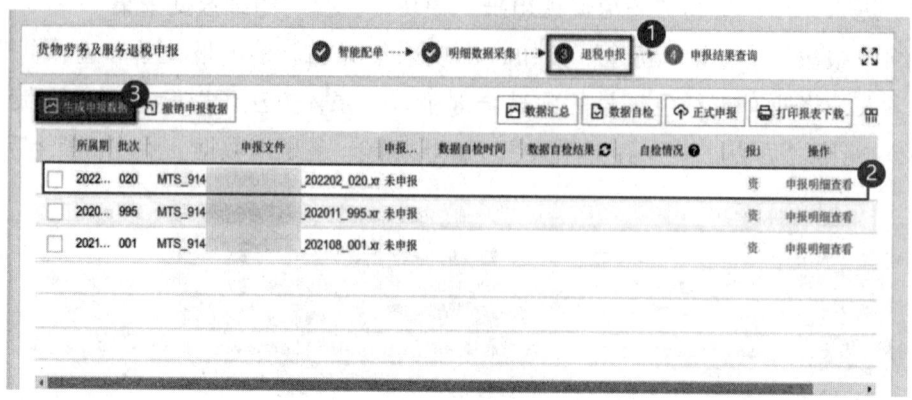

（4）生成申报数据后，点击"数据自检"页面进行数据自检。勾选数据，点击"数据自检"按钮。"自检情况"显示疑点个数，具体疑点描述可以参考生产企业申报自检之后的业务描述。数据自检后，在没有疑点或者没有"不允许跳过疑点"的情况下，才可以进行正式申报。若存在"不允许跳过疑点"，则需要"撤销申报数据"，根据疑点原因进入"明细数据采集"页面修改出口/进货明细数据，再重新生成申报数据、进行数据自检。

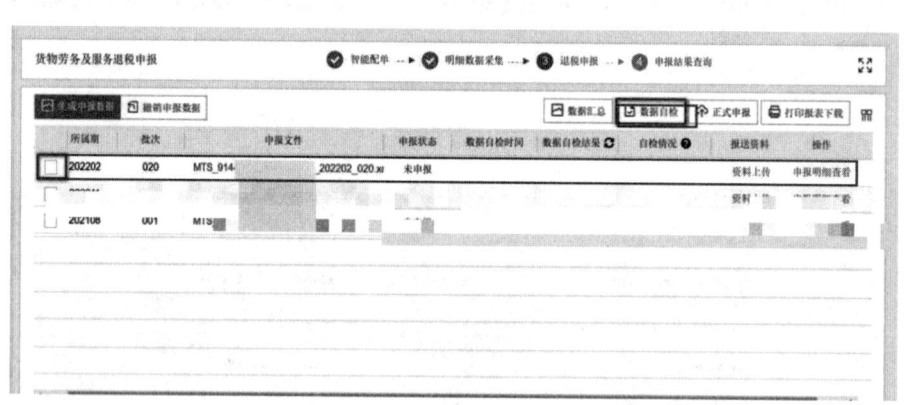

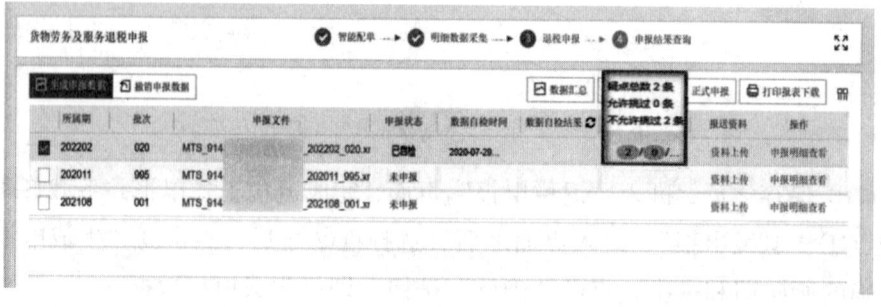

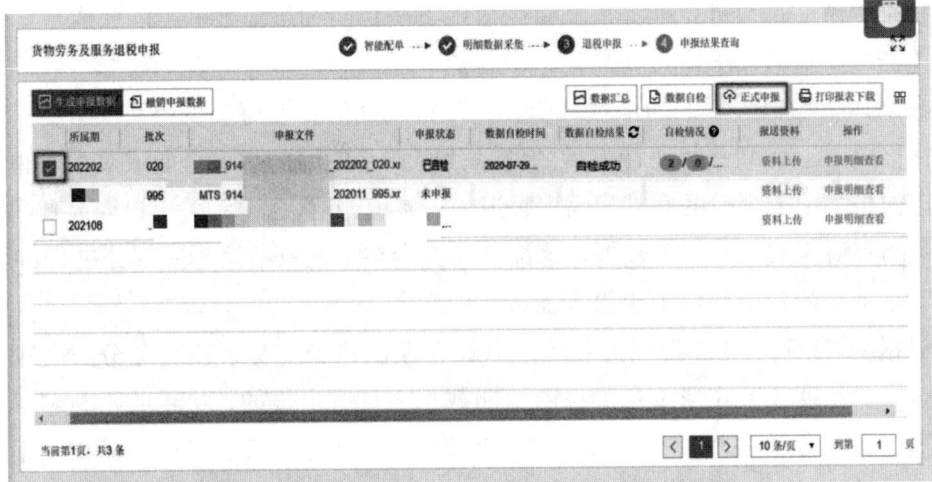

（5）正式申报完成后，点击"打印报表下载"页面，勾选数据①，点击②"打印报表下载"按钮，将申报表保存至电脑本地后，进行表单打印。

（6）正式申报完成后，点击"申报结果查询"页面，查看审核状态和审核流程信息，直至成功发放。审核失败的，在"审核流程信息"查看失败原因。找到原因，做撤回申报，修改之后重新申报。

特别提醒：部分外贸业务还需要生成以下两种明细申报数据才能完成正式申报。

①需要生成《海关出口商品代码、名称、退税率调整对应表》数据

在出口货物报关单上的申报日期和出口日期期间，若海关调整商品代码，导致出口货物报关单上的商品代码调整后的商品代码不一致的，出口企业或其他单位应按照出口货物报关单上列明的商品代码申报退（免）税，并报送《海关出口商品代码、名称、退税率调整对应表》及电子数据。这部分内容会在第七章节第十三部分进行讲解。

②生成《出口货物收汇申报表》数据

根据 2022 年 9 号公告相关要求，出口企业出口退（免）税企业分类管理类别为四类的、上年度业务在退（免）税申报期截止之日后申报的、提供收汇材料是虚假的或冒用的且税务机关出具书面通知之日起 24 个月内的，以上三种情况在申报出口退（免）税时须报送《出口货物收汇情况表》及举证材料；出口商品为跨境贸易人民币结算、委托出口并由受托方为收汇，或者委托代办退税并由外贸综合服务企业代为收汇的，可提供人民币的收款凭证。具体操作参考第七章节第九部分进行详解。

特别讲解：在线版操作——智能配单

（1）报关单数据导入

进入电子税务局"我要办税"——"出口退税管理"——"出口退（免）税申报"——"出口货物劳务免退税申报"模块，点击"智能配单"——"基础数据管理"——"出口货物报关单管理"，可读入电子口岸下载的报关单数据。

出口货物报关单导入前准备工作：

登录中国电子口岸中下载报关单。登录中国电子口岸在出口退税联网稽查系统下载 XML 格式的报关单数据。

点击"出口货物报关单管理"——"报关单导入"，出现弹框"从电子口岸下载的 XML 文件,需要通过客户端工具（下载）解密后,进行关单导入"，点击②"（下载）"，即可下载出口退税客户端工具（各地区解压工具略有不同，但解压方法是一致的）。

特别提示：解密方法基本流程。出口退税客户端工具运行后，在电脑上插入电子口岸卡，先输入口岸卡密码（输入的口岸卡密码必须与下载报关单时所用的电子口岸

卡对应一致），再选择已下载至本地电脑的 XML 格式的报关单，再点击"开始解密"按钮。系统显示"海关文件已处理！"，说明 XML 格式的报关单解密成功。

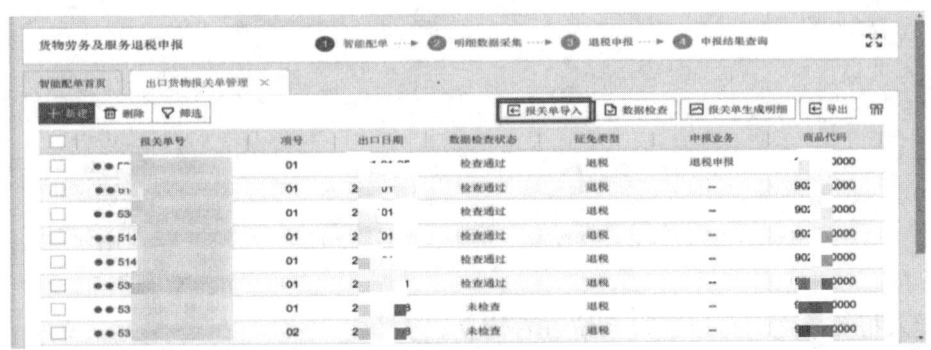

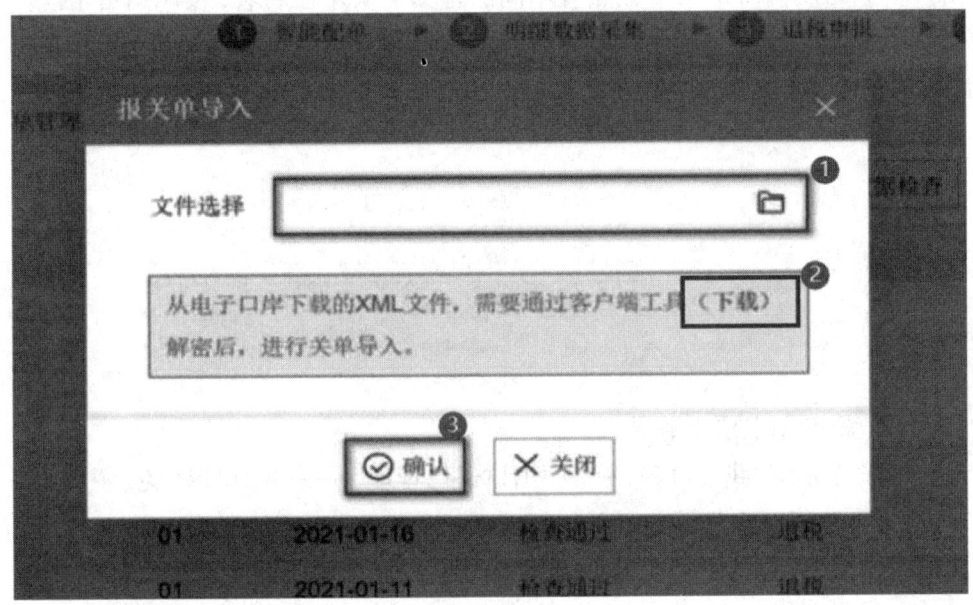

出口货物报关单导入方法：

点击"基础数据管理"——"出口货物报关单管理"，点击①"报关单导入"按钮，选择从电子口岸下载并解密后的报关单数据，点击上图③"确认"按钮，完成关单导入。

在报关单导入完成后，勾选数据，点击下图②"数据检查"按钮，系统弹窗提示汇率配置，输入"当期汇率"（一般与记账汇率一致），并点击"保存"按钮。

特别提醒：记账汇率可以选择销售额发生的当天（即时汇率）或者当月 1 日的人民币汇率中间价。出口企业应在事先确定采用何种折合率，确定后 12 个月内不得变更。建议出口企业选择当月 1 日汇率。

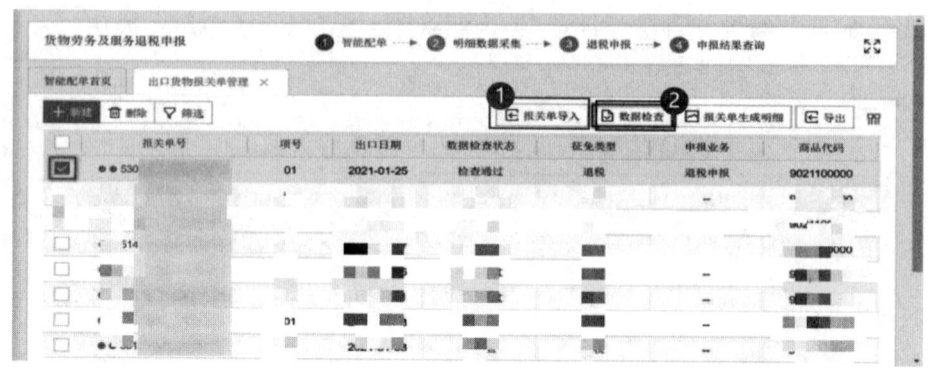

导入报关单之后可以通过系统查看信息。

出口企业必须搞清楚两个红点有不同的含义：从左往右看，第一个"圆点"，红色表示关单未生成状态，绿色表示关单已生成状态。第二个"圆点"，红色表示关单信息不齐，绿色表示关单信息齐全。

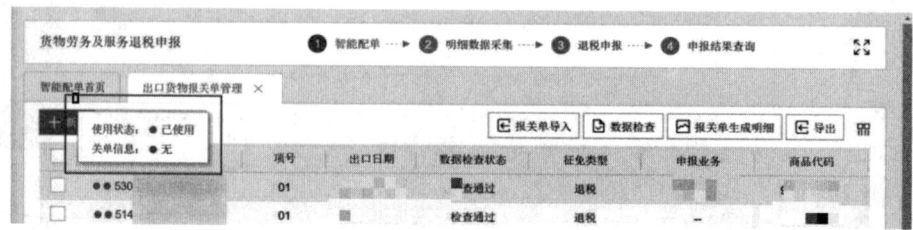

（2）增值税专用发票下载导入

点击电子税务局"我要办税"——"出口退税管理"——"出口退（免）税申报"——"出口货物劳务免退税申报"，选择"智能配单"——"基础数据管理"——"增值税专用发票管理"，发票信息由系统自动获取。也有部分城市的发票导入需要从发票综合管理平台下载之后进行导入。

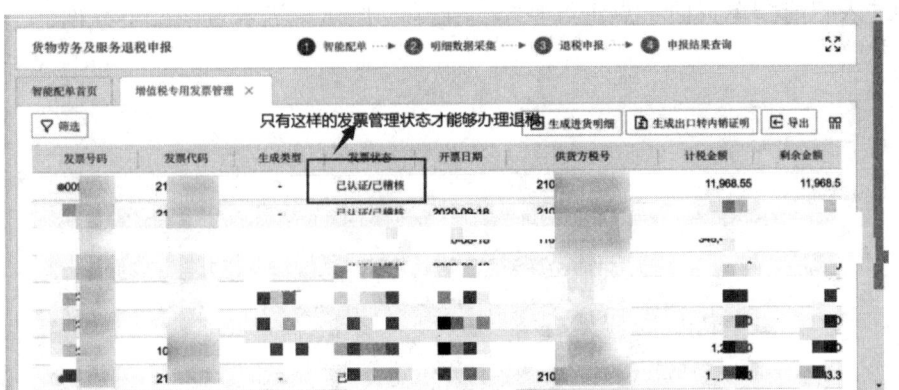

(3) 智能配单（自动生成出口、进货明细申报表）

进入电子税务局"我要办税"——"出口退税管理"——"出口退（免）税申报"——"出口货物劳务免退税申报"模块，点击"智能配单"——"基础数据智能配单"进行配单。分别有①"报关单逐项配单"、②"发票逐项配单"和③"商品品名分类配单"三种方式供选择。智能配单完成后，系统可自动生成出口、进货明细申报表，无须再进行手工录入数据。

配单时，要求报关单必须做过数据检查且状态为未生成。由于关联号设置规则，是以每21位报关单号（18位报关单号+3位项号）作为一个关联号编写单位。

特别提示：智能配单以关联号为基础支持"一对一"和"一对多"的报关单与发票匹配。

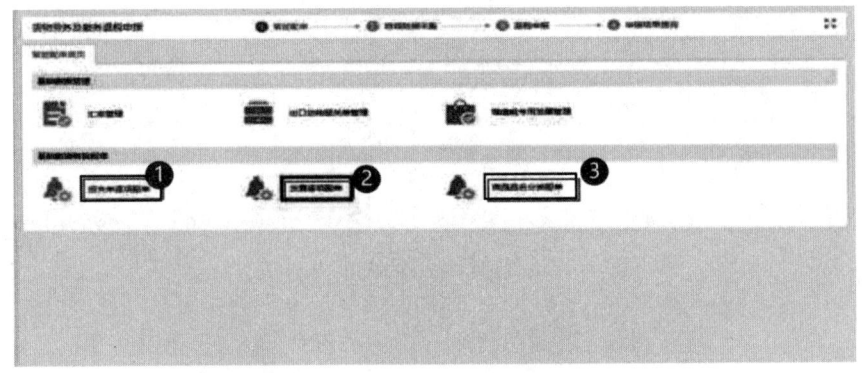

216 | 出口退（免）税日常操作合规解析及风险控制

"报关单逐项配单"

①进入智能配单页面，点击红色框"配单"按钮，进入智能配单界面。

②进入界面之后查看基本信息，点击"选择发票信息"按钮，输入查询条件。

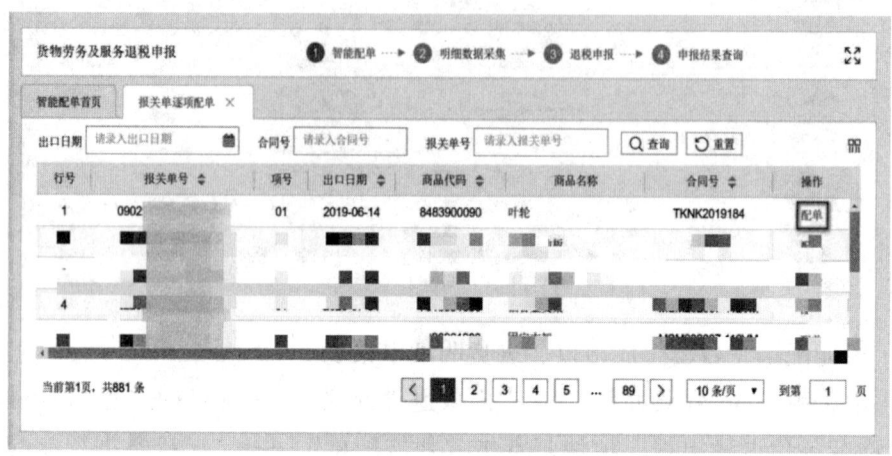

③选择对应的增值税专用发票，点击"保存"按钮，完成配单。

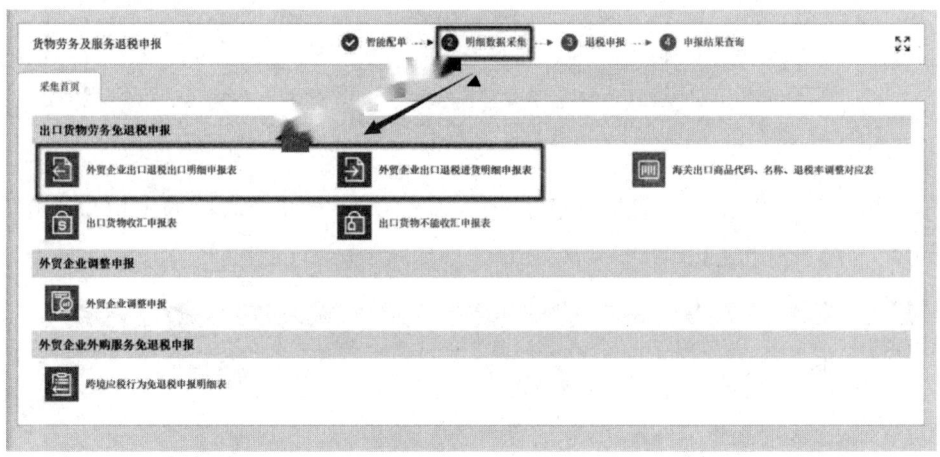

④配单完成后，进入"明细数据采集"——外贸企业出口退税出口/进货明细申请表，查看已生成的明细数据。

"发票逐项配单"

①点击"筛选"按钮,输入筛选条件,点击"查询"按钮,可以进行筛选查询。

②点击对应发票后面的"配单"按钮,进入智能配单界面。

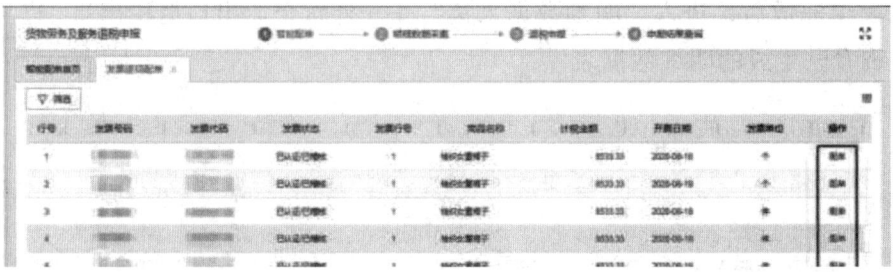

③点击"选择报关单信息"按钮,输入查询条件,选择对应的出口报关单号,点击"保存"按钮,完成配单。

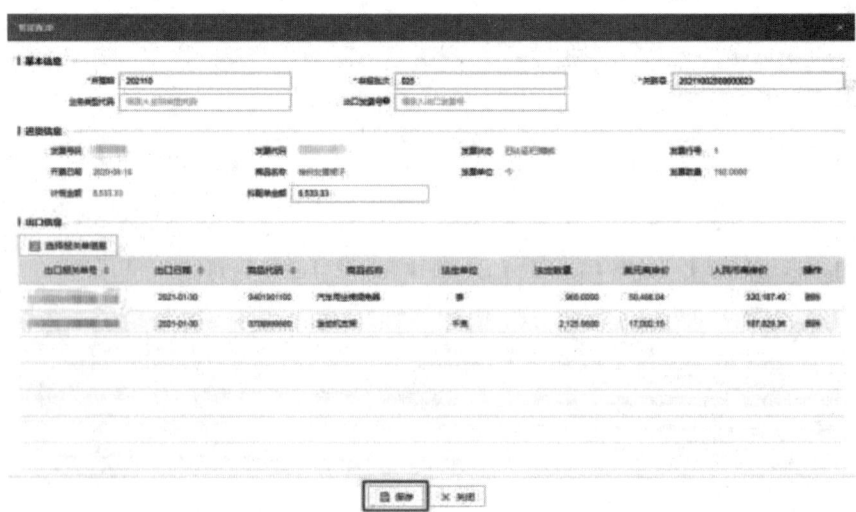

④配单完成后，可到"明细数据采集"——"外贸企业出口退税出口/进货明细申报表"查看已生成的明细数据。

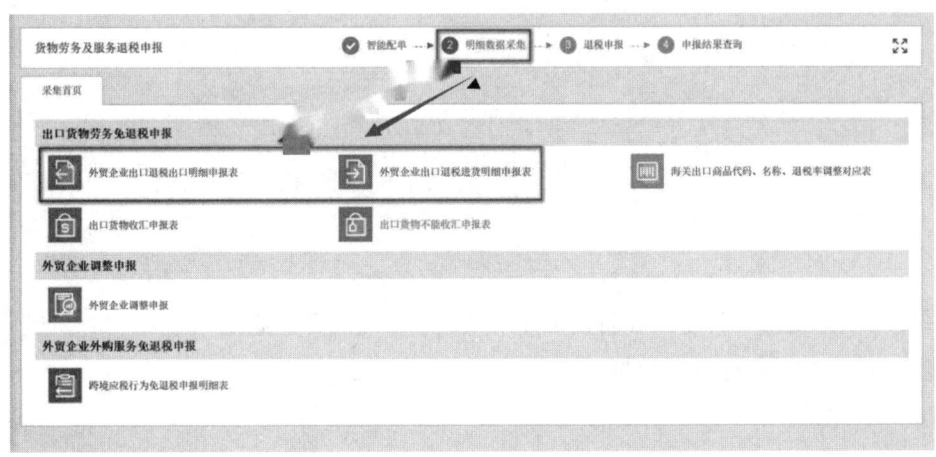

"商品品名分类配单"

①勾选左侧报关单，右侧发票号码处搜索对应发票信息。下方为出口和进货所选择数据的明细。

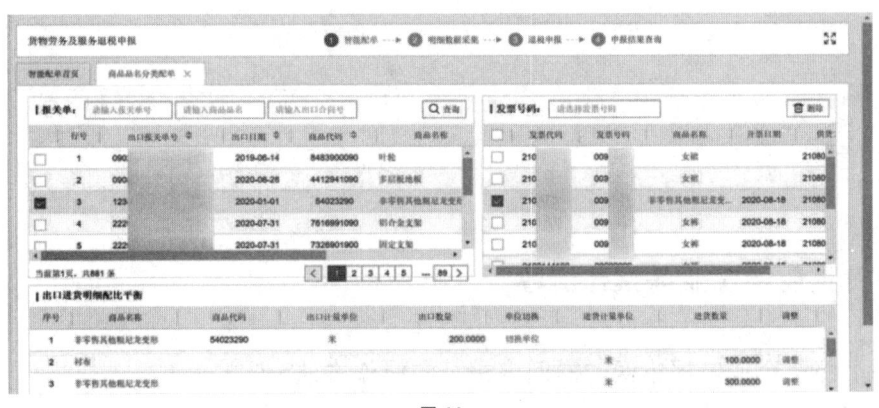

②点击"调整"，调整品名、数量、计量单位。通过修改商品名称、计量单位名称、数量，将进货明细与出口明细数据调整成相符，实现配比平衡。绿色代表匹配平衡，红色未匹配平衡。显示绿色配比平衡，即可点击"提交"。若是品名不符的数据，虽然可以调整实现配比平衡,但是在"退税申报"的"数据自检"环节依然会出现"允许跳过的疑点"，需要企业跳过后才可以正式申报。正式申报数据在退税审核环节依然会出现品名不符的疑点，需要人工审核判断是否准予跳过，并做出准予退税或不予办理退税的意见。

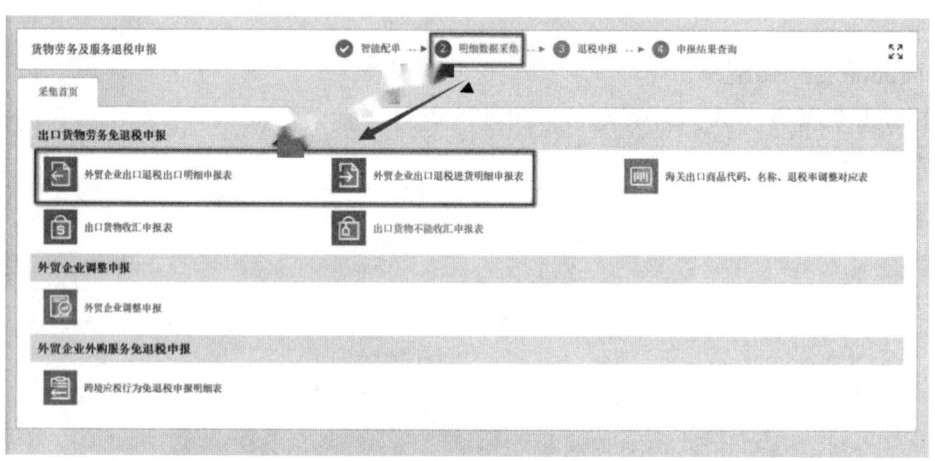

③配单完成后，可到"明细数据采集"——"外贸企业出口退税出口/进货明细申报表"查看已生成的明细数据。

七、外贸企业特殊业务操作流程

（一）外贸企业申报错误"撤回申报"的操作方法

这是新金三系统上线之后新增加的操作，存在以下三种业务情况的企业需要操作"企业撤回申报"。

第一，解决外贸企业免退税申报数据不予办理后无法申报的问题。

第二，解决企业申报的数据转调查评估岗后税务机关长期无法做出结论，企业自愿放弃后将资料退还企业后的后续管理问题。

第三，解决企业申报数据后发现申报错误要求税务机关作废相关数据后产生争议无据可查的问题。

可以申请撤回申报存在两种情形：

一是外贸企业发现已申报的数据但税务机关尚未批准的出口申报数据有错误，应报送《企业撤回退（免）税申报申请表》，主管税务机关在审核没有发现存在不予退税情形的，即可撤回该批次（所属期）申报数据。撤回申报数据后，已撤回申报数据涉及的相关单证，可以在以后所属期重新用于办理出口退（免）税申报。

二是出口企业自愿放弃已申报，但尚未经主管税务机关核准的出口退税的业务，应报送《企业撤回退（免）税申报申请表》，主管税务机关未发现存在不予退税情形或者因涉嫌骗取出口退税被税务机关稽查部门立案查处未结案的，即可以关联号为最小单位撤回该笔申报数据。已撤回申报数据涉及的相关单证，不得重新用于办理出口退（免）税申报。

业务提示：新增的功能解决了出口申报成功后出现错误修改的问题，可以将已经申报的数据进行作废操作，方便出口企业重新办理退税申报。

1.离线版操作流程

（1）进入离线版出口退税系统之后，点击"基础数据采集"——出口退（免）税申报——企业撤回退（免）税申报申请表，点击进入。

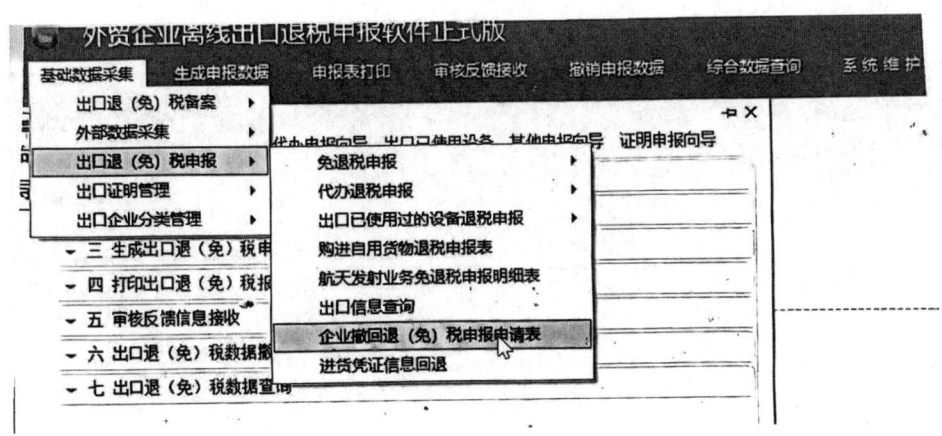

（2）进入之后，点击①"增加"按照以下操作要求进行录入。

申报年月：按"4位年份+2位月份"填写，如:202001。

申报批次：按申报年月的第几次申报填写。

序号：按八位流水号填写，从00000001到99999999。

撤回原因：按申请撤回的原因填写，具体包括申报错误申请撤回（代码100）、自愿放弃申请撤回（代码200）两种。参照下图，点击下拉菜单，会出现两种选择项，根据不同业务需要进行选择。一般情况下，出口企业选择100代码，是因为申报错误而申请撤回，整个批次撤回，相关业务修改后可再申报退税；代码200撤回，一般撤回之后税务机关就不在给企业办理出口退税了，即以关联号为单位撤回，相关凭证不得重新申报退税。

撤回业务类型：按申请撤回的原申报业务类型填写，系统自动根企业据选择撤回代码生成。

申请撤回的原申报年月：按申请撤回的原申报年月填写。

申请撤回的原申报批次：按申请撤回的原申报批次填写，原申报数据中无申报批次的无须填写。

原申报关联号：按自愿放弃的实际申报数据情况填写；撤回原因为申报错误申请数回的，无须填写此栏。

原申报序号：按自愿放弃的实际申报数据情况填写；撤回原因为申报错误申请数回的，无须填写此栏。

凭证种类：按自愿放弃的实际凭证种类填写，具体包括出口货物报关单、代理出口货物证明、进货凭证；数回原因为申报销误申请数回的，无须填写此栏。

凭证号码：按自愿放弃的实际凭证号码填写；撤回原因为申报错误申请数回的，无须填写此栏。

录入完毕之后点击保存。

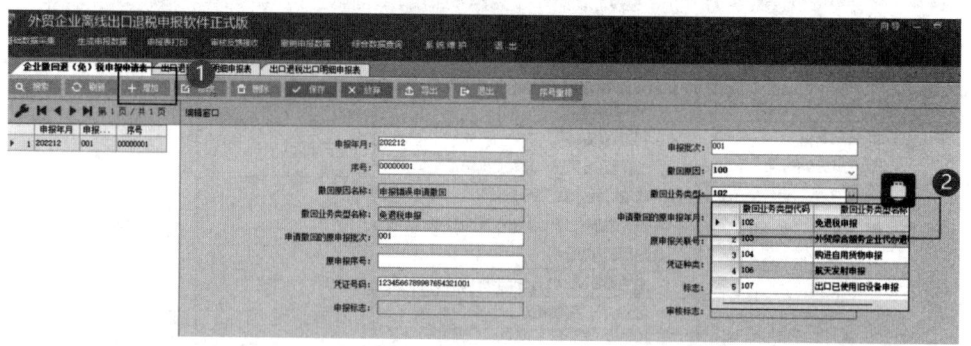

（3）保存完毕之后，生成电子申报数据，点击"生成申报数据"——生成出口退（免）税申报数据，点击进入。

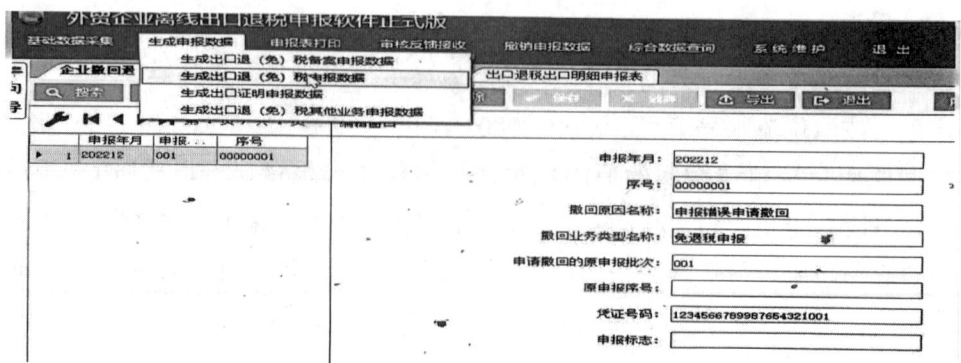

进入之后,选择申报的数据,点击确认,进入新的界面,选择数据保存路径,可以用默认路径,或者用自己使用的路径保存;生成数据之后,再次确认数据是否正确,没有错误,点击"关闭",生成电子数据操作完毕。

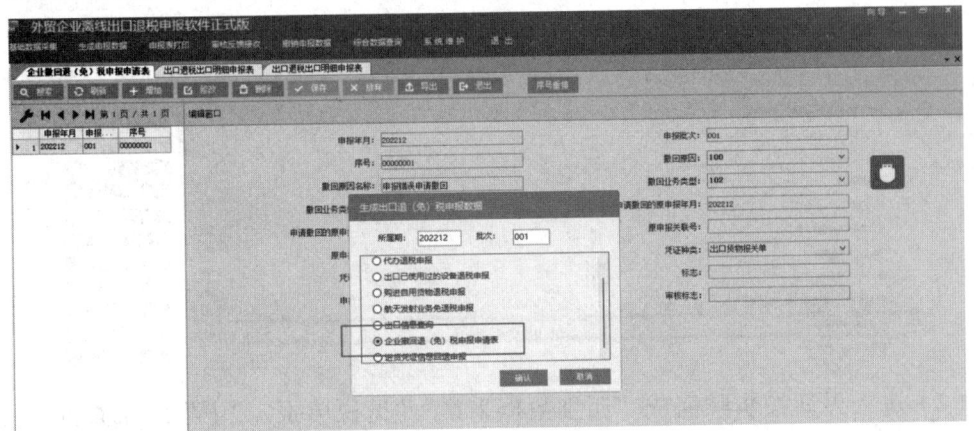

(4)生成数据之后,打印报表。点击"申报表打印"——出口退(免)税申报表——企业撤回退(免)税申报申请表,选择当前所属期,如果是当前所属期第一次撤销,录入"001",本所属期如撤销多个批次申报,按顺序填写批次号,打印申请表,企业自己盖章保存。

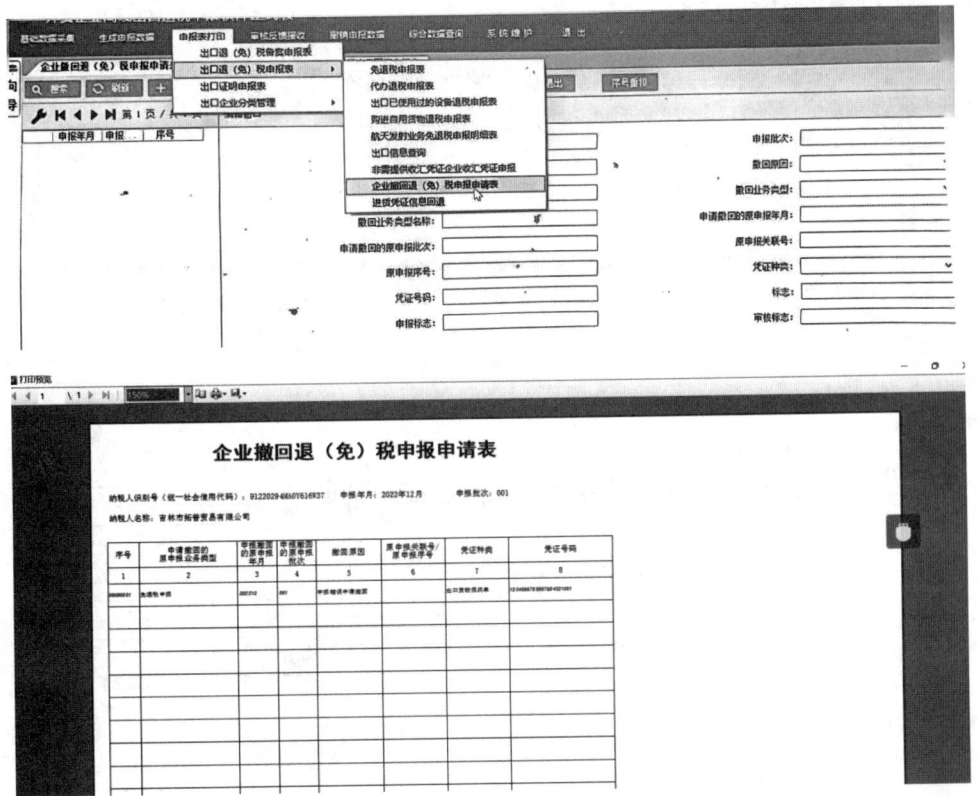

2. 在线版操作流程

（1）打开电子税务局"我要办税"，点击"出口退税管理"——"出口退（免）税申报"——"企业撤回申报数据申请"模块。

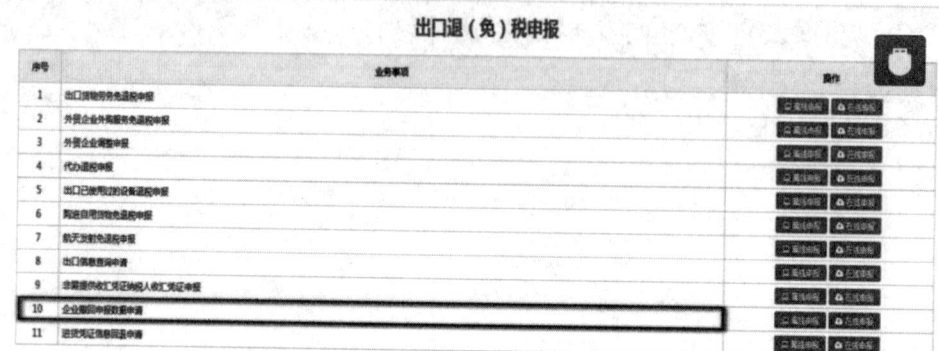

（2）进入界面按步骤完成"明细数据采集""退税申报""申报结果查询"。撤回申报后，纳税人可继续用该所属期和批次申报退税。录入的方法可以参考离线版操作规则。打印出的报表格式与离线版的一致。

(二)外贸企业调整申报

对于已经办理退税的出口货物免退税申报,外贸企业发现申报数据有误,可以做申报调整。即外贸企业在退税系统做免退税冲减申报。避免出现错误申报之后还要调整进出货明细,减少企业工作量。

1. 离线版外贸调整申报系统操作方法

(1)进入离线版出口退税系统后,点击"出口退税(免)税申请"——免税申报——外贸企业调整申报,点击进入。

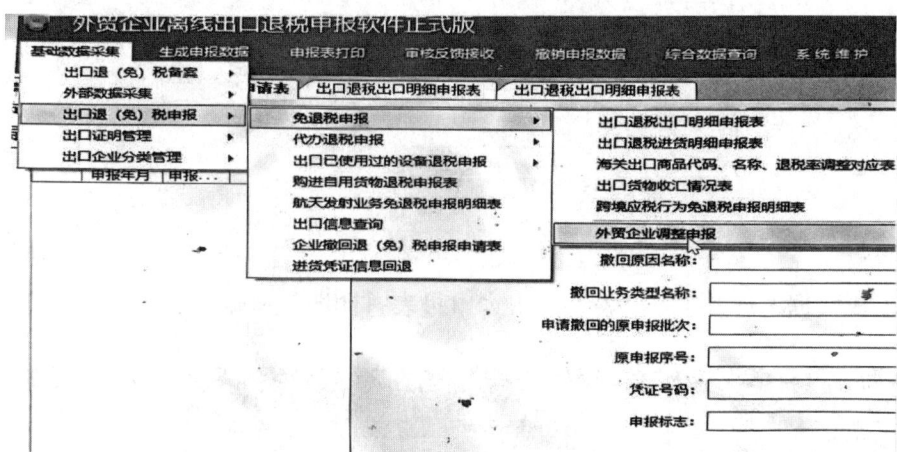

进入之后,点击"增加"按照以下操作要求进行录入。

申报年月:按申报期年月填写。

申报批次:所属年月的第几次申报。调整申报以"关联号"为最小单位进行数据冲减。调整申报的"所属期"为申报当月,"申报批次"和免退税业务一起按当月申报顺序编写。例如,2022年11月已申报2个批次的免退税,再提交调整申报数据的"所属期""申报批次"分别为202211、003。

序号:按照调整申报的条数顺序填写。

原申报关联号:按照调整对象的原申报关联号填写。

原申报类型:按照调整对象的原申报类型填写。

（2）保存完毕之后，生成电子申报数据，点击"生成申报数据"——生成出口退（免）税申报数据，点击进入之后，选择申报的数据，点击确认，进入新的界面，选择数据保存路径，可以用默认路径，或者用自己使用的路径保存；生成数据之后，再次确认数据是否正确，没有错误，点击"关闭"，生成电子数据操作完毕。

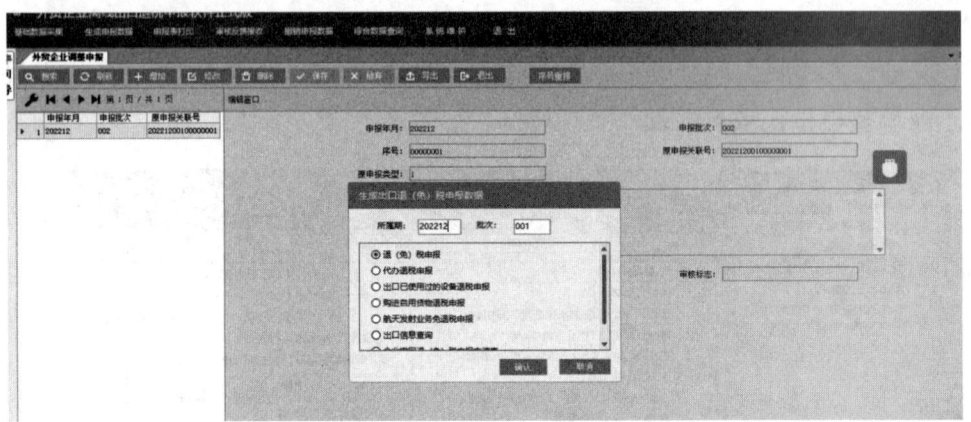

（3）生成数据之后，打印报表。点击"申报表打印"——出口退（免）税申报表。

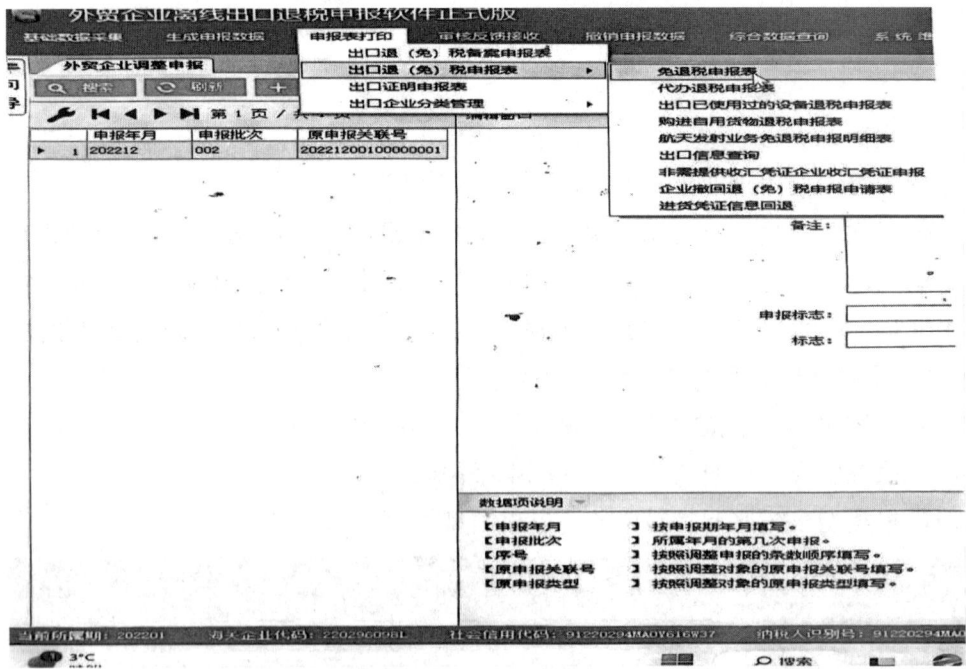

（4）进入界面之后选择当前所属期，填写批次号，点击确认，打印申请表，企业自己盖章保存。

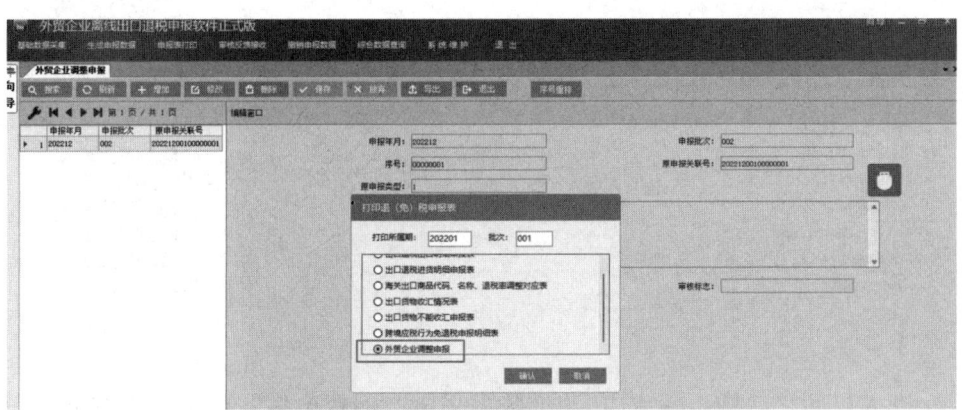

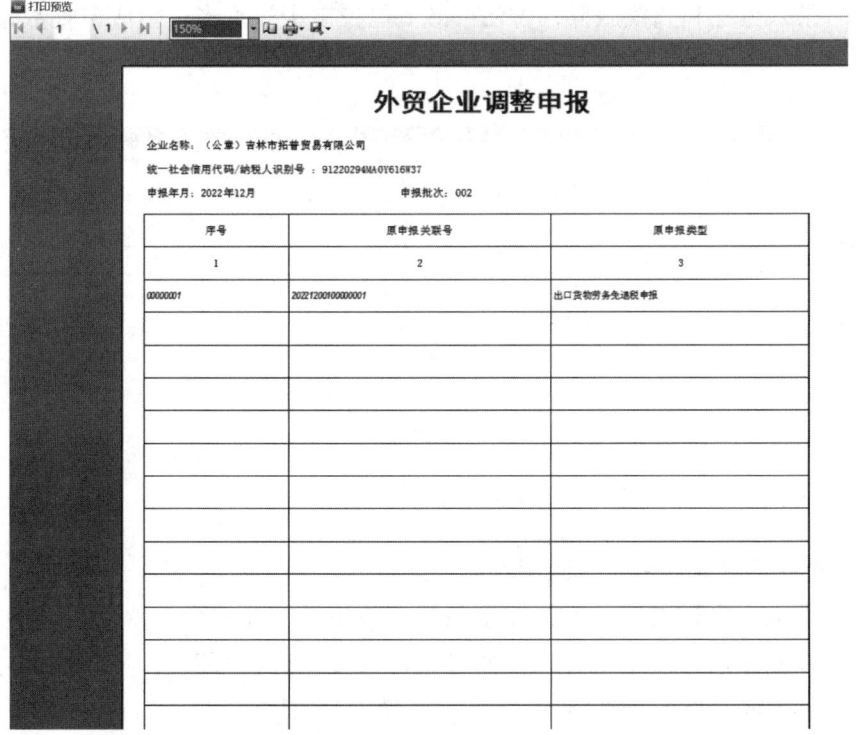

2. 在线版外贸调整申报系统操作方法

（1）进入电子税务局"我要办税"——"出口退税管理"——"出口退（免）税申报"——"外贸企业调整申报"模块。

[表格：出口退（免）税申报，包含11项业务事项，其中第3项"外贸企业调整申报"被框选标注]

（2）进入界面之后按步骤完成"明细数据采集""退税申报""申报结果查询"。其中，数据采集时录入方法和离线版操作方法一致，退税申报先点击"生成申报数据"按钮，点击确认。

[调整申报申请录入界面截图：包含基本信息（所属期202007、申报批次001、申报序号00000001）、业务信息（原申报关联号、原申报类型）、其他信息（备注）等字段]

（三）外贸企业放弃退税的操作方法

外贸企业放弃退税的操作方法和申报流程与生产企业完全一致，在这里就不再详细讲述了。外贸企业必须注意一点，如果免税直接申请就可以，不要做放弃操作。因为一旦放弃退税或者免税就必须36个月，中途不可以恢复。

（四）外贸企进货发票勾选错误进货凭证回退操作方法

在前面的章节中已经给大家详细介绍过勾选发票出现问题的各种情形，其中有一种就是将用于抵扣内销的进项发票勾选成了用于退税。若当期没有确认勾选，可以当期在发票综合管理平台撤销，但已经确认勾选的发票且未办理退税的就必须要在出口退税系统做"进货凭证信息回退"操作，审核成功之后，重新到发票综合管理平台进行抵扣勾选。

1. 进货凭证信息回退离线版操作分析

（1）进入离线版出口退税系统之后，点击"基础数据采集"——出口退（免）税申报——进货凭证信息回退，点击进入。

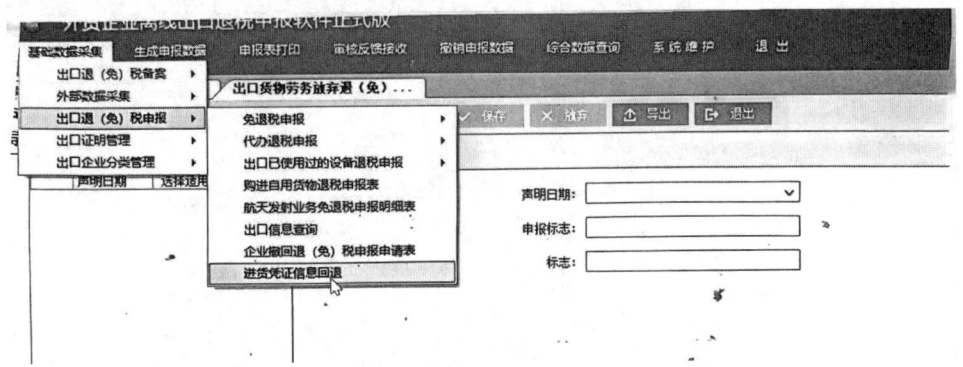

（2）进入之后，点击"增加"按照以下操作要求进行录入。

申报年月：按"4位年份+2位月份"填写，如：202001。

申报批次：所属年月的第几次申报。

序号：8位流水号，如：00000001,00000002。

发票代码：抵扣凭证为增值税专用发票的，按照实际情况填写，抵扣凭证为海关进口增值税专用缴款书的，无须填写此项。

发票号码：抵扣凭证为增值税专用发票的，按照实际情况填写，抵扣凭证为海关进口增值税专用缴款书的，无须填写此项。

缴款书号码：抵扣凭证为海关进口增值税专用缴款书的，按照实际情况填写。

购货方社会信用代码：购货方统一社会信用代码。

（3）录入完毕之后点击"保存"，如果是多项数据点击"保存并增加"。

（4）保存完毕之后，生成电子申报数据，点击"生成申报数据"——生成出口退（免）税申报数据，点击进入，进入之后，选择申报的数据，点击确认，进入新的界面，选

择数据保存路径，可以用默认路径，或者用自己使用的路径保存；生成数据之后，再次确认数据是否正确，没有错误，点击"关闭"，生成电子数据操作完毕。

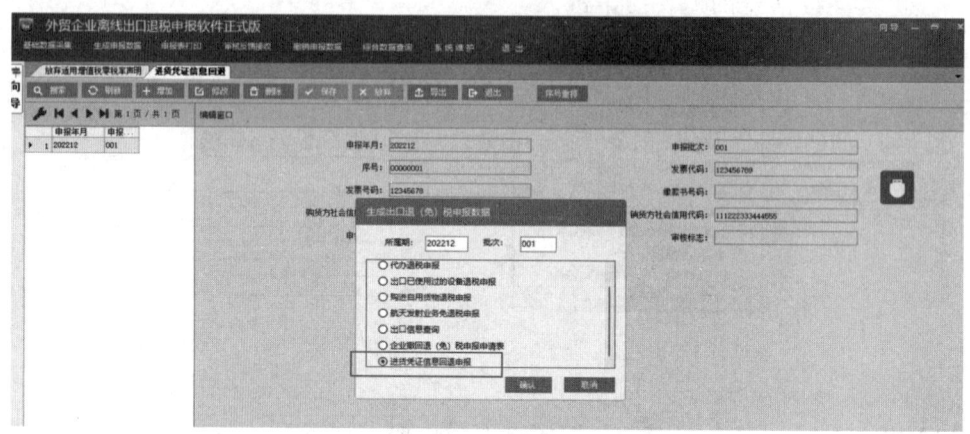

（5）生成数据之后，打印报表。点击"申报表打印"——出口退（免）税申报表——进货凭证回退申请表。

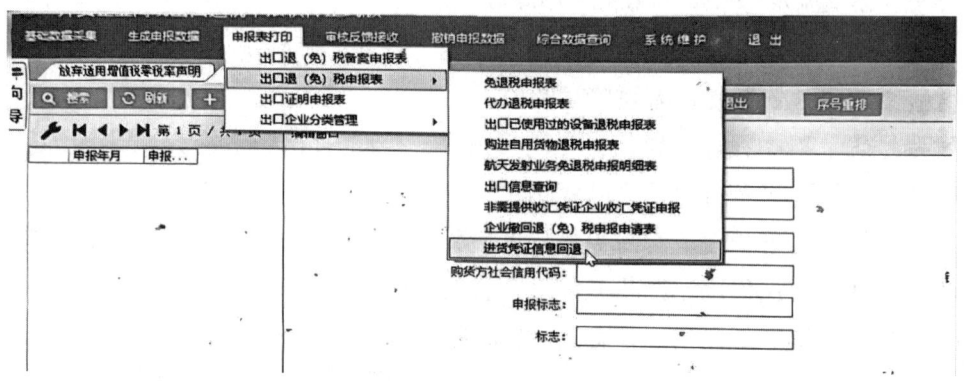

（6）进入界面之后选择当前所属期，填写批次号，点击确认，打印申请表，企业自己盖章保存。

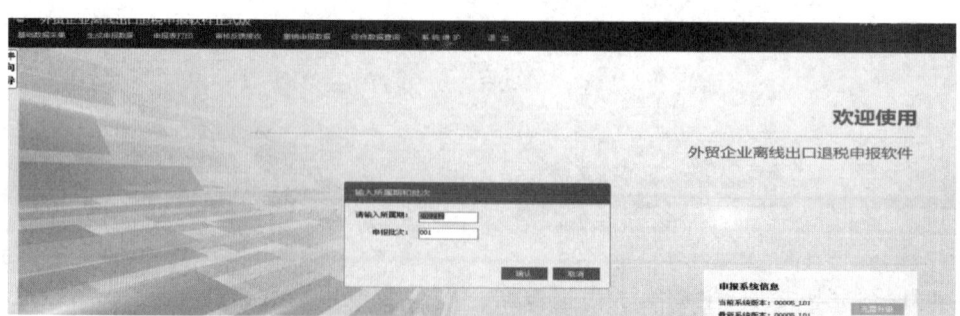

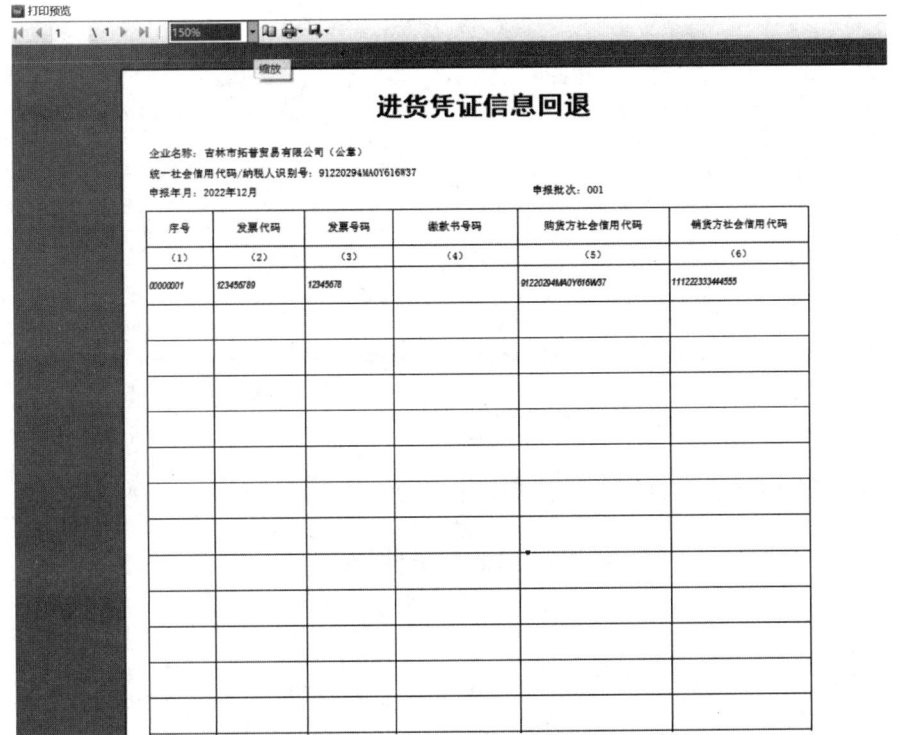

2. 进货凭证信息回退在线版操作流程

（1）进入电子税务局，点击"我要办税"——"出口退税管理"——"出口退（免）税申报"进入"进货凭证信息回退"模块，按步骤完成"明细数据采集""退税申报""申报结果查询"，提交《进货凭证信息回退申请》。

（2）在"明细数据采集"数据点击"新建"，录入方法可以参考离线版录入规则，采集完毕之后点击"保存"，生成数据，做正式申报，并打印报表。

（3）点击"申报结果查询"查询申报结果。

232 | 出口退（免）税日常操作合规解析及风险控制

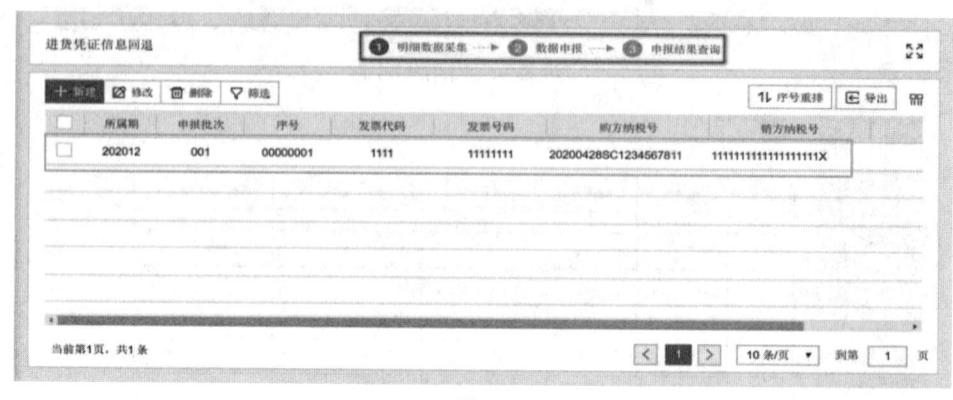

图64

（4）审核成功之后，打印报表之后的样图如下：

进货凭证信息回退

企业名称：（公章）
统一社会信用代码/纳税人识别号：
申报年月： 申报批次：

序号	发票代码	发票号码	缴款书号码	购货方社会信用代码	销货方社会信用代码
1	2	3	4	5	6

（五）外贸企业出口退税信息及发票信息查询操作解析

在实际操作中外贸企业查询已经申报的退税进度，或者查询已经申报退税业务，或者查询用于退税发票是否有信息都需要在电子税务局进行相关业务查询。电子税务局升级之后，增加新的应用，外贸企业在电子税务局"我要查询"设置"出口退税信息查询"和"发票信息查询"两个模块，便于出口企业查询退税业务办理状态、发票状态和常用信息等。

1. 出口退税信息查询操作解析

（1）点击"我要查询"进入相关界面。

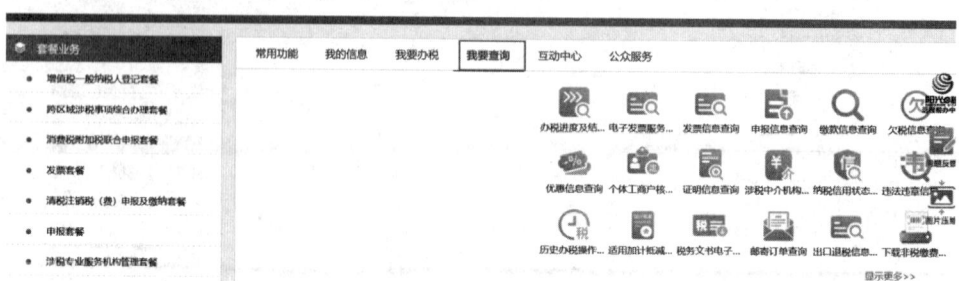

（2）进入之后，根据查询内容进行操作，若查询退税相关信息，点击黑色对话框（出口退税信息查询）。

（3）进入之后会出现相关查询界面，可以查询十类数据：企业备案信息、委托代办退税备案情况、出口退税申报信息、报关单信息查询及下载、代理证明信息查询及下载、电子手册信息查询及下载、电子账册信息查询及下载、退税审核进度查询、出口商品退税率查询、免税出口卷烟计划查询。出口企业可以根据自己需求进行相关查询。

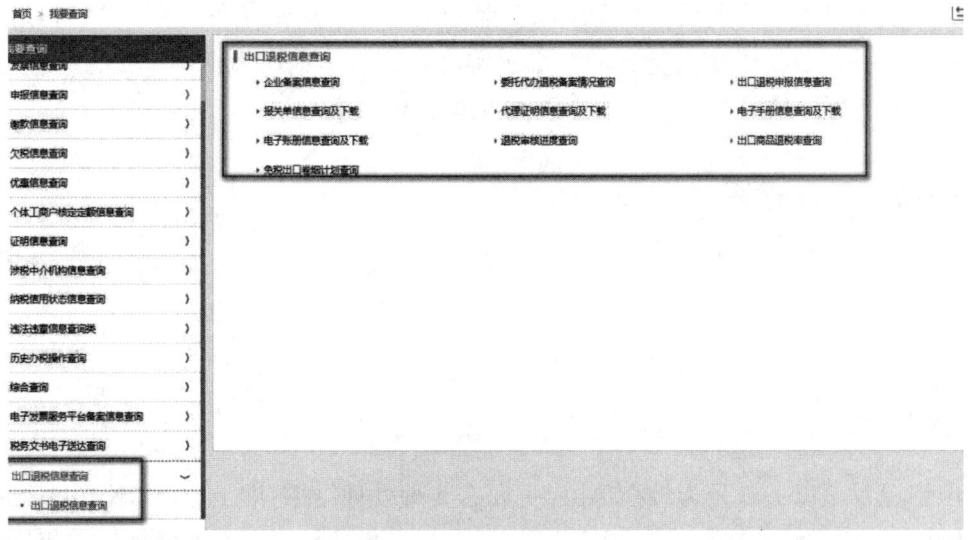

（4）查询已申报的退税数据：出口企业在电子税务局"我要查询"——"出口退税信息查询"——"出口退税申报信息查询"模块，可以查询、导出已申报的退税数据（包括不予办理退税的和在审核中的申报数据）。

（5）对于已经申报的退税进度进行查询的方法：对税务机关已通过电子税务局受理的出口退税申报，外贸出口企业可以在电子税务局"我要查询"——"出口退税信息查询"——"退税审核进度查询"模块实时查询该笔退税数据的审核、调查评估、核准、发放等进度情况。点击"退税审核进度查询"进入。

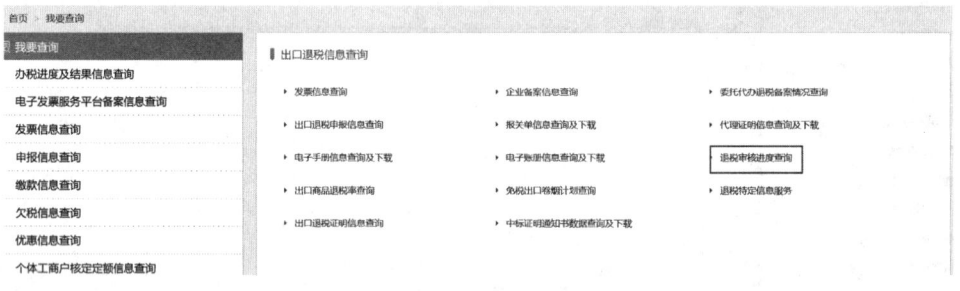

申请退税额以关联号为最小单位，主要有5种处理结果：准予退税、不予办理退税、调查评估、暂不办理退税、不予退税。不予办理退税的数据，企业经修改申报数据或修改发票、报关单数据后，可以换个批次申报退税。但是，不予退税的数据适用增值税免税或征税政策。企业可根据"退税审核进度查询"模块各环节的退税额，判断该笔退税业务的处理情况：一是正常退税的业务，受理、复审、税额核准退税额均相同，即①=②=③；二是部分不予办理退税的业务，受理退税额大于复审、税额核准退税额；三是全部不予办理退税的业务，复审退税额为0，即退税审核失败。可以向税局了解原因；四是存在转调查评估的业务，会在审核之后显示调查评估分流，联系税务机关了解调查评估原因，一般调查评估分为两种：发函和实地核查，外贸企业应配合税局进行评估业务，并可点击"分流详情"查看分流进度。

2. 用于办理退税的发票信息查询

进入电子税务局，点击"我要查询"——"出口退税信息查询"——"发票信息查询"，进入之后点击"发票信息查询（出口退税）"模块，在退税申报之前可以查询已在发票综合服务平台作退税勾选的增值税专用发票信息，主要是①"发票状态"和发票的②"退税状态"。其中，"发票状态"有已认证/已稽核、已认证/未稽核、未认证/未稽核3种；发票的"退税状态"有未退税、全部退税、部分退税3种。

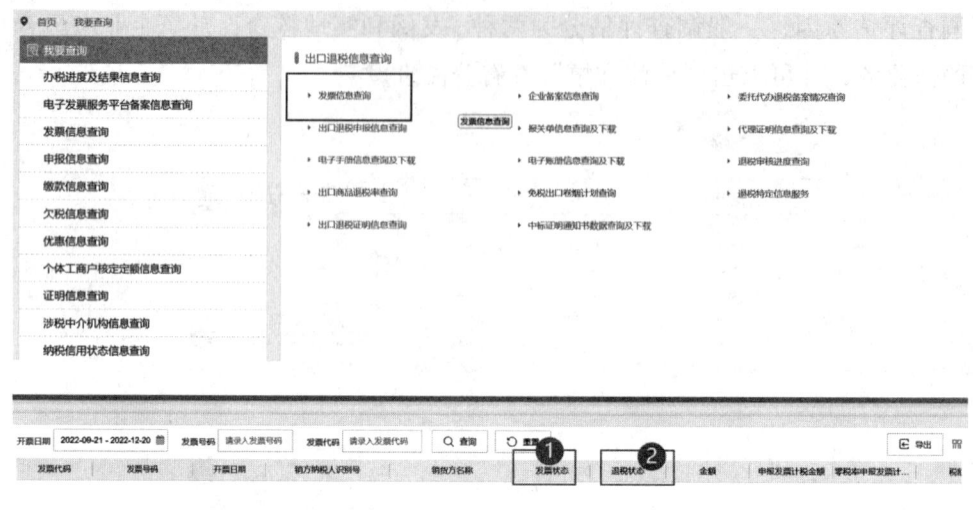

3. 用于办理退税的报关单信息查询

（1）进入电子税务局，点击"我要查询"——"出口退税信息查询"——"报关单查询信息及下载"，进入之后点击"报关单查询信息及下载"模块。

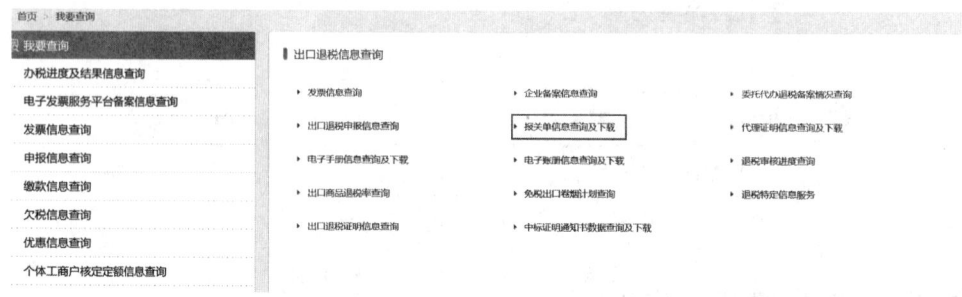

（2）进入模块之后，先在①退税申报状态中选择"已申报/未申报"，在查看②中的报关单中的不同状态，避免出现漏申报。出口企业一定要注意，中国电子口岸中报关单信息，但电子税务局里未申报查询里没有关单的信息，这时候出口企业应该确认电子口岸报关单状态，如果电子口岸已经是税务机关已经接受状态，外贸企业这时候考虑应该做"信息查询"后面章节会进行介绍。

附：外贸企业作价加工，销售进口料件及国内料件，是否符合国税的退税政策。

上述的问题涉及的文件是国税发 2013 年 12 号公告中第三项中的（二）：

外贸企业在 2012 年 6 月 30 日以前签订的委托加工业务合同，如果在 2012 年 7 月 1 日以后收回加工货物并在 2013 年 6 月 30 日前出口的，按 2012 年 6 月 30 日以前的规定申报出口退（免）税。外贸企业须在 2013 年 4 月 30 日前向主管税务机关提供上述合同进行备案。

业务提示：外贸企业加工费从 2013 年起国内采购的原材料进行加工，加工费不再退税，不退税的原因按照国税发 2013 年 12 号公告相关规定，外贸企业退税报关单的名称与发票名称必须一致，外加工的业务受托方开具的是加工费的发票，不符合这个政策，所以加工费就不能够退税了。如果外贸企业必须自己购买原材料的业务，只能将原材料卖给加工方，对方开成品发票才可以。在实际业务如果外贸企业从国外采购的保税进口料件产生的加工费可以退税，退税的原因为进口保税料件不能存在国内销售，受到海关的监管，所以外贸公司以进料手册方式进口之后保税料件外加工必须采取委托加工的形式，以加工费办理退税。外贸公司以一般贸易方式进口的原料委托加工是不能办理退税的。

生产企业外加工能否办理退税，是一个比较模糊的概念，很多企业都会认为外加工也是生产的一部分，应该算生产。有人会有疑问，在实际业务中，为什么外加工会遭到这样的一个质疑。其实这个问题主要是跟生产企业退税的一个基本政策有关系，因为生产企业办理退税，从税务局的角度，必须是自产货物。什么叫自产货物？就是必须是自己企业生产的货物，有厂房，有设备，有工人，包括组装、拼装。但是外加工算不算呢？这是税务局比较关注的业务，因为用外加工这种方式的业务一般来说都是企业没有自产能力或者是产能不足才去采取外加工，但一个生产企业一直都在采用外加工，从来不自己生产，税务局会认为这个公司可能会存在一种非自产的行为。甚至有的税局会取消生产企业退税资格。生产企业外加工的业务在税局政策中被化为"视同自产业务"。这个业务会在后面的章节中给大家介绍。其实在实际业务中很多企业都存在违规行为，只是税局没有检查到，一旦核查到不退税的可能性非常大。

生产外加工的业务能否办理退税，关键有五个因素（必须同时具备）：

第一，加工费开具是否正规。

第二，这个加工业务是不是为主要业务。什么是主要业务？就是加工的比例，一般外加工不能超过当年生产总值的50%。

第三，就是自生产企是否有自产能力。

第四，就是自己是否生产过外加工的产品（没有生产过是不能够退税的）。

第五，必须委托方购买原材料（如果加工方购买不能够退税）。

涉及文件：参考文件国税发2013年65号公告中的第四项。

出口企业将加工贸易进口料件，采取委托加工收回出口的，在申报退（免）税或申请开具《来料加工免税证明》时，如提供的加工费发票不是由加工贸易手（账）册上注明的加工单位开具的，出口企业须向主管税务机关书面说明理由，并提供主管海关出具的书面证明。否则，属于进料加工委托加工业务的，对应的加工费不得抵扣或申报退（免）税；属于来料加工委托加工业务的，不得申请开具《来料加工免税证明》，相应的加工费不得申报免税。

业务风险提示：必须谁加工，谁开票，否则不能够退税，也不能抵扣。

第五章 出口证明类申报及特殊退（免）税申报规定

一、出口证明类申报业务流程与系统操作流程解析

根据 2022 年 9 号公告相关政策要求：出口企业申请开具《代理出口货物证明》《委托出口货物证明》《准予免税购补办出口退（免）税证明》《作废出口退（免）税证明》时，仅需报送系统生成的退（免）税证明申请电子数据，不需要报送纸质资料和凭证；开具《出口货物已补税/未退税证明》时，除了委托出口货物退运需要报送委托方主管税务机关开具的《出口货物已补税/未退税证明》，其他情形不需要报送纸质资料和凭证；开具《代理进口货物证明》，《出口货物转内销证明》,《来料加工免税证明》,《中标证明通知书》,《来料加工免税证明》核销需要按要求提供纸质资料、凭证（原件、复印件）。

出口企业申请开具《代理出口货物证明》《代理进口货物证明》《委托出口货物证明》《出口货物转内销证明》《中标证明通知书》《来料加工免税证明》的，税务机关为其开具电子证明，并通过电子税务局、国际贸易"单一窗口"等网上渠道向出口企业进行反馈。出口企业申报办理出口退（免）税相关涉税业务时，仅需填报上述电子证明编号信息，无须另行报送证明的纸质件和电子件。出口企业作废上述出口退（免）税电子证明的，应先行确认证明使用情况，已用于申报出口退（免）税相关事项的，不得作废证明；未用于申报出口退（免）税相关事项的，应向税务机关提出作废证明申请，税务机关核对无误后，予以作废。

（一）出口企业退运的处理方法

1. 出口退运业务分析

出口企业在实际业务中由于出口的货物质量、维修等原因会发生出口退运业务。出口退运的方式有两种：一是出口退货，一般指货物由于某些原因国外客户要求退运，退回货物不再复出口；二是出口换货，一般货物由于质量问题客户要求退回返修或直接重新补货出口。

特别提醒：退货与换货的主要区别在退货的业务必须把出口退税的税款还给当地

主管税务机关，而且海关必须看到这个补税的证明，这个证明就是"出口货物退运已补税/未退税证明"俗称"退运证明"，即在办理出口退运之前必须向税务机关归还已办理的出口退税。部分出口企业在办理货物退运时候没有采取合规的退运流程，而是为了业务操作简单使用"一般贸易进口"的方式，这样操作一旦被税务机关发现会被定义为存在出口骗税风险企业，不仅要求企业归还出口退税还要求进行内销补税处理，情节严重的还要进行稽查；换货一般海关不要这个补税证明，但进关的时候必须向海关缴纳保证金，等货物复出口的时候该保证金予以退还，一般换货的期限在海关是不超过180天。

业务知识拓展：退货业务在海关上有四个限制。

（1）从出口之日起退货时间不能超过一年，超过一年需缴纳关税和增值税进关；

（2）退货的品名必须与报关的品名一致，如果品名不一致，需要缴纳关税和增值税进关；

（3）出现退回必须到主管税务机关开具退运已补税（未退税）证明申请，生产企业把原来的出口业务在系统中冲红还税，外贸企业需要把退税款交上即可；

（4）对于部分出口商品退运需要提交商检证明。

2. 出口退运在税局的业务要求和退运的政策法规解析

出口退运涉及的文件：

（1）国税发2012年24号公告

（2）国税发2012年12号文件

《国家税务总局关于发布＜出口货物劳务增值税和消费税管理办法＞的公告》（国家税务总局公告2012年第24号）第四条第（五）项第二款规定：发生本年度退运的，在当期用负数冲减原免抵退税申报数据；发生跨年度退运的，应全额补缴原免抵退税款，并按现行会计制度的有关规定进行相应调整。

特别提醒：所有办理退运的企业必须注意上述的24号公告第四条第二款文件内容已经作废了。替代文件内容：2013年12号公告第二项里第十二项（十二）已申报免抵退税的出口货物发生退运，及需改为免税或征税的，应在上述情形发生的次月增值税纳税申报期内用负数申报冲减原免抵退税申报数据，并按现行会计制度的有关规定进行相应调整。《管理办法》第四条第(五)项与此冲突的规定停止执行。第十条第（三）项规定，出口货物发生退运的，出口企业应先向主管税务机关申请开具《出口货物退运已补税（未退税）证明》，并携其到海关申请办理出口货物退运手续。申请开具《出口货物退运已补税（未退税）证明》时应填报《退运已补税（未退税）证明申请表》，提供正式申报电子数据及下列资料：

①出口货物报关单（退运发生时已申报退税的，不需提供）；

②出口发票（外贸企业不需提供）；

③税收通用缴款书原件及复印件（退运发生时未申报退税的以及生产企业本年度发生退运的不需提供）；

④主管税务机关要求报送的其他资料。

3. 业务办理流程

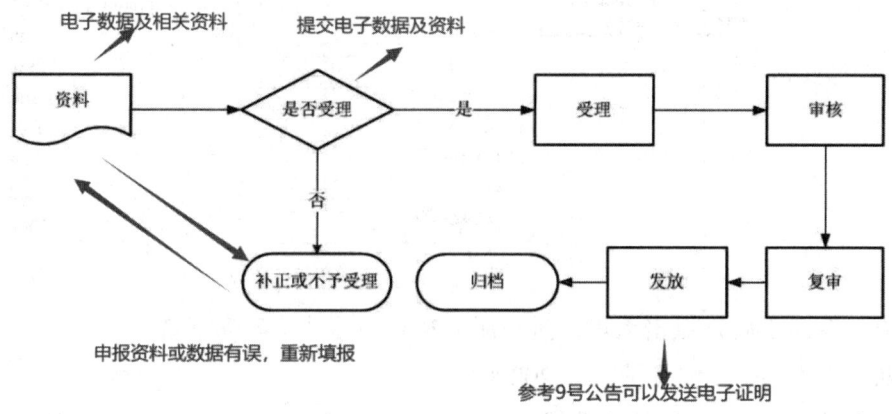

4. 出口退运申请开具《出口货物退运已补税（未退税）证明》业务应提交的资料

（1）《退运已补税（未退税）证明申请表》及正式申报电子数据；

（2）出口货物报关单（退运发生时已申报退税的，不需提供）；

（3）出口发票（外贸企业不需提供）；

（4）税收通用缴款书原件及复印件（外贸企业必须提供，退运发生时未申报退税的不用提供）。

5. 出口企业开具《出口货物退运已补税（未退税）证明》系统操作流程

注解：生产企业和外贸公司的"出口货物退运已补税（未退税）证明"的操作流程，数据生成，报表打印完全一致，在明细数据采集界面录入方法略有不同，会在操作时进行标注。因此下面操作同时适用生产和外贸企业。

离线版：

（1）进入离线版系统后，点击"基础数据采集"——出口证明管理——出口货物退运已补税/未退税证明，点击进入。

（2）进入界面之后，点击新增，进行录入操作，录入方法如下：

所属期：4位年份+2位月份，如：202001。

申报批次：同一个申报年月的数据，可分为不同申报批次，用于同一个月多次申报。

序号：填写本次申报的顺序号码，8位流水号，如：00000001，00000002……

编号：6位所属期+4位流水号，如：2002010001。编号应保持唯一。

口岸代码：根据报关单填写出口口岸的代码。

口岸名称：根据报关单填写出口口岸的名称。

出口报关单号/代理出口证明号：填写21位出口货物报关单号码或20位代理出口货物证明号码。若填写出口货物报关单号码，规则为：出口货物报关单海关编号（18位）+0+项号；若填写代理出口货物证明号，规则为：《代理出口货物证明》编号（18位）+顺号（2位）。

进货凭证号：

①生产企业不填写这项数据；

②外贸企业"已办理退（免）税"的填写对应的进项凭证号，同一报关单对应的进货凭证超过2个的，应分行进行填写。

税种：填写"增值税"或"消费税"（新增项目，整合原表分税种填写）。

业务类型：根据申请办理的业务，在"退运""修改报关单""撤销报关单"三种业务类型中选择一项填写。

退运数量：若"业务类型"选择"退运"，本栏次填写退运数量，但不得大于报关单上注明的出口数量；若"业务类型"选择"修改报关单"或"撤销报关单"，本栏次默认为0，数量应按照退税率文库中的计量单位所对应的数量填写。

计量单位：按出口商品代码在退税率文库中的计量单位填写，用第一法定单位。

原退（免）税额：

①业务类型选择"退运"，本栏次填写退运部分对应的退（免）税额；

②业务类型选择"修改报关单"或"撤销报关单"，本栏次填写报关单对应的全部退（免）税额；

注：退（免）税额——生产企业填写免抵退税额，外贸企业填写应退税额

退（免）税状态：根据实际业务情况，选框②中，在"尚未申报退（免）税""已办理退（免）税"中选择一项填写。若本栏次选择"尚未申报退（免）税"，即企业货物已经出口，但是还没有申请出口退税，不填写"原退（免）税额""业务处理方式""缴款书号"和补缴税额栏次，相应的数值项按0计算。若本栏次选"已办理退（免）税"，按要求填写上述不填的栏次。

业务处理方式：根据对应业务的处理方式，选框③中在"冲减"和"补税"中选择一项填写。

注：生产企业选择"冲减"，外贸企业选择"补税"。

缴款书号码：填写已补缴税款的缴款书号码。这项数据只有选择"业务处理方式"为"补税"的填写。

补缴税额：填写已补缴的税额。这项数据只有选择"业务处理方式"为"补税"的填写。

录入完毕之后点击保存，如果是多项或多条数据点击保存并增加。

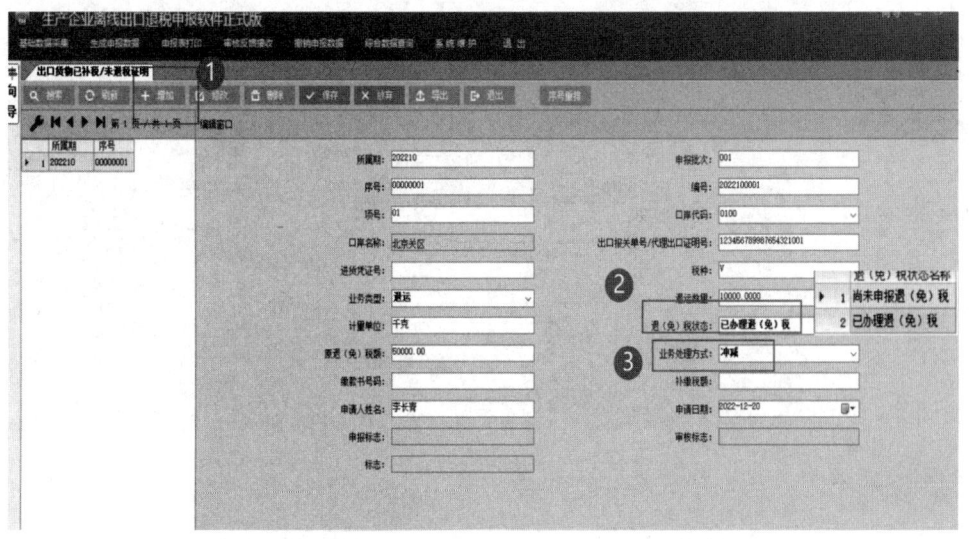

（3）保存完毕之后，生成电子申报数据，点击"生成申报数据"——生成出口证明申报数据。

（4）进入之后，选择申报的数据，点击确认，进入新的界面，选择数据保存路径，可以用默认路径，或者用自己使用的路径保存；生成数据之后，再次确认数据是否正确，没有错误，点击"关闭"，生成电子数据操作完毕。

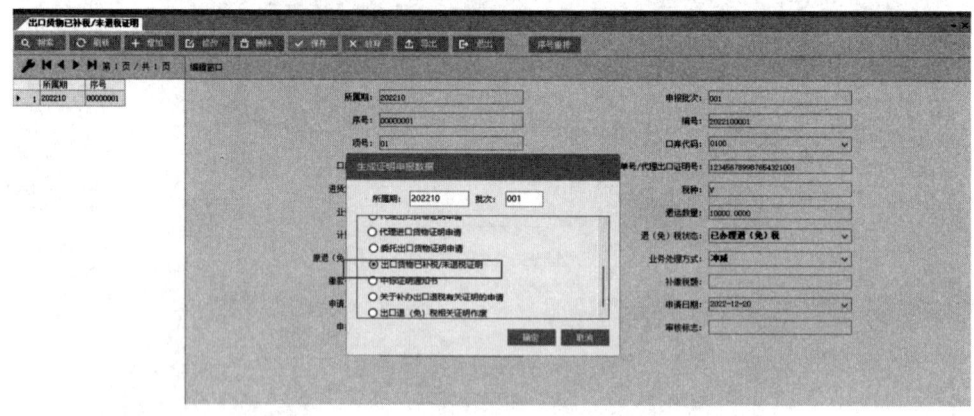

第五章 出口证明类申报及特殊退（免）税申报规定 | 245

（5）生成数据之后，打印报表。点击"申报表打印"——出口证明申报表。

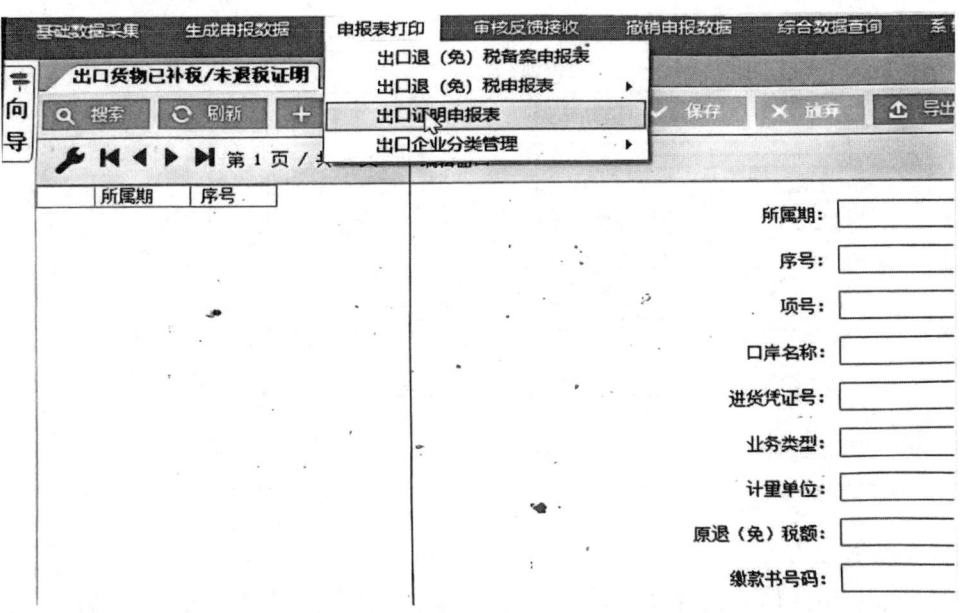

出现打印对话框，选择当前所属期，批次录入"001"，本所属期如撤销多个批次申报，按顺序填写批次号，选择"出口货物已补税/未退税证明"，点击"打印预览"后打印申请表，企业自己盖章保存。

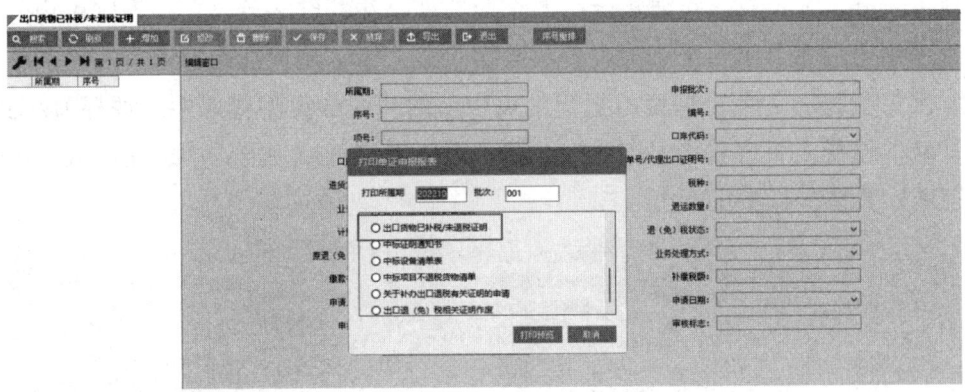

246 | 出口退（免）税日常操作合规解析及风险控制

重要提示：

生产企业在办理未退税证明采集的时候，如果在"业务处理方式"选择的是"冲减"，还需要在采集之前做出口货物的"冲红"操作，也就是必须在开未退税证明的当期做冲减，减少当期的免抵退税额，免抵退税额的减少相当于参与退税计算的数值也在减少，即等于归还了出口退税，具体冲减的方法在第三章中操作部分进行详细的解析，这里就不展开了。但有一点要提示生产企业，就是在冲红之后，在"出口货物劳务免抵退税申报明细表"填报中会出现负数数据一条，为了能够准确通税务机关审核，必须在"出口货物劳务免抵退税申报明细表中"的"业务类型代码中"选择 HZCJ-TY，退运冲减。选择之后再点击保存明细数据。重要事情再说一遍，必须先冲减，再开未退税证明。具体操作参见下图：

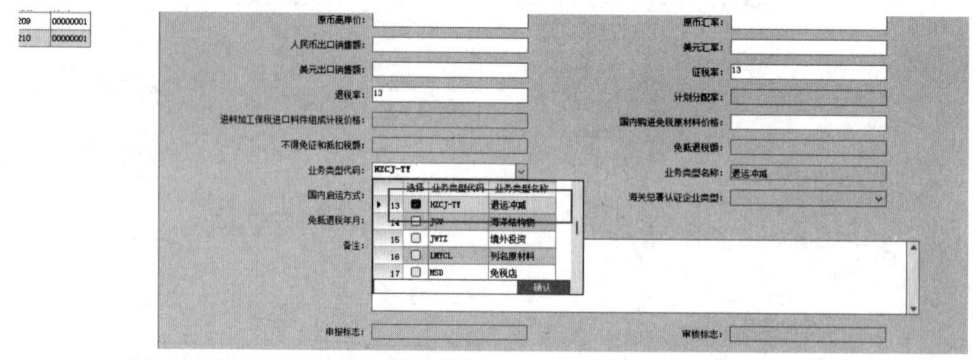

外贸企业在办理开具未退税证明时若是已申报退税状态，必须归还出口退税，归还的方法直接向税务机关缴税，不要进行外贸调整业务。

6.出口退运账务处理

(1)本年出口货物本年发生退运退(免)税冲减的账务处理

①冲减外销收入

借:应收账款或者银行存款等(红字)

贷:主营业务收入——外销收入(红字)

②冲减原成本

借:主营业务成本(红字)

贷:库存商品(红字)

③若退税率与征税率存在差异的时候,还要做下面的分录:

借:主营业务成本(红字)

贷:应交税金——应交增值税(进项税额转出)(红字)

注意:如果征税率与退税率一致,上面分录并不存在。

进项税额转出=(出口货物离岸价格×外汇人民币牌价)×(征税率-退税率)

(2)上年出口货物本年发生退运补税的账务处理

①货物退回

借:以前年度损益调整

贷:应收账款或者银行存款

②结转成本

借:库存商品

贷:以前年度损益调整

③追回退税

a.借:应收补贴款(增值税出口退税)

  贷:银行存款

b.借:应交税金——应交增值税(出口退税)

  贷:应收补贴款(增值税出口退税)

c.借:主营业务成本或以前年度损益调整

  贷:应交税金——应交增值税(进项税额转出)

(二)代理出口货物证明开具

受托方代理委托方企业出口业务后,须在自货物报关出口后收齐相关单证及电子信息向其主管税务机关申请开具《代理出口货物证明》,并及时转交给委托方。代理出口业务如发生在受托方被停止出口退税权期间的,按规定不予出具证明。若委托方出口的货物取消出口退税率了,必须由委托方先开具《委托出口证明》,转交给受托方之后,再开具代理出口证明。有一点要重点强调,在实际业务中生产企业一般作为委托方,很少替其他企业作为代理出口业务。

外综服企业受中小企业委托代理出口的货物,由外综服企业申请开具《代理出口货物证明》的,综服企业应在《代理出口货物证明申请表》"备注"栏内注明"WMZHFW"标识,税务机关不再出具纸质《代理出口货物证明》,将电子信息传递给委托方中小企业的主管税务机关。

特别提醒:一般代理出口企业委托方是不存在出口货物报关单的,因为是受托方代理出口,受托方的出口货物报关单上应该是双抬头的报关单,生产销售单位是受托方,发货单位是受托方,受托方只能开具证明,不能够办理出口退税。若委托方办理出口退税,这是代理业务的方式就会变为代理出口业务的"假代理"模式。

1. 办理代理出口证明业务应提交的资料

(1)《代理出口货物证明申请表》及正式申报电子数据;

(2)《代理出口货物证明申请表》的纸质资料;

(3)代理出口协议复印件的纸质资料;

(4)委托方税务登记证件副本复印件的纸质资料。

2. 代理出口货物证明政策依据

(1)《国家税务总局关于发布〈出口货物劳务增值税和消费税管理办法〉的公告》(国家税务总局公告2012年第24号第十条有关单证证明的办理)

(2)《国家税务总局关于进一步便利出口退税办理促进外贸平稳发展有关事项的公告》(国家税务总局公告2022年第9号)第四条精简出口退(免)税报送资料

3. 代理出口货物证明系统操作流程

(1)进入离线版系统后,点击"基础数据采集"——出口证明管理——代理出口货物证明申请表,点击进入。

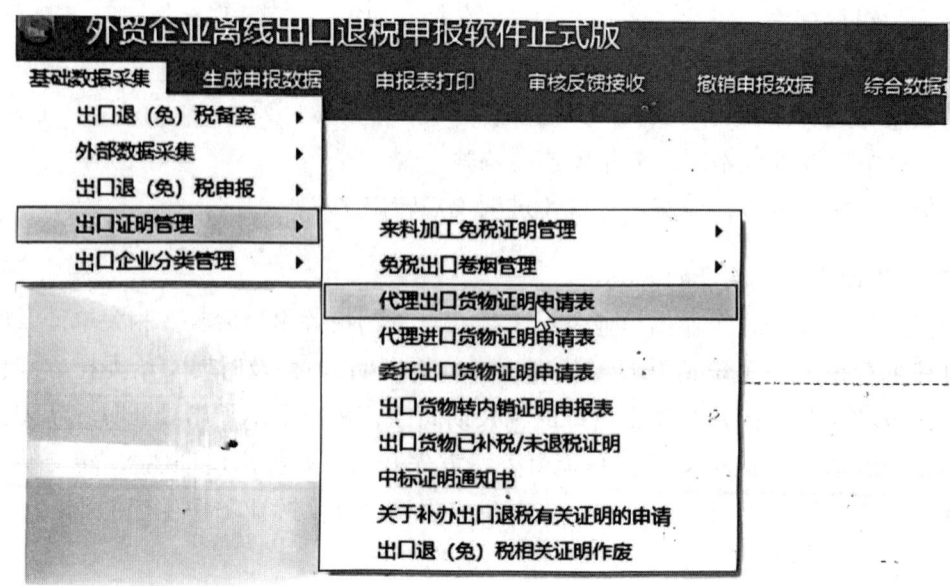

（2）进入界面之后，点击新增，进行录入操作，录入方法如下：

所属期：4 位年份 +2 位月份，如 :202001。

序号：8 位流水号，如 :00000001,00000002……

编号：6 位所属期 +4 位流水号，如：2002010001。若一份证明包含多条记录，则这些记录的编号应保持唯一。

项号：是税务机关打印在一张凭证项下的第几条记录标志。

委托方统一社会信用代码 / 纳税人识别号：委托方的统一社会信用码或纳税人识别号。

委托出口货物证明号码：如果属于按规定需要委托方开具《委托出口货物证明》的，填写《委托出口货物证明》号码。

出口货物报关单号：按照出口货物报关单据实填写（21 位）。

贸易方式：点击下拉菜单，按照出口货物报关单据实填写。

出口商品代码：按照出口货物报关单据实填写。

出口商品名称：按照出口货物报关单据实填写。

计量单位：按照出口货物报关单据实填写。

出口数量：按照出口货物报关单据实填写。

成交币制：按照出口货物报关单据实填写。

成交总价：按照出口货物报关单据实填写。

美元离岸价：美元离岸价格为 FOB 价格，如果成交方式为 CIF 或其他，应折成 FOB。

录入完毕之后点击保存，如果是多项或多条数据点击保存并增加。

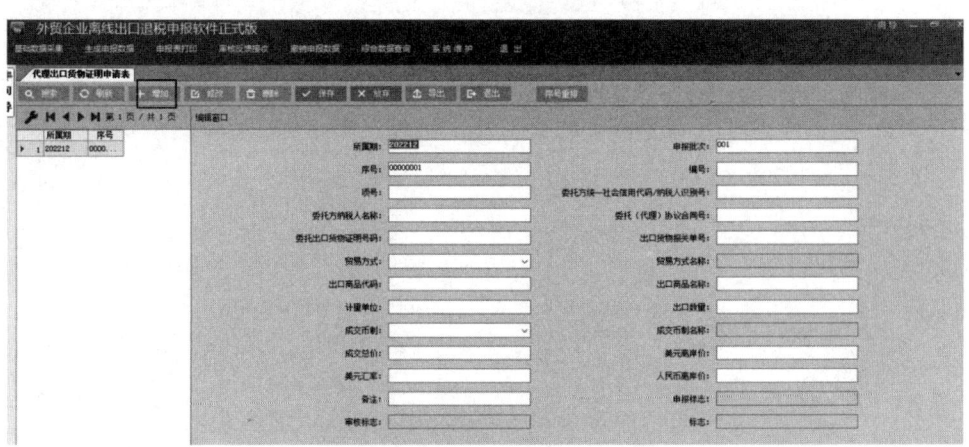

（3）保存完毕之后，生成电子申报数据，点击"生成申报数据"——生成出口证明申报数据。

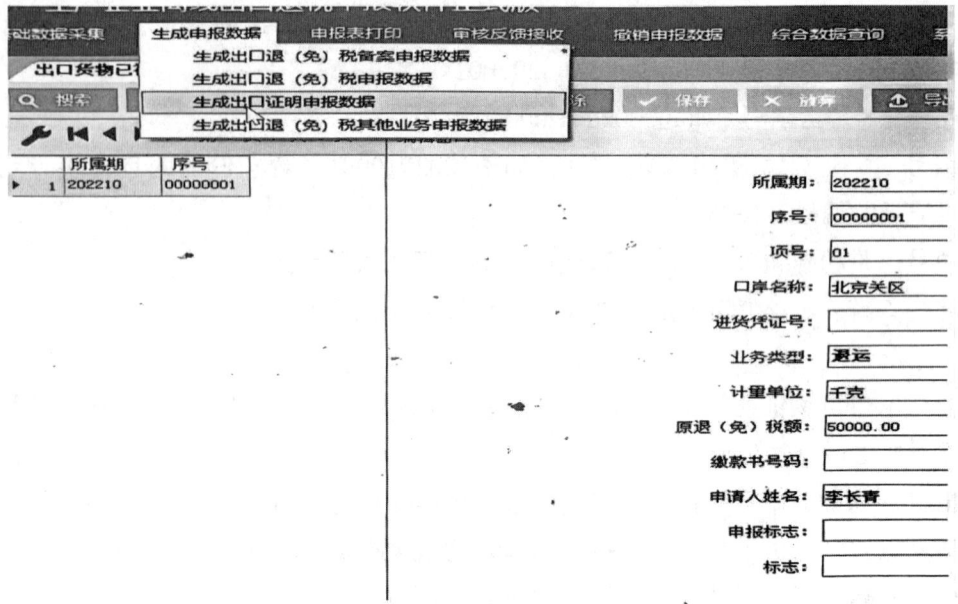

进入之后,选择申报的数据,点击确认,进入新的界面,选择数据保存路径,可以用默认路径,或者用自己使用的路径保存;生成数据之后,再次确认数据是否正确,没有错误,点击"关闭",生成电子数据操作完毕。

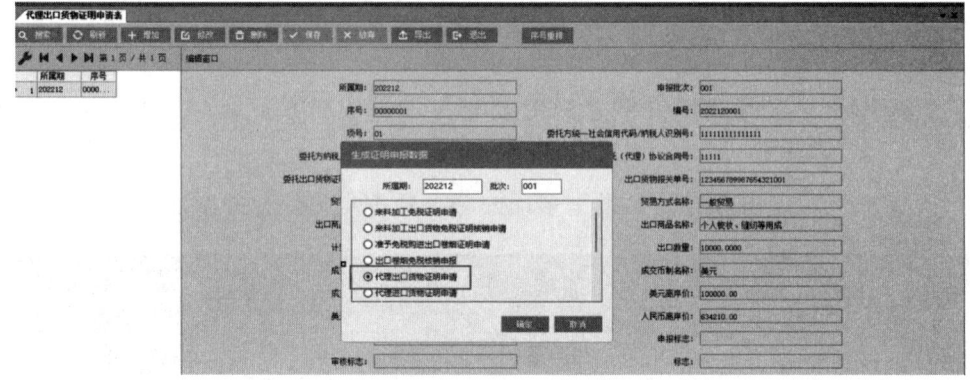

（4）生成数据之后，打印报表。点击"申报表打印"——出口证明申报表。

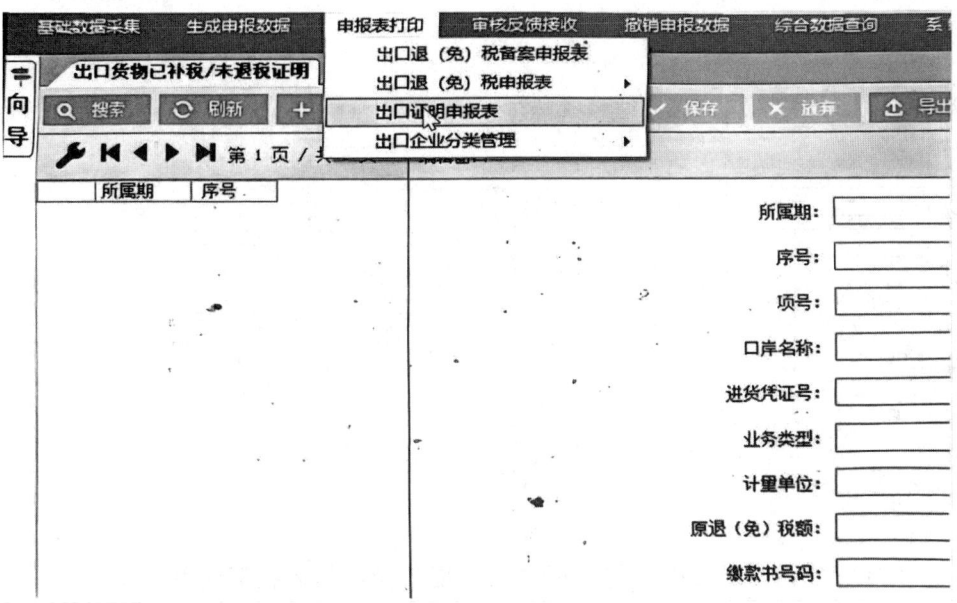

出现打印对话框，选择当前所属期，批次录入"001"，本所属期如撤销多个批次申报，按顺序填写批次号，选择"代理出口货物证明申请表"，点击"打印预览"打印申请表，企业自己盖章保存。

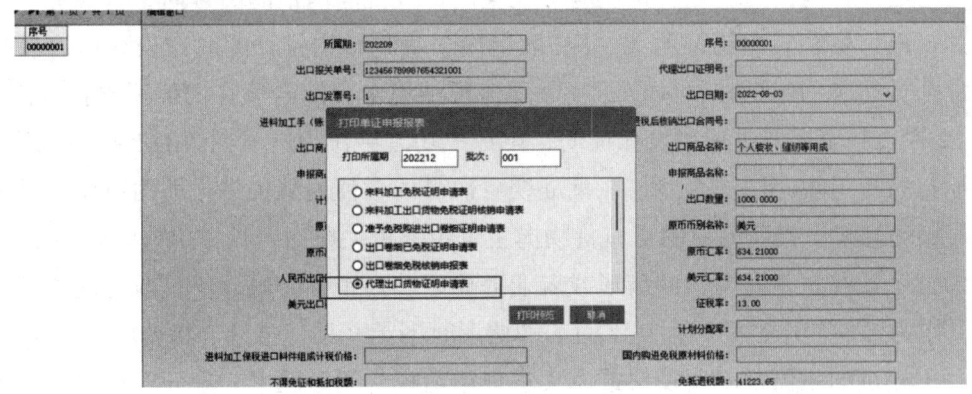

（三）外贸公司出口转内销的处理方法（出口货物转内销证明开具）

1. 业务描述

外贸企业发生原记入出口库存账的出口货物（即把进货发票勾选用于退税，且已经申报出口退税）的时候转内销或视同内销征税的，以及已申报退（免）税的出口货物发生退运并转内销的，外贸企业应于发生内销或视同内销的当月向主管税务机关申请开具《出口货物转内销证明》，并在取得出口货物转内销证明时在发票综合管理服务平台进行勾选用于抵扣，并在下一个增值税纳税申报期内填在增值税申报表附表 2 的第 12 栏内外贸企业进项税抵扣证明，申报成功之后作为进项税额的抵扣凭证使用。

原执行免退税办法的企业，在批准变更次月的增值税纳税申报期内可将原计入出口库存账的且未申报免退税的出口货物向主管税务机关申请开具《出口转内销证明》。

外贸企业存在视同内销的情形或者业务原因转内销的时候，不是所有的进货发票都可以作为抵扣使用过的，存在下面 8 种情形时不予开具《出口货物转内销证明》：

（1）提供的增值税专用发票或海关进口增值税专用缴款书为虚开、伪造或内容不实；

（2）提供的增值税专用发票是在供货企业税务登记被注销或被认定为非正常户之后开具；

（3）外贸企业出口货物转内销时申报的《出口货物转内销证明申报表》的进货凭证上载明的货物与申报免退税匹配的出口货物报关单上载明的出口货物名称不符。属同一货物的多种零部件合并报关为同一商品名称的除外；

（4）供货企业销售的自产货物，其生产设备、工具不能生产该种货物；

（5）供货企业销售的外购货物，其购进业务为虚假业务；

（6）供货企业销售的委托加工收回货物，其委托加工业务为虚假业务；

（7）出口企业出口或视同出口财政部和国家税务总局根据国务院决定明确的取消出口退（免）税的货物。若同一张发票中既有禁止出口货物又有可退税货物，该发票可以开具《出口货物转内销证明》；

（8）无交叉稽核信息或交叉稽核不符的发票。

2. 办理出口转内销证明应提交资料

（1）《出口货物转内销证明申报表》电子数据；

（2）《出口货物转内销证明申报表》纸质资料；

（3）增值税专用发票（抵扣联）、海关进口增值税专用缴款书原件、复印件；

（4）原记入出口库存账的出口货物转内销及退运货物转内销的，还应提供内销货物发票（记账联）复印件；

（5）外贸企业出口视同内销征税的货物，还应提供计提销项税的记账凭证复印件。

3. 办理出口转内销证明的政策依据

（1）《国家税务总局关于发布〈出口货物劳务增值税和消费税管理办法〉的公告》（国家税务总局公告2012年第24号第十条有关单证证明的办理）；

（2）《国家税务总局关于进一步便利出口退税办理促进外贸平稳发展有关事项的公告》（国家税务总局公告2022年第9号）第四条精简出口退（免）税报送资料；

（3）《国家税务总局关于出口货物劳务增值税和消费税有关问题的公告》国家税务总局公告2013年第65号第十二项。

4. 出口转内销证明系统操作流程

（1）进入离线版系统后，点击"基础数据采集"——出口证明管理——出口货物转内销证明申报表，点击进入。

（2）进入界面之后，点击新增，进行录入操作，录入方法如下：

所属期：4位年份+2位月份，如：202001。

申报批次：同一个申报年月的数据，可分为不同申报批次，用于同一个月多次申报。

进货凭证号码：按进货发票的发票代码+发票号码填写。

序号：8位流水号，如：00000001,00000002。

内销发票号：视同内销征税的情况不填写此项。

内销开票日期：视同内销征税的情况不填写此项。

转内销数量：一般情况应该与购货数量一致。若存在进货发票里部分转内销的，这是转内销出数量应小于购货数量。

可抵扣税额：可抵扣税额=购货税额÷购货数量×转内销数量。

录入完毕之后点击保存,如果是多项或多条数据点击保存并增加。

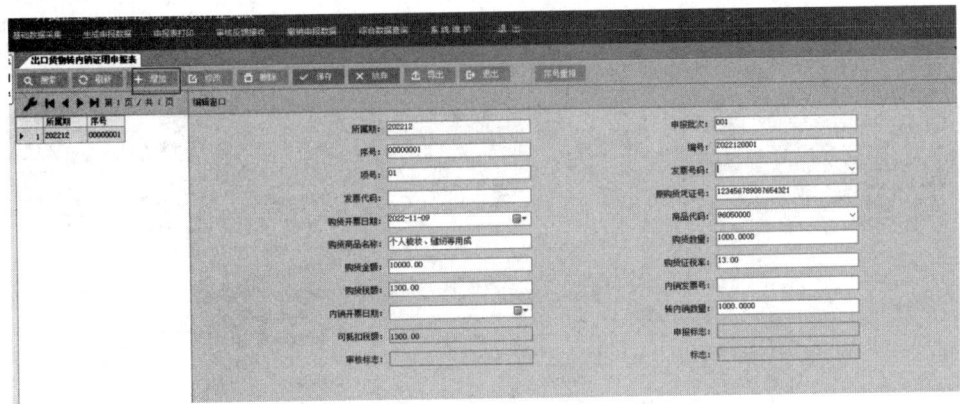

(3)保存完毕之后,生成电子申报数据,点击"生成申报数据"——生成出口证明申报数据。

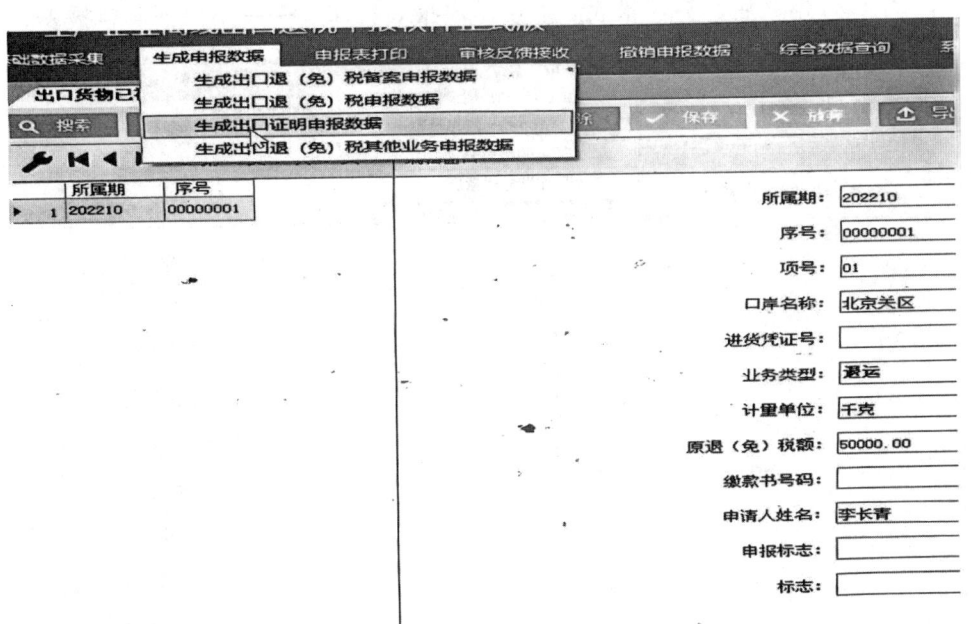

（4）进入之后，选择申报的数据，点击确认，进入新的界面，选择数据保存路径，可以用默认路径，或者用自己使用的路径保存；生成数据之后，再次确认数据是否正确，没有错误，点击"关闭"，生成电子数据操作完毕。

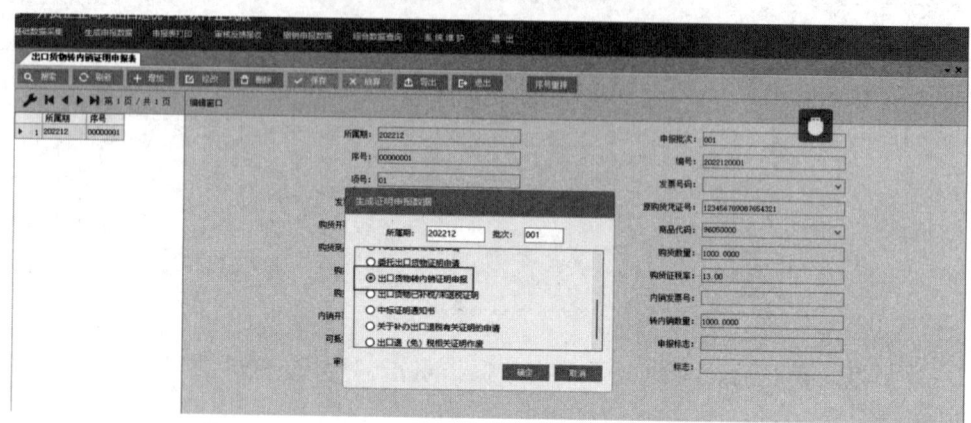

（5）生成数据之后，打印报表。点击"申报表打印"——出口证明申报表。

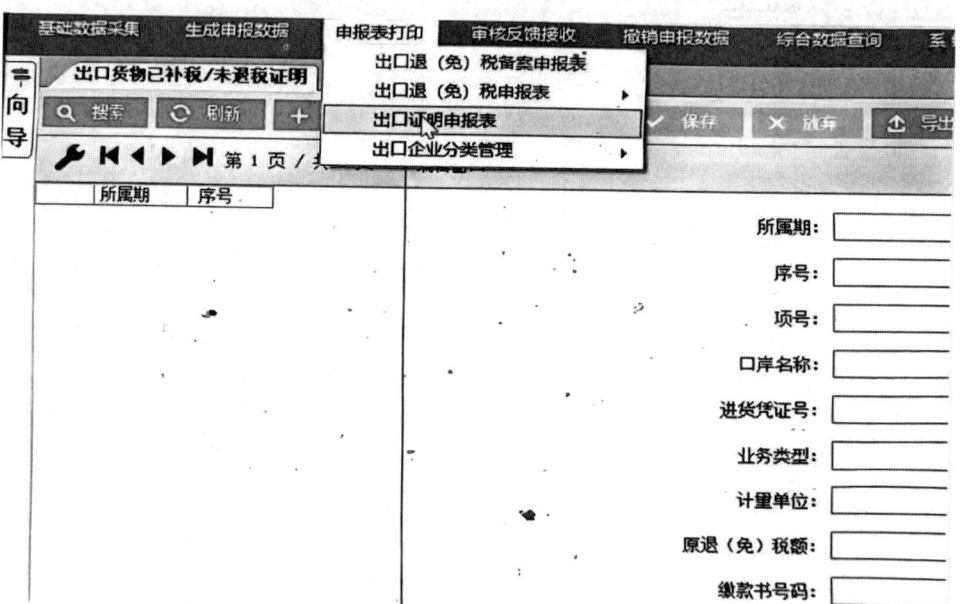

出现打印对话框，选择当前所属期，批次录入"001"，本所属期如撤销多个批次申报，按顺序填写批次号，选择"出口货物内销证明申报表"，点击"打印预览"打印申请表，企业自己盖章保存。

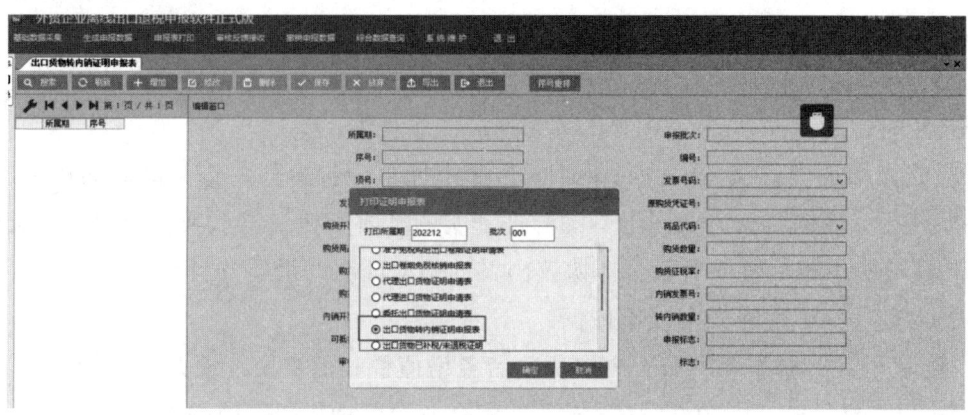

（四）中标证明通知书开具

利用外国政府贷款或国际金融组织贷款建设的项目，招标机构须在招标完毕并待中标企业签订的供货合同生效后，向其所在地主管退税的税务机关申请办理《中标证明通知书》。

1. 招标机构申请开具《中标证明通知书》需提供的资料

（1）招标单位所在地主管税务机关签发的《中标证明通知书》；

（2）由中国招标公司或其他国内招标组织签发的中标证明（正本）；

（3）中标人与中国招标公司或其他招标组织签订的供货合同（协议）；

（4）中标人按照标书规定及供货合同向用户发货的发货单；

（5）中标机电产品用户收货清单；

（6）外国企业中标再分包给国内企业供应的机电产品，还应提供与中标企业签署的分包合同（协议）。

补充介绍：贷款项目中，属于外国企业中标再分包给国内企业供应的机电产品，还应提供招标机构对分包合同出具的验证证明的纸质资料；贷款项目中属于联合体中标的，还应提供招标机构对联合体协议出具的验证证明的纸质资料。

2. 办理中标证明通知书政策依据

《国家税务总局关于发布〈出口货物劳务增值税和消费税管理办法〉的公告》（国家税务总局公告2012年第24号第五条外贸企业出口货物免退税的申报）。

3. 办理中标证明通知书系统操作流程

（1）进入离线版系统后，点击"基础数据采集"——出口证明管理——中标证明通知书，点击进入。

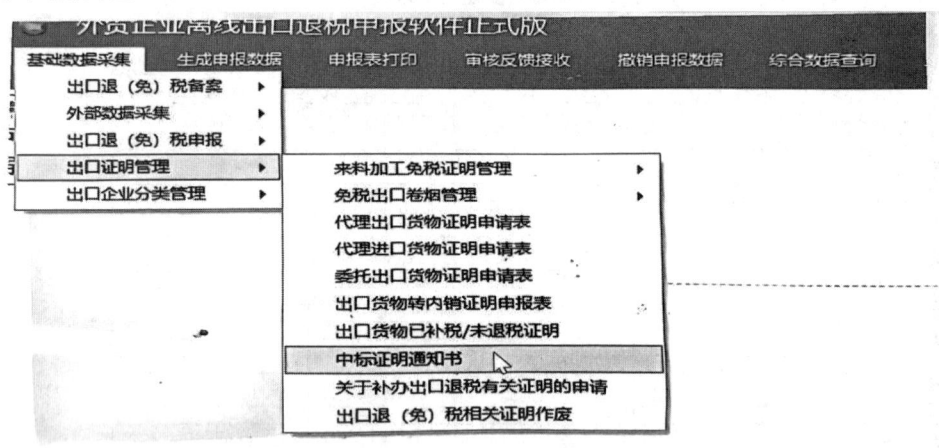

（2）进入界面之后，点击新增，进行录入操作，录入方法如下：

所属期：4位年份+2位月份，如：202001。

申报批次：所属年月的第几次申报。

序号：8位流水号，如：00000001,00000002。

编号：6位所属期+4位流水号，如：2020010001。若一份证明包含多条记录，则这些记录的编号应保持唯一。

项号：是税务机关打印在一张凭证项下的第几条记录标志。

中标企业税号：中标企业的纳税人识别号或统一社会信用代码。

招标文件编号：招标文件编号相同的，建议录在同一编号下。
用汇总额（万美元）：中标设备用汇总额（万美元）。
不退税标志：Y——不退税；N——退税。
不退税原因：若为不退税产品，简述所列机电产品不退税原因。
录入完毕之后点击保存，如果是多项或多条数据点击保存并增加。

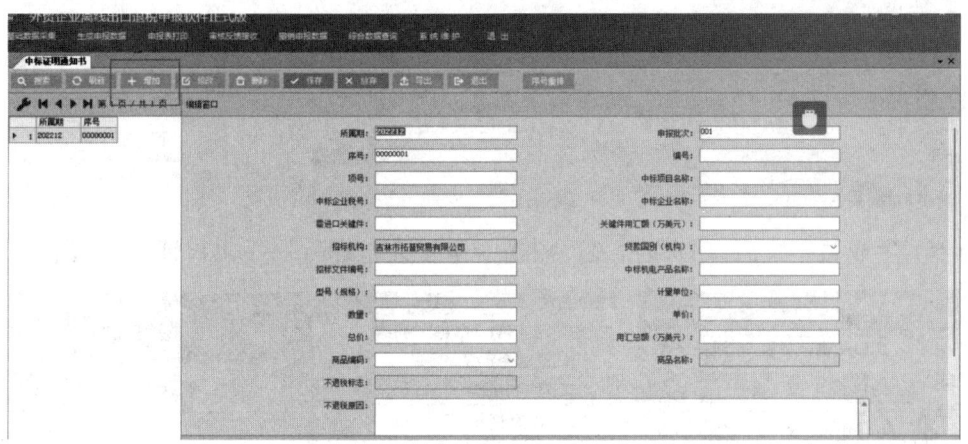

（3）保存完毕之后，生成电子申报数据，点击"生成申报数据"——生成出口证明申报数据。

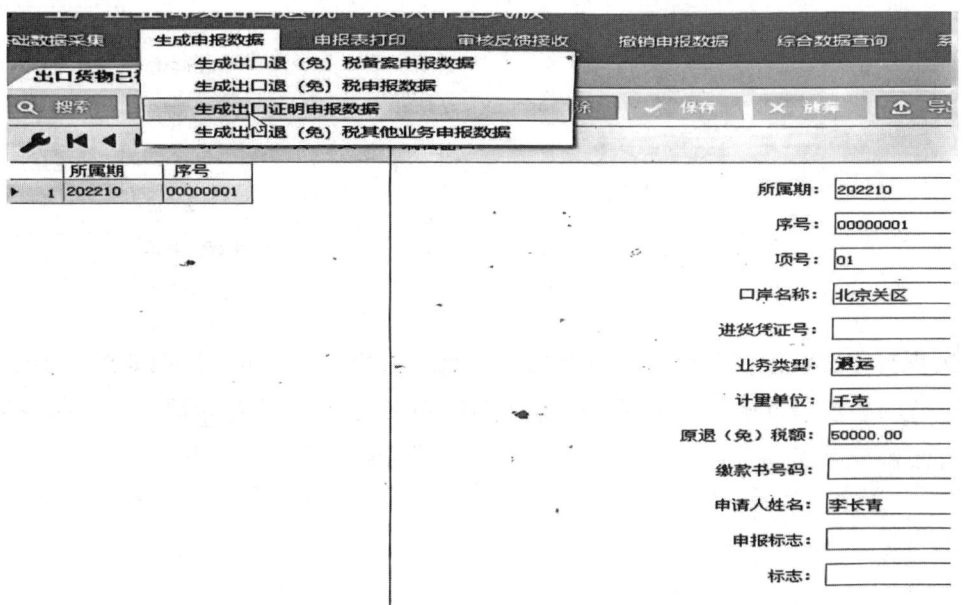

（4）进入之后，选择申报的数据，点击确认，进入新的界面，选择数据保存路径，可以用默认路径，或者用自己使用的路径保存；生成数据之后，再次确认数据是否正确，没有错误，点击"关闭"，生成电子数据操作完毕。

(5)生成数据之后,打印报表。点击"申报表打印"——出口证明申报表。

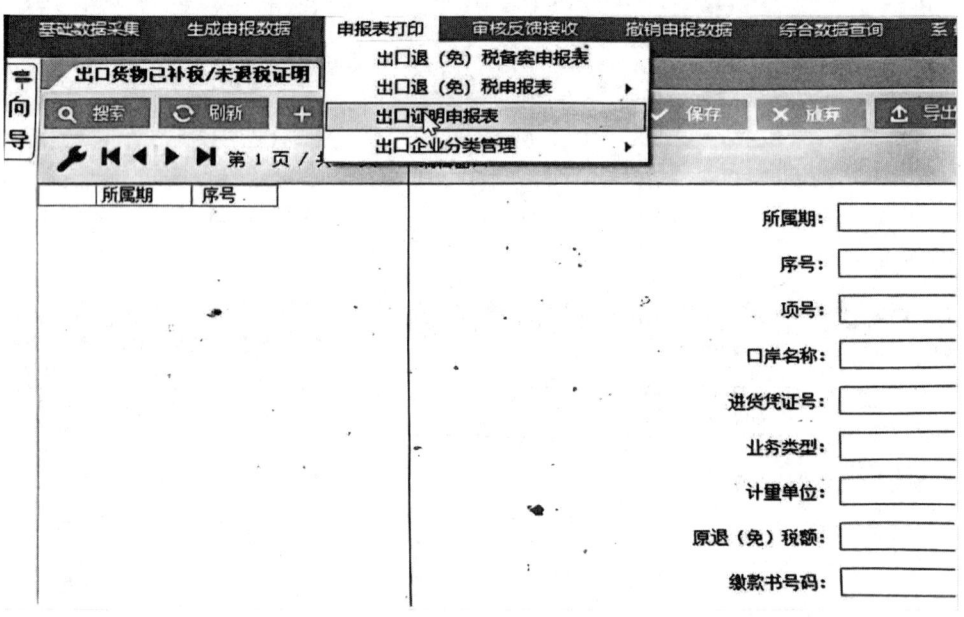

出现打印对话框,选择当前所属期,批次录入"001",本所属期如撤销多个批次申报,按顺序填写批次号,选择"中标证明通知书",点击"打印预览"打印申请表,企业自己盖章保存。

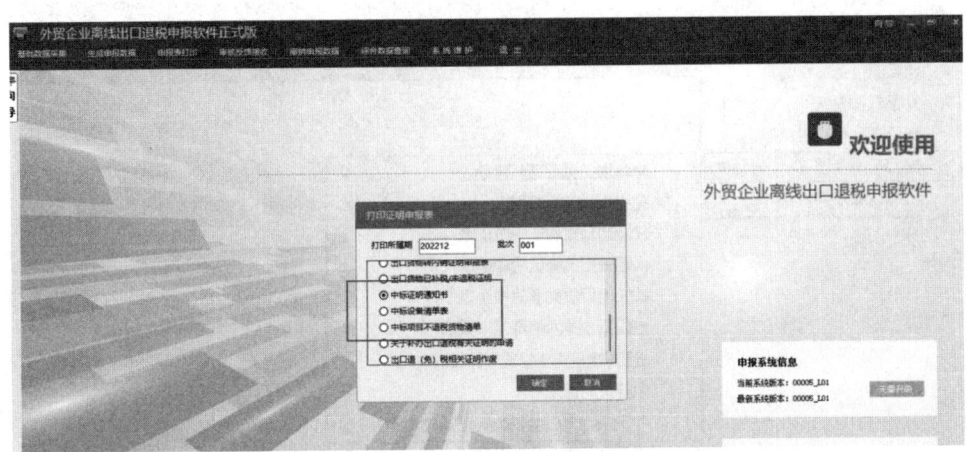

（五）作废出口退（免）税证明

出口企业在工作中对于已经在税务机关开具的证明，由于出口企业业务取消，需要作废出口退（免）税相关证明的，应向原出具证明的主管税务机关提出申请，并交回原出具的纸质证明。

1. 申请作废出口退（免）税相关证明时，需提供的材料

（1）《出口退（免）税相关证明作废》的电子数据；

（2）已出具的纸质证明的全部联次（需现场报送或邮寄报送）；

（3）作废《出口货物转内销证明》的，还需报送主管税务机关征税部门出具的未使用《出口货物转内销证明》申报抵扣税款证明的纸质资料或电子扫描件、拍照件。

（4）税务机关要求提供的其他资料。作废《出口货物已补税/未退税证明》时，还需提供《作废＜出口退税已补税/未退税证明＞承诺》（参考模板详见附件2）、《作废＜出口退税已补税/未退税证明＞说明》（参考模板详见附件3）。

2. 作废出口退（免）税证明系统操作流程

（1）进入离线版系统后，点击"基础数据采集"——出口证明管理——出口退（免）税相关证明作废，点击进入。

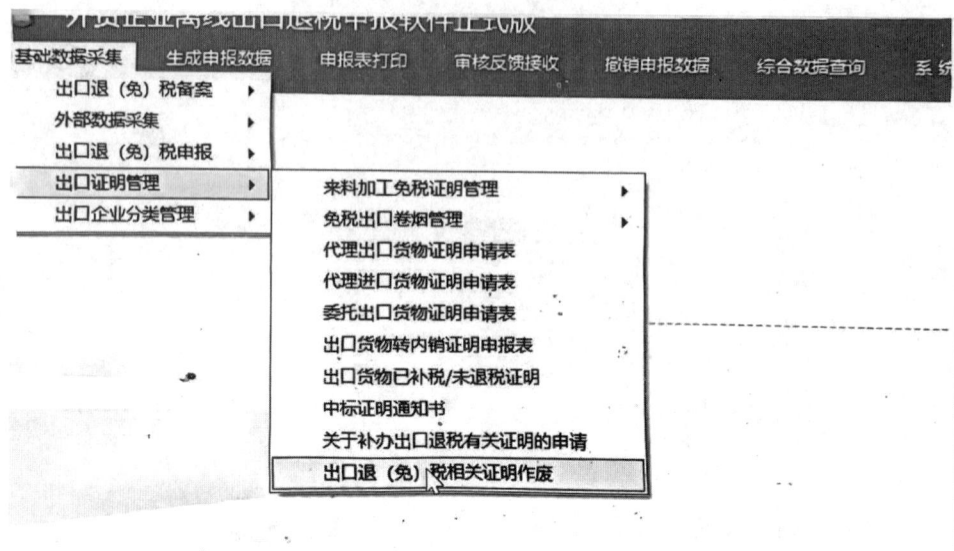

（2）进入界面之后，点击新增，进行录入操作，录入方法如下：

所属期：4位年份+2位月份，如：202001。

申报批次：所属年月的第几次申报。

序号：8位流水号，如：00000001,00000002。

作废证明种类：点击下拉菜单填写对应作废证明种类代码。

原证明编号：填写作废证明的编号。

原税务机关：填写原证明开具的税务机关名称。

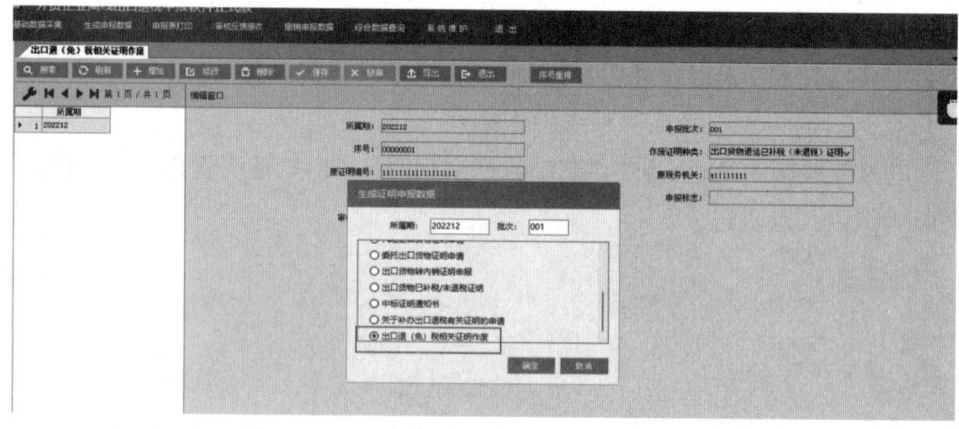

（3）保存完毕之后，生成电子申报数据，点击"生成申报数据"——生成出口退（免）税申报数据。

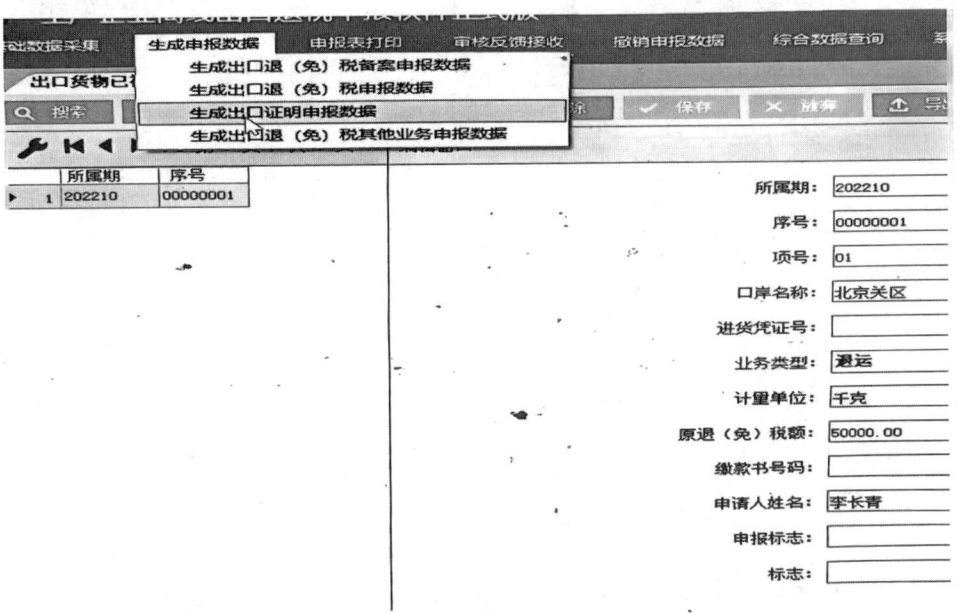

进入之后，选择申报的数据，点击确认，进入新的界面，选择数据保存路径，可以用默认路径，或者用自己使用的路径保存；生成数据之后，再次确认数据是否正确，没有错误，点击"关闭"，生成电子数据操作完毕。

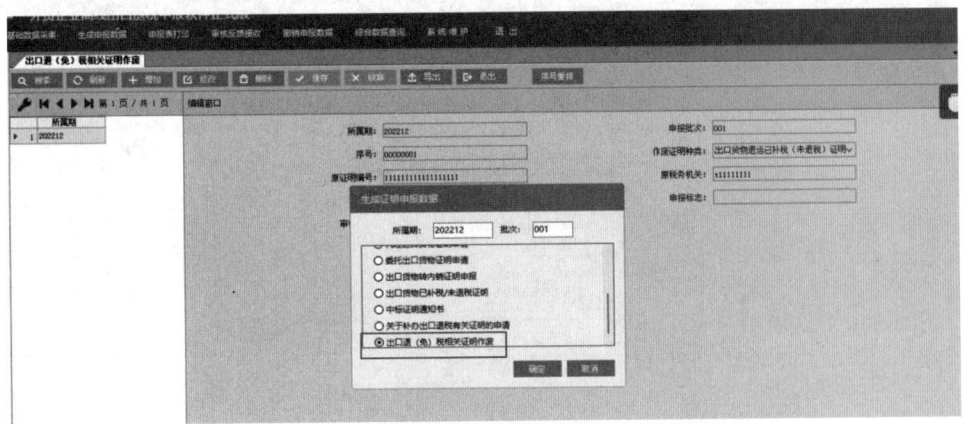

（4）生成数据之后，打印报表。点击"申报表打印"——出口证明申报表。

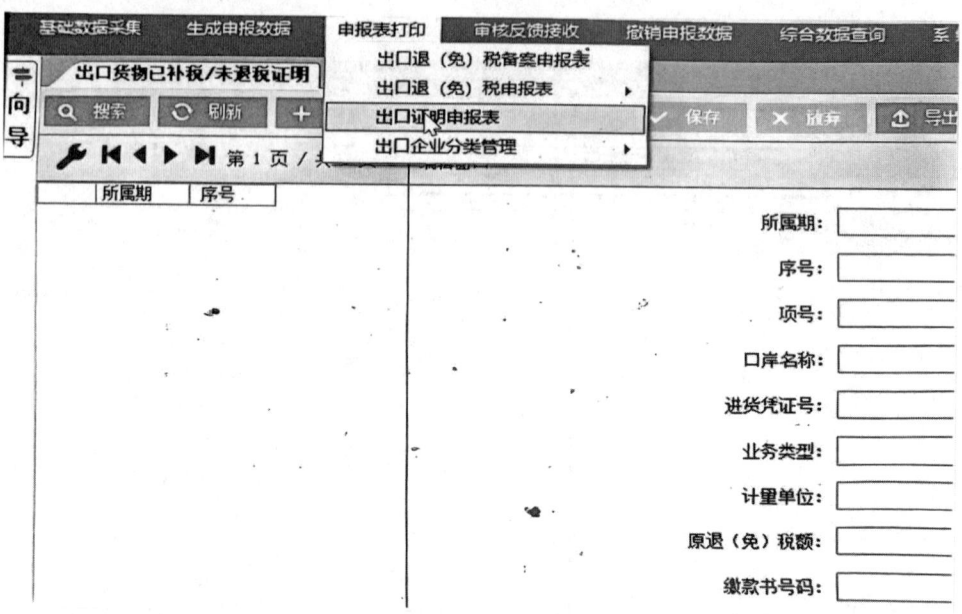

出现打印对话框，选择当前所属期，批次录入"001"，本所属期如撤销多个批次申报，按顺序填写批次号，选择"出口退（免）税相关证明作废"，点击"打印预览"打印申请表，企业自己盖章保存。

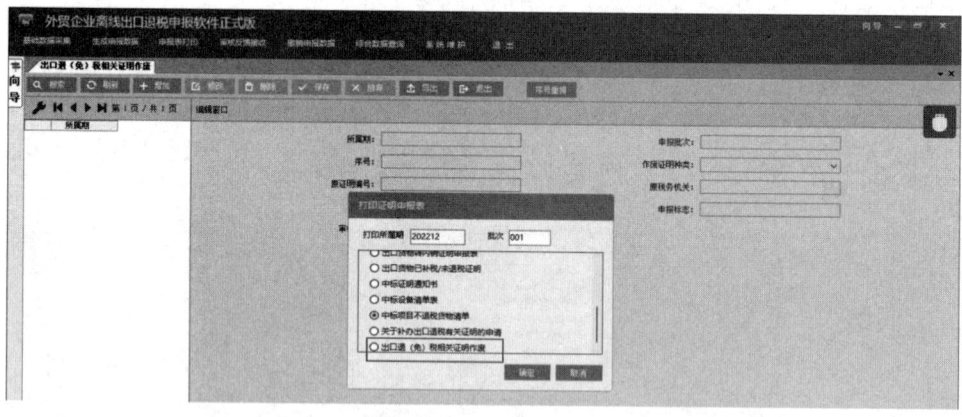

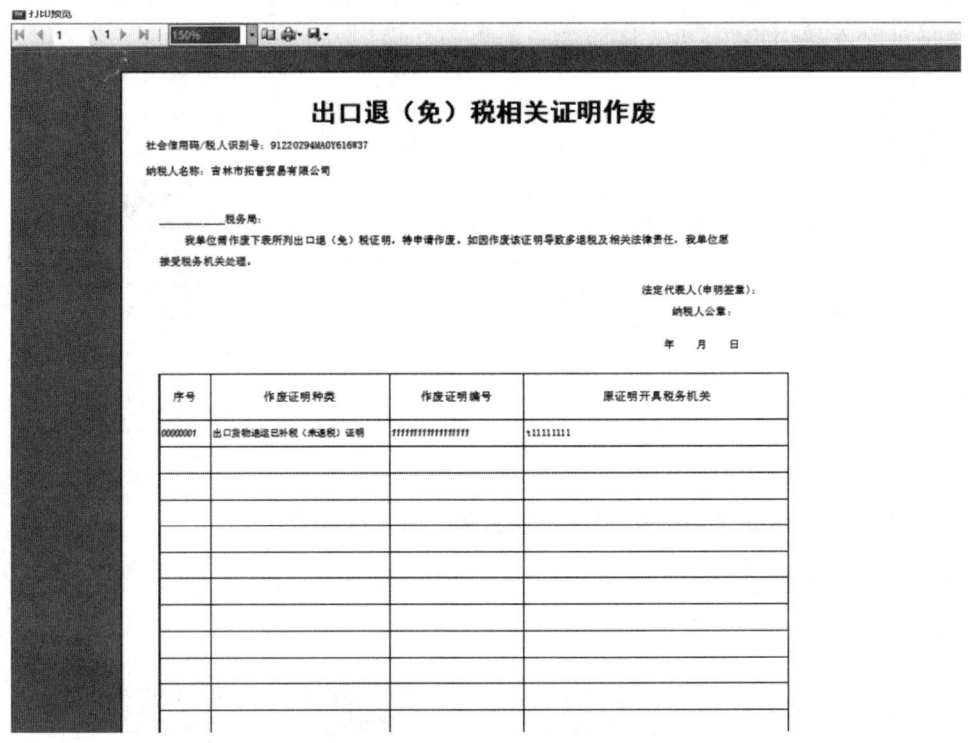

（六）出口证明开具在线版系统操作流程

出口企业在电子税务局"我要办税"——"证明开具"模块办理出口退（免）证明类业务，以下介绍《出口货物已补税/未退税证明》《代理出口货物证明》《委托出口货物证明》《代理进口货物证明》《出口货物转内销证明》《补办出口退（免）税证明》《来料加工免税证明》《中标证明通知书》《来料加工免税证明》开具证明的通用系统操作流程。

注解：生产企业和外贸公司的出口单证证明的在电子税务局上的操作流程，数据生成，报表打印完全一致，明细数据采集界面录入方法可以参考离线版各单证证明录入方法。

（1）进入电子税务局，点击"我要办税"——"证明开具"模块。

（2）进入模块之后，点击"出口货物已补税/未退税证明开具"，点击需要操作的各单证的"在线申报"，进入证明的录入界面。

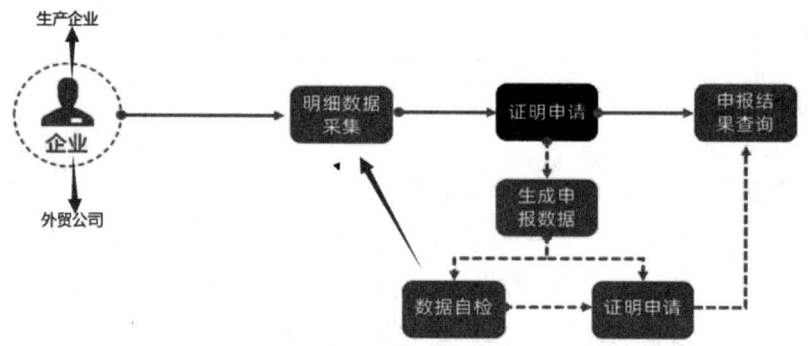

（3）进入录入界面之后，按照以下流程操作图解。

注解：单证业务在办理中有些业务需要数据自检，有些直接生成数据

①明细数据采集

点击在线申报之后进入操作界面，选择"明细数据采集"，点击"新建"按钮，录入相关数据，录入的方法根据出口企业开具相关证明参考离线版单证录入方法，例如：如果"开具代理出口证明"录入界面操作方法使用离线版"代理出口证明录入方法"，录入完毕之后点击"保存"按钮。

第五章 出口证明类申报及特殊退（免）税申报规定 | 267

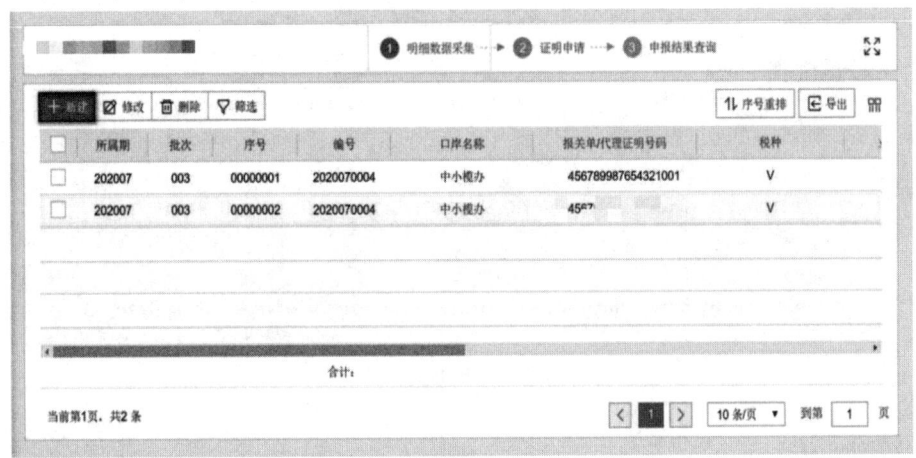

图 76

②出口单证证明申请

③生成申报数据

数据采集完成，进入"证明申请"模块，点击"生成申报数据"按钮，根据弹窗提示确定"所属期"和"批次"后，点击"确认"按钮。

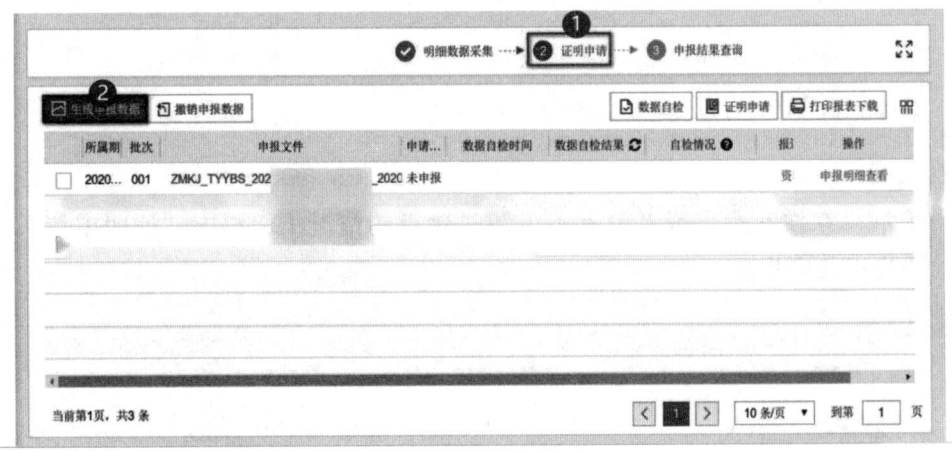

④数据自检

数据生成后，勾选生成的数据，点击"数据自检"，并查看自检结果，根据疑点提示进行数据修改。不存在"不允许跳过"疑点的，才可以正式申报。对于"允许跳过"疑点，应根据疑点提示进行自查，自查无误的，仍可"正式申报"；对于存在"不允许跳过"疑点，系统判定不得申报，应根据疑点提示进行自查并修改证明申报数据的，点击"撤销申报数据"，在"明细数据采集"模块修改数据。

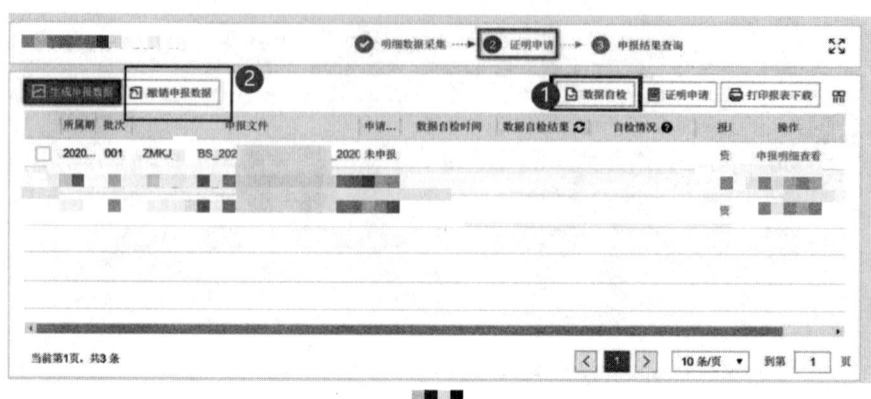

⑤资料上传

点击"资料上传",根据要求可上传相关资料。

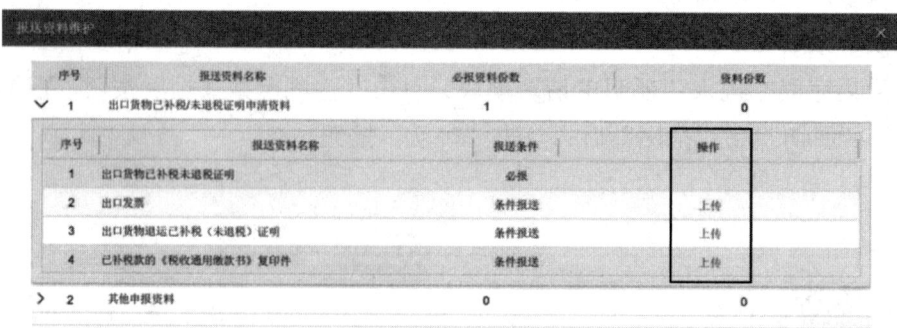

⑥证明申请

自检后,在没有疑点或者没有不可跳过疑点的情况下,点击"证明申请",可以将数据转为正式申报。

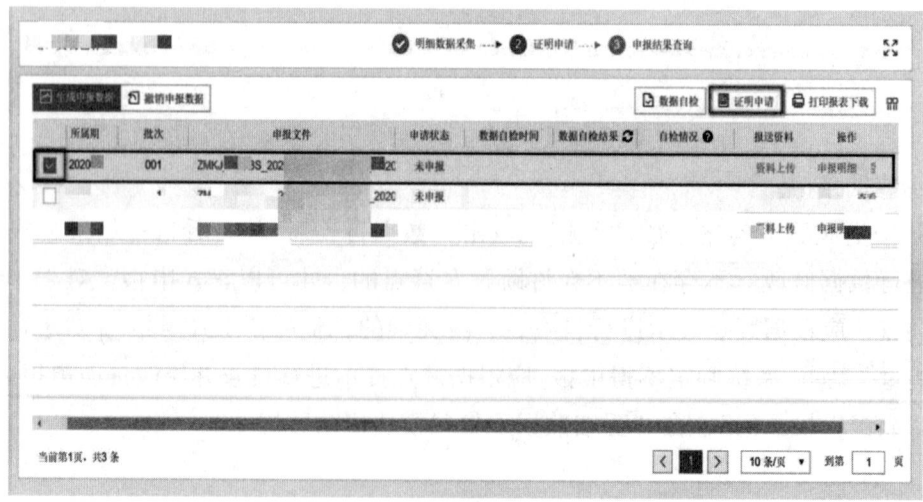

（4）打印报表下载

勾选申报数据，点击"打印报表下载"，即可下载证明申报表及打印。

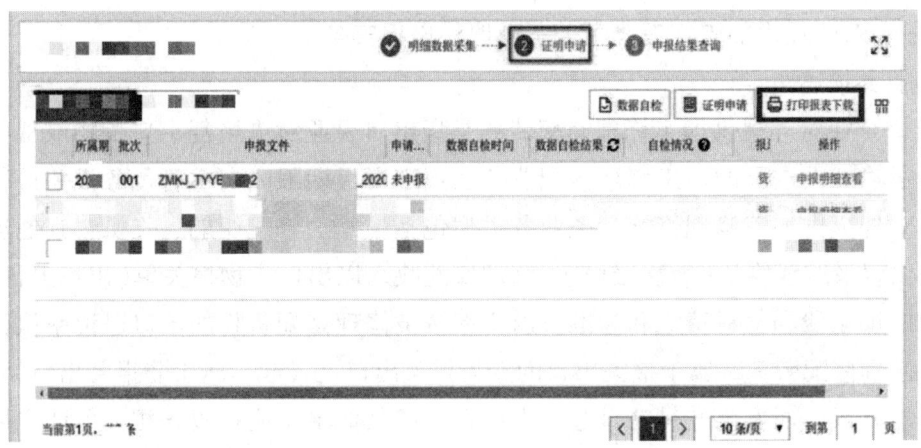

（5）申报结果查询

证明正式申报完成后，在"申报结果查询"模块，查看数据正式申报后的审核状态、审核流程信息，直至成功发放。

审核状态显示为"审核成功"，审核流程信息显示为"流程已完结"的，说明数据已经正式审核通过；审核状态显示"审核失败"、审核流程信息为"已作废"的，可在税务事项通知书中下载"不予受理通知书"查看不予受理原因。

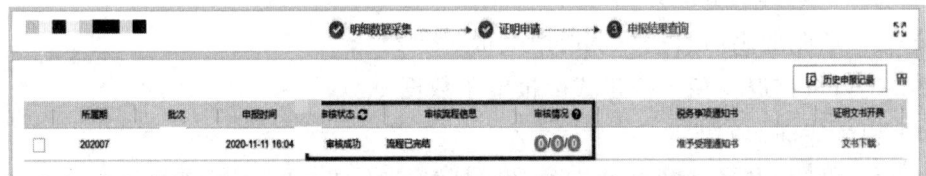

（6）证明文书开具（打印证明）在"申报结果查询"——"证明文书开具"下，点击"文书下载"，可下载税局出具的证明文书电子版，自行打印。

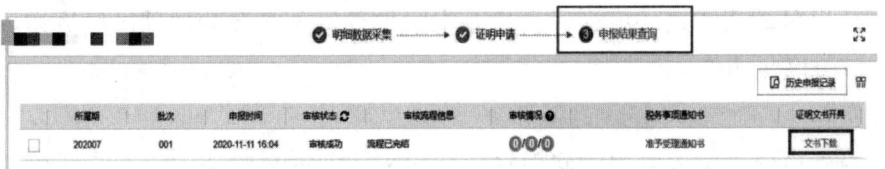

打印出各种证明图样和离线版打印出的图样完全一致，可以参考离线版图样。

二、特殊退（免）税申报规定

（一）对外提供加工修理修配劳务免退税申报实务

1. 业务描述

出口企业对外提供加工修理修配劳务是指出口企业对进境复出口货物或从事国际运输的运输工具进行的加工修理修配业务在规定申报期限内向主管税务机关进行退税申报。对外提供加工修理修配劳务业务类型包括：修理修配船舶、飞机、其他进境复出口货物以及航线维护（航次维修）。修理修配收入以出口货物报关单（出口退税专用）上注明的加工费和材料费之和为准，退税率按被修理修配货物的出口退税率执行。提供加工修理修配劳务，属于报关出口的，为报关出口之日起，属于非报关出口销售的，为出口发票或普通发票开具之日起，出口企业或其他单位应在收齐相关单证之后申报退（免）税。

生产企业承接国外修理修配业务实行"免、抵、退"税办法。生产企业承接国外修理修配业务，应在国外修理修配的货物运出国境后，向主管出口退税的税务机关报送《出口货物劳务免抵退税申请表》，同时提供已用于修理修配的零部件、原材料等的购货增值税专用发票、货物出库单、修理修配发票和修理修配货物复出境报关单。对外修理修配业务办理退税的计税依据时，以修理修配业务发生时生产企业开具的出口发票上的实际收入为准。

2. 生产企业申报对外提供加工修理修配劳务，应提供的资料

（1）《免抵退税申报汇总表》；

（2）《生产企业出口货物免抵退税申报明细表》；

（3）出口货物退（免）税正式申报电子数据；

（4）原始凭证，如下：

①出口货物报关单（修理修配船舶以外其他物品的提供贸易方式为"修理物品"的出口货物报关单）；

②出口收汇水单；

③出口发票；

④委托出口的货物，还应提供受托方主管税务机关签发的代理出口货物证明，以及代理出口协议复印件。

补充资料：

①与境外单位、个人签署的修理修配合同；

②维修工作单（对外修理修配飞机业务提供）。

特别注意：出口发票不能如实反映实际收入的，生产企业向主管退税务机关申报实际收入。税务机关应对企业出口发票上标明的销售收入与出口合同签订的销售收入、与实际的收汇进行比对后确认。

外贸企业承接国外修理修配业务后委托生产企业修理修配的，在修理修配货物复出境后，应填报《出口货物明细表》《进货明细表》，同时提供生产企业开具的修理修配增值税专用发票、外贸企业开给外方的修理修配发票、修理修配货物复出境报关单。其计税依据是按照修理修配增值税专用发票所列税额计算。

3. 外贸企业申报对外提供加工修理修配劳务，应提供的资料

（1）《外贸企业出口退税进货明细申报表》；

（2）《外贸企业出口退税出口明细申报表》；

（3）出口货物退（免）税正式申报电子数据；

（4）原始凭证，如下：

①出口货物报关单（修理修配船舶以外其他物品的提供贸易方式为"修理物品"的出口货物报关单）；

②增值税专用发票（受托的生产企业开具的修理修配增值税专用发票，注意必须谁修理谁开票）；

③出口收汇水单；

④委托出口的货物，还应提供受托方主管税务机关签发的代理出口货物证明，以及代理出口协议副本（代理出口企业提供，其余企业不用提供）。

补充资料：

①与境外单位、个人签署的修理修配合同；

②维修工作单（对外修理修配飞机业务提供）。

系统操作特别提示：

生产企业和外贸公司在申报对外修理修配业务时，在录入出口货物明细录入采集的时候录入方法和正常贸易的录入方式是一致的，只是在业务类型代码录入里面要选择"修理修配——XLXP"先点击①中的选框，会出现②的选框，在里面选择自己需要对应的业务。

生产企业还要注意：在填报出口货物明细表申报时，存在为国外（地区）企业的飞机（船舶）提供航线维护（航次维修）的货物劳务，需在《生产企业出口货物免、抵、退税申报明细表》的选框②"备注栏"中填写国外（地区）企业名称、航班号（船名），需提供与被维修的国外（地区）企业签订的维修合同复印件、出口发票、国外（地区）企业的航班机长或外轮船长签字确认的维修单据〔须注明国外（地区）企业名称和航班号（船名）〕。

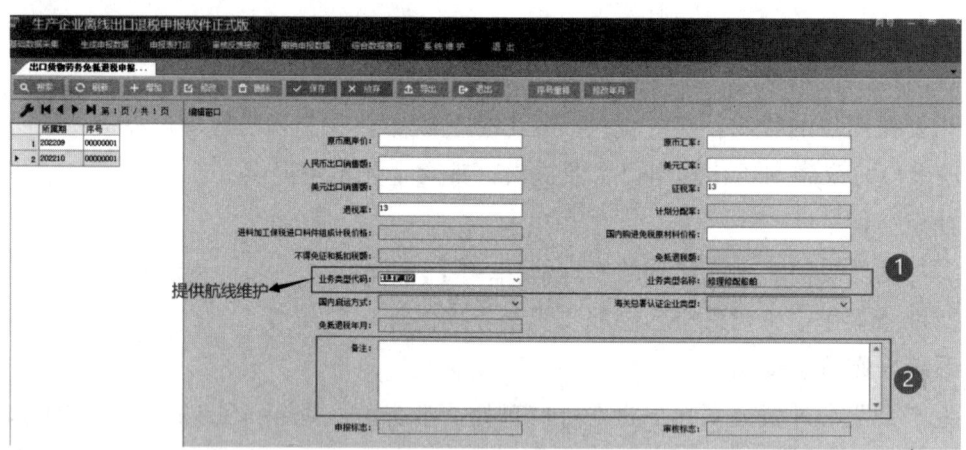

（二）视同出口货物退税申报实务

视同出口业务是出口退税申报业务中非常特殊一个业务范围，国家为了鼓励出口业务，增加出口企业的国际竞争力，完善增值税管理，将特定的出口企业一些特殊的货物或者进入国家海关设定的特殊区域都作为出口退税的项目，享受国家的出口退税政策。视同出口业务是出口退税工作中重要组成部分，由于业务特殊，出口企业在工作中普遍反映政策不熟，业务流程不清晰，操作不准确，最后造成提供资料不全，申报要素填写错误，造成企业频繁地进行修改申报，甚至有的企业最后放弃了退税，给企业造成资金的损失。下面将视同出口业务的生产企业和外贸企业不同申报范围及要求进行介绍。

外贸企业视同出口货物货物范围包括：对外承包工程出口货物、销售给外轮/远洋国轮货物、境外实物投资出口货物、对外援助出口货物、中标机电产品、销售给特殊区域货物、进入列名出口监管仓库的国内货物、上海虹桥、浦东机场海关隔离区内免税店销售货物、融资租赁货物、销售横琴、平潭企业的货物、境外带料加工装配业务的出口货物等。

生产企业视同出口货物的货物范围包括：销售到特殊区域货物、进入列名出口监管仓库的国内货物、对外承包工程的出口货物、境外投资的出口货物、中标机电产品、海洋工程结构物产品、销售给国际航班的航空食品、销售到特殊区域的列明原材料等。

视同出口货物属于报关出口的，以出口货物报关单出口日期为起始日；属于非报关出口销售的，以开具出口发票或普通发票开具日期为起始日，出口企业应在收齐报关单证之后的各增值税纳税申报期内申报退（免）税。法定的收汇时限将对应的货款收回，逾期的，出口企业不得申报退（免）税，必须归还出口退税，等完成收汇之后重新办理退税。申报退（免）税时，生产企业和外贸企业对于视同出口业务申报流程和系统操作应按照正常出口业务退税申报方法进行处理，并提供相关申报资料和电子数据。同时，根据视同出口业务的特点提供对应的补充资料。

（三）对外承包工程项目的出口货物申报退税实务

对外承包工程，是指中国对外承包工程公司产品承揽的以外国政府、国际组织或国外客户（公司）为主的建设项目，以及物资采购和其他承包业务。对外承包工程公司对于运出境外用于承包工程项目的设备、原材料、施工机械等货物的国内采购增值税实行退税。对外承包工程分为总包和分包，在办理退税的时候都需要提供境外承包合同，分包的业务由承接分包的出口企业申请退（免）税的，除提供对外承包合同外，还须提供分包合同（协议）。对外承包工程业务办理退税有两种方式，免抵退税（适用生产企业），免退税方式（适用）外贸公司。在实际工作中用免退税方式办理退税的对外承包公司比例高，因为退税方法相比较生产企业流程和计算简化，而且如果采用免抵退（生产企业）方法办理退税时，还用向主管税务机关申请视同自产业务，操作起来会更加的繁琐。

对外承包工程退税采用免退方法（外贸企业）办理退税的计算依据是：为购进用于境外承包的设备、原材料、施工机械等货物的增值税专用发票注明的金额或海关进口增值税专用缴款书注明的完税价格。应退税额=采购货物增值税专用发票注明的金额或海关进口增值税专用缴款书注明的完税价格×出口退税率，在办理退税时要注意换汇成本是否合理。

对外承包工程退税采用免抵退方法（生产企业）办理退税的计算依据是：出口的设备、原材料、施工机械的实际离岸价（FOB）。实际离岸价应以出口货物报关单的离岸价为准，然后通过计算出免抵退额，再和当期增值税申报表的期末留抵税进行比较，两者孰低办理退税。用此方法办理退税必须注意：根据2012年24号公告和国税发2013年65号相关规定，在办理正式退税之前，需要向主管税务机关先申报视同自产货物清单之后，再办理视同自产业务，才可以按照免抵退进行退税。具体的视同自产业务申报可以参考前面生产企业视同自产操作流程。

1. 对外承包工程项目申报退税应提供的资料

（1）生产企业提供资料

序号	资料名称	数量	备注
1	出口货物退税申报电子数据	1份	无
2	《免抵退税申报汇总表》	1份	无
3	《生产企业出口货物免抵退税申报明细表》	1份	录入时必须在业务类型代码中选择视同自产业务（具体看操作图解2），其操作和申报流程与正常申报流程一致。
4	出口发票	1份	开具普通零税率发票
5	当期增值税申报表主表及附表1附表2		无
6	出口收汇水单		退税分类为四类的出口企业在退税申报时提供，一类，二类，三类企业办理退税时可以暂不提供，只要在收汇期限之前收回即可。如果出口货物是跨境以人民币核算，必须从境外收回人民币
7	视同自产进货明细清单		视同自产业务必须要求提供的业务报表，将采购出口货物的供货商信息进行录入
8	对外承包工程合同		对外承包工程合同复印件，出口企业如属于分包单位的，应补充报送分包合同（协议）复印件

有以下情形的，还应提供相应材料

适用情形	材料名称	数量	备注
报送的《生产企业出口货物免、抵、退税申报明细表》中的离岸价与相应出口货物报关单上的离岸价不一致的	《出口货物离岸价差异原因说明表》及电子数据	1份	申报出口货物出口销售金额与报关单存在时候必须进行填报
委托出口货物	受托方主管税务机关签发的代理出口货物证明复印件	1份	只有在出口货物为退税率为零的时候，在办理代理出口证明之前必须开具委托证明

适用情形	材料名称	数量	备注
在出口货物报关单上的申报日期和出口日期期间,若海关调整商品代码,导致出口货物报关单上的商品代码与调整后的商品代码不一致的	《海关出口商品代码、名称、退税率调整对应表》及电子数据	1份	商品代码升级时,存在商品代码变化或无效时提供

（2）外贸企业提供资料

序号	材料名称	数量	备注
1	出口货物退（免）税申报电子数据	1份	无
2	《外贸企业出口退税进货明细申报表》	1份	和正常退税申报填报方法一致
3	《外贸企业出口退税出口明细申报表》	1份	和录入时必须在业务类型代码中选择视同自产业务（具体看操作图解3），其操作和申报流程与正常申报流程一致
4	增值税专用发票抵扣联或海关进口增值税专用缴款书		采购货物开具普通发票适用免税
5	出口发票		出开具普通零税率发票
6	提供收汇水单	1份	退税分类为四类的出口企业在退税申报时提供,一类、二类、三类企业办理退税时可以暂不提供,只要在收汇期限之前收回即可。如果出口货物是跨境以人民币核算,必须从境外收回人民币
7	对外承包工程合同		对外承包工程合同复印件,出口企业如属于分包单位的,应补充报送分包合同（协议）复印件

有以下情形的,还应提供相应材料

适用情形	材料名称	数量	备注
代理委托出口货物	代理出口协议以及受托方主管税务机关签发的代理出口货物证明	1份	存在代理业务提供
在出口货物报关单上的申报日期和出口日期期间,若海关调整商品代码,导致出口货物报关单上的商品代码与调整后的商品代码不一致的	《海关出口商品代码、名称、退税率调整对应表》及电子数据	1份	商品代码升级时,存在商品代码变化或作废时提供

2.特别操作提醒

离线版：

（1）生产企业出口货物明细表填报变化

在业务类型代码选择"视同－委托加工——STZC-02",其余申报环节完全和正常退税一致。

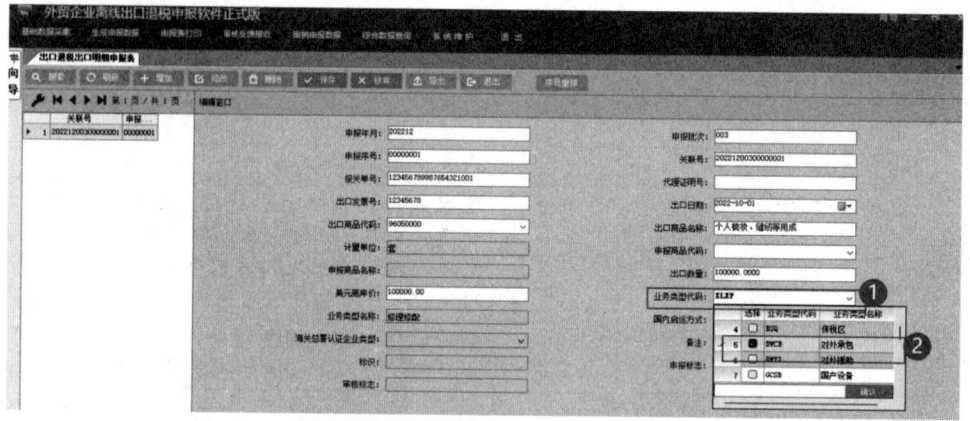

(2)外贸企业出口货物明细表填报变化

点击①业务类型代码出现下拉菜单,选择②"对外承包——DWCB",其余申报环节完全和正常退税一致。

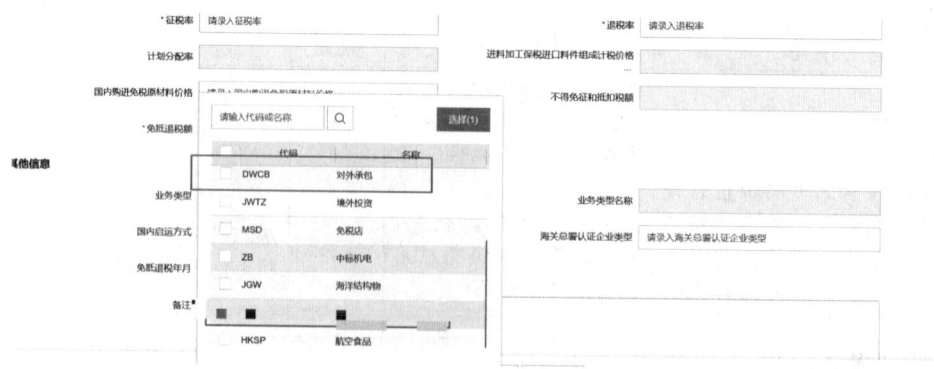

在线版:

（四）对外援助出口货物申报实务

1. 对外援助出口货物的业务形式

我国援外出口有两种形式，一是对一般物资援助项下出口货物；二是对利用中国政府的援外优惠贷款和合资合作项目基金方式下的出口货物。可以理解为：第一，一般物资援助，指中国对外经济技术援助项下，由中国政府向受援国政府提供民用生产或生活等物资，承办企业代政府执行物资采购和运送任务，企业在执行援外任务后与政府办理结算。第二，利用中国政府的援外优惠贷款和援外合资合作项目援外方式下出口货物，是指援外企业利用中国政府的援外优惠贷款和合资合作项目基金在受援国兴办合资企业或合资合作项目，因项目投资带动国内设备物资出口的货物，以及利用中国政府的援外优惠贷款向受援国提供我国生产的成套设备和机电产品出口的货物。

援外优惠贷款又是什么呢？是指中国政府指定的金融机构对外提供的具有政府援助性质、含有赠予性质的中、长期低息贷款。中国进出口银行是中国政府指定的对外提供优惠贷款的金融机构。援外合资合作项目是指在中国政府与受援国政府原则协议的范围内，双方政府给予政策和资金支持，中国企业同受援国企业以合作经营、独资经营、租赁经营、合资经营等方式实施的项目。援外合资合作项目基金是指由国家商务部负责管理的，提供给援外企业用于援外合资合作项目的具有偿还性质的援外政府基金。

2. 对外援助出口货物退税政策规定

对援外出口货物根据不同业务形式出口退税政策也分为两种：一是对一般物资援助项下出口货物，仍实行出口不退税的政策，享受免税或征税；二是对利用中国政府的援外优惠贷款和合资合作项目基金方式下出口的货物，参照一般贸易出口货物政策，实行出口退税。

办理退税有两种方式，免抵退税（适用生产企业）和免退税方式（适用外贸公司）。采用生产企业免抵退税方式的也需要按照视同自产业务进行申报。

对外援助出口货物退税采用免退方法（外贸企业）办理退税的计算依据是：为购进货物的增值税专用发票注明的金额或海关进口增值税专用缴款书注明的完税价格。应退税额＝采购货物增值税专用发票注明的金额或海关进口增值税专用缴款书注明的完税价格 × 出口退税率，在办理退税时要注意换汇成本是否合理。

对援外出口货物采用免抵退方法（生产企业）办理退税的计算依据是：出口货物报关的实际离岸价（FOB）。实际离岸价应以出口货物报关单的离岸价为准，然后通过计算出免抵退额，再和当期增值税申报表的期末留抵税进行比较，两者孰低办理退税。用此方法办理退税必须注意：根据 2012 年 24 号公告和国税发 2013 年 65 号相关规定，在办理正式退税之前，需要向主管税务机关先申报视同自产货物清单之后，再办理视同自产业务，才可以按照免抵退进行退税。具体的视同自产业务申报可以参考前面生产企业视同自产操作流程。

3.对援外出口货物申报退税应提供资料

（1）生产企业提供资料

序号	材料名称	数量	备注
1	出口货物退税申报电子数据	1份	无
2	《免抵退税申报汇总表》	1份	无
3	《生产企业出口货物免抵退税申报明细表》	1份	录入时必须在业务类型代码中选择视同自产业务（具体看操作图解4），其操作和申报流程与正常申报流程一致
4	出口发票	1份	开具普通零税率发票
5	当期增值税申报表主表及附表1附表2		无
6	视同自产进货明细清单		视同自产业务必须要求提供的业务报表，将采购出口货物的供货商信息进行录入

有以下情形的，还应提供相应材料

适用情形	材料名称	数量	备注
报送的《生产企业出口货物免、抵、退税申报明细表》中的离岸价与相应出口货物报关单上的离岸价不一致的	《出口货物离岸价差异原因说明表》及电子数据	1份	申报出口货物出口销售金额与报关单存在差异时必须进行填报
委托出口货物	受托方主管税务机关签发的代理出口货物证明复印件	1份	只有在出口货物为退税率为零的时候，在办理代理出口证明之前必须开具委托证明
在出口货物报关单上的申报日期和出口日期期间，若海关调整商品代码，导致出口货物报关单上的商品代码与调整后的商品代码不一致的	《海关出口商品代码、名称、退税率调整对应表》及电子数据	1份	商品代码升级时，存在商品代码变化或无效时提供

（2）外贸企业提供资料

序号	材料名称	数量	备注
1	出口货物退（免）税申报电子数据	1份	无
2	《外贸企业出口退税进货明细申报表》	1份	和正常退税申报填报方法一致

序号	材料名称	数量	备注
3	《外贸企业出口退税出口明细申报表》	1份	和录入时必须在业务类型代码中选择视同自产业务（具体看操作图解3），其操作和申报流程与正常申报流程一致。
4	增值税专用发票抵扣联或海关进口增值税专用缴款书		采购货物开具普通发票适用免税。
5	出口发票		开具普通零税率发票

有以下情形的，还应提供相应材料

适用情形	材料名称	数量	备注
代理委托出口货物	代理出口协议以及受托方主管税务机关签发的代理出口货物证明	1份	存在代理业务提供
在出口货物报关单上的申报日期和出口日期期间，若海关调整商品代码，导致出口货物报关单上的商品代码与调整后的商品代码不一致的	《海关出口商品代码、名称、退税率调整对应表》及电子数据	1份	商品代码升级时，存在商品代码变化或作废时提供
援外业务特殊业务形式：利用中国政府援外优惠贷款采用转贷方式出口货物的	援外出口企业或其他单位和其他单位与受援国业主签订的出口合同原件、中国进出口银行开具给税务机关的证明原件、出口企业或其他单位和其他单位转贷业务的证明原件；免于提供以上资料的，则需报送：援外合资合作项目基金借款合同复印件，且在项目执行完毕后，援外出口企业或其他单位和其他单位还要提供中国进出口银行向其支付货款的付款凭证原件	1份	提供的上述退税凭证上的援外企业名称必须一致，凡退税凭证上的援外企业名称不一致的，退税机关一律不予办理退税

4.特别操作提醒

离线版操作变化：

（1）生产企业出口货物明细表填报变化：点击①业务类型代码②选择"视同-对外援助——STZC-09"，其余申报环节完全和正常退税一致。

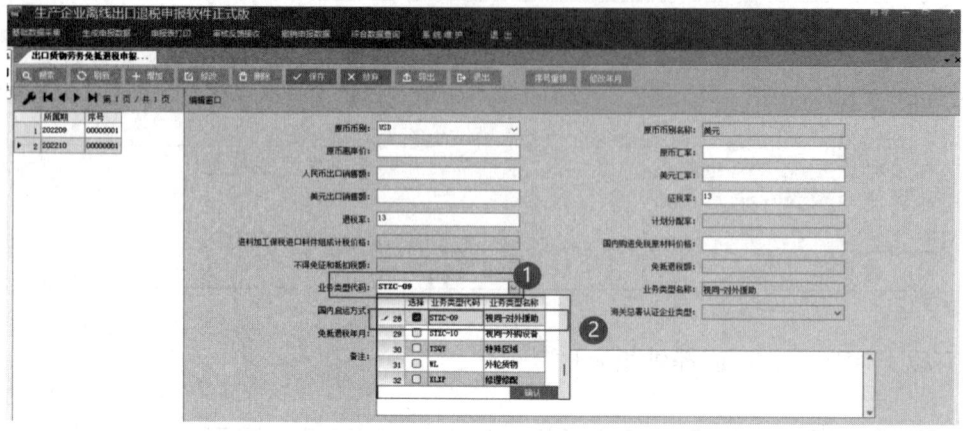

（2）外贸企业出口货物明细表填报变化：点击①业务类型代码出现下拉菜单，选择②"对外援助——DWYZ"，其余申报环节完全和正常退税一致。

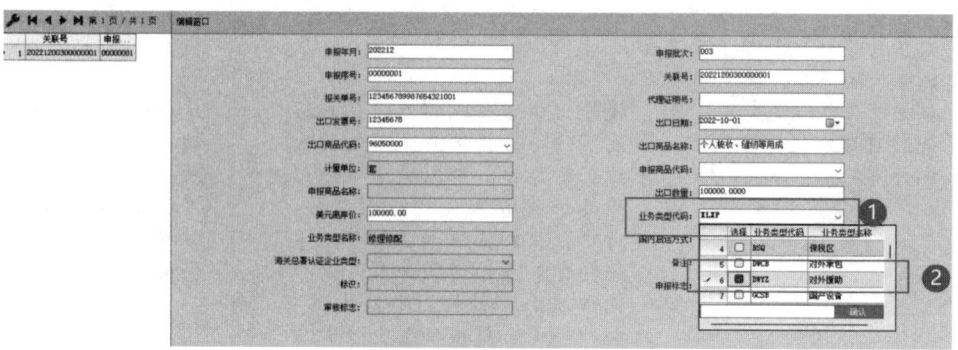

在线版操作变化：

在录入其他数据之后，在业务类型代码选择"对外援助——DWYZ"，其余申报环节完全和正常退税一致。

【案例】销售给外轮、远洋国轮货物的退税

外轮供应公司、远洋运输供应公司销售给外轮、远洋国轮的货物，按购进货物的增值税专用发票上列明的金额与相应的退税率计算出口退税额。

1. 销售给外轮、远洋国轮的货物应提供的资料

序号	材料名称	数量	备注
1	出口货物退（免）税申报电子数据	1份	无
2	《外贸企业出口退税进货明细申报表》	1份	和正常退税申报填报方法一致
3	《外贸企业出口退税出口明细申报表》	1份	和正常退税申报填报方法一致，只是出口明细表中业务类型代码选择中必须进行标注
4	增值税专用发票抵扣联或海关进口增值税专用缴款书		
5	出口发票		出口发票必须列明销售货物名称、数量、销售金额，并经外轮、远洋货轮船长签名方可生效
6	提供收汇水单	1份	退税分类为四类的出口企业在退税申报时提供，一类，二类，三类企业办理退税时可以暂不提供，只要在收汇期限之前收回即可。如果出口货物是跨境以人民币核算，必须从境外收回人民币

有以下情形的，还应提供相应材料

适用情形	材料名称	数量	备注
代理委托出口货物	代理出口协议以及受托方主管税务机关签发的代理出口货物证明	1份	存在代理业务提供
在出口货物报关单上的申报日期和出口日期期间，若海关调整商品代码，导致出口货物报关单上的商品代码与调整后的商品代码不一致的	《海关出口商品代码、名称、退税率调整对应表》及电子数据	1份	商品代码升级时，存在商品代码变化或作废时提供

2. 出口货物明细表填报变化

在业务类型代码选择"外轮货物——WL",其余申报环节完全和正常退税一致。

离线版:

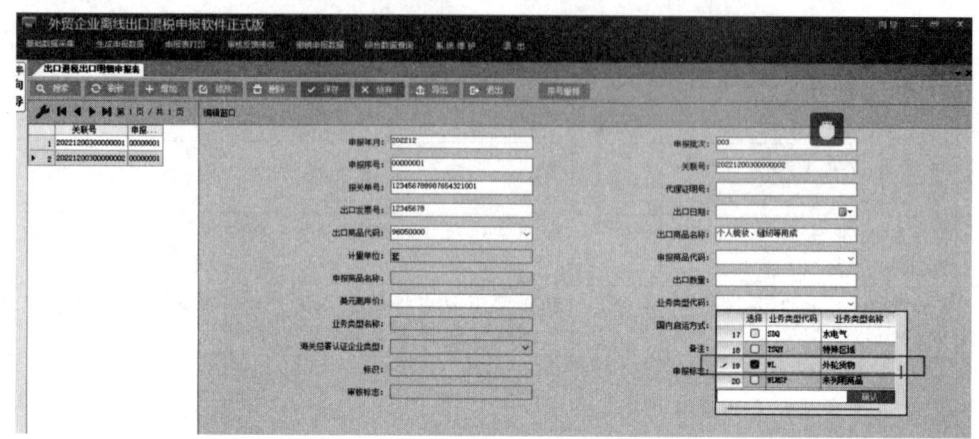

在线版和离线板系统操作方法一致,也是在业务类型代码选择"外轮货物——WL"。

(五)其他视同出口申报退税实务

境外投资的出口货物、中标机电产品、海洋工程结构物产品、销售给国际航班的航空食品、免税店销售货物、融资租赁货物、境外带料加工装配业务的出口货物都可以参照视同出口业务办理出口退税,退税方法可以采用免抵退税(适用生产企业)和免退税方式(适用外贸公司)。例如境外投资,中标机电采用生产企业免抵退税方式的还需要按照视同自产业务进行申报。

以上视同出口业务退税采用免退方法(外贸企业)办理退税的计算依据是:为购进货物的增值税专用发票注明的金额或海关进口增值税专用缴款书注明的完税价格。应退税额=采购货物增值税专用发票注明的金额或海关进口增值税专用缴款书注明的完税价格 × 出口退税率,在办理退税时要注意换汇成本是否合理。

采用免抵退方法(生产企业)办理退税的计算依据是:出口货物报关的实际离岸价(FOB)。实际离岸价应以出口货物报关单的离岸价为准,然后通过计算出免抵退额,再和当期增值税申报表的期末留抵税进行比较,两者孰低办理退税。根据2012年24号公告和国税发2013年65号相关规定,"境外投资",中标机电出口在办理正式退税之前,需要向主管税务机关先申报视同自产货物清单之后,再办理视同自产业务,才可以按照免抵退进行退税。具体的视同自产业务申报可以参考前面生产企业视同自产操作流程。

1. 业务办理需要提供资料
（1）生产企业办理视同出口业务时提供的资料

序号	材料名称	数量	备注
1	出口货物退税申报电子数据	1份	无
2	《免抵退税申报汇总表》	1份	无
3	《生产企业出口货物免抵退税申报明细表》	1份	录入时必须在业务类型代码中选择视同自产业务（具体看操作图解2），其操作和申报流程与正常申报流程一致
4	出口发票	1份	开具普通零税率发票
5	当期增值税申报表主表及附表1附表2		无
6	出口收汇水单		退税分类为四类的出口企业在退税申报时提供，一类、二类、三类企业办理退税时可以暂不提供，只要在收汇期限之前收回即可。如果出口货物是跨境以人民币核算，必须从境外收回人民币
7	出口货物报关单		必须是出口退税联

有以下情形的，还应提供相应材料

适用情形	资料名称	数量	备注
报送的《生产企业出口货物免、抵、退税申报明细表》中的离岸价与相应出口货物报关单上的离岸价不一致的	《出口货物离岸价差异原因说明表》及电子数据	1份	申报出口货物出口销售金额与报关单存在差异的时候必须进行填报
委托出口货物	受托方主管税务机关签发的代理出口货物证明复印件	1份	只有在出口货物为退税率为零的时候，在办理代理出口证明之前必须开具委托证明
在出口货物报关单上的申报日期和出口日期期间，若海关调整商品代码，导致出口货物报关单上的商品代码与调整后的商品代码不一致的	《海关出口商品代码、名称、退税率调整对应表》及电子数据	1份	商品代码升级时，存在商品代码变化或无效时提供

视同自产业务情形应提供其他补充申报材料

适用情形	资料名称	数量	备注
境外投资的出口货物	商务部及授权单位批准其在境外投资的文件副本	1份	提供复印件，注明原件与复印件保持一致
	视同自产进货明细清单		视同自产业务必须要求提供的业务报表，将采购出口货物的供货商信息进行录入

适用情形	资料名称	数量	备注
销售的中标机电产品	招标单位所在地主管税务机关签发的《中标证明通知书》		提供复印件，注明原件与复印件保持一致
	由中国招标公司或其他国内招标组织签发的中标证明		提供正本复印件，注明原件与复印件保持一致
	中标人与中国招标公司或其他招标组织签订的供货合同或协议		提供复印件，注明原件与复印件保持一致
	中标人按照标书规定及供货合同向用户发货的发货单		提供复印件，注明原件与复印件保持一致
	中标机电产品用户收货清单		提供正本及复印件，注明原件与复印件保持一致
	外国企业中标再分包给国内企业供应的机电产品，还应报送与中标企业签署的分包合同		提供复印件，注明原件与复印件保持一致
	视同自产进货明细清单		视同自产业务必须要求提供的业务报表，将采购出口货物的供货商信息进行录入
生产并销售给国内和国外航空公司国际航班的航空食品	与航空公司签订的配餐合同		提供复印件，注明原件与复印件保持一致
	国际航班乘务长签字的送货清单		必须注明航空公司名称、航班号等内容
	航空公司提供的配餐计划表		必须注明航班号、起降城市等内容

（2）外贸企业办理视同出口业务时提供的资料

序号	材料名称	数量	备注
1	出口货物退（免）税申报电子数据	1份	无
2	《外贸企业出口退税进货明细申报表》	1份	和正常退税申报填报方法一致
3	《外贸企业出口退税出口明细申报表》	1份	和录入时必须在业务类型代码中选择视同自产业务（具体看操作图解3），其操作和申报流程与正常申报流程一致
4	增值税专用发票抵扣联或海关进口增值税专用缴款书		采购货物开具普通发票适用免税
5	出口发票		开具普通零税率发票
6	提供收汇水单	1份	退税分类为四类的出口企业在退税申报时提供，一类、二类、三类企业办理退税时可以暂不提供，只要在收汇期限之前收回即可。如果出口货物是跨境以人民币核算，必须从境外收回人民币
7	出口货物报关单		必须提供出口货物报关单的出口退税联

有以下情形的，还应提供相应材料

适用情形	材料名称	数量	备注
代理委托出口货物	代理出口协议以及受托方主管税务机关签发的代理出口货物证明	1份	存在代理业务提供
在出口货物报关单上的申报日期和出口日期期间，若海关调整商品代码，导致出口货物报关单上的商品代码与调整后的商品代码不一致的	《海关出口商品代码、名称、退税率调整对应表》及电子数据	1份	商品代码升级时，存在商品代码变化或作废时提供

视同自产业务情形应提供其他补充申报材料

适用情形	资料名称	数量	备注
融资租赁出租方申报融资租赁货物退税	融资租赁货物属于消费税应税货物的，还应提供消费税税收（出口货物专用）缴款书或海关（进口消费税）专用缴款书	1份	无
	与承租人签订的租赁期在5年（含）以上的融资租赁合同（有法律效力的中文版）	1份	合同必须有法律效力且中文版原件
	融资租赁海洋工程结构物的，提供向海洋工程结构物承租人收取首笔租金时开具的发票	1份	无
上海虹桥、浦东机场海关国际隔离区内的免税店销售的货物	出口货物报关单	1份	加盖免税店报关专用章的出口货物报关单
	海关对免税店销售货物的核销证明	1份	原件
销售的中标机电产品	招标单位所在地主管税务机关签发的《中标证明通知书》	1份	提供复印件，注明原件与复印件保持一致
	由中国招标公司或其他国内招标组织签发的中标证明	1份	提供正本复印件，注明原件与复印件保持一致
	中标人与中国招标公司或其他招标组织签订的供货合同（协议）	1份	提供复印件，注明原件与复印件保持一致
	中标人按照标书规定及供货合同向用户发货的发货单	1份	提供复印件，注明原件与复印件保持一致
	中标机电产品用户收货清单		提供复印件，注明原件与复印件保持一致
	外国企业中标再分包给国内企业供应的机电产品，还应报送与中标企业签署的分包合同（协议）复印件		提供复印件，注明原件与复印件保持一致
境外带料加工	境外带料加工装配企业批准证书		提供复印件，注明原件与复印件保持一致

2. 特别操作提醒

视同出口业务在出口货物明细表填报变化：点击①业务类型代码，出现下拉菜单②选择"相应的业务代码"，其余申报环节完全和正常退税一致。

在线版：

特别提醒：业务类型代码选择可以参照 2021 年 15 号公告，业务代码类型对照表：

业务类型代码表

序号	出口货物劳务服务	业务类型代码	备注
1	销售给特殊区域内生产企业生产耗用的列名原材料	LMYCL	
2	对外援助出口货物	DWYZ	
3	用于对外承包工程项目的出口货物	DWCB	
4	用于境外投资出口的货物	JWTZ	
5	免税品经营企业销售的货物	MSD	
6	销售的中标机电产品	ZB	
7	销售给海上石油天然气开采企业的自产的海洋工程结构物	JGW	
8	销售给外轮、远洋国轮的货物	WL	
9	生产并销售给国内和国外航空公司国际航班的航空食品	HKSP	

序号	出口货物劳务服务	业务类型代码	备注
10	对外提供加工修理修配劳务（除修理修配飞机、船舶外）	XLXP	
11	对外修理修配飞机	XLXP-01	
12	对外修理修配船舶	XLXP-02	
13	航线维护	HXWH	
14	航次维修	HCWX	
15	输入特殊区域的水电气	SDQ	
16	横琴、平潭购进水电气	GJSDQ	
17	横琴、平潭购进货物	GHQYTS	
18	融资租赁	RZZL	
19	航天运输服务	HTYSFW	
20	用于本企业中标项目下的机电产品	STZC-06	
21	用于对外承包工程项目下的货物	STZC-07	只限生产企业
22	用于境外投资的货物	STZC-08	
23	用于对外援助的货物	STZC-09	

3. 视同出口业务操作政策依据

（1）《国家税务总局关于发布＜出口货物劳务增值税和消费税管理办法＞的公告》（国家税务总局公告2012年第24号）

①第四条生产企业出口货物免抵退税的申报

②第五条外贸企业出口货物免退税的申报

③第七条出口货物劳务退（免）税其他申报要求

（2）《财政部国家税务总局关于出口货物劳务增值税和消费税政策的通知》（财税2012年第39号公告）全文

（3）《国家税务总局关于＜出口货物劳务增值税和消费税管理办法＞有关问题的公告》（国家税务总局公告2013年第12号）第二条第（三）项

（4）《国家税务总局关于统一小规模纳税人标准有关出口退（免）税问题的公告》（国家税务总局公告2018年第20号）第一条

（5）《国家税务总局关于出口退（免）税申报有关问题的公告》（国家税务总局公告2018年第16号）第八条

（6）《财政部税务总局关于明确国有农用地出租等增值税政策的公告》（财政部税务总局公告2020年第2号）全文

（7）《国家税务总局关于优化整合出口退税信息系统更好服务纳税人有关事项的公告》（国家税务总局公告2021年第15号）全文

（8）《国家税务总局关于进一步便利出口退税办理促进外贸平稳发展有关事项的

公告》（国家税务总局公告2022年第9号）全文

（六）出口企业运往海关特殊监管区域办理退税实务

1. 海关特殊监管区域业务介绍

海关特殊监管区域是经国务院批准，设立在中华人民共和国关境内，实行特殊的税收政策和进出口管理政策，具有加工制造、国际贸易、物流分拨、保税仓储、检测维修、研发设计、商品展示等功能，由海关按照国家有关规定实施监管的经济功能区。海关特殊监管区域共有六类：保税区、出口加工区、保税物流园区、跨境工业区（珠海跨境工业园区）、保税港区、综合保税区保税监管场所。保税监管场所再进行细分还可以有三种模式：进口保税仓库、出口监管仓库、保税物流中心（分为A型和B型）。

出口企业将货物发往这些特殊区域，根据业务的特点享受不同的税收政策，可以分为四种：第一，保税政策即区内企业为开展加工、物流、服务等业务所需而进口的原材料、零部件、物料等货物实行保税；第二，免税政策即开展加工、服务、物流等业务所需的机器、设备、模具及其维修用零配件等；自用合理数量的办公用品及其所需的维修用零配件免进口关税和进口环节税（但自用的运输工具和生活消费用品不予免税）。区内货物自由流转，不征收增值税和消费税；第三，征税政策：货物出区进入境内按货物进口的有关规定办理报关征税手续；第四，退税政策即境内区外货物入区视同出口，实行退税。

特别提醒：出口企业，保税区实行离境退税政策，即可享受出口退税的货物应当在货物实际离境后办理退税手续。这也是本文要给出口企业重点介绍的内容。出口企业可以参照下图分析海关特殊监管区域的具体特点。

区域内容	保税区	出口加工区	保税物流园区	保税港区综合保税区
主要功能	加工制造、国际贸易、现代物流和展示展销	保税加工	保税物流、国际贸易	保税加工、保税物流、货物贸易、服务贸易、口岸功能
贸易公司	允许注册	不允许注册	允许注册	允许注册
生产企业	允许注册	允许注册	不允许注册	允许注册
物流企业	允许注册	允许注册	允许注册	允许注册
入区退税	不可以	可以	可以	可以
保税时限	无限制	无限	无限	无限

出口货物办理出口退税必须具备四个条件，其中一个条件是货物必须报关离境。

很多出口企业认为离境必须是国境，在实际业务货物发往海关的特殊监管区域也是离境，按照海关的规定，将特定一些区域可以作为视同境外，即所谓的关境。根据区域的不同业务形式，关境也可以划分为"境内关内"和"境内关外"，境内关内就是进入保税区，境内关外就是进入除保税区之外的海关特殊区域。

2. 海关特殊监管区域业务出口退税政策

（1）经保税区申报出口

运入保税区的货物，如果属于出口企业销售给境外客户，境外客户将其存放在保税区内的仓储企业，离境时由仓储企业办理报关手续，海关在其全部离境后，签发进入保税区的出口货物报关单的，保税区外的生产企业和外贸企业申报退（免）税时，还须提供仓储企业的出境货物备案清单。确定申报退（免）税期限的出口日期以最后一批出境货物备案清单上的出口日期为准。如果货物发往保税区且没有实际离境，该出口业务不能办理退税，享受免税。

特别提示：经保税区出口的货物，即报关单上的运输方式显示"非保税区"，有两种业务模式：一是销售给境外但按客户要求运入保税区仓储后离境；二是直接出口货物，但需要进保税区拼箱。这两类经保税区出口的货物在申报出口退税时，新金税三期申报系统中必须要在明细申报表中的"业务类型代码"栏勾选"备案清单退税——BAQDTS"，否则无法申报。

出口企业在申报运输方式显示"非保税区"报关的退税时，会有疑点提示，提示税务机关审核出境备案清单内容及企业填写的出口日期是否准确。其中这个出口日期，由于24号公告中对这类货物的退税率等是以备案清单的出口日期来判断，因此，出口退税申报系统中要求申报的出口日期是以出境备案清单显示的出口日期来填写。

（2）运往海关特殊监管区域

出口货物销往海关特殊区域（保税区除外）内单位或境外单位、个人的货物，视同于报关离境，出口之后可以获得出口货物报关单，是可以办理出口退税的；如果是以人民币办理结算的，可以从海关特殊监管区域收取人民币作为收汇凭证。这些能够办理出口退税的特殊区域按照国税局相关政策包括：国家批准的出口加工区、保税物流园区、保税港区、综合保税区、珠澳跨境工业区（珠海园区）、中哈霍尔果斯国际边境合作中心（中方配套区域）、保税物流中心（B型）。

特别提示：出口企业在办理退税时必须知道进入的区域是否符合海关的特殊监管区域，这种业务的特点是出口货物报关单上的运抵国填写的"中国境内"。因此在申报时会有疑点"出口国别为中国境内"这个疑点是一个中性疑点，税局会根据出口退税的金额大小或者是否有其他疑点来判断是否对出口企业进行核查。一般情况是给企业直接退税，核查时主要的问题是出口企业是否存在"保税一日游"的问题。

3. 海关特殊监管区域业务申报出口退税提供资料

（1）生产企业提供的资料

序号	资料名称	数量	备注
1	出口货物退税申报电子数据	1份	无
2	《免抵退税申报汇总表》	1份	无
3	《生产企业出口货物免抵退税申报明细表》	1份	若是经保税区出口的业务，录入时必须在业务类型代码中选择视同自产业务（具体看操作图解），发往其他海关特殊监管区域的操作和申报流程与正常申报流程一致
4	出口发票	1份	开具普通零税率发票
5	当期增值税申报表主表及附表1附表2		无
6	出口收汇水单		退税分类为四类的出口企业在退税申报时提供，一类、二类、三类企业办理退税时可以暂不提供，只要在收汇期限之前收回即可。如果出口货物入区以人民币核算，可以从区内收回人民币。经保税区出口的业务必须从境外收回货款，以人民币结算的业务，必须从境外收取人民币
7	出口货物报关单		货物销往海关特殊监管区域（保税区除外）的货物凭报关单办理退税，货物发往保税区凭报关单是不能够办理退税
8	保税区出境货物备案清单或保税区仓储企业的出境货物备案清单		经保税区出口的货物必须提供

有以下情形的，还应提供相应材料

适用情形	材料名称	数量	备注
报送的《生产企业出口货物免、抵、退税申报明细表》中的离岸价与相应出口货物报关单上的离岸价不一致的	《出口货物离岸价差异原因说明表》及电子数据	1份	申报出口货物出口销售金额与报关单存在差异的时候必须进行填报
委托出口货物	受托方主管税务机关签发的代理出口货物证明复印件	1份	只有在出口货物为退税率为零的时候，在办理代理出口证明之前必须开具委托证明
在出口货物报关单上的申报日期和出口日期期间，若海关调整商品代码，导致出口货物报关单上的商品代码与调整后的商品代码不一致的	《海关出口商品代码、名称、退税率调整对应表》及电子数据	1份	商品代码升级时，存在商品代码变化或无效时提供

(2) 外贸企业提供的资料

序号	资料名称	数量	备注
1	出口货物退（免）税申报电子数据	1份	无
2	《外贸企业出口退税进货明细申报表》	1份	和正常退税申报填报方法一致
3	《外贸企业出口退税出口明细申报表》	1份	若是经保税区出口的业务，录入时必须在业务类型代码中选择视同自产业务（具体下面看操作图解），发往其他海关特殊监管区域的操作和申报流程与正常申报流程一致
4	增值税专用发票抵扣联或海关进口增值税专用缴款书		采购货物开具普通发票适用免税
5	出口发票		开具普通零税率发票或形式发票
6	提供收汇水单	1份	退税分类为四类的出口企业在退税申报时提供，一类、二类、三类企业办理退税时可以暂不提供，只要在收汇期限之前收回即可。如果出口货物入区以人民币核算，可以从区内收回人民币。经保税区出口的业务必须从境外收回货款，以人民币结算的而业务，必须从境外收取人民币
7	出口货物报关单		货物销往海关特殊监管区域（保税区除外）的货物凭报关单办理退税，货物发往保税区凭报关单是不能够办理退税
8	保税区出境货物备案清单或保税区仓储企业的出境货物备案清单		经保税区出口的货物必须提供

有以下情形的，还应提供相应材料

适用情形	材料名称	数量	备注
代理委托出口货物	代理出口协议以及受托方主管税务机关签发的代理出口货物证明	1份	存在代理业务提供
在出口货物报关单上的申报日期和出口日期期间，若海关调整商品代码，导致出口货物报关单上的商品代码与调整后的商品代码不一致的	《海关出口商品代码、名称、退税率调整对应表》及电子数据	1份	商品代码升级时，存在商品代码变化或作废时提供

4. 特别操作提醒

货物销往海关特殊监管区域其业务的本质就是视同出口业务，可以参照视同出口业务操作。下面介绍出口货物明细表填报变化：点击①业务类型代码，出现下拉菜单②选择"相应的业务代码备案清单退税——BAQDTS"，其余申报环节完全和正常退税一致。

离线版：

在线版：

5. 政策依据

（1）《国家税务总局关于发布＜出口货物劳务增值税和消费税管理办法＞的公告》（国家税务总局公告2012年第24号）

第六条出口企业和其他单位出口的视同出口货物及对外提供加工修理修配劳务的退（免）税申报

（2）《国家税务总局关于统一小规模纳税人标准有关出口退（免）税问题的公告》（国家税务总局公告2018年第20号）第一条

（3）《国家税务总局关于出口退（免）税申报有关问题的公告》（国家税务总局公告2018年第16号）第八条

（4）《财政部税务总局关于明确国有农用地出租等增值税政策的公告》（财政部税务总局公告2020年第2号）全文

（5）《国家税务总局关于优化整合出口退税信息系统更好服务纳税人有关事项的公告》（国家税务总局公告2021年第15号）全文

（6）《国家税务总局关于进一步便利出口退税办理促进外贸平稳发展有关事项的

公告》(国家税务总局公告 2022 年第 9 号)全文

(7)《国家税务总局关于出口货物劳务增值税和消费税有关问题的公告》中的第五项

6.海关特殊监管区域汇总列表

截至 2022 年 9 月底全国海关特殊监管区域分布及名单

序号	省、区、市	名称
1	北京	北京天竺综合保税区
2		北京大兴国际机场综合保税区
3	天津	天津东疆综合保税区
4		天津滨海新区综合保税区
5		天津港综合保税区
6		天津泰达综合保税区
7	河北	曹妃甸综合保税区
8		秦皇岛综合保税区
9		廊坊综合保税区
10		石家庄综合保税区
11	山西	太原武宿综合保税区
12	内蒙古	呼和浩特综合保税区
13		鄂尔多斯综合保税区
14		满洲里综合保税区
15	辽宁	大连大窑湾综合保税区
16		大连湾里综合保税区
17		大连保税区(需要凭离境备案清单退税)
18		营口综合保税区
19		沈阳综合保税区
20	吉林	长春兴隆综合保税区
21		珲春综合保税区
22	黑龙江	绥芬河综合保税区
23		哈尔滨综合保税区
24	上海	洋山特殊综合保税区
25		上海浦东机场综合保税区
26		上海外高桥港综合保税区
27		上海外高桥保税区(需要凭离境备案清单退税)
28		松江综合保税区
29		金桥综合保税区
30		青浦综合保税区
31		漕河泾综合保税区
32		奉贤综合保税区
33		嘉定综合保税区
34	江苏	张家港保税港区
35		苏州工业园综合保税区
36		昆山综合保税区
37		苏州高新技术产业开发区综合保税区
38		无锡高新区综合保税区
39		盐城综合保税区

序号	省、区、市	名称
40		淮安综合保税区
41		南京综合保税区
42		连云港综合保税区
43		镇江综合保税区
44		常州综合保税区
45		吴中综合保税区
46		吴江综合保税区
47		扬州综合保税区
48		常熟综合保税区
49		武进综合保税区
50		泰州综合保税区
51		南通综合保税区
52		太仓港综合保税区
53		江阴综合保税区
54		徐州综合保税区
55		宁波梅山综合保税区
56		宁波保税区（需要凭离境备案清单退税）
57		宁波北仑港综合保税区
58		宁波前湾综合保税区
59		舟山港综合保税区
60	浙江	杭州综合保税区
61		嘉兴综合保税区
62		金义综合保税区
63		温州综合保税区
64		义乌综合保税区
65		绍兴综合保税区
66		台州综合保税区
67		芜湖综合保税区
68		合肥经济技术开发区综合保税区
69	安徽	合肥综合保税区
70		马鞍山综合保税区
71		安庆综合保税区
72		厦门海沧港综合保税区
73		泉州综合保税区
74		厦门象屿综合保税区
75	福建	厦门象屿保税区（需要凭离境备案清单退税）
76		福州保税区（需要凭离境备案清单退税）
77		福州综合保税区
78		福州江阴港综合保税区
79		九江综合保税区
80	江西	南昌综合保税区
81		赣州综合保税区
82		井冈山综合保税区
83		潍坊综合保税区
84		济南综合保税区
85	山东	东营综合保税区
86		章锦综合保税区
87		淄博综合保税区

序号	省、区、市	名称
88		青岛前湾综合保税区
89		烟台综合保税区
90		威海综合保税区
91		青岛胶州湾综合保税区
92		青岛西海岸综合保税区
93		临沂综合保税区
94		日照综合保税区
95		青岛即墨综合保税区
96		青岛空港综合保税区
97	河南	郑州新郑综合保税区
98		郑州经开综合保税区
99		南阳卧龙综合保税区
100		洛阳综合保税区
101		开封综合保税区
102	湖北	武汉东湖综合保税区
103		武汉经开综合保税区
104		武汉新港空港综合保税区
105		宜昌综合保税区
106		襄阳综合保税区
107		黄石棋盘洲综合保税区
108	湖南	衡阳综合保税区
109		郴州综合保税区
110		湘潭综合保税区
111		岳阳城陵矶综合保税区
112		长沙黄花综合保税区
113	广东	广州南沙综合保税区
114		广州白云机场综合保税区
115		深圳前海综合保税区
116		深圳盐田综合保税区
117		福田保税区（需要凭离境备案清单退税）
118		深圳坪山综合保税区
119		广州黄埔综合保税区
120		广州保税区（需要凭离境备案清单退税）
121		广东广州出口加工区
122		东莞虎门港综合保税区
123		珠海保税区（需要凭离境备案清单退税）
124		珠澳跨境工业区珠海园区
125		珠海高栏港综合保税区
126		汕头综合保税区
127		梅州综合保税区
128		湛江综合保税区
129	广西	钦州综合保税区
130		广西凭祥综合保税区
131		北海综合保税区
132		南宁综合保税区
133		梧州综合保税区
134	海南	海南洋浦保税港区
135		海口综合保税区

序号	省、区、市	名称
136		海口空港综合保税区
137	重庆	重庆西永综合保税区
138	重庆	重庆两路果园港综合保税区
139	重庆	重庆江津综合保税区
140	重庆	重庆涪陵综合保税区
141	重庆	重庆万州综合保税区
142	重庆	重庆永川综合保税区
143	四川	成都高新综合保税区
144	四川	成都高新西园综合保税区
145	四川	绵阳综合保税区
146	四川	成都国际铁路港综合保税区
147	四川	泸州综合保税区
148	四川	宜宾综合保税区
149	贵州	贵阳综合保税区
150	贵州	贵安综合保税区
151	贵州	遵义综合保税区
152	云南	昆明综合保税区
153	云南	红河综合保税区
154	陕西	西安综合保税区
155	陕西	西安关中综合保税区
156	陕西	西安高新综合保税区
157	陕西	西安航空基地综合保税区
158	陕西	宝鸡综合保税区
159	陕西	陕西西咸空港综合保税区
160	陕西	陕西杨凌综合保税区
161	甘肃	兰州新区综合保税区
162	宁夏	银川综合保税区
163	新疆	阿拉山口综合保税区
164	新疆	乌鲁木齐综合保税区
165	新疆	霍尔果斯综合保税区
166	新疆	喀什综合保税区
167	青海	西宁综合保税区
168	西藏	拉萨综合保税区

特别提醒：货物进入保税区凭离境备案清单退税，货物进入其他特殊区域凭出口货物报关单退税。

（七）跨境电商办理出口退税实务

1. 跨境电商业务描述

跨境电子商务简称跨境电商，是指分属不同关境的交易主体，通过电子商务平台达成交易、进行电子支付结算，并通过跨境电商物流及异地仓储送达商品、完成交易的一种国际商业活动。跨境电商出口方式是对现阶段出口业务模式的补充，不仅促进我国外贸出口的增长，也使很多中小企业和个人也能通过便捷的方式快速进行通关，同时快速结汇，灵活多变的方式使更多商业主体得以参与。在实际工作中跨境电商出口模式种类繁多，业务复杂，涉及海关、外管局、银行、物流、税务局等多个部门，需要参与者具备平台运营、出口报关、跨境物流、外汇结算、涉税申报等各方面知识，而且相关税收法规和政策也在不断更新和完善过程中。尤其是大部分中小外贸企业，个人利用国际和国内的第三方平台实现跨境电商零售，由于对"关汇税"政策的不熟悉，为了降低运营成本，大部分在报关、外汇、税务方面处在不合规的状态。下面介绍现阶段跨境电商出口的两种电子商务模式B2C和B2B，在两种模式下制定有四种海关监管模式：9610、1210、9710和9810。

B2C模式是电子商务按照交易对象分类其中的一种，代表着企业直接面对境外消费者，即是商家和消费者之间的电商交易，以销售个人消费品为主，物流方面主要采用航空小包、邮寄、快递等形式。

由于进出口货物在不同的贸易方式下的海关监管、征税、统计作业的要求不尽相同，为了满足海关管理的需求，因此在海关报关单中设置海关监管方式代码字段加以区分。针对跨境电商B2C模式，海关总署制定了代码9610和1210的海关监管方式。下面分别介绍这两种海关监管模式：

根据海关总署发布第12号公告，增列代码"9610"海关监管方式。

"9610"全称"跨境贸易电子商务"，俗称"集货模式"，即B2C（企业对个人）出口。该模式能够化整为零，灵活便捷满足境外消费者需求，具有链路短、成本低、限制少的特点。该监管方式适用于境内个人或电子商务企业通过电子商务交易平台实现交易，并采用"清单核放、汇总申报"模式办理通关手续的电子商务零售进出口商品。也就是说，"9610"出口就是境内企业直邮到境外消费者手中。一般在海关办理通关的时候用的快递方式或者在综试区所在地海关办理电子商务出口申报手续，也有部分出口企业为了节省费用选择不报关或买单出口，切记这是不合规的。

"1210"全称"保税跨境贸易电子商务"，简称"保税电商"。该监管方式适用于境内个人或电子商务企业在经海关认可的电子商务平台实现跨境交易，并通过海关特殊监管区域或保税监管场所进出的电子商务零售进出境商品。"1210"其实就是把境内企业把生产出的货物存放在海关特殊监管区域或保税监管场的仓库中，即可申请出口退税，之后按照订单由仓库发往境外消费者。可以参考海关特殊监管区域的方法去办理出口退税，若进入的区域是保税区，必须凭仓储企业提供的离境备案清单办理出口退税。

B2B全称"跨境电商企业对企业出口"，是指境内企业通过跨境物流将货物运送至境外企业或海外仓，并通过跨境电商平台完成交易的贸易形式，企业根据海关要求传输相关电子数据。跨境电商B2B出口主要包括两种模式（9710和9810），企业可根据自身业务类型，选择相应方式向海关申报。

这种模式根据中国海关总署发布公告2021年第47号（关于在全国海关复制推广跨境电子商务企业对企业出口监管试点的公告），要求在现有试点海关基础上，在全国海关复制推广跨境电商B2B出口监管试点。这意味着"9710"和"9810"海关监管模式已经在全国范围内推广。也是后续文章介绍的重点业务，因为和出口退税业务紧密相关。

业务知识拓展：对于单票金额超过人民币5000元，或涉证、涉检、涉税的跨境电商B2B出口货物，企业应通过H2018通关管理系统办理通关手续；对于单票金额在人民币5000元（含）以内，且不涉证、不涉检、不涉税的，企业可以通过H2018通关管理系统或跨境电商出口统一版系统办理通关手续。

"9710"简称"跨境电商B2B直接出口"，境内企业通过跨境电商平台与境外企业达成交易后，通过跨境物流将货物直接出口至境外企业。通过H2018通关管理系统办理通关业务的，在申报前，跨境电商企业或跨境电商平台企业应向海关传输交易订单信息；通过跨境电商出口统一版系统通关，货物申报前，跨境电商企业、物流企业应分别向海关传输交易订单、物流信息。通过方式、收汇方式、出口退税的方式可以参照一般贸易。

"9810"，全称"跨境电商企业对企业出口海外仓"，简称"跨境电商出口海外仓"，是指境内企业货物通过跨境物流出口至海外仓，通过跨境电商平台实现交易后从海外仓送达境外购买者，海关监管方式代码9810。通过H2018通关管理系统办理通关业务的，在申报前跨境电商企业应向海关传输海外仓订单信息；通过跨境电商出口统一版系统通关，货物申报前，跨境电商企业、物流企业应分别向海关传输海外仓订单信息、物流信息。通过方式、收汇的方式、出口退税的方式可以参照一般贸易。

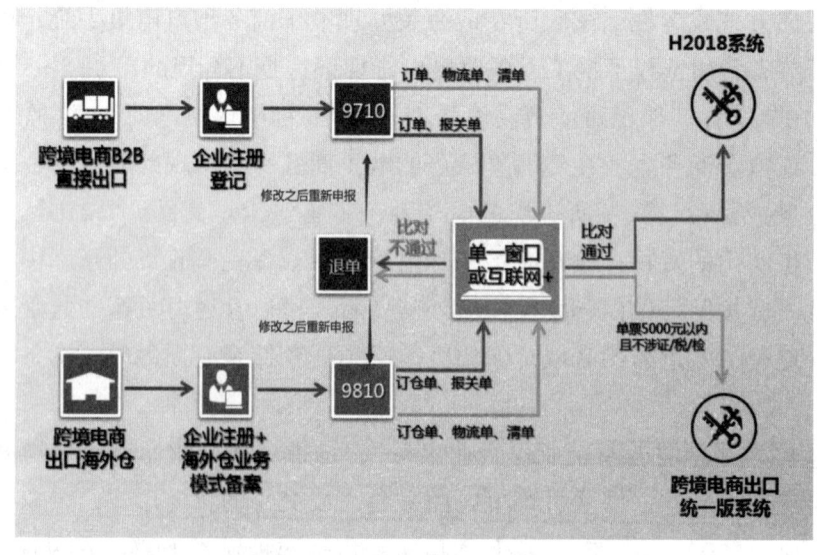

9710和9810海关业务流程图

2. 跨境电商出口退免税适用条件

（1）跨境电商出口退税适用条件

跨境电商出口货物，须同时符合以下基本条件：

①出口企业和供货企业必须是一般纳税人；

②货物向海关报关后须实际离境；

③在财务上必须做收入；

④销售对象为境外单位和个人；

⑤按时收汇。

以上符合条件在实际操作的具体操作：

①属于增值税一般纳税人并已向主管税务机关办理出口退（免）税备案；

②出口货物取得海关出口货物报关单（出口退税联），且与海关出口货物报关单电子信息一致；

③属于外贸企业的，购进出口货物取得相应的增值税专用发票、消费税专用缴款书（分割单）或海关进口增值税、消费税专用缴款书，且上述凭证有关内容与出口货物报关单（出口退税专用）有关内容相匹配；

④属于生产企业的，必须当期进行增值税申报且当期存在留抵税额；

⑤出口货物在收汇期限到期之前办理的收汇，如果不能够按时收汇必须提前备案或者归还出口退税，存在坏账的企业必须向主管税务机关提供不收汇手续；

⑥出口企业必须在出口货物当月确认收入，填在当期的增值税申报表，电商企业以生产企业办理退税的填在"免抵退销售额"，外贸企业应填在"免税销售额"。

注意：必须在办理退税之前确认出口收入。

⑦货物必须离境才能办理退税，收汇也必须从境外收取。如果电商企业先发往海关特殊监管区域或保税监管仓库中，必须要等到货物实际离境才能够办理出口退税。

特别提示："1210"保税跨境贸易电子商务其实就是视同出口货物，可以参照视同货物办理退（免）税政策。（相当于境内电商企业把生产或外购的货物存放在海关特殊监管区域或保税监管场的仓库中，等货物真正出口之后，仓储企业开具离境备案清单即可申请出口退税）

（2）跨境电商出口免税适用条件

电商企业不符合上述条件，不能办理退税，但同时符合下列条件的，适用增值税、消费税免税政策：

①电子商务出口企业已办理税务登记；

②出口货物取得海关签发的出口货物报关单；

③购进出口货物取得合法有效的进货凭证。

跨境电子商务零售出口货物属于在国务院批准的跨境电子商务综合试验区跨境电子商务零售出口货物，简称"综试区电商零售出口货物"，电商出口企业对于未取得有效进货凭证的货物，在符合一定条件下可以享受出口免税，即综试区"无票免税"业务。

综试区"无票免税"适用条件，必须是同时符合：

①在综试区注册，并在注册地跨境电子商务线上综合服务平台登记出口日期、货物名称计量单位、数量、单价、金额；

②出口货物通过综试区所在地海关办理电子商务出口申报手续；

③出口货物不属于取消出口退（免）税的货物。

3. 跨境电商企业办理出口退税的方法

跨境电商企业在实际业务中根据不同的企业类型可以分为两种方法：

（1）免抵退税办法

生产企业出口自产货物和视同自产货物及对外提供加工修理修配劳务，以及列名生产企业出口非自产货物，出口免征增值税，相应的进项税额抵减内销应纳增值税额之后，未抵减完的部分予以退还。

（2）免退税办法

不具有生产能力的出口企业（外贸企业）或其他单位出口货物劳务，免出口征增值税，采购货物相应的进项税额予以退还。

4. 跨境电商企业办理出口退税的计算依据

采用免退税（外贸企业）方法的计税依据是企业为采购货物的增值税专用发票注明的不含税金额或海关进口增值税专用缴款书注明的完税价格。计算公式是应退税额＝采购货物增值税专用发票注明的金额或海关进口增值税专用缴款书注明的完税价格×出口退税率，使用免退税方法的一定要注意换汇成本是否合理。换汇成本在审核中超出合理上限是不能够办理退税的，低于下限需要写说明才能够办理。一般上限是8，下限是5，有的地区还有微调。换汇成本的计算方法是［采购成本＋采购成本×（征税率－退税率）］÷FOB

采用免抵退方法（生产企业）办理退税的计算依据是出口货物报关的实际离岸价（FOB）。实际离岸价应以出口货物报关单的离岸价为准，然后通过FOB价计算出免抵退额，再和当期增值税申报表的期末留抵税进行比较，两者孰低办理退税。

5. 跨境电商企业办理退（免）税申报期限

根据财政部税务总局公告2020年第2号，电商企业出口货物劳务、发生跨境应税行为，未在规定期限内申报出口退（免）税或者开具《代出口货物证明》的，在收齐退（免）税凭证及相关电子信息后，即可申报办理出口退（免）税；这就意味着电商企业已经没有退税申报期限了,电商出口企业要注意好退税申报节奏,尽可能地及时办理退税。因为现在没有退税申报期限了,但是还是存在收汇期限。

按照税务机关出台 2022 年 9 号公告,电商企业货物出口之后必须在次年 4 月份增值税申报期到期之前办理收汇,未在规定期限内收汇或者办理不能收汇手续的,必须归还出口退税,等收汇或者办理不能收汇手续后,即可申报办理退(免)税。

6.跨境电商企业办理退(免)税备案

电商企业在首次申报出口退(免)税时,向主管税务机关提供《出口退(免)税备案表》及其电子数据,办理出口退(免)税备案手续。具体备案方法可以参考普通出口企业办理退(免)税备案方法。

(1)跨境电商企业办理退(免)税应提供的资料

①跨境电商生产企业办理退税提供的资料

序号	资料名称	数量	备注
1	出口货物退税申报电子数据	1 份	无
2	《免抵退税申报汇总表》	1 份	无
3	《生产企业出口货物免抵退税申报明细表》	1 份	和正常退税申报填报方法一致
4	出口发票	1 份	开具普通零税率发票
5	当期增值税申报表主表及附表 1 附表 2		无
6	出口收汇水单		退税分类为四类的出口企业在退税申报时提供,一类、二类、三类企业办理退税时可以暂不提供,只要在收汇期限之前收回即可。如果出口货物是跨境以人民币核算,必须从境外收回人民币
7	出口货物报关单		必须是出口退税联

有以下情形的,还应提供相应材料

适用情形	资料名称	数量	备注
报送的《生产企业出口货物免、抵、退税申报明细表》中的离岸价与相应出口货物报关单上的离岸价不一致的	《出口货物离岸价差异原因说明表》及电子数据	1 份	申报出口货物出口销售金额与报关单存在差异的时候必须进行填报
委托出口货物	受托方主管税务机关签发的代理出口货物证明复印件	1 份	只有在出口货物为退税率为零的时候,在办理代理出口证明之前必须开具委托证明
在出口货物报关单上的申报日期和出口日期期间,若海关调整商品代码,导致出口货物报关单上的商品代码与调整后的商品代码不一致的	《海关出口商品代码、名称、退税率调整对应表》及电子数据	1 份	商品代码升级时,存在商品代码变化或无效时提供

有以下情形的，还应提供相应材料

序号	材料名称	数量	备注
保税跨境贸易电子商务（"1210"）视同出口货物	出口货物报关单	1份	货物从区外进区是按一般贸易申报，离境时再按1210申报，即办理退税的时候必须提供"1210"报关单。

②跨境电商外贸企业办理视同出口业务时提供的资料

序号	材料名称	数量	备注
1	出口货物退（免）税申报电子数据	1份	无
2	《外贸企业出口退税进货明细申报表》	1份	和正常退税申报填报方法一致
3	《外贸企业出口退税出口明细申报表》	1份	和正常退税申报填报方法一致
4	增值税专用发票抵扣联或海关进口增值税专用缴款书		采购货物开具普通发票适用免税
5	出口发票		开具普通零税率发票
6	提供收汇水单	1份	退税分类为四类的出口企业在退税申报时提供，一类、二类、三类企业办理退税时可以暂不提供，只要在收汇期限之前收回即可。如果出口货物是跨境以人民币核算，必须从境外收回人民币
7	出口货物报关单		必须提供出口货物报关单的出口退税联

有以下情形的，还应提供相应材料

适用情形	材料名称	数量	备注
代理委托出口货物	代理出口协议以及受托方主管税务机关签发的代理出口货物证明	1份	存在代理业务提供
在出口货物报关单上的申报日期和出口日期期间，若海关调整商品代码，导致出口货物报关单上的商品代码与调整后的商品代码不一致的	《海关出口商品代码、名称、退税率调整对应表》及电子数据	1份	商品代码升级时，存在商品代码变化或作废时提供

有以下情形的，还应提供相应材料

适用情形	材料名称	数量	备注
保税跨境贸易电子商务（"1210"）视同出口货物	出口货物报关单	1份	货物从区外进区是按一般贸易申报，离境时再按1210申报，即办理退税的时候必须提供"1210"报关单

（2）跨境电商企业办理退税提供的备案单证

跨境电商企业应在申报出口退（免）税后15日内，将下列备案单证妥善留存，并按照申报退（免）税的时间顺序，制作出口退（免）税备案单证目录，注明单证存放方式，以备税务机关核查。电商企业备案单证的保存时间是5年。

备案单证内容：

①出口企业的购销合同（包括出口合同、外贸综合服务合同、外贸企业购货合同、生产企业收购非自产货物出口的购货合同等）；

②出口货物的运输单据（包括海运提单、航空运单、铁路运单、货物承运单据、邮政收据等承运人出具的货物单据）；

③出口企业承付运费的国内运输发票；

④出口企业承付费用的国际货物运输代理服务费发票；

⑤委托报关协议；

⑥受托报关单位为其开具的代理报关服务费发票。

特别提醒：2022年之后的电商企业出口办理退税需要提供以上单据。若2022年之前的出口业务备案须提供下列单证：

①外贸企业购货合同、生产企业收购非自产货物出口的购货合同，包括一笔购销合同下签订的补充合同等；

②出口货物装货单；

③出口货物运输单据（包括海运提单、航空运单、铁路运单、货物承运单据、邮政收据等承运人出具的货物单据）；

④出口企业承付费的国内运输单证。

备案方式多样化：

电商企业可以自行选择纸质化、影像化或者数字化方式，留存保管上述备案单证。其中选择纸质化方式的，还需在出口退（免）税备案单证目录中注明备案单证的存放地点。注意2022年之前的备案单证只能用纸质化备案。

单证备案不合规处罚方法：

电商出口企业未按规定进行单证备案的出口货物，不得申报出口退税，适用免税政策。已申报退（免）税的，应用负数申报冲减原申报或者直接归还出口退税。如果存在虚假备案单证的业务，直接按内销进行处理，情节严重的转给退税稽查部门处理。

7. 跨境电商出口业务税收核算问题分析

跨境出口体量不断增长，业务形式日趋多样化，但真正在海关合规申报的数据却不多。有的跨境电商出口采用了0110一般贸易模式进行申报，有的用大量快递模式出口，有的是采用的买单出口，不仅未进行海关合规申报，而且在收结汇方面由于没有出口数据造成收汇不合规，存在大量个人收汇，造成企业外汇总量核查指标不合规，引发外汇局核查并降级，同时在税务上也普遍存在收入成本不入账，纳税申报不合规，买单配票退税，存在较大税务风险。

（1）电商企业主要从税务角度面临的风险

①口退税方面。为了降低采购成本无法取得合规发票，或者不向供货商索要发票，或者通关不合规没有出口货物报关单，或者出口不合规收汇，造成出口业务无法退税。

②出口环节免税方面。购进货物用于出口，如无法取得合法有效进货发票，会被要求视同内销征税。

③企业所得税方面。为了获得高额利润，隐藏收入成本，偷逃企业所得税。有的电商企业虽然入账，但是没有采购发票，成本无法税前扣除，面临高额税负。

（2）造成以上问题主要原因

①中小企业和个人出口销售商品种类繁杂，采购渠道不稳定，无法取得采购发票，成本无法税前扣除，企业所得税税负太高，中小企业和个人为了追求更多的利润，只能通过少做收入或隐藏出口收入等方式进行纳税申报。

②采用9610或9810出口海外仓报关合规申报流程复杂，出口单证证据链复杂，操作手续复杂，海关政策不清晰。

③电商企业缺少"关汇税"专业人才，增加额外运营成本。

跨境电商企业应根据自身的实际情况选择合适的申报模式，做到合规申报，享受出口退税政策红利，规避税务核查风险。例如很多电商企业选择9710的模式，这种模式操作申报和正常一般贸易出口方式基本相同，是电商运营中相对简单，流程清晰的。

有的企业选择9610和9810，这两种模式在实际操作中，目前还存在不少问题。例如9610以"清单核放、汇总申报"模式办理通关手续，需要业务数据支持，可能与企业现有的业务系统不匹配，而且货物发往离境之后有的是直接卖给境外个人，造成收汇问题，不能向税务机关申请出口退税。

9810出口到海外仓，这种业务现在是存在争议。有的税务机关不支持这种模式的，甚至不给企业办理退税，原因是在办理出口退税时，税务机关需要确定出口企业是否达到退税政策所规定的确认出口收入,但9810这种模式是货物发往境外的仓库,再在电商线上平台零售,其出口时并未实现销售,按照会计法相关规定不符合确认收入的条件,电商企业会在平台销售之后再确认收入,电商企业在获得报关单时就已经申报了出口退税,这就违背了退税的合规性。因为税务机关在审核退税时要求退税需要确认收入再办理退税,9810这种模式销售过程较长,收入确认不及时。再有就是办理退税的时候税务机关要进行备案单证核查,在核查中要检查合同(或称为订单),在实际业务中9810业务模式的一些跨境电商在销售平台开的店铺,并不完全是以自己公司名义,这就会造成电商企业无法证明该店铺订单就是自己公司的业务。因此税务机关很难判断企业在备案单证中所提供订单的真实性,为了确保办理退税业务真实,在物流、资金流、票流等多个环节必须做到合规。因此基于以上两个原因9810业务办理退税在实际工作中税务机关需要重点检查。

8. 跨境电商出口政策依据

(1)《财政部国家税务总局关于出口货物劳务增值税和消费税政策的通知》(财税[2012]39号)

(2)《国家税务总局关于发布(出口货物劳务增值税和消费税管理办法)的公告》(国家税务总局公告2012年第24号)

(3)《财政部税务总局商务部海关总署关于跨境电子商务综合试验区零售出口货物税收政策的通知》(财税[2018]103号)

(4)《国家税务总局关于出口退(免)税申报有关问题的公告》(国家税务总局公告2018年第16号)

(5)《财政部税务总局关于明确国有农用地出租等增值税政策的公告》(财政部税务总局公告2020年第2号)

(6)《国家税务总局关于优化整合出口退税信息系统更好服务纳税人有关事项的公告》(国家税务总局公告2021年第15号)

(7)《国家税务总局关于进一步便利出口退税办理促进外贸平稳发展有关事项的公告》(国家税务总局公告2022年第9号)全文

9. 易货、补偿贸易方式出口办理退(免)税业务操作解析

(1)易货贸易的办理出口退(免)税规定

①易货贸易的业务描述。

易货贸易是指在换货的基础上,把等值的出口货物和进口货物直接结合起来的贸易方式。

②易货贸易退(免)税规定。

易货贸易出口收入在财务核算上基本同于自营出口销售,只是在外汇管理上,易

货贸易一般是应收与应付相抵,收不到外汇。对易货贸易的出口退税申报主要是参照自营出口退税的申报方法办理。

(2)补偿贸易的办理出口退(免)税规定

①补偿贸易的业务描述。

补偿贸易是指一方提供技术、设备,对方不付外汇,待工程建成投产后,以其产品或双方事先约定的其他商品偿还进口价款的一种贸易方式。补偿贸易按照出口企业性质可分为生产企业直接承担的补偿贸易和外贸企业承担的补偿贸易两种。

②补偿贸易出口货物退(免)税规定。

根据税务机关相关政策,对外补偿贸易项目生产的出口货物,在生产环节应照章征收增值税、消费税,货物补偿报关出口后予以办理退税。但补偿贸易出口货物应就生产企业直接承担的补偿贸易和外贸企业直接承担的补偿贸易分不同情况进行处理。

a. 生产企业办理补偿贸易出口退(免)税规定

生产企业直接承担的补偿贸易,虽然要由外贸企业进行出口结汇,但由于补偿盈亏和有关设备与成品进出口所发生的费用都由生产企业负担。而外贸企业只收取一定比例的手续费,相互之间是属代理出口关系,应参照代理出口办法办理退税。因此,生产企业必须凭外贸企业出具的"代理出口货物证明"、出口发票、出口货物报关单(出口退税联)等有关单证申报退(免)税。

b. 外贸企业承担的补偿贸易

是指外贸企业与外商签订补偿贸易合同,在引进技术、设备、材料后,将其作价卖给工厂,然后以收购货物的方式,再对外商进行补偿。由于外贸企业采取了收购货物出口补偿,所以对这种补偿贸易的退税方法,可以参照外贸企业自营出口货物退税的办法办理。这种补偿贸易与自营出口业务的区别是该项目出口货物成本是在加工补偿出口销售中体现的,因此出口退税要以加工补偿出口销售账为退税依据,自营出口是以采购成本作为退税依据。

(八)小规模纳税企业出口货物退(免)税实务

在实际出口业务,出口企业在办理税务登记的时候向税务机关申请的是小规模纳税人或者由一般纳税人转变为小规模,按照国家2012年24号公告相关规定对增值税小规模纳税人出口货物免征增值税、消费税,其采购货物进项税额不予抵扣或退税。还有就是如果出口企业是一般纳税人从小规模企业购进货物没有开具增值税专用发票或者无票,出口企业只能按内销处理;若小规模企业从税务机关代开增值税专用发票,按实际代开的税率办理退税。

1. 出口企业购进小规模纳税人货物的出口退(免)税范围

（1）出口企业购进小规模纳税人货物出口并取得税务部门代开的增值税专用发票及出口货物专用缴款书的，可按规定办理退税。

（2）出口企业从小规模供货企业购进的货物出口，一律凭增值税专用发票（必须按要求在发票管理平台进行勾选之后的发票）及有关凭证办理退税。小规模供货企业向出口企业销售这些产品，可到税务机关代开增值税专用发票。

（3）出口企业是小规模纳税人，这时候出口货物不能够办理退税，只能享受免税；若供货商不能开具有效的进货发票，该业务只能够申请内销。

2. 小规模纳税人货物的征收率和出口退税率

（1）征收率。

按照《中华人民共和国增值税暂行条例》小规模纳税人适用的征收率：法定征收率3%；特殊征收率5%。适用5%：小规模纳税人销售自建或者取得的不动产、出租不动产。其他都是以3%，疫情期间征收率1%。

（2）出口退税率。

出口企业购进小规模纳税人的货物出口，若开具的是增值税专用发票，一般按3%的征收率办理退税，即如果出口企业出口商品的退税率大于征税率，退税率是从低的原则，征收税率低于实际退税率的，相应计算出的差额部分的税款计入出口货物劳务成本。

3. 小规模纳税人货物出口退税的计算依据及方法

（1）从小规模出口企业购进并持有税务机关代开的增值税专用发票的出口货物的退税依据为增值税专用发票上注明的销售金额。

应退税额 = 增值税发票上（含增值税的）销售金额 ÷（1+征收率）× 征收率

若小规模企业没有获得专票或者普通发票，该出口业务视同内销征税。

应纳税额 = 出口货物离岸价 ÷（1+征收率）× 征收率

（2）从小规模纳税人购进特准退税的出口货物，应退税额的计算公式为：

应退税额 = 普通发票上（含增值税的）销售金额 ÷（1+征收率）× 退税率

4. 小规模纳税人货物出口办理退税的时间问题

小规模纳税人出口货物劳务、服务的时间，按以下原则确定：属于向海关报关出口的货物劳务，以出口货物报关单上注明的出口日期为准；属于非报关出口销售的货物、发生适用增值税零税率跨境应税行为，以出口发票或普通发票的开具时间为准；属于保税区内出口企业或其他单位出口的货物以及经保税区出口的货物，以货物离境时海关出具的出境货物备案清单上注明的出口日期为准。

出口企业为一般纳税人变更为小规模纳税人的，其在一般纳税人期间出口适用增值税退税政策的货物劳务、发生适用增值税零税率跨境应税行为，继续按照现行规定申报和办理出口退（免）税相关事项。出口企业在变更退（免）税备案手续之前将原一般纳税人期间的出口货物申报退税完毕。

特别提醒：原实行免抵退税办法的转登记纳税人在一般纳税人期间出口货物劳务、服务，尚未申报抵扣的进项税额以及转登记日当期的期末留抵税额，计入"应交税费——待抵扣进项税额"，可以参与免抵退税计算。

自变更之日起，转登记纳税人出口货物劳务、服务，适用增值税免税规定，按照现行小规模纳税人的有关规定办理增值税纳税申报及免税处理。免税处理的方法是出口收入确认免税收入，对应采购货物进项税额不能够抵扣进入货物成本（如果供货商开具的是普通发票可以不做），将出口货物报关单与进货发票装订起来，以备税务机关的检查。

5.小规模企业办理退税政策依据

（1）《财政部国家税务总局关于出口货物劳务增值税和消费税政策的通知》（财税[2012]39号）

（2）《财政部税务总局关于统一增值税小规模纳税人标准的通知》（财税〔2018〕33号）

（3）《国家税务总局关于统一小规模纳税人标准等若干增值税问题的公告》（国家税务总局公告2018年第18号）

第六章　新金三退税系统升级后在自检中出口企业退税申报经常出现的疑点及解决方法

一、审核疑点级别

出口退税计算机审核系统审核疑点分为三类：

（一）提示类疑点

错误级别代码为"空"，不设置错误标志，不影响审核结果，应进行疑点核实，核实后做申报数据调整、人工扣留或再次审核通过处理。

（二）警告类疑点

错误级别代码为"W"，影响审核结果，应进行疑点核实，核实后做申报数据调整、人工扣留或人工跳过处理。

（三）错误类疑点

错误级别代码为"E"，影响审核结果，应进行疑点核实，核实后做申报数据调整、人工扣留，原则不可以做人工跳过处理。

二、疑点调整结果处理

针对审核疑点的处理，可以采取以下三种方式：

（1）数据调整：核实后如发现属于申报数据错误的，可以进行申报数据调整处理；

（2）人工扣留：核实后如发现属于不可调整错误的，可以进行人工扣留处理；

（3）人工跳过：核实后通过，可以进行人工跳过处理。

（一）外贸企业审核疑点的产生原因与处理方法

1.关联号（XXX）下商品（YYY）换汇成本（ZZZ）高于合理上限,错误级别为"E"。

（1）概述

换汇成本检查不合格，高于税务部门规定上限值。

（2）产生原因

①配单或申报错误（撤销重新申报）；

②从企业实际经营考虑进销价格不在合理范围（经营真实的情况下企业提供情况说明且合理）。

（3）调整方法

①外贸出口企业审核疑点处理申请单；

②企业情况说明及对应证明材料；

③购销合同、发票、报关单、提单、资金流等备案资料；

④税务局要求的其他资料。

注意：这个疑点需要去税局现场处理，换汇成本高于上限原则是不予办理退税。

2. 关联号（XXX）下商品（YYY）换汇成本（ZZZ）低于合理上限，错误级别为"W"。

（1）概述

换汇成本检查不合格，低于税务部门规定下限值

（2）产生原因

①配单或申报错误（撤销重新申报）；

②从企业实际经营考虑进销价格不在合理范围（经营真实的情况下企业提供情况说明且合理）。

（3）调整方法

①外贸出口企业审核疑点处理申请单；

②企业情况说明及对应佐证材料；

③购销合同、发票、报关单、提单、资金流等备案资料；

④税务局要求的其他资料。

注意：换汇成本低于下限税务部门可以人工跳过。

3. 部门码不在登记分部代码范围内，错误级别为"E"。

（1）概述

部门码与出口企业登记的分部代码范围不相符。

（2）产生原因

①税务机关在建立出口企业代码库时，出口企业漏报部门码或税务机关漏录出口企业代码；

②出口企业申报退税时，部门码填报错误；

③其他原因。

（3）调整方法

①税务机关在建立出口企业代码库时，出口企业漏报部门码的，应由出口企业补充申报，然后由税务机关系统维护人员调整出口企业代码库；

②税务机关在建立出口企业代码库时,漏录出口企业代码的,由税务机关系统维护人员调整出口企业代码库;

③出口企业申报退税时,部门代码填报错误的,应调整原错误数据,然后重新填报正确的记录。

4. 该商品不是基本商品,错误级别为"E"。

(1) 概述

出口退税申报表中的商品代码不是基本商品代码。

(2) 产生原因

①出口企业申报退税时,使用了大类或中类商品码;

②出口企业申报退税时,商品代码填报错误;

③税务机关在调整出口企业出口申报数据时,商品代码调整错误;

④其他原因。

(3) 调整方法

①出口企业申报退税时,使用了大类或中类商品码的,应调整录入正确数据;

②出口企业商品代码填报错误的,应调整录入正确数据;

③税务机关调整错误的,应调整录入正确数据。

5. 申报计量单位(XXX)与商品码库中的(YYY)不符,错误级别为"E"。

(1) 概述

退税申报表中的商品计量单位与商品代码表中的计量单位不符。

(2) 产生原因

①出口企业申报退税时,计量单位填报错误;

②税务机关在添加商品扩展码时,计量单位录入错误;

③其他原因。

(3) 调整方法

①出口企业申报退税时,计量单位填报错误的,应调整录入正确数据;

②税务机关在添加商品扩展码时,计量单位录入错误的,应由系统维护人员调整出口企业商品代码库。

6. 禁止出口商品或不退税商品,错误级别为"E"。

(1) 概述

出口退税申报表中的商品为禁止出口商品或不退税商品。

(2) 产生原因

①出口企业经营了禁止出口商品或不退税商品;

②出口企业申报退税时,使用了错误的商品代码;

③出口企业报关出口时,使用了错误的商品代码;
④税务机关在调整出口企业出口申报数据时,商品代码调整错误;
⑤其他原因。
(3)调整方法
①出口企业经营了禁止出口商品或不退税商品的,经核实无误,应用调整法冲回数据;
②出口企业申报退税时,使用了错误的商品代码的,应调整录入正确数据;
③出口企业报关出口时,使用了错误商品代码的,由出口企业与海关协商重新打印报关单并调整报关单电子信息;
④税务机关调整错误的,应调整录入正确数据。

7. 商品码库中无此商品码(或为无效商品码),错误级别为"E"。
(1)概述
退税申报表中所申报的商品代码在商品代码表中不存在。
(2)产生原因
①出口企业申报退税时,商品代码填报错误;
②税务机关在调整出口企业出口申报数据时,商品代码调整错误;
③出口企业商品代码库使用错误;
④其他原因。
(3)调整方法
①出口企业申报退税时,商品代码填报错误的,应调整录入正确数据;
②税务机关调整错误的,应调整录入正确数据;
③商品代码库使用错误的,应由系统维护人员调整出口企业商品代码库。

8. 申报退税率(XXX)超出合理范围,错误级别为"E"。
(1)概述
退税申报表中的商品申报退税率超出合理范围。
(2)产生原因
①出口企业申报退税时,退税率填报错误;
②税务机关在调整出口企业出口申报数据时,退税率调整错误;
③其他原因。
(3)调整方法
①出口企业申报退税时,退税率填报错误的,应调整录入正确数据;
②税务机关调整错误的,应调整录入正确数据。

9. 数值项不应为负数,错误级别为"W"。

（1）概述

出口退税申报表中的数值项不应为负数。如出口数量、出口进货的金额或所退增值税税额为负数。

（2）产生原因

①出口企业申报退税时，将出口数量、出口进货的金额或所退增值税税额录为负数；

②税务机关在调整出口企业出口申报数据时，调整错误；

③其他原因。

（3）调整方法

①出口企业申报退税时，将出口数量、出口进货的金额或所退增值税税额录为负数的，应调整录入正确数据；

②税务机关在调整出口企业出口申报数据时，调整错误的，应调整录入正确数据。

10. 进货凭证开具日期（XXX）长期滞后出口日期（YYY）。

（1）概述

外贸企业进货发票开票时间晚于出口货物报关单的出口日期。

（2）产生原因

①申报错误（预申报后撤销重新申报）；

②凭证开具与出口日期相差超过6个月。

（3）调整方法

①外贸出口企业审核疑点处理申请单；

②企业情况说明；

③购销合同、发票、报关单、提单、装箱单、出入库单、资金流等备案资料；

④税务局要求的其他资料。

11. 该报关单号在海关信息中已被（XXX）挑中，错误级别为"W"。

（1）概述

出口货物报关单存在重复申报的情形。

（2）产生原因

①出口货物报关单号码录入错误；

②同一凭证重复申报或已办理过退（免）税相关业务；

③出口有货物冲减业务操作。

（3）调整方法

①出口企业申报退税时，报关单号码填报错误的，应调整录入正确数据；

②如果存在冲红业务去税务部门说明，经核实无误，人工跳过。

12. 该报关单已开过代理证明，错误级别为"E"。

（1）概述

退税申报表中的报关单号码存在于已开具代理证明的历史数据库中。

（2）产生原因

①出口企业申报退税时，报关单号码填报错误；

②出口企业申报退税时，该报关单既有代理也有自营；

③出口企业所开代理证明中的报关单号码错误；

④其他原因。

（3）调整方法

①出口企业申报退税时，报关单号码填报错误的，应调整录入正确数据；

②出口企业申报退税时，该报关单既有代理也有自营的，经核实无误，人工跳过；

③出口企业所开代理证明中的报关单号码错误的，退回原代理证明作废，并核实无误，人工跳过。

13. 该报关单已开过退运补税证明，错误级别为"E"。

（1）概述

退税申报表中的报关单号码存在于已开具退运补税证明的历史数据库中。

（2）产生原因

①出口企业申报退税时，报关单号码填报错误；

②出口企业申报退税时，该报关单存在部分退运；

③出口企业所开退运补税证明中的报关单号码错误；

④其他原因。

（3）调整方法

①出口企业申报退税时，报关单号码填报错误的，应调整录入正确数据；

②出口企业申报退税时，该报关单部分退运的，经核实无误，人工跳过；

③出口企业所开退运补税证明中的报关单号码错误的，退回原代理证明作废，并核实无误，人工跳过。

14. 出口申报数量大于进货数量，错误级别为"E"。

（1）概述

在退税申报表中同一关联号下同一商品的数量合计大于进货明细表中的数量合计。

（2）产生原因

①出口企业申报退税时，出口数量填报错误；

②税务机关在调整出口企业出口申报数据时，调整错误；

③其他原因。

（3）调整方法

①出口企业申报退税时，出口数量填报错误的，应调整录入正确数据；

②税务机关在调整出口企业出口申报数据时，调整错误的，应调整录入正确数据。

15. 该关联号（XXX）下商品代码（YYY）对应底账发票中计量单位（ZZZ）在对应报关单的计量单位中不存在，错误级别为"E"。

（1）产生原因

①企业发票项号等要素申报错误或发票开具错误（自检后撤销重新申报，发票退回重开）；

②发票部分申报；

③发票和报关单为多对多或者多对一（尽量一一对应）；

④同一货物的多种零部件合并报关（企业提供折算标准并且合理）。

（2）调整方法

①重新录入正确计量单位；

②报关单复印件；

③发票复印件；

④情况说明；

⑤税务局要求的其他资料。

注意：退税申报的进项发票的货物名称、计量单位、数量应与报关单必须相符。

16. 该关联号（XXX）下商品代码（YYY）对应进货发票货物名称（ZZZ）与报关单商品名称（WWW）不一致，错误级别为"E"。

（1）概述

进货发票名称与报关单显示名称存在不一致。

（2）产生原因

①企业发票申报错误或发票开具错误（自检核查后撤销重新申报，发票退回重开）；

②同一货物的多种零部件合并报关（企业提供折算标准并且合理）；

③商品代码录入错误。

（3）调整方法

①重新开具发票；

②报关单复印件；

③发票复印件；

④情况说明；

⑤税务局要求的其他资料。

注意：退税申报的进项发票的货物名称、计量单位、数量应与报关单必须相符。

17. 可退税额为零,错误级别为"E"。

(1) 产生原因

①出口企业申报退税时,可退税额录入错误(计算错误)或漏录;

②其他原因。

(2) 调整方法

出口企业申报退税时,可退税额录入错误或漏录的,经核实后调整原错误数据,然后填报正确的记录。

18. 进货数量大于出口申报数量,错误为"　"。

(1) 产生原因

①出口企业在申报退税时,将进货数量录入错误;

②出口企业在申报退税时,将出口数量申报错误;

③其他原因。

(2) 调整方法

①出口企业在申报退税时将进货数量录入错误的,经核实应调整原错误数据,然后填报正确的记录;

②出口企业在申报退税时纸质报关单中商品数量与海关信息的商品数量不符,应由出口企业与海关协商重新打印报关单并修改报关单电子信息。

19. 该发票重复申报,错误级别为"　"。

(1) 概述

申报退税时,增值税专用发票号码重复。

(2) 产生原因

①该发票重复申报;

②出口企业申报时,发票号码录入错误;

③分批单申报;

④一张发票对应多张税票。

(3) 调整方法

①属于发票重复申报的,应撤回申报;

②属于申报数据录入错误的,应进行数据调整;

③属于分批单申报的,核实无误后,可以审核通过;

④属于一张发票对应多张税票的,核实无误后,可以审核通过。

20. 申报退税率(XXX)>申报的征税税率(YYY),错误级别为"W"。

(1) 产生原因

①出口企业申报时填写错误或税务人员调整错误;

②出口企业申报时，退税率使用错误；

③商品代码库没有升级。

（2）调整方法

①出口企业申报时填写错误或税务人员修改错误的，经核实，应调整原错误数据，然后填报正确的记录；

②出口企业申报时，退税率使用错误的，经核实，应调整原错误数据，然后填报正确的记录。

21. 申报退税率与商品码库中的退税率不符，错误级别为"E"。

（1）产生原因

①出口企业申报退税时录入错误；

②商品代码库中退税率错误；

③其他原因。

（2）调整方法

①出口企业申报退税时录入错误的，经核实后，应调整原错误数据，然后填报正确的记录；

②商品代码库存中退税率错误的，经核实后，由系统维护人员调整商品代码库。

22. 申报商品码（前8位）与海关数据中的（XXX）不等，错误级别为"W"。

（1）概述

出口企业申报的商品代码与海关关单中列明的商品代码不一致。

（2）产生原因

①出口企业申报退税时，商品代码填报错误；

②税务机关在调整出口企业出口申报数据时，调整错误；

③其他原因。

（3）调整方法

①出口企业申报退税时，商品代码填报错误的，应调整录入正确数据；

②税务机关调整错误的，应调整录入正确数据；

③填写海关商品代码调整表。

23. 申报出口数量（XXX）超过海关（YYY）ZZZ%，错误级别为"E"。

（1）概述

申报出口数量超过海关数据中的出口数量2%以上。

（2）产生原因

①出口企业申报退税时，出口数量填报错误；

②出口企业报关出口时，出口数量申报错误；

③其他原因。

（3）调整方法

①出口企业申报退税时，出口数量填报错误的，应调整录入正确数据；

②出口企业报关出口时，出口数量申报错误的，由出口企业与海关协商重新打印报关单并调整报关单电子信息。

24.海关数据曾被（XXX）挑过，错误级别为"W"。

（1）概述

判断退税申报表中的报关单号码，该报关单的相关信息在海关数据中已被挑过。

（2）产生原因

①出口企业申报退税时，报关单号填报错误；

②税务机关在调整出口企业出口申报数据时，调整错误；

③其他原因。

（3）调整方法

①出口企业申报退税时，报关单号填报错误的，应调整录入正确数据；

②税务机关在调整出口企业出口申报数据时调整错误的，应调整后录入正确数据。

25.此贸易性质（XXX）不存在，错误级别为"E"。

（1）概述

海关数据中的贸易性质不在贸易性质代码库中。

（2）产生原因

海关数据中贸易性质代码错误或其他原因。

（3）调整方法

出口企业报关出口时，出口报关单内容填报错误的，由出口企业与海关协商重新打印报关单并调整报关单电子信息。

26.此贸易性质（XXX）为其他类，错误级别为"　"。

（1）概述

此贸易性质（XXX）为其他类。

（2）产生原因

①属于贸易性质为其他类；

②出口企业申报退税时，报关单号填报错误；

③其他原因。

（3）调整方法

①属于贸易性质为其他类的，经核实无误，不作调整；

②出口企业申报退税时，报关单号填报错误的，应调整录入正确数据。

27. 此贸易性质（XXX,YYY）不退税，错误级别为"E"。

（1）概述

该贸易类型的退税标志为 F，表示不退税。

（2）产生原因

①属于不退税贸易性质；

②出口企业申报退税时，报关单号填报错误；

③其他原因。

（3）调整方法

①属于不退税贸易性质的，经核实无误，应调整录入正确数据；

②出口企业申报退税时，报关单号填报错误的，应调整录入正确数据。

28. 换汇成本（XXX）低于合理下限，错误级别为"　"。

（1）概述

出口美元值为 0 且出口进货成本中，从价定率征税不为 0 或从量定额征税不为 0，或者出口进货成本 / 出口美元值小于换汇成本的合理下限。

（2）产生原因

①出口企业申报退税时，将不同价值、不同规格的出口商品混合使用统一商品代码核算；

②出口企业申报退税时，出口或进货数量、金额及商品代码填报错误；

③出口商品的出口或进货价格异常；

④税务机关在调整出口企业出口申报数据时，调整错误；

⑤其他原因。

（3）调整方法

①出口企业申报退税时，将不同价值、不同规格的出口商品混合使用统一商品代码核算的，经核实无误，可不作调整，也可分别列入不同关联号下重新申报；

②出口企业申报退税时，出口或进货数量、金额及商品代码填报错误的，应调整录入正确数据；

③出口商品的出口或进货价格异常的，经核实无误，不作调整；

④税务机关在调整出口企业出口申报数据时，调整错误的，应调整录入正确数据。

29. 换汇成本（XXX）高于合理上限，错误级别为"W"。

（1）概述

出口美元值为 0 且出口进货成本中，从价定率征税不为 0 或从量定额征税不为 0，或者出口进货成本 / 出口美元值大于换汇成本的合理上限。

（2）产生原因

①出口企业申报退税时，将不同价值、不同规格的出口商品混合使用统一商品代码核算；

②出口企业申报退税时，出口或进货数量、金额及商品代码填报错误；

③出口商品的出口或进货价格异常；

④税务机关在调整出口企业出口申报数据时，调整错误；

⑤其他原因。

（3）调整方法

①出口企业申报退税时，将不同价值、不同规格的出口商品混合使用统一商品代码核算的，经核实无误，可以人工跳过，也可分别列入不同关联号下重新申报；

②出口企业申报退税时，出口或进货数量、金额及商品代码填报错误的，应调整录入正确数据；

③出口商品的出口或进货价格异常的，经核实无误，人工跳过；

④税务机关在调整出口企业出口申报数据时，调整错误的，应调整录入正确数据。

30. 海关数据中无此报关单号（XXX），错误级别为"E"。

（1）概述

退税申报表中的报关单号码在海关数据库中不存在。

（2）产生原因

①出口企业申报退税时，报关单号填报错误；

②海关数据信息滞后；

③其他原因。

（3）调整方法

①出口企业申报退税时，报关单号填报错误的，应调整录入正确数据；

②海关数据信息滞后的，经核实无误，不作调整，待接收或查询到海关信息后再行审核。

31. 出口国别为中国境内，错误级别"E"。

（1）概述

海关数据中报关单上"运抵国（地区）"为中国境内。

（2）产生原因

①属于出口企业出口到保税区或加工区；

②出口企业申报退税时，报关单号填报错误；

③其他原因。

（3）调整方法

①属于出口企业出口到保税区或加工区的，经核实属于是符合保税区、加工区区

外企业退税的,可不作调整;

②出口企业申报退税时,报关单号填报错误的,应调整录入正确数据。

32. 海关数据中的出口日期(XXX)不在系统年度内(YYY),错误级别为"W"。

(1)概述

海关数据中的出口日期与系统年度不一致。

(2)产生原因

①属于其他年度的报关单信息;

②出口企业申报退税时,报关单号填报错误;

③其他原因。

(3)调整方法

①属于其他年度报关单的,经核实,应调整录入正确数据;

②出口企业申报退税时,报关单号填报错误的,应调整录入正确数据。

33. 申报商品码(前8位)与代理出口证明数据中的(XXX)不等,错误级别为"W"。

(1)概述

出口企业申报的商品代码与代理出口证明中列明的商品代码不一致。

(2)产生原因

①出口企业申报退税时,商品代码填报错误;

②税务机关在调整出口企业出口申报数据时,调整错误;

③其他原因。

(3)调整方法

①出口企业申报退税时,商品代码填报错误的,应调整录入正确数据;

②税务机关调整错误的,应调整录入正确数据。

34. 代理出口证明数据曾被(XXX)挑过,错误级别为"W"。

(1)概述

判断退税申报表中的代理出口证明号码,该代理出口证明的相关信息在代理出口证明数据中已被挑过。

(2)产生原因

①出口企业申报退税时,代理出口证明号填报错误;

②税务机关在调整出口企业出口申报数据时,调整错误;

③其他原因。

(3)调整方法

①出口企业申报退税时,代理出口证明号填报错误的,应调整录入正确数据;

②税务机关在调整出口企业出口申报数据时调整错误的,应调整录入正确数据。

35.代理出口证明数据无效（XXX），错误级别为"W"。

（1）概述

判断退税申报表中的代理出口证明号码，该代理出口证明的相关信息在代理出口证明数据中无效。

（2）产生原因

①出口企业办理代理出口证明时，出口代理出口证明内容填报错误；

②其他原因。

（3）调整方法

出口企业办理代理出口证明时，出口代理出口证明内容填报错误的，由出口企业协商税务机关调整代理出口证明信息。

36.代理证明数据中无此代理证明号（XXX），错误级别为"E"。

（1）概述

退税申报表中的代理出口证明号码在代理证明数据库中不存在。

（2）产生原因

①出口企业申报退税时，代理出口证明号填报错误；

②代理证明数据滞后；

③其他原因。

（3）调整方法

①出口企业申报退税时，代理出口证明号填报错误的，应调整录入正确数据；

②代理证明数据滞后的，经核实无误，接收代理证明数据后进行审核。

37.代理数据中的出口日期（XXX）不在系统年度内（XXX），错误级别为"W"。

（1）概述

总局代理证明信息中的出口日期与系统年度不一致。

（2）产生原因

①属于其他年度的代理证明信息；

②出口企业申报退税时，代理证明号填报错误；

③其他原因。

（3）调整方法

①属于其他年度的代理证明的，经核实，应调整录入正确数据；

②出口企业申报退税时，代理证明号填报错误的，应调整录入正确数据。

38.该税票（XXX）已被缴销，错误级别为"E"。

（1）产生原因

①出口企业在申报退税时，专用税票号码录入错误；

②出口企业使用已缴销的专用税票申报退税；

③总局清分的专用税票电子信息有误；

④其他原因。

（2）调整方法

①出口企业在申报退税时，专用税票号码录入错误的，经核实应调整填报正确的记录；

②出口企业使用已缴销的专用税票申报退税的，不予退税；

③总局清分的专用税票电子信息有误的，反馈错误信息，待重新接到正确信息后，按有关规定办理。

39. 与总局缴销信息企业代码（XXX）不符，该税票视为已被缴销，错误级别为"W"。

（1）产生原因

①出口企业在申报退税时，专用税票号码录入错误；

②总局清分的专用税票电子信息有误；

③其他原因。

（2）调整方法

①出口企业在申报退税时，专用税票号码录入错误的，经核实应调整填报正确的记录；

②总局清分的专用税票电子信息有误的，反馈错误信息，待重新接到正确信息后，按有关规定办理；对属于企业代码错误的不予退税，应用调整冲掉原错误数据。

40. 该税票（XXX）因开分割单已被缴销，该税票视为无效，错误级别为"　"。

（1）产生原因

①出口企业在申报退税时，专用税票号码录入错误；

②出口企业在申报退税时，使用分割单申报；

③总局下传的专用税票电子信息有误；

④其他原因。

（2）调整方法

①出口企业在申报退税时，专用税票号码录入错误的，经核实应调整填报正确的记录；

②出口企业申报退税时，使用分割单申报的，经核实后可做人工跳过；

③总局下传的专用税票电子信息错误的，反馈错误信息，待重新接到正确信息后，按有关规定办理。

41. 申报征收率（XXX%）或税率（XXX%）与总局税票的（YYY%）不符，错误级别为"W"。

（1）产生原因

①出口企业在申报退税时，征收率或税率录入错误；

②总局下传的专用税票电子信息有误；

③其他原因。

（2）调整办法

①出口企业在申报退税时，征收率或税率录入错误的，经核实应调整填报正确的记录；

②总局下传的专用税票电子信息有误的，反馈错误信息，待重新接到正确信息后，按有关规定办理。

42. 申报计税金额（XXX）或税票总申报计税金额（XXX）＞总局税票的（YYY）或总局的（YYY），错误级别为"E"。

（1）产生原因

①出口企业在申报退税时，将专用税票计税金额录入错误；

②出口企业在申报退税时，同一税票号项下的商品申报退税的计税金额合计数由于计算错误，而大于专用税票计税金额；

③总局下传的专用税票电子信息有误；

④其他原因。

（2）调整方法

①出口企业在申报退税时，将专用税票计税金额录入错误的，经核实应填报正确的记录；

②出口企业在申报退税时，同一税票号项下的商品申报退税的计税金额合计数由于计算错误，而大于专用税票计税金额的，经核实应调整填报正确的记录。（对于由于某条记录重复等原因造成的此条疑点，经核实应调整冲掉原错误数据。）

③总局下传的专用税票电子信息有误的，由税务部门进行电子函调后再进行处理。

43. 申报实缴税额（XXX）或税票总申报实缴税额（XXX）＞总局税票的（YYY）或总局的（YYY），错误级别为"E"。

（1）产生原因

①出口企业在申报退税时，将专用税票实缴税额录入错误；

②出口企业在申报退税时，同一税票号项下的商品申报退税的实缴税额合计数由于计算错误，而大于专用税票实缴税额；

③总局下传的专用税票电子信息有误；

④其他原因。

（2）调整方法

①出口企业在申报退税时,将专用税票实缴税额录入错误的,经核实应调整填报正确的记录;

②出口企业在申报退税时,同一税票号项下的商品申报退税的实缴税额合计数由于计算错误,而大于专用税票实缴税额的,经核实应调整填报正确的记录。(对于由于某条记录重复等原因造成的此条疑点,经核实应调整冲掉原错误数据。)

③总局下传的专用税票电子信息有误的,反馈错误信息,待重新接到正确信息后,按有关规定办理。

44. 总局税票信息中无此税票号(XXX),错误级别为"E"。

(1)产生原因

①出口企业在申报退税时,专用税票号码录入错误;

②总局下传的专用税票电子信息滞后;

③总局下传的专用税票电子信息有误;

④其他原因。

(2)调整方法

①出口企业在申报退税时,专用税票号码录入错误的,经核实应调整填报正确的记录;

②总局下传的专用税票电子信息滞后的,经核实可进行申报,待接收电子数据后进行审核;

③总局下传的专用税票电子信息有误的,反馈错误信息,待重新接到正确信息后,按有关规定办理。

45. 该发票(XXX)在总局发票信息中不存在,错误级别为"E"。

(1)概述

总局发票信息中无此发票号。

(2)产生原因

①出口企业在申报退税时,发票号码录入错误;

②总局下传的发票电子信息滞后或有误;

③其他原因。

(3)调整方法

①出口企业在申报退税时,发票号码录入错误的,经核实应调整原错误数据,然后填报正确的记录;

②总局下传的发票电子信息滞后的,经核实可进行申报,等接收信息后进行审核;

③总局下传的发票电子信息有误的,反馈错误信息,待重新接到正确信息后,按有关规定办理。

46. 该发票（XXX）与总局发票购方纳税识别号完全不符，错误级别为"E"。

（1）概述

申报的发票号在总局发票信息中，但总局发票信息中的购货单位税号与出口企业的纳税人识别号不同。

（2）产生原因

①出口企业在申报退税时，发票号码录入错误；

②出口企业纳税人识别号发生变更；

③其他原因。

（3）调整方法

①属于出口企业申报错误的，对错误数据进行调整；

②属于出口企业纳税人识别号变更的，经核实可进行人工跳过。

47. 该发票（XXX）与总局发票销方纳税识别号不符，错误级别为"E"。

（1）概述

申报的发票号在总局发票信息中，但总局发票信息中的销方纳税识别号与申报数据中的供货方纳税号不同。

（2）产生原因

①出口企业在申报退税时，发票号码录入错误；

②其他原因。

（3）调整方法

属于出口企业申报错误的，对错误数据进行调整。

48. 该发票（XXX）与总局发票开票日期不符，错误级别为"E"。

（1）概述

申报的发票号在总局发票信息中，但总局发票信息中的开票日期与申报数据中的开票日期不同。

（2）产生原因

①出口企业在申报退税时，发票号码录入错误；

②其他原因。

（3）调整方法

属于企业申报错误的，对错误数据进行调整。

49. 该发票（XXX）非交叉稽核相符发票，错误级别为"E"。

（1）概述

申报的发票号在认证发票信息中，但在总局交叉稽核相符发票信息中找不到，出口企业的审核配置为审核交叉稽核相符发票信息，错误级别为"E"。

（2）产生原因

①出口企业在申报退税时，发票号码录入错误；

②总局下传的发票电子信息滞后或有误；

③其他原因。

（3）调整方法

①属于交叉稽核相符发票信息尚未接收到的，可不做处理；

②属于出口企业申报错误的，对错误数据进行调整。

50. 发票总申报计税金额（XXX）＞总局的（YYY），错误级别为"E"。

（1）概述

出口企业申报的发票计税金额大于总局交叉稽核相符发票信息中的发票金额。

（2）产生原因

①出口企业在申报退税时，发票号码录入错误；

②出口企业在申报退税时，计税金额录入错误；

③分批申报时，同一发票号码的计税金额合计数错误。

（3）调整方法

属于出口企业申报错误的，对错误数据进行调整。

51. 发票总申报税额（XXX）＞总局的（YYY），错误级别为"E"。

（1）概述

出口企业申报的发票税额大于总局交叉稽核相符发票信息中的发票税额。

（2）产生原因

①出口企业在申报退税时，发票号码录入错误；

②出口企业在申报退税时，税额录入错误；

③分批申报时，同一发票号码的税额合计数错误。

（3）调整方法

①属于出口企业申报错误的，对错误数据进行调整；

②由于交叉稽核相符发票信息中单价四舍五入原因造成的，经核实后，可做人工跳过。

52. 该发票（XXX）是交叉稽核不符发票信息，错误级别为"E"。

（1）概述

该发票在总局发票信息中为交叉稽核不符发票。

（2）产生原因

①虚假发票；

②出口企业将发票号码录入错误；

③总局发票信息有误。

（3）调整方法

①属于虚假发票的，移交稽查部门处理；

②属于出口企业将发票号码录入错误的，进行数据调整；

③属于总局发票信息有误的，反馈错误信息，待重新接到正确信息后，按有关规定办理。

53. 该发票（XXX）在不符发票协查信息中，类别为正常，错误级别为" "。

（1）概述

申报的发票号在总局不符发票信息协查结果信息中，并且协查结果类别为"0 正常"。

（2）调整方法

①经核实，属于发票协查结果正常的，可不做处理；

②属于出口企业申报错误的，对错误数据进行调整。

54. 该发票（XXX）在不符发票协查信息中，类别非正常，错误级别为"E"。

（1）概述

申报的发票号在总局不符发票信息协查结果信息中，并且协查结果类别不为"0 正常"。

（2）调整方法

①经核实，属于发票协查结果非正常的，出口企业应撤销该发票的申报；

②属于出口企业申报错误的，对错误数据进行调整。

55. 该发票（XXX）是失控作废发票，错误级别为"E"。

（1）概述

该发票在总局发票信息中为失控作废发票。

（2）产生原因

①该发票为失控作废发票；

②出口企业申报时将发票号码录入错误；

③总局发票信息有误。

（3）调整方法

①属于失控作废发票的不予人工跳过，不予退税；

②属于出口企业发票号码录入错误的，进行数据调整；

③属于总局发票信息有误的，移交信息中心重新传递信息。

56. 该发票（XXX）在失控作废协查信息中，类别为正常，错误级别为"E"。

（1）概述

申报的发票号在总局失控作废发票信息协查结果信息中，并且协查结果类别为"0正常"。

（2）调整方法

①经核实，属于发票协查结果正常的，可不做处理；

②属于出口企业申报错误的，对错误数据进行调整。

57. 该发票（XXX）在失控作废协查信息中，类别为非正常，错误级别为"E"。

（1）概述

申报的发票号在总局失控作废发票信息协查结果信息中，并且协查结果类别不为"0正常"。

（2）调整方法

①经核实，属于发票协查结果非正常的，出口企业应撤销该发票的申报；

②属于出口企业申报错误的，对错误数据进行调整。

58. 海关信息中无此出口报关单号（XXX），错误级别为"E"。

（1）概述

税务部门的审核系统中没有报关单信息。

（2）产生原因

①海关传送电子口岸失败，无信息暂不能申报退免税；

②电子口岸传送税务部门失败，无信息暂不能申报退免税；

③税务部门清分下发失败，无信息暂不能申报退免税；

④出口货物报关单号填写错误，撤销申报。

（3）调整方法

①属于税务部门清分下发错误造成超过三个月的凭证无信息可作信息查询；

②税务电子口岸传送失败的可以到电子口岸中出口退税联网稽查模块进行重新发送操作；

③录入错误的进行重新录入；

④属于海关问题的，去海关查询是否已经结关，并传送信息。

59. 涉及关注商品代码（XXX）高风险的，可以从同一供货企业（YYY）中选取该类商品退税额超过1万元的进行发函，错误级别为"E"。

（1）产生原因

该商品被税务总局或海关在某段时间列为出口高风险商品，即可能出现虚开，骗税等，海关出现过虚报等原因。

（2）调整方法

企业报送发函资料至税务局发函。

①出口货物自查表；

②供货商自查表；

③国内采购商品情况明细表；

④进货发票；

⑤自查表下方填表说明所载明的附列资料；

⑥税务局要求的其他资料。

60.该报关单(***)已申报美元离岸价总金额超过海关信息中的美元离岸价(***)，错误级别为"E"。

（1）产生原因

①美元离岸价录入有误；

②成交金额很小，海关信息中四舍五入，企业据实录入；

③该报关单部分退运，企业按照退运剩余金额申报；

④该报关单用美元以外的外币种成交，汇率折算有误或因汇率折算产生离岸价差异；

⑤非FOB成交的，企业实际发生的运保佣与报关单所列运保佣不一致，企业据实冲减；

⑥非FOB成交的，报关单存在多项业务，运保佣计算错误导致与电子口岸所列运保佣不一致。

（2）调整方法

①自查是否存在录入错误；

②除小金额成交四舍五入造成的疑点外，均在申报系统中报送离岸价差异原因说明表；

③小金额成交四舍五入造成的疑点，提供相应材料至主管税务机关处理；

④运保佣计算问题，可以使用电子口岸中的统计美元价格。

61.该笔数据申报商品代码调整表且美元金额较大，需核对调整表是否符合相关规定要求，错误级别为"W"。

（1）产生原因

对应的商品代码发生过调整。

（2）调整方法

提供前期商品代码调整表、报关单复印件和情况说明等材料至主管税务机关处理。

62.本次申报退税日期（***）距离上次申报退税日期（***）超过一年，请核实企业经营情况，错误级别为"W"。

（1）概述

外贸企业长时间没有申报过出口退税。

(2)产生原因

企业长期无出口退税申报,一般是超过一年。

(3)调整方法

提供报关单,进货发票等相应材料至主管税务机关处理。

63.该企业首次进行免退税申报,应实地核查,错误级别为"E"。

(1)概述

外贸企业第一次办理退税,为首单退税,都要进行核查、发函。

(2)产生原因

首次申报退税,等实地核查结束函调后完成退税。

(3)调整方法

税务人员会与外贸企业联系,企业届时配合好调查,如有其他疑点,调查完毕及时至税务局处理。

64.关联号(XXXX)下报关单的货源地(YYYY)与供货商所在地(AAAA)不一致,错误级别为"E"。

(1)概述

报关单上的货源地与供货商所在城市不一致。

(2)产生原因

外贸企业出口货物报关单上境内货源地填写与供货商所在城市不一致,或者存在多个供货商情形,存在虚开发票可能性。

(3)调整方法

①修改报关单,重新申报出口退税;

②如果存在不一致,但属于多个供货商的,可以提供报关单复印件、发票复印件和情况说明;

③唯一的供货商所在地与报关单境内货源地,可以提供情况说明,税务部门会酌情发函处理。

注意:如果外贸公司确实存在货源地与唯一供货商所在地不一致情况,在实际工作中会被内销处理,建议外贸企业准确书写货源地,保证货源地与供货商所在城市一致。

(二)生产企业审核疑点的产生原因与处理方法

1.没有从征管系统传递过来的增值税纳税申报表,错误级别为"E"。

(1)概述

生产企业没有及时做增值税申报

（2）产生原因

由于现在要求退税的所属期与征期保持一致，生产企业在做退税正式申报之前没有进行增值税申报，或者是已申报但数据没有和退税系统同步。

（3）调整方法

①及时申报增值税；

②如果已申报，应与征管部门沟通是否存在增值税申报问题，及时解决。

2. 申报商品码（XXXXXXX）与海关数据中的（XXXXXXXX）不符，需填报《海关出口商品代码、名称、退税率调整对应表》，错误级别为"E"。

（1）概述

一般是代码库升级造成海关代码录入出现错误。

（2）产生原因

①海关商品代码录入错误；

②代码库升级造成的，由于申报日期与出口日期出现跨月，申报时出口企业代码库用老的，货物出口时代码库已经升级。

（3）调整方法

①修改商品代码，录入正确的；

②如果代码库升级造成的并且存在跨月的现象，生产企业需要填写《海关出口商品代码、名称、退税率调整对应表》。

3. 报关单（XXXXXXXXXXXXXXXX）为非保税区运入保税区和保税区退区，错误级别为"E"。

（1）概述

报关单显示出口国别为中国境内。

（2）产生原因

①报关单上运输方式为0（报关进入保税区）；

②报关单上运抵国，出口国别为中国境内。

（3）调整方法

①如果运往非保税区，出具运输证明、情况说明、区内客户具体信息；

②运往保税区非离境，暂不退税；

③运往保税区已离境，提供离境备案清单。

4. 增值税附表2第18栏金额（＊＊＊）与企业当期申报的不得免征和抵扣税额（＊＊＊）不一致，错误级别为"E"。

（1）产生原因

①增值税申报数据导入错误或 18 栏手工改动；

②企业对出口退税申报或纳税申报有改动，导致两边数据不一致。

（2）调整方法

自查是否存在录入错误等造成两边报表不一致的情况，如出口退税系统申报正确，则更正增值税申报表数据；如出口退税系统申报错误，则提供相应材料至主管税务机关撤销出口退税申报。

5. 报关单号（xxxxxxxxxxxxxxx）剩余数量（xxxx）小于企业申报出口数量（xxxx），其中报关出口（xxxx）申报退税（0.0000?）已开具代理证明（AAA），已办理退运证明（YYY）。错误级别为"E"。

（1）产生原因

①企业数量录入错误；

②该报关单申报过退税，且办理了《出口货物已补税/未退税证明》；

③开具过代理出口证明。

（2）调整方法

①录入错误引起的。若在自检时出现疑点，但未正式申报，请点击"撤销申报数据"，修改数据；如果已正式申报，请先办理"撤回退（免）税申报"业务，再点击"撤销申报数据"，修改数据；

②开过退运证明的或代理出口证明引起的，仍可继续申报退税，待税务机关审核判断。

注意：企业申报的中报关单的"出口数量"超过系统"海关出口报关单数据"中该张报关单的剩余可使用数量，具体指：申报数量大于（外部数据中报关单数据中的全部出口数量 – 前期已复审确认过的申报退税的数量 – 已复审确认过开具代理出口货物证明的数量 – 已复审确认过开具退运证明的数量 – 在途数量）

6. 跨大类商品（XXX）首次申报退税，且未申报视同自产，错误级别为"E"。

（1）产生原因

对应报关单申报的商品为跨商品大类商品，且为首次申报。

（2）调整方法

①首先应分清自产还是外购，是否存在用错商品代码的情形；

②外购是否符合视同自产范围、是否添加视同标识；

③税局要求提供相关资料。

a. 情况说明（需声明该产品为企业自产产品，介绍订单来源、生产工艺、生产设备、生产流程、所需原材料等）；

b. 生产该产品的原材料进项发票、收货单、领料单；

c. 产品、生产设备、生产过程的照片；

d. 其他可证实该产品为自产产品的资料。

7. 存在计算应调整免抵退税额或应调整不得免征与抵扣的税额秘企业申请不一致的数据，错误级别为"E"。

（1）产生原因

企业申报当期免抵退税前未取得前期税务机关进料加工核销反馈，导致《汇总表》第8栏"进料加工核销应调整不得免征和抵扣税额"和第14栏"进料加工核销应调整免抵退税额"与税务机关系统计算的不一致。

（2）调整方法

去税务局现场或去电子税务局拷贝前期税务机关进料加工核销反馈数据。申报系统会自动将税务机关反馈的核销调整额带入您本期申报《汇总表》相关栏次。

8. 企业申报当期《汇总表》的第8（c）栏（XXX）与税务机关最近一期（RRR）反馈汇总表的第8（c）栏（YYY）不一致，错误级别为"E"。

（1）产生原因

企业申报当期免抵退税前未取得前期税务机关免抵退税反馈。

（2）调整方法

获取前期税务机关免抵退税反馈数据。申报系统会自动将税务机关反馈的最近一期反馈汇总表的第8（c）栏数据带入您本期申报汇总表第8（c）栏。

重点提示：这个疑点一般会发生在系统改革之前有进料加工业务，截止到目前刚使用新系统，上线前您的最近一期反馈到现《汇总表》的第26（a）栏"结转下期免抵退税不得免征和抵扣税额抵减额"会以负数迁移至新《汇总表》的第8（c）栏。

9. 海关登记册号（XXX）重复登记，错误级别为"E"。

（1）概述

出口企业进料登记册号码已经登记注册。

（2）产生原因

①出口企业录错海关登记册号导致重复数据；

②海关手册已登记，出口企业再次申报导致重复；

③税务机关在调整出口企业申报的海关登记手册数据时调整错误；

④其他原因。

（3）调整方法

①经核实，属于出口企业录入错误的，应对手册登记号进行调整；

②经核实，属于出口企业重复登记的，应删除重复登记部分；

③经核实，属于税务机关调整错误的，应对手册登记号进行调整。

10. 手册有效期（XXX）已逾期，错误级别为"E"。

（1）概述

进料加工手册有效期过期。

（1）产生原因

①出口企业录错手册有效期；

②出口企业申报不及时；

③税务机关在调整出口企业申报的海关登记手册数据时调整错误；

④其他原因。

（2）调整方法

①经核实，属于出口企业录错，但手册实际在有效期内的，应对手册登记进行调整；

②经核实，属于出口企业申报不及时的，可以人工跳过；

③经核实，属于税务机关调整错误的，应对手册登记进行调整。

11. 进料加工手册中币别代码（XXX）不存在，错误级别为"E"。

（1）概述

进料加工手册中的币别不存在。

（2）产生原因

①出口企业录错币别代码；

②审核系统中不存在海关登记手册中的币别代码；

③税务机关在调整出口企业申报的海关登记手册数据时调整出错；

④其他原因。

（3）调整方法

①经核实，属于出口企业录入错误的，应对手册登记进行调整；

②经核实，属于审核系统中不存在海关登记手册中的币别代码的，应由系统管理员按照代码统一规范进行追加；

③经核实，属于税务机关调整错误的，应对手册登记进行调整。

12. 海关登记册号（XXX）未登记，错误级别为"E"。

（1）概述

进料加工手册中的企业代码在手册登记库中不存在，或企业代码在手册登记库中存在，但与加工手册中的海关登记册号不符。

（2）产生原因

①出口企业在手册登记、申报、核销时录错海关登记册号；

②出口企业未办理手册登记；

③税务机关在调整出口企业申报的手册核销数据时调整出错；

④其他原因。

（3）调整方法

①经核实，属于出口企业录入错误的，应对手册登记、申报、核销数据进行调整；

②经核实，属于出口企业未办理手册登记的，应先办理登记，再核销；

③经核实，属于税务机关调整错误的，应对手册核销数据进行调整。

13. 海关登记册号（XXX）已核销，错误级别为"E"。

（1）概述

进料加工手册中的核销标志已经设置。

（2）产生原因

①出口企业在手册核销时录错海关登记册号；

②税务机关在调整出口企业申报的手册核销数据时调整出错；

③出口企业此登记手册已核销；

④其他原因。

（3）调整方法

①经核实，属于出口企业录入错误的，应对手册核销数据进行调整；

②经核实，属于税务机关调整错误的，应对手册核销数据进行调整；

③经核实，出口企业此登记手册确已核销的，应删除重复核销申报数据。

14. 进口料件实际进口额与企业申报（XXX）不符，错误级别为"E"。

（1）概述

进口料件申报明细表中的进口料件总和不等于进料加工核销表中的总值。

（2）产生原因

①出口企业录错进口料件实际进口额；

②出口企业录错进料加工核销表中的进口额；

③税务机关在调整出口企业申报的进口料件申报明细表数据时调整错误；

④税务机关在调整出口企业申报的进料加工核销表中的数据时调整错误；

⑤其他原因。

（3）调整方法

①经核实，属于出口企业录入错误的，应对进口料件实际进口额进行调整；

②经核实，属于出口企业录错进料加工核销表中的进口额的，应对手册核销数据进行调整；

③经核实，属于税务机关在调整出口企业申报的进口料件申报明细表数据时调整错误的，应对进口料件申报明细表数据进行调整；

④经核实，属于税务机关在调整出口企业申报的进料加工核销表中的数据时调整

错误的,应对手册核销数据进行调整。

15. 复出口货物实际出口额与实际申报(XXX)不符,错误级别为"E"。

(1)概述

免、抵退税申报明细表中的出口总值不等于该手册进料加工核销表中的复出口货物实际出口额。

(2)产生原因

①出口企业录错进料加工核销表中复出口货物实际出口额;

②税务机关在调整出口企业申报的手册核销数据时调整错误;

③其他原因。

(3)调整方法

①经核实,属于出口企业录入错误的,应对手册核销数据进行调整;

②经核实,属于税务机关调整错误的,应对手册核销数据进行调整。

16. 实际分配率逻辑关系错,错误级别为"E"。

(1)概述

实际分配率大于或小于[实际进口额-(边角余料额+结转料件额+其他调减额)/(直接出口额+剩余残次品额+结转产品额+其他未出口额)]×100%。

(2)产生原因

①出口企业计算实际分配率错误,人工调整时录入错误;

②税务机关在调整出口企业申报的手册核销数据时调整错误;

③其他原因。

(3)调整方法

①经核实,属于出口企业录入错误的,应对手册核销数据进行调整;

②经核实,属于税务机关调整错误的,应对手册核销数据进行调整。

17. 实际分配率超出合理范围,错误级别为"E"。

(1)概述

在进料加工核销中的实际分配率应该在0~100之间,实际分配率超出合理范围,指实际分配率<0或实际分配率>100%。

(2)产生原因

①出口企业录错进料加工核销申请表中的进口料件实际进口总值、剩余边角余料、复出口货物实际出口额、结转至其他手册料件、结转至其他手册产品、其他转出额等;

②税务机关在调整出口企业申报的手册核销数据时调整错误;

③进口价格倒挂;

④其他原因。

(3) 调整方法

①经核实，属于出口企业录入错误的，应对手册核销数据进行调整；
②经核实，属于税务机关调整错误的，应对手册核销数据进行调整；
③经核实，确属进出口价格倒挂等原因，出口总值少于进口总值的。

18. 进口报关单号（XXX）为空或有非法字符，错误级别为"E"。

（1）概述

出口企业未录入进口报关单号（XXX）或字符不符。

（2）产生原因

①出口企业在办理进口料件申报时，录错、漏录进口报关单号；
②出口企业申报的进口报关单号确实为空；
③税务机关在调整出口企业进口料件申报数据时调整错误；
④其他原因。

（3）调整方法

①经核实，属于出口企业录入错误的，应调整录入正确数据；
②经核实，进口报关单号确实为空的，可以人工跳过；
③经核实，属于税务机关调整错误的，应调整录入正确数据。

19. 进口报关单号（XXX）同以前申报记录发生重复，错误级别为"E"。

（1）概述

进口料件申报明细表中的进口报关单号码与以前申报的记录发生重复。

（2）产生原因

①出口企业在办理进口料件申报时，录错进口报关单号；
②税务机关在调整出口企业进口料件申报数据时调整错误；
③其他原因。

（3）调整方法

①经核实，属于出口企业录入错误的，应调整录入正确数据；
②经核实，属于税务机关调整错误的，应调整录入正确数据。

20. 进口报关单号（XXX）发生重复申报，错误级别为"E"。

（1）概述

进料加工申报明细表中的进口报关单号重复。

（2）产生原因

①出口企业在办理进口料件申报时，录错进口报关单号；
②税务机关在调整出口企业进口料件申报数据时调整错误；
③其他原因。

（3）调整方法

①经核实，属于出口企业录入错误的，应调整冲回；

②经核实，属于税务机关调整错误的，应调整冲回。

21. 海关登记册号（XXX）尚未登记，错误级别为"E"。

（1）概述

进口料件申报明细表中的海关登记册号，在进料加工登记表中未登记。

（2）产生原因

①出口企业在办理进口料件申报时，录错海关登记册号；

②出口企业未进行手册登记就申报进口料件；

③税务机关在调整出口企业进口料件申报数据时调整出错；

④上年结转未转入本系统中；

⑤其他原因。

（3）调整方法

①经核实，属于出口企业录入错误的，应调整冲回；

②经核实，属于出口企业未进行手册登记就申报进口料件的，应先办登记再申报；

③经核实，属于税务机关调整错误的，应用调整法冲回；

④属上年结转未转入本系统的，应按规定将上年数据转入本系统中。

22. 海关登记册号（XXX）已核销，错误级别为"E"。

（1）概述

进口料件申报明细表中的海关登记册号，在进料加工登记表中已核销。

（2）产生原因

①出口企业在办理进口料件申报时，录错海关登记册号；

②税务机关在调整出口企业进口料件申报数据时调整错误；

③其他原因。

（3）调整方法

①经核实，属于出口企业录入错误的，应用调整法冲回后录入正确数据；

②经核实，属于税务机关调整错误的，应用调整法冲回后录入正确数据。

23. 申报海关登记册号与海关信息中的（XXX）不符，错误级别为"E"。

（1）概述

进口料件申报明细表中的海关登记手册号和海关信息不符合。

（2）产生原因

①出口企业在办理进口料件申报时，录错海关登记册号；

②税务机关在调整出口企业进口料件申报数据时调整错误；

③海关信息中的海关登记册号有误；

④其他原因。

（3）调整方法

①经核实，属于出口企业录入错误的，应调整后录入正确数据；

②经核实，属于税务机关调整错误的，应用调整修订。

③经核实，属于海关信息中的海关登记册号有误的，可以人工跳过。

24. 进口货物报关单申报美元到岸价（XXX）超过海关信息（YYY），错误级别为"E"。

（1）概述

进口料件申报明细表中的美元数值超过误差规定的范围，正常值应该为海关报关单中的美元值 ×（1 ± 误差比率）的范围。

（2）产生原因

①出口企业在办理进口料件申报时，录错美元到岸价；

②税务机关在调整出口企业进口料件申报数据时调整出错；

③海关信息中的美元到岸价由于运保费的预估超出了误差范围；

④其他原因。

（3）调整方法

①经核实，属于出口企业录入错误的，应调整录入正确数据；

②经核实，属于税务机关调整错误的，应调整录入正确数据；

③经核实，属于海关信息中的美元到岸价由于运保费的预估超出了误差范围的，可以人工跳过。

25. 核销进口货物报关单在海关数据中无此报关单号（XXX），错误级别为"E"。

（1）概述

在海关进口数据信息表中无此报关单号。

（2）产生原因

①出口企业在办理进口料件申报时，录错报关单号；

②税务机关在调整出口企业进口料件申报数据时调整错误；

③其他原因。

（3）调整方法

①经核实，属于出口企业录入错误的，应调整录入正确数据；

②经核实，属于税务机关调整错误的，应调整录入正确数据。

26. 海关数据中贸易性质（XXX）非进料加工，错误级别为"E"。

（1）概述

海关报关单中的进口信息数据显示贸易性质为非进料加工。

（2）产生原因

①出口企业在办理进口料件申报时，录错报关单号；

②税务机关在调整出口企业进口料件申报数据时调整错误；

③其他原因。

（3）调整方法

①经核实，属于出口企业录入错误的，应调整录入正确数据；

②经核实，属于税务机关调整错误的，应调整录入正确数据。

27. 出口报关单号（XXX）同以前申报记录发生重复，错误级别为"E"。

（1）概述

出口企业申报的出口报关单号码与历史库中有重复。

（2）产生原因

①出口企业退税申报时，录错出口报关单号（本次申报录错出口报关单号或上次申报录错出口报关单号）；

②税务机关在调整出口企业出口申报数据时，出口报关单号调整错误；

③其他原因。

（3）调整方法

①经核实，属于出口企业录入错误的，应调整录入正确数据；

②经核实，属于税务机关调整错误的，应调整录入正确数据。

28. 该商品不是基本商品，错误级别为"E"。

（1）概述

出口退税申报表中的商品代码不是基本商品。

（2）产生原因

①出口企业申报退税时，使用了大类或中类商品代码；

②出口企业申报退税时，录错商品代码；

③税务机关在调整出口企业出口申报数据时，商品代码调整错误；

④其他原因。

（3）调整方法

①经核实，属于出口企业申报退税时，使用了大类或中类商品码的，应调整录入正确数据；

②经核实，属于出口企业录错商品代码的，应调整录入正确数据；

③经核实，属于税务机关调整错误的，应调整录入正确数据。

29. 禁止出口商品或不退税商品，错误级别为"E"。

（1）概述

出口退税申报表中的商品是禁止出口商品或是取消出口退税率的商品。

（2）产生原因

①出口企业申报退税时，使用了错误的商品代码；

②出口企业报关出口时，使用了错误的商品代码；

③税务机关在调整出口企业出口申报数据时，商品代码调整错误；

④其他原因。

（3）调整方法

①经核实，属于出口企业申报退税时，使用了错误的商品代码的，应调整录入正确数据；

②经核实，属于出口企业报关出口时，使用了错误的商品代码的，由出口企业协商海关重新打印报关单并调整报关单电子信息；

③经核实，属于税务机关调整错误的，应调整录入正确数据。

30. 申报商品为免税商品，错误级别为"E"。

（1）概述

出口退税申报表中的商品为免税商品。

（2）产生原因

①出口企业申报退税时，使用了错误的商品代码；

②出口企业报关出口时，使用了错误的商品代码；

③税务机关在调整出口企业出口申报数据时，商品代码调整错误；

④其他原因。

（3）调整方法

①经核实，属于出口企业申报退税时，使用了错误的商品码的，应调整录入正确数据；

②经核实，属于出口企业报关出口时，使用了错误的商品码的，由出口企业协商海关重新打印报关单并调整报关单电子信息；

③经核实，属于税务机关调整错误的，应调整录入正确数据。

31. 商品代码（XXX）不存在，错误级别为"E"。

（1）概述

出口退税申报表中的商品代码为无效代码。

（2）产生原因

①出口企业申报退税时，录错商品代码；

②税务机关在调整出口企业出口申报数据时，商品代码调整错误；

③商品代码库使用错误；

④代码库升级造成的。

（3）调整方法：

①经核实，属于出口企业申报退税时，录入了错误的退税税率的，应调整出口企业错误数据；

②经核实，属于税务机关调整错误的，应调整出口企业错误数据；

③经核实，属于商品代码库使用错误的，应调整退税申报系统商品代码库。

32. 出口货物报关单中币别代码（XXX）不存在，错误级别为"E"。

（1）概述

出口退税申报表中的币种代码为无效的代码。

（2）产生原因

①出口企业申报退税时，录错币别代码；

②税务机关在调整出口企业出口申报数据时，币别代码调整错误；

③币别代码库中没有包括出口企业申报的代码；

④其他原因。

（3）调整方法

①经核实，属于出口企业申报退税时，录入错误的，应调整录入正确数据；

②经核实，属于税务机关调整错误的，应调整录入正确数据；

③经核实，属于币别代码库中没有包括出口企业申报的代码的，应由系统管理员按照代码统一规范进行追加。

33. 申报使用的外币汇率不在规定范围之内，错误级别为"E"。

（1）概述

退税申报表中的人民币值换算已经超过了汇率浮动的范围，即外汇值×（1-浮动率）×汇率＜人民币值＜外汇值×（1+浮动率）×汇率。这个浮动率一般由审核机关确定。

（2）产生原因

①出口企业申报退税时，录入错误（人民币值录入错误或外币金额录入错误）；

②税务机关在调整出口企业出口申报数据时，调整错误；

③汇率变化超出设定范围；

④其他原因。

（3）调整方法

①经核实，属于出口企业申报退税时录入错误的，应调整录入正确数据；

②经核实，属于税务机关调整错误的，应调整录入正确数据；

③经核实,属于汇率变化超出设定范围的,应由系统管理员调整汇率及其浮动范围;

④经核实,出口企业按当出口当天汇率计算无误的,可作人工跳过处理。

34. 美元汇率不在规定范围之内,错误级别为"E"。

（1）概述

美元汇率不正常。

（2）产生原因

①出口企业申报退税时,录错美元汇率;

②税务机关在调整出口企业出口申报数据时,美元汇率调整错误;

③美元汇率已变化,但汇率范围没有相应调整;

④其他原因。

（3）调整方法

①经核实,属于出口企业申报退税时录入错误的,应调整录入正确汇率;

②经核实,属于税务机关调整错误的,应调整录入正确汇率;

③经核实,属于美元汇率已变化,但汇率范围没有相应调整的,应调整美元汇率范围。

35. 出口报关单号（XXX）发生重复申报,错误级别为"E"。

（1）概述

申报表中的出口报关单号（XXX）重复。

（2）产生原因

①出口企业申报退税时,录错出口报关单号;

②税务机关在调整出口企业出口申报数据时,出口报关单号调整错误;

③出口企业申报代理出口时,漏录代理证明号;

④申报中发生冲减业务。

（3）调整方法

①经核实,属于出口企业申报退税时录入错误的,应调整录入正确数据;

②经核实,属于税务机关调整错误的,应调整录入正确数据;

③经核实,出口企业申报代理出口时漏录代理证明号的,应调整录入正确数据。

36. 代理证明号（XXX）发生重复申报,错误级别为"E"。

（1）概述

出口企业申报退税,代理证明号（XXX）有重复。

（2）产生原因

①出口企业申报退税时,录错代理证明号;

②税务机关在调整出口企业出口申报数据时,代理证明号调整错误;

③其他原因。

（3）调整方法

①经核实，属于出口企业申报退税时录入错误的，应调整录入正确数据；

②经核实，属于税务机关调整错误的，应调整录入正确数据。

37. 海关数据曾被（XXX）挑过，错误级别为"E"。

（1）概述

该海关关单已经申报过一次，重复申报出口退税数据。

（2）产生原因

①出口企业申报退税时，录错报关单号（本次申报错误或已挑过的报关单号对应的申报数据录入错误）；

②税务机关在调整出口企业出口申报数据时，调整错误；

③其他原因。

（3）调整方法：

①经核实，属于出口企业申报退税时录错海关报关单号的，应调整录入正确数据；

②经核实，属于税务机关调整错误的，应调整录入正确数据。

38. 申报出口日期与海关数据中的（XXX）不等，错误级别为"E"。

（1）概述

出口企业申报数据中的离境日期与海关关单中的日期不符。

（2）产生原因

①出口企业申报退税时，录错报关离境日期；

②税务机关在调整出口企业出口申报数据时，调整错误；

③其他原因。

（3）调整方法

①经核实，属于出口企业申报退税时录错报关离境日期的，应调整录入正确数据；

②经核实，属于税务机关调整错误的，应调整录入正确数据。

39. 此贸易性质（XXX）不存在，错误级别为"E"。

（1）概述

在系统中不存在该贸易性质编码。

（2）产生原因

①出口企业申报退税时，录错报关单号；

②税务机关在调整出口企业出口申报数据时，调整错误；

③其他原因。

（3）调整方法

①经核实,属于出口企业申报退税时录错报关单号的,应调整录入正确数据;
②经核实,属于税务机关调整错误的,应调整录入正确数据。

40. 此贸易性质(XXX)为其他类,错误级别为"E"。

(1)概述

在系统贸易性质编码中注明不退税,并且其贸易编码为39(其他性质)则需要确认是否可以退税。

(2)产生原因

①出口企业申报退税时,录错报关单号;
②税务机关在调整出口企业出口申报数据时,调整错误;
③属于其他贸易性质的特殊情况;
④其他原因。

(3)调整方法

①经核实,属于出口企业申报退税时录错报关单号的,应调整录入正确数据;
②经核实,属于税务机关调整错误的,应调整录入正确数据;
③经核实,属于其他贸易性质的特殊情况的,可以人工跳过。

41. 此贸易性质(XXX,YYY)不退税,错误级别为"E"。

(1)概述

贸易性质编码在系统中明确注明不退税,并且贸易性质可以确定不等于'39'(不是"其他性质")。

(2)产生原因

①出口企业申报退税时,录错报关单号;
②税务机关在调整出口企业出口申报数据时,调整错误;
③其他原因。

(3)调整方法

①经核实,属于出口企业申报退税时录错报关单号的,应调整录入正确数据;
②经核实,属于税务机关调整错误的,应调整录入正确数据。

42. 美元离岸价(XXX)超过海关(YYY)±ZZZ%,错误级别为"E"。

(1)概述

美元离岸价超过了设定的美元误差比例(±ZZZ%)。

(2)产生原因

①出口企业申报退税时,录错美元离岸价;
②税务机关在调整出口企业出口申报数据时,调整错误;
③由于税务机关设定的美元误差比例过低;

④CIF价和C&F价报关单没有扣除运保费。

（3）调整方法

①经核实，属于出口企业申报退税时录错美元离岸价的，应调整录入正确数据；

②经核实，属于税务机关调整错误的，应调整录入正确数据；

③经核实，属于美元误差比例在海关允许范围内的，可以人工跳过；

④经核实，出口企业按照出口当天汇率计算无误的，可以人工跳过。

43. 海关数据中无此报关单号（XXX），错误级别为"E"。

（1）概述

出口企业申报的报关单号，在海关提供的信息中不存在。

（2）产生原因

①出口企业申报退税时，录错报关单号；

②税务机关在调整出口企业出口申报数据时，调整错误；

③海关报关单信息滞；电子口岸传送失败，税务局内部清分下发失败；

④其他原因。

（3）调整方法

①经核实，属于出口企业申报退税时，录错报关单号的，应调整录入正确数据；

②经核实，属于税务机关调整错误的，应调整录入正确数据；

③经核实，属于海关报关单信息滞后电子口岸传送失败，税务局内部清分下发失败，受理申报后，待接收海关信息后进行审核，或经过信息查询申报之后进行审核处理，特殊情况经批准后可进行人工跳过。

44. 申报商品码（前8位）与代理证明数据中的（XXX）不等，错误级别为"E"。

（1）概述

出口企业申报的商品代码与税务机关的代理证明中的商品代码不符。

（2）产生原因

①出口企业申报退税时，录错商品代码；

②税务机关在调整出口企业出口申报数据时，调整错误；

③其他原因。

（3）调整方法

①经核实，属于出口企业申报退税时录错商品代码的，应调整录入正确数据；

②经核实，属于税务机关调整错误的，应调整录入正确数据。

45. 代理证明数据曾被（XXX）挑过，错误级别为"E"。

（1）概述

该代理证明已经申报过一次，重复申报。

（2）产生原因

①出口企业申报退税时，录错代理证明号（本次申报错误或前期已审核通过的代理证明号录入错误）；

②税务机关在调整出口企业出口申报数据时，调整错误；

③其他原因。

（3）调整方法

①经核实，属于出口企业申报退税时录错代理证明号的，应调整录入正确数据；

②经核实，属于税务机关调整错误的，应调整录入正确数据。

46. 申报离境日期与代理证明数据中的（XXX）不等，错误级别为"E"。

（1）概述

出口企业的申报离境日期与税务局的代理证明中的日期不一致。

（2）产生原因

①出口企业申报退税时，录错报关离境日期；

②税务机关在调整出口企业申报数据时，调整错误；

③其他原因。

（3）调整方法

①经核实，属于出口企业申报退税时录错报关离境日期的，应调整录入正确数据；

②经核实，属于税务机关调整错误的，应调整录入正确数据。

47. 美元离岸价（XXX）超过代理（YYY）±ZZZ%，错误级别为"E"。

（1）概述

美元离岸价超过了代理证明中的美元误差比例范围。

（2）产生原因

①出口企业申报退税时，录错美元离岸价；

②税务机关在调整出口企业出口申报数据时，调整错误；

③由于税务机关设定的美元误差比例过低；

④其他原因。

（3）调整方法

①经核实，属于出口企业申报退税时录错美元离岸价的，应调整录入正确数据；

②经核实，属于税务机关调整错误的，应调整录入正确数据；

③经核实，属于美元误差比例在海关允许的范围内的，可以人工跳过。

48. 总局代理证明数据中无此代理证明号（XXX），错误级别为"E"。

（1）概述

出口企业提供的代理证明在总局的代理证明信息中不存在。

（2）产生原因

①出口企业申报退税时，录错代理证明号；

②税务机关在调整出口企业申报数据时，调整错误；

③代理证明信息滞后；

④其他原因。

（3）调整方法

①经核实，属于出口企业申报退税时录错代理证明号的，应调整录入正确数据；

②经核实，属于税务机关调整错误的，应调整录入正确数据；

③经核实，属于代理证明信息滞后的，应受理申报，等接收到代理证明信息后再行审核，特殊情况经批准后可进行人工跳过。

49. 代理证明号为空，错误级别为"E"。

（1）概述

出口企业申报数据中没有提供代理证明号，不可以人工跳过。

（2）产生原因

①出口企业申报退税时，漏录代理证明号；

②税务机关在调整出口企业申报数据时，误删除了代理证明号；

③其他原因。

（3）调整方法

①经核实，属于出口企业申报退税时漏录代理证明号的，应对错误数据进行调整；

②经核实，属于税务机关调整错误的，应对错误数据进行调整。

50. 报关单号码（xxxxxxx）对应的收汇信息不存在，错误级别为"E"。

（1）概述

出口货物劳务免抵退税申报明细表中报关单必须先收汇再办理出口退税。

（2）产生原因

①生产企业出口退税管理分类状态被将为"四类"；

②出口货物报关单号码录入错误；

③出口货物收汇情况表中关联号码录入不正确；

④出口货物报关单申报存在跨年并超过收汇期限业务。

（3）调整方法

①被将为四类的出口企业，应先填"出口货物收汇情况表"；

②出口货物报关单录入错误的，修改报关单号码；

③修改出口货物收汇情况表中关联号码，与出口货物劳务免抵退税明细表保持一致；

④对于超过收汇期限业务需要填写出口货物收汇情况表。

第七章 出口退税日常管理及风险控制管理

一、出口业务合同的管理

(一) 出口退税业务中合同管理的重要性

在退税管理中单证备案是重点的检查项目,在单证备案检查中合同是必须要检查的单据,根据出口类型,检查合同分为出口业务合同和采购业务合同。出口退税企业不仅要重视合同中在国际贸易交易中的重要性,更要关注在出口退税管理方面的突出地位,合同对于出口业务的真实性是重要考核标准。

出口业务合同是国际销售货物的一种最基本的书面文件,由于它是依法订立的,所以,出口业务合同一经订立,即受到有关法律保护和监督,具有法律的约束力。进出口双方必须严格按照合同条款所规定的权利和义务及时、正确地履行各方的责任。因此出口合同在通关环节、收汇环节、退税环节都是非常重要单证,出口企业在每个环节提供的出口合同中内容都应该保持一致,并且出口合同中一些关键要素也要和出口退税单证(出口货物报关单、出口发票、提单、水单)保持一致,这些关键要素是货物名称、合同中买方的名称、合同金额、成交方式等,所以出口合同是出口退税单证备案检查环节重要凭证。

(二) 签署合同关键要素及基本要求

在实际业务中,一般有三种出口合同的形式:双方约定形式(PO单)、标准格式(税务局格式)、报关形式(海关要求)。很多出口企业经常在工作中反映与外商签订出口业务的时候,很多是以邮件、短信的方式,还有部分企业是以PO单的形式,内容只有货物名称、数量等,有的出口企业在检查合同的时候提供的是通关用的合同,海关对于合同要求也与税务部门要求不一致,在后续退税检查的时候税务部门是不认可的,严格的税务部门会不给企业办理退税,税务部门对于合同的内容与其他业务单据是要核对的,这里介绍税务部门要求的合同内容。

退税出口业务合同条款的主要内容有出口货物的品名,规格,数量,单价,金额,包装，交货的时间、地点及价格条款，货款支付的方式、时间与地点，以及违约或争议的处理等条款。所以，出口合同的订立，对进出口双方而言，即是随着所要销售货物移交及相关单证的转移而实现了货物所有权的转移，相关风险转移的同时也确立了按双方所订立出口合同所规定收取货款的权利和支付货款的责任，因此，严格按出口业务合同所规定的条款履行应尽的义务和享受应有的权力，是防止贸易纠纷和损失的关键。而出口企业会计核算都是紧密围绕着出口合同履行中所发生的各项经济业务而展开的，因此，出口业务的会计核算，应以出口业务合同为中心如实反映和核算，严格对履行出口业务合同的全过程进行财务监督。

（三）出口业务中佣金核算及选择

企业在实际工作中选择用"明佣"还是"暗佣"，哪种对于企业更为有利？明佣，指作为价格条款的内容而列示的佣金，例如"CIFC3% 香港"，即指 CIF 条款的货价中还包含了 3% 的佣金在内，卖方按扣除佣金后的净销货款收汇，另由买方直接对中间商支付佣金，卖方不需要单独为佣金办理支付手续。暗佣，指佣金不在价格条款中明白表示，出口发票上只列销售货物的含佣价总额，但另在与中间商订定的代理合同或买卖双方的付佣约定，出口方交单时规定有佣金。出口商在收取全额货款后，须自行支付佣金。企业在实际操作选择暗佣对企业更为有利，因为明佣是客户在汇款的时候会扣除佣金的金额，会影响企业收汇核销。

佣金的支付方式有两种：

（1）票扣，即在发票上减除佣金。在信用证上规定有扣除佣金的字句。明佣即采用票扣方式。

（2）汇付，即由卖方收到全额货款后再向中间商汇付佣金。通常我国采用汇付形式，这是目前支付佣金时使用最多的一种方式。

（四）合同中签署时选择哪种结算方式对于企业更有利？

在结算方式上，对一般正常的单边出口业务合同，可以在采用固定合同格式的基础上，通常使用汇付（电汇）、托收、信用证的方式。业务部门对确定规定的货款结算方式或其他影响出口货款的，事前必须要征得财会部门的同意。因为结算方式决定了收汇时间，税务部门对于收汇是有期限的，会计部门会根据合同中收汇的时间决定是否办理退税，是否做相关收汇备案手续，根据收汇时间筹划退税进度。建议出口企业签订合同时选择信用证、保证收汇，如果签订了远期的信用证了，会计部门必须关注收汇时间是否超过收汇期限。如果客户不愿意签署信用证结算方式，业务部门应随时与会计部门沟通，客户是否按合同中结算方式执行收汇。

在日常出口业务合同的管理中，企业内各部门碰到与出口业务合同履行与结算有关的国内外有关文件及规定，包括外汇、银行、海关、商验及政府间签订的贸易或支付协定等，均应及时与财会部门沟通，以便财会部门加强对货款的结算与管理。

（五）合同买方如果是"收汇高风险"国家或者是"被制裁"国家，企业如何规避风险？

出口退税的企业在办理退税的时候必须收汇，按照相关国家政策不收汇的出口业务是不能够办理退税的，在实际业务中，有些合同中的客户在国家贸易中不按时付汇是因为是被制裁的企业或国家，所以在签署合同的时候首先要了解买方的基本情况，建议出口企业可以到收汇银行进行咨询，如果是高风险或者是被制裁的国家，建议通过合规第三方或者购买信用保险，前述的方法都不可以的，会计人员可以考虑向税务部门做不收汇备案，保证出口退税。

敏感高风险国家和地区名单分三类。

（1）高风险一类国家和地区名单

俄罗斯，伊朗、朝鲜、苏丹、古巴、叙利亚、缅甸、也门、克里米亚（乌克兰地区）。

（2）高风险二类国家和地区名单

利比亚、索马里、利比里亚、乌克兰、巴拿马、巴尔干半岛地区、阿富汗、白俄罗斯、中非、科特迪瓦、刚果民主共和国、伊拉克、南苏丹、津巴布韦、塞拉利昂、厄立特里亚、阿尔及利亚、厄瓜多尔、安哥拉、柬埔寨、纳米比亚、尼加拉瓜、巴基斯坦、巴布亚新几内亚、乌干达。

（3）高风险三类国家和地区名单

黎巴嫩、阿联酋、英属维尔京群岛、百慕大群岛、开曼群岛、瑙鲁、西萨摩亚、美属萨摩亚、巴哈马、塞舌尔、马绍尔群岛、列支敦士登、安道尔、伯里兹、吉布提、塞浦路斯、肯尼亚、吉尔吉斯斯坦、尼泊尔、坦桑尼亚、土耳其、印尼、黎巴嫩、塔吉克斯坦、科威特、埃塞俄比亚、阿尔巴尼亚、老挝人民民主共和国。

二、对于出口企业供货商管理——风险控制

据税务部门统计，金三系统全面上线后，2020年以来国家税务总局先后公布了30起涉税违法违规典型案例，涉案金额超700亿元。这些案例主要暴露了纳税人在发票管理、出口退税和享受税费优惠这三个方面的税务风险。其中在出口退税的案例中由供货商违规造成的退税失败业务占比50%以上，供货商自身管理问题和供货商开具发票合规性是影响退税的主要两个因素。出口企业应该加强供货商管理，从三个方面自查税务风控薄弱环节，补齐税务风控"短板"。具体来说，一是重企业内控，即专人专岗负责采购方面出口退税单据的审查、管理、存档，确保单证真实、合法、有效。

二是多部门参与、外贸、采购、财务建立沟通机制，对供货商及货源、货物质量、价格等进行评估了解，对采购交易、仓储、运输、出入库等具体业务环节进行亲自操作或监管。三是强外管，加强对供货商的资质查验与后续管理，注意供货商的纳税信用等级，特别是对新成立、新开展业务的供应商，应不定期到实地进行公司产能情况的核查。

（一）退税企业对于供货商管理适用的政策——财税发 2012 年 113 号文件

出口退税的本质就是退的企业采购环节增值税，退税检查的关键就是"以票控税"。出口企业用于办理退税的进货发票合规的关键是开票的供货企业是否合规，因此出口退税企业必须建立供货商监管制度，对于供货企业状态和等级不定期进行评估。尤其是对于"新"供货商更应该多关注，这里所谓的"新"是两类企业，一是新成立的供货企业，对于这类企业应多关注企业的持续性，一类是新发生业务供货企业，应关注企业的纳税信用等级。下面从两个方面进行分析：

（1）考虑供货商是否具备持续经营能力。是否具备持续经营能力的文件解释可以参考财税法 2013 年 112 号文件：出口企业购进货物的供货纳税人有属于办理税务登记 2 年内被税务机关认定为非正常户或被认定为增值税一般纳税人 2 年内注销税务登记，两年之内这是对于新的供货商明确的要求，一般被税务部门降为非正常户的企业都是漏税或者涉嫌虚开，注销税务登记应该看似是正常的，但是对于新成立的供货商注销税登记对于办理退税企业会产生业务风险，风险点是注销原因即是否合理注销，办理退税的企业如果遇到这样的供货商都会面临评估检查，在金三系统大数据共享下，都会产生风控业务，有的税务部门对于这种供货商持续性检查，往往都是在出口企业已经办理退税之后，不太会引起出口企业重视。有的税务部门为了加强供货商管理，只要是供货企业有注销的情形都会形成评估业务，并进行发函处理。

（2）出口退税企业应关注供货商的纳税信用等级。供应商纳税信用级别较低，意味着供货商可能存在漏税、欠税可能性，或者存在其他税收违法业务，外面企业申报出口退（免）税的出口货物是从纳税信用级别为 C 级或 D 级的供货企业购进，即使退税企业退税管理分类状态为 A，也会影响退税申报速度，如果是 D 级纳税人，退税企业面临退税评估的风险，甚至失去出口退税。

出口企业在办理退税的时候存在以上两种供货商不合规情形，且用这样有问题供货商开具进货发票办理退税达到一定额度，将会收到税务部门严厉的处罚。这个所谓"额度"是指以下四种情况，符合其一将会收到税务部门严厉的处罚。

（1）外贸企业使用上述供货纳税人开具的增值税专用发票申报出口退税，在连续 12 个月内达到 200 万元以上（含本数，下同）的，或使用上述供货纳税人开具的增值税专用发票,连续 12 个月内申报退税额占该期间全部申报退税额 30% 以上的。

(2)生产企业在连续 12 个月内申报出口退税额达到 200 万元以上,且从上述供货纳税人取得的增值税专用发票税额达到 200 万元以上或占该期间全部进项税额 30% 以上的。

(3)外贸企业连续 12 个月内使用 3 户以上上述供货纳税人开具的增值税专用发票申报退税,且占该期间全部供货纳税人户数 20% 以上的。

(4)生产企业连续 12 个月内有 3 户以上上述供货纳税人,且占该期间全部供货纳税人户数 20% 以上的。

业务解释:"连续 12 个月内"代表外贸企业自使用上述供货商开具的增值税专用发票申报退税的当月开始计算,生产企业自从上述供货商取得的增值税专用发票认证当月开始计算。

税务部门对退税企业处罚:出口企业在 24 个月内出口的适用增值税退(免)税政策的货物劳务服务,改为适用增值税免税政策。即暂时取消出口企业的出口退税权力。

(二)出口企业应该慎重选择供货商

前面已经详细介绍供货商对于退税企业的重要性,选择一家合规的供货商应该关注哪些情况,下面给大家做一个分析:

(1)首先供货商是否具备自产能力。这是一家供货企业是否合规第一个需要考核的条件。所谓自产能力就是具有生产的厂房、设备、工人,这就意味着供货商是一家生产企业,而且生产企业销售给出口企业货物必须自产货物,如果存在外购或者不能够证明销售商品是自己生产的,即产能不足,退税方的税务部门在函调时候发现存在这种情形,将会取消出口企业办理该笔退税的资格,直接内销处理。

文件原文:供货企业销售的自产货物,其生产设备、工具不能生产该种货物——国家税务总局公告 2013 年第 12 号第三项(九)中第 11 个小项。

(2)供货商采购货物是否真实。出口企业在采购货物办理出口退税的时候,有的时候选择供货商是贸易公司,贸易公司的供货商的特点就是没有生产能了,销售的产品为外购,外购商品的真实性就是税务部门核查重点,因此在退税发税务局在给供货方税务部门发函核查的时候,供货商的税局还会对这家贸易公司的供货商继续发函核实,这就造成了整个发函的时间会非常长,影响出口退税速度,如果不能证明供货商外购货物的真实性,出口业务会办判定内销处理。出口企业必须注意,在现实工作中也有部分的税务部门对于供货企业是贸易公司,直接就要求出口企业免税处理了,因此建议外贸企业在供货商选择方面尽量选择工厂。

文件原文：供货企业销售的外购货物，其购进业务为虚假业务——国家税务总局公告 2013 年第 12 号第三项（九）中第 11 个小项。

（3）供货商信用等级偏低或者是非正常户。之前给大家介绍所谓"新"供货商存在上述情形的税务部门处理方法。对于一般的供货商也是适用这两个要求，建议出口企业每半年就要核实供货企业纳税信用等级，因为供货商等级降低到 C 类、D 类、会延长出口企业进货发票交叉稽核比对时间，影响出口退税速度；如供货方纳税信用等级降为 D 类，供货企业也就存在非正常户可能，出口企业应与供货商进行沟通，问询清楚降为 D 类原因，如果是因为漏税或有虚开或虚受的业务，就要暂停使用该供货商的进货发票，按照税务部门相关政策供货企业是非正常户，开出发票属于异常发票，即不能够抵扣也不能够办理退税。

涉及文件：纳税等级过低的企业影响出口退税速度——国家税务总局公告 2016 年第 46 号。

供货商违规案例重现：

业务背景：一家广州大型外贸企业，2021 年出口货物为电子产品，其中的供货商是东莞的一家生产企业，在 2022 年 1 月份由于东莞税务部门将东莞生产企业列为非正常户，在广州税务部门退税评估系统显示供货商存在异常，广州是某区的税务部门决定对于东莞生产企业企业进行函调处理，发函时间范围 2021 年从该供货商采购货物进货发票。

核查过程：广州市某区税务局发函给东莞税务局后，东莞税务部门对这家生产企业进行了例行的检查，发现该生产企业厂房规模不大，生产设备不健全，只有一些办公人员，而且不具备生产其卖给广州外贸公司出口商品的能力，在检查出入库情况发现该生产企业卖给广州外贸公司的商品大部分属于外购，所以东莞税务部门回函结论是：该生产企业产能不足，产品属于外购，不具备自产能力。广州市税务局接到回函之后，对广州市外贸公司 2021 年涉及该供货商开具进货发票涉及出口退税全部予以追回，并进行内销征税处理。并将处罚通知书发布给违规企业：

税务部门发布处罚通知书

广州 *** 进出口贸易有限公司：

因你单位已办理的出口退（免）税业务，供货企业销售的自产货物，其生产设备、工具不能生产该种货物，须对涉及的已退（免）税款予以追回。我局根据国家税务总局关于《出口货物劳务增值税和消费税管理办法》有关问题的公告（国家税务总局公告 2013 年第 12 号）第五条第（九）项规定，于 2022 年 8 月 31 日通过邮寄送达的方式发出《税务事项通知书》至你单位，因无人签收被退件。经实地核查，发现你单位已不在注册地址，采用直接送达、邮寄送达均无法向你单位送达文书。根据《中华人民共和国税收征收管理法实施细则》第一百零六条规定，现向你单位公告送达上述《税务事项通知书》，具体内容如下：

你单位已办理的出口退（免）税业务，因供货企业销售的自产货物，其生产设备、工具不能生产该种货物。对《应追回已退（免）税款明细表》所列业务的已退（免）税款予以追回，其中应补缴退（免）税款请于收到本通知书之日起15日内到主管税务机关补缴。如对本通知不服，可自收到本通知之日起六十日内按照本通知要求缴纳税款，然后依法向国家税务总局广州市税务局申请行政复议。

自发出公告之日起满30日，即视为送达。

特此公告。

国家税务总局广州市某区税务局
2022年某月某日

三、发票管理系统升级后，出口退税遇到异常增值税发票的处理方法

（一）异常增值税扣税凭证

出口企业不管用"免抵退"或"免退"办理出口退税，都和增值税专用发票有着密切关系，2018年发票系统改革之后新上线了发票综合服务管理平台，在平台里面增加了"异常增值税抵扣凭证"提醒功能，出口企业每个月在勾选发票之前一定要关注当月或者前期是否存在异常抵扣凭证。如果存在应及时与供货商取得联系，找出原因，及时解决，否则不仅会影响正常抵扣，也会影响企业办理退税，违规的增值税专用发票必须做进项税额转出，而且对出口企业纳税申报也会影响，同时开出的增值税专用发票也会成为"异常凭证"继而影响下游企业，同时对违规企业的会计人员也会产生影响。按照税务部门2019年38号文件要求，大数据分析发现存在异常凭证涉税风险的企业，不得离线开具发票，其开票人员在使用开票软件时，应当按照税务机关指定的方式进行人员身份信息实名验证。以下五种的情形会被认定为异常凭证：

（1）企业丢失、被盗税控专用设备中未开具或已开具未上传的增值税专用发票。

（2）非正常户纳税人未向税务机关申报或未按规定缴纳税款的增值税专用发票。

（3）增值税发票管理系统稽核比对发现"比对不符""缺联""作废"的增值税专用发票。

（4）经税务总局、省税务局大数据分析发现，纳税人开具的增值税专用发票存在涉嫌虚开、未按规定缴纳消费税等情形的。

（5）属于《国家税务总局关于走逃（失联）企业开具增值税专用发票认定处理有

关问题的公告》(国家税务总局公告2016年第76号)第二条第(一)项规定情形的增值税专用发票。

进货企业一定要加强供货商管理，及时获取供货商的纳税信用等级和企业状态，并于每个月都要关注增值税发票服务管理平台是否存在异常发票，对于存在进口的企业也要跟踪海关增值税专用缴款书的抵扣情况，海关税票比较容易出现"缺联"的情况，另外，应经常与供货商企业沟通，对于当期供货企业已经作废的发票不要进行抵扣，如果已经抵扣，及时和税务局发票管理取得联系，将错误抵扣发票转回未抵扣状态。

出口企业对于异常发票要及时处理，因为处理不当也会对企业自身开具发票带来问题，按照税务部门规定，企业申报抵扣异常凭证，同时符合下列两个条件的，当期申报异常凭证进项税额累计占同期全部增值税专用发票进项税额70%（含）以上的且异常凭证进项税额累计超过5万元的，其对应开具的增值税专用发票也会被列入异常凭证范围。

（1）【案例分析】一家出口企业从供货商采购货物100万元，征税率13%，当期进项税额为13万元，当期全部进项税额为16万元，上个月供货商被降为非正常户并未向当地税务局申报当月税款，出口企业当月开出的增值税专用发票为150万，税额19.5万。

（2）【案例分析】由于供货商是非正常户，而且上个征期没有申报纳税，相当于漏交税款，因此其开出增值税专用发票在当期出口企业的发票管理服务综合平台变为"异常凭证"因此13万元税款不可以抵扣，经过计算占当期进货发票总量70%，并超过5万元，因此出口企业开出发票150万发票，涉及的税款19.5万元，受票的企业获得也是异常凭证，也不可抵扣及办理退税。

（二）出口企业在日常工作中遇到供货商开具发票存在异常处理方法

出口企业取得的增值税专用发票列入异常凭证范围的，应根据不同情况按照以下方法进行处理：

（1）出口企业尚未申报抵扣增值税进项税额的，暂不允许抵扣。已经申报抵扣增值税进项税额的，除另有规定外，一律作进项税额转出处理。

（2）出口企业尚未申报出口退税或者已申报但尚未办理出口退税的（退税款还没有退还给企业），除另有规定外，暂不允许办理出口退税。适用生产企业增值税免抵退税办法的纳税人已经办理出口退税的，应根据列入异常凭证范围的增值税专用发票上注明的增值税额作进项税额转出处理，对应出口业务视同内销处理，对于已经申报退税的，不管是否收到出口退税款，都应该在退税系统中做冲红处理，冲红之后当月形成的免抵退税额不够冲减的，形成负数，负数部分进行补税处理；适用外贸企业增值税免退税办法的纳税人已经办理出口退税的，税务机关应按照现行规定对列入异常凭证范围的增值税专用发票对应的已退税款追回，列入异常凭证的增值税专用发票不能够办理也不可以进行抵扣，对应出口业务视同内销处理。

（3）出口企业因骗取出口退税停止出口退（免）税期间取得的增值税专用发票列入异常凭证范围的，已经申报抵扣增值税进项税额的，一律作进项税额转出处理。

（4）出口企业存在退消费税的情况，以外购或委托加工收回的已税消费品为原料连续生产应税消费品，尚未申报扣除原料已纳消费税税款的，暂不允许抵扣；已经申报抵扣的，冲减当期允许抵扣的消费税税款，当期不足冲减的应当补缴税款。

（三）出口企业对税务机关认定的异常凭证存有异议的处理方法

出口企业对税务机关认定的异常凭证存有异议，可以向主管税务机关提出核实申请。经税务机关核实，符合现行增值税进项税额抵扣或出口退税相关规定的，出口企业可继续申报抵扣或者重新申报出口退税；符合消费税抵扣规定且已缴纳消费税税款的，纳税人可继续申报抵扣消费税税款。注意出口企业发现在发票综合服务管理平台存在异常增值税专用发票，先不要进行勾选，去税务机关核实异常情况，如果已经勾选了抵扣和退税，出口企业应该先对发票进行转出处理。

出口企业纳税信用等级为 A 级，对取得异常凭证且已经申报抵扣增值税、办理出口退税或抵扣消费税的，可以自接到税务机关通知之日起 10 个工作日内，向主管税务机关提出核实申请。经税务机关核实，符合现行增值税进项税额抵扣、出口退税或消费税抵扣相关规定的，可不做进项税额转出、追回已退税款、冲减当期允许抵扣的消费税税款等处理，出口企业逾期未提出核实申请的，应于期满后对异常凭证产生的进项税额做进项税额转出，对于已经申请过退税的，归还出口退税，并做内销处理。从这里就可以看得出，纳税信用等级对于出口企业和内贸企业在办理涉税业务的时候都很重要，建议出口企业规范纳税，合规的退税，力争每个评价年度都可以获得 A 类纳税信用等级。

（四）异常凭证在退税系统和发票综合服务平台系统中的操作方法

首先，在发票综合管理服务平台系统中发现异常发票信息，应确认异常凭证是否已经勾选抵扣或退税，如没有进行相应的上述操作，及时联系供货商查明原因；若已经勾选抵扣或者勾选退税，还没有进行纳税申报或申报退税，勾选抵扣的异常发票这时应在发票综合管理服务平台中撤销处理；勾选退税的异常发票应在出口退税系统中做进货凭证回退申请；若已经纳税申报货或已经办理出口退税的，勾选抵扣的异常发票在下一个纳税申报期填报增值税附表 2，做进项税额转出处理；勾选退税并已经申报过退税的，已申报未退税的，在出口退税系统做冲红处理，已申报已退税的，生产企业做冲红处理，当期免抵退税额不够冲减的，不够冲减的部分进行补税处理，对应异常的进货发票做进项税额转出，外贸企业可以归还出口退税，也可以做冲红，并将对应的发票进行"进货凭证回退申请"操作。

四、出口退（免）税认定管理

（一）备案管理

业务概述：

凡出口企业在办理出口退税之前必须到所在地的国家税务局进出口管理科办理出口退（免）税备案，办理的时限为自"批准证书"或"对外经营者备案表"下发之日起30天内办理完毕，如果逾期未办按税法做相应的处罚并不予办理退税。

报送资料：

办理出口退（免）税备案时，一般会要求报送《对外贸易经营者备案登记表》《中华人民共和国外商投资企业批准证书》《中华人民共和国海关报关单位注册登记证书》《银行开户许可证》，若有零税率应税服务出口退税业务，则需要提供相应零税率应税服务的资格证明资料。其中，外购研发设计服务出口的，需要提供《技术出口合同登记证》复印件。

业务提醒：

（1）备案时限。有的税务部门会认为在出口业务发生的30日之内，有的税局要求是在出口企业或其他单位首次申报出口退（免）税之前，所以企业在备案之前必须和主管税务局货劳科进行咨询，以免备案时间超期影响出口退税。

（2）报送资料。由于税务部门实行无纸化备案管理，网上提交申请，除非必须提交纸质资料的（例如出口零税率应税服务业务），只报送《出口退（免）税备案表》电子数据，建议出口企业留存备案资料，以备税务部门核查。

出口企业或其他单位应于首次申报出口退（免）税时，向主管退税的税务机关报送《出口退（免）税备案表》电子数据，在电子税务局"我要办税"—"出口退税管理"—"出口退（免）税企业资格信息报告"—"出口退（免）税备案"模块生成备案申报数据。录入备案数据时，退税税务机关应选择负责出口退税的税务机关。若纳税人没有零税率应税服务出口退税业务，在办理出口退（免）税备案时不需要报送纸质资料；若有零税率应税服务出口退税业务，则需要提供相应零税率应税服务的资格证明资料。其中，外购研发设计服务出口的，需要提供《技术出口合同登记证》复印件。

操作流程解析：

（1）离线版操作系统：

进入操作系统，打开基础数据采集——出口退（免）税备案——出口退（免）税备案管理——出口退税（免）备案申请——生成申报数据——正式申报——申报结果查询。

第一步，进入界面。如下图：

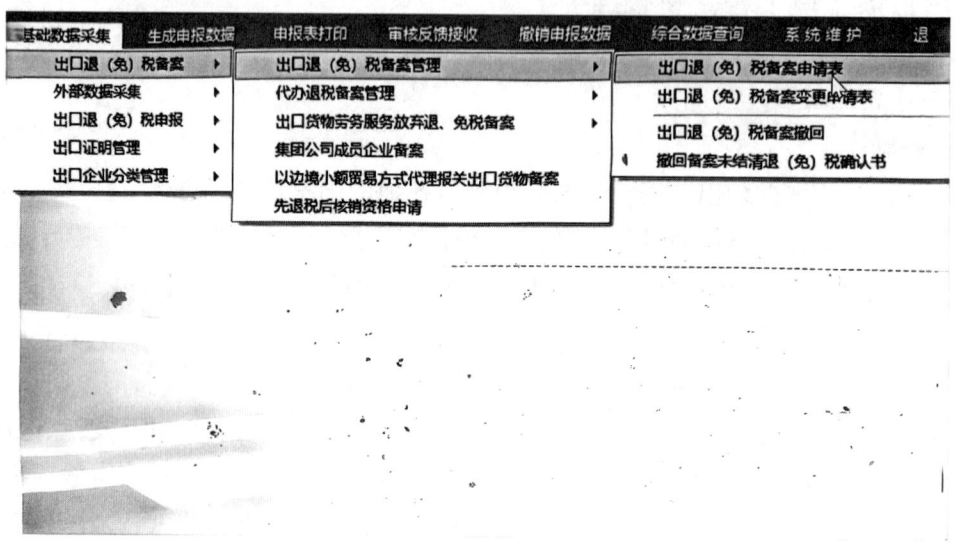

第二步，点击出口退（免）税备案申请，进入后，点击增加，然后按要求进行录入操作。

申报日期：填写申请的日期，系统会根据出口企业进入填写的所属期为默认时间，可以进行修改。

社会信用代码／纳税人识别号：已换发"多证合一"《营业执照》的，填写《营业执照》所载的统一社会信用代码；未换发的，填写《税务登记证》所载的税务登记号码。系统会自动生成。

纳税人名称：营业执照登记的企业名称全称。系统会自动生成。

海关企业代码：已"多证合一"，不单独制发《中华人民共和国海关报关单位注册登记证书》的，填写统一社会信用代码；未"多证合一"的，填写《中华人民共和国海关报关单位注册登记证书》所载的海关注册编码（10位）。未办理海关报关单位注册登记的，不填写该项目。

对外贸易经营者备案登记表编号：已"多证合一"，不单独制发《对外贸易经营者备案登记表》的，填写统一社会信用代码；未"多证合一"的，填写《对外贸易经营者备案登记表》所载的备案登记表编号。未办理对外贸易备案登记的，不填写该项目。

企业类型：外贸企业选择"外贸企业"，在对应的括号内划。

退税开户银行：填写退税账号开户银行名称。必须准确填写，填写错误会影响出口退税。

退税开户银行账号：填写退税银行账号。必须是税务登记信息中已经登记的银行账号。企业办理出口退（免）税备案前，先进入电子税务局"我要办税"—"综合信息报告"—"制度信息报告"—"存款账户账号报告"进行操作，确认出口退税银行账号已办理存款账户账号报告。（各地税务部门操作会有差异，但退税账户确认这个操作是必须操作的）

企业办理退（免）税人员：填写姓名、电话、身份证号。至少填写一个办税员，可以填写两个办税员。

退（免）税计算方法：外贸企业选择"免退税"，生产企业选择"免抵退"，在对应的括号内划。

是否提供零税率应税服务：只有货物出口的选择"否"，有服务出口的选择"是"。在对应的括号内划。

提供零税率应税服务代码："是否提供零税率应税服务"选择"是"的，在提供零税率应税服务代码表中选择对应的代码，可以多选。

享受增值税优惠政策：不享受增值税优惠政策的，该选项不选择；有享受增值税优惠政策的，据实从"先征后退、即征即退、超税负返还、其他"中选择一种或多种，在括号内划"√"。

退税管理类型：根据出口退税系统中提供的出口退（免）税管理类型选择，可以多选。除退税分类管理类别为四类的企业外，一、二、三类企业均可申请出口退税无纸化管理，在"无纸化"企业对应的方框内划。一般出口企业在首次备案的时候都为新企业，新办理退税的企业一般都是三类企业，都应该选择无纸化，除非税务部门有特殊要求除外。

附送资料：逐项填列附送原始凭证名称，仅"是否提供零税率应税行为"选择"是"

的，需要提交附列资料。

第三步，生成数据，打开图标，进入生成数据界面。

选择出口退（免）税备案申报，点击"确认"。

再次点击"确认"。

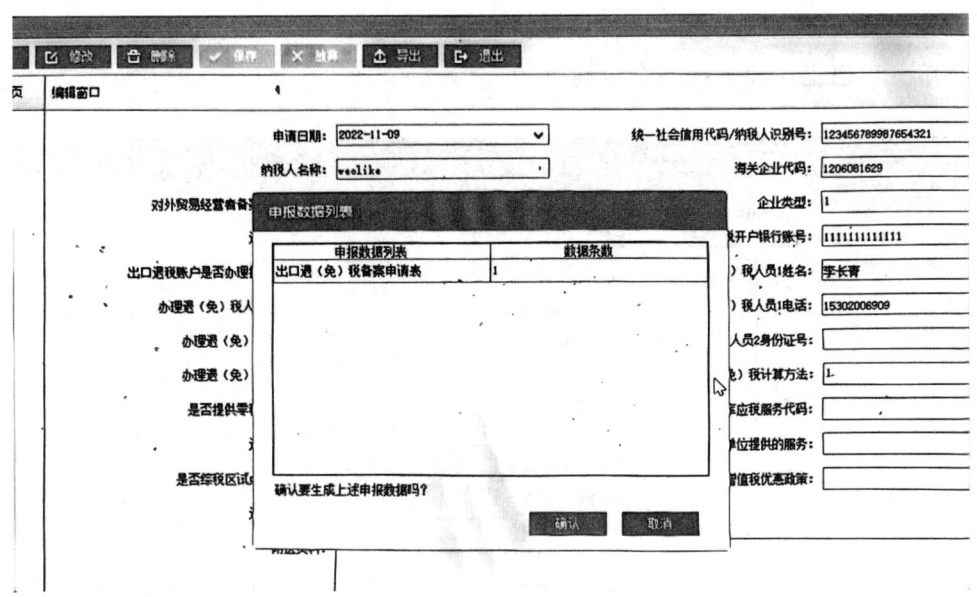

出现生成申报数据保存路径，出口企业可以用默认路径，也可以自行选择路径，点击确认，生成数据。

生成数据后，将申报数据通过电子税务局进行正式申报，审核成功后，进行申报结果查询，并反馈到出口退税系统中。同时将备案生成数据进行打印，点击申报数据打印菜单—出口退（免）税备案申请打印。

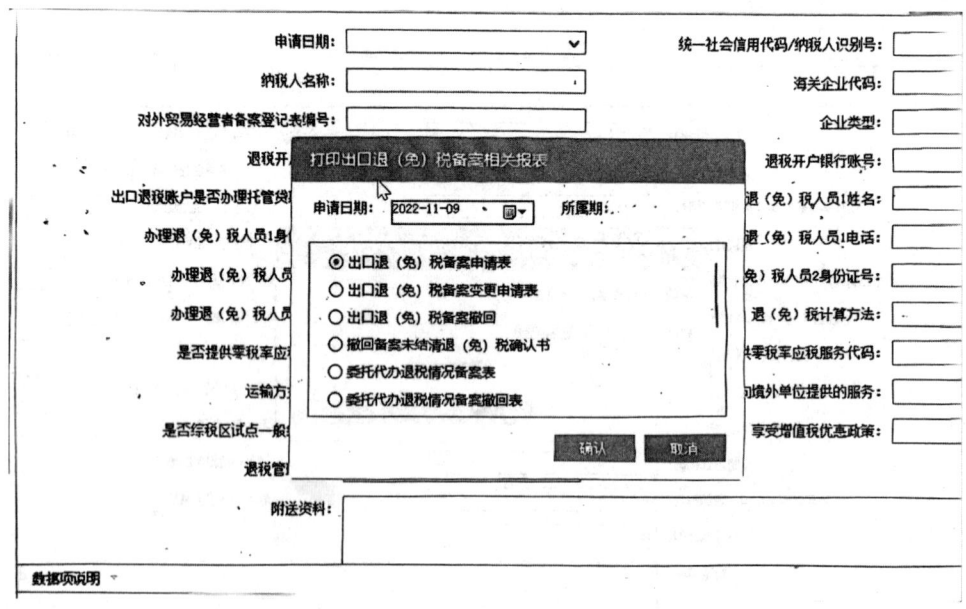

进入界面后，选择打印的项目：出口退（免）税备案申请表，点击"确认"。

出现打印界面，打印出口退（免）税备案表，如下图：

出口退（免）税备案表

统一社会信用代码/纳税人识别号		123456789987654321				
纳税人名称		weolike				
海关企业代码		1206081629				
对外贸易经营者备案登记表编号		111111111111				
企业类型		内资生产企业（√） 外商投资生产企业（ ） 外贸企业（ ） 其他企业（ ）				
退税开户银行		中行河东支行				
退税开户银行账号		111111111111				
办理退（免）税人员	姓名			电话	15302006909	
	身份证号					
	姓名			电话		
	身份证号					
退（免）税计算方法		免抵退税（√） 免退税（ ） 免税（ ） 其他（ ）				
是否提供零税率应税服务	是（ ） 否（√）	提供零税率应税服务代码				
享受增值税优惠政策		先征后退（ ） 即征即退（ ） 超税负返还（ ） 其他（ ）				
出口退（免）税管理类型		04-无纸化企业				
附送资料						

（2）在线版操作流程

进入电子税务局，点击"出口退税管理"功能模块。

进入出口退税管理界面后,点击"出口退(免)税企业资格信息报告"。

进入界面之后,电子出口退(免)税备案中的"在线申报"。

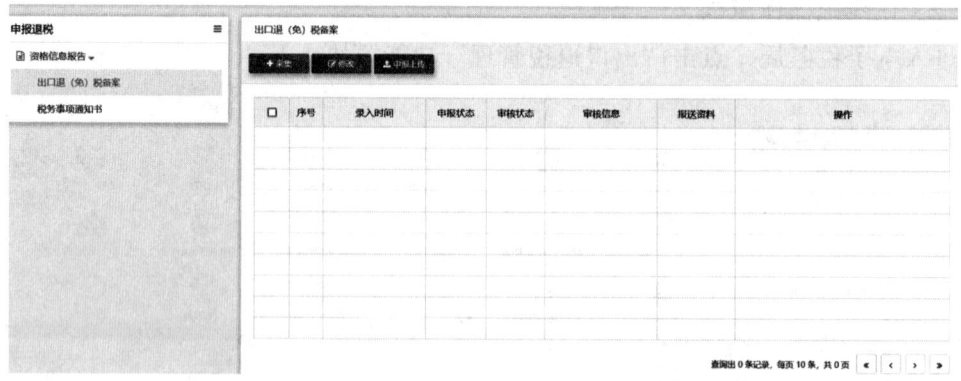

进入录入操作界面,点击"采集",采集的方法可以参考离线版操作方法,录入完毕之后,点击申报"申报上传"功能键,发到税务机关审核。

（二）出口退（免）税变更管理

1. 出口退（免）税变更业务概述

《出口退（免）税备案表》中的内容发生变更的，出口企业或其他单位须自变更之日起 30 日内，在出口退税申报系统生成电子数据上传出口退税机关审核，并向主管退税的税务机关提供相关资料，办理备案内容的变更。

出口企业遇到变更事项一定及时变更，超过变更期限税务机关对出口企业按征管法进行处罚。

2. 出口退（免）税变更管理中变更退（免）税计算方法的操作风险解析

涉及出口退税计算（申报）方法变更的，在实际工作中办理退税的企业遇到将生产企业免抵退方式变更为外贸的"免退"方式，或者反之。必须注意以下操作事项，否则会损失出口退税。

（1）出口企业或其他单位申请变更退（免）税办法的，经主管税务机关批准变更的次月起按照变更后的退（免）税办法申报退（免）税。企业应将变更前全部出口货物按变更前退（免）税办法申报退（免）税，变更后不得申报变更前出口货物退（免）税。

出口企业办理退税相关人员必须和业务部门进行沟通，先收集变更前报关单并及时申报，同时要求业务部门暂停出口业务，将变更前的业务申报结束并变更完毕之后再安排新业务出口。因为如不暂停，新关单的出口日期会超过变更表的日期，有的税务机关会认为出口日期超过退（免）税备案日期，不符合规定，不给企业办理出口退税。变更退（免）税备案和出口日期在同一个月份是符合规定。

（2）原执行免退税办法的企业，在批准变更免抵退办法次月的增值税纳税申报期内可将原计入出口库存账的且未申报免退税的出口货物向主管税务机关申请开具《出口转内销证明》。

（3）原执行免抵退税办法的企业，应将批准变更当月的《免抵退税申报汇总表》中"当期应退税额"填报在批准变更次月的《增值税纳税申报表》"免、抵、退应退税额"栏中。

（4）企业按照变更前退（免）税办法已申报但在批准变更前未审核办理的退（免）税，主管税务机关会继续按照原退（免）税办法单独审核、审批办理。对原执行免抵退税办法的企业，主管税务机关对已按免抵退税办法申报的退（免）税应全部按规定审核通过后，一次性审批办理退（免）税。

（5）退（免）税办法由免抵退税变更为免退税的，批准变更前已通过认证的增值税专用发票或取得的海关进口增值税专用缴款书，出口企业或其他单位不得作为申报免退税的原始凭证。还是向前面介绍的，如企业已经决定变更退（免）税办法了，财务部门一定要暂停关于和出口退税的发票勾选，如果已经勾选了，在变更前和主管税务机关联系先进行撤回操作。

（6）变更退（免）税办法后的首次申报退（免）税业务，视同首次出口退税管理，首次出口退税对于生产要实地核查，外贸公司要对供货商进行发函，参考9号公告，区分不同企业的不同业务类型设置不同退（免）税限额标准出口退（免）税实地核查和函调业务实行"容缺办理"措施，限额标准为外贸企业100万元，生产企业200万元。

3.出口退（免）税变更管理中海关代码变更的操作风险解析

出口企业或其他单位申请变更海关代码的，在海关变更后的30日之后需要到主管税务机关进行操作变更。企业应将变更前全部出口货物按变更前的海关代码申报出口退税之后再去税务机关申请变更，如果新的海关代码在税务机关已经变更，但变更之前的出口业务还没有申报完毕，则不能够再办理出口退税。

4.出口退（免）税变更管理中退税开户银行和开户账号变更的操作风险解析

出口企业或其他单位申请变更账户信息的，在开户银行变更之后的30天之内就应该去主管税务机关去办理变更手续。特别注意的是，首先，出口企业一定要及时变更，否则账户错误会导致出口退税不能及时退回企业；再次，出口企业或其他单位在系统中操作完变更之后一定要到电子税务局中确认出口退税银行账号报告操作，否则，即使在退税机关做了相关变更手续，但是在办理退税的时候也会显示退税账户信息错误的疑点。

5.出口退（免）变更系统操作流程

出口退（免）税备案表

统一社会信用代码/纳税人识别号	123456789987654321			
纳税人名称	weolike			
海关企业代码				
对外贸易经营者备案登记表编号				
企业类型	内资生产企业（ ） 外商投资生产企业（ ） 外贸企业（ ） 其他企业（ ）			
退税开户银行	招商银行			
退税开户银行账号				
办理退（免）税人员	姓名		电话	
	身份证号			
	姓名		电话	
	身份证号			
退（免）税计算方法	免抵退税（ ）	免退税（ ）	免税（ ）	其他（ ）
是否提供零税率应税服务	是（ ） 否（ ）	提供零税率应税服务代码		
享受增值税优惠政策	先征后退（ ）	即征即退（ ）	超税负退还（ ）	其他（ ）
出口退（免）税管理类型				
附送资料				

(三) 撤销管理

出口企业或其他单位停止办理出口退税业务了，需要到主管退税机关撤回出口退（免）税备案，主管退税的税务机关应按规定结清退（免）税款后办理。出口企业或其他单位申请注销税务登记的，应先向主管退税的税务机关申请撤回出口退（免）税备案。

撤销退税备案操作流程：

（1）离线版

第一步，打开基础数据采集——出口退（免）税备案管理——出口退（免）备案撤回，点击进入：

第二步，进入之后，点击"增加"。

申请日期：填写申请撤回的日期，或者用系统默认时间（与进入系统时所属期保持一致），系统会默认的撤回原因为"是"。

撤回原因：根据出口企业具体注销原因填下。

附送资料代码：这是选择项，存在以下两种情况选择。

①选择01代码，因合并、分立、改制重组等原因申请注销退（免）税备案的出口企业或其他单位进行选择，首先向主管税务机关申报《申请注销退（免）税资格认定企业未结清退（免）税确认书》（见操作第三步），提供合并、分立、改制重组企业决议、章程、相关部门批件及承继注销企业权利和义务的企业在注销企业所在地的开户银行、账号，经主管税务机关确认无误后，可在注销企业结清出口退（免）税款前办理退（免）税资格认定注销手续。即填完此确认书后，将注销前的出口企业的出口退税款承继到新企业，不影响合并、分立、改制重组企业的注销手续。

②选择02代码，存在注销的时候有未退税完毕的企业进行操作。出口企业或其他单位申请注销退（免）税备案，如存在向主管税务机关声明放弃未申报或已申报但尚未办理的出口退（免）税并按规定申报免税的，必须提交说明材料，视同已结清出口退税税款。即出口企业在注销的时候不能存在未申报的业务，如果存在必须说明原因，而且要获得税务部门同意之后才能够办理注销手续。

第三步，存在因合并，合并、分立、改制重组等原因注销企业需要操作，点击基础数据采集——出口退（免）税备案管理——撤回备案未结清退（免）税确认书，点击进入。

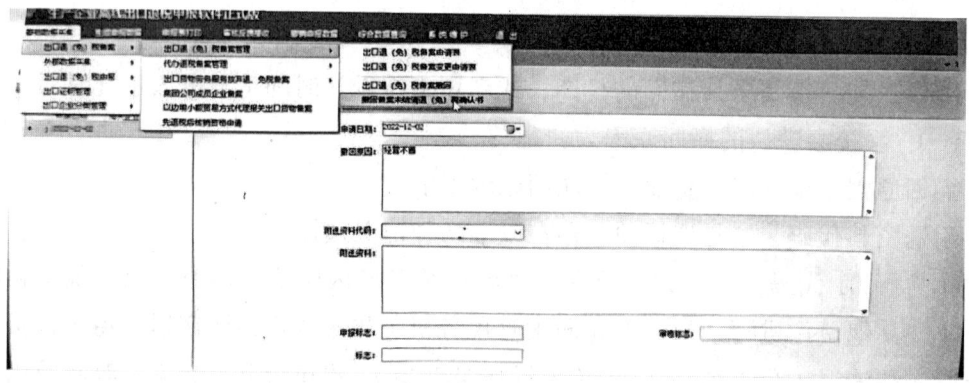

进入之后，点击增加，按照要求将承继企业的信息填报准确，点击保存并生成数据，向税务机关进行申报，获得"确认书"之后，在进行注销退（免）税备案手续。

第七章 出口退税日常管理及风险控制管理 | 371

点击生成申报数据，点击"生成出口退（免）税备案申报数据"。

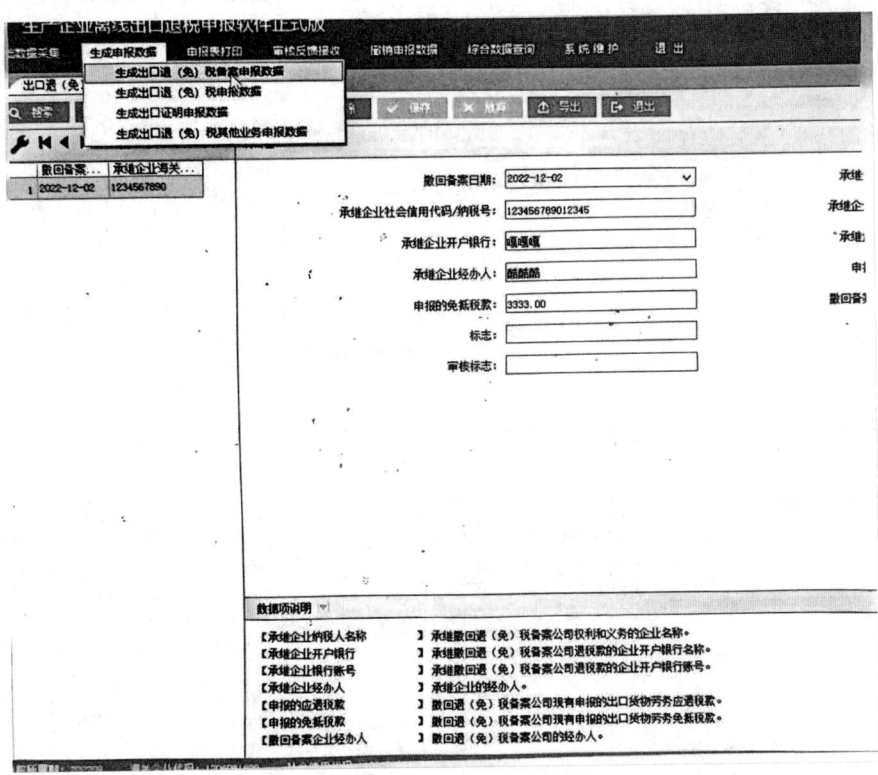

在生成数据的界面里选择"出口退（免）税备案撤回"，点击确认。

点击确认之后出现确认界面,点击确认。

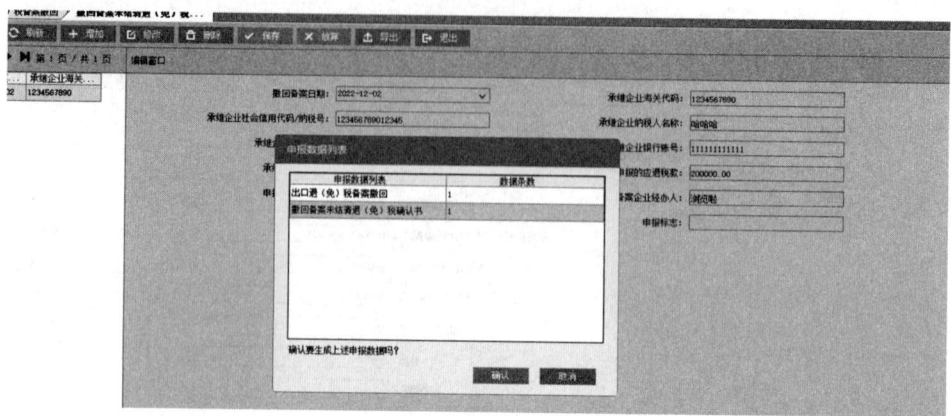

确认之后,按照默认路径生成数据。

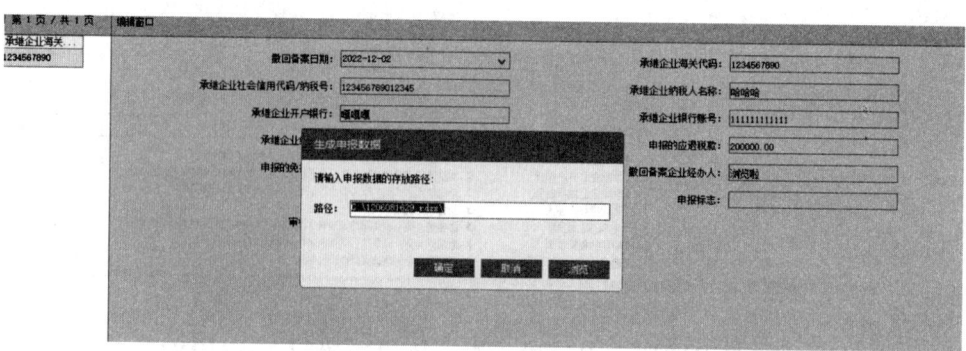

生成数据之后进行打印。

出现打印界面之后,一般注销企业只打印"出口退(免)税撤回"表,存在分立、合并、改制重组等原因注销的企业先打印"撤回备案未结清退(免)税确认书",再打印"出口退(免)税撤回"表。表样见(图1)和(图2)

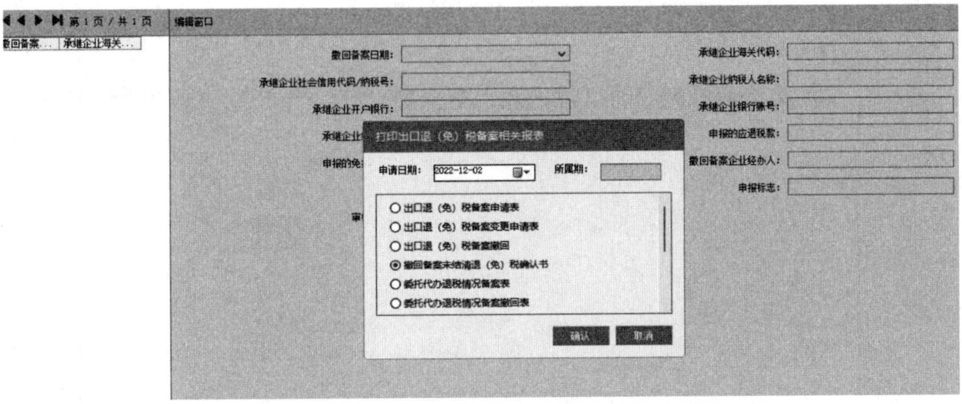

企业撤回出口退(免)税备案未结清退(免)税确认书

国家税务总局_____税务局:

我公司拟撤回出口退(免)税备案,现有申报的出口货物劳务应退税款 200,000.00 元,免抵税款 3,333.00 元尚未结清。我公司撤回备案后由 哈哈哈 公司承继我公司权利和义务,请将审批后的应退税款退付至该公司账户(开户银行:噻噻噻 账号:111111111111)。如发现有多退税款需追回的,由 哈哈哈 公司负责按规定缴纳。

撤回备案企业		承继企业	
企业海关代码:	120939 1629	企业海关代码:	1234567890
纳税人识别号:	1234567899876543 21	纳税人识别号:	1234567890 12345
企业名称:	word like	企业名称:	哈哈哈
经办人:	刘觉君	经办人:	散散散
财务负责人:(签字)		财务负责人:(签字)	
法定代表人:(签字)		法定代表人:(签字)	
(公章) 年 月 日		(公章) 年 月 日	

图1

出口退（免）税备案撤回

统一社会信用代码/纳税人识别号	12345678987654321
纳税人名称	weolike

撤回申请：

本纳税人因经营不善原因自愿撤回出口退（免）税备案，本纳税人已了解相关税收法律、法规、及规章，在出口退（免）税备案撤回申请表中所填写的信息及提交的材料是完整的、准确的、真实的。

经办人：
财务负责人：
法定代表人：
年　月　日（公　章）

附送资料：

□1.《企业撤回出口退（免）税备案未结清退（免）税确认书》，合并、分立、改制重组企业决议，合并、分立、改制重组企业章程，相关部门有关合并、分立、改制重组的批件，承继撤回备案企业权利和义务的企业在撤回备案企业所在地的开户银行名称及账号。

□2. 放弃未申报或已申报但尚未办理的出口退（免）税并按规定申报免税的声明。

图 2

（2）在线版操作

进入电子税务局后点击"我要办税"，进入后点击"出口退税管理"，进入后点击"出口退（免）资格企业信息报告"。

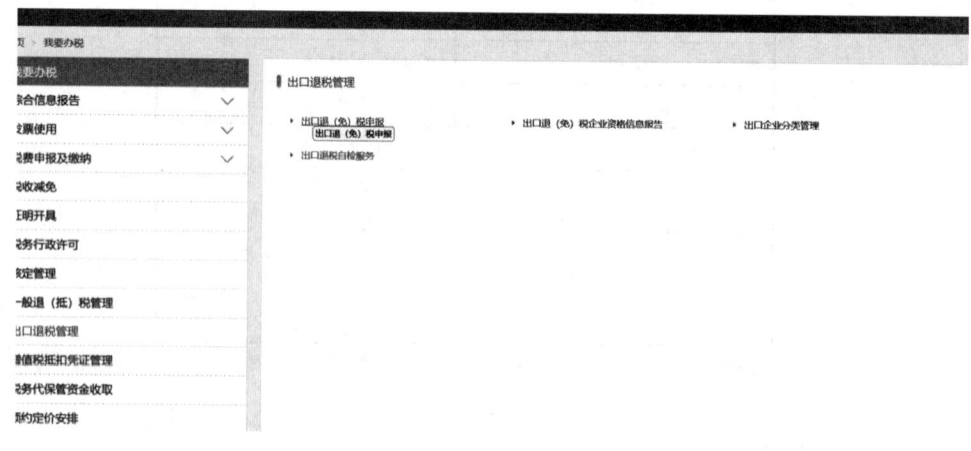

点击进入之后，选择"出口退（免）税备案撤回"，点击"在线申报"。

序号	业务事项	操作
	出口退（免）税企业资格信息报告	
1	出口退（免）税备案	在线申报 撤销申报
2	出口退（免）税备案变更	在线申报 撤销申报
3	出口退（免）税备案撤回	在线申报 撤销申报
4	生产企业委托代办退税情况备案及变更	在线申报 撤销申报
5	生产企业委托代办退税情况备案撤回	在线申报 撤销申报
6	出口货物劳务及服务放弃退（免）税	在线申报 撤销申报
7	出口货物劳务及服务放弃免税权	在线申报 撤销申报
8	恢复适用出口退（免）税政策声明	在线申报 撤销申报
9	集团公司成员纳税人备案及变更	在线申报 撤销申报
10	边贸代理出口备案	在线申报 撤销申报
11	出口企业提醒服务订阅	在线申报

进入"出口退（免）税备案撤回"操作"明细数据采集界面"。

申请日期：填写申请撤回的日期，或者用系统默认时间（与进入系统时所属期保持一致）。

撤回是由：根据出口企业具体注销原因填写。

附送资料代码：点击之后出现一个对话框，里面有两个选择，这是选择项，存在以下两种情况选择：

①选择01代码，因合并、分立、改制重组等原因申请注销退（免）税备案的出口企业或其他单位进行选择，首先向主管税务机关申报《申请注销退（免）税资格认定企业未结清退（免）税确认书》（见操作第三步），提供合并、分立、改制重组企业决议、章程、相关部门批件及承继注销企业权利和义务的企业在注销企业所在地的开户银行、账号，经主管税务机关确认无误后，可在注销企业结清出口退（免）税款前办理退（免）税资格认定注销手续。即填完此确认书后，将注销前的出口企业的出口退税款承继到新企业，不影响合并、分立、改制重组企业的注销手续。

②选择02代码，存在注销的时候有未退税完毕的企业进行操作。出口企业或其他单位申请注销退（免）税备案，如存在向主管税务机关声明放弃未申报或已申报但尚未办理的出口退（免）税并按规定申报免税的，必须提交说明材料，视同已结清出口退税税款。即出口企业在注销的时候不能存在未申报的业务，如果存在必须说明原因，而且要获得税务部门同意之后才能够办理注销手续。

[图：出口退（免）税备案撤回界面]

申请日期：填写申请撤回的日期，或者用系统默认时间（与进入系统时所属期保持一致）。

撤回是由：根据出口企业具体注销原因填写。

附送资料：点击之后出现一个对话框，里面有两个选择，这是选择项，存在以下两种情况选择，具体选择操作可以参考离线版操作第二步。

[图：选择撤回事由对话框界面]

选择之后出现下面操作界面，点击数据保存。

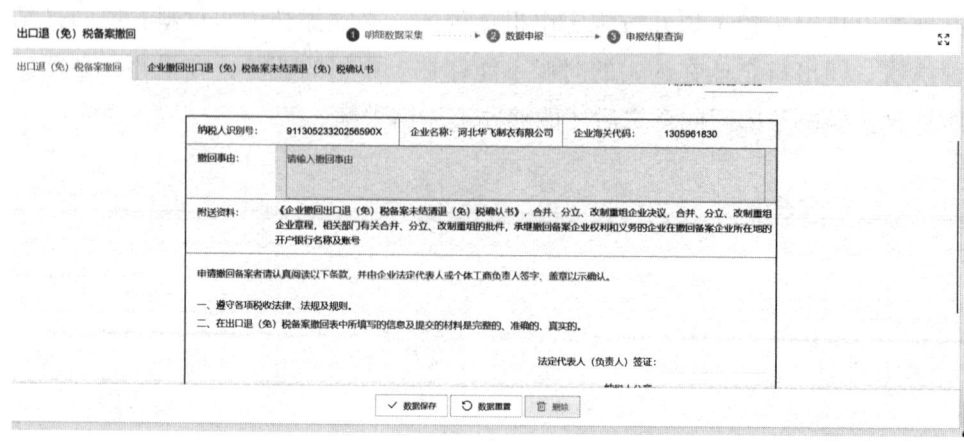

数据保存之后，点击数据申报，进入申报界面之后，选择申报数据之后，点击"生成申报数据"，生成之后，点击"正式申报"，最后点击打印下载，税局接受申报数据之后，审核通过之后，点击申报结果查询界面。

五、信息查询管理

报关单信息与进货发票信息如何传送到税务局

出口企业申报退税中存在报关单与发票信息缺失问题是造成退税失败的重要原因，在实际出口退税业务中，很多企业在申报退税的时候，单证已经齐全，所谓的单证齐全，就是进货增值税专用发票与出口货物报关都齐了。但是在申报中还是不能把退税申报出去，就是因为这发票与报关单没有相关的电子信息，参考国税发 2012 年 24 号公告，申报退税必须要具备单证齐全和信息齐全，如果信息不齐，这个业务是暂时不能进行申报。在实际业务中，如果一个企业连续申报多次没有报关单电子信息或发票信息，一般的原因就是有可能信息传送出现的问题，之前文章中已经介绍过报关单和进货发票的电子信息传送方法，报关单是通过中国电子口岸进行传送的，增值税专用发票是通过增值税发票综合服务管理平台进行统一管理，通过勾选的方法，将报关单与进货传送到出口退税审核系统中，出口企业已经在电子口岸进行报关单信息发送，而且已经显示税务局接受成功，同时进货发票已经进行勾选，为什么审核中还没有信息呢？下面对这两种情形进行分析：

（1）出口企业在退税的审核中连续多次没有增值税发票信息业务提示。

出口企业尤其是外贸公司必须有增值税发票信息才能够办理退税，所以外贸企业必须要求供货企业准确及时开具发票，而且外贸企业必须及时进行勾选，勾选中必须勾选用于退税，勾选错误的企业不能够办理退税，还有就是供货商报税出现问题也会造成信息传送问题。如果办理退税的发票多次审核没有信息，外贸企业可以考虑向税局做查询发票信息申报。

（2）出口企业在退税审核中没有出口货物报关单电子信息业务提示。

这是所有的退税企业都有可能面临的问题，由于现在是无纸化申报，没有报关单信息是不能够办理退税的。报关单信息传送是一个比较复杂的过程，需要经历海关、中国电子口岸、国家税务局、地方税务局等部门，所以在传送的过程中容易造成信息丢失，如果出口企业自出口之日起连续两个月审核没有关单信息，就可以判定报关单信息传送失败。一般传送失败有三种可能性，第一种是电子口岸传送失败，第二种是税局内部传送失败（即清分下发失败），最后一种是海关结关的问题。如果是电子口岸的问题，需要登录电子口岸中的出口退税联网稽查系统进行解决，如果是税务内部的问题需要向税局进行报关单查询申报，如果是海关的问题，这个业务就比较复杂了，需要去现场海关进行查明原因之后予以解决。

申报没有信息该怎么办呢？一般来讲，我们应该按照国税发 2013 年 61 号公告的相关规定，向企业所在的税务局进行信息查询。按照现在金三退税系统开发的现状来看，出口企业在电子口岸报关单状态时税务局接受成功，一般情况报关单在海关申报出口当月的最晚不超过次月就会有信息，特殊情况也最多两个月没有关单信息，出口企业需要向专管税务机关做报关单信息查询申报；增值税专用发票一般是在企业勾选完退税之后的次次月会有信息，如果办理退税的发票多次审核没有信息，外贸企业可以考虑向税局做查询发票信息申报。企业想更快得到退税，希望大家按下面方法进行的操作。

六、货样广告品关务、税务、外汇的最佳处理方法

（一）货样广告品业务综述

货样广告品在整个进口业务中是一个比较有特点的业务，因为它本身是不收付汇的，所以货样广告品一般在报关的时候都选择货样广告品这种贸易方式，在海关政策变更之前分为货样广告品 A 和货样广告品 B，海关向改革之后大部分的海关要求企业报送的贸易方式为货样广告品，基本上海关在监管方面把握的原则就是出口样品价格不能超过 500 美金，进口的价格样品如果报的太低，海关要征收关税和增值税。海关在申报完毕之后会把货样广告品的这个业务同时报送给外汇管理局和国家税务局的出口退税部门。

在外汇管理局收到数据后在数字外管平台中会有货样广告品业务的相关信息，但是由于这个业务不办理国际银行结算业务。所以在整个外管局的监管中，它属于有货物流无资金流的业务，这个业务在外汇管理局是需要办理一个特殊交易报告，又称为差额报告，来平衡指标。但是在申报这种业务之前应该跟所在的外汇管理部门进行一个业务上的沟通。

在税务方面,一般货样广告品不收汇要确认免税收入,而且这个业务是不能办理出口退税的,只能向国税局申请免税,而且对应采用的进项税要转出,具体转出的方法,在后面的文章中会详细介绍。

(二)货样广告品介绍及账务要求

首先,出口企业应该知道什么是货样广告品?货样广告品可以理解为货样和广告品两个部分。出口货样,是指出口专供订货参考的货物样品。广告品,是指出口用于宣传有关商品内容的广告宣传品。海关为了区分不同业务性质,将货样广告品分为两种形式,一是货样广告品A(海关监管方式代码"3010"),经批准有进出口经营权的企业采购或销售或者免费提供的货样、广告品;二是货样广告品B(海关监管方式代码"3039"),没有进出口经营权企业(单位)进出口及国外免费提供进口的货样广告品。2016年海关总署下发了第37号公告,取消了货样广告品B的这种监管方式,同时将之前的货样广告品A,调整为货样广告品(监管方式代码"3010"),适用于有进出口经营权的单位进出口货样广告品,暂时进出口的货样、广告品和驻华商业机构不复运出口的进口陈列样品不适用本监管方式。也就是说目前海关只有货样广告品这种方式出口了。

企业出口货样广告品一般采取以下三种通关模式:一般贸易报关出口、货样广告品报关出口、非报关快递出口。

(1)以一般贸易方式报关出口:通常在向客户收取样品费的时候而采用,如果正常收汇并且取得进项增值税专用发票可以正常退税。账务处理方法直接确认收入成本、申请出口退税。

采用一般贸易报关出口样品时,出口企业必需取得样品的进货发票(专票退税,普票免税),如果没有取得样品的进货发票,没法申请退税或免税,只能视同内销征税。

(2)货样广告品贸易方式报关出口:通常是与国外客户达成协议,确为不收汇的样品,不收汇的业务申请免税,如果收汇并取得进货增值税专用发票可以退税,取得普通发票申请免税。

账务处理方法向客户收汇的,可以确认出口收入并申请退税;不收汇的确认收入并申请免税。

(3)快递出口:指由快递公司报关(集中申报)出口,即海关信息不显示出口企业.如果货物价值在5000元人民币或者以下,其适用非报关快捷的出口模式。海关总署公告2016第19号:价值在5000元人民币(不包括运、保、杂费等)及以下的货物(涉及许可证件管制的,需要办理出口退税、出口收汇或者进口付汇的除外)货物可直接走非报关快递。非报关快递出口模式适合免费赠送的样品,即不收汇也不报关。

当然，也有一些企业快递出口时收汇的，对于这种情况有两种处理方法：一是对于快递出口收汇由于没有报关单的业务视同内销处理；二是暂按预收款处理，等实际货物出口时，调整出口报关金额，把原来的样品金额并入以后的出口金额中报关出口，如果取得进货发票可以办理退税或免税。

账务处理：视同内销征收增值税、确认营业（销售）费用。

（三）货样广告品财务处理应注意的问题

（1）对于企业出口货样广告品，已经取得了出口报关单且收汇，则可以申请办理出口退税。注意，如果是外贸企业，则需具备采购专用发票或者出口增值税缴款书。

（2）出口企业出口样品，已经取得了报关单，但是不向客户收取样品费，则可以直接享受免税政策，同时把对应的增值税做进项转出。

（3）如果企业出口样品，无法取得报关单，则应当将其视为内销处理，对增值税销项税额进行计提。

（4）出口企业出口样品的进货专票发票并未取得，同时也没有获得普通发票，那么将无法办理出口退税，也不享受免税的政策。需将其视作内销征税。

（5）出口企业出口样品不收汇，实行出口免税政策，参考2013年65号公告相关规定实行备案处理，不用在企业出口退税申报系统进行录入，需在相应增值税纳税申报表上完成免税销售额的填写。如果对于采购的进项税额已经进行申报抵扣，则需将其转出。并留存有效的进货凭证等资料（出口报关单、进货凭证等）。

（6）如果出口企业出口样品既不收汇，也不做报关手续，需将其视为内销征税，并且出口退税及免税都不能享有。

（7）出口企业出口样品，在账务上一般都要做出口收入，生产企业参与退税的计算计入"免抵退税销售额"，不退税的计入"免税销售额"；外贸企业都要计入"免税销售额"

七、删单和修改报关单在海关办理方法及对出口退税影响差异

（一）删单和修改关单海关要求区别

按照海关的规定：海关接受进出口货物申报后，报关单证及其内容不得修改或撤销（删单）；符合规定情形的，可以修改或撤销。进出口货物报关单的修改或撤销遵循修改优先原则；确定不能修改的，予以撤销。

可以办理进出口货物报关单修改或撤销手续的情形：

（1）出口货物放行后，由于装运、配载等原因造成原申报货物部分或者全部退关、变更运输工具的。

（2）进出口货物在装载、运输、存储过程中发生溢短装，或者由于不可抗力造成灭失、短损等，导致原申报数据与实际货物不符的。

（3）由于办理退补税、海关事务担保等其他海关手续而需要修改或者撤销报关单数据的。

（4）根据贸易惯例先行采用暂时价格成交、实际结算时按商检品质认定或者国际市场实际价格付款方式需要修改申报内容的。

（5）申报进口货物办理直接退运手续，需要修改或者撤销原进口货物报关单的。

（6）由于计算机、网络系统等技术原因导致电子数据申报错误的。

在实际业务很多出口企业都普遍反映一个问题就是，出口货物报关单出现错误，但是海关不予修改，有的可以修改的需要通关海关相关检查部门核查之后可以修改，并且会对出口企业进行海关等级考核的减分，情节严重的甚至会影响海关信用等级，尤其是关单上重要申报要素：通关金额、数量、商品代码（商品归类），这些关键要素会影响海关统计数据，一般修改或撤销可能性比较低。例如，有一家上海企业，在通关的时候将实际3万多美元的出口业务，错报成30多万美元，企业向海关提出修改关单的要求，上海海关经过审查之后以影响海关统计价格的原因及造成错报是因为企业自身录入错误拒绝修改，最后造成出口企业该笔业务不能够办理退税，因为报关单金额与实际合同、提单、发票都不一致。同时由于错报出口金额，造成报关单金额大于实际收汇金额，也引起外汇局总量核查数据不合规，引发外汇核查。

（二）在退税处理方法上的异同

一般情况下，海关准予给企业修改或撤销的报关单，海关必须得到出口企业关于这张关单没有退税的证明，即出口退税未退税证明，这个证明需要出口企业找主管退税机关进行申请。

根据《中华人民共和国海关进出口货物报关单修改和撤销管理办法》的规定，向海关申请改单并未规定要提供税务部门出具的证明，同时根据国家税务总局公告2012年第24号中对退运证明的办理规定中，只是规定了出口货物发生退运时才允许开具《出口货物退运已补税（未退税）证明》。

出口企业如果因改单需要向海关提供未退税证明时，税务部门是没有政策依据为其开具的。这就造成一些出口企业在遇到改单时，海关要求提供退运证明，而税务机关不与开具的现象，从2020年新金三退税系统上线之后，新系统现在可以开具了，和出口退运证明一起开具，开具方法也和出口退运未退税证明操作一致。

目前，在改单操作中，会遇到两种情况：一是不需要退运证明的。有的海关在企业改单时不要求提供未退税证明；二是要求出具未退税证明的。

对于要求提供证明的，可在退税申报系统中的退运证明申请中出具，新的未退税证明开具系统增加了"业务类型"，在业务类型中有"退运""改单""撤单"三种选择，按新系统现在针对这个业务可以出具未退税证明。

第一步，首先打开操作界面。

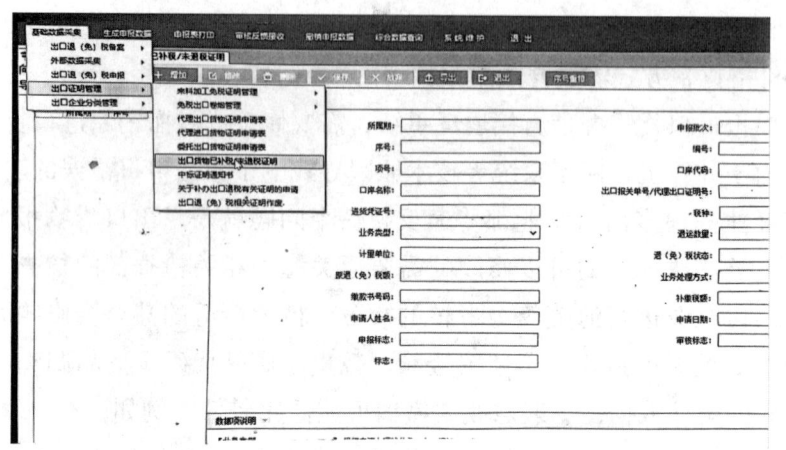

第二步，点击进入之后，采集的方法可以参考出口退运证明的操作方法。重点提示是：在业务类型中选择"修改报关单"。

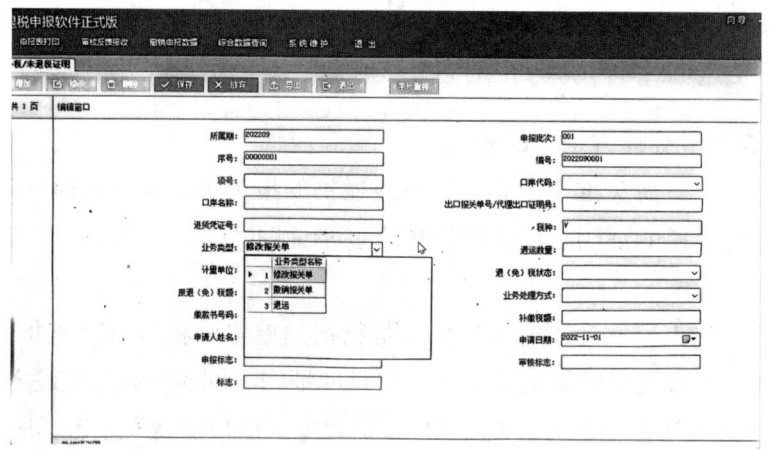

（三）删单和修改关单在处理中的风险控制原则

修改和撤销关单对于出口退税申报速度和企业等级都会有影响，而且在实际工作中真正在海关修改成功的案例也是"凤毛麟角"，出口企业应该加强内控管理。

几点建议：

（1）实行单单审核制度，在海关未结关之前可以让货代出具预录入单据，根据预录入单据审核关单内容，发现问题，及时修改。

（2）修改关单一般海关有180天期限，出口企业发现问题应及时修改。

（3）出口企业应加强报关准确性，对于录入错误尽量避免，报关单录入是一项重复、复杂和需要耐心细致的工作，只要有一个数据错误就会导致改单或撤单，在海关商品编码、申报要素、通关金额、数量等重要退税审核内容建立监管机制，设置对应的复核岗位，力争把错误控制在通关正式申报之前。

八、出口退税分类管理

为提升出口退税管理的质量和效率，提高企业税法遵从度，税务部门以风险可控、"放管服"结合、利于遵从、便于办税为原则，对出口退税企业实施分类管理，并根据企业管理类别提供差异化服务、实施差别化管理。具体来说，税务部门会根据企业信用资质水平、税收遵从程度等情况，将企业的出口退税管理类别分为四类，从高到低分别为一类、二类、三类和四类。其中，一类企业信用资质最好，享受的退税服务最优、进度最快。主管税务机关可为一类出口企业提供绿色办税通道（特约服务区），优先办理出口退税，并建立重点联系制度，及时解决企业有关出口退（免）税问题。对一类出口企业中纳税信用级别为 A 级的纳税人，按照《关于对纳税信用 A 级纳税人实施联合激励措施的合作备忘录》的规定，实施联合激励措施。

（一）出口退税分类考核结果给退税企业埋下的"六个雷"

出口企业年度分类管理评定工作每年会在纳税信用等级考核结果发布之后就要开始，这可是出口退税企业每年必须关注的大事，一般分类考核结果最晚会在 5 月份发布考核的结果。分类不同，影响不同，管理方式也不同，退税申报资料和审批速度也会有明显差异。下面给出口退税企业分析一下分类考核的结果对退税的六个影响：

（1）每年 5 月份之后出口退税企业在办理退税的时候需要提供收汇凭证。因为按照分类管理规定：一、二、三类企业在申报退税时可不提供收汇凭证，而四类企业需要提供。

（2）5 月份之后审核退税时发票信息会出现 1-2 个月滞后，原因是在考核结果出来之后，分类将为三类或四类企业，三类和四类企业在取得发票当月进行认证，需供货商先申报缴税，待总局下供货商发票缴税信息后方可申报办理出口退税业务，企业平均等待时间约为两个月。

（3）5 月份之后有的外贸退税企业会被经常发函处理，退税企业分类被降为四类，对该类企业申报出口退（免）税的外购出口货物或视同自产产品，税务机关应对每户供货企业的发票，都要抽取一定的比例发函调查。

（4）5 月份之后有的生产退税企业会被税局要求实地核查，生产企业退税分类调整到三类或四类，对其申报出口退（免）税的自产产品，税务机关应对其生产能力、纳税情况进行评估。三类企业会参考当年退税额度，四类企业一般是一年核查一次。

（5）5月份之后有的退税企业被要求进行专项检查，按照退税分类相关要求，三类和四类企业每年会被税务局进行单证备案和收汇检查，三类企业按比例和风控数据进行抽查，四类企业是必须检查。

（6）5月份之后退税审批速度由2天变为1个月或者时间更长，分类调整之后，如果被降为三类或者四类，退税审批的时间随着要求审核资料增加也会延长，三类企业一般是10个工作日，四类企业一般在审核没有问题情况下是20个工作日，但三类企业和四类由于会被发函或者检查收汇等业务，有的时候退税审批时间会超过1个月，有的发函业务时间更长。

（二）退税分类考核时限多长？符合哪些条件可以获得一类？如何进行申请？

1. 退税分类考核时限

出口企业管理类别评定工作每年应于企业纳税信用级别评价结果确定后1个月内完成。出口退税分类的考核时限是一年，一般指的是一个退税年度（即每年5月1日到次年4月30日），出口企业管理类别与纳税信用等级息息相关，纳税信用等级变了，出口企业管理类别也会发生变化，所以税务部门现在对于出口退税分类考核需要等待纳税信用等级考核结果发布，一般纳税信用等级考核结果是在每年的4月份发布，因此主管税务机关会在5月底之前对于退税分类考核结束。

2. 一类企业考评条件

关键词：

（1）必须同时符合。

（2）分类等级。

注解： 分类等级指的是纳税信用等级、海关企业信用管理类别、外汇管理分类管理。

（1）生产企业应同时符合下列条件

①企业的生产能力与上一年度申报出口退（免）税规模相匹配。

②近3年（含评定当年，下同）未发生过虚开增值税专用发票或者其他增值税扣税凭证、骗取出口退税行为。

③上一年度的年末净资产大于上一年度该企业已办理的出口退税额（不含免抵税额）。

④评定时纳税信用级别为A级或B级。

⑤企业内部建立了较为完善的出口退（免）税风险控制体系。

（2）外贸企业应同时符合下列条件：

①近3年未发生过虚开增值税专用发票或者其他增值税扣税凭证、骗取出口退税

行为。

②上一年度的年末净资产大于上一年度该企业已办理出口退税额的 60%。

③持续经营 5 年以上（因合并、分立、改制重组等原因新设立企业的情况除外）。

④评定时纳税信用级别为 A 级或 B 级。（部分税务局认定为 A 类）

⑤评定时海关企业信用管理类别为高级认证企业或一般认证企业。

⑥评定时外汇管理的分类管理等级为 A 级。

⑦企业内部建立了较为完善的出口退（免）税风险控制体系。

（3）外贸综合服务企业应同时符合下列条件

①近 3 年未发生过虚开增值税专用发票或者其他增值税扣税凭证、骗取出口退税行为。

②上一年度的年末净资产大于上一年度该企业已办理出口退税额的 30%。

③上一年度申报从事外贸综合服务业务的出口退税额，大于该企业全部出口退税额的 80%。

④评定时纳税信用级别为 A 级或 B 级。

⑤评定时海关企业信用管理类别为高级认证企业或一般认证企业。

⑥评定时外汇管理的分类管理等级为 A 级。

⑦企业内部建立了较为完善的出口退（免）税风险控制体系。

具体申请方法和流程：

符合一类企业评定标准，需在当年 4 月向退税主管机关提出申请，一般是主管税务机关通知企业参加考评，并报送申请出口企业管理类别评定为一类的出口企业，应于企业纳税信用级别评价结果确定的当月向主管税务机关报送《生产型出口企业生产能力情况报告》《出口退（免）税企业内部风险控制体系建设情况报告》，如果出口企业为原一类企业，且企业内控体系未发生变化的话，可不重新报送该资料。税务局负责评定出口企业管理类别，应于评定工作完成后 10 个工作日内将评定结果通知出口企业，用离线版的系统企业去税务局拷贝反馈税局，读入离线系统，更新企业状态，使用在线版的企业可以直接在电子税务局进行更新就可以。

系统操作流程：

在退税系统中的"出口退税分类管理"中先后录入生产能力情况报告，风控体系建设情况报告。注意：外贸企业只需要录入"风控体系建设情况报告"。

386 | 出口退（免）税日常操作合规解析及风险控制

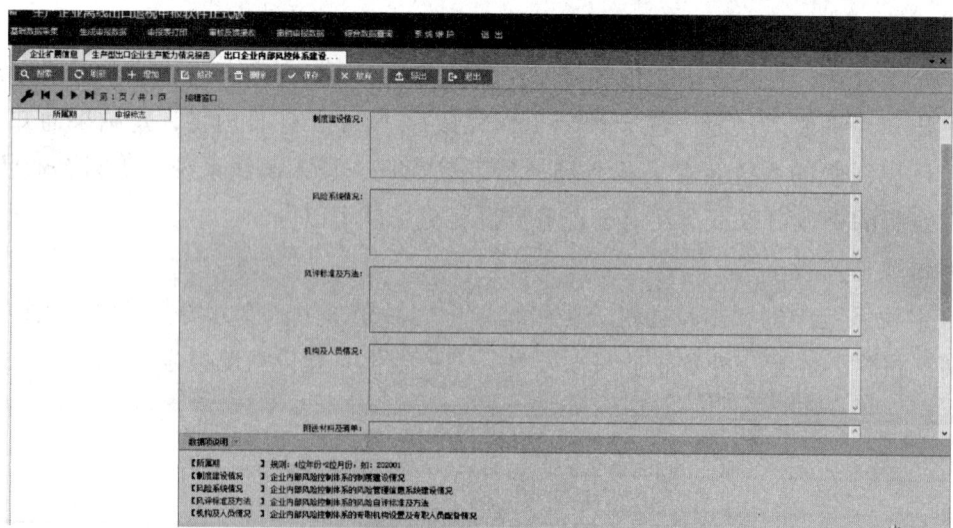

（三）退税企业如何避免被将为退税四类？

在实际业务中具有下列情形之一的出口企业，出口企业管理类别应评定为四类：

（1）评定时纳税信用级别为D级。

（2）上一年度发生过拒绝向税务机关提供有关出口退（免）税账簿、原始凭证、申报资料、备案单证情形。

（3）上一年度因违反出口退（免）税有关规定，被税务机关行政处罚或被司法机关处理过的。

（4）评定时企业因骗取出口退税被停止出口退税权，或者停止出口退税权届满后未满2年。

（5）四类出口企业的法定代表人新成立的出口企业。

（6）列入国家联合惩戒对象的失信企业。

（7）海关企业信用管理类别认定为失信企业。

（8）外汇管理的分类管理等级为C级。

（9）存在省税务局规定的其他严重失信或风险情形。一般这里指的失信或风险指的是存在重大漏税行为，重大漏税指的是年度漏缴税金超过10万元且漏税金额占当年应纳税额比例超过10%的企业。

（四）四类企业对于出口企业有哪些不良影响？

一旦出口企业被降为四类企业，在出口退税的审核流程、资料准备、日常管理、退税速度都会产生影响。

审核方面对该类企业申报的出口退（免）税，国税机关除审核电子信息外，还应逐笔人工审核对应的原始凭证。并且对每笔申报退税的业务必须收汇之后才能够申报出口退税，而且需要把收汇水单信息录入出口退税申报系统。

在资料准备方面该类企业属于外贸企业的，对其申报的出口退税，国税机关应使用出口货物报关单电子信息和增值税专用发票稽核、协查信息审核办理出口退税。

在日常管理方面该类企业属于生产企业的，对其申报出口退（免）税的自产产品，国税机关应对其生产能力、纳税有关情况核实无误后，方可办理退（免）税；对该类外贸企业申报出口退（免）税的货物或生产企业视同自产产品，国税机关应对每户供货企业的发票，都要抽取一定比例发函调查；国税机关对所辖该类企业，每年应至少进行1次出口退（免）税评估即退税稽查；该类企业自评定之日起，2年内不得评定为其他管理类别。

在退税速度上税务机关按要求完成审核，并排除所有审核疑点后，应自受理企业申报之日起，20个工作日内办结出口退（免）税手续。相当于四类企业如果一旦发函或者评估退税申报时间是不能够保证及时退税的。

（五）二类企业和三类企业有哪些区别？

在评定工作中具有下列情形之一的出口企业，其出口企业管理类别应评定为三类：

（1）自首笔申报出口退（免）税之日起至评定时未满12个月。即新办的退税企业，这里所说的新办不是新成立的。而是第一次退税之后。

（2）评定时纳税信用级别为C级，或尚未评价纳税信用级别，或纳税信用等级为M级。

（3）上一年度累计6个月以上未申报出口退（免）税（从事对外援助、对外承包、境外投资业务的，以及出口季节性商品或出口生产周期较长的大型设备的出口企业除外）。这条有部分税务部门已经作废使用。

（4）上一年度发生过违反出口退（免）税有关规定的情形，但尚未达到税务机关行政处罚标准或司法机关处理标准的。例如一类、二类出口企业不配合税务机关实施出口退（免）税管理，以及未按规定收集、装订、存放出口退（免）税凭证及备案单证的，单证备案检查不合规，但是涉及违规退税金额不够当地主管税务机关处罚标准的。出口企业管理类别应调整为三类。

（5）存在省税务局规定的其他失信或风险情形，这里标准和四类企业风险情形是一致的。

二类企业考核标准比较特殊：一类、三类、四类出口企业以外的出口企业，其出口企业管理类别应评定为二类。因此可以理解为二类企业就是正常管理企业。

（六）不同分类的企业，申报和审核流程存在哪些差异？

管理类别为一类，二类，三类四类的出口企业，在出口退（免）税申报相关电子信息齐全并经预审通过后，申报的电子数据与海关出口货物报关单结关信息、增值税专用发票信息比对无误且未发现审核疑点或者审核疑点已排除完毕，即可进行正式申报，一、二、三类企业申报时不需要提供原始凭证，四类需要提供原始凭证、资料及正式申报电子数据外，还须同时按规定报送收汇凭证。这里的增值税专用发票信息比对也是存在差异的，一类和二类企业仅凭发票认证信息（即认证不用交叉稽核比对）即可申报退税，一般可实现当月认证、当月申报、当月退税，三类、四类企业有相符信息（查看发票状态显示"已认证/已稽核"，即必须认证交叉稽核比对）才可以申报，退税速度差距很大。

分类不同，退税办理时间存在差异：

一类企业自申报受理日起可在5个工作日内办结出口退（免）税手续。

二类企业在10个工作日内办结。

三类企业在 15 个工作日内办结。

四类企业则在 20 个工作日内办结。

（七）分类考核结算出来时候如何查询？在规定时限内分类结果不满意如何向税局进行复评？

1. 分类考核结果查询方法

分类考核的结果一般是主管税务机关发布，负责评定出口企业管理类别的税务机关，应在评定工作完成后的 15 个工作日内将评定结果告知出口企业，并主动公开一类、四类的出口企业名单。

对于其余分类的企业，出口企业可以将税务局拷贝分类结果反馈信息导入离线版出口退税系统或者在电子税务在线更新。

2. 出口企业对分类结果不满意如何向税局进行复评？

出口企业因纳税信用级别、海关企业信用管理类别、外汇管理的分类管理等级等发生变化，或者对年度分类管理类别评定结果有异议的，可以书面并在退税系统生成电子数据向负责评定出口企业管理类别的税务机关提出重新评定管理类别。有关税务机关应按照《国家税务总局关于发布修订后的〈出口退（免）税企业分类管理办法〉的公告》（国家税务总局公告 2016 年第 46 号）的规定，自收到企业复评资料之日起 20 个工作日内完成评定工作。参考下图操作：

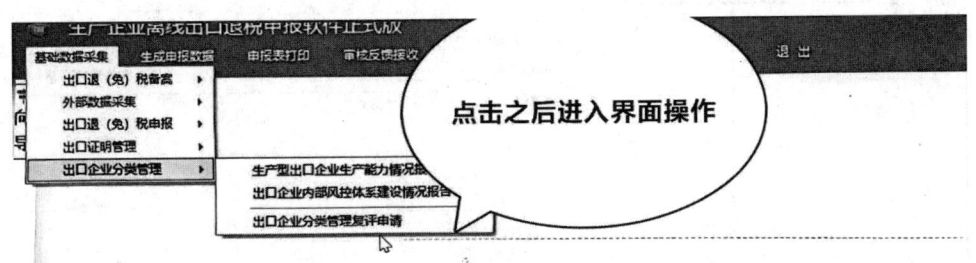

进入之后，在"申请复评类别"中选择要评定的类别，点击下拉菜单进行选择，操作之后在"申请原因代码"中点击下拉菜单，选择申请原因代码，之后再申请复评原因中写明具体原因。

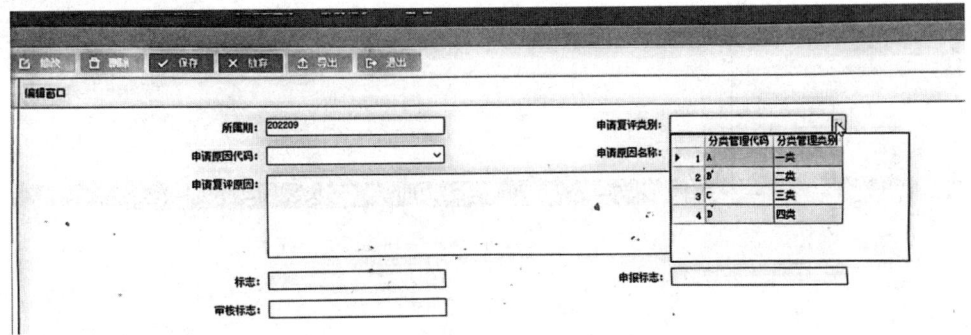

390 | 出口退（免）税日常操作合规解析及风险控制

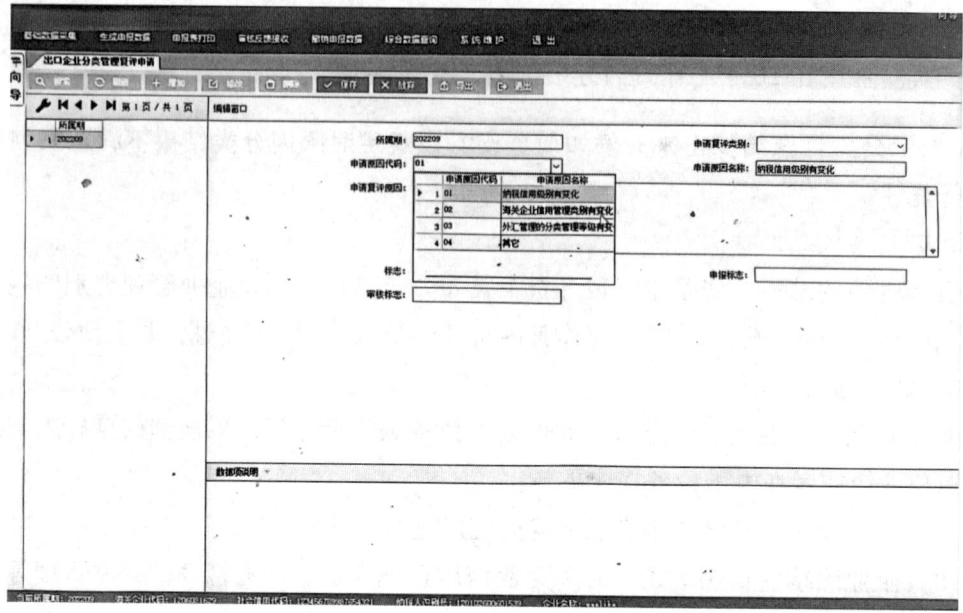

录入完毕之后，按下图生成数据：

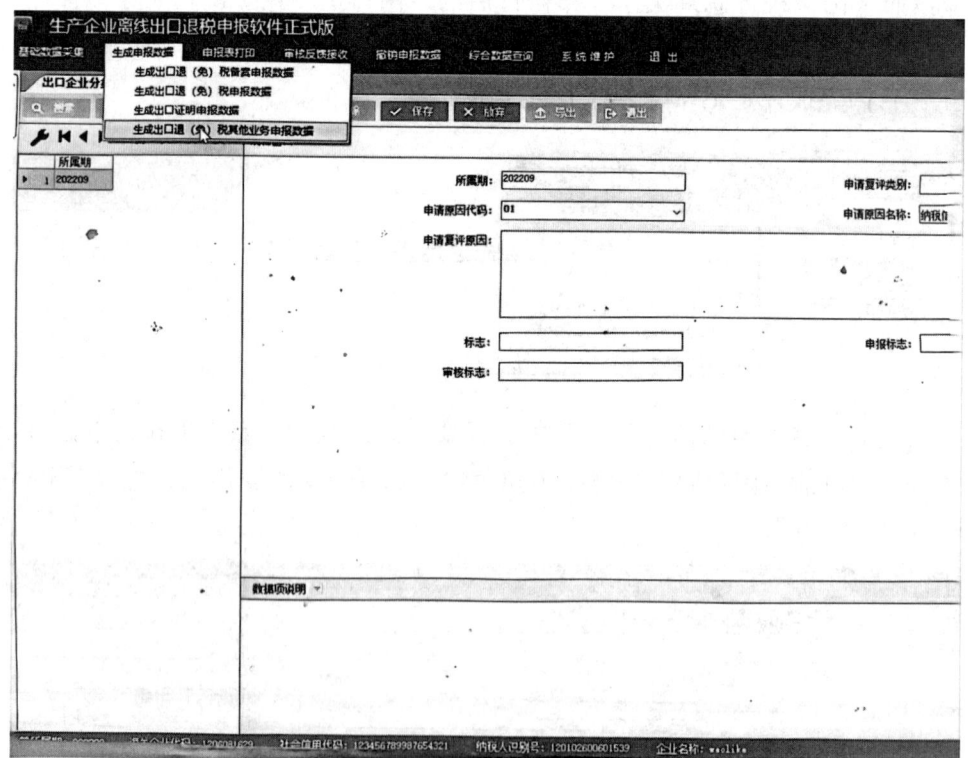

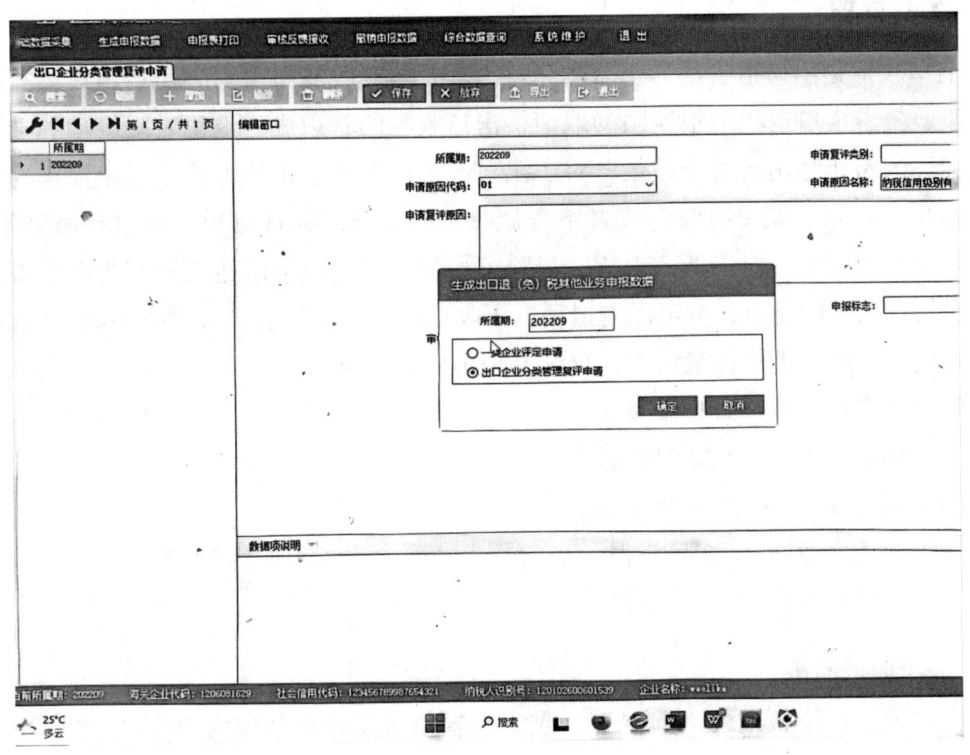

（八）分析纳税信用等级、海关分类考核结果、外汇分类考核对于退税分类评级影响？

税务机关建立税源管理部门、纳税服务部门、稽查部门、进出口税收管理部门之间信息共享的质量和效率，建立海关、外汇相应的信息通报制度，及时传递出口企业的纳税信用级别评定结果、纳税评估情况、税务稽查立案及海关等级情况、外汇管理分类情况等信息。出口退税在退税分类考核时和整体退税申报工作中，出口企业应提前关注企业的纳税信用等级、海关企业信用管理类别、等级变化决定分类考核结果和退税申报日常管理。

影响出口退税的企业管理类别主要有三个：

（1）纳税信用等级：A、B、M、C、D；出口企业。

（2）外汇分类等级：A、B、C。

（3）海关管理类别：高级认证企业、一般认证企业，一般企业、失信企业。

出口企业应关注自身的纳税信用等级、外汇分类等级、海关信用管理类别等是否有变化，相关级别达到提升退税管理等级要求时，可提醒主管税务机关调整出口企业管理类别。

九、收汇管理

出口收汇是出口退税的四个基本条件之一，也是税务机关对于出口退税核查的重要手段，随着出口退税申报期限的取消，出口收汇的管理成为退税时限管理的唯一参考指标。国家相继出台若干政策，对于出口收汇在时限、申报方法、后续检查的环节进行细化，明确不能按时收汇或者不合规收汇的是不能办理退税。同时在鼓励出口、稳定外贸的前提下，对于业务合规、风险可控的出口企业可以适当放宽收汇政策，除了分类管理四类的企业，都可以先退税，再收汇，对于不收汇或者暂时不收汇的企业，在规定期限内可以进行备案操作，继续办理出口退税。

涉及出口退税收汇管理政策：

（1）国税发 2012 年 24 号公告。

（2）国税发 2018 年 16 号公告。

（3）国税发 2020 年 2 号公告。

（4）国税发 2022 年 9 号公告。

（一）收汇时限

在取消退税申报期的大前提下，收汇期限是否还存在就成为 2020 年之后很多出口企业关心的问题，很多出口企业对于政策理解偏差造成了退税损失，下面梳理一下关于收汇时限政策：

国家税务局在 2013 年出台了 30 号公告，里面明确了出口收汇时间。的本年度的出口必须在次年 4 月 30 日之前最后一个纳税申报期之前办理收汇（通俗的说法就是必须在次年 4 月 15 日之前办理收汇）。

在 2020 年出台了 2 号公告，这个政策关于收汇的时限的讲解使出口企业产生了误区，大家先看文件是这样描述的："纳税人出口货物劳务、发生跨境应税行为，未在规定期限内申报出口退（免）税或者开具《代理出口货物证明》的，在收齐退（免）税凭证及相关电子信息后，即可申报办理出口退（免）税；未在规定期限内收汇或者办理不能收汇手续的，在收汇或者办理不能收汇手续后，即可申报办理退（免）税"。

这段文字后半段的描述是关于收汇期限管理的，文中描述不能按时收汇的，在收汇之后可以继续办理退税，很多企业理解为出口收汇的期限已经没有了，只要这个业务可以收汇就可以办理退税，这种理解是不正确的，原因有两个，一是 2013 年 30 号公告没有作废，等于收汇原来期限继续具有效力；二是 2020 年 2 号公告只是说不管什么原因，只要收汇就可以退税，但是没有说明具体期限。因此 2 号公告使很多出口企业都产生模糊理解，税务部门的理解还是存在收汇期限，如果不能按时收汇，可以做相应备案手续之后可以继续办理退税，即使没有备案或收汇，之前已经退税而没有收汇的业务，可以先在备案到期之后或者收汇法定期限之后先归还出口退税，等以后收汇时再重新办理退税，不用再像以前30号公告要求，不收汇就免税。其实2号公告是为了方便企业办理退税，但是文字表述过于简化，企业容易产生理解歧义，所以在2022年5月份国家税务局出台9号公告，对于收汇时限问题重新进行准确定义。

9号公告首先明确了出口退税必须收汇，且必须在规定时限内收汇。收汇时限为：纳税人申报退（免）税的出口货物，应当在出口退（免）税申报期截止之日前收汇。

这段文字应这样理解：

（1）确定收汇的时间是"出口退（免）税"申报期截止日之前收汇，即本年度的出口业务必须在次年4月份15日之前收汇（遇节假日顺延），且由于2020年2号公告的存在，如果出口企业存在超过这个退税申报截止日的业务，只要收齐单证和电子信息之后继续可以办理出口退税。通俗的理解方式就是现在已经没有申报期限了，收汇期限是次年4月15日（遇到节假日顺延）。

（2）这里指的纳税人指的是退税分类一类、二类、三类的出口企业，如出口退（免）税管理类别为四类的出口企业，在申报出口退（免）税时，就应当向税务机关报送收汇材料。即收汇时限为在申报出口退税之前。

（3）申报的出口货物为跨境贸易人民币结算业务也必须收汇才能够办理出口退税，也必须按这个收汇时限执行。

（二）出口企业不按时收汇的处理方法

出口企业（除了四类企业外）货物出口了但未按规定期限进行收汇管理的存在不同处理的方法，主要看出口企业是否已经办理退税还是未申报出口退税，对于已申报的退税是暂不收汇还是出现坏账，下面对于不同情况进行业务上分析。

参考9号公告的规定：未在规定期限内收汇，但符合《视同收汇原因及举证材料清单》（附件1）所列原因的，纳税人留存《出口货物收汇情况表》（附件2）及举证材料，即可视同收汇；因出口合同约定全部收汇最终日期在退（免）税申报期截止日期后的，应当在合同约定收汇日期前完成收汇。

这个政策可以理解为下列情形：

（1）4月15日之前已经申报退税但没有收汇的。

这种情况按照政策，在收汇期限到期之前向主管退税机关申报《出口货物收汇情况表》，并提供出口合同，合同上应注明收汇的最后期限。即收汇备案，大家一定注意，这个收汇备案只能做一次，备案的收汇时间就是出口企业最终时间，超过备案时间还没有收汇的，必须归还出口退税。

特别提醒：上述情况如果存在收汇备案的期限已到期，但还是没有收汇，有四种处理方法：

①没有收汇，但境外客户以后还会付款，这时出口企业应当先归还出口退税，并做出口退税申报撤回，等境外客户汇款时再重新办理出口退税，但必须提供收汇水单，并填报《出口货物收汇情况表》。

②没有收汇，境外客户不再付款，这种情况已经形成坏账，而且不符合视同收汇的业务情形。出口企业应在发生相关情形的次月用负数申报冲减原退（免）税申报数据，当期退（免）税额不足冲减的，应补缴差额部分的税款，如果是外贸企业也可以直接归还出口退税款，即在次月归还退税或者冲减之后，按免税处理，如果没有进行免税，在次月，按内销处理。

③没有收汇，境外客户不再付款，但符合视同收汇的业务情形。出口企业应按视同收汇业务进行处理。但由于这种业务情形已经超过了收汇期限，税务机关按规定需要查验收汇情况的，出口企业应当按照税务机关要求报送视同收汇业务留存资料及电子数据。

④没有收汇，出口企业提供虚假或者冒用的收汇凭证。税务机关发现出口企业申报退（免）税的出口货物收汇材料为虚假或者冒用的，会按照《中华人民共和国税收征收管理法》有关规定进行处理，相应的出口货物适用增值税征税政策。

（2）4月15日之前没有退税也没有收汇。

这种情况有两种处理方法：

①如果出口企业没有申报退税，在收汇期限之前可以不做任何的处理，按照2020年2号公告规定，可以在收汇之后再办理收汇，但由于收汇时间已经超过法定收汇期限，按照2022年9号公告规定：出口企业在退（免）税申报期截止之日（即本年多出口在次年4月15日之后收汇，遇节假日顺延）后申报出口货物退（免）税的，应当在申报退（免）税时报送收汇材料。即跨年申报的出口业务办理退税的时候必须填报《出口货物收汇情况表》。

举例说明：2021年11月份的出口业务，在2022年6月份收汇并办理出口退税，在申报退税的时候除了申报正常的资料之外，还要求提供收汇水单并在出口退税系统填写《出口货物收汇情况表》。有部分税局为了加强管理，还要检查纸质的收汇凭证。

业务知识拓展：在出口退税申报工作中，还存在两种必须在退税之前要提供收汇水单的情形，也就是也需要填报《出口货物收汇情况表》。

a. 出口退（免）税管理类别为四类的出口企业，在申报出口退（免）税时，应当向税务机关报送收汇材料。

b. 出口企业被税务机关发现收汇材料为虚假或冒用的，应自税务机关出具书面通知之日起24个月内，在申报出口退（免）税时报送收汇材料。

②出口企业虽没有收汇，但是一个非四类的出口企业，这时出口退税企业先在收汇期限到期之前将出口退税进行申报，申报之后再向主管退税机关去办理收汇备案，这样操作既可以及时办理出口退税，缓解企业资金压力，同时简化出口收汇跨年操作。

③出口企业已经确认了，境外客户不再付款，形成了坏账，具体操作参考下文出口企业存在坏账的处理方法。

（三）出口企业存在坏账的处理方法（视同收汇的处理方法）

税务部门为了方便出口企业便捷退税，减少出口退税企业的负担，对于出口企业存在货物出口不能收汇的业务，即存在坏账业务，但符合2022年9号公告的视同收汇相关规定，《视同收汇原因及举证材料清单》所列原因的，出口企业留存《出口货物收汇情况表》及相关举证材料并向主管税务机关做视同收汇申报备案。这笔出口业务就可以视同收汇办理出口退税。

如果不符合，不可以办理出口退税。

特别提醒：出口企业办理视同收汇业务的时候一定要注意政策的区分，在2013年发布30号公告中也有关于不能收汇原因及证明材料，但是与2022年9号公告相比存在较大的差异，因此出口企业在办理视同收汇业务时候一定要新政策准备资料，原政策的操作方法已经不在执行。

视同收汇原因及举证材料清单：

（1）因国外商品市场行情变动的，提供有关商会出具的证明或有关交易所行情报价资料；由于客观原因无法提供的，提供进口商相关证明材料。

（2）因出口商品质量原因的，提供进口商的有关函件和进口国商检机构的证明；由于客观原因无法提供进口国商检机构证明的，提供进口商的检验报告等证明材料，或者货物、原材料生产商等第三方证明材料。

（3）因动物及鲜活产品变质、腐烂、非正常死亡或损耗的，提供进口商的有关函件和进口国商检机构的证明；由于客观原因确实无法提供商检证明的，提供进口商相关证明材料、货物运输等第三方证明材料。

（4）因自然灾害、战争等不可抗力因素的，提供报刊等新闻媒体的报道材料或中国驻进口国使领馆商务处出具的证明。

（5）因进口商破产、关闭、解散的，提供以下任一资料：报刊等新闻媒体的报道材料、中国驻进口国使领馆商务处出具的证明、进口商所在地破产清算机构出具的证明、债权申报证明。

（6）因进口国货币汇率变动的，提供报刊等新闻媒体刊登或人民银行公布的汇率资料。

（7）因溢短装的，提供提单或其他正式货运单证等商业单证。

（8）因出口合同约定全部收汇最终日期在申报退（免）税截止期限以后的，提供出口合同。

（9）因无法收汇而取得出口信用保险赔款的，提供相关出口信用保险合同、保险理赔单据、赔款入账流水等资料。

（10）因其他原因的，提供合理的佐证材料。

业务知识拓展：税总货劳发〔2022〕36号，视同收汇业务发生变化，强化出口信用保险与出口退税政策衔接。企业申报退税的出口业务，因无法收汇而取得出口信用保险赔款的，将出口信用保险赔款视为收汇，予以办理出口退税。这对广大出口企业是一个非常重要变化。

（四）出口收汇达不到标准处理方法

收汇情况是判断适用退税政策的关键，也是退税业务是否真实的评判标准，税务部门如何判定出口企业收汇是否有问题？一般税务部门会对出口收汇建立评估机制，设立评估指标、预警值，按照人民银行、外汇管理局提供的出口收汇数据，对出口企业的货物流、资金流进行定期评估、预警，凡发现出口企业申报退（免）税的出口货物结汇数据异常的，会进行核查，下面给大家从两个方面进行分析：一是出口收汇率分析法，二是出口企业存在"三方收汇"。

1. 出口收汇率计算方法

出口收汇率这个指标出自于2013年30号公告，这个指标分析方法给税务部门从出口企业收汇额度角度进行监控提供数据的支持，这个收汇率的计算数据的收汇方面数据来源于外汇管理局和人民银行，但是当时由于数据共享能力有限，所以税务部门在计算这个指标就存在了一定困难，因此在2014年这个指标就不再使用了。

虽然这个指标在文件上作废了，但税务部门对于收汇监控仍然存在，并于2017年之后各地税务机关加强与外汇管理部门沟通，建立了共享机制，退税机关利用外汇局提供的收汇数据，结汇数据及相关外汇核查指标数据建立评估及预警指标，对于出口退税业务是否收汇达标设立监控标准，因此出口收汇率这个指标还是有必要掌握核算方法。这个指标如何计算呢？指标监控范围是多少呢？

出口收汇率＝出口企业上一年度出口收汇金额＋企业申报并经主管税务机关审核确认的不能收汇金额合计/上一年度出口货物出口额

这里面上年度收汇数据来源于外汇局与中国人民银行，出口货物的出口额来源于税务部门审核系统出口企业上年度申报退（免）税。

税务部门对于这个指标的监控范围按照文件描述是"出口企业上一年度收汇率低

于70%"的作为收汇风险企业，也有的税务部门核定未80%。

随着外汇局与税务部门共享程度不断加强，很多外汇数据也纳入监控参考指标，在这里面介绍一个外汇管理指标就与税务部门收汇率这个指标相关，指标名称"资金货物比例"是指企业最近12个月内被外汇局纳入核查的贸易外汇收支累计规模与同期进出口累计规模之间的比率，这个计算比例越高代表收汇比例越高，比例越低代表收汇越少，因此这个指标会反映进出口企业在某个固定时间段企业整体收汇情况。有些地方税务局会借鉴外汇管理部门这个指标数据，结合出口收汇率来作为评估指标，监控企业。

资金货物比例 =（收汇 + 付汇）/（出口 + 进口）

公示变形之后变为：资金货物比例 = 收汇 / 出口，其实变形之后这个指标已经和税务部门收汇率这个指标很相近。在大数据共享基础上，建议出口企业还是要多关注出口收汇率，多关注外汇管理局核查数据，搭建出口企业自己的收汇风控体系，建立收汇台账制度（见附件）。

不达到标准的税局处理方法：

税务部门会通过评估系统进行收汇监控，当发现退市企业上年度收汇率偏低，没有达到标准，一般税务部门会对出口企业上年度已退税进行收汇检查，同时要求出口企业在申报当年退（免）税时，对已收汇的出口货物，应填报《出口货物收汇申报表》，并提供该货物银行结汇水单等出口收汇凭证（跨境贸易人民币结算的为收取人民币的收款凭证、原件和盖有企业公章的复印件），即参考四类出口企业的管理办法。

2. 出口企业存在"三方收汇"的处理方法

（1）什么是"三方收汇"？

税务部门在检查收汇凭证时，如果发现收汇水单与合同上买方不一致，出现第三方主体进行付款，这就是所说的"三方付汇"，税务部门会对收汇的真实性进行核查，这个所谓的境外的第三方，在税务局对其相关要求属于非进口商附会疑点的问题，这个非进口商付汇疑点其实就是所谓的资金流与货物流的不一致。按照税务局的相关要求，如果存在这个疑点，退税业务暂不退税，税务局核实清楚之后才能办理出口退税。

（2）"三方收汇"涉及核查重点

在收汇的时候如果出现与合同方不一致的情况，不能做到四流一致，税务局要核查。收汇的真实性，核查没有问题，才给企业办理退税。所谓四流一致指资金流、货物流、发票流、合同方都应保持一致。例如，合同与境外A公司签署的，货物出口到境外A公司，出口发票开给境外A公司，货款从境外A公司付出。三方付汇的问题就是这个付款方不是境外A公司，是别的境外企业，税务部门的核查重点就是检查所谓第三方与实际合同买方的关联性，与出口方是否存在关联性，还有第三方付汇的企业所在国家是否有问题。一般来说，如果境外第三方与合同的买方是关联企业，而且出口企业能提供相关关联性证明，税务部门就会认定业务真实；如果境外第三方和出口方是关联企业，税务部门也会核实这个业务的真实性，防止出口企业虚假付款，也就是常说的"自行付款"，如果境外第三方所处的地区有问题，例如在"开曼群岛"这些所谓的避税天堂地区，有的税务部门会加大业务真实性核查力度，严格的税务部门会取消这笔出口的退税，转为免税。以上都是税务部门对于三方核查关键点，所以出口企业必须注意平时的申报严谨性，注意别成为风险评估企业。而且还要注意外汇管理局的核查风险，外汇局的评估指标与税务局信息进行共享。

（3）第三方平台收汇是否合理，能否退税？

通过第三方平台收汇和三方收汇还是存在一定差异，很多出口企业做的跨境电商或者通过外综服企业代理出口，这就是第三方平台典型模式，这种方式按照9号公告的要求：委托出口并由受托方代为收汇，或者委托代办退税并由外贸综合服务企业代为收汇的，提供收取人民币的收款凭证是可以退税的，委托方（出口企业）与受托企业（电商平台或外综服企业）必须签订代理协议且协议条款中应明确写明付款条款。

在办理退税的业务，存在境外三方情况出口企业被税务局核查的时候，如何去处理才能够退税呢？首先，应证明买方和境外第三方存在关联性应该准备一个三方协议，要体现出第三方，并提供与第三方企业具有关联性的法律材料，如注册证明、债权债务证明等；其次，如果这个业务确实存在第三方，第三方与中国境内公司（卖方）是关联企业，而且境外的客户把外汇转给第三方，第三方又把钱转移到中国境内的自己的公司，退税企业（卖方）给税务部门提供一下境外第三方收取境外买方外汇水单的复印件也可以解决。

（4）对于税局提出的"非进口商付汇疑点"如何理解？

主管税务机关发现出口企业出口货物的收汇情况存在非进口商付汇等疑点的，对该笔收汇对应的出口货物暂不办理出口退（免）税；已办理退（免）税的，主管税务机关可按照所涉及的退税额对该企业其他已审核通过的等额的应退税款暂缓办理出口退（免）税，无其他应退税款或应退税款小于所涉及退税额的，可由出口企业提供差额部分的担保。待税务机关核实排除相应疑点后，方可办理退（免）税或解除担保。

十、单证备案管理

（一）单证备案业务介绍及相关政策法规

1. 单证备案业务介绍

出口退税备案单证是出口企业利用出口业务流程中的合同签署、通关单据制作、货物报关、货物运输（包括国际运输）等关键环节形成的凭证，向税务机关证明其业务真实性的重要资料，备案单证管理自 2006 年 1 月 1 日起，税务机关对出口企业已办理过退税业务的有关单证实行备案管理制度。企业在申报出口退（免）税时，不需要提供相关单证，按照规定留存备查即可。出口退税备案单证通常税务机关在日常检查、调查评估、函调时会进行调阅，企业有违反规定的情形，将会导致损失出口退税，情节严重的会被税务机关作为嫌疑骗税的出口企业进行稽查，所以企业应重视对备案单证的管理，将其作为企业出口退税内部风险控制的重要内容。

　　在实际办理出口退（免）税过程中，相关单证的备案管理看似事小，却是出口企业的退税核查时风险高发点。很多出口企业财务管理人员和业务人员因不了解、不重视或者未全面掌握出口退（免）税货物单证备案的相关规定，忽略了对备案单证的管理，引发了税务风险。还有的出口企业存在对于备案单证管理的抵触情绪，认为备案单证这项工作存在重复性，认为出口退税申报时候已经保存了退税凭证，那为什么还要进行这些单据的留存呢？片面地认为退税凭证就是备案单证，二者有着本质的区别，退税凭证是就是保证申报检查的单据，例如报关单、出口发票、进货发票等，可以说是一种财务凭证，备案单证是证明申报这些退税凭证和出口业务自身真实性的单据。

　　单证备案管理在退税工作经常出现的风险点一般有三个：

　　（1）出口企业不重视单证的完整性，就是通常所说的备案单证不齐全，缺少重要单证。例如，山东营口有一家出口企业 A，在主管税务机关日常备案单证抽查管理中发现缺少提单，A 公司也向税务机关进行了解释，没有提单的原因是报关单成交方式是 FOB 价，客户负责报关，提单不会交给 A 公司，税务机关认为提单是证明出口真实性的关键要素，给 A 公司三个月的整改时间，如果能够追回，可以继续退税，否则必须归还已退税款，并作免税处理。A 公司经过努力找客户要回了提单的复印件，A 公司才符合备案单证要求，得以保全退税。

　　（2）出口企业不重视备案单证的规范性。就是留存的单证和格式不符合税务机关要求。例如，北京一家退税分类为三类的外贸公司 B 被税务机关抽查了备案单证，在检查中 B 公司提供了全部的备案单证，税务机关在检查的时候发现 B 公司提供的出口合同中是 B 公司与境外客户的一份往来的邮件记录的复印件，该复印件中，也没有明确商品数量、金额、交货时间、收汇日期、赔偿条款等具体信息，不符合市场交易规律，也不符合合同法对于购销合同的相关规定。最终，因缺少符合规范的购销合同，B 公司提供单据不符合出口退税单证备案政策，归还已退税款，改为免税申报。

　　（3）出口企业不重视备案单证中的单证之间的逻辑关系，出口企业在工作中重视单证收集，却忽略了收集单证之间内容的一致性，税务机关在检查单证备案的时候一般是先检查单证是否齐全，再检查单证内容的准确性，同时核实单证之间的逻辑关系是否一致。例如，一家广西的外贸企业C在首次办理退税的时候，税务机关核实出口退税单证，C公司提供全部的业务单证，经核实符合备案单证要求，但税务机关同时检查单证的内容及相互一致性，发现出口货物报关单的重量与提单上的显示的重量不一致性，C公司解释原因是货代公司称重时产生的误差，税务机关依据2013年12号公告相关要求，认为备案单证之间要求不一致，且没有合理解释，出口企业不能够办理退税，视同内销处理。

综上所述，出口企业应重视备案业务存在的风险，同时要按照国家政策时限和备案要求操作，防止因操作失败和心存侥幸造成退税失败，因为单证备案是税务机关加强出口退税风险管理重要手段。从2006年到2022年单证备案政策一直是税务机关检查的退税真实性的依靠手段，虽然在2010-2012这段时间简化过操作，部分税务机关都停止检查，但随着出口退税政策的改革，无纸化申报退税的执行，从2015年开始，单证备案检查再次被税务机关作为退税核查的必要手段，随着政策不断更替，单证备案将退税申报与出口货物申报、国内物流、国际物流联系越来越紧密，每个环节业务都必须提供对应单据，做到退税风险的精准防控。

2022年5月，税务机关助力外贸企业缓解困难、减轻企业会计人员的办税压力，对于合规化的企业做到便捷通关，简化收付汇流程，快速退税，出口退税进入真正"数字化""网络化""规范化""合规划"；在简化流程同时对虚假出口、不合规的出口退税等违法犯罪实行"零容忍"，从事后打击向事前事中精准防控转变。国家税务总局在2022年5月出台了《国家税务总局关于进一步便利出口退税办理 促进外贸平稳发展有关事项的公告》（国家税务总局公告2022年第9号，之后简称9号公告）发布，对出口退（免）税备案单证的管理要求进行了优化，新备案要求符合海关无纸化通关具体要求，加强对出口企业货物运输的管理。将货物与物流进一步进行关联，在简化中强调业务的合规性。

从以下两个方面，优化便捷了出口退（免）税备案单证管理：

（1）优化调整备案单证种类。主要包括：一是根据海关等部门管理要求的变化实际，不再要求企业将出口货物装货单等作为备案单证管理。二是为引导企业强化风险意识，提高内控质效，将企业委托报关出口货物必备的委托报关协议、发票等单据，作为备案单证管理。

（2）另一方面，丰富备案单证留存保管方式。支持出口企业根据自身实际，灵活选择数字化、影像化或纸质化方式留存保管出口退（免）税备案单证，为企业提高单证收集整理效率提供便利，进一步减轻出口企业办税负担。

2. 单证备案具体业务期限

出口退税备案单证必须了解三个时间点：一是备案单证时限，二是备案单证保存期限，三是新老政策交替时限。

（1）备案单证时限：出口企业应在申报出口退（免）税后15日内，将已申报退税业务的出口备案单证妥善留存，并按照申报退（免）税的时间顺序，制作出口退（免）税备案单证目录，注明单证存放方式、存放地点，以备税务机关核查。

（2）备案单证保存期限：备案单证由出口企业存放和保管，不得擅自损毁，保存期为5年。税务机关在检查的时候最多可以检查5年之内的单证。

（3）也是重点给出口企业介绍单证备案新老政策交替时限，2022年5月国家税务局出台9号公告，新政策对于单证备案的单证做了优化处理，可以总结为"一个取消，两个改变，五个增加"。9号公告关于单证备案的执行时间是2022年5月1日起施行，这就要求出口企业从政策变化时间起用的新的单证作为备案内容，2022年4月30日之前和2021之前的备案单证肯定是按老政策（所谓老政策指国税发2012年24号公告）执行，按旧政策准备单证。

这个所谓的"5月1日"就会成为新旧政策交替时间，关键的问题是"5月1日"用报关单上出口日期还是用出口退税申报具体时间作为变化的起点，9号公告中没有明确说明，按照操作惯例一般税务机关以"出口日期"作为新备案操作起始时间标准，建议出口企业备案之前和退税机关进行沟通，以免出现备案时限错误，造成退税失败。

3.单证备案主要单据

（1）出口企业的购销合同（包括出口合同、外贸综合服务合同、外贸企业购货合同、生产企业收购非自产货物出口的购货合同等）

业务提示：备案单证改革之后增加了出口合同和外综服服务合同，改革之前的备案单证只用提供采购合同。出口合同作为新的备案单证有以下要注意的问题：

首先，出口合同签订是否正规，在实际国际贸易中出口企业有的是口头协议，或者是以电子合同或者以邮件的方式，也有对于老客户的直接发送的是销售订单（PO单），也有的出口企业和客户签订的是总合同，然后分批出口，所以存在各种形式的合同，这些合同的方式与税务机关要求的合同要求差异很大，不能对于出口业务的真实性提供证据，如果出口企业存在上述样式的合同，应该重新按照税务机关备案要求重新签订新的纸质合同。

其次，合同主要条款不清晰，合同的主要条款应包括：
①出口货物种类、数量、规格、单价、质量条款；
②出口货物的质量责任承担条款；
③收汇方式、时间、责任承担条款；
④交货时间、方式等条款；
⑤违约责任条款。

最后，也有的出口企业和客户签订的是总合同，然后分批出口，等于出口企业就一份出口合同，在核查的时候税务机关会提出质疑，建议出口企一张出口货物报关对应一份出口合同。出口合同的中的数量，名称，单位与报关单要求一致。

（2）出口货物的运输单据（包括海运提单、航空运单、铁路运单、货物承运单据、邮政收据等承运人出具的货物单据，出口企业承付运费的国内运输发票，出口企业承付费用的国际货物运输代理服务费发票等）

业务提示：新备案要求把旧政策的出口企业承付运费的国内运输单证修改为国内运输发票，如果是货代负责运输的，由货代开具代理发票，如果是出口自己运输的，提供证明材料或影像资料等。

新旧政策的区别：24号公告中备案要求对于出口货物承担国内运输费用的，需要准备国内运输单证作为备案单证，这个运输单证可以是运输发票，也可以是运输合同或者是运输明细单，没有明确，在税务机关核查的时候会产生理解差异，也给出口执行备案工作带来的困扰。新政策将运输单证统一要求为运输发票，消除了歧义，规范了业务。

新政策要求出口企业提供出口企业承付费用的国际货物运输代理服务费发票，如果出口企业是以CIF、CFR方式出口一般指的海运费、港杂费用、拖车费等，如果是以FOB、EXW、FCA方式出口的，其国际运输是由客户负责和支付费用的，那么这类业务就取不到费用相关发票，这些业务就不用提供国际货物运输代理费发票，如果一定要可以提供港杂费或者拖车费等发票，出口企业一定要记住，FOB价在实际工作核查时不能出现海运费发票，EXW不能出现国内运输发票，否则都会被税务机关取消出口退税的。

（3）出口企业委托其他单位报关的单据（包括委托报关协议、受托报关单位为其开具的代理报关服务费发票等）

业务提示：取消了装货单，增加了委托报关协议和代理报关服务费。税务机关根据海关无纸化管理要求的变化，对于出口业务关键流程单据作为新的备案单据，将一些不适用的无纸化单据取消。例如装货单。

装货单又称为场站收据，还有成为下货纸，是出口企业在海关申报之后，海关对于货物准予通关的纸质凭证，并且要加盖海关通关放行章，出口企业凭着装货单办理装船手续，随着无纸化业务通关推广，海关实行无纸化核验，不再出具该纸质凭证，有的出口企业会用货代出具的无纸化放行通知书作为替代品，单政策没有明确改变单据，税务机关并没有在政策上认可这个凭证，所以在工作中对于这个凭证作为备案单证留存存在分歧。因此新公告对于备案单证进行优化，取消装货单。即出口企业在办理退税后在准备备案单证时无须把该单据作为备案单证了。

本次备案单证改革之后，为了更好地与海关无纸化管理要求衔接，税务机关对于出口退税备案单证增加了委托报关协议及委托报关服务发票，从海关报关模式和通关服务单位配套进行监管。一般报关模式分为两种：一种是自行报关，就是出口企业自己报关，这种模式使用的企业相对较少；另一种是委托代理报关，也是进出口企业比较常用的一种模式，出口企业委托货运代理部门（简称货代）负责报关手续，出口企业只负责制作单据，其余物流、申报、通关等手续全部由货代部门进行代理操作，整个通关环节从无纸化委托开始，直至货物装船离港全部由第三方，即货代负责。因此税务机关在新的备案单证中增加了委托报关协议和代理报关服务费发票，通过出口企业与第三方代理部门的业务联系单据来反映出口业务真实性。从实际工作的角度进行分析，自行报关的企业是不需要这两个业务单据的，也没有这个协议和发票。

委托报关协议自从海关实行无纸化通关之后就变成了电子协议，是出口企业和受托报关服务单位通关中国电子口岸平台签署的，这个受托报关服务单位通常指的货代公司，出口企业应该通关完毕之后让货代公司进行打印出来，也可以由出口企业自己在中国电子口岸中进行打印，如果在电子口岸中不能够打印，也可以在海关单一窗口平台进行打印，打印出的委托报关协议应该由受托服务单位加盖公章，出口企业也应该在协议上加盖公章。一般来说，通关操作合规的企业，在报关单上的随附单证及编号的栏次中应该予以标注（见下图）。

另外要注意的是代理报关服务费发票，这个新增单据存在一个问题就是，这张报关服务费发票应该由谁开具问题？按照 9 号公告的描述，受托报关单位为其开具的代理报关服务费发票，这就带来一个客观的实际操作问题，也是一个行业运作的问题，在出口企业通关业务实务中，出口企业会把租船订舱、货物运输、通关申报等直接委托给货代公司来操作，货代公司是一个纯代理公司，是不做报关的。这里就分析一下出口企业如何办理通关业务,一般出口企业会把整个通关业务都委托给货代公司,货代企业会再委托给专业的报关公司来操作报关,出口企业会与报关公司签订无纸化委托报关协议的,同时货代公司会联系船公司租船订舱,并且将出口企业的货物运到港口,交由报关公司进行通关。在通关业务流程里,出口企业一般都是与货代公司结算全部的通关费用,不会和报关行发生结算业务,报关公司会把报关服务费开具给货代公司,货代公司再把场站费、港杂、运输、拖车等费用和报关费发在一起开具代理服务费发票给出口企业,如果按照文件要求的应该是委托报关服务单位开具,即报关行开具这张发票,但在实际业务工作中,由于这种特殊的业务关系,大部分出口企业都是不能够提供合规的报关服务发票。所以在单证备案检查的时候就会出现单据之间逻辑关系的问题,协议和报关行签,但发票是货代公司开具,不符合政策规定。按政策规定,出口企业如不能够提供要求单据,可以提供其他证明材料,建议出口企业在获得货代企业开具的代理服务发票的时候,一定要求货代公司开具明细清单,或者提供报关行与货代公司的工作清单,作为以后备案单证的核查的证据链。

备案单证清单及图集展示:

备案单据清单	2022年之前备案需要单证		2022年之后备案需要单证		备注
	生产企业	外贸企业	生产企业	外贸企业	
出口货物报关单	√	√	√	√	
出口合同		√	√	√	
采购合同		√		√	
装货单(可以用无纸化发行通知书代替)	√	√			
装箱单	√	√			
提单	√	√	√	√	
委托报关协议			√	√	
委托报关服务发票			√	√	
国际运输发票			√	√	
国内运输发票			√	√	
收汇凭证	√	√			

注解:根据2022年9号公告相关要求,从2022年5月份起实行新的备案单证方法。2022年之前的备案单证可以参考国税发2012年24号公告政策要求。生产企业应特别注意,如果存在视同自产业务(即买成品卖成品)时,必须提供采购发票。装箱单、收汇凭证按照新政策已经不再提供了,老的备案方法需要咨询当地税务机关是否提供,因为不属于政策明确要求部分。

购销合同

卖方：
买方：
合同号：
签定地点：

一、产品名称、规格型号、数量、金额、质量要求

签订时间：2020.09.20

产品名称	规格型号	表面处理方式	包装要求	计量单位	数量（千克）	单价（元/千克）	总金额（元）
铝制品	00|铝|门把手|弯曲	还料	保护贴膜	千克	8000	24.85	198800.00
合计					8000		198800.00

（注：空格如不够用，可以另接。）

二、甲方对质量负责的条件和期限：执行GB5237-2008国家标准的有关要求。

三、交（提）货地点：河北省霸州市

四、运输方式：货物到达天津新港的运输费用由乙方负责。

五、包装要求：保护贴膜包装

六、验收标准及方法：凭甲方厂检单理化指标及甲方所在地质检局检验结果为准。

七、结算方式及期限：货到后3个月内结清全部货款。

八、技术支持与保密条款

甲方开模，乙方专用型材断面，乙方应承担相应模具费用，具体费用一事一议。乙方承担模具费用的断面拥有产品的全部知识产权，及全套模具的独家使用权，未经乙方书面许可，甲方不得将乙方所开模具擅自给乙方以外的任何公司及个人使用（包括型材断面图纸及电子文档资料）。

九、违约责任：如有质量异议，应在货到5日内提出。对因产品质量问题所造成的损失，视其所属责任予以相应赔偿。

十、解决合同纠纷的方式：合同在履行过程中发生争议，由当事人双方协商解决。协商不成，在守约方所在地人民法院裁决。

十一、其他约定事项：本合同双方代表签字或盖章均有效，本合同传真件有效。

甲　方　　　　　　　　　　　　乙　方
单位名称（章）：　　　　　　　　单位名称（章）
单　位　地　址：　　　　　　　　单　位　地　址：
电话/传真：　　　　　　　　　　电　　　话：
开户银行：　　　　　　　　　　开户银行：
帐　　号：　　　　　　　　　　帐　　号：

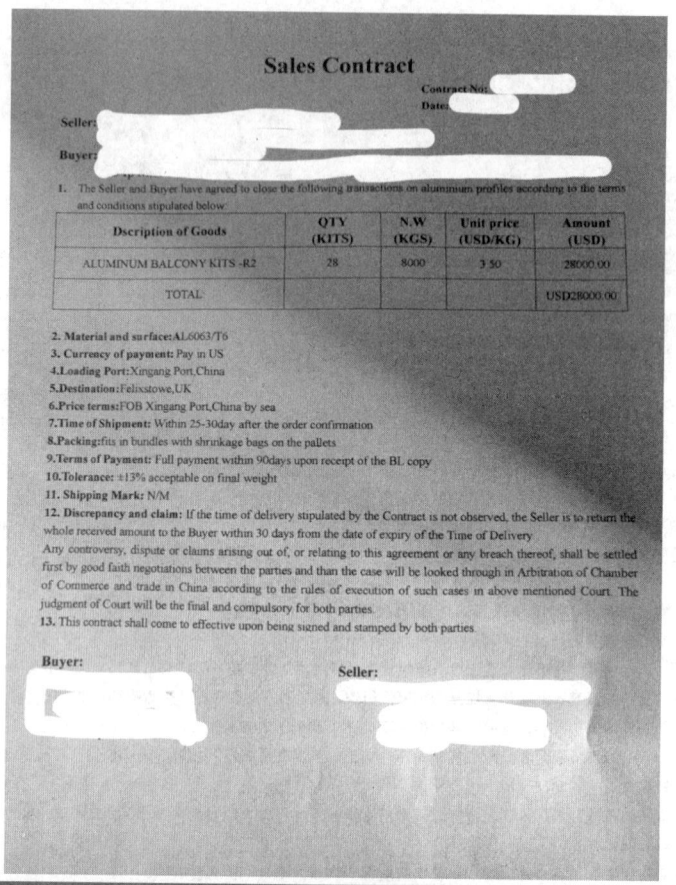

通关无纸化出口放行通知书

委托报关协议

为明确委托报关具体事项和各自责任，双方经平等协商签定协议如下：

委托方		被委托方		
主要货物名称	电火锅	*报关单编号	No.516620210661542505	
HS编码	8516609000	收到单证日期	2021年12月27日	
进/出口日期		收到单证情况	合同 □	发票 □
提(运)单号	CULVNAS2110856		装箱清单 □	提(运)单 □
贸易方式	一般贸易		加工贸易手册 □	许可证件 □
数(重)量			其他	
包装情况				
原产地/货源地(地区)	越南	报关收费	人民币：0 元	
其它要求：		承诺说明：		
背面所列通用条款是本协议不可分割的一部分，对本协议的签署构成了对背面通用条款的同意。		背面所列通用条款是本协议不可分割的一部分，对本协议的签署构成了对背面通用条款的同意。		
委托方签章：		被委托方签章：		
经办人签字：	2021年12月27日	报关人员签名：	2021年12月27日	
联系电话：		联系电话：		

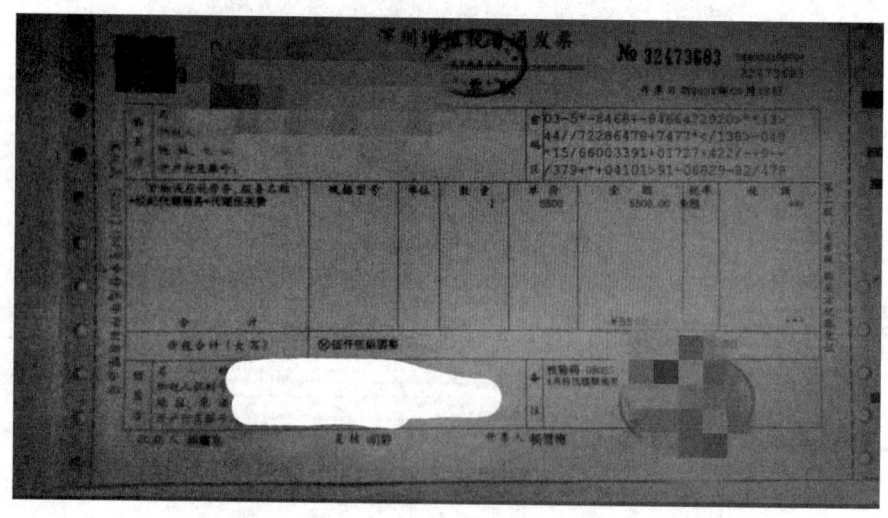

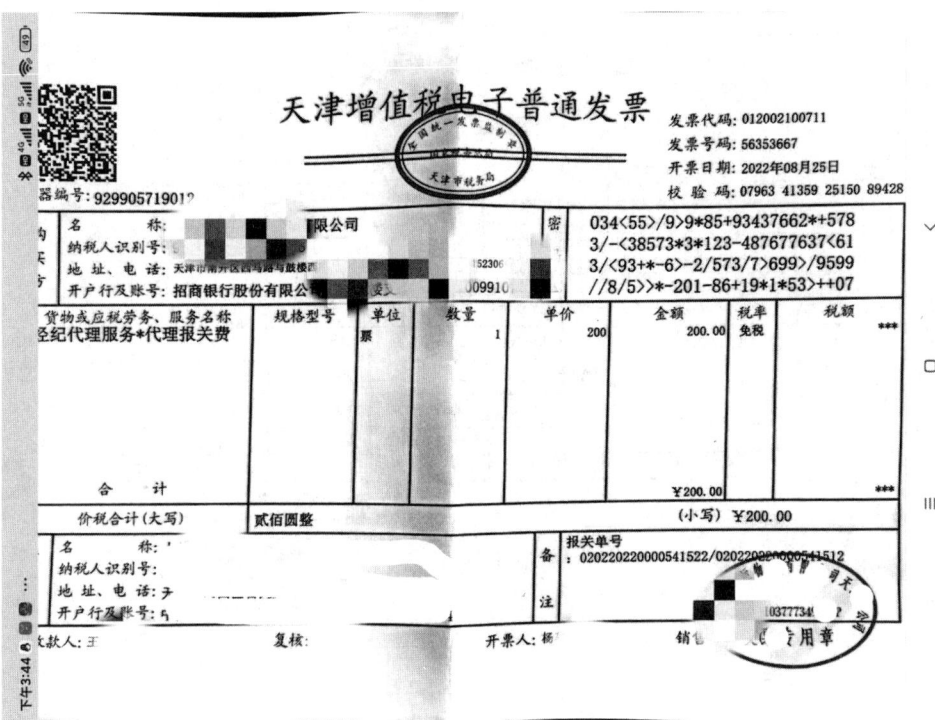

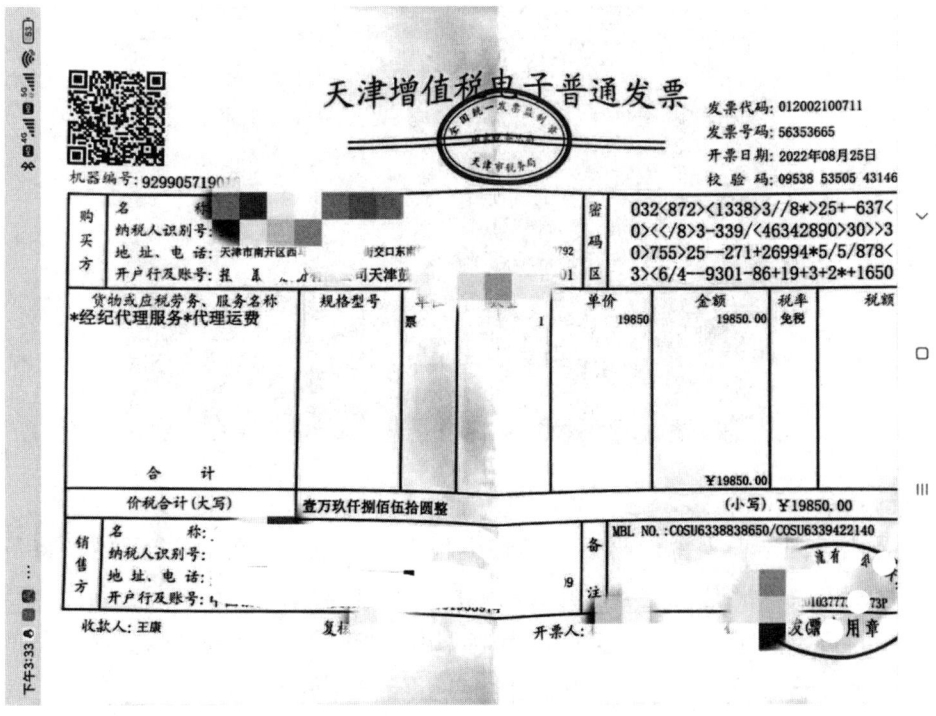

4. 单证备案的操作方法

出口企业办理出口退税申报后，应在申报出口退（免）税后 15 日内，将备案单证妥善留存，按照申报退（免）税的时间顺序，并且与出口业务申报的顺序（与出口货物明细表的录入顺序）保持一致，同时制作出口退（免）税备案单证目录（见第九章附件备案单证目录第一版），注明单证存放方式，以备税务机关核查。这里有一点需要进行说明，备案单证的存放方式按照最新的文件管理要求有三种存放方式：纳税人可以自行选择纸质化、影像化或者数字化方式。留存保管上述备案单证，如果选择纸质化方式的，需要在单证上加盖企业公章，如果备案单证是复印件的，应在复印件上注明与原数据一致，同时还需在出口退（免）税备案单证目录中注明备案单证的存放地点。

业务提醒：新政出台之后，很多地方的税务机关为了减轻出口企业的工作负担，实行电子化单证备案，即允许企业采用影像化或数字化的方式进行采集备案单证数据，税务机关按规定查验备案单证时，出口企业按要求将影像化或者数字化备案单证转换为纸质化备案单证以供查验的，应在纸质化单证上加盖企业印章并签字声明与原数据一致。

（1）单证业务税局检查方法

税务机关通过根据企业的退税分类、评估指标数据、外部数据关联进行分析之后筛选检查企业，基本上属于重点企业抽查机制。有一种退税企业应该特别的注意：首次申报退税的企业无论是生产企业还是外贸企业肯定是核查之后才给企业办理出口退税，即使按照2022年9号公告，首次申报可以"容缺申报"，即在一定退税数额限额下先申报后检查，也要在后续工作中进行补检查。

税务机关在进行备案单证检查的时候，会提前通知出口企业，企业首先在规定的时间内准备好单证，税务机关在检查的时候一般先检查备案单证是否齐全；其次也是最重要的一个流程就是检查单证内容是否准确及单证之间的逻辑关系是否匹配，通常在检查中税务机关最为关注的是出口货物报关单与运输单据内容是否匹配，检查内容是提单号码、发货人、货物名称、单位、重量，其中有一个填报内容出现错误，没有合理解释，就会被税务机关取消出口退税，采取免税或征税处理。

下面给出口企业介绍在单证备案检查中常见的检查方法：

①检查报关单上的提单号码是否与报关单一致。

一般税务机关在检查备案单证的时候，提单号码是必须要检查的内容，有的税务机关发现报关单的提单号码与提单上实际的号码不一致，这种情况是不给企业办理出口退税的。有的出口企业就会有疑问了，为什么会出现这种情况呢？这里首先要给出口企业介绍提单分类，在实际海运业务中，提单实际上分为"船东提单"和"货代提单"，船东提单即指船公司签发的海运提单（Master B/L，又叫主单，简称 M 单），可以签发给直接货主（此时货代不出提单），也可签发给货代（此时，货代出货代提单给直接货主）。

货代提单（House B/L，又叫分提单，简称 H 单），严格意义上应该称为无船承运人提单，一般是签发给直接货主；有时也有同行套用提单，此时提单签发给该同行，而该同行会签发其自己的提单给其直接货主。现在出口一般都是 H 单比较多。同时出具的提单形式也与公司的出口货物数量有关系，一般船东提单是总单，即出口企业是按整柜装船的；一般货代提单都是按拼箱装船的，是货代公司按照自己内部规定统一编写的。在工作中很多出口企业受限于公司的业务量，都是按拼箱出口的，这个时候出口企业肯定是拿不到船东提单，船东提单上面有其他客户的信息，出口企业只能拿到货代提单，因此，在检查备案单证的时候就会出现提单号码不一致的问题。

如何解决这个问题呢？给大家分享一个真实的企业案例：

2021年9月，浙江省税务局对一家宁波舟山的一家出口服装类的外贸公司2020年1月至2021年8月的出口退税单证备案情况进行了检查。我公司按要求提供了期间的所有备案单证，税务机关检查后，提出了1个问题：备案单证中的提单中，提单号与报关单中的提运单号不一致；要求出口企业提供相关证明材料及业务说明。

外贸公司解决方法：

与货代公司沟通之后，获知自己收到的提单是货代提单，首先要求货代公司找船公司索要船东提单，船东以提单上面有其他公司信息为理由拒绝提供，而且提供了一份提单样本，发现船东提单上的发货人不是这家外贸公司（发货人不是出口企业也是不能够办理退税的）。货代公司同意在自己的货代提单下面备注报关单的提运单号，同时出具相关出口报关的证明材料。税务机关经过审核后不能通过，原因是提单号应在提单首页明显位置，而且这是后补单据，不是原始单据。最终单证备案检查不合规，被要求退回已退税款，并予以免税处理。

业务提示： 提单号码不一致的问题就是由于出具的提单的公司造成的，出口企业如果知道自己的货物是按拼箱装船的，在保证其他提单内容真实的前提下，可以让货代出具提单的时候编制号码时按照船东的提单号码进行填报。

②检查报关单上的"发货人"与提单上的"发货人"是否一致。

单证备案检查中的第二项重要的检查内容就是"发货人"，发货人就是货主，也就是申报退税主体. 按照税务机关的判定，如果出口企业提供的提单上发货人不是出口企业，即与出口货物的报关单上的发货人和出口合同中的销售方不一致，该笔出口业务不能够办理退税。一般出现不一致的发货人有三种情况：一是提单上发货人是中间商，二是提单上的发货人是货代公司的名字，三是提单上的发货人是"其他公司的名字"。这种不一致产生的原因也与提单的分类有关系，这里首先要搞清楚的问题是船东提单与货代提单在"发货人（SHIPPER）"栏目填写的区别：货代提单的SHIPPER托运人是实际出口商（直接货主），而船东提单在签发给实际出口商时，SHIPPER托运人填出口商，不一定填写货主的名字，如果是拼箱业务在签发给货代时，SHIPPER托运人填货代；其次也有整柜出口的时候按照合同的约定要求为了保护客户信息填写中间商的名字；还有的出口企业为了节约出口费用或者是关联公司出口，即多家企业一起办理通关，出具一份提单，发货人写其中一家公司的名字。出现以上三种情形之后，税务机关在审核单证备案的时候都会以申报退税的主体与实际提单上的业务主体不一致，业务不真实不给企业办理退税，提单代表货权，提单上的发货人（即托运人）是谁，货主就是谁！只有货主才有权办理出口退税。因此建议出口企业在办理出口通关手续的时候，要求货代公司出具提单的时候尽量填写与报关单上"生产销售单位一致"的企业名称。

③报关单上的"收货人"与提单上的"收货人"不一致是否能够退税？

提单上还有一个重要的信息就是收货人（CONSIGNEE），一般来讲收货人一般按照信用证的规定，填写托运单同栏目内容，为 TO order；船东提单收货人按照托运单内容填写。在国际贸易中，出口企业与境外客户签订合同之后，在业务进行中，会按照客户要求把货物出口至实际的买方，即通常所说的指定送货，这就会造成提单上的收货人与合同、报关单上买方不一致，但这种不一致一般不会对出口方办理退税产生影响，因为提单和报关单已经证明了货物出口真实性，具体谁收货，已经不是核查的关键点。一般在提单其他内容检查通过之后，收货人不一致一般不会影响出口退税。

④提单上货物的名称、单位、重量与报关关单上不一致是否能够退税？

一般来讲，报关单品名、单位、重量和提单不一致是没有什么不良后果，因为报关单是出口报关用的，而提单是货物所有权凭证，目的港清关用的；税务机关为了保证出口退税业务的真实性，会按照审查退税业务单据的习惯分析出口货物报关单，提单上的内容都应该具有一致性，因此出口企业一定要保持报关单品名称、单位、重量和提单上内容一致。参考 [国税发 2013 年 12 号公告] 的政策要求，出口货物报关单上的商品名称、数量、重量与出口运输单据载明的不符（数量、重量属合理损溢的除外），该业务不能够办理出口退税。有的企业会反映报关单上的商品名称是中文的，但出口运输单据的名称是英文的，这需要检查的时候给税务机关进行翻译。有的出口企业报关单上有多项商品，但是在提单上合并为一项，虽然都是同一大类商品，不符合退税政策要求，反之也不可以；关于重量的问题也是在退税审核中企业比较忽视的，出口企业的通关人员在办理业务的时候，对于单据的逻辑关系不重视，认为只要货物报关离境了就没有问题了，尤其在出口货物重量填写不严谨，和货代部门缺少沟通，造成报关单的重量与提单上的填写重量不一致，建议出口企业要求货代部门一定按照企业提供的重量填写，如果确实存在误差双方一定要进行沟通，找出原因，并按照正确形式填写。

⑤单证备案检查时对于海运费发票的检查要求。

按照最新的 9 号公告的要求，海运费发票是单证备案检查的单据，首先要给所有的出口企业明确一点，只有 CIF、CFR 价的企业提供海运费发票，FOB 价的企业是不能够提供出具海运费发票，如果提供了会被税务机关进行稽查（这属于骗取出口退税的风险业务之一），其次，如果税务机关在检查海运费发票，必须注意以下三点：

第一，开具的海运费必须是普通零税率的发票，不能开具增值税专用发票，如果已经开具尽量换票，如果不能够更换，坚决不能够抵扣（参考的文件是国税发 2014 年 49 号文件，文中描述很清楚，海运属于国际输运业，属于境外业务，只能开具免税货普通零税率发票）。

第二，海运费发票开具内容，可以开代理费，代理海运费等，绝对不能写成海运费，因为货代公司是代理公司，属于服务业务。

第三，建议开具海运费发票的时候，为了便于出口企业核实业务，在发票备注栏里将对应报关单号码、合同号码填写清楚。

⑥单证备案检查时对于合同的检查要求

2022 年 5 月 1 日 9 号公告出台之后，对于备案单证中的合同有了新的要求，增加了出口合同，出口退税企业签署正规的出口合同，合同关键要素必须清楚，合同中的名称、数量必须出口发票、出口货物报关单、提单内容保持一致。没有正式合同的企业，应该按照以下要求与境外客户签署合同。

具体要求：

报关时不同的"成交方式"在单证备案时的不同要求。

海关实行改革之后，出口企业可以选择更多的成交方式进行通关，出口企业无论采用哪种成交方式进行报关，都必须按照税务机关的政策要求执行单证备案，在执行中，如果遇到某些成交方式，因为本身业务特性的原因不能够提供部分单证，必须在备案之前和税务机关进行说明，得到税务机关允许之后可以用其他单证进行代替或者减免，出口企业绝不允许擅自减少备案单证种类。例如，现在比较常用的 EXW 这种成交方式，又称为工厂交货，这种方式都是由买方负责通关业务，例如提单出口方就很难获得，建议存在这张形式出口企业首先要和税务机关沟通，是否能用其他业务单据代替，如用 FCR 单据进行代替提单，如果税务机关坚持必须获得提单才能够办理退税，出口企业应该和买方沟通，要求买方提供提单的复印件，如果买方提出提单上内容涉及客户信息和保密信息，可以要求买方要求将提单的收货方或者其他重要信息遮盖之后，将提单复印件上传给出口方。

5. 单证备案检查如果不符合税局要求企业具体处理方法

（1）未按规定进行单证备案。

按照国家税务总局公告 2013 年第 12 号《国家税务总局关于＜出口货物劳务增值税和消费税管理办法＞有关问题的公告》第五条第（八）项规定：出口企业或其他单位未按规定进行单证备案（因出口货物的成交方式特性，企业没有有关备案单证的情况除外）的出口货物，不得申报退（免）税，适用免税政策。已申报退（免）税的，应用负数申报冲减原申报或者实际归还出口退税款。

国家税务总局公告 2012 年第 24 号《国家税务总局关于发布＜出口货物劳务增值税和消费税管理办法＞的公告》第十三条第（一）项第 2 目规定：未按规定装订、存放和保管备案单证的，主管税务机关应按照《中华人民共和国税收征收管理法》第六十条规定予以处罚。

税务机关对于备案单证检查不合规的参考国家税务总局公告 2013 年第 12 号《国家税务总局关于＜出口货物劳务增值税和消费税管理办法＞有关问题的公告》第五条第（九）项中的第 9，14，15 条规定按财税〔2012〕39 号文件第七条第（一）项第 4 目和第 5 目规定，适用增值税征税政策。查实属于偷骗税的，应按相应的规定处理。

（2）提供虚假备案单证。

财税〔2012〕39 号《财政部 国家税务总局关于出口货物劳务增值税和消费税政策的通知》第七条第（一）项第 4 目规定：出口企业或其他单位提供虚假备案单证的货物，不适用增值税退（免）税和免税政策，视同内销货物征收增值税。

国家税务总局公告 2012 年第 24 号《国家税务总局关于发布＜出口货物劳务增值税和消费税管理办法＞的公告》第十三条第（三）项规定：出口企业提供虚假备案单证的，主管税务机关应按照《中华人民共和国税收征收管理法》第七十条的规定处罚。

国家税务总局公告 2013 年第 65 号《国家税务总局关于出口货物劳务增值税和消费税有关问题的公告》第十三条规定：出口企业按规定向国家商检、海关、外汇管理等对出口货物相关事项实施监管核查部门报送的资料中，属于申报出口退（免）税规定的凭证资料及备案单证的，如果上述部门或主管税务机关发现为虚假或其内容不实的，其对应的出口货物不适用增值税退（免）税和免税政策，适用增值税征税政策。查实属于偷骗税的按照相应的规定处理。

十一、函调管理

（一）函调管理概述

随着金三退税系统和征管系统的并网，实现税务数据全面共享，加强出口退税管理，促进征退税工作衔接，防范和打击骗取出口退税违法行为，制定针对出口企业采购环节、运输环节、销售环节如出现疑似问题或审核疑点，对于供货企业、物流公司、货代公司实行发函管理。

各地对出口企业出口货物的函调发函工作，由主管税务机关的退税部门负责，对出口货物供货企业的函调复函工作由供货企业所在地税务机关的税源管理部门或相关部门负责。

税务机关内部负责函调工作的职能部门指定专职或兼职人员负责管理，应对函调工作分别设置相应的起草、复核、签发岗位和权限，并建立岗位监督制约机制。函调中发现涉嫌骗取出口退税的，函调中取得的相关资料报请主管局长核签后，移交同级稽查部门查处。

出口货物税收函调工作一律使用出口货物税收函调系统（以下简称函调系统）进行。调查函、复函、延期复函说明等函件，应使用函调系统进行起草、签发和传送，可不邮寄纸质函件。发函地税务机关要求邮寄纸质函件的，复函地税务机关应及时邮寄。

（二）函调管理的核查和发函规程

1. 函调业务范围

（1）出口业务涉及国家税务总局预警信息，包括国家税务总局预警出口企业、国家税务总局预警供货企业、国家税务总局预警出口商品等。（一般指一类关注企业）

（2）出口企业及供货企业均属关注企业，且出口关注商品的。（一类关注商品）

（3）关注企业首次出口关注商品的。（根据出口退税金额）

（4）出口企业首次从关注企业购进关注商品出口的。（一类关注供货商）

特别提醒：（1）至（4）情况里描述的出口企业、供货企业、出口商品在实际业务发生函调业务时需要满足的条件：

必须从同一供货企业购进商品，连续 6 个月累计申报退税额超过当地主管退税机关规定金额（各地税源不同，退税额一般是 50 万元—100 万元之间）且同时符合下列条件：

（1）出口企业为三级以上（包括三级）出口企业。

（2）供货企业是关注企业且级别为二级以上。

（3）出口商品关注商品且级别为二级以上。

业务知识拓展：这里所说的出口企业、供货企业、出口商品按照函调相关评判标准分为一级、二级、三级、四级，一般一级和二级企业和商品为关注企业和关注商品，三级和四级为一般关注或一般风险。

（4）税务系统内部提供涉嫌骗取出口退税线索的。（同类商品出现过骗税行为）

（5）税务系统以外部门提供涉嫌骗取出口退税线索的。

（6）有下列情形，且出口企业盖有公章的书面理由不充分的：

①出口货物换汇成本高于合理上限的。（新金三系统必须审核事项）

②出口关注商品，且关注商品出口数量月度增幅超过 20% 或出口单价与上次申报相比超过 10%。（跟企业退税金额有关）

③出口关注商品,且关注商品进货单价与上次申报相比超过10%。(跟退税金额有关)

④跨境贸易人民币结算业务经分析异常的。

(7)退税机关认为需要调查的其他情况,比如发现供货企业所在地、货物启运地、报关口岸、离境口岸、出口国别、运输方式等内容两项或多项之间明显有悖常理。

(8)首次出口非传统商品且属跨大类商品出口企业无充分的盖有公章的书面理由且连续6个月累计申报退税额达到30万元以上的出口企业。

(9)一般风险的出口企业从新供货企业购进一般风险的商品,自首次申报之日起连续6个月内,累计申报退税额超过税局规定金额(根据各地税务机关具体要求,一般是30-50万)。

(10)首次退税办理退税的外贸企业,累计申报退税金额达到100万元的。

(11)生产企业出口商品属于外购且符合视同自产的业务,根据出口企业,出口商品,供货企业风险级别及申报退税金额判定。

主管退税机关对出口企业申报的出口退(免)税有上述情形之一的,应要求出口企业填报《外贸企业出口业务自查表》(附件1)或《生产企业出口业务自查表》(附件2),并分析有关内容。退税机关经对《外贸企业出口业务自查表》或《生产企业出口业务自查表》分析核查后未发现明显疑点的,可根据审核、审批程序办理出口退税;核查后不能排除明显疑点的,应通过函调系统向出口货物供货企业所在税务机关发函调查,并依据复函情况按规定进行处理。未收到复函前,对于尚未办理的出口退税,暂不办理。

负责发函的税务部门应及时通过函调系统查阅复函情况,收到复函后应及时处理,一般发函后1个月内仍未收到复函或延期复函说明的,出口企业应及时与退税机关沟通,有发函的退税机关逐级向省(市)税务局反映。督促供货企业所在地税务机关复函。

2.出口企业可以不发函的情况分析

(1)函调未发现问题,回函一年内从同一供货企业购进同类商品的出口业务。

(2)出口企业从同一供货企业购货,月出口申报退税额不超过10万元的,但出口企业从多家供货企业购进出口业务除外。

(3)出口到香港、澳门、台湾、东南亚国家、陆路毗邻国家以及海关特殊监管区域以外的国家和地区(不包括通过上述国家和地区转口),且出口商品不属于价值较高、退税率高、体积较小或重量较轻的商品,也没有将不退税或低退税率货物申报为高退税率货物商品代码疑点的。

(4)使用税务机关代开的发票申报出口退税的。

(5)进料加工出口业务。

（6）核查过程中出口企业自愿放弃并自愿收回出口退（免）税申报的。

3. 函调业务管理中复函规程

复函地税务机关应及时通过函调系统查阅待复函情况，在收到出口货物税收函调的调查函后，要求供货企业填报《供货企业自查表》（附件），对《供货企业自查表》内容及综合征管系统中该企业的有关情况分析，并派税务人员对供货企业进行实地核查。注意，出口企业为了提高复函的效率，也可以和供货商主动沟通，让供货商主动和税务机关联系。

复函地税务机关在对供货企业进行核查时，出口货物属供货企业外购或委托加工的，如认为其外购业务或委托加工业务的真实性存在疑点的，也可通过函调系统向其上游企业发函调查。一般复函地税务机关应在收到调查函后1个月内，根据对供货企业的核查情况进行复函，如因向供货企业上游企业发函特殊情况不能按时复函的，供货商税务机关会向发函税务机关说明原因及复函的具体时间，延期复函一般不超过3个月；如供货企业核查时正被当地税务机关进行税收调查，复函地税务机关应在有关部门调查完毕后核查并及时复函。但具体时限要看核查地税务机关，出口企业当地退税机关只有收到复函才能为其办理退税。相当于一旦出口企业被发函了，退税的速度快慢就与复函的时限有着密切关系，也与供货商是否配合有关系。因为在实际业务中，很多发函的出口企业不能够办理退税是因为供货企业拒绝、逃避或者以其他方式导致税务机关无法正常核查。

如果出口企业的税务机关收到的复函类型为"经调查有疑点尚未核查完毕"的，例如复函为供货企业缺少物流凭证，或供货企业产能待核查等，这种回函是不能够办理退税的。一般出口企业应要求供货企业继续提供相关业务证据，同时和己方退税机关沟通，二次发函要求供货企业税务部门再次核查，待核查完毕后，必须再次复函，将处理情况及时函告发函机关。复函后发现有与原复函内容不一致的新情况的，也应及时再次函告发函单位。复函以最后一次内容为准。

4. 出口退税企业 复函处理操作流程

退税部门收到供货企业税务部门复函后，经审批后会出现四种疑点情况须按照以下方式进行处理：

（1）复函确认供货企业存在下列情况之一的，退税机关不得办理出口退税，对已办理出口退税的，应将出口退税款追回。按规定需要征税的，应予征税。有重大疑点的，需要立案查处，退税部门会按照有关规定，将有关资料移交稽查部门立案查处。

①供货企业销售该批货物开出的增值税专用发票为虚开发票。

②供货企业销售货物属自行生产的，其生产设备、工具不能生产该种货物，或该企业不具备该批货物产能的。

③供货企业销售该批非自产货物的购进业务不真实。

④供货企业销售该批货物为委托加工产品，其委托加工业务不真实。

⑤供货企业被注销或被认定为非正常户后开出增值税专用发票的。

⑥供货企业实际销售的货物与增值税专用发票所列货物不一致的，或出口企业从供货企业采购的货物与其实际出口货物不一致的。

（2）复函确认供货企业存在下列疑点之一的，暂缓办理出口退税，对已办理出口退税的，应按照该复函所涉及退税额暂扣该企业其他已审核通过的应退税款，无其他应退税款或应退税款小于该复函所涉及退税额，可由出口企业提供差额部分的担保。待复函税务机关再次复函排除相应疑点后，方可办理出口退税。

①供货企业销售该批货物开出的增值税专用发票为涉嫌虚开发票。

②供货企业销售该批自产货物，复函的具体情况说明中提出其生产能力存在疑点的。

③供货企业销售该批非自产货物，复函的具体情况说明中提出其购进业务存在疑点的。

④供货企业销售的货物为委托加工产品，复函的具体情况说明中提出其委托加工业务存在疑点的。

（3）根据复函，退税部门对出口企业核查完毕后仍存在下列疑点之一的，暂缓办理出口退税，已办理退税的，应按照该复函所涉及退税额暂扣该企业其他已审核通过的应退税款，无其他应退税款或应退税款小于该复函所涉及退税额，出口企业提供差额部分的担保。待排除相应疑点后，方可办理出口退税。

①存在或涉嫌存在《国家税务总局 商务部关于进一步规范外贸出口经营秩序切实加强出口货物退（免）税管理的通知》（国税发〔2006〕24号）第二条规定的七种不予办理出口退税情况之一的。

②供货企业存在将货物发往非购货方地址或非该批出口业务出口口岸，且无盖有公章的书面合理原因的。

③有关国内进货、出口收汇、付款、国内外运输费用凭证及相关合同不齐全无合理理由或内容及逻辑存在明显疑点的情况。

④该批出口货物已收汇，但供货企业实际收到货款及税款与应收货款及税款比率低于85%且无盖有公章的书面合理原因的。

⑤出口货物非购买方付款占应收款比率15%以上且无盖有公章的书面合理原因的。

（4）复函确认供货企业存在下列疑点之一，退税部门对出口企业核查也存在明显疑点的，暂缓办理出口退税，待复函税务机关再次复函排除相应疑点后，方可办理出口退税。

①供货企业被认定为非正常户，至复函日止仍欠缴增值税的，或被调查商品为消费税应税货物仍欠消费税税款的，且欠缴税款大于等于应退税款。

②经税务机关实地核查，供货企业查无下落，导致复函税务机关无法核实供货企业情况的。

③供货企业被认定为非正常户之前3个月内开具增值税专用发票但该企业未接受核查。

特别提醒：如供货企业税务部门复函为正常业务复函，不存在上述描述的业务疑点，退税机关应根据出口退税审核、审批相关规定办理出口退税。

如复函业务存在问题，退税机关不仅要对发函业务进行重点核查，退税机关还要将该出口企业1年内从同一供货企业购进货物，以及从其他供货企业购进同类商品的其他尚未函调的出口业务作为有疑点的业务进行函调。未收到复函前，对于尚未办理出口退税的，暂不办理；已办理退税的，应按照该复函所涉及退税额暂扣该企业其他已审核通过的应退税款，无其他应退税款或应退税款小于该复函所涉及退税额，出口企业提供差额部分的担保。收到复函后，再参照复函业务流程评估是否继续办理退税。

对于函调业务做一个总结：出口企业应该了解函调是税务部门对于出口退税企业的风控管理，不仅要核查出口企业的情况，还要监控供货企业，有的税务部门还要核查物流情况，出口企业在被发函的过程中，需要及时的与供货商沟通，了解其采购情况、生产工艺、物流情况，还要关注其纳税信用等级及纳税申报情况，如有问题，及时协商解决，保证能够及时复函。在函调整个流程中，如果出现函调时间超过一个月以上的业务，应及时联系主管退税机关了解具体问题，协商解决办法。出口企业应注意自身管理，减少发函业务，首先从等级评估，尤其是退税分类评估，避免出现四类企业；其次日常要加强供货企业管理，注意供货企业的持续经营能力和纳税情况，避免从非正常户或有税务问题供货企业进货；最后还要多关注发票综合服务管理平台，关注是否存在异常发票，避免成为有虚开或虚收发票的嫌疑企业。

十二、免税申报管理

1. 免税申报时限

根据2号公告的明确要求，从2020年开始退税的申报期已经取消了，原退税申报期限是次年4月30日之前最后一个纳税申报日，也是通常大家说的"4月15日"。这也就是说在这个日期之前都可以办理退税，超过这个期限出口企业就不能在办理，只能享受出口货物劳务免税政策，也就有了在退税年度申报结束之后的次月去申报免税，因此也就有了次年5月份最后一个纳税申报期之前为免税的最后期限，也就是次年 5 月 15 日之前，遇节假日顺延。现在退税期限已经取消了，2 号公告中没有明确免税期限也取消了，因此对于免税期限的问题从税务部门现在还没有作废的政策进行分析：

涉及的政策：国税发 2012 年 24 号公告，文件从两个方面进行了描述：

（1）特殊区域内的企业出口的特殊区域内的货物、出口企业或其他单位视同出口的适用免税政策的货物劳务，应在出口或销售次月的增值税纳税申报内，向主管税务机关办理增值税、消费税免税申报。例如：出口企业注册在天津东疆保税港，在 2020 年 10 月份将货物卖给上海阳山保税港内的企业，这笔货物享受出口免税，且应该在 11 月 15 日之前确认免税收入，申报免税。

（2）其他的适用免税政策的出口货物劳务，出口企业和其他单位应在货物劳务免税业务发生的次月（按季度进行增值税纳税申报的为次季度），填报《免税出口货物劳务明细表》，提供正式申报电子数据，向主管税务机关办理免税申报手续。出口货物报关单（委托出口的为代理出口货物证明）等资料留存企业备查。

案例说明：出口企业注册在天津东疆保税港，在 2020 年 10 月份将货物卖给上海阳山保税港内的企业，这笔货物享受出口免税，且应该在 11 月 15 日之前确认免税收入，申报免税。

对于从政策角度享受免税政策的业务，应该在发生业务的次月纳税申报期截止日之前做免税处理。

（3）出口货物享受出口退税政策，但由于出口企业操作失误或者是违反出口退税政策的因素导致不能够退税的，税务部门一般会要求在不退税的次月做免税。

这就说明了老管理办法免税的最后时限是 5 月 15 日的根源是，退税的最后期限是次年的 4 月 15 日，如果在这个时限到期之前没有办理退税，也只能在 5 月 15 日之前申报免税，所以很多税务部门一般把免税业务最后期限确定为次年 5 月 15 日。

总结：由于现在退税申报期限取消了，免税期限没有明确，出口企业对于免税期限的理解可以进行以下的归纳：

（1）适用免税政策的货物，在发生业务的次月申报免税。例如之前的介绍海关特殊区域的业务。

（2）适用特殊业务的免税，在规定法定时间申报免税。例如：来料加工业务免税是在次年 5 月 15 日之前。

（3）由于违反退税政策适用免税政策的货物，在不办理退税的次月申报免税。例如：2021 年 5 月货物出口，8 月份申报退税了，在 2022 年 3 月份检查该笔出口业务备案单证并于当月核查完毕，经核查不符合 2013 年 12 号政策规定，适用免税政策，出口企业应该在 4 月 15 日之前申报免税。

2. 免税货物范围

政策依据:《财政部 国家税务总局关于出口货物劳务增值税和消费税政策的通知》(财税〔2012〕39号)第六条、第八条。

享受增值税免税政策的出口货物劳务范围:

(1)增值税小规模纳税人出口的货物或从小规模纳税人采购的货物,开具的普通发票。

(2)避孕药品和用具,古旧图书。

(3)海关税则号前四位为"9803"的软件产品,及软件产品出口。

(4)含黄金、铂金成分的货物,钻石及其饰品。

(5)国家计划内出口的卷烟。

(6)购进时未取得增值税专用发票、海关进口增值税专用缴款书但其他相关单证齐全的已使用过的设备,及出口已使用过的设备或者称为旧设备。

(7)非出口企业委托出口的货物。(就是出口企业以代理出口方式出口,但出口企业没有进出口经营权)

(8)非列名生产企业出口的非视同自产货物。(就是生产企业没有自产能力,进行外购或者外加工的货物)

(9)符合条件的农业生产者自产农产品。

(10)油画、花生果仁、黑大豆等财政部和国家税务总局规定的出口免税的货物。

(11)外贸企业取得普通发票、废旧物资收购凭证、农产品收购发票、政府非税收入票据的货物。

(12)来料加工复出口的货物。

(13)特殊区域内的企业出口的特殊区域内的货物。

(14)以人民币现金作为结算方式的边境地区出口企业从所在省(自治区)的边境口岸出口到接壤国家的一般贸易和边境小额贸易出口货物。

(15)以旅游购物贸易方式报关出口的货物。

还有一些特殊出口业务也需要关注,出口企业视同出口的货物劳务也是享受免税:

(1)国家批准设立的免税店销售的免税货物[包括进口免税货物和已实现退(免)税的货物]。

(2)特殊区域内的企业为境外的单位或个人提供加工修理修配劳务。

(3)同一特殊区域、不同特殊区域内的企业之间销售特殊区域内的货物。

(4)已申报增值税退(免)税,却未在国家税务总局规定的期限内向税务机关收齐增值税退(免)税凭证或者税局检查退税不合规,且没有正当理由的出口货物劳务。

例如:出口企业超过收汇期限没有收汇,且不符合视同收汇条件的;出口企业被税务检查单证备案，出口企业不能提供或者提供单证不合规；税务部门对于无纸化退税业务进行有纸化检查时，退税凭证不全或不合规等。

（5）出口退税企业向税务部门提交申请，放弃出口退税适用免税。

3.免税申报方法

免税申报方法：备案法

政策依据：国税发2013年65号公告

出口企业或其他单位出口适用增值税免税政策的货物劳务，在向主管税务机关办理增值税、消费税免税申报时，不再报送《免税出口货物劳务明细表》及其电子数据。出口货物报关单、合法有效的进货凭证等留存企业备查的资料，应按出口日期装订成册。

何谓备案法：就是做免税申报的时候不在退税系统中生成电子数据及报送，出口企业将和该笔出口业务有关的报关单和单证进行留存备查，同时在法定期限确认免税收入。

重点提示：首先在增值税申报表确认免税收入，按政策装订退税凭证，同时做进项税额转出。

进项税额转出方法：

参考财税发2012年39号文件第六项中的（二）

适用增值税免税政策的出口货物劳务，其进项税额不得抵扣和退税，应当转入成本。

特别提示：外贸企业在业务中增值税发票勾选用于退税，没有进行抵扣，也就不用操作进项税额转出，生产企业因为采购原材料，无法划分进项税额，所以转出时难于计算。

生产企业进项税额转出方法一般有两种：

第一种：比例结转法

参考财税发2012年39号第五项（四）

无法划分进项税额中用于免税业务部分 = 当月无法划分的全部进项税额 × 当月用于免税销售额 ÷ 当月全部销售额、营业额合计

第二种：成本表法

因为生产企业每个月都要核算成本，可以按当期实际成本计算应扣减的进项税额。因此对于采用"免抵退"办法的生产企业来说，在免税时，其进项税额转出应该按免税业务的成本 × 税率来计算所要转出的进项税额并填报在附表二第14栏和主表第14栏。注意核算时应将成本表的人工费剔除。

提示：比例结转法的优势是计算简单，但是不准确，成本表法列支准确，但有的

税局会核验成本表。

征税申报

涉及文件：国税发 2012 年 24 号公告第十一项中的（七）

出口企业或其他单位对本年度的出口货物劳务，剔除已申报增值税退（免）税、免税，已按内销征收增值税、消费税，以及已开具代理出口证明的出口货物劳务后的余额，除内销免税货物按前款规定执行外，须在次年 6 月份的增值税纳税申报期内申报缴纳增值税、消费税。

特别提示：可以理解为在上个退税年度不申报退税的业务征税的最后期限是 6 月 15 日之前。

征税的计算公式：

一般贸易：计提销项税额 =FOB÷1.13×0.13

进料加工：计提销项税额 =（FOB− 实际耗用的保税进口料件）÷1.13×0.13

业务提醒：对于已经申报过退税的上年度业务如果在超过 6 月 15 日之后被税局告之不能够退税，应该在告之不退税的次月做免税，次次月做内销。

十三、海关商品代码调整对于出口退税影响

政策依据：国家税务总局 2013 年第 12 号公告

1. 使用情形：

在出口货物报关单上的申报日期和出口日期期间，若海关调整商品代码，通俗讲就是日常工作中代码库进行升级，升级之后导致出口货物报关单上的商品代码与调整后的商品代码不一致的，出口企业或其他单位应按照出口货物报关单上列明的商品代码申报退（免）税，并同时报送《海关出口商品代码、名称、退税率调整对应表》。

2. 不应使用《海关出口商品代码、名称、退税率调整对应表》的 4 种情形：

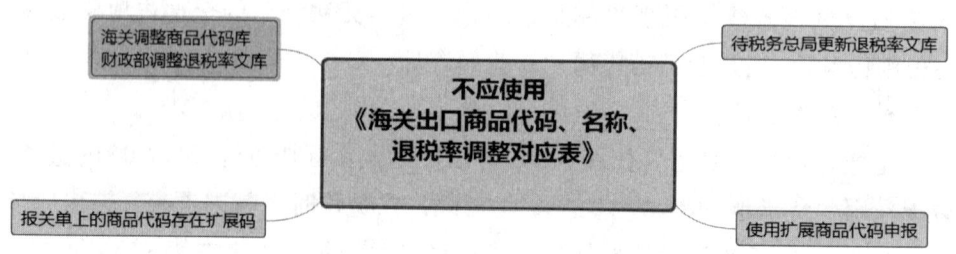

3.《海关出口商品代码、名称、退税率调整对应表》在实际工作中的具体应用。

《海关出口商品代码、名称、退税率调整对应表》录入表格式及录入方法：

【所属期】4 位年份 +2 位月份,如:202001。

【序号】8 位流水号,如:00000001,00000002。

【出口报关单号】填写出口货物报关单号或代理出口证明号。若填写出口货物报关单号,则为 21 位编码,按报关单右上角 18 位编码 +0+ 两位项号（01、02……）;若填写代理出口货物证明号,则为 20 位编码,按《代理出口货物证明》的编号·两位项号（01、02……）填写。

【报关单上的申报日期】出口货物报关单的申报日期。

【出口日期】出口货物报关单的出口日期。

【调整前（报关单上的）商品代码】调整前（出口报关单上列明的）出口商品代码。

【调整前（报关单上的）商品名称】调整前（出口报关单上列明的）出口商品名称。

【调整前（报关单上的）退税率】调整前（出口报关单上列明的）出口商品代码对应在出口退税率文库中的退税率。

【调整后商品代码】调整后的出口商品代码。

【调整后商品名称】调整后的出口商品名称。

【调整后退税率】调整后的出口商品代码对应在出口退税率文库中的退税率。

出口企业在退税申报中一般遇到商品码问题都是出现商品代码升级的时候,在录入出口明细表和审核的时候出现三种情形必须填写《海关出口商品代码、名称、退税率调整对应表》,下面对这三种情形进行分析:

（1）会出现商品代码填写错误或已失效的提醒（见图 1）系统会提示是否替换,出现这种情况,一般是报关单上显示商品编码为 10 位,退税系统录入时只需要录入前 8 位,直接点击确认就可以了。

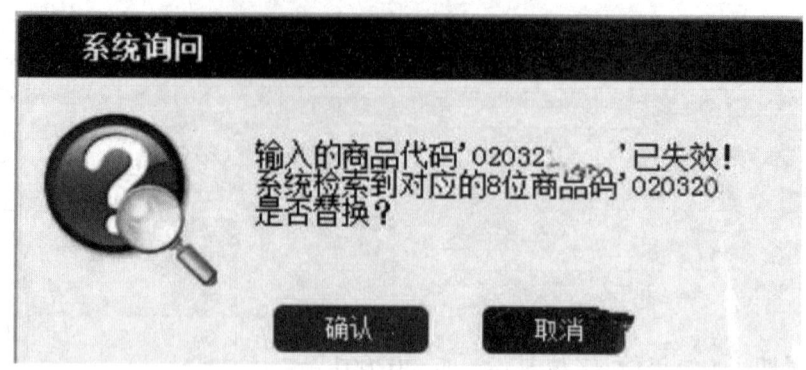

图1

（2）是录入前8位和10位都提示商品码无效的，录入之后系统会提示商品码为无效商品码，会提示填写《海关出口商品代码、名称、退税率调整对应表》，（见图2）。

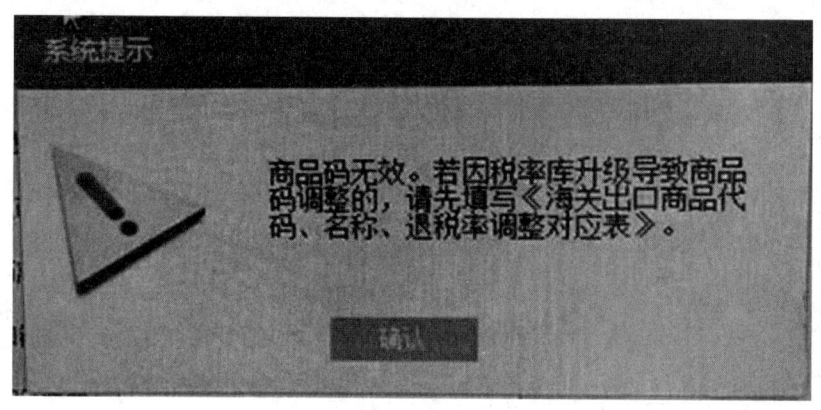

图2

出现这个提示有两种操作：

（1）商品码失效因素

在退税系统里，商品码在代码库升级之后，会有部门的商品码出现更新，之前的商品码更新之后就会失效，成为非基本商品代码，因此出现失效商品码时出口企业办税人员去和海关联系，这是错误的，因为如果海关作废了这个商品码，出口企业就不能够办理通关了。出现这种情况重点检查出口货物退税率文库中是否存在商品代码的扩展码，如存在扩展码，使用相应包含扩展码的商品代码申报即可。

具体操作方法：首先，进入"系统维护-代码维护-海关商品码"中查询出该商品码，进入界面后点击搜索，出现一个对话框，添加搜索条件，在属性里设定"海关商品码"将失效的商品代码录入设定值里，点击确认，然后根据商品属性选择基本码进行录入，基本码是带有*的，非基本码不带*标志。在录入时需要选择在非基本商品码后面添加1或2来实现录入。

（2）因出口退税率库升级导致商品码调整因素

出口企业在通关的时候报关单申报日期和出口日期不在同一个月，存在跨月申报行为，即申报日期在 2021 年 12 月 25 日，出口日期在 2022 年 1 月 5 日，2022 年 1 月 1 日出现商品代码的升级，则商品码有调整，报关申报的时候该商品码还是有效的，货物实际离境（显示出口日期）的时候这个商品代码就为无效了。

具体操作方法：申报退税的企业先做《海关商品码调整对应表》录入，把新的商品码与旧代码做下关联，然后再在出口货物明细申报录入中录入老的商品码，即按照从中国电子口岸打印出的报关单（退税联）上显示的商品代码进行录入。

特别提醒：出口企业在工作的时候在操作这种情况业务的时候，一定要切记，有三个必须注意的操作。

①录入操作的顺序，一定要先录入《海关商品码调整对应表》，再录入《出口货物明细表》，反之明细表的数据不能够保存。

②填出口货物明细表的时候必须录入报关单上的商品代码，原因是如企业录入了更新后代码在退税审核的时候就会出现疑点，疑点提示"出口商品代码（XXX）与《海关出口商品代码、名称、退税率调整对应表》中调整前商品码（XXX）不一致"。其次，还会造成打印出来的出口货物明细表中的商品码为新的代码，但是报关单为老的代码，出现报关单与明细表中的内容不一致，税务部门在做退税凭证检查时会提出质疑，严格的会因此不给企业办理退税了。

③在操作代码调整表的时候，录入完毕调整前商品代码，由于录入代码已经过期了，所以调整前的商品名名称和退税率不会自动带出，出口企业必须自行按照报关单的商品名称进行手工录入，退税率查询之后进行录入。

（3）这种情况和代码库升级没有关系，企业出口货物未发生变化，但海关对该种货物的商品代码进行了调整，这种情况其实就是海关变更了商品代码，退税企业在录入完毕之后审核的时候会出现审核疑点，显示疑点为"出口商品代码（XXX）与海关信息中（XXX）不一致"（见图 3），出口企业只要按照按照疑点提示的海关代码（XXX）填写相应的《海关出口商品代码、名称、退税率调整对应表》，同时注意申报明细表中按照原商品代码录入，就可以操作通过了。

点对象	疑点代码	疑点级别	是否可挑过	疑点内容
	B0022	错误类	否	申报的商品代码(62033300)与海关信息中的(6201139000)不一致

图 3

业务拓展：出口企业在录入的时候是直接从电子口岸下载结关报关单信息导入退税申报系统中，减少手工操作，在数据检查时，系统会自动识别商品编码并按退税系统中默认的编码进行处理，如果审核中系统还有上述疑点提示，参照上文操作进行处理。

十四、新审核系统汇总表与增值税报表的逻辑比对方法

1. 生产企业在实际业务中需要申报的退税报表

新金三系统上线之后，实行免抵退税办法的出口企业或其他单位在申报办理出口退（免）税时，不再报送当期《增值税纳税申报表》。增值税报表数据与汇总表中的数据在金三系统中进行分析计算逻辑关系的准确性。要求生产企业每个月申报出口退税的所属期和纳税申报期征期保持一致，存在征退税率之差的出口企业要求增值税报表附表2的第18栏与免退税汇总表的第9栏应保持一致，同时明确规定必须先进行增值税申报再进行退税申报，否则退税审核会出现疑点。

再生产企业申报出口退税的时候，留存退税凭证的时候，这3张报表是必须留存的，且计算逻辑关系必须符合退税审核部门的要求。

（1）《出口货物劳务免抵退税明细表》
（2）《生产企业免抵退税汇总表》
（3）增值税申报主表
（4）增值税申报附表1
（5）增值税申报附表2

2. 分析汇总表的计算过程及汇总表的数据、明细表、增值税报表的逻辑比对关系

（1）首先搞懂免抵退税汇总表填报方法

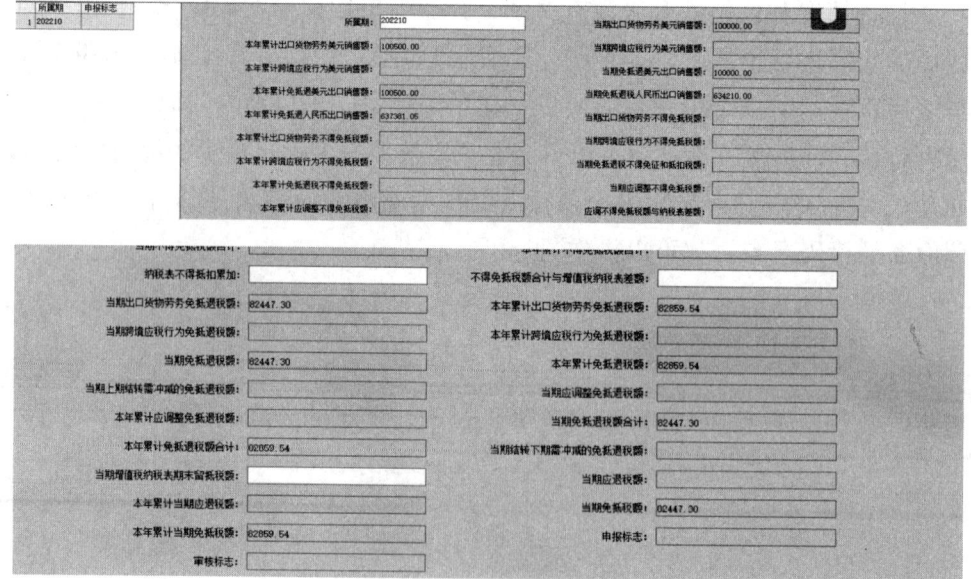

汇总表填写计算方法：这个表中的所有数据都是根据明细表中的数据自动生成，不可以修改，只有显示白色的部分数据是可以修改的。注意，不要轻易修改汇总表的数据，修改后会造成汇总表与增值税报表数据发生逻辑关系错误，下面将汇总表数据计算方法进行分析：

【所属期】该《免抵退税申报汇总表》对应的增值税纳税申报表的税款所属年月。

【当期出口货物劳务美元销售额】按当期《生产企业出口货物劳务免抵退税申报明细表》"出口销售额（美元）合计"填写。

【本年累计出口货物劳务美元销售额】出口货物劳务美元销售额的本年累计数。

【当期跨境应税行为美元销售额】按当期《跨境应税行为免抵退税申报明细表》"本期收款金额（美元）合计"＋当期《国际运输（港澳台运输）免抵退税申报明细表》"跨境应税行为营业额（折美元）合计"计算填写。

【本年累计跨境应税行为美元销售额】跨境应税行为美元销售额的本年累计数。

【当期免抵退美元出口销售额】当期免抵退美元出口销售额＝当期出口货物美元销售额＋当期应税服务美元销售额。

【本年累计免抵退美元出口销售额】免抵退美元出口销售额的本年累计数。

【当期出口货物劳务不得免抵税额】当期出口货物劳务不得免征和抵扣税额，按当期《生产企业出口货物劳务免抵退税申报明细表》"不得免征和抵扣税额合计"填写。

【本年累计出口货物劳务不得免抵税额】出口货物劳务不得免征和抵扣税额的本年累计数。

【纳税表出口销售累加】为大于上次已申报汇总表所属期且小于等于当前所属期的增值税纳税申报表免抵退办法出口销售额累加之和。

【当期跨境应税行为不得免抵税额】当期跨境应税行为不得免征和抵扣税额，按当期《跨境应税行为免抵退税电报明细表》"跨境应税行为免抵退税计税金额 × 征退税率之差合计"·当期《国际运输（港澳台运输）免抵退税申报明细表》"跨境应税行为免抵退税计税金额 × 征退税率之差合计"计算填写。

【本年累计跨境应税行为不得免抵税额】跨境应税行为不得免征和抵扣税额的本年累计数。

【当期免抵退税不得免征和抵扣税额】当期免抵退税不得免征和抵扣税额＝当期出口货物不得免征和抵扣税额＋当期应税服务不得免征和抵扣税额。

【本年累计免抵退税不得免抵税额】免抵退税不得免征和抵扣税额的本年累计数。

【当期应调整不得免抵税额】当期选择加工核销应调整不得免征和抵扣税额，填写最近一次免抵退税申报至本次免抵退税申报期间税务机关核销确认的《生产企业进料加工业务免抵退税核销表》。

【本年累计应调整不得免抵税额】进料加工核销应调整不得免征和抵扣税额的本年累计数。

【应调不得免抵税额与纳税表差额】按上期结转本期的免抵退税不得免征和抵扣税额抵减额的负数填写。

【当期不得免抵税额合计】第9栏（免抵退税不得免征和抵扣税额合计），按"第5栏"（免抵退税不退免征和抵扣税额）+"第8栏（进料加工应调整不得免征和抵扣税额）"计算填写。

计算规则：

当第5（a）+第8（a）栏大于0，则第8（C）栏参与第9（a）栏计算；

第5（a）栏+第8（a）栏+第8（c）栏小于0，则第9（a）栏=0；

第5（a）栏+第8（a）栏+第8（C）栏大于等于0，则第9（a）栏=第5（a）+第8（a）栏+第8（C）栏；

当第5（a）栏+第8（a）栏小于等于0，则第8（c）栏不参与第9（a）栏计算；

第9（a）栏=第5（a）栏+第8（a）栏。第8（c）栏参与本期计算后的余数在下期第8（C）栏所示。

【本年累计不得免抵税额合计】当期免抵退税不得免征和抵扣税额合计的本年累计数。

【纳税表不得抵扣累加】为大于上次已申报汇总表所属期且小于等于当前所属期的增值税纳税申报表免抵退税办法不得抵扣的进项税额累加之和。

【不得免抵税额合计与增值税纳税来差额】免抵退税不得免征和抵扣税额合计与增值税纳税申报表差额，按当期存表："当期免抵退税不得免征和抵扣税额合计"－最近一次免抵退税申报 下一属期至当期的《增值税纳税申报表（一般纳税人适用）》附表二"免抵退税办法不得抵扣的进项税额"栏次的合计数+税务机关核准的最近一期本表的"免抵退税不得免征和抵扣税额合计增值税纳税表差额"计算项写。本公告生效前最近一期税务机关核准的《免抵退税申报汇总表》的"免抵退税不得免证和税额与增值税纳税申报表差额"；按照上述公式计算填编在本栏。应做相应账务调整并在下期增值税纳税申报时对《增值税纳税申报表（一股纳税人适用）》附表二"免抵退税办法不得抵扣的进项税额"栏次进行调整。

【当期出口货物劳务免抵退税额】按当期《生产企业出口货物劳务免抵退税申报明细表》"免抵退税额合计"填写。

【本年累计出口货物劳务免抵退税额】出口货物劳务免抵退税额的本年累计数。

【当期跨境应税行为免抵退税额】按当期《跨境应税行为免抵退税申报明细表》"跨境应税行为销售额乘退税率合计"+当期《国际运输（港澳台运输）免抵退税申报明细表》

"跨境应税行为免抵退税计税金额乘退税率合计"计算填写。

【本年累计跨境应税行为免抵退税额】跨境应税行为免抵退税额本年累计数

【当期免抵退税额】当期免抵退税额=当期出口货物免抵退税额+当期应税服务免抵退税额。

【本年累计免抵退税额】免抵退税额的本年累计数。

【当期上期结转需冲减的免抵退税额】填写上期本表"结转下期需冲减的免抵退税额"。

【当期应调整免抵退税额】当期进料加工核销应调整免抵退税额,填写最近一次免抵退税申报至本次免抵退税申报期间税务机关核销确认的《生产企业进料加工业务免抵退税核销表》应调整免抵退税合计。

【本年累计应调整免抵退税额】进料加工核销应调整免抵退税额的本年累计数。

【当期免抵退税额合计】当期免抵退税额合计=当期免抵退税额-当期上期结转需冲减的免抵退税额+当期进料加工核销应调整免抵退税额,当计算结果小于0时按0填写。

【本年累计免抵退税费合计】免抵退税额的本年累计数。

【当期结转下期需冲减的免抵退税额】当期结转下期需冲减的免抵退税额=当期上期结转需冲减的免抵退税额-当期免抵退税额-当期进料加工核销应调整免抵退税额+当期免抵退税额合计。

【当期增值税纳税表期末留抵税额】当期增值积约税申报表期末留插税额,填写同属期《增值税纳税申报表(一般纳税人适用)》"期末留抵税额"。一般纳税人转登记为小规模纳税人的,按照"应交税金—待抵扣进项税"填写。

【当期应退税额】当期免抵退税额合计>当期增值税纳税申报表期末留抵税额,则等于"当期增值税纳税申报表期末留抵税额",否则等于"当期免抵退税额合计"。

【本年累计当期应退税资】应退税额的本年累计数。

【当期免抵税额】当期免抵税额=当期免抵退税额合计-当期应退税额。

【本年累计当期免抵税额】免抵税额的本年累计数。

(2)出口退税系统打印出的汇总表逻辑关系

	项目	栏次	当期 (a)	本年累计 (b)	与增值税纳税申报表差额 (c)
出口销售额	免抵退出口销售额(美元)	1=2+3			--
	其中:出口货物销售额(美元)	2			--
	应税服务销售额(美元)	3			--
	免抵退出口销售额(人民币)	4			
不得免征和抵扣税额	免抵退税不得免征和抵扣税额	5=6+7			
	其中:出口货物不得免征和抵扣税额	6			
	应税服务不得免征和抵扣税额	7			
	进料加工核销调整不得免征和抵扣税额	8			
	免抵退税不得免征和抵扣税额合计	9=5+8			

	项目	栏次	当期(a)	本年累计(b)	与增值税纳税申报表差额(c)
应退税额和免抵税额	免抵退税额	10=11+12			—
	其中：出口货物免抵退税额	11			—
	应税服务免抵退税额	12			—
	上期结转需冲减的免抵退税额	13		—	—
	进料加工核销应调整免抵退税额	14			—
	免抵退税额合计	15（如10-13+14＞0则为10-13+14，否则为0）			
	结转下期需冲减的免抵退税额	16=13-10-14+15		—	—
	增值税纳税申报表期末留抵税额	17		—	—
	应退税额	18(如15>17则为17,否则为15)			—
	免抵税额	19=15-18			—

这是2020年系统升级到金三系统之后的汇总表，新汇总表的计算方法比老系统的汇总表进行了精简，汇总表的格式进行简化新表是19栏，老表是36栏，更方便出口进行操作，但是由于报表的格式和计算方法发生改变，有些项目进行了合并，所以出口企业必须将新系统打印的汇总表中栏次内部逻辑关系搞清楚，而且每一栏次数据与外部数据（增值税报表及附表1附表2）的内部逻辑关系对应明白。老系统免抵退汇总表中有两个"与增值税报表的差额"，参考下图（见图）"6C与25C"。

下面先介绍新打印出的汇总表内的逻辑关系：

第3栏"应税服务销售额（美元）"：等于当期《增值税零税率应税服务免抵退税申报明细表》"本期收款金额（美元）小计"+当期《增值税零税率应税服务（国际运输/港澳台运输）免抵退税申报明细表》"免抵退税计税金额"折算美元金额的合计数。

第8栏"进料加工核销应调整不得免征和抵扣税额"：最近一次免抵退税申报至本次免抵退税申报期间核销确认的《生产企业进料加工业务免抵退税核销表》"应调整不得免征和抵扣税额合计" – 最近一期税务机关核准的《汇总表》的"结转下期免抵退税不得免征和抵扣税额抵减额"。核销确认发生在新《汇总表》生效前的，其核销确认的"应调整不得免征和抵扣税额合计"以负数参与计算。注："结转下期免抵退税不得免征和抵扣税额抵减额"为旧规则下生成，在新系统上线后首次申报时存在"结转下期免抵退税不得免征和抵扣税额抵减额"，除此之外，没有"结转下期免抵退税不得免征和抵扣税额抵减额"。

第9（c）栏"免抵退税不得免征和抵扣税额合计与增值税纳税申报表差额"：等于当期本表第9（a）栏 – 最近一次免抵退税申报下一属期至当期的《增值税纳税申报表（一般纳税人适用）》附表二"免抵退税办法不得抵扣的进项税额"栏次的合计数+税务机关核准的最近一期本表的第9（c）栏。升级前最近一期税务机关核准的《免抵退税申报汇总表》的第25（c）栏按照上述公式计算填报在本栏。企业应做相应账务调整并在下期增值税纳税申报时对《增值税纳税申报表（一般纳税人适用）》附表二"免抵退税办法不得抵扣的进项税额"栏次进行调整。

第13栏"上期结转需冲减的免抵退税额"：填写上期本表"结转下期需冲减的免

抵退税额"。本公告生效前最近一期税务机关核准的《免抵退税申报汇总表》的"结转下期免抵退税额抵减额"在本公告生效后首次填报本表时填写在本栏。

第14栏"进料加工核销应调整免抵退税额":填写最近一次免抵退税申报至本次免抵退税申报期间税务机关核销确认的《生产企业进料加工业务免抵退税核销表》"应调整免抵退税额合计"。

第16栏"结转下期需冲减的免抵退税额":按"第13栏－第10栏－第14栏＋第15栏"计算填写。

第17栏"增值税纳税申报表期末留抵税额":填写同属期《增值税纳税申报表（一般纳税人适用）》"期末留抵税额"。一般纳税人转登记为小规模纳税人的,按照"应交税费—待抵扣进项税额"据实填写。

（3）日常申报增值税报表与免退税汇总表之间逻辑关系分析

①见下图中"增值税纳税申报表"中免抵退出口货物销售额（第7栏）填写享受免抵退税政策出口销售额（一般情况当月的出口必须当月申报）,生产企业应填写此栏。外贸企业当月出口的货物或发生的劳务应填写增值税纳税申报表中的"免税货物及劳务销售额"（第8栏）。提示：生产企业增值税报表的免抵退出口货物销售额（第7栏）与免抵税汇总申报表中的"免抵退出口销售额（人民币）"两者之间没有数据关系,切记生产企业在确认收入的时候要以报关单的出口日期作为确认标准,汇总表的当期的销售额是以单证收齐和信息齐全为标准,二者数据不存在关联性。

②"增值税纳税申报表附列资料表二"中的"免抵退办法出口货物不得抵扣税额（18栏）"按当期（当月）全部（免抵退出口货物人民币销售额与征退税率之差）的乘积计算填报,有进料加工业务的应扣除"免抵退税不得免征和抵扣税额抵减额",当"出口销售额乘征退税率之差"小于"免抵退不得免征和抵扣税额抵减额"时,退税系统中的增值税报表中不得抵扣税额按0填报,差额系统自动结转下期。增值税纳税申报表为了和退税系统的增值税报表保持一致,也只能填写0,差额登记在备查账上,下期继续结转。

特别提醒：

a. 由于现在国家对部分出口企业商品退税率进行了调整,调整之后退税率升到了13%,征退税率一致,对于这部分出口企业纳税报表附表2第18栏不用填写。

b. 附表第18栏只能填不予抵扣税额,在税收核算中其他作进项税额转出税金不能够填写此栏,否则申报出口退税会产生审核疑点,"增值税报表数据与汇总表第9栏数据不一致"。

③在实际工作中要先录入增值税纳税申报表,增值税纳税表申报成功之后,在根据纳税申报表填写退税系统中"增值税报表",如果一致性通过,在退税审核的时候,

反馈的疑点是汇总表数据中与纳税表差额应为0。

④见下图中的增值税纳税申报表中的进项税额转出（第14栏）标记蓝色②与生产企业免抵退税汇总申请表中的"免抵退税不得免征和抵扣税额合计"（第9栏）黄色②数据存在关联关系，在实际业务中，生产企业当月只存在征退税率之差蓝色② = 黄色②，若生产企业当月存在其他进项税额转出的业务，即增值税附表2中进项税额转出的明细中除了18栏有数据外其他栏次也有数据，这时，增值税纳税申报表中的进项税额转出（第14栏）与生产企业免抵退税汇总申请表中的"免抵退税不得免征和抵扣税额合计"（第9栏）数据不相等，蓝色② > 黄色②，生产企业免抵退税汇总申请表中的"免抵退税不得免征和抵扣税额合计"（第9栏）与增值税申报表附表2第18栏保持一致。

⑤"增值税纳税申报表"中免抵退货物应退税额（15栏）黄色①应按照税务局审核确认的上期《生产企业出口货物免抵退税汇总表》中的"当期应退税额"（第18栏）红色①栏填报，例如所属期9月份汇总表第18栏中数据的应退税额应在10月份的增值税报表中的第15栏反映。现在工作中一般是在填报增值税报表数据时会自动生成，如不能够生成出口企业必须手工填报。

十五、出口退税评估指标

出口退（免）税预警（或者被称为评估系统）主要是依托新金三出口退税审核系统、综合征管系统、增值税发票管理系统信息，结合海关进出口通关数据，外汇管理部门收汇分析数据的外部数据信息，对产生的预警指标通过计算机和人工结合的方式，对纳税人纳税及出口退税申报的真实、合法性进行预警分析，对发现的异常情况及时进行预警发布，通过对出口货物函调、评估，达到对企业纳税和出口退（免）税申报的全程监控，有效防范出口退（免）税风险，做到对于风险可控的企业进行便捷退税。

作为出口退税的企业，应该加强企业内部管理，建立出口退税的风险控制体系，在出口业务的各个环节进行合规化操作，设立明确的风险红线管理制度。本章节就是通过对于退税风险评估业务的介绍，使广大退税企业建立风险意识。

附文：政策依据

一、《国家税务总局关于印发〈全国税务机关出口退（免）税管理工作（1.0）版〉的通知》

（一）出口增长预警

1. 预警指标内容

（1）出口大幅增长预警

新发生出口业务的外贸企业出口销售额100万元以上的；新发生出口业务的生产企业出口销售额500万元以上的；出口增长率高于同期增长率100%以上的出口企业。

（2）新增出口商品预警

新发生出口业务的企业本期商品20个以上的（各地税局会根据当地出口企业规模略有调整）；出口增长率高于同期增长率50%以上且本期商品5个以上的出口企业。

（3）出口商品大幅增长预警

某一出口商品（海关商品码前4位）的增长额：新发生出口业务的企业本期金额100万元以上的；出口增长率高于同期增长率100%以上且本期金额200万元的出口企业。

2. 预警指标用途

判断出口企业销售规模增长是否存在异常，对出口企业经营商品种类的变化、已有出口商品的增长进行监控，防止生产企业存在非自产出口，防止企业有无实质参与的出口活动，防止出口企业发生借权、接受挂靠、买单经营权、真代理假自营出口等。

（二）出口商品种类异常、出口国家异常指标

1. 预警指标内容

出口商品大类（前四位）超过20种。

2. 预警指标用途

对出口品种过多、出口国别过多的出口异常进行监控，通过对出口货物采购环节的真实性、出口货物的物流情况，资金情况进行排查，防止企业有无实质参与的出口活动，防止出口企业发生借权、接受挂靠、买单经营权、真代理假自营出口等。

（三）外贸供货商异常预警

1. 预警指标内容

（1）新增供货商预警

新发生出口业务的企业本期新增供货商个数30个以上的；出口增长率高于同期增长率50%以上且本期新增供货商个数10个以上的出口企业。

（2）供货商供货额大幅增长预警

新发生出口业务的企业本期供货商供货额金额100万元以上的；出口增长率高于同期增长率50%以上且本期供货商供货额金额500万元以上的出口企业。

2. 预警指标用途

对外贸企业供货商的变化情况、对已有的供货商供应的出口商品的异常增长进行监控，外贸企业供货商供应水平一般应比较稳定，开发新的供应商存在一定难度，货物流向较难控制，容易被中间人操纵，具有较高的退税风险，当外贸企业出口新供应商提供的商品且供货额大幅增长时，应对其新供应情况进行判断防止外贸企业无实质性参与出口业务。

（四）边远和敏感口岸出口额预警

1. 预警指标内容

关别码为06满洲里、52黄埔、53九龙、60汕头、64海口、67湛江、68江门、88拉萨、94乌鲁木齐等口岸出口商品预警。

2. 预警指标用途

从边远口岸出口商品预警（关别码为06满洲里、52黄埔、53九龙、60汕头、64海口、67湛江、68江门、88拉萨、94乌鲁木齐等口岸出口商品预警）。

新发生出口业务的企业本期从边远口岸出口商品金额10万元以上的；出口增长率高于同期增长率30%以上且本期从边远口岸出口商品金额10万元以上的出口企业。

（五）供货商所在地、起运地、出口口岸、运输方式、出口国家的预警

1. 预警指标内容

本地口岸出口供货企业为非本地企业。

2. 预警指标用途

对供货开票地与货物起运地、出口口岸不相邻的出口企业进行监控，对出口货物采购环节的真实性、出口货物的物流情况，资金情况进行排查，降低出口退税的风险。

（六）免抵退税额变动率

1. 预警指标内容

（1）免抵退税额变动率高于分局平均增长率20%以上且免抵退税额超过100万元以上的。

（2）出口销售减少而免抵退税额增加（反向增长）的；

（3）免抵退税额超过100万元以上的新发生出口业务的企业。

2.预警指标用途

该指标的设置意图是对生产企业免抵退税结构变化情况进行监控。防止生产企业外购产品混同自产产品办理免抵退税，防止企业进项税额抵扣凭证不符合规定多抵、多退税款。

（七）作废、失控发票比率

1.预警指标内容

（1）作废、失控发票比率大于0.1%的；

（2）作废发票比率小于0.1%，但涉及发票份数多、金额较大的；

（3）涉及发票属失控性质（失控类型为4失控）的。

2.预警指标用途

防止未向税务机关申报纳税的失控发票用于出口退税申报。

（八）外贸企业出口退税应退税额变动

1.预警指标内容

（1）应退税额增长率高于分局平均增长率20%以上且退税金额100万元以上的出口企业；

（2）新发生出口业务的企业退税金额100万元以上的。

2.预警指标用途

判断外贸企业应退税额增长是否正常。

（九）免抵退税结构评估，评估指标为"应退税额比例"

1.预警指标内容

应退税额比例高于分局平均应退税额比例20%以上且退税额超过100万元以上的出口企业。

2.预警指标用途

通过应退税额在免抵退中的比例计算，对退税比重高的企业进行分析。

二、预警指标异常分析

（一）预警指标（一）～（三）异常分析

1.生产企业出口增长异常，可能存在的原因：

（1）出口业务增加，扩大生产规模；

（2）经营贸易性质发生变化，如将来料加工贸易改为进料加工、将原先出口货物销售给外贸企业的方式改为直接出口等；

（3）企业发生改制、改组合并，规模扩大；

（4）大量非自产产品出口；

（5）存在不符退税规定的借权、挂靠经营等问题；

（6）虚假出口，以骗取出口退税或套汇。

2.外贸企业出口增长异常，可能存在的原因：

（1）出口订单增加，营销规模扩大；

（2）经营贸易性质发生变化，如将来料加工贸易改为进料加工等；

（3）企业发生改制、改组合并，规模扩大；

（4）存在不符退税规定的代理出口、买单经营等问题；

（5）虚假出口，以骗取出口退税或套汇。

（二）预警指标（四）~（五）异常分析

同口岸出口增长率异常，可能存在以下原因：

1.企业业务量、出口销售额异常变动；

2.生产企业存在异地生产加工点或非自产产品出口；

3.外贸企业采购货源地靠近报关口岸；

4.货物购买方（客户）靠近或指定报关口岸；

5.可能存在虚假报关、"四自三不见"业务（"客商"或中间人自带客户，自带货源，自带汇票，自行报关和出口企业不见出口产品，不见供货企业，不见外商）或其他"买单"业务。

（三）预警指标（六）异常分析

免抵退税额变动率异常，可能存在以下原因：

1.出口业务增加，扩大生产规模；

2.经营贸易性质发生变化，如将来料加工贸易改为进料加工、将原先出口货物销售给外贸企业的方式改为直接出口等；

3.企业发生改制、改组合并，规模扩大；

4.大量非自产产品出口；

5.申报的出口单证评估期内集中收齐；

6.存在不符退税规定的借权、挂靠经营等问题；

7.虚假出口，以骗取出口退税或套汇；

8.评估期内，出口商品品种由退税率低的商品改为退税率高的商品，或者主要出口商品的退税率上升。

如属免抵退税额增加而出口销售不变或减少，则从如下方面查明原因：①出口贸易方式变更，如由进料加工贸易转为一般贸易；②出口退税率上升，免抵退税额增加。

如属免抵退税额减少而出口销售不变或增加，则从如下方面查明：①出口贸易方式变更，如由一般贸易转为进料加工贸易；②因出口退税率下降，导致免抵退税额减少；③评估期内出口货物未申报退税或视同内销处理，导致免抵退税额偏小；④筛选企业的主要出口产品的退税率是否变化，测算退税率变化对免抵退税额的影响，是否与免抵退税额变动相符合。

（四）预警指标（七）异常分析

审核该业务是否存在货物报关出口后，为获取退税，以虚开的增值税专用发票来作为退税凭证情况。

（五）预警指标（八）异常分析

出口退税应退税额变动率异常，可能存在以下原因：

1. 出口订单增加，出口货物采购数量增加、单价上升，采购金额增大；

2. 经营贸易性质发生变化，如将来料加工贸易改为进料加工，导致退税金额增大；

3. 企业发生改制、改组合并，出口货物退税规模扩大；

4. 因商品品种变化评估期出口商品退税率高于比较期出口商品退税率，或者同类商品评估期退税率上升，导致应退税额增加；

5. 存在不符退税规定的代理出口、买单经营等问题；

6. 虚假出口，以骗取出口退税或套汇。

一般情况，应退税额和出口销售额表现为同向（步）变动，但也存在反向变动情况：

1. 应退税额增加而出口销售减少（不变），可能存在以下原因：①因经营贸易性质发生变化，如由进料加工贸易改为一般贸易；②供货企业受材料价格上涨等成本因素影响，大幅度抬高出口货物采购单价；③出口商品退税率明显上升；④评估期内取得虚开的进货增值税专用发票，如将进货金额和进项税额人为抬高等。

2. 应退税额减少而出口销售增加（不变），可能存在以下原因：①受国内供货市场竞争影响，出口企业大幅度压低出口货物采购单价；②评估期内出口货物逾期未申报退税导致退税额偏小；③评估期内因出口退税率下降，导致退税额减少。

（六）预警指标（九）异常分析

应退税额比例异常，可能存在以下原因：

1. 评估期前和评估期内集中进货导致进项税额较大；

2. 评估期前和评估期内取得虚开进货增值税专用发票导致进项税额虚大；

3. 材料价格上涨，导致进项税额增加；

4. 隐瞒内销收入，导致期末留抵税额偏高；

5. 评估期内出口货物未申报退税或视同内销处理，导致免抵退税额偏小；

6. 评估期内进料加工贸易方式出口的计划分配率偏高，导致免抵退税额偏小；

7. 评估期内大量出口单证、信息不齐，导致免抵退税额偏小；

8. 受国际市场竞争影响，或关联企业采用转让定价方式，降低出口货物价格；

9. 内外销比例不均衡。

三、预警指标评估实施办法

（一）预警指标（一）~（三）评估实施办法

1. 生产企业可结合免抵退税额变动率、应退税额比例，具体进行分析

（1）出口销售方面，可通过查找评估期和比较期的增值税纳税申报表、会计报表等资料，进行具体分析：若企业出口变动是由于出口商品贸易性质变化引起的，审核其是否表现为总销售基本保持不变，而销售结构发生了变化；若企业出口销售额和总销售额都发生较大变动，可通过了解评估期和比较期出口商品的种类、数量、单价以及外商客户变动情况的数据资料，结合企业的生产规模，分析变动的原因是否合理。必要时，还可以进一步审核企业与外商签订的合同（协议）和出口备案单证，并核对企业的收入与"应收账款"、"其他应收款"等往来账户的账务处理资料，分析企业是否存在虚假出口等情况。

（2）购货方面，可通过了解评估期和比较期的购进商品或主要材料发生变动的数据资料，分析进货变动的原因是否合理。必要时，还可以进一步审核企业与供应商签订的供货合同、协议，实地查看库存商品、主要材料的物流、库存情况，分析供应商数量、合同数量、供应商品（主要材料）价格或数量存在哪些变动、变动的原因，并核对企业"应付账款"、"预付账款"等往来账户科目，分析企业是否存在签订虚假进货合同、收受虚开的增值税专用发票等情况；结合实际物流情况，通过审核产品成本结转的账务处理资料，审核是否存在委外加工、外购商品等应视同自产产品处理而未备案的行为。

（3）对企业的生产经营规模（主要是生产能力）进行分析评估（实地核查方式为最佳）。通过现场核查其生产场地布局、面积，生产设备的价值、功能、使用情况，分析其硬件设施是否充分；通过查看工人名册、考勤记录和个人所得税扣缴清单等，从工人资质、数量上分析人员配置是否与产量匹配；审核企业的成本费用列支情况，

通过查看水、电、煤等动力费用的支付凭证，结合产品生产特点（如有产品单位耗能相关指标最好），分析动力费用与产量是否匹配；对生产场地、设备全部或部分租赁的企业，通过审核其租赁合同、支付凭证和具体金额，结合动力费用、利润分配的结算方式，分析是否存在不符退税规定的借权、挂靠经营等问题；通过查看营业费用如营销费用、采购费用等的列支情况，分析其与出口销售的变动是否匹配，尤其要特别审核运输费用的列支情况，分析其是否存在真实的购销业务。

2. 外贸企业可结合出口退税应退税额变动率，具体进行分析

（1）出口销售方面，可通过查找评估期和比较期的增值税纳税申报表、会计报表等资料，进行具体分析：若企业出口变动是由于出口商品贸易性质变化引起的，则审核其是否表现为总销售基本保持不变，而销售结构发生了变化；若出口变动是由于代理出口业务量变化引起的，则审核其与委托方签订的代理出口协议和办理代理出口货物证明情况；若企业出口销售额和总销售额都发生较大变动，可通过了解评估期和比较期出口商品的种类、数量、单价以及外商客户变动情况的数据资料，结合企业的营销环境，分析变动的原因是否合理。必要时，还可以进一步审核企业与外商签订的合同（协议）和出口备案单证，并核对企业的收入与"应收账款"、"其他应收款"等往来账户的账务处理资料，分析企业是否存在签订虚假出口合同以虚假出口及不符退税规定的代理出口、买单经营等情况。

（2）进货方面，可通过查找评估期和比较期的购进商品发生变动的数据资料，分析进货变动、供货企业变化的原因是否合理。必要时，还可以进一步审核企业与供应商签订的供货合同、协议，分析供应商数量、合同数量、供应商品（主要材料）价格或数量存在哪些变动、变动的原因，并核对企业"应付账款"、"预付账款"等往来账户科目，分析企业是否存在签订虚假进货合同、收受虚开的增值税专用发票等情况。对疑点不能排除以及购进的出口货物为农产品的，应按现行出口货物函调制度，向供货企业所在地税务机关发函调查，并依回函结果进行处理。

（3）对企业的营销规模进行评估，通过查看营业费用（如营销人员的工资等）、采购员外出发生的采购费用等的列支情况，分析其经营规模与出口销售的变动是否匹配，尤其要特别审核运输费用的列支情况，分析其是否存在真实的购销业务。此外，还可借助企业的注册资本、资产负债、经营利润等情况进行分析判断。

（二）预警指标（四）~（五）评估实施办法

1. 分析企业不同口岸报关出口销售额与企业全部出口销售额是同向变动还是异向变动，如为同向变动，且属由于企业的出口销售额异常变动，导致同口岸出口增长率

异常变动,则按出口销售额增长率指标的评估方法进行评估。如为异向变动,则应重点分析变动原因。

2. 对生产企业存在异地加工场所,生产产品异地就近报关,主要分析企业异地生产是否真实,是否属于退税规定范围,着重对异地生产加工场所的税务登记证明、异地生产场所的产权证明或租赁费凭证、成本支出、运输方式、运输费用等进行审核分析;对存在非自产产品出口货物,主要分析是否符合视同自产产品退税申报的条件,是否按视同自产产品申报、审核要求办理相关手续。

3. 主要对购入货物货源地、报关口岸、客户所在地三者之间的地理位置、距离远近等进行分析,是否存在"舍近求远"、绕道等不合常理的情况。着重对出口备案单证、购货发票、采购费用、报关资料、运输方式、运费结算等进行审核,分析业务的真实性。

4. 对货物购买方(主要客户)所在地区靠近报关口岸的,着重对出口合同、出口备案单证、运输方式、运输费用等进行审核分析;如果是货物购买方(主要客户)指定报关口岸,着重对购买方指定报关口岸的书面约定、出口合同、国内运输费用等进行审核分析。

5. 对离本地区生产加工地较远的海关,特别是国家确定的敏感地区的海关报关出口货物,结合上述方法,综合分析其出口货物的生产加工情况和报关情况,是否存在虚假报关出口,"四自三不见"业务和其他"买单"业务,着重出口备案单证、成本列支、异地报关资料、运输结算凭证等进行审核分析。

(三)预警指标(六)评估实施方法

免抵退税额变动率超过预警值,应与出口销售变动率结合考虑,同向预警、反向预警应予以具体分析,参考出口销售变动率和应退税额比例的评估方法进行评估。

1. 结合出口销售增长率指标,若是同向同比例变动,则按照出口销售增长率指标的评估方法进行评估。

2. 结合出口销售增长率指标反向变化或比例差异大,则应从以下几方面进行核实:核实企业贸易方式的变化,查看企业的海关加工贸易手册、贸易加工合同,以及从企业海关(003)数据,分析是否存在贸易性质的变化及变化所带来的影响。

3. 统计评估期内的出口货物未在评估期内申报或虽然在评估期内申报但未在评估期内收齐单证(或报关单信息)的数据,以及因各种原因已转内销的出口货物,分析对免抵退税额的影响。

4. 筛选企业的主要出口产品的退税率是否变化,测算退税率变化对免抵退税额的影响,是否与免抵退税额变动相符合。

5. 核实企业进料加工手册，参照评估期前同类加工产品已核销的实际分配率，分析是否存在进口料件计划分配率偏高的情况。

（四）预警指标（七）评估实施方法

1. 审核评估企业（尤其是一类企业）的相关发票是否已作退税申报，若有，应及时追回已退税款，同时对出口销售额视同内销计提销项税额或征收增值税。

2. 若发现企业自行红冲调整，并换票重新申报退税的，应结合备案单证管理，查看其出口备案单证、交易合同、账务处理及往来款项结算等，通过函调形式核实其业务的真实性。

3. 对日常申报出口货物退（免）税时多次出现作废、失控发票比率超过预警值的企业，应加强对其日常退税的审核力度。

（五）预警指标（八）评估实施方法

除参照出口销售增长率指标的评估实施方法进行评估外，对应退税额和出口销售呈反向变化或虽同向变化但比例差异大的，还可以进一步：

1. 分析企业因出口商品品种变化而退税率不同或主要产品退税率发生变动的情况，测算其对退税额的影响，判断应退税额与出口销售额变动不同步是否正常。

2. 分析企业贸易性质、方式变动情况，通过查看海关加工贸易手册及查询企业海关（003）数据，测算对退税额的影响。

3. 查看购销合同及相对应的进货凭证，比较商品进货、出口价格与市场价格的差异，分析是否有虚开增值税骗税的行为。

4. 统计评估期内出口货物未在评估期内申报以及因各种原因已转内销的出口货物，分析对退税额的影响。

（六）预警指标（九）评估实施方法

针对以上异常原因，再通过以下方式分析判断企业应退税额与免抵税额分布的合理性。具体可参考出口销售变动率评估方法评估。

1. 抽查企业进项发票，特别是大额进货发票，企业有无收到四小票和农产品收购发票作为进项税抵扣，如有应重点关注。

2. 结合企业原辅材料的收、发、存仓库记录分析进项税额的真实性。重点关注四小票比对不符情况和是否按规定使用农产品收购发票等情况。

3. 统计未在评估期内申报或虽已申报但未在评估期内收齐单证（或报关单信息）的数据，以及因各种原因已转内销的数据，分析其对免抵退税额的影响。

4. 通过核实企业内外销比例变化情况，判断应退税额比例变化是否正常合理。

5. 核实企业进料加工手册，参照评估期前同类加工产品已核销的实际分配率，分析进口料件计划分配率偏高的合理性。

6. 企业对出口产品的定价是否在评估期与比较期中有明显的调整变化，调整变化与实际同类内销产品的定价是否还存在差异，差异是否合理，必要时可转反避税部门重点检查。

7. 结合企业实际生产能力及生产设备、动力能源耗用情况，判断其异常预警变化是否合理。

四、应对处理所需材料

（一）预警指标（一）~（五）所需材料

对生产企业评估，所需资料主要包括：异地生产场所的相关证照、产权证明或租赁费凭证；视同自产产品货物申报表；运输发票；出口销售合同；出口货物退（免）税备案单证；指定报关口岸的书面约定等。

对外贸企业评估，所需资料主要包括：付款凭证；运输发票；出口销售合同；出口货物退（免）税备案单证等。

（二）预警指标（六）所需材料

对免抵退税额变动率评估所需资料，可借鉴出口销售变动率指标的评估资料，重点应关注：出口销售合同；出口货物免抵退申报汇总表（经主管税务机关审核确定的）；进料加工贸易手册（若为电子账册或电子手册的，应提供海关开具的《进出口报关单分类清表》）；出口退税审核系统内企业海关（001）和（003）数据情况；生产能力核查的情况表和企业基本信息情况表（税务机关留存的资料）。

（三）预警指标（七）所需材料

出口货物退（免）税备案单证；出口销售合同；往来明细账。

（四）预警指标（八）所需材料

1. 评估期和比较期的增值税纳税申报表、退税申报表、会计报表；

2. 出口商品销售收入明细账、出口销售合同、出口货物退（免）税备案单证、往来账户分类账；

3. 出口商品成本核算明细账、往来账户分类账；

4. 外贸营销人员名册和个人所得税扣缴申报明细表；

5. 营业费用结算凭证。

（五）预警指标（九）所需材料

1. 存货明细账（电子账册记账的，应参考查询电子账册）；

2. 有关的增值税发票抵扣联及清单；

3. 增值税纳税申报表；

4. 出口销售额明细账、应缴税金——应缴增值税明细账（电子账册记账的，应参考查询电子账册）；

5. 出口货物免抵退申报汇总表（经主管税务机关审核确定的）；

6. 进料加工贸易手册（若为电子账册或电子手册的，应提供海关开具的《进出口报关单分类清表》）；

7. 出口退税审核系统内企业海关（001）和（003）数据情况；

8. 生产能力核查的情况表和企业基本信息情况表（税务机关留存的资料）。

第八章 出口退税政策集锦

国家税务总局关于发布《出口货物劳务增值税和消费税管理办法》的公告

（国家税务总局公告2012年第24号）

为了方便纳税人办理出口货物劳务退（免）税、免税，提高服务质量，进一步规范管理，国家税务总局对出口货物劳务增值税和消费税的管理规定进行了清理、完善，制定了《出口货物劳务增值税和消费税管理办法》。现予发布。

1. 出口退（免）税资格认定申请表
2. 出口退（免）税资格认定变更申请表
3. 出口退（免）税资格认定注销申请表
4. 免抵退税申报汇总表
5. 免抵退税申报汇总表附表
6. 免抵退税申报资料情况表
7. 生产企业出口货物免、抵、退税申报明细表
8. 生产企业出口非自产货物消费税退税申报表
9. 生产企业进料加工登记申请表
10. 生产企业进料加工登记变更申请表
11. 生产企业进料加工进口料件申报明细表
12. 生产企业进料加工出口货物扣除保税进口料件申请表
13. 生产企业进料加工手册登记核销申请表
14. 生产企业出口货物扣除国内免税原材料申请表
15. 外贸企业出口退税汇总申报表
16. 外贸企业出口退税进货明细申报表
17. 外贸企业出口退税出口明细申报表

18. 购进自用货物退税申报表

19. 出口已使用过的设备退税申报表

20. 出口已使用过的设备折旧情况确认表

21. 退（免）税货物、标识对照表 [废止]

22. 免税出口货物劳务明细表 [废止]

23. 准予免税购进出口卷烟证明申请表

24. 准予免税购进出口卷烟证明

25. 出口卷烟已免税证明申请表

26. 出口卷烟已免税证明

27. 出口卷烟免税核销申报表

28. 来料加工免税证明申请表 [条款失效]

29. 来料加工免税证明 [条款失效]

30. 来料加工出口货物免税证明核销申请表

31. 代理出口货物证明

32. 代理出口货物证明申请表

33. 代理进口货物证明申请表 [条款失效]

34. 出口货物退运已补税（未退税）证明

35. 退运已补税（未退税）证明申请表

36. 补办出口货物报关单申请表

37. 补办出口收汇核销单证明申请表

38. 出口退税进货分批申报单

39. 出口货物转内销证明申报表

40. 中标证明通知书

41. 中标项目不退税货物清单

42. 关于补办出口退税有关证明的申请

43. 免税卷烟指定出口口岸

44. 废止文件目录

出口货物劳务增值税和消费税管理办法

一、根据《中华人民共和国税收征收管理法》《中华人民共和国增值税暂行条例》《中华人民共和国消费税暂行条例》及其实施细则,以及财政部、国家税务总局关于出口货物劳务增值税和消费税政策的规定,制定本办法。

二、出口企业和其他单位办理出口货物、视同出口货物、对外提供加工修理修配劳务(以下统称出口货物劳务)增值税、消费税的退(免)税、免税,适用本办法。

出口企业和出口货物劳务的范围,退(免)税和免税的适用范围和计算办法,按《财政部国家税务总局关于出口货物增值税和消费税政策的通知》(财税〔2012〕39号)执行。

三、出口退(免)税资格的认定

(一)[条款失效] 出口企业应在办理对外贸易经营者备案登记或签订首份委托出口协议之日起30日内,填报《出口退(免)税资格认定申请表》(见附件1),提供下列资料到主管税务机关办理出口退(免)税资格认定。

1. 加盖备案登记专用章的《对外贸易经营者备案登记表》或《中华人民共和国外商投资企业批准证书》;

2. 中华人民共和国海关进出口货物收发货人报关注册登记证书;

3.[条款失效] 银行开户许可证;

4. 未办理备案登记发生委托出口业务的生产企业提供委托代理出口协议,不需提供第1、2项资料;

5. 主管税务机关要求提供的其他资料。

(二)[条款失效] 其他单位应在发生出口货物劳务业务之前,填报《出口退(免)税资格认定申请表》,提供银行开户许可证及主管税务机关要求的其他资料,到主管税务机关办理出口退(免)税资格认定。

(三)出口企业和其他单位在出口退(免)税资格认定之前发生的出口货物劳务,在办理出口退(免)税资格认定后,可以在规定的退(免)税申报期内按规定申报增值税退(免)税或免税,以及消费税退(免)税或免税。

(四)[条款失效] 出口企业和其他单位出口退(免)税资格认定的内容发生变更的,须自变更之日起30日内,填报《出口退(免)税资格认定变更申请表》(见附件2),提供相关资料向主管税务机关申请变更出口退(免)税资格认定。

(五)[条款失效] 需要注销税务登记的出口企业和其他单位,应填报《出口退(免)税资格认定注销申请表》(见附件3),向主管税务机关申请注销出口退(免)税资格,然后再按规定办理税务登记的注销。

出口企业和其他单位在申请注销认定前,应先结清出口退(免)税款。注销认定后,出口企业和其他单位不得再申报办理出口退(免)税。

四、生产企业出口货物免抵退税的申报

(一)申报程序和期限

企业当月出口的货物须在次月的增值税纳税申报期内,向主管税务机关办理增值税纳税申报、免抵退税相关申报及消费税免税申报。

企业应在货物报关出口之日(以出口货物报关单〈出口退税专用〉上的出口日期为准,下同)次月起至次年4月30日前的各增值税纳税申报期内收齐有关凭证,向主管税务机关申报办理出口货物增值税免抵退税及消费税退税。逾期的,企业不得申报免抵退税。

(二)申报资料

1. 企业向主管税务机关办理增值税纳税申报时,除按纳税申报的规定提供有关资料外,还应提供下列资料:

(1)主管税务机关确认的上期《免抵退税申报汇总表》(见附件4);

(2)主管税务机关要求提供的其他资料。

2. 企业向主管税务机关办理增值税免抵退税申报,应提供下列凭证资料:

(1)《免抵退税申报汇总表》及其附表(见附件5);

(2)《免抵退税申报资料情况表》(见附件6);

(3)《生产企业出口货物免抵退税申报明细表》(见附件7);

(4)出口货物退(免)税正式申报电子数据;

(5)下列原始凭证:

①出口货物报关单(出口退税专用,以下未作特别说明的均为此联)(保税区内的出口企业可提供中华人民共和国海关保税区出境货物备案清单,简称出境货物备案清单,下同);

②[条款失效]出口收汇核销单(出口退税联,以下未作特别说明的均为此联)(远期结汇的提供远期收汇备案证明,保税区内的出口企业提供结汇水单。跨境贸易人民币结算业务、试行出口退税免予提供纸质出口收汇核销单地区和货物贸易外汇管理制度改革试点地区的企业免予提供,下同);

③出口发票;

④委托出口的货物,还应提供受托方主管税务机关签发的代理出口货物证明,以及代理出口协议复印件;

⑤主管税务机关要求提供的其他资料。

3. 生产企业出口的视同自产货物以及列名生产企业出口的非自产货物，属于消费税应税消费品（以下简称应税消费品）的，还应提供下列资料：

（1）《生产企业出口非自产货物消费税退税申报表》（附件8）；

（2）消费税专用缴款书或分割单，海关进口消费税专用缴款书、委托加工收回应税消费品的代扣代收税款凭证原件或复印件。

（三）[条款失效] 从事进料加工业务的企业，还须按下列规定办理手册登记、进口料件申报和手册核销：

1. 企业在办理进料加工贸易手（账）册后，应于料件实际进口之日起至次月（采用实耗法扣除的，在料件实际耗用之日起至次月）的增值税纳税申报期内，填报《生产企业进料加工登记申报表》（见附件9），提供正式申报的电子数据及下列资料，向主管税务机关申请办理进料加工登记手续。

（1）采用纸质手册的企业应提供进料加工手册原件及复印件；采用电子化手册的企业应提供海关签章的加工贸易电子化纸质单证；采用电子账册的企业应提供海关核发的《加工贸易联网监管企业电子账册备案证明》。

（2）主管税务机关要求提供的其他资料。

以双委托方式（生产企业进、出口均委托出口企业办理，下同）从事进料加工业务的企业，由委托方凭代理进、出口协议及受托方的上述资料的复印件，到主管税务机关办理进料加工登记手续。

已办理进料加工登记手续的纸质手册、电子化手册或电子账册，如发生加工单位、登记进口料件总额、登记出口货物总额、手册有效期等项目变更的，企业应在变更事项发生之日起至次月的增值税纳税申报期内，填报《生产企业进料加工登记变更申请表》（附件10），提供正式申报电子数据及海关核发的变更后的相关资料向主管税务机关申报办理手（账）册变更手续。

2. 从事进料加工业务的企业应于料件实际进口之日起至次月（采用实耗法计算的，在料件实际耗用之日起至次月）的增值税纳税申报期内，持进口货物报关单、代理进口货物证明及代理进口协议等资料向主管税务机关申报《生产企业进料加工进口料件申报明细表》（见附件11）、《生产企业进料加工出口货物扣除保税进口料件申请表》（见附件12）。

3. 采用纸质手册或电子化手册的企业，应在海关签发核销结案通知书（以结案日期为准，下同）之日起至次月的增值税纳税申报期内填报《生产企业进料加工手册登记核销申请表》（见附件13），提供正式申报电子数据及纸质手册或电子化手册，向主管税务机关申请办理进料加工的核销手续；采用电子账册的企业，应在海关办结一个周期核销手续后，在海关签发核销结案通知书之日起至次月的增值税纳税申报期内填报《生产企业进料加工手册登记核销申请表》,提供正式申报电子数据,向主管税务机关申请办理进料加工的核销手续。

企业应根据核销后的免税进口料件金额,计算调整当期的增值税纳税申报和免抵退税申报。

(四)购进不计提进项税额的国内免税原材料用于加工出口货物的,企业应单独核算用于加工出口货物的免税原材料,并在免税原材料购进之日起至次月的增值税纳税申报期内,填报《生产企业出口货物扣除国内免税原材料申请表》(见附件14),提供正式申报电子数据,向主管税务机关办理申报手续。

(五)免抵退税申报数据的调整

对前期申报错误的,在当期进行调整。在当期用负数将前期错误申报数据全额冲减,再重新全额申报。

发生本年度退运的,在当期用负数冲减原免抵退税申报数据;发生跨年度退运的,应全额补缴原免抵退税款,并按现行会计制度的有关规定进行相应调整。

本年度已申报免抵退税的,如需实行免税办法或征税办法,在当期用负数冲减原免抵退税申报数据;跨年度已申报免抵退税的,如需实行免税或征税办法,不用负数冲减,应全额补缴原免抵退税款,并按现行会计制度的有关规定进行相应调整。

五、外贸企业出口货物免退税的申报

(一)申报程序和期限

企业当月出口的货物须在次月的增值税纳税申报期内,向主管税务机关办理增值税纳税申报,将适用退(免)税政策的出口货物销售额填报在增值税纳税申报表的"免税货物销售额"栏。

企业应在货物报关出口之日次月起至次年4月30日前的各增值税纳税申报期内,收齐有关凭证,向主管税务机关办理出口货物增值税、消费税免退税申报。经主管税务机关批准的,企业在增值税纳税申报期以外的其他时间也可办理免退税申报。逾期的,企业不得申报免退税。

(二)申报资料

1.《外贸企业出口退税汇总申报表》(见附件15);

2.《外贸企业出口退税进货明细申报表》(见附件16);

3.《外贸企业出口退税出口明细申报表》(见附件17);

4. 出口货物退(免)税正式申报电子数据;

5. 下列原始凭证:

(1)出口货物报关单;

(2)[条款失效]增值税专用发票(抵扣联)、出口退税进货分批申报单、海关进口增值税专用缴款书（提供海关进口增值税专用缴款书的，还需同时提供进口货物报关单，下同）；

（3）[条款失效]出口收汇核销单；

（4）委托出口的货物，还应提供受托方主管税务机关签发的代理出口货物证明，以及代理出口协议副本；

（5）[条款失效]属应税消费品的，还应提供消费税专用缴款书或分割单、海关进口消费税专用缴款书（提供海关进口消费税专用缴款书的，还需同时提供进口货物报关单，下同）；

（6）主管税务机关要求提供的其他资料。

六、出口企业和其他单位出口的视同出口货物及对外提供加工修理修配劳务的退（免）税申报

报关进入特殊区域并销售给特殊区域内单位或境外单位、个人的货物，特殊区域外的生产企业或外贸企业的退（免）税申报分别按本办法第四、五条的规定办理。

其他视同出口货物和对外提供加工修理修配劳务，属于报关出口的，为报关出口之日起，属于非报关出口销售的，为出口发票或普通发票开具之日起，出口企业或其他单位应在次月至次年4月30日前的各增值税纳税申报期内申报退（免）税。逾期的，出口企业或其他单位不得申报退（免）税。申报退（免）税时，生产企业除按本办法第四条，外贸企业和没有生产能力的其他单位除按本办法第五条的规定申报（不提供出口收汇核销单；非报关出口销售的不提供出口货物报关单和出口发票，属于生产企业销售的提供普通发票）外，下列货物劳务，出口企业和其他单位还须提供下列对应的补充资料：

（一）对外援助的出口货物，应提供商务部批准使用援外优惠贷款的批文（"援外任务书"）复印件或商务部批准使用援外合资合作项目基金的批文（"援外任务书"）复印件。

（二）用于对外承包工程项目的出口货物，应提供对外承包工程合同；属于分包的，由承接分包的出口企业或其他单位申请退（免）税，申请退（免）税时除提供对外承包合同外，还须提供分包合同（协议）。

（三）用于境外投资的出口货物，应提供商务部及其授权单位批准其在境外投资的文件副本。

（四）向海关报关运入海关监管仓库供海关隔离区内免税店销售的货物，提供的出口货物报关单应加盖有免税品经营企业报关专用章；上海虹桥、浦东机场海关国际隔离区内的免税店销售的货物，提供的出口货物报关单应加盖免税店报关专用章，并提供海关对免税店销售货物的核销证明。

（五）销售的中标机电产品，应提供下列资料：

1. 招标单位所在地主管税务机关签发的《中标证明通知书》；

2. 由中国招标公司或其他国内招标组织签发的中标证明（正本）；

3. 中标人与中国招标公司或其他招标组织签订的供货合同（协议）；

4. 中标人按照标书规定及供货合同向用户发货的发货单；

5. 中标机电产品用户收货清单；

6. 外国企业中标再分包给国内企业供应的机电产品，还应提供与中标企业签署的分包合同（协议）。

（六）销售给海上石油天然气开采企业的自产的海洋工程结构物，应提供销售合同。

（七）销售给外轮、远洋国轮的货物，应提供列明销售货物名称、数量、销售金额并经外轮、远洋国轮船长签名的出口发票。

（八）生产并销售给国内和国外航空公司国际航班的航空食品，应提供下列资料：

1. 与航空公司签订的配餐合同；

2. 航空公司提供的配餐计划表（须注明航班号、起降城市等内容）；

3. 国际航班乘务长签字的送货清单（须注明航空公司名称、航班号等内容）。

（九）对外提供加工修理修配劳务，应提供下列资料：

1. 修理修配船舶以外其他物品的提供贸易方式为"修理物品"的出口货物报关单；

2. 与境外单位、个人签署的修理修配合同；

3. 维修工作单（对外修理修配飞机业务提供）。

七、出口货物劳务退（免）税其他申报要求

（一）输入特殊区域的水电气，由购买水电气的特殊区域内的生产企业申报退税。企业应在购进货物增值税专用发票的开具之日次月起至次年4月30日前的各增值税纳税申报期内向主管税务机关申报退税。逾期的，企业不得申报退税。申报退税时，应填报《购进自用货物退税申报表》（见附件18），提供正式电子申报数据及下列资料：

1. 增值税专用发票（抵扣联）；

2. 支付水、电、气费用的银行结算凭证（加盖银行印章的复印件）。

（二）运入保税区的货物，如果属于出口企业销售给境外单位、个人，境外单位、个人将其存放在保税区内的仓储企业，离境时由仓储企业办理报关手续，海关在其全部离境后，签发进入保税区的出口货物报关单的，保税区外的生产企业和外贸企业申报退（免）税时，除分别提供本办法第四、五条规定的资料外，还须提供仓储企业的出境货物备案清单。确定申报退（免）税期限的出口日期以最后一批出境货物备案清单上的出口日期为准。

（三）出口企业和其他单位出口的在2008年12月31日以前购进的设备、2009

年1月1日以后购进但按照有关规定不得抵扣进项税额的设备、非增值税纳税人购进的设备,以及营业税改征增值税试点地区的出口企业和其他单位出口在本企业试点以前购进的设备,如果属于未计算抵扣进项税额的已使用过的设备,均实行增值税免退税办法。

出口企业和其他单位应在货物报关出口之日次月起至次年4月30日前的各增值税纳税申报期内,向主管税务机关单独申报退税。逾期的,出口企业和其他单位不得申报退税。申报退税时应填报《出口已使用过的设备退税申报表》(见附件19),提供正式申报电子数据及下列资料:

1. 出口货物报关单;
2. 委托出口的货物,还应提供受托方主管税务机关签发的代理出口货物证明,以及代理出口协议;
3. 增值税专用发票(抵扣联)或海关进口增值税专用缴款书;
4. [条款失效] 出口收汇核销单;
5.《出口已使用过的设备折旧情况确认表》(见附件20);
6. 主管税务机关要求提供的其他资料。

(四)[条款失效] 边境地区一般贸易或边境小额贸易项下以人民币结算的从所在省(自治区)的边境口岸出口到接壤毗邻国家,并采取银行转账人民币结算方式的出口货物,生产企业、外贸企业申报退(免)税时,除分别提供本办法第四、五条规定的资料外,还应提供人民币结算的银行入账单,银行入账单应与外汇管理部门出具的出口收汇核销单相匹配。确有困难不能提供银行入账单的,可提供签注"人民币核销"的出口收汇核销单。

(五)[条款失效] 跨境贸易人民币结算方式出口的货物,出口企业申报退(免)税不必提供出口收汇核销单。

(六)出口企业和其他单位申报附件21所列货物的退(免)税,应在申报报表中的明细表"退(免)税业务类型"栏内填写附件21所列货物对应的标识。

八、退(免)税原始凭证的有关规定

(一)增值税专用发票(抵扣联)

出口企业和其他单位购进出口货物劳务取得的增值税专用发票,应按规定办理增值税专用发票的认证手续。进项税额已计算抵扣的增值税专用发票,不得在申报退(免)税时提供。

出口企业和其他单位丢失增值税专用发票的发票联和抵扣联的,经认证相符后,可凭增值税专用发票记账联复印件及销售方所在地主管税务机关出具的丢失增值税专用发票已报税证明单,向主管税务机关申报退(免)税。

出口企业和其他单位丢失增值税专用发票抵扣联的，在增值税专用发票认证相符后，可凭增值税专用发票的发票联复印件向主管出口退税的税务机关申报退（免）税。

（二）出口货物报关单

出口企业应在货物报关出口后及时在"中国电子口岸出口退税子系统"中进行报关单确认操作。及时查询出口货物报关单电子信息，对于无出口货物报关单电子信息的，应及时向中国电子口岸或主管税务机关反映。

受托方将代理出口的货物与其他货物一笔报关出口的，委托方申报退（免）税时可提供出口货物报关单的复印件。

（三）[条款失效]出口收汇核销单

出口企业有下列情形之一的，自发生之日起2年内，申报出口退（免）税时，必须提供出口收汇核销单：

1. 纳税信用等级评定为C级或D级的；

2. 未在规定期限内办理出口退（免）税资格认定的；

3. 财务会计制度不健全、日常申报出口退（免）税时多次出现错误的；

4. 首次申报办理出口退（免）税的；

5. 有偷税、逃避追缴欠税、骗取出口退税、抗税、虚开增值税专用发票或农产品收购发票、接受虚开增值税专用发票（善意取得虚开增值税专用发票除外）等涉税违法行为的；

出口企业不存在上述5种情形的，包括因改制、改组以及合并、分立等原因新设立并重新办理出口退（免）税资格认定且原出口企业不存在上述所列情形，并经省级税务机关批准的，在申报出口退（免）税时，可暂不提供出口收汇核销单。但须在出口退（免）税申报截止之日前，收齐并提供按月依申报明细表顺序装订成册的出口收汇核销单。

（四）有关备案单证

出口企业应在申报出口退（免）税后15日内，将所申报退（免）税货物的下列单证，按申报退（免）税的出口货物顺序，填写《出口货物备案单证目录》，注明备案单证存放地点，以备主管税务机关核查。

1. 外贸企业购货合同、生产企业收购非自产货物出口的购货合同，包括一笔购销合同下签订的补充合同等；

2. 出口货物装货单；

3. 出口货物运输单据（包括：海运提单、航空运单、铁路运单、货物承运单据、邮政收据等承运人出具的货物单据，以及出口企业承付运费的国内运输单证）。

若有无法取得上述原始单证情况的，出口企业可用具有相似内容或作用的其他单证进行单证备案。除另有规定外,备案单证由出口企业存放和保管,不得擅自损毁,保存期为5年。

视同出口货物及对外提供修理修配劳务不实行备案单证管理。

九、出口企业和其他单位适用免税政策出口货物劳务的申报

(一)特殊区域内的企业出口的特殊区域内的货物、出口企业或其他单位视同出口的适用免税政策的货物劳务,应在出口或销售次月的增值税纳税申报内,向主管税务机关办理增值税、消费税免税申报。

(二)其他的适用免税政策的出口货物劳务,出口企业和其他单位应在货物劳务免税业务发生的次月(按季度进行增值税纳税申报的为次季度),填报《免税出口货物劳务明细表》(见附件22),提供正式申报电子数据,向主管税务机关办理免税申报手续。出口货物报关单(委托出口的为代理出口货物证明)等资料留存企业备查。

非出口企业委托出口的货物,委托方应在货物劳务免税业务发生的次月(按季度进行增值税纳税申报的为次季度)的增值税纳税申报期内,凭受托方主管税务机关签发的代理出口货物证明以及代理出口协议副本等资料,向主管税务机关办理增值税、消费税免税申报。

出口企业和其他单位未在规定期限内申报出口退(免)税或申报开具《代理出口货物证明》,以及已申报增值税退(免)税,却未在规定期限内向税务机关补齐增值税退(免)税凭证的,如果在申报退(免)税截止期限前已确定要实行增值税免税政策的,出口企业和其他单位可在确定免税的次月的增值税纳税申报期,按前款规定的手续向主管税务机关申报免税。已经申报免税的,不得再申报出口退(免)税或申报开具代理出口货物证明。

(三)本条第(二)项第三款出口货物若已办理退(免)税的,在申报免税前,外贸企业及没有生产能力的其他单位须补缴已退税款;生产企业按本办法第四条第(五)项规定,调整申报数据或全额补缴原免抵退税款。

(四)相关免税证明及免税核销办理

1. 国家计划内出口的卷烟相关证明及免税核销办理

卷烟出口企业向卷烟生产企业购进卷烟时,应先在免税出口卷烟计划内向主管税务机关申请开具《准予免税购进出口卷烟证明申请表》(见附件23),然后将《准予免税购进出口卷烟证明》(见附件24)转交卷烟生产企业,卷烟生产企业据此向主管税务机关申报办理免税手续。

已准予免税购进的卷烟,卷烟生产企业须以不含消费税、增值税的价格销售给出口企业,并向主管税务机关报送《出口卷烟已免税证明申请表》(见附件25)。卷烟生产企业的主管税务机关核准免税后,出具《出口卷烟已免税证明》(见附件26),并直

接寄送卷烟出口企业主管税务机关。

卷烟出口企业（包括购进免税卷烟出口的企业、直接出口自产卷烟的生产企业、委托出口自产卷烟的生产企业）应在卷烟报关出口之日次月起至次年4月30日前的各增值税纳税申报期内，向主管税务机关办理出口卷烟的免税核销手续。逾期的，出口企业不得申报核销，应按规定缴纳增值税、消费税。申报核销时，应填报《出口卷烟免税核销申报表》（见附件27），提供正式申报电子数据及下列资料：

（1）出口货物报关单；

（2）[条款失效]出口收汇核销单；

（3）出口发票；

（4）出口合同；

（5）《出口卷烟已免税证明》（购进免税卷烟出口的企业提供）；

（6）代理出口货物证明，以及代理出口协议副本（委托出口自产卷烟的生产企业提供）；

（7）主管税务机关要求提供的其他资料。

2.来料加工委托加工出口的货物免税证明及核销办理

（1）从事来料加工委托加工业务的出口企业，在取得加工企业开具的加工费的普通发票后，应在加工费的普通发票开具之日起至次月的增值税纳税申报期内，填报《来料加工免税证明申请表》（见附件28），提供正式申报电子数据，及下列资料向主管税务机关办理《来料加工免税证明》（见附件29）：

①进口货物报关单原件及复印件；

②加工企业开具的加工费的普通发票原件及复印件；

③主管税务机关要求提供的其他资料。

出口企业应将《来料加工免税证明》转交加工企业，加工企业持此证明向主管税务机关申报办理加工费的增值税、消费税免税手续。

（2）出口企业以"来料加工"贸易方式出口货物并办理海关核销手续后，持海关签发的核销结案通知书、《来料加工出口货物免税证明核销申请表》（见附件30）和下列资料及正式申报电子数据，向主管税务机关办理来料加工出口货物免税核销手续。

①出口货物报关单原件及复印件；

②来料加工免税证明；

③加工企业开具的加工费的普通发票原件及复印件；

④主管税务机关要求提供的其他资料。

十、有关单证证明的办理

（一）代理出口货物证明

委托出口的货物,受托方须自货物报关出口之日起至次年4月15日前,向主管税务机关申请开具《代理出口货物证明》(附件31),并将其及时转交委托方,逾期的,受托方不得申报开具《代理出口货物证明》。申请开具代理出口货物证明时应填报《代理出口货物证明申请表》(见附件32),提供正式申报电子数据及下列资料:

1. 代理出口协议原件及复印件;
2. 出口货物报关单;
3. 委托方税务登记证副本复印件;
4. 主管税务机关要求报送的其他资料。

受托方被停止退(免)税资格的,不得申请开具代理出口货物证明。

(二)代理进口货物证明

委托进口加工贸易料件,受托方应及时向主管税务机关申请开具代理进口货物证明,并及时转交委托方。受托方申请开具代理进口货物证明时,应填报《代理进口货物证明申请表》(见附件33),提供正式申报电子数据及下列资料:

1. 加工贸易手册及复印件;
2. 进口货物报关单(加工贸易专用);
3. 代理进口协议原件及复印件;
4. 主管税务机关要求报送的其他资料。

(三)出口货物退运已补税(未退税)证明

出口货物发生退运的,出口企业应先向主管税务机关申请开具《出口货物退运已补税(未退税)证明》(附件34),并携其到海关申请办理出口货物退运手续。委托出口的货物发生退运的,由委托方申请开具出口货物退运已补税(未退税)证明并转交受托方。申请开具《出口货物退运已补税(未退税)证明》时应填报《退运已补税(未退税)证明申请表》(见附件35),提供正式申报电子数据及下列资料:

1. 出口货物报关单(退运发生时已申报退税的,不需提供);
2. 出口发票(外贸企业不需提供);
3. 税收通用缴款书原件及复印件(退运发生时未申报退税的以及生产企业本年度发生退运的、不需提供);
4. 主管税务机关要求报送的其他资料。

(四)[条款失效](本条款中有关出口收汇核销单的内容失效)补办出口报关单证明及补办出口收汇核销单证明

丢失出口货物报关单或出口收汇核销单的,出口企业应向主管税务机关申请开具补办出口报关单证明或补办出口收汇核销单证明。

1. 申请开具补办出口报关单证明的,应填报《补办出口货物报关单申请表》(见附件36），提供正式申报电子数据及下列资料：

（1）出口货物报关单（其他联次或通过口岸电子执法系统打印的报关单信息页面）；

（2）主管税务机关要求报送的其他资料。

2. 申请开具补办出口收汇核销单证明的，应填报《补办出口收汇核销单证明申请表》（见附件37），提供正式申报电子数据及下列资料：

（1）出口货物报关单（出口退税专用或其他联次或通过口岸电子执法系统打印的报关单信息页面）；

（2）主管税务机关要求报送的其他资料。

（五）出口退税进货分批申报单

外贸企业购进货物需分批申报退（免）税的及生产企业购进非自产应税消费品需分批申报消费税退税的，出口企业应凭下列资料填报并向主管税务机关申请出具《出口退税进货分批申报单》（见附件38）：

1. 增值税专用发票（抵扣联）、消费税专用缴款书、已开具过的进货分批申报单；

2. 增值税专用发票清单复印件；

3. 主管税务机关要求提供的其他资料及正式申报电子数据。

（六）出口货物转内销证明

外贸企业发生原记入出口库存账的出口货物转内销或视同内销货物征税的，以及已申报退（免）税的出口货物发生退运并转内销的，外贸企业应于发生内销或视同内销货物的当月向主管税务机关申请开具出口货物转内销证明。申请开具出口货物转内销证明时，应填报《出口货物转内销证明申报表》（见附件39），提供正式申报电子数据及下列资料：

1. 增值税专用发票（抵扣联）、海关进口增值税专用缴款书、进货分批申报单、出口货物退运已补税（未退税）证明原件及复印件；

2. 内销货物发票（记账联）原件及复印件；

3. 主管税务机关要求报送的其他资料。

外贸企业应在取得出口货物转内销证明的下一个增值税纳税申报期内申报纳税时，以此作为进项税额的抵扣凭证使用。

（七）中标证明通知书

利用外国政府贷款或国际金融组织贷款建设的项目，招标机构须在招标完毕并待中标企业签订的供货合同生效后，向其所在地主管税务机关申请办理《中标证明通知书》。招标机构应向主管税务机关报送《中标证明通知书》及中标设备清单表（见附件40），并提供下列资料和信息：

1. 国家评标委员会《评标结果通知》；

2. 中标项目不退税货物清单（见附件41）；

3. 中标企业所在地主管税务机关的名称、地址、邮政编码；

4. 贷款项目中，属于外国企业中标再分包给国内企业供应的机电产品，还应提供招标机构对分包合同出具的验证证明；

5. 贷款项目中属于联合体中标的，还应提供招标机构对联合体协议出具的验证证明；

6. 税务机关要求提供的其他资料。

（八）丢失有关证明的补办

出口企业或其他单位丢失出口退税有关证明的，应向原出具证明的税务机关填报《关于补办出口退税有关证明的申请》（附件42），提供正式申报电子数据。原出具证明的税务机关在核实确曾出具过相关证明后，重新出具有关证明，但需注明"补办"字样。

十一、其他规定

（一）出口货物劳务除输入特殊区域的水电气外，出口企业和其他单位不得开具增值税专用发票。

（二）增值税退税率有调整的，其执行时间：

1. 属于向海关报关出口的货物，以出口货物报关单上注明的出口日期为准；属于非报关出口销售的货物，以出口发票或普通发票的开具时间为准。

2. 保税区内出口企业或其他单位出口的货物以及经保税区出口的货物，以货物离境时海关出具的出境货物备案清单上注明的出口日期为准。

（三）[条款失效] 需要认定为可按收购视同自产货物申报免抵退税的集团公司，集团公司总部必须将书面认定申请及成员企业的证明材料报送主管税务机关，并由集团公司总部所在地的地级以上（含本级）税务机关认定。

集团公司总部及其成员企业不在同一地区的，或不在同一省（自治区、直辖市、计划单列市）的，由集团公司总部所在地的省级国家税务局认定；总部及其成员不在同一个省的，总部所在地的省级国家税务局应将认定文件抄送成员企业所在地的省级国家税务局。

（四）[条款失效] 境外单位、个人推迟支付货款或不能支付货款的出口货物劳务，及出口企业以差额结汇方式进行结汇的进料加工出口货物，凡外汇管理部门出具出口收汇核销单的（免予提供纸质出口收汇核销单的试点地区的税务机关收到外汇管理部门传输的收汇核销电子数据），出口企业和其他单位可按现行有关规定申报退（免）税。

（五）[条款失效] 属于远期收汇且未超过在外汇管理部门远期收汇备案的预计收汇日期的出口货物劳务，提供远期收汇备案证明申请退（免）税的，出口企业和其他单位应在预计收汇日期起 30 天内向主管税务机关提供出口收汇核销单（出口退税联）。逾期未提供的，或免予提供纸质出口收汇核销单的试点地区的税务机关收到外汇管理部门传输的收汇核销电子数据的"核销日期"超过预计收汇日期起 30 天的，主管税务机关不再办理相关出口退（免）税，已办理出口退（免）税的，由税务机关按有关规定追回已退（免）税款。

（六）输入特殊区域的水电气，区内生产企业未在规定期限内申报退（免）税的，进项税额须转入成本。

（七）适用增值税免税政策的出口货物劳务，除特殊区域内的企业出口的特殊区域内的货物、出口企业或其他单位视同出口的货物劳务外，出口企业或其他单位如果未在规定的纳税申报期内按规定申报免税的，应视同内销货物和加工修理修配劳务征免增值税、消费税，属于内销免税的，除按规定补报免税外，还应接受主管税务机关按《中华人民共和国税收征收管理法》做出的处罚；属于内销征税的，应在免税申报期次月的增值税纳税申报期内申报缴纳增值税、消费税。

出口企业或其他单位对本年度的出口货物劳务，剔除已申报增值税退（免）税、免税、已按内销征收增值税、消费税，以及已开具代理出口证明的出口货物劳务后的余额，除内销免税货物按前款规定执行外，须在次年 6 月份的增值税纳税申报期内申报缴纳增值税、消费税。

（八）适用增值税免税政策的出口货物劳务，出口企业或其他单位如果放弃免税，实行按内销货物征税的，应向主管税务机关提出书面报告，一旦放弃免税，36 个月内不得更改。

（九）除经国家税务总局批准销售给免税店的卷烟外，免税出口的卷烟须从指定口岸（见附件 43）直接报关出口。

（十）出口企业和其他单位出口财税〔2012〕39 号文件第九条第（二）项第 6 点所列的货物，出口企业和其他单位应按财税〔2012〕39 号文件附件 9 所列原料对应海关税则号在出口货物劳务退税率文库中对应的退税率申报纳税或免税或退（免）税。

出口企业和其他单位如果未按上述规定申报纳税或免税或退（免）税的，一经主管税务机关发现，除执行本项规定外，还应接受主管税务机关按《中华人民共和国税收征收管理法》做出的处罚。

十二、适用增值税征税政策的出口货物劳务，出口企业或其他单位申报缴纳增值税，按内销货物缴纳增值税的统一规定执行。

十三、违章处理

（一）出口企业和其他单位有下列行为之一的，主管税务机关应按照《中华人民共和国税收征收管理法》第六十条规定予以处罚：

1. 未按规定设置、使用和保管有关出口货物退（免）税账簿、凭证、资料的；

2. 未按规定装订、存放和保管备案单证的。

（二）出口企业和其他单位拒绝税务机关检查或拒绝提供有关出口货物退（免）税账簿、凭证、资料的，税务机关应按照《中华人民共和国税收征收管理法》第七十条规定予以处罚。

（三）出口企业提供虚假备案单证的，主管税务机关应按照《中华人民共和国税收征收管理法》第七十条的规定处罚。

（四）从事进料加工业务的生产企业，未按规定期限办理进料加工登记、申报、核销手续的，主管税务机关在按照《中华人民共和国税收征收管理法》第六十二条有关规定进行处理后再办理相关手续。

（五）出口企业和其他单位有违反发票管理规定行为的，主管税务机关应按照《中华人民共和国发票管理办法》有关规定予以处罚。

（六）出口企业和其他单位以假报出口或者其他欺骗手段，骗取国家出口退税款，由主管税务机关追缴其骗取的退税款，并处骗取税款一倍以上五倍以下的罚款；构成犯罪的，依法追究刑事责任。

对骗取国家出口退税款的，由省级以上（含本级）税务机关批准，按下列规定停止其出口退（免）税资格：

1. 骗取国家出口退税款不满5万元的，可以停止为其办理出口退税半年以上一年以下。

2. 骗取国家出口退税款5万元以上不满50万元的，可以停止为其办理出口退税一年以上一年半以下。

3. 骗取国家出口退税款50万元以上不满250万元，或因骗取出口退税行为受过行政处罚、两年内又骗取国家出口退税款数额在30万元以上不满150万元的，停止为其办理出口退税一年半以上两年以下。

4. 骗取国家出口退税款250万元以上，或因骗取出口退税行为受过行政处罚、两年内又骗取国家出口退税款数额在150万元以上的，停止为其办理出口退税两年以上三年以下。

5. 停止办理出口退税的时间以省级以上（含本级）税务机关批准后做出的《税务行政处罚决定书》的决定之日为起始日。

十四、本办法第四、五、六、七条中关于退（免）税申报期限的规定，第九条第（二）项第三款的出口货物的免税申报期限的规定，以及第十条第（一）项中关于申请开具代理出口货物证明期限的规定，自2011年1月1日起开始执行。2011年的出口货物劳务，退（免）税申报期限、第九条第（二）项第三款的出口货物的免税申报期限、第十条第（一）项申请开具代理出口货物证明的期限，第十一条第（七）项第二款规定的期限延长3个月。

本办法其他规定自 2012 年 7 月 1 日开始执行。起始日期：属于向海关报关出口的货物劳务，以出口货物报关单上注明的出口日期为准；属于非报关出口销售的货物，以出口发票（外销发票）或普通发票的开具时间为准；属于保税区内出口企业或其他单位出口的货物以及经保税区出口的货物，以货物离境时海关出具的出境货物备案清单上注明的出口日期为准。

《废止文件目录》所列文件及条款同时废止。本办法未纳入的出口货物增值税、消费税其他管理规定，仍按原规定执行。

国家税务总局关于《出口货物劳务增值税和消费税管理办法》有关问题的公告 [条款失效]

（国家税务总局公告2013年第12号）

为准确执行出口货物劳务税收政策，进一步规范管理，国家税务总局细化、完善了《出口货物劳务增值税和消费税管理办法》（国家税务总局公告2012年第24号，以下简称《管理办法》）有关条款，现公告如下：

一、出口退（免）税资格认定

（一）出口企业或其他单位申请办理出口退（免）税资格认定时，除提供《管理办法》规定的资料外，还应提供《出口退（免）税资格认定申请表》电子数据。

（二）出口企业或其他单位申请变更退（免）税办法的，经主管税务机关批准变更的次月起按照变更后的退（免）税办法申报退（免）税。企业应将批准变更前全部出口货物按变更前退（免）税办法申报退（免）税，变更后不得申报变更前出口货物退（免）税。

原执行免退税办法的企业，在批准变更次月的增值税纳税申报期内可将原计入出口库存账的且未申报免退税的出口货物向主管税务机关申请开具《出口转内销证明》。

原执行免抵退税办法的企业，应将批准变更当月的《免抵退税申报汇总表》中"当期应退税额"填报在批准变更次月的《增值税纳税申报表》"免、抵、退应退税额"栏中。

企业按照变更前退（免）税办法已申报但在批准变更前未审核办理的退（免）税，主管税务机关对其按照原退（免）税办法单独审核、审批办理。对原执行免抵退税办法的企业，主管税务机关对已按免抵退税办法申报的退（免）税应全部按规定审核通过后，一次性审批办理退（免）税。

退（免）税办法由免抵退税变更为免退税的，批准变更前已通过认证的增值税专用发票或取得的海关进口增值税专用缴款书，出口企业或其他单位不得作为申报免退税的原始凭证。

（三）出口企业申请注销出口退（免）税认定资格但不需要注销税务登记的，按《管理办法》第三条第（五）项相关规定办理。

二、出口退（免）税申报

（一）出口企业或其他单位应使用出口退税申报系统办理出口货物劳务退（免）税、免税申报业务及申请开具相关证明业务。《管理办法》及本公告中要求出口企业或其他单位报送的电子数据应均通过出口退税申报系统生成、报送。在出口退税申报系统信息生成、报送功能升级完成前，涉及需报送的电子数据，可暂报送纸质资料。

出口退税申报系统可从国家税务总局网站免费下载或由主管税务机关免费提供。

（二）[条款废止]出口企业或其他单位应先通过税务机关提供的远程预申报服务进行退（免）税预申报，在排除录入错误后，方可进行正式申报。税务机关不能提供远程预申报服务的，企业可到主管税务机关进行预申报。

出口企业或其他单位退（免）税凭证电子信息不齐的出口货物劳务，可进行正式退（免）税申报，但退（免）税需在税务机关按规定对电子信息审核通过后方能办理。

（三）在出口货物报关单上的申报日期和出口日期期间，若海关调整商品代码，导致出口货物报关单上的商品代码与调整后的商品代码不一致的，出口企业或其他单位应按照出口货物报关单上列明的商品代码申报退（免）税，并同时报送《海关出口商品代码、名称、退税率调整对应表》（附件1）及电子数据。

（四）出口企业或其他单位进行正式退（免）税申报时须提供的原始凭证，应按明细申报表载明的申报顺序装订成册。

（五）2013年5月1日以后报关出口的货物（以出口货物报关单上的出口日期为准），除下款规定以外，出口企业或其他单位申报出口退（免）税提供的出口货物报关单上的第一计量单位、第二计量单位，及出口企业申报的计量单位，至少有一个应同与其匹配的增值税专用发票上的计量单位相符，且上述出口货物报关单、增值税专用发票上的商品名称须相符，否则不得申报出口退（免）税。

如属同一货物的多种零部件需要合并报关为同一商品名称的，企业应将出口货物报关单、增值税专用发票上不同商品名称的相关性及不同计量单位的折算标准向主管税务机关书面报告，经主管税务机关确认后，可申报退（免）税。

（六）受托方将代理多家企业出口的货物集中一笔报关出口的，委托方可提供该出口货物报关单的复印件申报出口退（免）税。

（七）出口企业或其他单位出口并按会计规定做销售的货物，须在做销售的次月进行增值税纳税申报。生产企业还需办理免抵退税相关申报及消费税免税申报（属于消费税应税货物的）。《管理办法》第四条第（一）项第一款和第五条第（一）项第一款与此冲突的规定，停止执行。

《管理办法》第四条第（一）项第二款和第五条第（一）项第二款中的"逾期"是指超过次年4月30日前最后一个增值税纳税申报期截止之日。

（八）属于增值税一般纳税人的集成电路设计、软件设计、动漫设计企业及其他高新技术企业出口适用增值税退（免）税政策的货物，实行免抵退税办法，按《管理办法》第四条及本公告有关规定申报出口退（免）税。

（九）生产企业申报免抵退税时，若报送的《生产企业出口货物免、抵、退税申报明细表》中的离岸价与相应出口货物报关单上的离岸价不一致的，应按主管税务机关的要求填报《出口货物离岸价差异原因说明表》（附件2）及电子数据。

（十）从事进料加工业务的生产企业，自2013年7月1日起，按下列规定办理进料加工出口货物退（免）税的申报及手（账）册核销业务。《管理办法》第四条第（三）项停止执行。2013年7月1日以前，企业已经在主管税务机关办理登记手续的进料加工手（账）册，按原办法办理免抵退税申报、进口料件申报、手（账）册核销（电子账册核销指海关办结一个周期核销手续后的核销）。

1. 进料加工计划分配率的确定

2012年1月1日至2013年6月15日已在税务机关办理过进料加工手（账）册核销的企业，2013年度进料加工业务的计划分配率为该期间税务机关已核销的全部手（账）册的加权平均实际分配率。主管税务机关应在2013年7月1日以前，计算并与企业确认2013年度进料加工业务的计划分配率。

2012年1月1日至2013年6月15日未在税务机关办理进料加工业务手（账）册核销的企业，当年进料加工业务的计划分配率为2013年7月1日后首份进料加工手（账）册的计划分配率。企业应在首次申报2013年7月1日以后进料加工手（账）册的进料加工出口货物免抵退税前，向主管税务机关报送《进料加工企业计划分配率备案表》（附件3）及其电子数据。

2. 进料加工出口货物的免抵退税申报

对进料加工出口货物，企业应以出口货物人民币离岸价扣除出口货物耗用的保税进口料件金额的余额为增值税退（免）税的计税依据。按《管理办法》第四条的有关规定，办理免抵退税相关申报。

进料加工出口货物耗用的保税进口料件金额 = 进料加工出口货物人民币离岸价 × 进料加工计划分配率

计算不得免征和抵扣税额时，应按当期全部出口货物的离岸价扣除当期全部进料加工出口货物耗用的保税进口料件金额后的余额乘以征退税率之差计算。进料加工出口货物收齐有关凭证申报免抵退税时，以收齐凭证的进料加工出口货物人民币离岸价扣除其耗用的保税进口料件金额后的余额计算免抵退税额。

3.[条款废止] 年度进料加工业务的核销

自2014年起，企业应在本年度4月20日前，向主管税务机关报送《生产企业进料加工业务免抵退税核销申报表》（附件4）及电子数据，申请办理上年度海关已核销的进料加工手（账）册项下的进料加工业务核销手续。企业申请核销后，主管税务机关不再受理其上一年度进料加工出口货物的免抵退税申报。4月20日之后仍未申请核销的,该企业的出口退(免)税业务,主管税务机关暂不办理,待其申请核销后,方可办理。

主管税务机关受理核销申请后,应通过出口退税审核系统提取海关联网监管加工贸易电子数据中的进料加工"电子账册(电子化手册)核销数据"以及进料加工业务的进、出口货物报关单数据,计算生成《进料加工手(账)册实际分配率反馈表》(附件5),交企业确认。

企业应及时根据进料加工手(账)册实际发生的进出口情况对反馈表中手(账)册实际分配率进行核对。经核对相符的,企业应对该手(账)册进行确认;核对不相符的,企业应提供该手(账)册的实际进出口情况。核对完成后,企业应在《进料加工手(账)册实际分配率反馈表》中填写确认意见及需要补充的内容,加盖公章后交主管税务机关。

主管税务机关对于企业未确认相符的手(账)册,应提取海关联网监管加工贸易电子数据中的该手(账)册的进料加工"电子账册(电子化手册)核销数据"以及进、出口货物报关单数据,反馈给企业。对反馈的数据缺失或与纸质报关单不一致的,企业应及时向报关海关申请查询,并根据该手(账)册实际发生的进出口情况将缺失或不一致的数据填写《已核销手(账)册海关数据调整报告表(进口报关单/出口报关单)》(附件6-1、附件6-2),报送至主管税务机关,同时附送电子数据、相关报关单原件、向报关海关查询情况的书面说明。

主管税务机关应将企业报送的《已核销手(账)册海关数据调整报告表》电子数据读入出口退税审核系统,重新计算生成《进料加工手(账)册实际分配率反馈表》。在企业对手(账)册的实际分配率确认后,主管税务机关按照企业确认的实际分配率对进料加工业务进行核销,并将《生产企业进料加工业务免抵退税核销表》(附件7)交企业。企业应在次月根据该表调整前期免抵退税额及不得免征和抵扣税额。

主管税务机关完成年度核销后,企业应以《生产企业进料加工业务免抵退税核销表》中的"上年度已核销手(账)册综合实际分配率",作为当年度进料加工计划分配率。

4.企业申请注销或变更退(免)税办法的,应在申请注销或变更退(免)税办法前按照上述办法进行进料加工业务的核销。

财政部 国家税务总局关于出口货物劳务增值税和消费税政策的通知

(财税[2012]39号)

为便于征纳双方系统、准确地了解和执行出口税收政策,财政部和国家税务总局对近年来陆续制定的一系列出口货物、对外提供加工修理修配劳务(以下统称出口货物劳务,包括视同出口货物)增值税和消费税政策进行了梳理归类,并对在实际操作中反映的个别问题做了明确规定。现将有关事项通知如下:

一、适用增值税退(免)税政策的出口货物劳务

对下列出口货物劳务,除适用本通知第六条和第七条规定的外,实行免征和退还增值税[以下称增值税退(免)税]政策:

(一)出口企业、出口货物

本通知所称出口企业,是指依法办理工商登记、税务登记、对外贸易经营者备案登记,自营或委托出口货物的单位或个体工商户,以及依法办理工商登记、税务登记但未办理对外贸易经营者备案登记,委托出口货物的生产企业。

本通知所称出口货物,是指向海关报关后实际离境并销售给境外单位或个人的货物,分为自营出口货物和委托出口货物两类。

本通知所称生产企业,是指具有生产能力(包括加工修理修配能力)的单位或个体工商户。

(二)出口企业或其他单位视同出口货物。具体是指:

1. 出口企业对外援助、对外承包、境外投资的出口货物。

2. 出口企业经海关报关进入国家批准的出口加工区、保税物流园区、保税港区、综合保税区、珠澳跨境工业区(珠海园区)、中哈霍尔果斯国际边境合作中心(中方配套区域)、保税物流中心(B型)(以下统称特殊区域)并销售给特殊区域内单位或境外单位、个人的货物。

3. 免税品经营企业销售的货物[国家规定不允许经营和限制出口的货物(见附件1)、卷烟和超出免税品经营企业《企业法人营业执照》规定经营范围的货物除外]。具体是指:

(1)中国免税品(集团)有限责任公司向海关报关运入海关监管仓库,专供其经国家批准设立的统一经营、统一组织进货、统一制定零售价格、统一管理的免税店销售的货物;

（2）国家批准的除中国免税品（集团）有限责任公司外的免税品经营企业，向海关报关运入海关监管仓库，专供其所属的首都机场口岸海关隔离区内的免税店销售的货物；

（3）国家批准的除中国免税品（集团）有限责任公司外的免税品经营企业所属的上海虹桥、浦东机场海关隔离区内的免税店销售的货物。

4. 出口企业或其他单位销售给用于国际金融组织或外国政府贷款国际招标建设项目的中标机电产品（以下称中标机电产品）。上述中标机电产品，包括外国企业中标再分包给出口企业或其他单位的机电产品。贷款机构和中标机电产品的具体范围见附件2。

5. 生产企业向海上石油天然气开采企业销售的自产的海洋工程结构物。海洋工程结构物和海上石油天然气开采企业的具体范围见附件3。

6. 出口企业或其他单位销售给国际运输企业用于国际运输工具上的货物。上述规定暂仅适用于外轮供应公司、远洋运输供应公司销售给外轮、远洋国轮的货物，国内航空供应公司生产销售给国内和国外航空公司国际航班的航空食品。

7. 出口企业或其他单位销售给特殊区域内生产企业生产耗用且不向海关报关而输入特殊区域的水（包括蒸汽）、电力、燃气（以下称输入特殊区域的水电气）。

除本通知及财政部和国家税务总局另有规定外，视同出口货物适用出口货物的各项规定。

（三）出口企业对外提供加工修理修配劳务。

对外提供加工修理修配劳务，是指对进境复出口货物或从事国际运输的运输工具进行的加工修理修配。

二、增值税退（免）税办法

适用增值税退（免）税政策的出口货物劳务，按照下列规定实行增值税免抵退税或免退税办法。

（一）免抵退税办法。生产企业出口自产货物和视同自产货物（视同自产货物的具体范围见附件4）及对外提供加工修理修配劳务，以及列名生产企业（具体范围见附件5）出口非自产货物，免征增值税，相应的进项税额抵减应纳增值税额（不包括适用增值税即征即退、先征后退政策的应纳增值税额），未抵减完的部分予以退还。

（二）免退税办法。不具有生产能力的出口企业（以下称外贸企业）或其他单位出口货物劳务，免征增值税，相应的进项税额予以退还。

三、增值税出口退税率

（一）除财政部和国家税务总局根据国务院决定而明确的增值税出口退税率（以

下称退税率）外，出口货物的退税率为其适用税率。国家税务总局根据上述规定将退税率通过出口货物劳务退税率文库予以发布，供征纳双方执行。退税率有调整的，除另有规定外，其执行时间以货物（包括被加工修理修配的货物）出口货物报关单（出口退税专用）上注明的出口日期为准。

（二）退税率的特殊规定：

1. 外贸企业购进按简易办法征税的出口货物、从小规模纳税人购进的出口货物，其退税率分别为简易办法实际执行的征收率、小规模纳税人征收率。上述出口货物取得增值税专用发票的，退税率按照增值税专用发票上的税率和出口货物退税率孰低的原则确定。

2. 出口企业委托加工修理修配货物，其加工修理修配费用的退税率，为出口货物的退税率。

3. 中标机电产品、出口企业向海关报关进入特殊区域销售给特殊区域内生产企业生产耗用的列名原材料（以下称列名原材料，其具体范围见附件6）、输入特殊区域的水电气，其退税率为适用税率。如果国家调整列名原材料的退税率，列名原材料应当自调整之日起按调整后的退税率执行。

4. 海洋工程结构物退税率的适用，见附件3。

（三）适用不同退税率的货物劳务，应分开报关、核算并申报退（免）税，未分开报关、核算或划分不清的，从低适用退税率。

四、增值税退（免）税的计税依据

出口货物劳务的增值税退（免）税的计税依据，按出口货物劳务的出口发票（外销发票）、其他普通发票或购进出口货物劳务的增值税专用发票、海关进口增值税专用缴款书确定。

（一）生产企业出口货物劳务（进料加工复出口货物除外）增值税退（免）税的计税依据，为出口货物劳务的实际离岸价（FOB）。实际离岸价应以出口发票上的离岸价为准，但如果出口发票不能反映实际离岸价，主管税务机关有权予以核定。

（二）生产企业进料加工复出口货物增值税退（免）税的计税依据，按出口货物的离岸价（FOB）扣除出口货物所含的海关保税进口料件的金额后确定。

本通知所称海关保税进口料件，是指海关以进料加工贸易方式监管的出口企业从境外和特殊区域等进口的料件。包括出口企业从境外单位或个人购买并从海关保税仓库提取且办理海关进料加工手续的料件，以及保税区外的出口企业从保税区内的企业购进并办理海关进料加工手续的进口料件。

（三）生产企业国内购进无进项税额且不计提进项税额的免税原材料加工后出口的货物的计税依据，按出口货物的离岸价（FOB）扣除出口货物所含的国内购进免税原材料的金额后确定。

（四）外贸企业出口货物（委托加工修理修配货物除外）增值税退（免）税的计税依据，为购进出口货物的增值税专用发票注明的金额或海关进口增值税专用缴款书注明的完税价格。

（五）外贸企业出口委托加工修理修配货物增值税退（免）税的计税依据，为加工修理修配费用增值税专用发票注明的金额。外贸企业应将加工修理修配使用的原材料（进料加工海关保税进口料件除外）作价销售给受托加工修理修配的生产企业，受托加工修理修配的生产企业应将原材料成本并入加工修理修配费用开具发票。

（六）出口进项税额未计算抵扣的已使用过的设备增值税退（免）税的计税依据，按下列公式确定：

退（免）税计税依据＝增值税专用发票上的金额或海关进口增值税专用缴款书注明的完税价格×已使用过的设备固定资产净值÷已使用过的设备原值

已使用过的设备固定资产净值＝已使用过的设备原值－已使用过的设备已提累计折旧

本通知所称已使用过的设备，是指出口企业根据财务会计制度已经计提折旧的固定资产。

（七）免税品经营企业销售的货物增值税退（免）税的计税依据，为购进货物的增值税专用发票注明的金额或海关进口增值税专用缴款书注明的完税价格。

（八）中标机电产品增值税退（免）税的计税依据，生产企业为销售机电产品的普通发票注明的金额，外贸企业为购进货物的增值税专用发票注明的金额或海关进口增值税专用缴款书注明的完税价格。

（九）生产企业向海上石油天然气开采企业销售的自产的海洋工程结构物增值税退（免）税的计税依据，为销售海洋工程结构物的普通发票注明的金额。

（十）输入特殊区域的水电气增值税退（免）税的计税依据，为作为购买方的特殊区域内生产企业购进水（包括蒸汽）、电力、燃气的增值税专用发票注明的金额。

五、增值税免抵退税和免退税的计算

（一）生产企业出口货物劳务增值税免抵退税，依下列公式计算：

1. 当期应纳税额的计算

当期应纳税额＝当期销项税额－（当期进项税额－当期不得免征和抵扣税额）

当期不得免征和抵扣税额＝当期出口货物离岸价×外汇人民币折合率×（出口货物适用税率－出口货物退税率）－当期不得免征和抵扣税额抵减额

当期不得免征和抵扣税额抵减额＝当期免税购进原材料价格×（出口货物适用税率－出口货物退税率）

2. 当期免抵退税额的计算

当期免抵退税额＝当期出口货物离岸价×外汇人民币折合率×出口货物退税率－当期免抵退税额抵减额

当期免抵退税额抵减额＝当期免税购进原材料价格×出口货物退税率

3. 当期应退税额和免抵税额的计算

（1）当期期末留抵税额≤当期免抵退税额，则

当期应退税额＝当期期末留抵税额

当期免抵税额＝当期免抵退税额－当期应退税额

（2）当期期末留抵税额＞当期免抵退税额，则

当期应退税额＝当期免抵退税额当期免抵税额＝0

当期期末留抵税额为当期增值税纳税申报表中"期末留抵税额"。

4. 当期免税购进原材料价格包括当期国内购进的无进项税额且不计提进项税额的免税原材料的价格和当期进料加工保税进口料件的价格，其中当期进料加工保税进口料件的价格为组成计税价格。

当期进料加工保税进口料件的组成计税价格＝当期进口料件到岸价格＋海关实征关税＋海关实征消费税

（1）采用"实耗法"的，当期进料加工保税进口料件的组成计税价格为当期进料加工出口货物耗用的进口料件组成计税价格。其计算公式为：

当期进料加工保税进口料件的组成计税价格＝当期进料加工出口货物离岸价×外汇人民币折合率×计划分配率

计划分配率＝计划进口总值÷计划出口总值×100%

实行纸质手册和电子化手册的生产企业，应根据海关签发的加工贸易手册或加工贸易电子化纸质单证所列的计划进出口总值计算计划分配率。

实行电子账册的生产企业，计划分配率按前一期已核销的实际分配率确定；新启用电子账册的，计划分配率按前一期已核销的纸质手册或电子化手册的实际分配率确定。

（2）采用"购进法"的，当期进料加工保税进口料件的组成计税价格为当期实际购进的进料加工进口料件的组成计税价格。

若当期实际不得免征和抵扣税额抵减额大于当期出口货物离岸价×外汇人民币折合率×（出口货物适用税率－出口货物退税率）的，则：

当期不得免征和抵扣税额抵减额＝当期出口货物离岸价×外汇人民币折合率×（出口货物适用税率－出口货物退税率）

（二）外贸企业出口货物劳务增值税免退税，依下列公式计算：

1. 外贸企业出口委托加工修理修配货物以外的货物：

增值税应退税额=增值税退（免）税计税依据×出口货物退税率

2. 外贸企业出口委托加工修理修配货物：

出口委托加工修理修配货物的增值税应退税额=委托加工修理修配的增值税退（免）税计税依据×出口货物退税率

（三）退税率低于适用税率的，相应计算出的差额部分的税款计入出口货物劳务成本。

（四）出口企业既有适用增值税免抵退项目，也有增值税即征即退、先征后退项目的，增值税即征即退和先征后退项目不参与出口项目免抵退税计算。出口企业应分别核算增值税免抵退项目和增值税即征即退、先征后退项目，并分别申请享受增值税即征即退、先征后退和免抵退税政策。

用于增值税即征即退或者先征后退项目的进项税额无法划分的，按照下列公式计算：

无法划分进项税额中用于增值税即征即退或者先征后退项目的部分=当月无法划分的全部进项税额×当月增值税即征即退或者先征后退项目销售额÷当月全部销售额、营业额合计

六、适用增值税免税政策的出口货物劳务

对符合下列条件的出口货物劳务，除适用本通知第七条规定外，按下列规定实行免征增值税（以下称增值税免税）政策：

（一）适用范围

适用增值税免税政策的出口货物劳务，是指：

1. 出口企业或其他单位出口规定的货物，具体是指：

（1）增值税小规模纳税人出口的货物。

（2）避孕药品和用具、古旧图书。

（3）软件产品。其具体范围是指海关税则号前四位为"9803"的货物。

（4）含黄金、铂金成分的货物，钻石及其饰品。其具体范围见附件7。

（5）国家计划内出口的卷烟。其具体范围见附件8。

（6）已使用过的设备。其具体范围是指购进时未取得增值税专用发票、海关进口增值税专用缴款书但其他相关单证齐全的已使用过的设备。

（7）非出口企业委托出口的货物。

（8）非列名生产企业出口的非视同自产货物。

（9）农业生产者自产农产品[农产品的具体范围按照《农业产品征税范围注释》(财税〔1995〕52号)的规定执行]。

（10）油画、花生果仁、黑大豆等财政部和国家税务总局规定的出口免税的货物。

（11）外贸企业取得普通发票、废旧物资收购凭证、农产品收购发票、政府非税收入票据的货物。

（12）来料加工复出口的货物。

（13）特殊区域内的企业出口的特殊区域内的货物。

（14）以人民币现金作为结算方式的边境地区出口企业从所在省（自治区）的边境口岸出口到接壤国家的一般贸易和边境小额贸易出口货物。

（15）以旅游购物贸易方式报关出口的货物。

2.出口企业或其他单位视同出口的下列货物劳务：

（1）国家批准设立的免税店销售的免税货物[包括进口免税货物和已实现退（免）税的货物]。

（2）特殊区域内的企业为境外的单位或个人提供加工修理修配劳务。

（3）同一特殊区域、不同特殊区域内的企业之间销售特殊区域内的货物。

3.[条款失效]出口企业或其他单位未按规定申报或未补齐增值税退（免）税凭证的出口货物劳务。具体是指：

（1）未在国家税务总局规定的期限内申报增值税退（免）税的出口货物劳务。

（2）未在规定期限内申报开具《代理出口货物证明》的出口货物劳务。

（3）已申报增值税退（免）税，却未在国家税务总局规定的期限内向税务机关补齐增值税退（免）税凭证的出口货物劳务。

对于适用增值税免税政策的出口货物劳务，出口企业或其他单位可以依照现行增值税有关规定放弃免税，并依照本通知第七条的规定缴纳增值税。

（二）进项税额的处理计算。

1.适用增值税免税政策的出口货物劳务，其进项税额不得抵扣和退税，应当转入成本。

2.出口卷烟，依下列公式计算：

不得抵扣的进项税额 = 出口卷烟含消费税金额 ÷（出口卷烟含消费税金额 + 内销卷烟销售额）× 当期全部进项税额

（1）当生产企业销售的出口卷烟在国内有同类产品销售价格时：

出口卷烟含消费税金额 = 出口销售数量 × 销售价格

"销售价格"为同类产品生产企业国内实际调拨价格。如实际调拨价格低于税务机关公示的计税价格的，"销售价格"为税务机关公示的计税价格；高于公示计税价格的，销售价格为实际调拨价格。

（2）当生产企业销售的出口卷烟在国内没有同类产品销售价格时：

出口卷烟含税金额=（出口销售额＋出口销售数量×消费税定额税率）÷（1-消费税比例税率）

"出口销售额"以出口发票上的离岸价为准。若出口发票不能如实反映离岸价，生产企业应按实际离岸价计算，否则，税务机关有权按照有关规定予以核定调整。

3.除出口卷烟外，适用增值税免税政策的其他出口货物劳务的计算，按照增值税免税政策的统一规定执行。其中，如果涉及销售额，除来料加工复出口货物为其加工费收入外，其他均为出口离岸价或销售额。

七、适用增值税征税政策的出口货物劳务

下列出口货物劳务，不适用增值税退（免）税和免税政策，按下列规定及视同内销货物征税的其他规定征收增值税（以下称增值税征税）：

（一）适用范围

适用增值税征税政策的出口货物劳务，是指：

1.出口企业出口或视同出口财政部和国家税务总局根据国务院决定明确的取消出口退（免）税的货物（不包括来料加工复出口货物、中标机电产品、列名原材料、输入特殊区域的水电气、海洋工程结构物）。

2.出口企业或其他单位销售给特殊区域内的生活消费用品和交通运输工具。

3.出口企业或其他单位因骗取出口退税被税务机关停止办理增值税退（免）税期间出口的货物。

4.出口企业或其他单位提供虚假备案单证的货物。

5.出口企业或其他单位增值税退（免）税凭证有伪造或内容不实的货物。

6.[条款失效] 出口企业或其他单位未在国家税务总局规定期限内申报免税核销以及经主管税务机关审核不予免税核销的出口卷烟。

7.出口企业或其他单位具有以下情形之一的出口货物劳务：

（1）将空白的出口货物报关单、出口收汇核销单等退（免）税凭证交由除签有委托合同的货代公司、报关行，或由境外进口方指定的货代公司（提供合同约定或者其他相关证明）以外的其他单位或个人使用的。

（2）以自营名义出口，其出口业务实质上是由本企业及其投资的企业以外的单位或个人借该出口企业名义操作完成的。

（3）以自营名义出口，其出口的同一批货物既签订购货合同，又签订代理出口合同（或协议）的。

（4）出口货物在海关验放后，自己或委托货代承运人对该笔货物的海运提单或其他运输单据等上的品名、规格等进行修改，造成出口货物报关单与海运提单或其他运输单据有关内容不符的。

（5）以自营名义出口，但不承担出口货物的质量、收款或退税风险之一的，即出口货物发生质量问题不承担购买方的索赔责任（合同中有约定质量责任承担者除外）；不承担未按期收款导致不能核销的责任（合同中有约定收款责任承担者除外）；不承担因申报出口退（免）税的资料、单证等出现问题造成不退税责任的。

（6）未实质参与出口经营活动、接受并从事由中间人介绍的其他出口业务，但仍以自营名义出口的。

（二）应纳增值税的计算。

适用增值税征税政策的出口货物劳务，其应纳增值税按下列办法计算：

1. 一般纳税人出口货物

销项税额 =（出口货物离岸价 – 出口货物耗用的进料加工保税进口料件金额）÷（1+ 适用税率）× 适用税率

出口货物若已按征退税率之差计算不得免征和抵扣税额并已经转入成本的，相应的税额应转回进项税额。

（1）出口货物耗用的进料加工保税进口料件金额 = 主营业务成本 ×（投入的保税进口料件金额 ÷ 生产成本）

主营业务成本、生产成本均为不予退（免）税的进料加工出口货物的主营业务成本、生产成本。当耗用的保税进口料件金额大于不予退（免）税的进料加工出口货物金额时，耗用的保税进口料件金额为不予退（免）税的进料加工出口货物金额。

（2）出口企业应分别核算内销货物和增值税征税的出口货物的生产成本、主营业务成本。未分别核算的，其相应的生产成本、主营业务成本由主管税务机关核定。

进料加工手册海关核销后，出口企业应对出口货物耗用的保税进口料件金额进行清算。清算公式为：

清算耗用的保税进口料件总额 = 实际保税进口料件总额 — 退（免）税出口货物耗用的保税进口料件总额 — 进料加工副产品耗用的保税进口料件总额

若耗用的保税进口料件总额与各纳税期扣减的保税进口料件金额之和存在差额时，应在清算的当期相应调整销项税额。当耗用的保税进口料件总额大于出口货物离岸金额时，其差额部分不得扣减其他出口货物金额。

2. 小规模纳税人出口货物

应纳税额 = 出口货物离岸价 ÷（1+ 征收率）× 征收率

八、适用消费税退（免）税或征税政策的出口货物

适用本通知第一条、第六条或第七条规定的出口货物，如果属于消费税应税消费品，实行下列消费税政策：

（一）适用范围

1. 出口企业出口或视同出口适用增值税退（免）税的货物，免征消费税，如果属于购进出口的货物，退还前一环节对其已征的消费税。

2. 出口企业出口或视同出口适用增值税免税政策的货物，免征消费税，但不退还其以前环节已征的消费税，且不允许在内销应税消费品应纳消费税款中抵扣。

3. 出口企业出口或视同出口适用增值税征税政策的货物，应按规定缴纳消费税，不退还其以前环节已征的消费税，且不允许在内销应税消费品应纳消费税款中抵扣。

（二）消费税退税的计税依据。

出口货物的消费税应退税额的计税依据，按购进出口货物的消费税专用缴款书和海关进口消费税专用缴款书确定

属于从价定率计征消费税的，为已征且未在内销应税消费品应纳税额中抵扣的购进出口货物金额；属于从量定额计征消费税的，为已征且未在内销应税消费品应纳税额中抵扣的购进出口货物数量；属于复合计征消费税的，按从价定率和从量定额的计税依据分别确定。

（三）消费税退税的计算

消费税应退税额＝从价定率计征消费税的退税计税依据 × 比例税率 ＋ 从量定额计征消费税的退税计税依据 × 定额税率

九、出口货物劳务增值税和消费税政策的其他规定

（一）认定和申报

1. 适用本通知规定的增值税退（免）税或免税、消费税退（免）税或免税政策的出口企业或其他单位，应办理退（免）税认定。

2. 经过认定的出口企业及其他单位，应在规定的增值税纳税申报期内向主管税务机关申报增值税退（免）税和免税、消费税退（免）税和免税。委托出口的货物，由委托方申报增值税退（免）税和免税、消费税退（免）税和免税。输入特殊区域的水电气，由作为购买方的特殊区域内生产企业申报退税。

3. 出口企业或其他单位骗取国家出口退税款的，经省级以上税务机关批准可以停止其退（免）税资格。

（二）若干征、退（免）税规定

1. 出口企业或其他单位退（免）税认定之前的出口货物劳务，在办理退（免）税认定后，可按规定适用增值税退（免）税或免税及消费税退（免）税政策。

2.[条款失效] 出口企业或其他单位出口货物劳务适用免税政策的，除特殊区域内企业出口的特殊区域内货物、出口企业或其他单位视同出口的免征增值税的货物劳务外，如果未按规定申报免税，应视同内销货物和加工修理修配劳务征收增值税、消费税。

3. 开展进料加工业务的出口企业若发生未经海关批准将海关保税进口料件作价销

售给其他企业加工的，应按规定征收增值税、消费税。

4. 卷烟出口企业经主管税务机关批准按国家批准的免税出口卷烟计划购进的卷烟免征增值税、消费税。

5. 发生增值税、消费税不应退税或免税但已实际退税或免税的，出口企业和其他单位应当补缴已退或已免税款。

6.[条款失效] 出口企业和其他单位出口的货物（不包括本通知附件7所列货物），如果原材料成本80%以上为附件9所列原料的，应执行该原料的增值税、消费税政策，上述出口货物的增值税退税率为附件9所列该原料海关税则号在出口货物劳务退税率文库中对应的退税率。

7. 国家批准的免税品经营企业销售给免税店的进口免税货物免征增值税。

（三）外贸企业核算要求

外贸企业应单独设账核算出口货物的购进金额和进项税额，若购进货物时不能确定是用于出口的，先记入出口库存账，用于其他用途时应从出口库存账转出。

（四）符合条件的生产企业已签订出口合同的交通运输工具和机器设备，在其退税凭证尚未收集齐全的情况下，可凭出口合同、销售明细账等，向主管税务机关申报免抵退税。在货物向海关报关出口后，应按规定申报退（免）税，并办理已退（免）税的核销手续。多退（免）的税款，应予追回。生产企业申请时应同时满足以下条件：

1. 已取得增值税一般纳税人资格；

2. 已持续经营2年及2年以上；

3. 生产的交通运输工具和机器设备生产周期在1年及1年以上；

4. 上一年度净资产大于同期出口货物增值税、消费税退税额之和的3倍；

5. 持续经营以来从未发生逃税、骗取出口退税、虚开增值税专用发票或农产品收购发票、接受虚开增值税专用发票（善意取得虚开增值税专用发票除外）行为。

十、出口企业及其他单位具体认定办法及出口退（免）税具体管理办法，由国家税务总局另行制定。

十一、本通知除第一条第（二）项关于国内航空供应公司生产销售给国内和国外航空公司国际航班的航空食品适用增值税退（免）税政策，第六条第（一）项关于国家批准设立的免税店销售的免税货物、出口企业或其他单位未按规定申报或未补齐增值税退（免）税凭证的出口货物劳务、第九条第（二）项关于国家批准的免税品经营企业销售给免税店的进口免税货物适用增值税免税政策的有关规定自2011年1月1日起执行外，其他规定均自2012年7月1日起实施。《废止的文件和条款目录》（见附件10）所列的相应文件同时废止。

附件1：

国家规定不允许经营和限制出口的货物

1. 《中华人民共和国禁止出境物品表》（海关总署令1993第43号）所列的货物。

2. 《卫生部、对外经贸经济合作部、海关总署关于进一步加强人体血液、组织器官管理有关问题的通知》（卫药发[1996]第27号）规定的血液和血液制品、人体组织和器官（包括胎儿）以及利用人体组织和器官（包括胎儿）加工生产的制剂。

3. 商务部会同有关部门公布的《禁止出口货物目录》所列的货物。

4. 《濒危野生动物国际贸易公约》所列的附录一、二、三级的动物、动物产品和植物、植物产品。

5. 林业部、农业部发布的《国家重点保护野生动物名录》所列的一、二级保护的野生动物及货物。

6. 国家食品药品监督管理局、公安部、卫生部发布的《精神药品管制品种目录》、《麻醉药品管制品种目录》所列的货物。

7. 国家环保总局、海关总署发布的《中华人民共和国禁止或严格限制的有毒化学品目录》所列的货物。

附件2：

贷款机构和中标机电产品的具体范围

一、贷款机构的具体范围

序号	国际金融组织或外国政府贷款国别（机构）	序号	国际金融组织或外国政府贷款国别（机构）
1	世界银行	17	法国
2	国际农业发展基金	18	芬兰
3	北欧发展基金	19	韩国
4	北欧投资银行	20	荷兰
5	欧洲投资银行	21	加拿大
6	欧佩克国际发展基金会	22	科威特
7	亚洲开发银行	23	卢森堡
8	法国开发署	24	挪威
9	美国进出口银行（项目清单见下表）	25	日本
10	日本协力银行	26	瑞典
11	奥地利	27	瑞士
12	澳大利亚	28	沙特
13	比利时	29	西班牙
14	波兰	30	以色列
15	丹麦	31	意大利
16	德国	32	英国

注：纳入外国政府贷款范围的德国贷款包括德国促进贷款；美国进出口银行的贷款指主权担保贷款。

美国进出口银行主权担保贷款项目清单

序号	项目名称	贷款国别	金额（万美元）	项目类别	转贷银行
1	铁道部引进大型养路机械设备	美国	20000	一	工商银行
2	北京军区总医院263临床部引进医疗设备	美国	110	三	中国银行
3	内蒙古医学院附属医院等三家单位引进医疗设备（460+497+200）	美国	1157	二	进出口银行
4	安徽合肥市第一人民医院蜀山分院	美国	650	二	进出口银行
5	山东省聊城市人民医院引进医疗设备	美国	596	二	进出口银行
6	广西柳州市妇幼保健院引进医疗设备	美国	350	二	进出口银行
7	新疆生产建设兵团引进采棉机	美国	11000	二	进出口银行

二、中标机电产品的具体范围

海关出口货物税则号第84—90章所列的货物，但不包括海关总署发布的《外商投资项目不予免税的进口商品目录》所列的货物。

附件3：

海洋工程结构物和海上石油天然气开采企业的具体范围

一、海洋工程结构物的具体范围

序号	海洋工程结构物的具体范围（海关税则中货物名称）	被包含在的海关税则号	对应的常见名称	退税率
1	钢铁制桥梁及桥梁体段	7308100000	过渡段；生活模块；处理模块。	15%
2	钢铁制门窗及其框架、门槛	7308300000		
3	其他钢铁结构体及部件（包括结构体用的已加工钢板、型材）	7308900000		
4	钻探深度≥6千米其他石油钻探机	8430411100	钻机模块	17%
5	钻探深度<6千米其他钻探机（自推进的）	8430412900		
6	载重不超过15万吨的原油船	8901202100	浮式生产储油轮；浮式储油轮；穿梭油轮。	17%
7	载重不超过10万吨的原油船	8901201100		

序号	海洋工程结构物的具体范围（海关税则中货物名称）	被包含在的海关税则号	对应的常见名称	退税率
8	10万吨＜载重量≤30万吨成品油船	8901201200		
9	机动多用途船	8901905000	三用工作船	17%
10	拖船及顶推船	8904000000		
11	15万吨＜载重量≤30万吨的原油船	8901202200	浮式生产储油轮；浮式储油轮；单点系泊系统；水下油汽罐；栈桥码头。	17%
12	其他不以航行为主要功能的船舶	8905909000		
13	含植物性材料的浮动结构体	8907900010		
14	其他浮动结构体	8907900090		
15	浮动或潜水式钻探或生产平台	8905200000	自升式、半潜式钻井船；浮式钻井船；钻井平台；生产平台；处理平台；生活平台；烽火台。	17%

二、海上石油天然气开采企业的具体范围

（一）中国海洋石油总公司及其下属企业：

1. 渤海石油实业公司

2. 海洋石油工程股份有限公司

3. 南海西部石油油田服务（深圳）有限公司

4. 上海石油天然气有限公司

5. 天津中海油能源发展油田设施管理有限公司

6. 湛江南海西部石油合众近海建设有限公司

7. 中海油田服务股份有限公司

8. 中海油能源发展股份有限公司

9. 中海油能源发展股份有限公司采油服务分公司

10. 中海油能源发展股份有限公司采油技术服务分公司

11. 中海油能源发展股份有限公司监督监理技术分公司

12. 中海油能源发展股份有限公司油田建设渤海工程分公司

13. 中海油能源发展股份有限公司油田建设渤海装备技术服务分公司

14. 中海油能源发展股份有限公司油田建设工程分公司

15. 中海石油环保服务（天津）有限公司

16. 中海石油深海开发有限公司

17. 中海石油研究中心

18. 中海石油（中国）有限公司

19. 中海石油（中国）有限公司天津分公司

20. 中海石油（中国）有限公司渤中作业公司

21. 中海石油（中国）有限公司上海分公司

22. 中海石油（中国）有限公司深圳分公司

23. 中海石油（中国）有限公司湛江分公司

24. 中海石油（中国）有限公司番禺作业公司

25. 中海石油（中国）有限公司文昌 13-1/2 油田作业公司

26. 中海石油（中国）有限公司北部湾涠洲作业公司

27. 中海石油（中国）有限公司丽水作业公司

28. 中海石油（中国）有限公司荔湾作业公司

29. 中国海洋石油有限公司

30. 中国海洋石油总公司

（二）中国海洋石油对外合作公司：

1. BP 勘探（阿尔法）有限公司

2. BP 中国勘探及生产公司

3. CACT 作业者集团

4. 埃尼中国公司

5. 埃尼中国公司深圳分公司

6. 澳大利亚布莱石油有限公司

7. 澳大利亚石油公司

8. 阿吉普中国有限公司

9. 柏灵顿资源中国有限公司

10. 超准石油公司

11. 超准能源服务国际有限公司

12. 超准能源中国有限公司

13. 哈维斯特海洋中国公司

14. 哈斯基石油中国有限公司

15. 海外石油及投资股份有限公司

16. 豪信石油（北部）有限公司

17. 康菲石油渤海有限公司

18. 康菲石油中国有限公司

19. 康菲石油中国有限公司塘沽分公司

20. 康菲石油中国有限公司蛇口分公司

21. 科麦奇中国石油有限公司

22. 科威特石油勘探（中国）有限公司

23. 能源开发公司（中国）有限公司

24. 洛克石油（中国）公司

25. 帕特赛克石油公司

26. 派克顿东方有限责任公司

27. 壳牌中国勘探与生产有限公司

28. 台南－潮汕石油作业有限公司

29. 新加坡石油勘探和生产（中国）有限公司

30. 新田石油中国有限公司

31. 雪佛龙中国能源公司

32. 英国天然气国际有限公司

33. 中海石油（中国）东海西湖石油天然气作业公司

34. 中海石油（中国）有限公司秦皇岛32－6作业公司

35. 中海石油（中国）有限公司崖城作业公司

（三）中国石油天然气集团公司下属企业：

1. 中国石油海洋工程（青岛）有限公司

2. 中国石油天然气股份有限公司辽河油田分公司

3. 中国石油天然气股份有限公司大港油田分公司

4. 中国石油天然气集团公司辽河石油勘探局

5. 中国石油天然气集团公司大港油田集团有限责任公司

6. 中国石油集团海洋工程有限公司

（四）中国石油化工集团公司下属企业：

1. 胜利石油管理局海洋钻井公司

2. 中国石化集团上海海洋石油局

3. 中国石化股份有限公司上海海洋油气分公司

4. 中国石化股份有限公司胜利油田分公司海洋采油厂

5. 中国石化股份有限公司胜利油田分公司海洋石油船舶中心

6. 上海海洋石油勘探开发总公司

附件4：

视同自产货物的具体范围

一、持续经营以来从未发生骗取出口退税、虚开增值税专用发票或农产品收购发票、接受虚开增值税专用发票（善意取得虚开增值税专用发票除外）行为且同时符合下列条件的生产企业出口的外购货物，可视同自产货物适用增值税退（免）税政策：

（一）已取得增值税一般纳税人资格。

（二）已持续经营2年及2年以上。

（三）纳税信用等级A级。

（四）上一年度销售额5亿元以上。

（五）外购出口的货物与本企业自产货物同类型或具有相关性。

二、持续经营以来从未发生骗取出口退税、虚开增值税专用发票或农产品收购发票、接受虚开增值税专用发票（善意取得虚开增值税专用发票除外）行为但不能同时符合本附件第一条规定的条件的生产企业，出口的外购货物符合下列条件之一的，可视同自产货物申报适用增值税退（免）税政策：

（一）同时符合下列条件的外购货物：

1. 与本企业生产的货物名称、性能相同。

2. 使用本企业注册商标或境外单位或个人提供给本企业使用的商标。

3. 出口给进口本企业自产货物的境外单位或个人。

（二）与本企业所生产的货物属于配套出口，且出口给进口本企业自产货物的境外单位或个人的外购货物，符合下列条件之一的：

1. 用于维修本企业出口的自产货物的工具、零部件、配件。

2. 不经过本企业加工或组装，出口后能直接与本企业自产货物组合成成套设备的货物。

（三）经集团公司总部所在地的地级以上国家税务局认定的集团公司，其控股（按照《公司法》第二百一十七条规定的口径执行）的生产企业之间收购的自产货物以及集团公司与其控股的生产企业之间收购的自产货物。

（四）同时符合下列条件的委托加工货物：

1. 与本企业生产的货物名称、性能相同，或者是用本企业生产的货物再委托深加工的货物。

2. 出口给进口本企业自产货物的境外单位或个人。

3. 委托方与受托方必须签订委托加工协议，且主要原材料必须由委托方提供，受托方不垫付资金，只收取加工费，开具加工费（含代垫的辅助材料）的增值税专用发票。

（五）用于本企业中标项目下的机电产品。

（六）用于对外承包工程项目下的货物。

（七）用于境外投资的货物。

（八）用于对外援助的货物。

（九）生产自产货物的外购设备和原材料（农产品除外）。

附件5：

列名生产企业的具体范围

地区	序号	企业名称
北京市	1	北京天坛股份有限公司
	2	SMC（中国）有限公司
天津市	3	天津三星光电子有限公司
	4	飞马（天津）缝纫机有限公司
	5	摩托罗拉（中国）电子有限公司
	6	天津三星通信技术有限公司
	7	天津三星电子有限公司
	8	天津三星电机有限公司
	9	天津三星高新电机有限公司
河北省	10	长城汽车股份有限公司
	11	邯郸圣棉纺织有限公司
山西省	12	山西榆次远大线材制品有限公司
	13	山西新和机械设备有限公司
内蒙古自治区	14	包头中纺山羊王实业有限公司
大连市	15	东芝大连有限公司
	16	大连天制制衣有限公司
	17	大连通世泰建材有限公司
吉林省	18	吉林省大京延吉纺织有限公司
黑龙江省	19	哈尔滨马利酵母有限公司
	20	绥芬河市友谊木业（集团）有限公司
上海市	21	上海索广映像有限公司
	22	上海索广电子有限公司
	23	上海通用汽车有限公司
江苏省	24	吴江市英诺时装有限公司
	25	苏州三星电子电脑有限公司
	26	禧玛诺（连云港）实业有限公司
浙江省	27	绍兴振德医用敷料有限公司
	28	浙江中大食品有限公司
	29	嘉兴恒美服饰有限公司
宁波市	30	慈溪宏一电子有限公司
	31	宁波天虹文具有限公司
	32	怡人工艺品（宁波）有限公司
安徽省	33	博西华家用电器有限公司
	34	奇瑞汽车有限公司
	35	安徽应流集团霍山铸造有限公司
福建省	36	泉州寰球鞋服有限公司
	37	福建省莆田协丰模具有限公司
	38	东南（福建）汽车工业有限公司
厦门市	39	厦门汇科电子有限公司
	40	林德（中国）叉车有限公司
	41	戴尔（厦门）有限公司
江西省	42	赣州虔东稀土集团股份有限公司
	43	江西省万载县鑫隆出口烟花制造三厂
山东省	44	小松山推工程机械有限公司
	45	三星电子（山东）数码打印机有限公司
	46	山东松下电子信息有限公司

地区	序号	企业名称
青岛市	47	山东英吉多运动健康产业有限公司
	48	青岛金王应用化学股份有限公司
	49	青岛扶桑精致加工有限公司
	50	中国重汽集团青岛重工有限公司
河南省	51	郑州宇通集团有限公司
湖北省	52	湖北雅比家用纺织品有限公司
	53	东风汽车有限公司
	54	湖北安琪酵母股份有限公司
湖南省	55	湖南科力远新能源股份有限公司
广东省	56	珠海格力电器股份有限公司
	57	广州市虎头电池集团有限公司
深圳市	58	深圳桑菲消费通信有限公司
	59	杜邦中国集团有限公司
	60	深圳英兰电子有限公司
广西壮族自治区	61	柳州富达机械有限公司
	62	柳州欧维姆机械股份有限公司
海南省	63	三星（海南）光通信技术有限公司
重庆市	64	重庆宗申发动机制造有限公司
四川省	65	川油宏华石油设备有限公司
	66	四川长虹网络科技有限责任公司
贵州省	67	贵州瓮福（集团）有限公司
陕西省	68	陕西汉江药业集团股份有限公司
	69	宝鸡石油钢管有限责任公司
青海省	70	青海新力土畜有限责任公司
	71	西部矿业股份有限公司
新疆维吾尔自治区	72	新疆天山毛纺织股份有限公司
	73	新疆美克股份有限公司
	74	新疆特变电工股份有限公司

附件6：

列名原材料的具体范围

序号	海关税则号	货物名称
1	3208909000	溶于非水介质其他油漆、清漆溶液〔包括以聚合物为基本成分的漆，本章注释四所述溶液〕
2	3210000001	其他光导纤维用涂料
3	3210000090	其他油漆及清漆，皮革用水性颜料〔包括非聚合物为基料的瓷漆，大漆及水浆涂料〕
4	3214101000	半导体器件封装材料
5	3214109000	其他安装玻璃用油灰等；漆工用填料〔包括接缝用油灰、树脂胶泥、嵌缝胶及其他胶粘剂〕
6	4114100090	油鞣其他动物皮革〔包括结合鞣制的油鞣皮革；野生动物皮革除外〕
7	4114200000	漆皮及层压漆皮；镀金属皮革
8	4115100000	再生皮革〔以皮革或皮革纤维为基本成分，成块，张，条，不论是否成卷〕
9	4107121090	粒面剖层整张牛皮〔经鞣制或半硝后进一步加工，羊皮纸化处理〕
10	4107199090	其他整张牛马皮革〔经鞣制或半硝后进一步加工，羊皮纸化处理〕
11	7205100001	棱角钢砂〔不带球弧面的棱角形颗粒数量大于80%〕
12	7205100090	其他生铁、镜铁及钢铁颗粒

序号	海关税则号	货物名称
13	7208100000	轧有花纹的热轧卷材〔除热轧外未进一步加工的〕
14	7208250000	厚≥4.75MM 其他经酸洗的热轧卷材〔除热轧外未进一步加工,宽≥600MM,未包、镀、涂层〕
15	7208261000	4.75MM>厚≥3MM 其他大强度热轧卷材〔经酸洗,宽≥600MM,屈服强度大于355牛顿/平方毫米〕
16	7208269000	其他 4.75MM>厚≥3MM 热轧卷材〔经酸洗,宽≥600MM,屈服强度小于等于355牛顿/平方毫米〕
17	7208271000	厚度<1.5MM 其他的热轧卷材〔经酸洗,宽≥600MM,未包、镀、涂层〕
18	7208279000	1.5MM≤厚<3MM 其他的热轧卷材〔经酸洗,宽≥600MM,未包、镀、涂层〕
19	7208360000	厚度>10MM 的其他热轧卷材〔除热轧外未进一步加工,宽≥600MM,未包、镀、涂层〕
20	7208370000	10MM≥厚≥4.75MM 的其他热轧卷材〔除热轧外未进一步加工,宽≥600MM,未包、镀、涂层〕
21	7208381000	4.75MM>厚度≥3MM 的大强度卷材〔宽≥600MM,屈服强度大于355牛顿/平方毫米〕
22	7208389000	其他 4.75MM>厚度≥3MM 的卷材〔宽≥600MM,屈服强度小于等于355牛顿/平方毫米〕
23	7208391000	厚度<1.5MM 的其他热轧卷材〔除热轧外未进一步加工宽≥600MM,未包、镀、涂层〕
24	7208399000	1.5MM≤厚<3MM 的其他热轧卷材〔除热轧外未进一步加工宽≥600MM,未包、镀、涂层〕
25	7208400000	轧有花纹的热轧非卷材〔除热轧外未进一步加工,宽≥600MM,未包、镀、涂层〕
26	7208511000	厚度>50MM 的其他热轧非卷材〔宽≥600MM,未包、镀、涂层〕
27	7208512000	20MM<厚≤50MM 的其他热轧非卷材〔宽≥600MM,未包、镀、涂层〕
28	7208519000	10MM<厚≤20MM 的其他热轧非卷材〔宽≥600MM,未包、镀、涂层〕
29	7208520000	10MM≥厚度≥4.75MM 的热轧非卷材〔宽≥600MM,未包、镀、涂层〕
30	7208531000	4.75MM>厚≥3MM 大强度热轧非卷材〔宽≥600MM,屈服强度大于355牛顿/平方毫米〕
31	7208539000	其他 4.75MM>厚≥3MM 的热轧非卷材〔宽≥600MM,屈服强度小于等于355牛顿/平方毫米〕
32	7208541000	厚<1.5MM 的热轧非卷材〔除热轧外未进一步加工,宽≥600MM,未包、镀、涂层〕
33	7208549000	1.5≤厚<3MM 的热轧非卷材〔除热轧外未进一步加工,宽≥600MM,未包、镀、涂层〕
34	7208900000	其他热轧铁或非合金钢宽平板轧材〔除热轧外经进一步加工,宽≥600MM,未经包、渡、涂层〕
35	7211130000	未轧花纹的四面轧制的热轧非卷材〔150MM<宽<600MM,厚≥4MM,未包、镀、涂层〕
36	7211140000	厚度≥4.75MM 的其他热轧板材〔宽<600MM,未包、镀、涂层〕
37	7211190000	其他热轧铁或非合金钢窄板材〔宽<600MM,未包、镀、涂层〕
38	7211230000	含碳量低于0.25%的冷轧板材〔宽<600MM,未包、镀、涂层〕
39	7211290000	其他冷轧铁或非合金钢窄板材〔宽<600MM,未经包、镀、涂层,含碳量≥0.25%〕
40	7211900000	冷轧的铁或非合金钢其他窄板材〔宽度<600MM,未经包、镀、涂层〕
41	7212100000	镀(涂)锡的铁或非合金钢窄板材〔宽<600MM〕
42	7212200000	电镀锌的铁或非合金钢窄板材〔宽<600MM〕
43	7212300000	其他镀或涂锌的铁或钢板材〔包括非合金钢的,宽度<600MM〕
44	7212400000	涂漆或涂塑的铁或非合金钢窄板材〔宽度<600MM〕

序号	海关税则号	货物名称
45	7212500000	涂镀其他材料的铁或非合金钢窄板材〔宽度＜600MM〕
46	7212600000	经包覆的铁或非合金钢窄板材〔宽度＜600MM〕
47	7213100000	铁或非合金钢制热轧盘条〔带有轧制过程中产生的变形〕
48	7213200000	其他易切削钢制热轧盘条〔不带有轧制过程中产生的变形〕
49	7213910000	圆截面直径＜14MM的其他热轧盘条〔不带有轧制过程中产生的变形〕
50	7213990000	其他热轧盘条〔不带有轧制过程中产生的变形〕
51	7214200000	铁或非合金钢的热加工条、杆〔带有轧制过程中产生变形，热加工指热轧、热拉拔或热挤压〕
52	7214300000	易切削钢的热加工条、杆〔不带有轧制过程中产生变形，热加工指热轧、热拉拔、热挤压〕
53	7214910000	其他矩形截面的条、杆〔正方形除外〕
54	7214990000	其他热加工条、杆
55	7215100000	其他易切削钢制冷加工条、杆〔包括冷成形〕
56	7215500000	其他冷加工或冷成形的条、杆
57	7215900000	铁及非合金钢的其他条、杆
58	7216101000	截面高度＜80MM H型钢〔除热加工外未经进一步加工〕
59	7216102000	截面高度＜80MM 工字钢〔除热加工外未经进一步加工〕
60	7216109000	截面高度＜80MM 槽钢〔除热加工外未经进一步加工〕
61	7216210000	截面高度＜80MM 角钢〔除热加工外未经进一步加工〕
62	7216220000	截面高度＜80MM 丁字钢〔除热加工外未经进一步加工〕
63	7216310000	截面高度≥80MM 槽钢〔除热加工外未经进一步加工〕
64	7216321000	截面高度＞200MM 工字钢〔除热加工外未经进一步加工〕
65	7216329000	80MM≤截面高度≤200MM 工字钢〔除热加工外未经进一步加工〕
66	7216331100	截面高度＞800MM H型钢〔除热加工外未经进一步加工〕
67	7216331900	200MM＜截面高度≤800MM H型钢〔除热加工外未经进一步加工〕
68	7216339000	80MM≤截面高度≤200MM H型钢〔除热加工外未经进一步加工〕
69	7216401000	截面高度≥80MM 角钢〔除热加工外未经进一步加工〕
70	7216402000	截面高度≥80MM 丁字钢〔除热加工外未经进一步加工〕
71	7216501000	乙字钢〔除热加工外未经进一步加工〕
72	7216509000	其他角材、型材及异型材〔除热加工外未经进一步加工〕
73	7216610000	平板轧材制的角材、型材及异型材〔除冷加工外未经进一步加工〕
74	7216690000	冷加工的角材、型材及异型材〔除冷加工外未经进一步加工〕
75	7216910000	其他平板轧材制角材、型材、异型材〔冷成型或冷加工制的〕
76	7216990000	其他角材、型材及异型材〔除冷加工或热加工外经进一步加工〕
77	7217100000	未镀或涂层的铁或非合金钢丝〔不论是否抛光〕
78	7217200000	镀或涂锌的铁或非合金钢丝
79	7217301000	镀或涂铜的铁或非合金钢丝
80	7217309000	镀或涂其他贱金属的铁或非合金钢丝
81	7217900000	其他铁丝或非合金钢丝
82	7219131200	3MM≤厚＜4.75MM未经酸洗的热轧不锈钢卷板〔除热轧外未经进一步加工宽度≥600MM含锰≥5.5%铬锰系不锈钢〕
83	7219132200	3MM≤厚＜4.75MM经酸洗的热轧不锈钢卷板〔除热轧外未经进一步加工宽度≥600MM含锰≥5.5%铬锰系不锈钢〕
84	7219132900	3MM≤厚＜4.75MM经酸洗的其他热轧不锈钢卷板〔除热轧外未经进一步加工宽度≥600MM〕
85	7219141200	厚度＜3MM未经酸洗的热轧不锈钢卷板〔除热轧外未经进一步加工宽度≥600MM含锰≥5.5%铬锰系不锈钢〕
86	7219142200	厚度＜3MM经酸洗的热轧不锈钢卷板〔除热轧外未经进一步加工宽度≥600MM含锰≥5.5%铬锰系不锈钢〕

序号	海关税则号	货物名称
87	7225910000	电镀锌的其他合金钢宽平板轧材〔宽≥600MM〕
88	7225920000	其他镀或涂锌的其他合金钢宽板材〔宽≥600MM〕
89	7225991000	宽≥600MM的高速钢制平板轧材
90	7225999000	宽≥600MM的其他合金钢平板轧材
91	7226920000	宽度<600MM冷轧其他合金钢板材〔除冷轧外未经进一步加工〕
92	7226991000	电镀锌的其他合金钢窄平板轧材〔宽度<600MM〕
93	7226992000	用其他方法镀或涂锌的其他合金钢窄板材〔宽度<600MM〕
94	7227200000	硅锰钢的热轧盘条〔不规则盘卷的〕
95	7228200000	其他硅锰钢的条、杆
96	7228600000	其他合金钢条、杆〔热加工或冷加工后经进一步加工〕
97	7305310000	纵向焊接的其他粗钢铁管〔粗钢铁管指外径超过406.4MM〕
98	7305390000	其他方法焊接其他粗钢铁管〔粗钢铁管指外径超过406.4MM〕
99	7305900000	未列名圆形截面粗钢铁管〔粗钢铁管指外径超过406.4MM〕
100	7306301100	其他铁或非合金钢圆形截面焊缝管外径≤10毫米,壁厚≤0.7毫米〔细焊缝管指外径不超过406.4MM〕
101	7306301900	其他铁或非合金钢圆形截面焊缝管外径≤10毫米,壁厚>0.7毫米〔细焊缝管指外径不超过406.4MM〕
102	7306309000	其他铁或非合金钢圆形截面焊缝管,外径>10毫米〔细焊缝管指外径不超过406.4MM〕
103	7306400000	不锈钢其他圆形截面细焊缝管〔细焊缝管指外径不超过406.4MM〕
104	7306500000	其他合金钢的圆形截面细焊缝管〔细焊缝管指外径不超过406.4MM〕
105	7306610000	矩形或正方形截面的其他焊缝管
106	7306690000	其他非圆形截面的其他焊缝管
107	7306900010	多壁式管道〔直接与化学品接触表面由特殊耐腐蚀材料制成〕
108	7306900090	未列名其他钢铁管及空心异型材
109	7604101000	非合金制铝条、杆
110	7604109000	非合金制铝型材、异型材
111	7604210000	铝合金制空心异型材
112	7604291011	柱形实心体铝合金〔在293K（20摄氏度）时的极限抗拉强度能达到460兆帕（0.46×10^{9}牛顿/平方米）或更大（截面周长≥210毫米）〕
113	7604291019	柱形实心体铝合金〔在293K（20摄氏度）时的极限抗拉强度能达到460兆帕（0.46×10^{9}牛顿/平方米）或更大（截面周长<210毫米）〕
114	7604291091	其他铝合金制条、杆（截面周长大于等于210毫米）
115	7604291099	其他铝合金制条、杆（截面周长小于210毫米）
116	7604299000	其他铝合金制型材、异型材
117	7605110000	最大截面尺寸>7MM的非合金铝丝
118	7605190000	最大截面尺寸≤7MM的非合金铝丝
119	7605210000	最大截面尺寸>7MM的铝合金丝
120	7605290000	最大截面尺寸≤7MM的铝合金丝
121	8101991000	锻轧钨条、杆；型材及异型材,板、片、带、箔〔但简单烧结而成条、杆的除外〕
122	8112993000	锻轧的铟及其制品
123	8112994000	锻轧的铌及其制品
124	8112999010	锻轧的铪及其制品
125	8112999090	锻轧的镓、铼及其制品

注：如因上述货物的海关税则号发生变更，而货物特性描述按海关规定仍在列名货物范围的，按原规定的适用退税率执行。

附件 7：

含黄金、铂金成分的货物和钻石及其饰品的具体范围

一、含黄金、铂金成分的货物

是指下列两类货物：

（一）下列海关税则号的货物：2843100000、2843300010、2843300090、2843900090[不包括氯化钯、氯化钯晶体、氯化钯溶液、二氯二氨钯晶体、二氯四氨钯晶体、二氯四氨钯溶液、硝酸钯溶液、低酸硝酸钯溶液、醋酸钯晶体、硝酸铑溶液、三氯化铑晶体、三氯化铑溶液、硫酸铑溶液、碘化铑晶体、亚硫酸铑溶液、威尔金森催化剂、三（三苯基磷）氯化铑（Ⅰ）、辛酸铑晶体、醋酸铑晶体]、3824909903、7111000000（不包括银焊料）、7112309000、7112911010、7112911090、7112912000、7112921000、7112922001、7112922090、7112992000、7112999000、7113191100、7113191910、7113191990、7113199910、7113199990、7114190010、7114190090、7114200010、7114200090（不包括镀银铁碟）、7115100000、7115901020、7115901090（不包括银线、铱坩埚、银铜化合物）、7115909000（不包括电弧焊用、锡合焊锡丝）。

（二）海关税则号为"9113100010、9113100090"中的"贵金属表带中的铂金表带"；海关税则号为"9111100010、9111100090"中的"黄金、铂金或包黄金、铂金制的表壳"；海关税则号为"9111900000"中的"黄金、铂金表壳的零件"；海关税则号为"7118900000"中的"猪年生肖彩色金币和猪年生肖金币"。

二、钻石及其饰品

是指下列海关税则号的货物：7102100000、7102310000、7102390000、7104201000、7104909100、7105101000、7113111000、7113191100、7113199100、7113201000、7116200000。

附件 8：

国家计划内出口的卷烟的具体范围

一、有出口经营权的卷烟生产企业（具体范围是指湖南中烟工业公司、浙江中烟工业公司、河南中烟工业公司、贵州中烟工业公司、湖北中烟工业公司、陕西中烟工业公司、安徽中烟工业公司）按国家批准的免税出口卷烟计划（以下简称出口卷烟计划）自营出口的自产卷烟。

二、卷烟生产企业按出口卷烟计划委托卷烟出口企业（具体范围是指深圳烟草进出口有限公司、中国烟草辽宁进出口公司、中国烟草黑龙江进出口有限责任公司）出口的自产卷烟；北京卷烟厂按出口卷烟计划委托中国烟草上海进出口有限责任公司出

口的自产"中南海"牌卷烟。

三、口岸国际隔离区免税店销售的卷烟。

四、卷烟出口企业（具体范围是指中国烟草上海进出口有限责任公司、中国烟草广东进出口公司、中国烟草山东进出口有限公司、云南烟草国际有限公司、川渝中烟工业公司、福建中烟工业公司）按出口卷烟计划出口的外购卷烟。

附件9：

原料名称和海关税则号表

原料名称	海关税则号
黄金、铂金	7108120000
银	7106919000
珍珠	7101229090
天然钻石	7102100000
工业用和人造钻石	7105102000
宝石	7105900000
翡翠	7103991000

附件10：

废止的文件和条款目录

序号	发文字号	文件标题和条款
1	财税字[1994]11号	《财政部 国家税务总局关于军队、军工系统所属单位征收流转税、资源税问题的通知》第一条的第（五）项
2	财税字[1995]92号	《财政部 国家税务总局关于印发＜出口货物退（免）税若干问题的规定＞的通知》
3	财税字[1996]47号	《财政部 国家税务总局关于出口成品冬虫夏草退税问题的批复》
4	财税字[1996]84号	《财政部 国家税务总局关于出口货物征收城市维护建设税教育费附加有关问题的通知》
5	财税字[1997]14号	《财政部 国家税务总局关于出口货物税收若干问题的补充通知》
6	财税字[1997]50号	《财政部 国家税务总局关于有进出口经营权的生产企业自营（委托）出口货物实行免、抵、退税收管理办法的通知》
7	财税字[1998]119号	《财政部 国家税务总局关于中外合资商业企业出口货物退税问题的通知》
8	财税字[1998]116号	《财政部 国家税务总局关于出口货物退（免）税若干问题的通知》
9	财税[2002]7号	《财政部 国家税务总局关于进一步推进出口货物实行免抵退税办法的通知》
10	财税[2002]112号	《财政部 国家税务总局关于国内航空供应公司向国外航空公司销售航空食品有关退（免）税问题的通知》
11	财税[2003]46号	《财政部 国家税务总局关于海洋工程结构物增值税实行退税的通知》
12	财税[2003]86号	《财政部 国家税务总局关于铂金及其制品税收政策的通知》第六条
13	财税[2003]249号	《财政部 国家税务总局关于海洋工程结构物增值税实行退税的补充通知》
14	财税[2004]125号	《财政部 国家税务总局关于列名生产企业出口外购产品试行免抵退税办法的通知》

序号	发文字号	文件标题和条款
15	财税[2004]116号	《财政部 国家税务总局关于出口货物退（免）税若干具体问题的通知》
16	财税[2005]34号	《财政部 国家税务总局关于出口货物退（免）税若干具体问题的补充通知》
17	财税[2005]154号	《财政部 国家税务总局关于调整变更海上石油开采企业名单的通知》
18	财税[2006]108号	《财政部 国家税务总局关于调整海上石油开采企业名单的通知》
19	财税[2006]143号	《财政部 国家税务总局关于增补海上石油开采企业名单的通知》
20	财税[2008]11号	《财政部 国家税务总局关于增补海洋工程结构物增值税退税企业名单的通知》
21	财税[2008]143号	《财政部 国家税务总局关于变更海洋工程结构物增值税退税企业名单的通知》
22	财税[2009]9号	《财政部 国家税务总局关于部分货物适用增值税低税率和简易办法征收增值税政策的通知》第二条第（四）项第3点。
23	财税[2009]54号	《财政部 国家税务总局关于调整对外修理修配飞机免抵退税政策的通知》

国家税务总局关于出口企业申报出口货物退（免）税提供收汇资料有关问题的公告（全文作废）

（国家税务总局公告2013年第30号）

1. 依据国家税务总局公告2021年第15号 国家税务总局关于优化整合出口退税信息系统 更好服务纳税人有关事项的公告，本法规第二条中的"对暂未收汇的出口货物，生产企业应在《生产企业出口货物免、抵、退税申报明细表》的'单证不齐标志'栏（第20栏）中填写'W'，暂不参与免抵退税计算，待收汇并填报《出口货物收汇申报表》后，方可参与免抵退税计算"废止。

2. 依据国家税务总局公告2018年第16号 国家税务总局关于出口退（免）税申报有关问题的公告，本法规第二条第二款废止。

3. 自2014年1月1日起，相关条款参考后续法规：国家税务总局公告2013年第61号 国家税务总局关于调整出口退（免）税申报办法的公告。

4. 依据国家税务总局公告2014年第51号 国家税务总局关于出口货物劳务退（免）税管理有关问题的公告，本法规第三条、第九条停止执行，第二条规定的申报退（免）税须提供出口货物收汇凭证的出口企业情形，调整为下列五类：（一）被外汇管理部门列为C类企业的；（二）被海关列为C、D类企业的；（三）被税务机关评定为D级纳税信用等级的；（四）主管税务机关发现出口企业申报的不能收汇的原因为虚假的；（五）主管税务机关发现出口企业提供的出口货物收汇凭证是冒用的。

为了准确计算、审核办理出口退（免）税，核实出口业务的真实性，防范骗取出口退税违法行为的发生，根据《国务院关于调低出口退税率加强出口退税管理的通知》（国发明电〔1995〕3号）、《国家外汇管理局海关总署国家税务总局关于货物贸易外汇管理制度改革的公告》（国家外汇管理局公告2012年第1号）的有关规定，现将出口企业申报出口货物退（免）税提供收汇资料的有关问题公告如下：

一、出口企业申报退（免）税的出口货物，须在退（免）税申报期截止之日内收汇（跨境贸易人民币结算的为收取人民币，下同），并按本公告的规定提供收汇资料；未在退（免）税申报期截止之日内收汇的出口货物，除本公告第五条所列不能收汇或不能在出口货物退（免）税申报期的截止之日内收汇的出口货物外，适用增值税免税政策。

二、[条款修订]有下列情形之一的出口企业，在申报退（免）税时，对已收汇的出口货物，应填报《出口货物收汇申报表》(附件1)，并提供该货物银行结汇水单等出口收汇凭证(跨境贸易人民币结算的为收取人民币的收款凭证，原件和盖有企业公章的复印件，下同)；对暂未收汇的出口货物，生产企业应在《生产企业出口货物免、抵、退税申报明细表》的"单证不齐标志"栏(第20栏)中填写"W"，暂不参与免抵退税计算，待收汇并填报《出口货物收汇申报表》后，方可参与免抵退税计算；对不能收汇或不能在出口货物退(免)税申报期的截止之日内收汇的属于本公告第五条所列的出口货物，按本公告第五条的规定办理：

（一）被外汇管理部门列为B、C类企业的；

（二）[条款废止]被外汇管理部门列为重点监测企业的；

（三）被人民银行列为跨境贸易人民币重点监管企业的；

（四）被海关列为C、D类企业的；

（五）被税务机关评定为D级纳税信用等级的；

（六）因虚开增值税专用发票或其他增值税扣税凭证、增值税偷税、骗取国家出口退税款等原因，被税务机关给予行政处罚的；

（七）因违反进、出口管理，收、付汇管理等方面的规定，被海关、外汇管理、人民银行、商务等部门给予行政处罚的；

（八）向主管税务机关申报的不能收汇的原因为虚假的；

（九）向主管税务机关提供的出口货物收汇凭证是冒用的。

前款第(一)至第(五)项情形的执行时间(以申报退(免)税时间为准,本款下同)为主管税务机关通知之日起至情形存续期结束；前款第(六)至第(九)项情形的执行时间为主管税务机关通知之日起24个月内；出口企业并存上述若干情形的，执行时间的截止时间为情形中的最晚截止时间。

三、[条款废止]自2014年5月1日起，出口企业上一年度收汇率低于70%(外汇管理局、人民银行提供的企业上一年度出口收汇金额，加上企业申报并经主管税务机关审核确认的不能收汇金额合计，占企业申报退(免)税的上一年度出口货物出口额的比例)的，该出口企业当年5月至次年4月申报的退(免)税，按本公告第二条的规定执行。

四、本公告第二条、第三条所列出口企业以外的其他出口企业申报的出口货物退(免)税，可不提供出口收汇凭证，本条第二款规定的情形除外；对不能收汇或不能在出口货物退(免)税申报期的截止之日内收汇的属于本公告第五条所列的货物，按本公告第五条的规定办理。

主管税务机关在出口退(免)税审核中，发现前款出口企业申报退(免)税的出口货物存在需要进一步核实出口业务真实性的，出口企业在接到主管税务机关通知后，应填报《生产企业出口业务自查表》或《外贸企业出口业务自查表》、《出口货物收汇申报表》或《出口货物不能收汇申报表》（附件2）及相关证明材料。主管税务机关对企业报送的申报表和相关资料，按有关规定核查无误后，方可办理该笔出口货物退（免）税。

五、出口货物由于本公告附件3所列原因，不能收汇或不能在出口货物退（免）税申报期的截止之日内收汇的，如按会计制度规定须冲减出口销售收入的，在冲减销售收入后，属于本公告第二条所列出口企业应在申报退（免）税时，属于本公告第四条所列出口企业应在退（免）税申报期截止之日内，向主管税务机关报送《出口货物不能收汇申报表》，提供附件3所列原因对应的有关证明材料，经主管税务机关审核确认后，可视同收汇处理。

六、合同约定全部收汇的最终日期在出口退（免）税申报期限截止之日后的，出口企业应在合同约定最终收汇日期次月的增值税纳税申报期内，向主管税务机关提供收汇凭证，不能提供的，对应的出口货物适用增值税免税政策。

七、本公告规定的适用增值税免税政策的出口货物，出口企业应在退（免）税申报期截止之日的次月或在确定免税的次月的增值税纳税申报期，按规定向主管税务机关申报免税，前期已申报退（免）税的，出口企业应用负数申报冲减原退（免）税申报数据，并按现行会计制度的有关规定进行相应调整，出口企业当期免抵退税额（外贸企业为退税额，本条下同）不足冲减的，应补缴差额部分的税款。出口企业如果未按上述规定申报冲减的，一经主管税务机关发现，除按规定补缴已办理的免抵退税额，对出口货物增值税实行免税或征税外，还应接受主管税务机关按《中华人民共和国税收征收管理法》做出的处罚。

八、主管税务机关发现出口企业申报出口货物退（免）税提供的收汇资料存在以下情形的，除按《中华人民共和国税收征收管理法》相应的规定处罚外，相应的出口货物适用增值税征税政策，属于偷骗税的，由稽查部门查处：

（一）不能收汇的原因或证明材料为虚假的；

（二）收汇凭证是冒用的。

九、[条款废止] 主管税务机关发现出口企业出口货物的收汇情况存在非进口商付汇等疑点的，对该笔收汇对应的出口货物暂不办理出口退（免）税；已办理退（免）税的，主管税务机关可按照所涉及的退税额对该企业其他已审核通过的等额的应退税款暂缓办理出口退（免）税，无其他应退税款或应退税款小于所涉及退税额的，可由出口企业提供差额部分的担保。待税务机关核实排除相应疑点后，方可办理退（免）税或解除担保。

十、省级国家税务局应设立评估指标、预警值，按照人民银行、外汇管理局提供的出口收汇数据，对出口企业的货物流、资金流进行定期评估、预警，凡发现出口企业申报退（免）税的出口货物结汇数据异常的，应进行核查，发现违规的，应按相应规定处理；属于偷骗税的，由稽查部门查处。

十一、本公告的出口货物，不包括《财政部 国家税务总局关于出口货物劳务增值税和消费税政策的通知》（财税[2012]39号）第一条第（二）项（第2目除外）、第（三）项所列的视同出口货物以及易货贸易出口货物、委托出口货物，暂不包括边境小额贸易出口货物；本公告的出口企业，不包括委托出口的企业。

十二、本公告自2013年8月1日起执行。

特此公告。

附件：

1. 出口货物收汇申报表
2. 出口货物不能收汇申报表
3. 出口货物不能收汇的原因及证明材料

国家税务总局关于出口货物劳务增值税和消费税有关问题的公告

（国家税务总局公告2013年第65号）

为进一步规范管理，准确执行出口货物劳务税收政策，现就出口货物劳务增值税和消费税有关问题公告如下：

一、出口企业或其他单位申请注销退（免）税资格认定，如向主管税务机关声明放弃未申报或已申报但尚未办理的出口退（免）税并按规定申报免税的，视同已结清出口退税税款。

因合并、分立、改制重组等原因申请注销退（免）税资格认定的出口企业或其他单位（以下简称注销企业），可向主管税务机关申报《申请注销退（免）税资格认定企业未结清退（免）税确认书》（附件1），提供合并、分立、改制重组企业决议、章程、相关部门批件及承继注销企业权利和义务的企业（以下简称承继企业）在注销企业所在地的开户银行、账号，经主管税务机关确认无误后，可在注销企业结清出口退（免）税款前办理退（免）税资格认定注销手续。注销后，注销企业的应退税款由其主管税务机关退还至承继企业账户，如发生需要追缴多退税款的向承继企业追缴。

二、出口企业或其他单位可以放弃全部适用退（免）税政策出口货物劳务的退（免）税，并选择适用增值税免税政策或征税政策。放弃适用退（免）税政策的出口企业或其他单位，应向主管税务机关报送《出口货物劳务放弃退（免）税声明》（附件2），办理备案手续。自备案次日起36个月内，其出口的适用增值税退（免）税政策的出口货物劳务，适用增值税免税政策或征税政策。

三、从事进料加工业务的生产企业，因上年度无海关已核销手（账）册不能确定本年度进料加工业务计划分配率的，应使用最近一次确定的"上年度已核销手（账）册综合实际分配率"作为本年度的计划分配率。

生产企业在办理年度进料加工业务核销后，如认为《生产企业进料加工业务免抵退税核销表》中的"上年度已核销手（账）册综合实际分配率"与企业当年度实际情况差别较大的，可在向主管税务机关提供当年度预计的进料加工计划分配率及书面合理理由后，将预计的进料加工计划分配率作为该年度的计划分配率。

四、出口企业将加工贸易进口料件，采取委托加工收回出口的，在申报退（免）税或申请开具《来料加工免税证明》时，如提供的加工费发票不是由加工贸易手（账）册上注明的加工单位开具的，出口企业须向主管税务机关书面说明理由，并提供主管海关出具的书面证明。否则，属于进料加工委托加工业务的，对应的加工费不得抵扣或申报退（免）税；属于来料加工委托加工业务的，不得申请开具《来料加工免税证明》，相应的加工费不得申报免税。

五、出口企业报关进入国家批准的出口加工区、保税物流园区、保税港区、综合保税区、珠澳跨境工业区（珠海园区）、中哈霍尔果斯国际边境合作中心（中方配套区域）、保税物流中心（B型）（以下统称特殊区域）并销售给特殊区域内单位或境外单位、个人的货物，以人民币结算的，可申报出口退（免）税，按有关规定提供收汇资料时，可以提供收取人民币的凭证。

六、出口企业或其他单位申报对外援助出口货物退（免）税时，不需要提供商务部批准使用援外优惠贷款的批文（"援外任务书"）复印件和商务部批准使用援外合资合作项目基金的批文（"援外任务书"）复印件。

七、生产企业外购的不经过本企业加工或组装，出口后能直接与本企业自产货物组合成成套产品的货物，如配套出口给进口本企业自产货物的境外单位或个人，可作为视同自产货物申报退（免）税。生产企业申报出口视同自产的货物退（免）税时，应按《生产企业出口视同自产货物业务类型对照表》（附件3），在《生产企业出口货物免、抵、退税申报明细表》的"业务类型"栏内填写对应标识，主管税务机关如发现企业填报错误的，应及时要求企业改正。

八、出口企业或其他单位出口适用增值税免税政策的货物劳务，在向主管税务机关办理增值税、消费税免税申报时，不再报送《免税出口货物劳务明细表》及其电子数据。出口货物报关单、合法有效的进货凭证等留存企业备查的资料，应按出口日期装订成册。

九、以下出口货物劳务应按照下列规定留存备查合法有效的进货凭证：

（一）出口企业或其他单位从依法拍卖单位购买货物出口的，将与拍卖人签署的成交确认书及有关收据留存备查；

（二）通过合并、分立、重组改制等资产重组方式设立的出口企业或其他单位，出口重组前的企业无偿划转的货物，将资产重组文件、无偿划转的证明材料留存备查。

十、出口企业或其他单位按照《国家税务总局关于〈出口货物劳务增值税和消费税管理办法〉有关问题的公告》（国家税务总局公告2013年第12号）第二条第（十八）项规定申请延期申报退（免）税的，如省级税务机关在免税申报截止之日后批复不予延期，若该出口货物符合其他免税条件，出口企业或其他单位应在批复的次月申报免税。次月未申报免税的，适用增值税征税政策。

十一、委托出口的货物，委托方应自货物报关出口之日起至次年3月15日前，凭委托代理出口协议（复印件）向主管税务机关报送《委托出口货物证明》（附件4）

及其电子数据。主管税务机关审核委托代理出口协议后在《委托出口货物证明》签章。

受托方申请开具《代理出口货物证明》时，应提供规定的凭证资料及委托方主管税务机关签章的《委托出口货物证明》。

十二、外贸企业出口视同内销征税的货物，申请开具《出口货物转内销证明》时，需提供规定的凭证资料及计提销项税的记账凭证复印件。

主管税务机关在审核外贸企业《出口货物转内销证明申报表》时，对增值税专用发票交叉稽核信息比对不符，以及发现提供的增值税专用发票或者其他增值税扣税凭证存在以下情形之一的，不得出具《出口货物转内销证明》：

（一）提供的增值税专用发票或海关进口增值税专用缴款书为虚开、伪造或内容不实；

（二）提供的增值税专用发票是在供货企业税务登记被注销或被认定为非正常户之后开具；

（三）外贸企业出口货物转内销时申报的《出口货物转内销证明申报表》的进货凭证上载明的货物与申报免退税匹配的出口货物报关单上载明的出口货物名称不符。属同一货物的多种零部件合并报关为同一商品名称的除外；

（四）供货企业销售的自产货物，其生产设备、工具不能生产该种货物；

（五）供货企业销售的外购货物，其购进业务为虚假业务；

（六）供货企业销售的委托加工收回货物，其委托加工业务为虚假业务。

主管税务机关在开具《出口货物转内销证明》后，发现外贸企业提供的增值税专用发票或者其他增值税扣税凭证存在以上情形之一的，主管税务机关应通知外贸企业将原取得的《出口货物转内销证明》涉及的进项税额做转出处理。

十三、出口企业按规定向国家商检、海关、外汇管理等对出口货物相关事项实施监管核查部门报送的资料中，属于申报出口退（免）税规定的凭证资料及备案单证的，如果上述部门或主管税务机关发现为虚假或其内容不实的，其对应的出口货物不适用增值税退（免）税和免税政策，适用增值税征税政策。查实属于偷骗税的按照相应的规定处理。

十四、本公告自 2014 年 1 月 1 日起执行。

特此公告。

附件：

1. 申请注销退（免）税资格认定企业未结清退（免）税确认书
2. 出口货物劳务放弃退（免）税声明
3. 生产企业出口视同自产货物业务类型对照表
4. 委托出口货物证明

财政部 国家税务总局关于防范税收风险若干增值税政策的通知

(财税[2013]112号)

各省、自治区、直辖市、计划单列市财政厅(局)、国家税务局,新疆生产建设兵团财务局:

为进一步堵塞税收漏洞,防范打击虚开增值税专用发票和骗取出口退税违法行为,现将有关增值税政策通知如下:

一、增值税纳税人发生虚开增值税专用发票或者其他增值税扣税凭证、骗取国家出口退税款行为(以下简称增值税违法行为),被税务机关行政处罚或审判机关刑事处罚的,其销售的货物、提供的应税劳务和营业税改征增值税应税服务(以下统称货物劳务服务)执行以下政策:

(一)享受增值税即征即退或者先征后退优惠政策的纳税人,自税务机关行政处罚决定或审判机关判决或裁定生效的次月起36个月内,暂停其享受上述增值税优惠政策。纳税人自恢复享受增值税优惠政策之月起36个月内再次发生增值税违法行为的,自税务机关行政处罚决定或审判机关判决或裁定生效的次月起停止其享受增值税即征即退或者先征后退优惠政策。

(二)出口企业或其他单位发生增值税违法行为对应的出口货物劳务服务,视同内销,按规定征收增值税(骗取出口退税的按查处骗税的规定处理)。出口企业或其他单位在本通知生效后发生2次增值税违法行为的,自税务机关行政处罚决定或审判机关判决或裁定生效之日的次日起,其出口的所有适用出口退(免)税政策的货物劳务服务,一律改为适用增值税免税政策。纳税人如果已被停止出口退税权的,适用增值税免税政策的起始时间为停止出口退税权期满后的次日。

(三)以农产品为原料生产销售货物的纳税人发生增值税违法行为的,自税务机关行政处罚决定生效的次月起,按50%的比例抵扣农产品进项税额;违法情形严重的,不得抵扣农产品进项税额。具体办法由国家税务总局商财政部另行制定。

(四)本通知所称虚开增值税专用发票或其他增值税扣税凭证,是指有为他人虚开、为自己虚开、让他人为自己虚开、介绍他人虚开增值税专用发票或其他增值税扣税凭证行为之一的,但纳税人善意取得虚开增值税专用发票或其他增值税扣税凭证的除外。

二、出口企业购进货物的供货纳税人有属于办理税务登记2年内被税务机关认定为非正常户或被认定为增值税一般纳税人2年内注销税务登记,且符合下列情形之一的,自主管其出口退税的税务机关书面通知之日起,在24个月内出口的适用增值税退（免）税政策的货物劳务服务，改为适用增值税免税政策。

（一）外贸企业使用上述供货纳税人开具的增值税专用发票申报出口退税，在连续 12 个月内达到 200 万元以上（含本数，下同）的，或使用上述供货纳税人开具的增值税专用发票，连续 12 个月内申报退税额占该期间全部申报退税额 30% 以上的；

（二）生产企业在连续 12 个月内申报出口退税额达到 200 万元以上，且从上述供货纳税人取得的增值税专用发票税额达到 200 万元以上或占该期间全部进项税额 30% 以上的；

（三）外贸企业连续 12 个月内使用 3 户以上上述供货纳税人开具的增值税专用发票申报退税，且占该期间全部供货纳税人户数 20% 以上的；

（四）生产企业连续 12 个月内有 3 户以上上述供货纳税人，且占该期间全部供货纳税人户数 20% 以上的。

本条所称"连续 12 个月内"，外贸企业自使用上述供货纳税人开具的增值税专用发票申报退税的当月开始计算，生产企业自从上述供货纳税人取得的增值税专用发票认证当月开始计算。

本通知生效前已出口的上述供货纳税人的货物，出口企业可联系供货纳税人，由供货纳税人举证其销售的货物真实、纳税正常的证明材料，经供货纳税人的主管税务机关盖章认可，并在 2014 年 7 月底前按国家税务总局的函调管理办法回函后，税务机关可按规定办理退（免）税，在此之前，没有提供举证材料或举证材料没有被供货纳税人主管税务机关盖章认可并回函的，实行增值税免税政策。

三、自本通知生效后，有增值税违法行为的企业或税务机关重点监管企业，出口或销售给出口企业出口的货物劳务服务，在出口环节退（免）税或销售环节征税时，除按现行规定管理外，还应实行增值税"税收（出口货物专用）缴款书"管理，增值税税率为 17% 和 13% 的货物，税收（出口货物专用）缴款书的预缴率分别按 6% 和 4% 执行。有增值税违法行为的企业或税务机关重点监管企业的名单，由国家税务总局根据实际情况进行动态管理，并通过国家税务总局网站等方式向社会公告。具体办法由国家税务总局另行制定。

四、执行本通知第一条、第二条、第三条政策的纳税人，如果变更《税务登记证》纳税人名称或法定代表人担任新成立企业的法定代表人的企业，应继续执行完本通知对应的第一条、第二条、第三条规定；执行本通知第一条政策的纳税人，如果注销税务登记，在原地址有经营原业务的新纳税人，除法定代表人为非注销税务登记纳税人法定代表人的企业外，主管税务机关应在 12 个月内，对其购进、销售、资金往来、纳税等情况进行重点监管。

被停止出口退税权的纳税人在停止出口退税权期间，如果变更《税务登记证》纳税人名称或法定代表人担任新成立企业的法定代表人的企业，在被停止出口退税权的纳税人停止出口退税权期间出口的货物劳务服务，实行增值税征税政策。

五、出口企业或其他单位出口的适用增值税退（免）税政策的货物劳务服务，如果货物劳务服务的国内收购价格或出口价格明显偏高且无正当理由的，该出口货物劳务服务适用增值税免税政策。主管税务机关按照下列方法确定货物劳务服务价格是否偏高：

（一）按照该企业最近时期购进或出口同类货物劳务服务的平均价格确定。

（二）按照其他企业最近时期购进或出口同类货物劳务服务的平均价格确定。

（三）按照组成计税价格确定。组成计税价格的公式为：

组成计税价格 = 成本 ×（1 + 成本利润率）

成本利润率由国家税务总局统一确定并公布。

六、出口企业或其他单位存在下列情况之一的，其出口适用增值税退（免）税政策的货物劳务服务，一律适用增值税免税政策：

（一）法定代表人不知道本人是法定代表人的；

（二）法定代表人为无民事行为能力人或限制民事行为能力人的。

七、增值税纳税人发生增值税违法行为，被税务机关行政处罚或审判机关刑事处罚后，行政机关或审判机关对上述处罚决定有调整的，按调整后的决定适用政策，调整前已实行的政策可按调整后的适用政策执行。

八、本通知自 2014 年 1 月 1 日起执行。

附件：

1. 出口企业信息查询申请表
2. 出口退（免）税凭证无相关电子信息申报表

国家税务总局关于调整出口退（免）税申报办法的公告

（国家税务总局公告2013年第61号）

为减少出口退（免）税申报的差错率和疑点，进一步提高申报和审批效率，加快出口退税进度，税务总局决定调整出口退（免）税申报办法，现公告如下：

一、[条款废止]企业出口货物劳务及适用增值税零税率的应税服务（以下简称出口货物劳务及服务），在正式申报出口退（免）税之前，应按现行申报办法向主管税务机关进行预申报，在主管税务机关确认申报凭证的内容与对应的管理部门电子信息无误后，方可提供规定的申报退（免）税凭证、资料及正式申报电子数据，向主管税务机关进行正式申报。

二、[条款废止]税务机关受理企业出口退（免）税预申报后，应及时审核并向企业反馈审核结果。如果审核发现申报退（免）税的凭证没有对应的管理部门电子信息或凭证的内容与电子信息不符的，企业应按下列方法处理：

（一）属于凭证信息录入错误的，应更正后再次进行预申报；

（二）属于未在"中国电子口岸出口退税子系统"中进行出口货物报关单确认操作或未按规定进行增值税专用发票认证操作的，应进行上述操作后，再次进行预申报；

（三）除上述原因外，可填写《出口企业信息查询申请表》（见附件1），将缺失对应凭证管理部门电子信息或凭证的内容与电子信息不符的数据和原始凭证报送至主管税务机关，由主管税务机关协助查找相关信息。

三、[条款废止]生产企业应根据免抵退税正式申报的出口销售额（不包括本公告生效前已按原办法申报的单证不齐或者信息不齐的出口销售额）计算免抵退税不得免征和抵扣税额，并填报在当期《增值税纳税申报表附列资料（二）》"免抵退税办法出口货物不得抵扣进项税额"栏（第18栏）、《免抵退税申报汇总表》"免抵退税不得免征和抵扣税额"栏（第15栏）。

生产企业在本公告生效前已按原办法申报单证不齐或者信息不齐的出口货物劳务及服务，在本公告生效后应及时收齐有关单证、进行预申报，并在单证齐全、信息通过预申报核对无误后进行免抵退税正式申报。正式申报时，只计算免抵退税额，不计算免抵退税不得免征和抵扣税额。

四、[条款废止]在退（免）税申报期截止之日前，如果企业出口的货物劳务及服务申报退（免）税的凭证仍没有对应管理部门电子信息或凭证的内容与电子信息比对不符，无法完成预申报的，企业应在退（免）税申报期截止之日前，向主管税务机关报送以下资料：

（一）《出口退（免）税凭证无相关电子信息申报表》（见附件2）及其电子数据；

（二）退（免）税申报凭证及资料。

经主管税务机关核实，企业报送的退（免）税凭证资料齐全，且《出口退（免）税凭证无相关电子信息申报表》及其电子数据与凭证内容一致的，企业退（免）税正式申报时间不受退（免）税申报期截止之日限制。未按上述规定在退（免）税申报期截止之日前向主管税务机关报送退（免）税凭证资料的，企业在退（免）税申报期限截止之日后不得进行退（免）税申报，应按规定进行免税申报或纳税申报。

五、符合《财政部 国家税务总局关于出口货物劳务增值税和消费税政策的通知》（财税[2012]39号）第九条第（四）项规定的生产企业，不适用本公告，其免抵退税申报仍按原办法执行。

六、本公告自2014年1月1日起施行。《国家税务总局关于发布〈出口货物劳务增值税和消费税管理办法〉的公告》（国家税务总局公告2012年第24号）、《国家税务总局关于〈出口货物劳务增值税和消费税管理办法〉有关问题的公告》（国家税务总局公告2013年第12号）、《国家税务总局关于出口企业申报出口货物退（免）税提供收汇资料有关问题的公告》（国家税务总局公告2013年第30号）等文件与本公告相冲突的内容同时废止。

附件：

1. 出口企业信息查询申请表
2. 出口退（免）税凭证无相关电子信息申报表

财政部 国家税务总局关于全面推开营业税改征增值税试点的通知

（财税[2016]36号）

各省、自治区、直辖市、计划单列市财政厅（局）、国家税务局、地方税务局，新疆生产建设兵团财务局：

经国务院批准，自2016年5月1日起，在全国范围内全面推开营业税改征增值税（以下称营改增）试点，建筑业、房地产业、金融业、生活服务业等全部营业税纳税人，纳入试点范围，由缴纳营业税改为缴纳增值税。现将《营业税改征增值税试点实施办法》、《营业税改征增值税试点有关事项的规定》、《营业税改征增值税试点过渡政策的规定》和《跨境应税行为适用增值税零税率和免税政策的规定》印发你们，请遵照执行。

本通知附件规定的内容，除另有规定执行时间外，自2016年5月1日起执行。《财政部 国家税务总局关于将铁路运输和邮政业纳入营业税改征增值税试点的通知》（财税〔2013〕106号）、《财政部 国家税务总局关于铁路运输和邮政业营业税改征增值税试点有关政策的补充通知》（财税〔2013〕121号）、《财政部 国家税务总局关于将电信业纳入营业税改征增值税试点的通知》（财税〔2014〕43号）、《财政部 国家税务总局关于国际水路运输增值税零税率政策的补充通知》（财税〔2014〕50号）和《财政部 国家税务总局关于影视等出口服务适用增值税零税率政策的通知》（财税〔2015〕118号），除另有规定的条款外，相应废止。

各地要高度重视营改增试点工作，切实加强试点工作的组织领导，周密安排，明确责任，采取各种有效措施，做好试点前的各项准备以及试点过程中的监测分析和宣传解释等工作，确保改革的平稳、有序、顺利进行。遇到问题请及时向财政部和国家税务总局反映。

附件：
1. 营业税改征增值税试点实施办法 [条款失效]
2. 营业税改征增值税试点有关事项的规定
3. 营业税改征增值税试点过渡政策的规定 [条款失效]
4. 跨境应税行为适用增值税零税率和免税政策的规定

财政部 国家税务总局
2016年3月23日

附件1：

营业税改征增值税试点实施办法

第一章 纳税人和扣缴义务人

第一条 在中华人民共和国境内（以下称境内）销售服务、无形资产或者不动产（以下称应税行为）的单位和个人，为增值税纳税人，应当按照本办法缴纳增值税，不缴纳营业税。

单位，是指企业、行政单位、事业单位、军事单位、社会团体及其他单位。

个人，是指个体工商户和其他个人。

第二条 单位以承包、承租、挂靠方式经营的，承包人、承租人、挂靠人（以下统称承包人）以发包人、出租人、被挂靠人（以下统称发包人）名义对外经营并由发包人承担相关法律责任的，以该发包人为纳税人。否则，以承包人为纳税人。

第三条 纳税人分为一般纳税人和小规模纳税人。

应税行为的年应征增值税销售额（以下称应税销售额）超过财政部和国家税务总局规定标准的纳税人为一般纳税人，未超过规定标准的纳税人为小规模纳税人。

年应税销售额超过规定标准的其他个人不属于一般纳税人。年应税销售额超过规定标准但不经常发生应税行为的单位和个体工商户可选择按照小规模纳税人纳税。

第四条 年应税销售额未超过规定标准的纳税人，会计核算健全，能够提供准确税务资料的，可以向主管税务机关办理一般纳税人资格登记，成为一般纳税人。

会计核算健全，是指能够按照国家统一的会计制度规定设置账簿，根据合法、有效凭证核算。

第五条 符合一般纳税人条件的纳税人应当向主管税务机关办理一般纳税人资格登记。具体登记办法由国家税务总局制定。

除国家税务总局另有规定外，一经登记为一般纳税人后，不得转为小规模纳税人。

第六条 中华人民共和国境外（以下称境外）单位或者个人在境内发生应税行为，在境内未设有经营机构的，以购买方为增值税扣缴义务人。财政部和国家税务总局另有规定的除外。

第七条 两个或者两个以上的纳税人，经财政部和国家税务总局批准可以视为一个纳税人合并纳税。具体办法由财政部和国家税务总局另行制定。

第八条 纳税人应当按照国家统一的会计制度进行增值税会计核算。

第二章 征税范围

第九条 应税行为的具体范围，按照本办法所附的《销售服务、无形资产、不动产注释》执行。

第十条 销售服务、无形资产或者不动产，是指有偿提供服务、有偿转让无形资产或者不动产，但属于下列非经营活动的情形除外：

（一）行政单位收取的同时满足以下条件的政府性基金或者行政事业性收费。

1. 由国务院或者财政部批准设立的政府性基金，由国务院或者省级人民政府及其财政、价格主管部门批准设立的行政事业性收费；

2. 收取时开具省级以上（含省级）财政部门监（印）制的财政票据；

3. 所收款项全额上缴财政。

（二）单位或者个体工商户聘用的员工为本单位或者雇主提供取得工资的服务。

（三）单位或者个体工商户为聘用的员工提供服务。

（四）财政部和国家税务总局规定的其他情形。

第十一条 有偿，是指取得货币、货物或者其他经济利益。

第十二条 在境内销售服务、无形资产或者不动产，是指：

（一）服务（租赁不动产除外）或者无形资产（自然资源使用权除外）的销售方或者购买方在境内；

（二）所销售或者租赁的不动产在境内；

（三）所销售自然资源使用权的自然资源在境内；

（四）财政部和国家税务总局规定的其他情形。

第十三条 下列情形不属于在境内销售服务或者无形资产：

（一）境外单位或者个人向境内单位或者个人销售完全在境外发生的服务。

（二）境外单位或者个人向境内单位或者个人销售完全在境外使用的无形资产。

（三）境外单位或者个人向境内单位或者个人出租完全在境外使用的有形动产。

（四）财政部和国家税务总局规定的其他情形。

第十四条 下列情形视同销售服务、无形资产或者不动产：

（一）单位或者个体工商户向其他单位或者个人无偿提供服务，但用于公益事业或者以社会公众为对象的除外。

（二）单位或者个人向其他单位或者个人无偿转让无形资产或者不动产，但用于公益事业或者以社会公众为对象的除外。

（三）财政部和国家税务总局规定的其他情形。

第三章 税率和征收率

第十五条 增值税税率：

（一）纳税人发生应税行为，除本条第（二）项、第（三）项、第（四）项规定外，税率为6%。

（二）提供交通运输、邮政、基础电信、建筑、不动产租赁服务，销售不动产，转让土地使用权，税率为11%。

（三）提供有形动产租赁服务，税率为17%。

（四）境内单位和个人发生的跨境应税行为，税率为零。具体范围由财政部和国家税务总局另行规定。

第十六条 增值税征收率为3%，财政部和国家税务总局另有规定的除外。

第四章 应纳税额的计算
第一节 一般性规定

第十七条 增值税的计税方法，包括一般计税方法和简易计税方法。

第十八条 一般纳税人发生应税行为适用一般计税方法计税。

一般纳税人发生财政部和国家税务总局规定的特定应税行为，可以选择适用简易计税方法计税，但一经选择，36个月内不得变更。

第十九条 小规模纳税人发生应税行为适用简易计税方法计税。

第二十条 境外单位或者个人在境内发生应税行为，在境内未设有经营机构的，扣缴义务人按照下列公式计算应扣缴税额：

应扣缴税额＝购买方支付的价款÷（1＋税率）×税率

第二节 一般计税方法

第二十一条 一般计税方法的应纳税额，是指当期销项税额抵扣当期进项税额后的余额。应纳税额计算公式：

应纳税额＝当期销项税额－当期进项税额

当期销项税额小于当期进项税额不足抵扣时，其不足部分可以结转下期继续抵扣。

第二十二条 销项税额，是指纳税人发生应税行为按照销售额和增值税税率计算并收取的增值税额。销项税额计算公式：

销项税额＝销售额×税率

第二十三条 一般计税方法的销售额不包括销项税额，纳税人采用销售额和销项税额合并定价方法的，按照下列公式计算销售额：

销售额＝含税销售额÷（1＋税率）

第二十四条 进项税额，是指纳税人购进货物、加工修理修配劳务、服务、无形资产或者不动产，支付或者负担的增值税额。

第二十五条 下列进项税额准予从销项税额中抵扣：

（一）从销售方取得的增值税专用发票（含税控机动车销售统一发票，下同）上注明的增值税额。

（二）从海关取得的海关进口增值税专用缴款书上注明的增值税额。

（三）购进农产品，除取得增值税专用发票或者海关进口增值税专用缴款书外，按照农产品收购发票或者销售发票上注明的农产品买价和13%的扣除率计算的进项税额。计算公式为：

进项税额 = 买价 × 扣除率

买价，是指纳税人购进农产品在农产品收购发票或者销售发票上注明的价款和按照规定缴纳的烟叶税。

购进农产品，按照《农产品增值税进项税额核定扣除试点实施办法》抵扣进项税额的除外。

（四）从境外单位或者个人购进服务、无形资产或者不动产，自税务机关或者扣缴义务人取得的解缴税款的完税凭证上注明的增值税额。

第二十六条 纳税人取得的增值税扣税凭证不符合法律、行政法规或者国家税务总局有关规定的，其进项税额不得从销项税额中抵扣。

增值税扣税凭证，是指增值税专用发票、海关进口增值税专用缴款书、农产品收购发票、农产品销售发票和完税凭证。

纳税人凭完税凭证抵扣进项税额的，应当具备书面合同、付款证明和境外单位的对账单或者发票。资料不全的，其进项税额不得从销项税额中抵扣。

第二十七条 下列项目的进项税额不得从销项税额中抵扣：

（一）用于简易计税方法计税项目、免征增值税项目、集体福利或者个人消费的购进货物、加工修理修配劳务、服务、无形资产和不动产。其中涉及的固定资产、无形资产、不动产，仅指专用于上述项目的固定资产、无形资产（不包括其他权益性无形资产）、不动产。

纳税人的交际应酬消费属于个人消费。

（二）非正常损失的购进货物，以及相关的加工修理修配劳务和交通运输服务。

（三）非正常损失的在产品、产成品所耗用的购进货物（不包括固定资产）、加工修理修配劳务和交通运输服务。

（四）非正常损失的不动产，以及该不动产所耗用的购进货物、设计服务和建筑服务。

（五）非正常损失的不动产在建工程所耗用的购进货物、设计服务和建筑服务。

纳税人新建、改建、扩建、修缮、装饰不动产，均属于不动产在建工程。

（六）购进的旅客运输服务、贷款服务、餐饮服务、居民日常服务和娱乐服务。

（七）财政部和国家税务总局规定的其他情形。

本条第（四）项、第（五）项所称货物，是指构成不动产实体的材料和设备，包括建筑装饰材料和给排水、采暖、卫生、通风、照明、通讯、煤气、消防、中央空调、电梯、电气、智能化楼宇设备及配套设施。

第二十八条 不动产、无形资产的具体范围，按照本办法所附的《销售服务、无形资产或者不动产注释》执行。

固定资产，是指使用期限超过12个月的机器、机械、运输工具以及其他与生产经营有关的设备、工具、器具等有形动产。

非正常损失，是指因管理不善造成货物被盗、丢失、霉烂变质，以及因违反法律法规造成货物或者不动产被依法没收、销毁、拆除的情形。

第二十九条 适用一般计税方法的纳税人，兼营简易计税方法计税项目、免征增值税项目而无法划分不得抵扣的进项税额，按照下列公式计算不得抵扣的进项税额：

不得抵扣的进项税额＝当期无法划分的全部进项税额×（当期简易计税方法计税项目销售额＋免征增值税项目销售额）÷当期全部销售额

主管税务机关可以按照上述公式依据年度数据对不得抵扣的进项税额进行清算。

第三十条 已抵扣进项税额的购进货物（不含固定资产）、劳务、服务，发生本办法第二十七条规定情形（简易计税方法计税项目、免征增值税项目除外）的，应当将该进项税额从当期进项税额中扣减；无法确定该进项税额的，按照当期实际成本计算应扣减的进项税额。

第三十一条 已抵扣进项税额的固定资产、无形资产或者不动产，发生本办法第二十七条规定情形的，按照下列公式计算不得抵扣的进项税额：

不得抵扣的进项税额＝固定资产、无形资产或者不动产净值×适用税率

固定资产、无形资产或者不动产净值，是指纳税人根据财务会计制度计提折旧或摊销后的余额。

第三十二条 纳税人适用一般计税方法计税的，因销售折让、中止或者退回而退还给购买方的增值税额，应当从当期的销项税额中扣减；因销售折让、中止或者退回而收回的增值税额，应当从当期的进项税额中扣减。

第三十三条 有下列情形之一者，应当按照销售额和增值税税率计算应纳税额，不得抵扣进项税额，也不得使用增值税专用发票：

（一）一般纳税人会计核算不健全，或者不能够提供准确税务资料的。

（二）应当办理一般纳税人资格登记而未办理的。

第三节 简易计税方法

第三十四条 简易计税方法的应纳税额，是指按照销售额和增值税征收率计算的增值税额，不得抵扣进项税额。应纳税额计算公式：

应纳税额＝销售额×征收率

第三十五条 简易计税方法的销售额不包括其应纳税额，纳税人采用销售额和应纳税额合并定价方法的，按照下列公式计算销售额：

销售额＝含税销售额÷（1＋征收率）

第三十六条 纳税人适用简易计税方法计税的，因销售折让、中止或者退回而退还给购买方的销售额，应当从当期销售额中扣减。扣减当期销售额后仍有余额造成多缴的税款，可以从以后的应纳税额中扣减。

第四节 销售额的确定

第三十七条 销售额，是指纳税人发生应税行为取得的全部价款和价外费用，财政部和国家税务总局另有规定的除外。

价外费用，是指价外收取的各种性质的收费，但不包括以下项目：

（一）代为收取并符合本办法第十条规定的政府性基金或者行政事业性收费。

（二）以委托方名义开具发票代委托方收取的款项。

第三十八条 销售额以人民币计算。

纳税人按照人民币以外的货币结算销售额的，应当折合成人民币计算，折合率可以选择销售额发生的当天或者当月1日的人民币汇率中间价。纳税人应当在事先确定采用何种折合率，确定后12个月内不得变更。

第三十九条 纳税人兼营销售货物、劳务、服务、无形资产或者不动产，适用不同税率或者征收率的，应当分别核算适用不同税率或者征收率的销售额；未分别核算的，从高适用税率。

第四十条 一项销售行为如果既涉及服务又涉及货物，为混合销售。从事货物的生产、批发或者零售的单位和个体工商户的混合销售行为，按照销售货物缴纳增值税；其他单位和个体工商户的混合销售行为，按照销售服务缴纳增值税。

本条所称从事货物的生产、批发或者零售的单位和个体工商户，包括以从事货物的生产、批发或者零售为主，并兼营销售服务的单位和个体工商户在内。

第四十一条 纳税人兼营免税、减税项目的，应当分别核算免税、减税项目的销售额；未分别核算的，不得免税、减税。

第四十二条 纳税人发生应税行为，开具增值税专用发票后，发生开票有误或者销售折让、中止、退回等情形的，应当按照国家税务总局的规定开具红字增值税专用发票；未按照规定开具红字增值税专用发票的，不得按照本办法第三十二条和第三十六条的规定扣减销项税额或者销售额。

第四十三条 纳税人发生应税行为，将价款和折扣额在同一张发票上分别注明的，以折扣后的价款为销售额；未在同一张发票上分别注明的，以价款为销售额，不得扣减折扣额。

第四十四条 纳税人发生应税行为价格明显偏低或者偏高且不具有合理商业目的的，或者发生本办法第十四条所列行为而无销售额的，主管税务机关有权按照下列顺序确定销售额：

（一）按照纳税人最近时期销售同类服务、无形资产或者不动产的平均价格确定。

（二）按照其他纳税人最近时期销售同类服务、无形资产或者不动产的平均价格确定。

（三）按照组成计税价格确定。组成计税价格的公式为：

组成计税价格 ＝ 成本 ×（1＋成本利润率）

成本利润率由国家税务总局确定。

不具有合理商业目的，是指以谋取税收利益为主要目的，通过人为安排，减少、免除、推迟缴纳增值税税款，或者增加退还增值税税款。

第五章 纳税义务、扣缴义务发生时间和纳税地点

第四十五条 增值税纳税义务、扣缴义务发生时间为：

（一）纳税人发生应税行为并收讫销售款项或者取得索取销售款项凭据的当天；先开具发票的，为开具发票的当天。

收讫销售款项，是指纳税人销售服务、无形资产、不动产过程中或者完成后收到款项。

取得索取销售款项凭据的当天，是指书面合同确定的付款日期；未签订书面合同或者书面合同未确定付款日期的，为服务、无形资产转让完成的当天或者不动产权属变更的当天。

（二）纳税人提供建筑服务、租赁服务采取预收款方式的，其纳税义务发生时间为收到预收款的当天。

（三）纳税人从事金融商品转让的，为金融商品所有权转移的当天。

（四）纳税人发生本办法第十四条规定情形的，其纳税义务发生时间为服务、无形资产转让完成的当天或者不动产权属变更的当天。

（五）增值税扣缴义务发生时间为纳税人增值税纳税义务发生的当天。

第四十六条 增值税纳税地点为：

（一）固定业户应当向其机构所在地或者居住地主管税务机关申报纳税。总机构和分支机构不在同一县（市）的，应当分别向各自所在地的主管税务机关申报纳税；经财政部和国家税务总局或者其授权的财政和税务机关批准，可以由总机构汇总向总机构所在地的主管税务机关申报纳税。

（二）非固定业户应当向应税行为发生地主管税务机关申报纳税；未申报纳税的，由其机构所在地或者居住地主管税务机关补征税款。

（三）其他个人提供建筑服务，销售或者租赁不动产，转让自然资源使用权，应向建筑服务发生地、不动产所在地、自然资源所在地主管税务机关申报纳税。

（四）扣缴义务人应当向其机构所在地或者居住地主管税务机关申报缴纳扣缴的税款。

第四十七条 增值税的纳税期限分别为 1 日、3 日、5 日、10 日、15 日、1 个月或者 1 个季度。纳税人的具体纳税期限，由主管税务机关根据纳税人应纳税额的大小分别核定。以 1 个季度为纳税期限的规定适用于小规模纳税人、银行、财务公司、信托投资公司、信用社，以及财政部和国家税务总局规定的其他纳税人。不能按照固定期限纳税的，可以按次纳税。

纳税人以 1 个月或者 1 个季度为 1 个纳税期的，自期满之日起 15 日内申报纳税；以 1 日、3 日、5 日、10 日或者 15 日为 1 个纳税期的，自期满之日起 5 日内预缴税款，于次月 1 日起 15 日内申报纳税并结清上月应纳税款。

扣缴义务人解缴税款的期限，按照前两款规定执行。

第六章 税收减免的处理

第四十八条 纳税人发生应税行为适用免税、减税规定的，可以放弃免税、减税，依照本办法的规定缴纳增值税。放弃免税、减税后，36 个月内不得再申请免税、减税。

纳税人发生应税行为同时适用免税和零税率规定的，纳税人可以选择适用免税或者零税率。

第四十九条 个人发生应税行为的销售额未达到增值税起征点的，免征增值税；达到起征点的，全额计算缴纳增值税。

增值税起征点不适用于登记为一般纳税人的个体工商户。

第五十条 增值税起征点幅度如下：

（一）按期纳税的，为月销售额 5000-20000 元（含本数）。

（二）按次纳税的，为每次（日）销售额 300-500 元（含本数）。

起征点的调整由财政部和国家税务总局规定。省、自治区、直辖市财政厅（局）和国家税务局应当在规定的幅度内，根据实际情况确定本地区适用的起征点，并报财政部和国家税务总局备案。

对增值税小规模纳税人中月销售额未达到 2 万元的企业或非企业性单位，免征增值税。2017 年 12 月 31 日前，对月销售额 2 万元（含本数）至 3 万元的增值税小规模纳税人，免征增值税。

第七章 征收管理

第五十一条 营业税改征的增值税，由国家税务局负责征收。纳税人销售取得的不动产和其他个人出租不动产的增值税，国家税务局暂委托地方税务局代为征收。

第五十二条 纳税人发生适用零税率的应税行为，应当按期向主管税务机关申报办理退（免）税，具体办法由财政部和国家税务总局制定。

第五十三条 纳税人发生应税行为，应当向索取增值税专用发票的购买方开具增值税专用发票，并在增值税专用发票上分别注明销售额和销项税额。

属于下列情形之一的，不得开具增值税专用发票：

（一）向消费者个人销售服务、无形资产或者不动产。

（二）适用免征增值税规定的应税行为。

第五十四条 小规模纳税人发生应税行为，购买方索取增值税专用发票的，可以向主管税务机关申请代开。

第五十五条 纳税人增值税的征收管理，按照本办法和《中华人民共和国税收征收管理法》及现行增值税征收管理有关规定执行。

附：销售服务、无形资产、不动产注释

一、销售服务

销售服务，是指提供交通运输服务、邮政服务、电信服务、建筑服务、金融服务、现代服务、生活服务。

（一）交通运输服务

交通运输服务，是指利用运输工具将货物或者旅客送达目的地，使其空间位置得到转移的业务活动。包括陆路运输服务、水路运输服务、航空运输服务和管道运输服务。

1. 陆路运输服务

陆路运输服务，是指通过陆路（地上或者地下）运送货物或者旅客的运输业务活动，包括铁路运输服务和其他陆路运输服务。

（1）铁路运输服务，是指通过铁路运送货物或者旅客的运输业务活动。

（2）其他陆路运输服务，是指铁路运输以外的陆路运输业务活动。包括公路运输、缆车运输、索道运输、地铁运输、城市轻轨运输等。

出租车公司向使用本公司自有出租车的出租车司机收取的管理费用，按照陆路运输服务缴纳增值税。

2. 水路运输服务

水路运输服务，是指通过江、河、湖、川等天然、人工水道或者海洋航道运送货

物或者旅客的运输业务活动。

水路运输的程租、期租业务,属于水路运输服务。

程租业务,是指运输企业为租船人完成某一特定航次的运输任务并收取租赁费的业务。

期租业务,是指运输企业将配备有操作人员的船舶承租给他人使用一定期限,承租期内听候承租方调遣,不论是否经营,均按天向承租方收取租赁费,发生的固定费用均由船东负担的业务。

3. 航空运输服务

航空运输服务,是指通过空中航线运送货物或者旅客的运输业务活动。

航空运输的湿租业务,属于航空运输服务。

湿租业务,是指航空运输企业将配备有机组人员的飞机承租给他人使用一定期限,承租期内听候承租方调遣,不论是否经营,均按一定标准向承租方收取租赁费,发生的固定费用均由承租方承担的业务。

航天运输服务,按照航空运输服务缴纳增值税。

航天运输服务,是指利用火箭等载体将卫星、空间探测器等空间飞行器发射到空间轨道的业务活动。

4. 管道运输服务

管道运输服务,是指通过管道设施输送气体、液体、固体物质的运输业务活动。

无运输工具承运业务,按照交通运输服务缴纳增值税。

无运输工具承运业务,是指经营者以承运人身份与托运人签订运输服务合同,收取运费并承担承运人责任,然后委托实际承运人完成运输服务的经营活动。

(二)邮政服务

邮政服务,是指中国邮政集团公司及其所属邮政企业提供邮件寄递、邮政汇兑和机要通信等邮政基本服务的业务活动。包括邮政普遍服务、邮政特殊服务和其他邮政服务。

1. 邮政普遍服务

邮政普遍服务,是指函件、包裹等邮件寄递,以及邮票发行、报刊发行和邮政汇兑等业务活动。

函件,是指信函、印刷品、邮资封片卡、无名址函件和邮政小包等。

包裹,是指按照封装上的名址递送给特定个人或者单位的独立封装的物品,其重量不超过五十千克,任何一边的尺寸不超过一百五十厘米,长、宽、高合计不超过三百厘米。

2. 邮政特殊服务

邮政特殊服务，是指义务兵平常信函、机要通信、盲人读物和革命烈士遗物的寄递等业务活动。

3. 其他邮政服务

其他邮政服务，是指邮册等邮品销售、邮政代理等业务活动。

（三）电信服务

电信服务，是指利用有线、无线的电磁系统或者光电系统等各种通信网络资源，提供语音通话服务，传送、发射、接收或者应用图像、短信等电子数据和信息的业务活动。包括基础电信服务和增值电信服务。

1. 基础电信服务

基础电信服务，是指利用固网、移动网、卫星、互联网，提供语音通话服务的业务活动，以及出租或者出售带宽、波长等网络元素的业务活动。

2. 增值电信服务

增值电信服务，是指利用固网、移动网、卫星、互联网、有线电视网络，提供短信和彩信服务、电子数据和信息的传输及应用服务、互联网接入服务等业务活动。

卫星电视信号落地转接服务，按照增值电信服务缴纳增值税。

（四）建筑服务

建筑服务，是指各类建筑物、构筑物及其附属设施的建造、修缮、装饰，线路、管道、设备、设施等的安装以及其他工程作业的业务活动。包括工程服务、安装服务、修缮服务、装饰服务和其他建筑服务。

1. 工程服务

工程服务，是指新建、改建各种建筑物、构筑物的工程作业，包括与建筑物相连的各种设备或者支柱、操作平台的安装或者装设工程作业，以及各种窑炉和金属结构工程作业。

2. 安装服务

安装服务，是指生产设备、动力设备、起重设备、运输设备、传动设备、医疗实验设备以及其他各种设备、设施的装配、安置工程作业，包括与被安装设备相连的工作台、梯子、栏杆的装设工程作业，以及被安装设备的绝缘、防腐、保温、油漆等工程作业。

固定电话、有线电视、宽带、水、电、燃气、暖气等经营者向用户收取的安装费、初装费、开户费、扩容费以及类似收费，按照安装服务缴纳增值税。

3. 修缮服务

修缮服务，是指对建筑物、构筑物进行修补、加固、养护、改善，使之恢复原来的使用价值或者延长其使用期限的工程作业。

4. 装饰服务

装饰服务，是指对建筑物、构筑物进行修饰装修，使之美观或者具有特定用途的工程作业。

5. 其他建筑服务

其他建筑服务，是指上列工程作业之外的各种工程作业服务，如钻井（打井）、拆除建筑物或者构筑物、平整土地、园林绿化、疏浚（不包括航道疏浚）、建筑物平移、搭脚手架、爆破、矿山穿孔、表面附着物（包括岩层、土层、沙层等）剥离和清理等工程作业。

（五）金融服务

金融服务，是指经营金融保险的业务活动。包括贷款服务、直接收费金融服务、保险服务和金融商品转让。

1. 贷款服务

贷款，是指将资金贷与他人使用而取得利息收入的业务活动。

各种占用、拆借资金取得的收入，包括金融商品持有期间（含到期）利息（保本收益、报酬、资金占用费、补偿金等）收入、信用卡透支利息收入、买入返售金融商品利息收入、融资融券收取的利息收入，以及融资性售后回租、押汇、罚息、票据贴现、转贷等业务取得的利息及利息性质的收入，按照贷款服务缴纳增值税。

融资性售后回租，是指承租方以融资为目的，将资产出售给从事融资性售后回租业务的企业后，从事融资性售后回租业务的企业将该资产出租给承租方的业务活动。

以货币资金投资收取的固定利润或者保底利润，按照贷款服务缴纳增值税。

2. 直接收费金融服务

直接收费金融服务，是指为货币资金融通及其他金融业务提供相关服务并且收取费用的业务活动。包括提供货币兑换、账户管理、电子银行、信用卡、信用证、财务担保、资产管理、信托管理、基金管理、金融交易场所（平台）管理、资金结算、资金清算、金融支付等服务。

3. 保险服务

保险服务，是指投保人根据合同约定，向保险人支付保险费，保险人对于合同约定的可能发生的事故因其发生所造成的财产损失承担赔偿保险金责任，或者当被保险人死亡、伤残、疾病或者达到合同约定的年龄、期限等条件时承担给付保险金责任的商业保险行为。包括人身保险服务和财产保险服务。

人身保险服务，是指以人的寿命和身体为保险标的的保险业务活动。

财产保险服务，是指以财产及其有关利益为保险标的的保险业务活动。

4. 金融商品转让

金融商品转让，是指转让外汇、有价证券、非货物期货和其他金融商品所有权的业务活动。

其他金融商品转让包括基金、信托、理财产品等各类资产管理产品和各种金融衍生品的转让。

（六）现代服务

现代服务，是指围绕制造业、文化产业、现代物流产业等提供技术性、知识性服务的业务活动。包括研发和技术服务、信息技术服务、文化创意服务、物流辅助服务、租赁服务、鉴证咨询服务、广播影视服务、商务辅助服务和其他现代服务。

1. 研发和技术服务

研发和技术服务，包括研发服务、合同能源管理服务、工程勘察勘探服务、专业技术服务。

（1）研发服务，也称技术开发服务，是指就新技术、新产品、新工艺或者新材料及其系统进行研究与试验开发的业务活动。

（2）合同能源管理服务，是指节能服务公司与用能单位以契约形式约定节能目标，节能服务公司提供必要的服务，用能单位以节能效果支付节能服务公司投入及其合理报酬的业务活动。

（3）工程勘察勘探服务，是指在采矿、工程施工前后，对地形、地质构造、地下资源蕴藏情况进行实地调查的业务活动。

（4）专业技术服务，是指气象服务、地震服务、海洋服务、测绘服务、城市规划、环境与生态监测服务等专项技术服务。

2. 信息技术服务

信息技术服务，是指利用计算机、通信网络等技术对信息进行生产、收集、处理、加工、存储、运输、检索和利用，并提供信息服务的业务活动。包括软件服务、电路设计及测试服务、信息系统服务、业务流程管理服务和信息系统增值服务。

（1）软件服务，是指提供软件开发服务、软件维护服务、软件测试服务的业务活动。

（2）电路设计及测试服务，是指提供集成电路和电子电路产品设计、测试及相关技术支持服务的业务活动。

（3）信息系统服务，是指提供信息系统集成、网络管理、网站内容维护、桌面管理与维护、信息系统应用、基础信息技术管理平台整合、信息技术基础设施管理、数据中心、托管中心、信息安全服务、在线杀毒、虚拟主机等业务活动。包括网站对非自有的网络游戏提供的网络运营服务。

（4）业务流程管理服务，是指依托信息技术提供的人力资源管理、财务经济管理、审计管理、税务管理、物流信息管理、经营信息管理和呼叫中心等服务的活动。

（5）信息系统增值服务，是指利用信息系统资源为用户附加提供的信息技术服务。包括数据处理、分析和整合、数据库管理、数据备份、数据存储、容灾服务、电子商务平台等。

3. 文化创意服务

文化创意服务，包括设计服务、知识产权服务、广告服务和会议展览服务。

（1）设计服务，是指把计划、规划、设想通过文字、语言、图画、声音、视觉等形式传递出来的业务活动。包括工业设计、内部管理设计、业务运作设计、供应链设计、造型设计、服装设计、环境设计、平面设计、包装设计、动漫设计、网游设计、展示设计、网站设计、机械设计、工程设计、广告设计、创意策划、文印晒图等。

（2）知识产权服务，是指处理知识产权事务的业务活动。包括对专利、商标、著作权、软件、集成电路布图设计的登记、鉴定、评估、认证、检索服务。

（3）广告服务，是指利用图书、报纸、杂志、广播、电视、电影、幻灯、路牌、招贴、橱窗、霓虹灯、灯箱、互联网等各种形式为客户的商品、经营服务项目、文体节目或者通告、声明等委托事项进行宣传和提供相关服务的业务活动。包括广告代理和广告的发布、播映、宣传、展示等。

（4）会议展览服务，是指为商品流通、促销、展示、经贸洽谈、民间交流、企业沟通、国际往来等举办或者组织安排的各类展览和会议的业务活动。

4. 物流辅助服务

物流辅助服务，包括航空服务、港口码头服务、货运客运场站服务、打捞救助服务、装卸搬运服务、仓储服务和收派服务。

（1）航空服务，包括航空地面服务和通用航空服务。

航空地面服务，是指航空公司、飞机场、民航管理局、航站等向在境内航行或者在境内机场停留的境内外飞机或者其他飞行器提供的导航等劳务性地面服务的业务活动。包括旅客安全检查服务、停机坪管理服务、机场候机厅管理服务、飞机清洗消毒服务、空中飞行管理服务、飞机起降服务、飞行通讯服务、地面信号服务、飞机安全服务、飞机跑道管理服务、空中交通管理服务等。

通用航空服务，是指为专业工作提供飞行服务的业务活动，包括航空摄影、航空培训、航空测量、航空勘探、航空护林、航空吊挂播洒、航空降雨、航空气象探测、航空海洋监测、航空科学实验等。

（2）港口码头服务，是指港务船舶调度服务、船舶通讯服务、航道管理服务、航道疏浚服务、灯塔管理服务、航标管理服务、船舶引航服务、理货服务、系解缆服务、停泊和移泊服务、海上船舶溢油清除服务、水上交通管理服务、船只专业清洗消毒检测服务和防止船只漏油服务等为船只提供服务的业务活动。

港口设施经营人收取的港口设施保安费按照港口码头服务缴纳增值税。

（3）货运客运场站服务，是指货运客运场站提供货物配载服务、运输组织服务、中转换乘服务、车辆调度服务、票务服务、货物打包整理、铁路线路使用服务、加挂铁路客车服务、铁路行包专列发送服务、铁路到达和中转服务、铁路车辆编解服务、车辆挂运服务、铁路接触网服务、铁路机车牵引服务等业务活动。

（4）打捞救助服务，是指提供船舶人员救助、船舶财产救助、水上救助和沉船沉物打捞服务的业务活动。

（5）装卸搬运服务，是指使用装卸搬运工具或者人力、畜力将货物在运输工具之间、装卸现场之间或者运输工具与装卸现场之间进行装卸和搬运的业务活动。

（6）仓储服务，是指利用仓库、货场或者其他场所代客贮放、保管货物的业务活动。

（7）收派服务，是指接受寄件人委托，在承诺的时限内完成函件和包裹的收件、分拣、派送服务的业务活动。

收件服务，是指从寄件人收取函件和包裹，并运送到服务提供方同城的集散中心的业务活动。

分拣服务，是指服务提供方在其集散中心对函件和包裹进行归类、分发的业务活动。

派送服务，是指服务提供方从其集散中心将函件和包裹送达同城的收件人的业务活动。

5. 租赁服务

租赁服务，包括融资租赁服务和经营租赁服务。

（1）融资租赁服务，是指具有融资性质和所有权转移特点的租赁活动。即出租人根据承租人所要求的规格、型号、性能等条件购入有形动产或者不动产租赁给承租人，合同期内租赁物所有权属于出租人，承租人只拥有使用权，合同期满付清租金后，承租人有权按照残值购入租赁物，以拥有其所有权。不论出租人是否将租赁物销售给承租人，均属于融资租赁。

按照标的物的不同，融资租赁服务可分为有形动产融资租赁服务和不动产融资租赁服务。

融资性售后回租不按照本税目缴纳增值税。

（2）经营租赁服务，是指在约定时间内将有形动产或者不动产转让他人使用且租赁物所有权不变更的业务活动。

按照标的物的不同，经营租赁服务可分为有形动产经营租赁服务和不动产经营租赁服务。

将建筑物、构筑物等不动产或者飞机、车辆等有形动产的广告位出租给其他单位或者个人用于发布广告,按照经营租赁服务缴纳增值税。

车辆停放服务、道路通行服务(包括过路费、过桥费、过闸费等)等按照不动产经营租赁服务缴纳增值税。

水路运输的光租业务、航空运输的干租业务,属于经营租赁。

光租业务,是指运输企业将船舶在约定的时间内出租给他人使用,不配备操作人员,不承担运输过程中发生的各项费用,只收取固定租赁费的业务活动。

干租业务,是指航空运输企业将飞机在约定的时间内出租给他人使用,不配备机组人员,不承担运输过程中发生的各项费用,只收取固定租赁费的业务活动。

6. 鉴证咨询服务

鉴证咨询服务,包括认证服务、鉴证服务和咨询服务。

(1)认证服务,是指具有专业资质的单位利用检测、检验、计量等技术,证明产品、服务、管理体系符合相关技术规范、相关技术规范的强制性要求或者标准的业务活动。

(2)鉴证服务,是指具有专业资质的单位受托对相关事项进行鉴证,发表具有证明力的意见的业务活动。包括会计鉴证、税务鉴证、法律鉴证、职业技能鉴定、工程造价鉴证、工程监理、资产评估、环境评估、房地产土地评估、建筑图纸审核、医疗事故鉴定等。

(3)咨询服务,是指提供信息、建议、策划、顾问等服务的活动。包括金融、软件、技术、财务、税收、法律、内部管理、业务运作、流程管理、健康等方面的咨询。

翻译服务和市场调查服务按照咨询服务缴纳增值税。

7. 广播影视服务

广播影视服务,包括广播影视节目(作品)的制作服务、发行服务和播映(含放映,下同)服务。

(1)广播影视节目(作品)制作服务,是指进行专题(特别节目)、专栏、综艺、体育、动画片、广播剧、电视剧、电影等广播影视节目和作品制作的服务。具体包括与广播影视节目和作品相关的策划、采编、拍摄、录音、音视频文字图片素材制作、场景布置、后期的剪辑、翻译(编译)、字幕制作、片头、片尾、片花制作、特效制作、影片修复、编目和确权等业务活动。

(2)广播影视节目(作品)发行服务,是指以分账、买断、委托等方式,向影院、电台、电视台、网站等单位和个人发行广播影视节目(作品)以及转让体育赛事等活动的报道及播映权的业务活动。

(3)广播影视节目(作品)播映服务,是指在影院、剧院、录像厅及其他场所播映广播影视节目(作品),以及通过电台、电视台、卫星通信、互联网、有线电视等无线或者有线装置播映广播影视节目(作品)的业务活动。

8. 商务辅助服务

商务辅助服务，包括企业管理服务、经纪代理服务、人力资源服务、安全保护服务。

（1）企业管理服务，是指提供总部管理、投资与资产管理、市场管理、物业管理、日常综合管理等服务的业务活动。

（2）经纪代理服务，是指各类经纪、中介、代理服务。包括金融代理、知识产权代理、货物运输代理、代理报关、法律代理、房地产中介、职业中介、婚姻中介、代理记账、拍卖等。

货物运输代理服务，是指接受货物收货人、发货人、船舶所有人、船舶承租人或者船舶经营人的委托，以委托人的名义，为委托人办理货物运输、装卸、仓储和船舶进出港口、引航、靠泊等相关手续的业务活动。

代理报关服务，是指接受进出口货物的收、发货人委托，代为办理报关手续的业务活动。

（3）人力资源服务，是指提供公共就业、劳务派遣、人才委托招聘、劳动力外包等服务的业务活动。

（4）安全保护服务，是指提供保护人身安全和财产安全，维护社会治安等的业务活动。包括场所住宅保安、特种保安、安全系统监控以及其他安保服务。

9. 其他现代服务

其他现代服务，是指除研发和技术服务、信息技术服务、文化创意服务、物流辅助服务、租赁服务、鉴证咨询服务、广播影视服务和商务辅助服务以外的现代服务。

（七）生活服务

生活服务，是指为满足城乡居民日常生活需求提供的各类服务活动。包括文化体育服务、教育医疗服务、旅游娱乐服务、餐饮住宿服务、居民日常服务和其他生活服务。

1. 文化体育服务

文化体育服务，包括文化服务和体育服务。

（1）文化服务，是指为满足社会公众文化生活需求提供的各种服务。包括：文艺创作、文艺表演、文化比赛，图书馆的图书和资料借阅，档案馆的档案管理，文物及非物质遗产保护，组织举办宗教活动、科技活动、文化活动，提供游览场所。

（2）体育服务，是指组织举办体育比赛、体育表演、体育活动，以及提供体育训练、体育指导、体育管理的业务活动。

2. 教育医疗服务

教育医疗服务，包括教育服务和医疗服务。

（1）教育服务，是指提供学历教育服务、非学历教育服务、教育辅助服务的业务活动。

学历教育服务，是指根据教育行政管理部门确定或者认可的招生和教学计划组织教学，并颁发相应学历证书的业务活动。包括初等教育、初级中等教育、高级中等教育、高等教育等。

非学历教育服务，包括学前教育、各类培训、演讲、讲座、报告会等。

教育辅助服务，包括教育测评、考试、招生等服务。

（2）医疗服务，是指提供医学检查、诊断、治疗、康复、预防、保健、接生、计划生育、防疫服务等方面的服务，以及与这些服务有关的提供药品、医用材料器具、救护车、病房住宿和伙食的业务。

3. 旅游娱乐服务

旅游娱乐服务，包括旅游服务和娱乐服务。

（1）旅游服务，是指根据旅游者的要求，组织安排交通、游览、住宿、餐饮、购物、文娱、商务等服务的业务活动。

（2）娱乐服务，是指为娱乐活动同时提供场所和服务的业务。

具体包括：歌厅、舞厅、夜总会、酒吧、台球、高尔夫球、保龄球、游艺（包括射击、狩猎、跑马、游戏机、蹦极、卡丁车、热气球、动力伞、射箭、飞镖）。

4. 餐饮住宿服务

餐饮住宿服务，包括餐饮服务和住宿服务。

（1）餐饮服务，是指通过同时提供饮食和饮食场所的方式为消费者提供饮食消费服务的业务活动。

（2）住宿服务，是指提供住宿场所及配套服务等的活动。包括宾馆、旅馆、旅社、度假村和其他经营性住宿场所提供的住宿服务。

5. 居民日常服务

居民日常服务，是指主要为满足居民个人及其家庭日常生活需求提供的服务，包括市容市政管理、家政、婚庆、养老、殡葬、照料和护理、救助救济、美容美发、按摩、桑拿、氧吧、足疗、沐浴、洗染、摄影扩印等服务。

6. 其他生活服务

其他生活服务，是指除文化体育服务、教育医疗服务、旅游娱乐服务、餐饮住宿服务和居民日常服务之外的生活服务。

二、销售无形资产

销售无形资产，是指转让无形资产所有权或者使用权的业务活动。无形资产，是指不具实物形态，但能带来经济利益的资产，包括技术、商标、著作权、商誉、自然资源使用权和其他权益性无形资产。

技术，包括专利技术和非专利技术。

自然资源使用权，包括土地使用权、海域使用权、探矿权、采矿权、取水权和其他自然资源使用权。

其他权益性无形资产，包括基础设施资产经营权、公共事业特许权、配额、经营权（包括特许经营权、连锁经营权、其他经营权）、经销权、分销权、代理权、会员权、席位权、网络游戏虚拟道具、域名、名称权、肖像权、冠名权、转会费等。

三、销售不动产

销售不动产，是指转让不动产所有权的业务活动。不动产，是指不能移动或者移动后会引起性质、形状改变的财产，包括建筑物、构筑物等。

建筑物，包括住宅、商业营业用房、办公楼等可供居住、工作或者进行其他活动的建造物。

构筑物，包括道路、桥梁、隧道、水坝等建造物。

转让建筑物有限产权或者永久使用权的，转让在建的建筑物或者构筑物所有权的，以及在转让建筑物或者构筑物时一并转让其所占土地的使用权的，按照销售不动产缴纳增值税。

附件1：销售服务、无形资产、不动产注释

一、销售服务

销售服务，是指提供交通运输服务、邮政服务、电信服务、建筑服务、金融服务、现代服务、生活服务。

（一）交通运输服务

交通运输服务，是指利用运输工具将货物或者旅客送达目的地，使其空间位置得到转移的业务活动。包括陆路运输服务、水路运输服务、航空运输服务和管道运输服务。

1.陆路运输服务

陆路运输服务，是指通过陆路（地上或者地下）运送货物或者旅客的运输业务活动，包括铁路运输服务和其他陆路运输服务。

（1）铁路运输服务，是指通过铁路运送货物或者旅客的运输业务活动。

（2）其他陆路运输服务，是指铁路运输以外的陆路运输业务活动。包括公路运输、缆车运输、索道运输、地铁运输、城市轻轨运输等。

出租车公司向使用本公司自有出租车的出租车司机收取的管理费用，按照陆路运输服务缴纳增值税。

2.水路运输服务

水路运输服务，是指通过江、河、湖、川等天然、人工水道或者海洋航道运送货物或者旅客的运输业务活动。

水路运输的程租、期租业务，属于水路运输服务。

程租业务，是指运输企业为租船人完成某一特定航次的运输任务并收取租赁费的业务。

期租业务，是指运输企业将配备有操作人员的船舶承租给他人使用一定期限，承租期内听候承租方调遣，不论是否经营，均按天向承租方收取租赁费，发生的固定费用均由船东负担的业务。

3. 航空运输服务

航空运输服务，是指通过空中航线运送货物或者旅客的运输业务活动。

航空运输的湿租业务，属于航空运输服务。

湿租业务，是指航空运输企业将配备有机组人员的飞机承租给他人使用一定期限，承租期内听候承租方调遣，不论是否经营，均按一定标准向承租方收取租赁费，发生的固定费用均由承租方承担的业务。

航天运输服务，按照航空运输服务缴纳增值税。

航天运输服务，是指利用火箭等载体将卫星、空间探测器等空间飞行器发射到空间轨道的业务活动。

4. 管道运输服务

管道运输服务，是指通过管道设施输送气体、液体、固体物质的运输业务活动。

无运输工具承运业务，按照交通运输服务缴纳增值税。

无运输工具承运业务，是指经营者以承运人身份与托运人签订运输服务合同，收取运费并承担承运人责任，然后委托实际承运人完成运输服务的经营活动。

（二）邮政服务

邮政服务，是指中国邮政集团公司及其所属邮政企业提供邮件寄递、邮政汇兑和机要通信等邮政基本服务的业务活动。包括邮政普遍服务、邮政特殊服务和其他邮政服务。

1. 邮政普遍服务

邮政普遍服务，是指函件、包裹等邮件寄递，以及邮票发行、报刊发行和邮政汇兑等业务活动。

函件，是指信函、印刷品、邮资封片卡、无名址函件和邮政小包等。

包裹，是指按照封装上的名址递送给特定个人或者单位的独立封装的物品，其重量不超过五十千克，任何一边的尺寸不超过一百五十厘米，长、宽、高合计不超过三百厘米。

2. 邮政特殊服务

邮政特殊服务，是指义务兵平常信函、机要通信、盲人读物和革命烈士遗物的寄递等业务活动。

3. 其他邮政服务

其他邮政服务，是指邮册等邮品销售、邮政代理等业务活动。

（三）电信服务

电信服务，是指利用有线、无线的电磁系统或者光电系统等各种通信网络资源，提供语音通话服务，传送、发射、接收或者应用图像、短信等电子数据和信息的业务活动。包括基础电信服务和增值电信服务。

1. 基础电信服务

基础电信服务，是指利用固网、移动网、卫星、互联网，提供语音通话服务的业务活动，以及出租或者出售带宽、波长等网络元素的业务活动。

2. 增值电信服务

增值电信服务，是指利用固网、移动网、卫星、互联网、有线电视网络，提供短信和彩信服务、电子数据和信息的传输及应用服务、互联网接入服务等业务活动。

卫星电视信号落地转接服务，按照增值电信服务缴纳增值税。

（四）建筑服务

建筑服务，是指各类建筑物、构筑物及其附属设施的建造、修缮、装饰，线路、管道、设备、设施等的安装以及其他工程作业的业务活动。包括工程服务、安装服务、修缮服务、装饰服务和其他建筑服务。

1. 工程服务

工程服务，是指新建、改建各种建筑物、构筑物的工程作业，包括与建筑物相连的各种设备或者支柱、操作平台的安装或者装设工程作业，以及各种窑炉和金属结构工程作业。

2. 安装服务

安装服务，是指生产设备、动力设备、起重设备、运输设备、传动设备、医疗实验设备以及其他各种设备、设施的装配、安置工程作业，包括与被安装设备相连的工作台、梯子、栏杆的装设工程作业，以及被安装设备的绝缘、防腐、保温、油漆等工程作业。

固定电话、有线电视、宽带、水、电、燃气、暖气等经营者向用户收取的安装费、初装费、开户费、扩容费以及类似收费，按照安装服务缴纳增值税。

3. 修缮服务

修缮服务，是指对建筑物、构筑物进行修补、加固、养护、改善，使之恢复原来的使用价值或者延长其使用期限的工程作业。

4. 装饰服务

装饰服务,是指对建筑物、构筑物进行修饰装修,使之美观或者具有特定用途的工程作业。

5. 其他建筑服务

其他建筑服务,是指上列工程作业之外的各种工程作业服务,如钻井(打井)、拆除建筑物或者构筑物、平整土地、园林绿化、疏浚(不包括航道疏浚)、建筑物平移、搭脚手架、爆破、矿山穿孔、表面附着物(包括岩层、土层、沙层等)剥离和清理等工程作业。

(五)金融服务

金融服务,是指经营金融保险的业务活动。包括贷款服务、直接收费金融服务、保险服务和金融商品转让。

1. 贷款服务

贷款,是指将资金贷与他人使用而取得利息收入的业务活动。

各种占用、拆借资金取得的收入,包括金融商品持有期间(含到期)利息(保本收益、报酬、资金占用费、补偿金等)收入、信用卡透支利息收入、买入返售金融商品利息收入、融资融券收取的利息收入,以及融资性售后回租、押汇、罚息、票据贴现、转贷等业务取得的利息及利息性质的收入,按照贷款服务缴纳增值税。

融资性售后回租,是指承租方以融资为目的,将资产出售给从事融资性售后回租业务的企业后,从事融资性售后回租业务的企业将该资产出租给承租方的业务活动。

以货币资金投资收取的固定利润或者保底利润,按照贷款服务缴纳增值税。

2. 直接收费金融服务

直接收费金融服务,是指为货币资金融通及其他金融业务提供相关服务并且收取费用的业务活动。包括提供货币兑换、账户管理、电子银行、信用卡、信用证、财务担保、资产管理、信托管理、基金管理、金融交易场所(平台)管理、资金结算、资金清算、金融支付等服务。

3. 保险服务

保险服务,是指投保人根据合同约定,向保险人支付保险费,保险人对于合同约定的可能发生的事故因其发生所造成的财产损失承担赔偿保险金责任,或者当被保险人死亡、伤残、疾病或者达到合同约定的年龄、期限等条件时承担给付保险金责任的商业保险行为。包括人身保险服务和财产保险服务。

人身保险服务,是指以人的寿命和身体为保险标的的保险业务活动。

财产保险服务,是指以财产及其有关利益为保险标的的保险业务活动。

4. 金融商品转让

金融商品转让,是指转让外汇、有价证券、非货物期货和其他金融商品所有权的业务活动。

其他金融商品转让包括基金、信托、理财产品等各类资产管理产品和各种金融衍生品的转让。

（六）现代服务

现代服务，是指围绕制造业、文化产业、现代物流产业等提供技术性、知识性服务的业务活动。包括研发和技术服务、信息技术服务、文化创意服务、物流辅助服务、租赁服务、鉴证咨询服务、广播影视服务、商务辅助服务和其他现代服务。

1. 研发和技术服务

研发和技术服务，包括研发服务、合同能源管理服务、工程勘察勘探服务、专业技术服务。

（1）研发服务，也称技术开发服务，是指就新技术、新产品、新工艺或者新材料及其系统进行研究与试验开发的业务活动。

（2）合同能源管理服务，是指节能服务公司与用能单位以契约形式约定节能目标，节能服务公司提供必要的服务，用能单位以节能效果支付节能服务公司投入及其合理报酬的业务活动。

（3）工程勘察勘探服务，是指在采矿、工程施工前后，对地形、地质构造、地下资源蕴藏情况进行实地调查的业务活动。

（4）专业技术服务，是指气象服务、地震服务、海洋服务、测绘服务、城市规划、环境与生态监测服务等专项技术服务。

2. 信息技术服务

信息技术服务，是指利用计算机、通信网络等技术对信息进行生产、收集、处理、加工、存储、运输、检索和利用，并提供信息服务的业务活动。包括软件服务、电路设计及测试服务、信息系统服务、业务流程管理服务和信息系统增值服务。

（1）软件服务，是指提供软件开发服务、软件维护服务、软件测试服务的业务活动。

（2）电路设计及测试服务，是指提供集成电路和电子电路产品设计、测试及相关技术支持服务的业务活动。

（3）信息系统服务，是指提供信息系统集成、网络管理、网站内容维护、桌面管理与维护、信息系统应用、基础信息技术管理平台整合、信息技术基础设施管理、数据中心、托管中心、信息安全服务、在线杀毒、虚拟主机等业务活动。包括网站对非自有的网络游戏提供的网络运营服务。

（4）业务流程管理服务，是指依托信息技术提供的人力资源管理、财务经济管理、审计管理、税务管理、物流信息管理、经营信息管理和呼叫中心等服务的活动。

（5）信息系统增值服务，是指利用信息系统资源为用户附加提供的信息技术服务。

包括数据处理、分析和整合、数据库管理、数据备份、数据存储、容灾服务、电子商务平台等。

3. 文化创意服务

文化创意服务，包括设计服务、知识产权服务、广告服务和会议展览服务。

（1）设计服务，是指把计划、规划、设想通过文字、语言、图画、声音、视觉等形式传递出来的业务活动。包括工业设计、内部管理设计、业务运作设计、供应链设计、造型设计、服装设计、环境设计、平面设计、包装设计、动漫设计、网游设计、展示设计、网站设计、机械设计、工程设计、广告设计、创意策划、文印晒图等。

（2）知识产权服务，是指处理知识产权事务的业务活动。包括对专利、商标、著作权、软件、集成电路布图设计的登记、鉴定、评估、认证、检索服务。

（3）广告服务，是指利用图书、报纸、杂志、广播、电视、电影、幻灯、路牌、招贴、橱窗、霓虹灯、灯箱、互联网等各种形式为客户的商品、经营服务项目、文体节目或者通告、声明等委托事项进行宣传和提供相关服务的业务活动。包括广告代理和广告的发布、播映、宣传、展示等。

（4）会议展览服务，是指为商品流通、促销、展示、经贸洽谈、民间交流、企业沟通、国际往来等举办或者组织安排的各类展览和会议的业务活动。

4. 物流辅助服务

物流辅助服务，包括航空服务、港口码头服务、货运客运场站服务、打捞救助服务、装卸搬运服务、仓储服务和收派服务。

（1）航空服务，包括航空地面服务和通用航空服务。

航空地面服务，是指航空公司、飞机场、民航管理局、航站等向在境内航行或者在境内机场停留的境内外飞机或者其他飞行器提供的导航等劳务性地面服务的业务活动。包括旅客安全检查服务、停机坪管理服务、机场候机厅管理服务、飞机清洗消毒服务、空中飞行管理服务、飞机起降服务、飞行通讯服务、地面信号服务、飞机安全服务、飞机跑道管理服务、空中交通管理服务等。

通用航空服务，是指为专业工作提供飞行服务的业务活动，包括航空摄影、航空培训、航空测量、航空勘探、航空护林、航空吊挂播洒、航空降雨、航空气象探测、航空海洋监测、航空科学实验等。

（2）港口码头服务，是指港务船舶调度服务、船舶通讯服务、航道管理服务、航道疏浚服务、灯塔管理服务、航标管理服务、船舶引航服务、理货服务、系解缆服务、停泊和移泊服务、海上船舶溢油清除服务、水上交通管理服务、船只专业清洗消毒检测服务和防止船只漏油服务等为船只提供服务的业务活动。

港口设施经营人收取的港口设施保安费按照港口码头服务缴纳增值税。

（3）货运客运场站服务，是指货运客运场站提供货物配载服务、运输组织服务、中转换乘服务、车辆调度服务、票务服务、货物打包整理、铁路线路使用服务、加挂铁路客车服务、铁路行包专列发送服务、铁路到达和中转服务、铁路车辆编解服务、车辆挂运服务、铁路接触网服务、铁路机车牵引服务等业务活动。

（4）打捞救助服务，是指提供船舶人员救助、船舶财产救助、水上救助和沉船沉物打捞服务的业务活动。

（5）装卸搬运服务，是指使用装卸搬运工具或者人力、畜力将货物在运输工具之间、装卸现场之间或者运输工具与装卸现场之间进行装卸和搬运的业务活动。

（6）仓储服务，是指利用仓库、货场或者其他场所代客贮放、保管货物的业务活动。

（7）收派服务，是指接受寄件人委托，在承诺的时限内完成函件和包裹的收件、分拣、派送服务的业务活动。

收件服务，是指从寄件人收取函件和包裹，并运送到服务提供方同城的集散中心的业务活动。

分拣服务，是指服务提供方在其集散中心对函件和包裹进行归类、分发的业务活动。

派送服务，是指服务提供方从其集散中心将函件和包裹送达同城的收件人的业务活动。

5. 租赁服务

租赁服务，包括融资租赁服务和经营租赁服务。

（1）融资租赁服务，是指具有融资性质和所有权转移特点的租赁活动。即出租人根据承租人所要求的规格、型号、性能等条件购入有形动产或者不动产租赁给承租人，合同期内租赁物所有权属于出租人，承租人只拥有使用权，合同期满付清租金后，承租人有权按照残值购入租赁物，以拥有其所有权。不论出租人是否将租赁物销售给承租人，均属于融资租赁。

按照标的物的不同，融资租赁服务可分为有形动产融资租赁服务和不动产融资租赁服务。

融资性售后回租不按照本税目缴纳增值税。

（2）经营租赁服务，是指在约定时间内将有形动产或者不动产转让他人使用且租赁物所有权不变更的业务活动。

按照标的物的不同，经营租赁服务可分为有形动产经营租赁服务和不动产经营租赁服务。

将建筑物、构筑物等不动产或者飞机、车辆等有形动产的广告位出租给其他单位或者个人用于发布广告，按照经营租赁服务缴纳增值税。

车辆停放服务、道路通行服务（包括过路费、过桥费、过闸费等）等按照不动产经营租赁服务缴纳增值税。

水路运输的光租业务、航空运输的干租业务，属于经营租赁。

光租业务，是指运输企业将船舶在约定的时间内出租给他人使用，不配备操作人员，不承担运输过程中发生的各项费用，只收取固定租赁费的业务活动。

干租业务，是指航空运输企业将飞机在约定的时间内出租给他人使用，不配备机组人员，不承担运输过程中发生的各项费用，只收取固定租赁费的业务活动。

6. 鉴证咨询服务

鉴证咨询服务，包括认证服务、鉴证服务和咨询服务。

（1）认证服务，是指具有专业资质的单位利用检测、检验、计量等技术，证明产品、服务、管理体系符合相关技术规范、相关技术规范的强制性要求或者标准的业务活动。

（2）鉴证服务，是指具有专业资质的单位受托对相关事项进行鉴证，发表具有证明力的意见的业务活动。包括会计鉴证、税务鉴证、法律鉴证、职业技能鉴定、工程造价鉴证、工程监理、资产评估、环境评估、房地产土地评估、建筑图纸审核、医疗事故鉴定等。

（3）咨询服务，是指提供信息、建议、策划、顾问等服务的活动。包括金融、软件、技术、财务、税收、法律、内部管理、业务运作、流程管理、健康等方面的咨询。

翻译服务和市场调查服务按照咨询服务缴纳增值税。

7. 广播影视服务

广播影视服务，包括广播影视节目（作品）的制作服务、发行服务和播映（含放映，下同）服务。

（1）广播影视节目（作品）制作服务，是指进行专题（特别节目）、专栏、综艺、体育、动画片、广播剧、电视剧、电影等广播影视节目和作品制作的服务。具体包括与广播影视节目和作品相关的策划、采编、拍摄、录音、音视频文字图片素材制作、场景布置、后期的剪辑、翻译（编译）、字幕制作、片头、片尾、片花制作、特效制作、影片修复、编目和确权等业务活动。

（2）广播影视节目（作品）发行服务，是指以分账、买断、委托等方式，向影院、电台、电视台、网站等单位和个人发行广播影视节目（作品）以及转让体育赛事等活动的报道及播映权的业务活动。

（3）广播影视节目（作品）播映服务，是指在影院、剧院、录像厅及其他场所播映广播影视节目（作品），以及通过电台、电视台、卫星通信、互联网、有线电视等无线或者有线装置播映广播影视节目（作品）的业务活动。

8. 商务辅助服务

商务辅助服务，包括企业管理服务、经纪代理服务、人力资源服务、安全保护服务。

（1）企业管理服务，是指提供总部管理、投资与资产管理、市场管理、物业管理、日常综合管理等服务的业务活动。

（2）经纪代理服务，是指各类经纪、中介、代理服务。包括金融代理、知识产权代理、货物运输代理、代理报关、法律代理、房地产中介、职业中介、婚姻中介、代理记账、拍卖等。

货物运输代理服务，是指接受货物收货人、发货人、船舶所有人、船舶承租人或者船舶经营人的委托，以委托人的名义，为委托人办理货物运输、装卸、仓储和船舶进出港口、引航、靠泊等相关手续的业务活动。

代理报关服务，是指接受进出口货物的收、发货人委托，代为办理报关手续的业务活动。

（3）人力资源服务，是指提供公共就业、劳务派遣、人才委托招聘、劳动力外包等服务的业务活动。

（4）安全保护服务，是指提供保护人身安全和财产安全，维护社会治安等的业务活动。包括场所住宅保安、特种保安、安全系统监控以及其他安保服务。

9. 其他现代服务

其他现代服务，是指除研发和技术服务、信息技术服务、文化创意服务、物流辅助服务、租赁服务、鉴证咨询服务、广播影视服务和商务辅助服务以外的现代服务。

（七）生活服务

生活服务，是指为满足城乡居民日常生活需求提供的各类服务活动。包括文化体育服务、教育医疗服务、旅游娱乐服务、餐饮住宿服务、居民日常服务和其他生活服务。

1. 文化体育服务

文化体育服务，包括文化服务和体育服务。

（1）文化服务，是指为满足社会公众文化生活需求提供的各种服务。包括：文艺创作、文艺表演、文化比赛，图书馆的图书和资料借阅，档案馆的档案管理，文物及非物质遗产保护，组织举办宗教活动、科技活动、文化活动，提供游览场所。

（2）体育服务，是指组织举办体育比赛、体育表演、体育活动，以及提供体育训练、体育指导、体育管理的业务活动。

2. 教育医疗服务

教育医疗服务，包括教育服务和医疗服务。

（1）教育服务，是指提供学历教育服务、非学历教育服务、教育辅助服务的业务活动。

学历教育服务，是指根据教育行政管理部门确定或者认可的招生和教学计划组织教学,并颁发相应学历证书的业务活动。包括初等教育、初级中等教育、高级中等教育、高等教育等。

非学历教育服务,包括学前教育、各类培训、演讲、讲座、报告会等。

教育辅助服务,包括教育测评、考试、招生等服务。

(2)医疗服务,是指提供医学检查、诊断、治疗、康复、预防、保健、接生、计划生育、防疫服务等方面的服务,以及与这些服务有关的提供药品、医用材料器具、救护车、病房住宿和伙食的业务。

3.旅游娱乐服务

旅游娱乐服务,包括旅游服务和娱乐服务。

(1)旅游服务,是指根据旅游者的要求,组织安排交通、游览、住宿、餐饮、购物、文娱、商务等服务的业务活动。

(2)娱乐服务,是指为娱乐活动同时提供场所和服务的业务。

具体包括:歌厅、舞厅、夜总会、酒吧、台球、高尔夫球、保龄球、游艺(包括射击、狩猎、跑马、游戏机、蹦极、卡丁车、热气球、动力伞、射箭、飞镖)。

4.餐饮住宿服务

餐饮住宿服务,包括餐饮服务和住宿服务。

(1)餐饮服务,是指通过同时提供饮食和饮食场所的方式为消费者提供饮食消费服务的业务活动。

(2)住宿服务,是指提供住宿场所及配套服务等的活动。包括宾馆、旅馆、旅社、度假村和其他经营性住宿场所提供的住宿服务。

5.居民日常服务

居民日常服务,是指主要为满足居民个人及其家庭日常生活需求提供的服务,包括市容市政管理、家政、婚庆、养老、殡葬、照料和护理、救助救济、美容美发、按摩、桑拿、氧吧、足疗、沐浴、洗染、摄影扩印等服务。

6.其他生活服务

其他生活服务,是指除文化体育服务、教育医疗服务、旅游娱乐服务、餐饮住宿服务和居民日常服务之外的生活服务。

三、销售无形资产

销售无形资产,是指转让无形资产所有权或者使用权的业务活动。无形资产,是指不具实物形态,但能带来经济利益的资产,包括技术、商标、著作权、商誉、自然资源使用权和其他权益性无形资产。

技术,包括专利技术和非专利技术。

自然资源使用权,包括土地使用权、海域使用权、探矿权、采矿权、取水权和其他自然资源使用权。

其他权益性无形资产，包括基础设施资产经营权、公共事业特许权、配额、经营权（包括特许经营权、连锁经营权、其他经营权）、经销权、分销权、代理权、会员权、席位权、网络游戏虚拟道具、域名、名称权、肖像权、冠名权、转会费等。

三、销售不动产

销售不动产，是指转让不动产所有权的业务活动。不动产，是指不能移动或者移动后会引起性质、形状改变的财产，包括建筑物、构筑物等。

建筑物，包括住宅、商业营业用房、办公楼等可供居住、工作或者进行其他活动的建造物。

构筑物，包括道路、桥梁、隧道、水坝等建造物。

转让建筑物有限产权或者永久使用权的，转让在建的建筑物或者构筑物所有权的，以及在转让建筑物或者构筑物时一并转让其所占土地的使用权的，按照销售不动产缴纳增值税。

附件2：

营业税改征增值税试点有关事项的规定

一、营改增试点期间，试点纳税人[指按照《营业税改征增值税试点实施办法》（以下称《试点实施办法》）缴纳增值税的纳税人]有关政策

（一）兼营

试点纳税人销售货物、加工修理修配劳务、服务、无形资产或者不动产适用不同税率或者征收率的，应当分别核算适用不同税率或者征收率的销售额，未分别核算销售额的，按照以下方法适用税率或者征收率：

1. 兼有不同税率的销售货物、加工修理修配劳务、服务、无形资产或者不动产，从高适用税率。

2. 兼有不同征收率的销售货物、加工修理修配劳务、服务、无形资产或者不动产，从高适用征收率。

3. 兼有不同税率和征收率的销售货物、加工修理修配劳务、服务、无形资产或者不动产，从高适用税率。

（二）不征收增值税项目

1. 根据国家指令无偿提供的铁路运输服务、航空运输服务，属于《试点实施办法》第十四条规定的用于公益事业的服务。

2. 存款利息。

3. 被保险人获得的保险赔付。

4. 房地产主管部门或者其指定机构、公积金管理中心、开发企业以及物业管理单位代收的住宅专项维修资金。

5. 在资产重组过程中,通过合并、分立、出售、置换等方式,将全部或者部分实物资产以及与其相关联的债权、负债和劳动力一并转让给其他单位和个人,其中涉及的不动产、土地使用权转让行为。

(三)销售额

1. 贷款服务,以提供贷款服务取得的全部利息及利息性质的收入为销售额。

2. 直接收费金融服务,以提供直接收费金融服务收取的手续费、佣金、酬金、管理费、服务费、经手费、开户费、过户费、结算费、转托管费等各类费用为销售额。

3. 金融商品转让,按照卖出价扣除买入价后的余额为销售额。

转让金融商品出现的正负差,按盈亏相抵后的余额为销售额。若相抵后出现负差,可结转下一纳税期与下期转让金融商品销售额相抵,但年末时仍出现负差的,不得转入下一个会计年度。

金融商品的买入价,可以选择按照加权平均法或者移动加权平均法进行核算,选择后36个月内不得变更。

金融商品转让,不得开具增值税专用发票。

4. 经纪代理服务,以取得的全部价款和价外费用,扣除向委托方收取并代为支付的政府性基金或者行政事业性收费后的余额为销售额。向委托方收取的政府性基金或者行政事业性收费,不得开具增值税专用发票。

5. 融资租赁和融资性售后回租业务。

(1)经人民银行、银监会或者商务部批准从事融资租赁业务的试点纳税人,提供融资租赁服务,以取得的全部价款和价外费用,扣除支付的借款利息(包括外汇借款和人民币借款利息)、发行债券利息和车辆购置税后的余额为销售额。

(2)经人民银行、银监会或者商务部批准从事融资租赁业务的试点纳税人,提供融资性售后回租服务,以取得的全部价款和价外费用(不含本金),扣除对外支付的借款利息(包括外汇借款和人民币借款利息)、发行债券利息后的余额作为销售额。

(3)试点纳税人根据2016年4月30日前签订的有形动产融资性售后回租合同,在合同到期前提供的有形动产融资性售后回租服务,可继续按照有形动产融资租赁服务缴纳增值税。

继续按照有形动产融资租赁服务缴纳增值税的试点纳税人,经人民银行、银监会或者商务部批准从事融资租赁业务的,根据2016年4月30日前签订的有形动产融资性售后回租合同,在合同到期前提供的有形动产融资性售后回租服务,可以选择以下方法之一计算销售额:

①以向承租方收取的全部价款和价外费用,扣除向承租方收取的价款本金,以及对外支付的借款利息(包括外汇借款和人民币借款利息)、发行债券利息后的余额为销售额。

纳税人提供有形动产融资性售后回租服务,计算当期销售额时可以扣除的价款本金,为书面合同约定的当期应当收取的本金。无书面合同或者书面合同没有约定的,为当期实际收取的本金。

试点纳税人提供有形动产融资性售后回租服务,向承租方收取的有形动产价款本金,不得开具增值税专用发票,可以开具普通发票。

②以向承租方收取的全部价款和价外费用,扣除支付的借款利息(包括外汇借款和人民币借款利息)、发行债券利息后的余额为销售额。

(4)经商务部授权的省级商务主管部门和国家经济技术开发区批准的从事融资租赁业务的试点纳税人,2016年5月1日后实收资本达到1.7亿元的,从达到标准的当月起按照上述第(1)、(2)、(3)点规定执行;2016年5月1日后实收资本未达到1.7亿元但注册资本达到1.7亿元的,在2016年7月31日前仍可按照上述第(1)、(2)、(3)点规定执行,2016年8月1日后开展的融资租赁业务和融资性售后回租业务不得按照上述第(1)、(2)、(3)点规定执行。

6. 航空运输企业的销售额,不包括代收的机场建设费和代售其他航空运输企业客票而代收转付的价款。

7. 试点纳税人中的一般纳税人(以下称一般纳税人)提供客运场站服务,以其取得的全部价款和价外费用,扣除支付给承运方运费后的余额为销售额。

8. 试点纳税人提供旅游服务,可以选择以取得的全部价款和价外费用,扣除向旅游服务购买方收取并支付给其他单位或者个人的住宿费、餐饮费、交通费、签证费、门票费和支付给其他接团旅游企业的旅游费用后的余额为销售额。

选择上述办法计算销售额的试点纳税人,向旅游服务购买方收取并支付的上述费用,不得开具增值税专用发票,可以开具普通发票。

9. 试点纳税人提供建筑服务适用简易计税方法的,以取得的全部价款和价外费用扣除支付的分包款后的余额为销售额。

10. 房地产开发企业中的一般纳税人销售其开发的房地产项目(选择简易计税方法的房地产老项目除外),以取得的全部价款和价外费用,扣除受让土地时向政府部门支付的土地价款后的余额为销售额。

房地产老项目,是指《建筑工程施工许可证》注明的合同开工日期在2016年4月30日前的房地产项目。

11. 试点纳税人按照上述4—10款的规定从全部价款和价外费用中扣除的价款,

应当取得符合法律、行政法规和国家税务总局规定的有效凭证。否则，不得扣除。

上述凭证是指：

（1）支付给境内单位或者个人的款项，以发票为合法有效凭证。

（2）支付给境外单位或者个人的款项，以该单位或者个人的签收单据为合法有效凭证，税务机关对签收单据有疑义的，可以要求其提供境外公证机构的确认证明。

（3）缴纳的税款，以完税凭证为合法有效凭证。

（4）扣除的政府性基金、行政事业性收费或者向政府支付的土地价款，以省级以上（含省级）财政部门监（印）制的财政票据为合法有效凭证。

（5）国家税务总局规定的其他凭证。

纳税人取得的上述凭证属于增值税扣税凭证的，其进项税额不得从销项税额中抵扣。

（四）进项税额

1.适用一般计税方法的试点纳税人，2016年5月1日后取得并在会计制度上按固定资产核算的不动产或者2016年5月1日后取得的不动产在建工程，其进项税额应自取得之日起分2年从销项税额中抵扣，第一年抵扣比例为60%，第二年抵扣比例为40%。

取得不动产，包括以直接购买、接受捐赠、接受投资入股、自建以及抵债等各种形式取得不动产，不包括房地产开发企业自行开发的房地产项目。

融资租入的不动产以及在施工现场修建的临时建筑物、构筑物，其进项税额不适用上述分2年抵扣的规定。

2.按照《试点实施办法》第二十七条第（一）项规定不得抵扣且未抵扣进项税额的固定资产、无形资产、不动产，发生用途改变，用于允许抵扣进项税额的应税项目，可在用途改变的次月按照下列公式计算可以抵扣的进项税额：

可以抵扣的进项税额＝固定资产、无形资产、不动产净值/（1＋适用税率）×适用税率

上述可以抵扣的进项税额应取得合法有效的增值税扣税凭证。

3.纳税人接受贷款服务向贷款方支付的与该笔贷款直接相关的投融资顾问费、手续费、咨询费等费用，其进项税额不得从销项税额中抵扣。

（五）一般纳税人资格登记

《试点实施办法》第二条规定的年应税销售额标准为500万元（含本数）。财政部和国家税务总局可以对年应税销售额标准进行调整。

（六）计税方法

一般纳税人发生下列应税行为可以选择适用简易计税方法计税：

1. 公共交通运输服务

公共交通运输服务,包括轮客渡、公交客运、地铁、城市轻轨、出租车、长途客运、班车。

班车,是指按固定路线、固定时间运营并在固定站点停靠的运送旅客的陆路运输服务。

2. 经认定的动漫企业为开发动漫产品提供的动漫脚本编撰、形象设计、背景设计、动画设计、分镜、动画制作、摄制、描线、上色、画面合成、配音、配乐、音效合成、剪辑、字幕制作、压缩转码(面向网络动漫、手机动漫格式适配)服务,以及在境内转让动漫版权(包括动漫品牌、形象或者内容的授权及再授权)。

动漫企业和自主开发、生产动漫产品的认定标准和认定程序,按照《文化部 财政部国家税务总局关于印发<动漫企业认定管理办法(试行)>的通知》(文市发〔2008〕51号)的规定执行。

3. 电影放映服务、仓储服务、装卸搬运服务、收派服务和文化体育服务。

4. 以纳入营改增试点之日前取得的有形动产为标的物提供的经营租赁服务。

5. 在纳入营改增试点之日前签订的尚未执行完毕的有形动产租赁合同。

(七)建筑服务

1. 一般纳税人以清包工方式提供的建筑服务,可以选择适用简易计税方法计税。

以清包工方式提供建筑服务,是指施工方不采购建筑工程所需的材料或只采购辅助材料,并收取人工费、管理费或者其他费用的建筑服务。

2. 一般纳税人为甲供工程提供的建筑服务,可以选择适用简易计税方法计税。

甲供工程,是指全部或部分设备、材料、动力由工程发包方自行采购的建筑工程。

3. 一般纳税人为建筑工程老项目提供的建筑服务,可以选择适用简易计税方法计税。建筑工程老项目,是指:

(1)《建筑工程施工许可证》注明的合同开工日期在2016年4月30日前的建筑工程项目;

(2)未取得《建筑工程施工许可证》的,建筑工程承包合同注明的开工日期在2016年4月30日前的建筑工程项目。

4. 一般纳税人跨县(市)提供建筑服务,适用一般计税方法计税的,应以取得的全部价款和价外费用为销售额计算应纳税额。纳税人应以取得的全部价款和价外费用扣除支付的分包款后的余额,按照2%的预征率在建筑服务发生地预缴税款后,向机构所在地主管税务机关进行纳税申报。

5. 一般纳税人跨县(市)提供建筑服务,选择适用简易计税方法计税的,应以取得的全部价款和价外费用扣除支付的分包款后的余额为销售额,按照3%的征收率计算应纳税额。纳税人应按照上述计税方法在建筑服务发生地预缴税款后，向机构所在地主管税务机关进行纳税申报。

6. 试点纳税人中的小规模纳税人（以下称小规模纳税人）跨县（市）提供建筑服务，应以取得的全部价款和价外费用扣除支付的分包款后的余额为销售额，按照3%的征收率计算应纳税额。纳税人应按照上述计税方法在建筑服务发生地预缴税款后，向机构所在地主管税务机关进行纳税申报。

（八）销售不动产

1. 一般纳税人销售其2016年4月30日前取得（不含自建）的不动产，可以选择适用简易计税方法，以取得的全部价款和价外费用减去该项不动产购置原价或者取得不动产时的作价后的余额为销售额，按照5%的征收率计算应纳税额。纳税人应按照上述计税方法在不动产所在地预缴税款后，向机构所在地主管税务机关进行纳税申报。

2. 一般纳税人销售其2016年4月30日前自建的不动产，可以选择适用简易计税方法，以取得的全部价款和价外费用为销售额，按照5%的征收率计算应纳税额。纳税人应按照上述计税方法在不动产所在地预缴税款后，向机构所在地主管税务机关进行纳税申报。

3. 一般纳税人销售其2016年5月1日后取得（不含自建）的不动产，应适用一般计税方法，以取得的全部价款和价外费用为销售额计算应纳税额。纳税人应以取得的全部价款和价外费用减去该项不动产购置原价或者取得不动产时的作价后的余额，按照5%的预征率在不动产所在地预缴税款后，向机构所在地主管税务机关进行纳税申报。

4. 一般纳税人销售其2016年5月1日后自建的不动产，应适用一般计税方法，以取得的全部价款和价外费用为销售额计算应纳税额。纳税人应以取得的全部价款和价外费用，按照5%的预征率在不动产所在地预缴税款后，向机构所在地主管税务机关进行纳税申报。

5. 小规模纳税人销售其取得（不含自建）的不动产（不含个体工商户销售购买的住房和其他个人销售不动产），应以取得的全部价款和价外费用减去该项不动产购置原价或者取得不动产时的作价后的余额为销售额，按照5%的征收率计算应纳税额。纳税人应按照上述计税方法在不动产所在地预缴税款后，向机构所在地主管税务机关进行纳税申报。

6. 小规模纳税人销售其自建的不动产，应以取得的全部价款和价外费用为销售额，按照5%的征收率计算应纳税额。纳税人应按照上述计税方法在不动产所在地预缴税款后，向机构所在地主管税务机关进行纳税申报。

7. 房地产开发企业中的一般纳税人，销售自行开发的房地产老项目，可以选择适用简易计税方法按照 5% 的征收率计税。

8. 房地产开发企业中的小规模纳税人，销售自行开发的房地产项目，按照 5% 的征收率计税。

9. 房地产开发企业采取预收款方式销售所开发的房地产项目，在收到预收款时按照 3% 的预征率预缴增值税。

10. 个体工商户销售购买的住房，应按照附件 3《营业税改征增值税试点过渡政策的规定》第五条的规定征免增值税。纳税人应按照上述计税方法在不动产所在地预缴税款后，向机构所在地主管税务机关进行纳税申报。

11. 其他个人销售其取得（不含自建）的不动产（不含其购买的住房），应以取得的全部价款和价外费用减去该项不动产购置原价或者取得不动产时的作价后的余额为销售额，按照 5% 的征收率计算应纳税额。

（九）不动产经营租赁服务

1. 一般纳税人出租其 2016 年 4 月 30 日前取得的不动产，可以选择适用简易计税方法，按照 5% 的征收率计算应纳税额。纳税人出租其 2016 年 4 月 30 日前取得的与机构所在地不在同一县（市）的不动产，应按照上述计税方法在不动产所在地预缴税款后，向机构所在地主管税务机关进行纳税申报。

2. 公路经营企业中的一般纳税人收取试点前开工的高速公路的车辆通行费，可以选择适用简易计税方法，减按 3% 的征收率计算应纳税额。

试点前开工的高速公路，是指相关施工许可证明上注明的合同开工日期在 2016 年 4 月 30 日前的高速公路。

3. 一般纳税人出租其 2016 年 5 月 1 日后取得的、与机构所在地不在同一县（市）的不动产，应按照 3% 的预征率在不动产所在地预缴税款后，向机构所在地主管税务机关进行纳税申报。

4. 小规模纳税人出租其取得的不动产（不含个人出租住房），应按照 5% 的征收率计算应纳税额。纳税人出租与机构所在地不在同一县（市）的不动产，应按照上述计税方法在不动产所在地预缴税款后，向机构所在地主管税务机关进行纳税申报。

5. 其他个人出租其取得的不动产（不含住房），应按照 5% 的征收率计算应纳税额。

6. 个人出租住房，应按照 5% 的征收率减按 1.5% 计算应纳税额。

（十）一般纳税人销售其 2016 年 4 月 30 日前取得的不动产（不含自建），适用一般计税方法计税的，以取得的全部价款和价外费用为销售额计算应纳税额。上述纳税人应以取得的全部价款和价外费用减去该项不动产购置原价或者取得不动产时的作价后的余额，按照 5% 的预征率在不动产所在地预缴税款后，向机构所在地主管税务机关进行纳税申报。

房地产开发企业中的一般纳税人销售房地产老项目,以及一般纳税人出租其2016年4月30日前取得的不动产,适用一般计税方法计税的,应以取得的全部价款和价外费用,按照3%的预征率在不动产所在地预缴税款后,向机构所在地主管税务机关进行纳税申报。

一般纳税人销售其2016年4月30日前自建的不动产,适用一般计税方法计税的,应以取得的全部价款和价外费用为销售额计算应纳税额。纳税人应以取得的全部价款和价外费用,按照5%的预征率在不动产所在地预缴税款后,向机构所在地主管税务机关进行纳税申报。

(十一)一般纳税人跨省(自治区、直辖市或者计划单列市)提供建筑服务或者销售、出租取得的与机构所在地不在同一省(自治区、直辖市或者计划单列市)的不动产,在机构所在地申报纳税时,计算的应纳税额小于已预缴税额,且差额较大的,由国家税务总局通知建筑服务发生地或者不动产所在地省级税务机关,在一定时期内暂停预缴增值税。

(十二)纳税地点

属于固定业户的试点纳税人,总分支机构不在同一县(市),但在同一省(自治区、直辖市、计划单列市)范围内的,经省(自治区、直辖市、计划单列市)财政厅(局)和国家税务局批准,可以由总机构汇总向总机构所在地的主管税务机关申报缴纳增值税。

(十三)试点前发生的业务

1. 试点纳税人发生应税行为,按照国家有关营业税政策规定差额征收营业税的,因取得的全部价款和价外费用不足以抵减允许扣除项目金额,截至纳入营改增试点之日前尚未扣除的部分,不得在计算试点纳税人增值税应税销售额时抵减,应当向原主管地税机关申请退还营业税。

2. 试点纳税人发生应税行为,在纳入营改增试点之日前已缴纳营业税,营改增试点后因发生退款减除营业额的,应当向原主管地税机关申请退还已缴纳的营业税。

3. 试点纳税人纳入营改增试点之日前发生的应税行为,因税收检查等原因需要补缴税款的,应按照营业税政策规定补缴营业税。

(十四)销售使用过的固定资产

一般纳税人销售自己使用过的、纳入营改增试点之日前取得的固定资产,按照现行旧货相关增值税政策执行。

使用过的固定资产,是指纳税人符合《试点实施办法》第二十八条规定并根据财务会计制度已经计提折旧的固定资产。

(十五)扣缴增值税适用税率

境内的购买方为境外单位和个人扣缴增值税的，按照适用税率扣缴增值税。

（十六）其他规定

1. 试点纳税人销售电信服务时，附带赠送用户识别卡、电信终端等货物或者电信服务的，应将其取得的全部价款和价外费用进行分别核算，按各自适用的税率计算缴纳增值税。

2. 油气田企业发生应税行为，适用《试点实施办法》规定的增值税税率，不再适用《财政部国家税务总局关于印发＜油气田企业增值税管理办法＞的通知》（财税〔2009〕8号）规定的增值税税率。

二、原增值税纳税人[指按照《中华人民共和国增值税暂行条例》（国务院令第538号）（以下称《增值税暂行条例》）缴纳增值税的纳税人]有关政策。

（一）进项税额

1. 原增值税一般纳税人购进服务、无形资产或者不动产，取得的增值税专用发票上注明的增值税额为进项税额，准予从销项税额中抵扣。

2016年5月1日后取得并在会计制度上按固定资产核算的不动产或者2016年5月1日后取得的不动产在建工程，其进项税额应自取得之日起分2年从销项税额中抵扣，第一年抵扣比例为60%，第二年抵扣比例为40%。

融资租入的不动产以及在施工现场修建的临时建筑物、构筑物，其进项税额不适用上述分2年抵扣的规定。

2. 原增值税一般纳税人自用的应征消费税的摩托车、汽车、游艇，其进项税额准予从销项税额中抵扣。

3. 原增值税一般纳税人从境外单位或者个人购进服务、无形资产或者不动产，按照规定应当扣缴增值税的，准予从销项税额中抵扣的进项税额为自税务机关或者扣缴义务人取得的解缴税款的完税凭证上注明的增值税额。

纳税人凭完税凭证抵扣进项税额的，应当具备书面合同、付款证明和境外单位的对账单或者发票。资料不全的，其进项税额不得从销项税额中抵扣。

4. 原增值税一般纳税人购进货物或者接受加工修理修配劳务，用于《销售服务、无形资产或者不动产注释》所列项目的，不属于《增值税暂行条例》第十条所称的用于非增值税应税项目，其进项税额准予从销项税额中抵扣。

5. 原增值税一般纳税人购进服务、无形资产或者不动产，下列项目的进项税额不得从销项税额中抵扣：

（1）用于简易计税方法计税项目、免征增值税项目、集体福利或者个人消费。其中涉及的无形资产、不动产，仅指专用于上述项目的无形资产（不包括其他权益性无形资产）、不动产。

纳税人的交际应酬消费属于个人消费。

（2）非正常损失的购进货物，以及相关的加工修理修配劳务和交通运输服务。

（3）非正常损失的在产品、产成品所耗用的购进货物（不包括固定资产）、加工修理修配劳务和交通运输服务。

（4）非正常损失的不动产，以及该不动产所耗用的购进货物、设计服务和建筑服务。

（5）非正常损失的不动产在建工程所耗用的购进货物、设计服务和建筑服务。

纳税人新建、改建、扩建、修缮、装饰不动产，均属于不动产在建工程。

（6）购进的旅客运输服务、贷款服务、餐饮服务、居民日常服务和娱乐服务。

（7）财政部和国家税务总局规定的其他情形。

上述第（4）点、第（5）点所称货物，是指构成不动产实体的材料和设备，包括建筑装饰材料和给排水、采暖、卫生、通风、照明、通讯、煤气、消防、中央空调、电梯、电气、智能化楼宇设备及配套设施。

纳税人接受贷款服务向贷款方支付的与该笔贷款直接相关的投融资顾问费、手续费、咨询费等费用，其进项税额不得从销项税额中抵扣。

6.已抵扣进项税额的购进服务，发生上述第5点规定情形（简易计税方法计税项目、免征增值税项目除外）的，应当将该进项税额从当期进项税额中扣减；无法确定该进项税额的，按照当期实际成本计算应扣减的进项税额。

7.已抵扣进项税额的无形资产或者不动产，发生上述第5点规定情形的，按照下列公式计算不得抵扣的进项税额：

不得抵扣的进项税额＝无形资产或者不动产净值×适用税率

8.按照《增值税暂行条例》第十条和上述第5点不得抵扣且未抵扣进项税额的固定资产、无形资产、不动产，发生用途改变，用于允许抵扣进项税额的应税项目，可在用途改变的次月按照下列公式，依据合法有效的增值税扣税凭证，计算可以抵扣的进项税额：

可以抵扣的进项税额＝固定资产、无形资产、不动产净值/（1+适用税率）×适用税率

上述可以抵扣的进项税额应取得合法有效的增值税扣税凭证。

（二）增值税期末留抵税额

原增值税一般纳税人兼有销售服务、无形资产或者不动产的，截止到纳入营改增试点之日前的增值税期末留抵税额，不得从销售服务、无形资产或者不动产的销项税额中抵扣。

（三）混合销售

一项销售行为如果既涉及货物又涉及服务，为混合销售。从事货物的生产、批发

或者零售的单位和个体工商户的混合销售行为,按照销售货物缴纳增值税;其他单位和个体工商户的混合销售行为,按照销售服务缴纳增值税。

上述从事货物的生产、批发或者零售的单位和个体工商户,包括以从事货物的生产、批发或者零售为主,并兼营销售服务的单位和个体工商户在内。

附件3:

营业税改征增值税试点过渡政策的规定

一、下列项目免征增值税

(一)托儿所、幼儿园提供的保育和教育服务。

托儿所、幼儿园,是指经县级以上教育部门审批成立、取得办园许可证的实施0-6岁学前教育的机构,包括公办和民办的托儿所、幼儿园、学前班、幼儿班、保育院、幼儿院。

公办托儿所、幼儿园免征增值税的收入是指,在省级财政部门和价格主管部门审核报省级人民政府批准的收费标准以内收取的教育费、保育费。

民办托儿所、幼儿园免征增值税的收入是指,在报经当地有关部门备案并公示的收费标准范围内收取的教育费、保育费。

超过规定收费标准的收费,以开办实验班、特色班和兴趣班等为由另外收取的费用以及与幼儿入园挂钩的赞助费、支教费等超过规定范围的收入,不属于免征增值税的收入。

(二)养老机构提供的养老服务。

养老机构,是指依照民政部《养老机构设立许可办法》(民政部令第48号)设立并依法办理登记的为老年人提供集中居住和照料服务的各类养老机构;养老服务,是指上述养老机构按照民政部《养老机构管理办法》(民政部令第49号)的规定,为收住的老年人提供的生活照料、康复护理、精神慰藉、文化娱乐等服务。

(三)残疾人福利机构提供的育养服务。

(四)婚姻介绍服务。

(五)殡葬服务。

殡葬服务,是指收费标准由各地价格主管部门会同有关部门核定,或者实行政府指导价管理的遗体接运(含抬尸、消毒)、遗体整容、遗体防腐、存放(含冷藏)、火化、骨灰寄存、吊唁设施设备租赁、墓穴租赁及管理等服务。

(六)残疾人员本人为社会提供的服务。

(七)医疗机构提供的医疗服务。

医疗机构,是指依据国务院《医疗机构管理条例》(国务院令第149号)及卫生部《医疗机构管理条例实施细则》（卫生部令第35号）的规定，经登记取得《医疗机构执业许可证》的机构，以及军队、武警部队各级各类医疗机构。具体包括：各级各类医院、门诊部（所）、社区卫生服务中心（站）、急救中心（站）、城乡卫生院、护理院（所）、疗养院、临床检验中心，各级政府及有关部门举办的卫生防疫站（疾病控制中心）、各种专科疾病防治站（所），各级政府举办的妇幼保健所（站）、母婴保健机构、儿童保健机构，各级政府举办的血站（血液中心）等医疗机构。

本项所称的医疗服务，是指医疗机构按照不高于地（市）级以上价格主管部门会同同级卫生主管部门及其他相关部门制定的医疗服务指导价格（包括政府指导价和按照规定由供需双方协商确定的价格等）为就医者提供《全国医疗服务价格项目规范》所列的各项服务，以及医疗机构向社会提供卫生防疫、卫生检疫的服务。

（八）从事学历教育的学校提供的教育服务。

1.学历教育，是指受教育者经过国家教育考试或者国家规定的其他入学方式，进入国家有关部门批准的学校或者其他教育机构学习，获得国家承认的学历证书的教育形式。具体包括：

（1）初等教育：普通小学、成人小学。

（2）初级中等教育：普通初中、职业初中、成人初中。

（3）高级中等教育：普通高中、成人高中和中等职业学校（包括普通中专、成人中专、职业高中、技工学校）。

（4）高等教育：普通本专科、成人本专科、网络本专科、研究生（博士、硕士）、高等教育自学考试、高等教育学历文凭考试。

2.从事学历教育的学校，是指：

（1）普通学校。

（2）经地（市）级以上人民政府或者同级政府的教育行政部门批准成立、国家承认其学员学历的各类学校。

（3）经省级及以上人力资源社会保障行政部门批准成立的技工学校、高级技工学校。

（4）经省级人民政府批准成立的技师学院。

上述学校均包括符合规定的从事学历教育的民办学校，但不包括职业培训机构等国家不承认学历的教育机构。

3.提供教育服务免征增值税的收入，是指对列入规定招生计划的在籍学生提供学历教育服务取得的收入，具体包括：经有关部门审核批准并按规定标准收取的学费、住宿费、课本费、作业本费、考试报名费收入，以及学校食堂提供餐饮服务取得的伙食费收入。除此之外的收入，包括学校以各种名义收取的赞助费、择校费等，不属于免征增值税的范围。

学校食堂是指依照《学校食堂与学生集体用餐卫生管理规定》(教育部令第14号)管理的学校食堂。

(九)学生勤工俭学提供的服务。

(十)农业机耕、排灌、病虫害防治、植物保护、农牧保险以及相关技术培训业务,家禽、牲畜、水生动物的配种和疾病防治。

农业机耕,是指在农业、林业、牧业中使用农业机械进行耕作(包括耕耘、种植、收割、脱粒、植物保护等)的业务;排灌,是指对农田进行灌溉或者排涝的业务;病虫害防治,是指从事农业、林业、牧业、渔业的病虫害测报和防治的业务;农牧保险,是指为种植业、养殖业、牧业种植和饲养的动植物提供保险的业务;相关技术培训,是指与农业机耕、排灌、病虫害防治、植物保护业务相关以及为使农民获得农牧保险知识的技术培训业务;家禽、牲畜、水生动物的配种和疾病防治业务的免税范围,包括与该项服务有关的提供药品和医疗用具的业务。

(十一)纪念馆、博物馆、文化馆、文物保护单位管理机构、美术馆、展览馆、书画院、图书馆在自己的场所提供文化体育服务取得的第一道门票收入。

(十二)寺院、宫观、清真寺和教堂举办文化、宗教活动的门票收入。

(十三)行政单位之外的其他单位收取的符合《试点实施办法》第十条规定条件的政府性基金和行政事业性收费。

(十四)个人转让著作权。

(十五)个人销售自建自用住房。

(十六)2018年12月31日前,公共租赁住房经营管理单位出租公共租赁住房。

公共租赁住房,是指纳入省、自治区、直辖市、计划单列市人民政府及新疆生产建设兵团批准的公共租赁住房发展规划和年度计划,并按照《关于加快发展公共租赁住房的指导意见》(建保〔2010〕87号)和市、县人民政府制定的具体管理办法进行管理的公共租赁住房。

(十七)台湾航运公司、航空公司从事海峡两岸海上直航、空中直航业务在大陆取得的运输收入。

台湾航运公司,是指取得交通运输部颁发的"台湾海峡两岸间水路运输许可证"且该许可证上注明的公司登记地址在台湾的航运公司。

台湾航空公司,是指取得中国民用航空局颁发的"经营许可"或者依据《海峡两岸空运协议》和《海峡两岸空运补充协议》规定,批准经营两岸旅客、货物和邮件不定期(包机)运输业务,且公司登记地址在台湾的航空公司。

(十八)纳税人提供的直接或者间接国际货物运输代理服务。

1.纳税人提供直接或者间接国际货物运输代理服务，向委托方收取的全部国际货物运输代理服务收入，以及向国际运输承运人支付的国际运输费用，必须通过金融机构进行结算。

2.纳税人为大陆与香港、澳门、台湾地区之间的货物运输提供的货物运输代理服务参照国际货物运输代理服务有关规定执行。

3.委托方索取发票的，纳税人应当就国际货物运输代理服务收入向委托方全额开具增值税普通发票。

（十九）以下利息收入。

1.2016年12月31日前，金融机构农户小额贷款。

小额贷款，是指单笔且该农户贷款余额总额在10万元（含本数）以下的贷款。

所称农户，是指长期（一年以上）居住在乡镇（不包括城关镇）行政管理区域内的住户，还包括长期居住在城关镇所辖行政村范围内的住户和户口不在本地而在本地居住一年以上的住户，国有农场的职工和农村个体工商户。位于乡镇（不包括城关镇）行政管理区域内和在城关镇所辖行政村范围内的国有经济的机关、团体、学校、企事业单位的集体户；有本地户口，但举家外出谋生一年以上的住户，无论是否保留承包耕地均不属于农户。农户以户为统计单位，既可以从事农业生产经营，也可以从事非农业生产经营。农户贷款的判定应以贷款发放时的承贷主体是否属于农户为准。

2.国家助学贷款。

3.国债、地方政府债。

4.人民银行对金融机构的贷款。

5.住房公积金管理中心用住房公积金在指定的委托银行发放的个人住房贷款。

6.外汇管理部门在从事国家外汇储备经营过程中，委托金融机构发放的外汇贷款。

7.统借统还业务中，企业集团或企业集团中的核心企业以及集团所属财务公司按不高于支付给金融机构的借款利率水平或者支付的债券票面利率水平，向企业集团或者集团内下属单位收取的利息。

统借方向资金使用单位收取的利息，高于支付给金融机构借款利率水平或者支付的债券票面利率水平的，应全额缴纳增值税。

统借统还业务，是指：

（1）企业集团或者企业集团中的核心企业向金融机构借款或对外发行债券取得资金后，将所借资金分拨给下属单位（包括独立核算单位和非独立核算单位，下同），并向下属单位收取用于归还金融机构或债券购买方本息的业务。

（2）企业集团向金融机构借款或对外发行债券取得资金后，由集团所属财务公司与企业集团或者集团内下属单位签订统借统还贷款合同并分拨资金，并向企业集团或者集团内下属单位收取本息,再转付企业集团,由企业集团统一归还金融机构或债券购买方的业务。

(二十)被撤销金融机构以货物、不动产、无形资产、有价证券、票据等财产清偿债务。

被撤销金融机构,是指经人民银行、银监会依法决定撤销的金融机构及其分设于各地的分支机构,包括被依法撤销的商业银行、信托投资公司、财务公司、金融租赁公司、城市信用社和农村信用社。除另有规定外,被撤销金融机构所属、附属企业,不享受被撤销金融机构增值税免税政策。

(二十一)保险公司开办的一年期以上人身保险产品取得的保费收入。

一年期以上人身保险,是指保险期间为一年期及以上返还本利的人寿保险、养老年金保险,以及保险期间为一年期及以上的健康保险。

人寿保险,是指以人的寿命为保险标的的人身保险。

养老年金保险,是指以养老保障为目的,以被保险人生存为给付保险金条件,并按约定的时间间隔分期给付生存保险金的人身保险。养老年金保险应当同时符合下列条件:

1. 保险合同约定给付被保险人生存保险金的年龄不得小于国家规定的退休年龄。
2. 相邻两次给付的时间间隔不得超过一年。

健康保险,是指以因健康原因导致损失为给付保险金条件的人身保险。

上述免税政策实行备案管理,具体备案管理办法按照《国家税务总局关于一年期以上返还性人身保险产品免征营业税审批事项取消后有关管理问题的公告》(国家税务总局公告2015年第65号)规定执行。

(二十二)下列金融商品转让收入。

1. 合格境外投资者(QFII)委托境内公司在我国从事证券买卖业务。
2. 香港市场投资者(包括单位和个人)通过沪港通买卖上海证券交易所上市A股。
3. 对香港市场投资者(包括单位和个人)通过基金互认买卖内地基金份额。
4. 证券投资基金(封闭式证券投资基金,开放式证券投资基金)管理人运用基金买卖股票、债券。
5. 个人从事金融商品转让业务。

(二十三)金融同业往来利息收入。

1. 金融机构与人民银行所发生的资金往来业务。包括人民银行对一般金融机构贷款,以及人民银行对商业银行的再贴现等。
2. 银行联行往来业务。同一银行系统内部不同行、处之间所发生的资金账务往来业务。

3. 金融机构间的资金往来业务。是指经人民银行批准，进入全国银行间同业拆借市场的金融机构之间通过全国统一的同业拆借网络进行的短期（一年以下含一年）无担保资金融通行为。

4. 金融机构之间开展的转贴现业务。

金融机构是指：

（1）银行：包括人民银行、商业银行、政策性银行。

（2）信用合作社。

（3）证券公司。

（4）金融租赁公司、证券基金管理公司、财务公司、信托投资公司、证券投资基金。

（5）保险公司。

（6）其他经人民银行、银监会、证监会、保监会批准成立且经营金融保险业务的机构等。

（二十四）同时符合下列条件的担保机构从事中小企业信用担保或者再担保业务取得的收入（不含信用评级、咨询、培训等收入）3年内免征增值税：

1. 已取得监管部门颁发的融资性担保机构经营许可证，依法登记注册为企（事）业法人，实收资本超过2000万元。

2. 平均年担保费率不超过银行同期贷款基准利率的50%。

平均年担保费率=本期担保费收入/（期初担保余额+本期增加担保金额）×100%。

3. 连续合规经营2年以上，资金主要用于担保业务，具备健全的内部管理制度和为中小企业提供担保的能力，经营业绩突出，对受保项目具有完善的事前评估、事中监控、事后追偿与处置机制。

4. 为中小企业提供的累计担保贷款额占其两年累计担保业务总额的80%以上，单笔800万元以下的累计担保贷款额占其累计担保业务总额的50%以上。

5. 对单个受保企业提供的担保余额不超过担保机构实收资本总额的10%，且平均单笔担保责任金额最多不超过3000万元人民币。

6. 担保责任余额不低于其净资产的3倍，且代偿率不超过2%。

担保机构免征增值税政策采取备案管理方式。符合条件的担保机构应到所在地县（市）主管税务机关和同级中小企业管理部门履行规定的备案手续，自完成备案手续之日起，享受3年免征增值税政策。3年免税期满后，符合条件的担保机构可按规定程序办理备案手续后继续享受该项政策。

具体备案管理办法按照《国家税务总局关于中小企业信用担保机构免征营业税审批事项取消后有关管理问题的公告》（国家税务总局公告2015年第69号）规定执行，

其中税务机关的备案管理部门统一调整为县（市）级国家税务局。

（二十五）国家商品储备管理单位及其直属企业承担商品储备任务，从中央或者地方财政取得的利息补贴收入和价差补贴收入。

国家商品储备管理单位及其直属企业，是指接受中央、省、市、县四级政府有关部门（或者政府指定管理单位）委托，承担粮（含大豆）、食用油、棉、糖、肉、盐（限于中央储备）等6种商品储备任务，并按有关政策收储、销售上述6种储备商品，取得财政储备经费或者补贴的商品储备企业。利息补贴收入，是指国家商品储备管理单位及其直属企业因承担上述商品储备任务从金融机构贷款，并从中央或者地方财政取得的用于偿还贷款利息的贴息收入。价差补贴收入包括销售价差补贴收入和轮换价差补贴收入。销售价差补贴收入，是指按照中央或者地方政府指令销售上述储备商品时，由于销售收入小于库存成本而从中央或者地方财政获得的全额价差补贴收入。轮换价差补贴收入，是指根据要求定期组织政策性储备商品轮换而从中央或者地方财政取得的商品新陈品质价差补贴收入。

（二十六）纳税人提供技术转让、技术开发和与之相关的技术咨询、技术服务。

1. 技术转让、技术开发，是指《销售服务、无形资产、不动产注释》中"转让技术"、"研发服务"范围内的业务活动。技术咨询，是指就特定技术项目提供可行性论证、技术预测、专题技术调查、分析评价报告等业务活动。

与技术转让、技术开发相关的技术咨询、技术服务，是指转让方（或者受托方）根据技术转让或者开发合同的规定，为帮助受让方（或者委托方）掌握所转让（或者委托开发）的技术，而提供的技术咨询、技术服务业务，且这部分技术咨询、技术服务的价款与技术转让或者技术开发的价款应当在同一张发票上开具。

2. 备案程序。试点纳税人申请免征增值税时，须持技术转让、开发的书面合同，到纳税人所在地省级科技主管部门进行认定，并持有关的书面合同和科技主管部门审核意见证明文件报主管税务机关备查。

（二十七）同时符合下列条件的合同能源管理服务：

1. 节能服务公司实施合同能源管理项目相关技术，应当符合国家质量监督检验检疫总局和国家标准化管理委员会发布的《合同能源管理技术通则》（GB/T24915-2010）规定的技术要求。

2. 节能服务公司与用能企业签订节能效益分享型合同，其合同格式和内容，符合《中华人民共和国合同法》和《合同能源管理技术通则》（GB/T24915-2010）等规定。

（二十八）2017年12月31日前，科普单位的门票收入，以及县级及以上党政部门和科协开展科普活动的门票收入。

科普单位，是指科技馆、自然博物馆，对公众开放的天文馆（站、台）、气象台（站、地震台（站），以及高等院校、科研机构对公众开放的科普基地。

科普活动，是指利用各种传媒以浅显的、让公众易于理解、接受和参与的方式，向普通大众介绍自然科学和社会科学知识，推广科学技术的应用，倡导科学方法，传播科学思想，弘扬科学精神的活动。

（二十九）政府举办的从事学历教育的高等、中等和初等学校（不含下属单位），举办进修班、培训班取得的全部归该学校所有的收入。

全部归该学校所有，是指举办进修班、培训班取得的全部收入进入该学校统一账户，并纳入预算全额上缴财政专户管理，同时由该学校对有关票据进行统一管理和开具。

举办进修班、培训班取得的收入进入该学校下属部门自行开设账户的，不予免征增值税。

（三十）政府举办的职业学校设立的主要为在校学生提供实习场所、并由学校出资自办、由学校负责经营管理、经营收入归学校所有的企业，从事《销售服务、无形资产或者不动产注释》中"现代服务"（不含融资租赁服务、广告服务和其他现代服务）、"生活服务"（不含文化体育服务、其他生活服务和桑拿、氧吧）业务活动取得的收入。

（三十一）家政服务企业由员工制家政服务员提供家政服务取得的收入。

家政服务企业，是指在企业营业执照的规定经营范围中包括家政服务内容的企业。

员工制家政服务员，是指同时符合下列3个条件的家政服务员：

1. 依法与家政服务企业签订半年及半年以上的劳动合同或者服务协议，且在该企业实际上岗工作。

2. 家政服务企业为其按月足额缴纳了企业所在地人民政府根据国家政策规定的基本养老保险、基本医疗保险、工伤保险、失业保险等社会保险。对已享受新型农村养老保险和新型农村合作医疗等社会保险或者下岗职工原单位继续为其缴纳社会保险的家政服务员，如果本人书面提出不再缴纳企业所在地人民政府根据国家政策规定的相应的社会保险，并出具其所在乡镇或者原单位开具的已缴纳相关保险的证明，可视同家政服务企业已为其按月足额缴纳了相应的社会保险。

3. 家政服务企业通过金融机构向其实际支付不低于企业所在地适用的经省级人民政府批准的最低工资标准的工资。

（三十二）福利彩票、体育彩票的发行收入。

（三十三）军队空余房产租赁收入。

（三十四）为了配合国家住房制度改革，企业、行政事业单位按房改成本价、标准价出售住房取得的收入。

（三十五）将土地使用权转让给农业生产者用于农业生产。

（三十六）涉及家庭财产分割的个人无偿转让不动产、土地使用权。

家庭财产分割，包括下列情形：离婚财产分割；无偿赠予配偶、父母、子女、祖父母、外祖父母、孙子女、外孙子女、兄弟姐妹；无偿赠予对其承担直接抚养或者赡养义务的抚养人或者赡养人；房屋产权所有人死亡，法定继承人、遗嘱继承人或者受遗赠人依法取得房屋产权。

（三十七）土地所有者出让土地使用权和土地使用者将土地使用权归还给土地所有者。

（三十八）县级以上地方人民政府或自然资源行政主管部门出让、转让或收回自然资源使用权（不含土地使用权）。

（三十九）随军家属就业。

1. 为安置随军家属就业而新开办的企业，自领取税务登记证之日起，其提供的应税服务3年内免征增值税。

享受税收优惠政策的企业，随军家属必须占企业总人数的60%（含）以上，并有军（含）以上政治和后勤机关出具的证明。

2. 从事个体经营的随军家属，自办理税务登记事项之日起，其提供的应税服务3年内免征增值税。

随军家属必须有师以上政治机关出具的可以表明其身份的证明。

按照上述规定，每一名随军家属可以享受一次免税政策。

（四十）军队转业干部就业。

1. 从事个体经营的军队转业干部，自领取税务登记证之日起，其提供的应税服务3年内免征增值税。

2. 为安置自主择业的军队转业干部就业而新开办的企业，凡安置自主择业的军队转业干部占企业总人数60%（含）以上的，自领取税务登记证之日起，其提供的应税服务3年内免征增值税。

享受上述优惠政策的自主择业的军队转业干部必须持有师以上部队颁发的转业证件。

二、增值税即征即退

（一）一般纳税人提供管道运输服务，对其增值税实际税负超过3%的部分实行增值税即征即退政策。

（二）经人民银行、银监会或者商务部批准从事融资租赁业务的试点纳税人中的一般纳税人，提供有形动产融资租赁服务和有形动产融资性售后回租服务，对其增值税实际税负超过3%的部分实行增值税即征即退政策。商务部授权的省级商务主管部门和国家经济技术开发区批准的从事融资租赁业务和融资性售后回租业务的试点纳税人中的一般纳税人，2016年5月1日后实收资本达到1.7亿元的，从达到标准的当月起按照上述规定执行；2016年5月1日后实收资本未达到1.7亿元但注册资本达到1.7亿元的，在2016年7月31日前仍可按照上述规定执行，2016年8月1日后开展的有形动产融资租赁业务和有形动产融资性售后回租业务不得按照上述规定执行。

（三）本规定所称增值税实际税负，是指纳税人当期提供应税服务实际缴纳的增值税额占纳税人当期提供应税服务取得的全部价款和价外费用的比例。

三、扣减增值税规定

（一）退役士兵创业就业

1. 对自主就业退役士兵从事个体经营的，在3年内按每户每年8000元为限额依次扣减其当年实际应缴纳的增值税、城市维护建设税、教育费附加、地方教育附加和个人所得税。限额标准最高可上浮20%，各省、自治区、直辖市人民政府可根据本地区实际情况在此幅度内确定具体限额标准，并报财政部和国家税务总局备案。

纳税人年度应缴纳税款小于上述扣减限额的，以其实际缴纳的税款为限；大于上述扣减限额的，应以上述扣减限额为限。纳税人的实际经营期不足一年的，应当以实际月份换算其减免税限额。换算公式为：减免税限额＝年度减免税限额÷12×实际经营月数。

纳税人在享受税收优惠政策的当月，持《中国人民解放军义务兵退出现役证》或《中国人民解放军士官退出现役证》以及税务机关要求的相关材料向主管税务机关备案。

2. 对商贸企业、服务型企业、劳动就业服务企业中的加工型企业和街道社区具有加工性质的小型企业实体，在新增加的岗位中，当年新招用自主就业退役士兵，与其签订1年以上期限劳动合同并依法缴纳社会保险费的，在3年内按实际招用人数予以定额依次扣减增值税、城市维护建设税、教育费附加、地方教育附加和企业所得税优惠。定额标准为每人每年4000元，最高可上浮50%，各省、自治区、直辖市人民政府可根据本地区实际情况在此幅度内确定具体定额标准，并报财政部和国家税务总局备案。

本条所称服务型企业是指从事《销售服务、无形资产、不动产注释》中"不动产租赁服务"、"商务辅助服务"（不含货物运输代理和代理报关服务）、"生活服务"（不含文化体育服务）范围内业务活动的企业以及按照《民办非企业单位登记管理暂行条例》（国务院令第251号）登记成立的民办非企业单位。

纳税人按企业招用人数和签订的劳动合同时间核定企业减免税总额，在核定减免税总额内每月依次扣减增值税、城市维护建设税、教育费附加和地方教育附加。纳税人实际应缴纳的增值税、城市维护建设税、教育费附加和地方教育附加小于核定减免税总额的，以实际应缴纳的增值税、城市维护建设税、教育费附加和地方教育附加为限；实际应缴纳的增值税、城市维护建设税、教育费附加和地方教育附加大于核定减免税总额的，以核定减免税总额为限。

纳税年度终了，如果企业实际减免的增值税、城市维护建设税、教育费附加和地方教育附加小于核定的减免税总额，企业在企业所得税汇算清缴时扣减企业所得税。当年扣减不足的，不再结转以后年度扣减。

计算公式为：企业减免税总额＝∑每名自主就业退役士兵本年度在本企业工作月份÷12×定额标准。

企业自招用自主就业退役士兵的次月起享受税收优惠政策，并于享受税收优惠政策的当月，持下列材料向主管税务机关备案：

（1）新招用自主就业退役士兵的《中国人民解放军义务兵退出现役证》或《中国人民解放军士官退出现役证》。

（2）企业与新招用自主就业退役士兵签订的劳动合同（副本），企业为职工缴纳的社会保险费记录。

（3）自主就业退役士兵本年度在企业工作时间表。

（4）主管税务机关要求的其他相关材料。

3. 上述所称自主就业退役士兵是指依照《退役士兵安置条例》（国务院、中央军委令第608号）的规定退出现役并按自主就业方式安置的退役士兵。

4. 上述税收优惠政策的执行期限为2016年5月1日至2016年12月31日，纳税人在2016年12月31日未享受满3年的，可继续享受至3年期满为止。

按照《财政部 国家税务总局 民政部关于调整完善扶持自主就业退役士兵创业就业有关税收政策的通知》（财税〔2014〕42号）规定享受营业税优惠政策的纳税人，自2016年5月1日起按照上述规定享受增值税优惠政策，在2016年12月31日未享受满3年的，可继续享受至3年期满为止。

《财政部 国家税务总局关于将铁路运输和邮政业纳入营业税改征增值税试点的通知》（财税〔2013〕106号）附件3第一条第（十二）项城镇退役士兵就业免征增值税政策，自2014年7月1日起停止执行。在2014年6月30日未享受满3年的，可继续享受至3年期满为止。

（二）重点群体创业就业

1. 对持《就业创业证》（注明"自主创业税收政策"或"毕业年度内自主创业税收政策"）或2015年1月27日前取得的《就业失业登记证》（注明"自主创业税收政策"或附着《高校毕业生自主创业证》）的人员从事个体经营的，在3年内按每户每年8000元为限额依次扣减其当年实际应缴纳的增值税、城市维护建设税、教育费附加、地方教育附加和个人所得税。限额标准最高可上浮20%，各省、自治区、直辖市人民政府可根据本地区实际情况在此幅度内确定具体限额标准，并报财政部和国家税务总局备案。

纳税人年度应缴纳税款小于上述扣减限额的，以其实际缴纳的税款为限；大于上述扣减限额的，应以上述扣减限额为限。

上述人员是指：

（1）在人力资源社会保障部门公共就业服务机构登记失业半年以上的人员。

（2）零就业家庭、享受城市居民最低生活保障家庭劳动年龄内的登记失业人员。

（3）毕业年度内高校毕业生。高校毕业生是指实施高等学历教育的普通高等学校、成人高等学校毕业的学生；毕业年度是指毕业所在自然年，即1月1日至12月31日。

2. 对商贸企业、服务型企业、劳动就业服务企业中的加工型企业和街道社区具有加工性质的小型企业实体，在新增加的岗位中，当年新招用在人力资源社会保障部门公共就业服务机构登记失业半年以上且持《就业创业证》或2015年1月27日前取得的《就业失业登记证》（注明"企业吸纳税收政策"）人员，与其签订1年以上期限劳动合同并依法缴纳社会保险费的，在3年内按实际招用人数予以定额依次扣减增值税、城市维护建设税、教育费附加、地方教育附加和企业所得税优惠。定额标准为每人每年4000元，最高可上浮30%，各省、自治区、直辖市人民政府可根据本地区实际情况在此幅度内确定具体定额标准，并报财政部和国家税务总局备案。

按上述标准计算的税收扣减额应在企业当年实际应缴纳的增值税、城市维护建设税、教育费附加、地方教育附加和企业所得税税额中扣减，当年扣减不足的，不得结转下年使用。

本条所称服务型企业是指从事《销售服务、无形资产、不动产注释》中"不动产租赁服务"、"商务辅助服务"（不含货物运输代理和代理报关服务）、"生活服务"（不含文化体育服务）范围内业务活动的企业以及按照《民办非企业单位登记管理暂行条例》（国务院令第251号）登记成立的民办非企业单位。

3. 享受上述优惠政策的人员按以下规定申领《就业创业证》：

（1）按照《就业服务与就业管理规定》（劳动和社会保障部令第28号）第六十三条的规定，在法定劳动年龄内，有劳动能力，有就业要求，处于无业状态的城镇常住人员，在公共就业服务机构进行失业登记，申领《就业创业证》。其中，农村进城务工人员和其他非本地户籍人员在常住地稳定就业满6个月的，失业后可以在常住地登记。

（2）零就业家庭凭社区出具的证明，城镇低保家庭凭低保证明，在公共就业服务机构登记失业，申领《就业创业证》。

（3）毕业年度内高校毕业生在校期间凭学生证向公共就业服务机构按规定申领《就业创业证》，或委托所在高校就业指导中心向公共就业服务机构按规定代为其申领《就业创业证》；毕业年度内高校毕业生离校后直接向公共就业服务机构按规定申领《就业创业证》。

（4）上述人员申领相关凭证后，由就业和创业地人力资源社会保障部门对人员范围、就业失业状态、已享受政策情况进行核实，在《就业创业证》上注明"自主创业税收政策"、"毕业年度内自主创业税收政策"或"企业吸纳税收政策"字样，同时符合自主创业和企业吸纳税收政策条件的，可同时加注；主管税务机关在《就业创业证》上加盖戳记，注明减免税所属时间。

4. 上述税收优惠政策的执行期限为2016年5月1日至2016年12月31日，纳税人在2016年12月31日未享受满3年的，可继续享受至3年期满为止。

按照《财政部 国家税务总局 人力资源社会保障部关于继续实施支持和促进重点群体创业就业有关税收政策的通知》（财税〔2014〕39号）规定享受营业税优惠政策的纳税人，自2016年5月1日起按照上述规定享受增值税优惠政策，在2016年12月31日未享受满3年的，可继续享受至3年期满为止。

《财政部 国家税务总局关于将铁路运输和邮政业纳入营业税改征增值税试点的通知》（财税〔2013〕106号）附件3第一条第（十三）项失业人员就业增值税优惠政策，自2014年1月1日起停止执行。在2013年12月31日未享受满3年的，可继续享受至3年期满为止。

四、金融企业发放贷款后，自结息日起90天内发生的应收未收利息按现行规定缴纳增值税，自结息日起90天后发生的应收未收利息暂不缴纳增值税，待实际收到利息时按规定缴纳增值税。

上述所称金融企业，是指银行（包括国有、集体、股份制、合资、外资银行以及其他所有制形式的银行）、城市信用社、农村信用社、信托投资公司、财务公司。

五、个人将购买不足2年的住房对外销售的，按照5%的征收率全额缴纳增值税；个人将购买2年以上(含2年)的住房对外销售的，免征增值税。上述政策适用于北京市、上海市、广州市和深圳市之外的地区。

个人将购买不足2年的住房对外销售的，按照5%的征收率全额缴纳增值税；个人将购买2年以上（含2年）的非普通住房对外销售的，以销售收入减去购买住房价款后的差额按照5%的征收率缴纳增值税；个人将购买2年以上（含2年）的普通住房对外销售的，免征增值税。上述政策仅适用于北京市、上海市、广州市和深圳市。

办理免税的具体程序、购买房屋的时间、开具发票、非购买形式取得住房行为及其他相关税收管理规定，按照《国务院办公厅转发建设部等部门关于做好稳定住房价格工作意见的通知》（国办发〔2005〕26号）、《国家税务总局 财政部 建设部关于加强房地产税收管理的通知》（国税发〔2005〕89号）和《国家税务总局关于房地产税收政策执行中几个具体问题的通知》(国税发〔2005〕172号)的有关规定执行。

六、上述增值税优惠政策除已规定期限的项目和第五条政策外,其他均在营改增试点期间执行。如果试点纳税人在纳入营改增试点之日前已经按照有关政策规定享受了营业税税收优惠,在剩余税收优惠政策期限内,按照本规定享受有关增值税优惠。

附件4:

跨境应税行为适用增值税零税率和免税政策的规定

一、中华人民共和国境内(以下称境内)的单位和个人销售的下列服务和无形资产,适用增值税零税率:

(一)国际运输服务。

国际运输服务,是指:

1. 在境内载运旅客或者货物出境。

2. 在境外载运旅客或者货物入境。

3. 在境外载运旅客或者货物。

(二)航天运输服务。

(三)向境外单位提供的完全在境外消费的下列服务:

1. 研发服务。

2. 合同能源管理服务。

3. 设计服务。

4. 广播影视节目(作品)的制作和发行服务。

5. 软件服务。

6. 电路设计及测试服务。

7. 信息系统服务。

8. 业务流程管理服务。

9. 离岸服务外包业务。

离岸服务外包业务,包括信息技术外包服务(ITO)、技术性业务流程外包服务(BPO)、技术性知识流程外包服务(KPO),其所涉及的具体业务活动,按照《销售服务、无形资产、不动产注释》相对应的业务活动执行。

10. 转让技术。

(四)财政部和国家税务总局规定的其他服务。

二、境内的单位和个人销售的下列服务和无形资产免征增值税,但财政部和国家税务总局规定适用增值税零税率的除外:

(一)下列服务:

1. 工程项目在境外的建筑服务。
2. 工程项目在境外的工程监理服务。
3. 工程、矿产资源在境外的工程勘察勘探服务。
4. 会议展览地点在境外的会议展览服务。
5. 存储地点在境外的仓储服务。
6. 标的物在境外使用的有形动产租赁服务。
7. 在境外提供的广播影视节目（作品）的播映服务。
8. 在境外提供的文化体育服务、教育医疗服务、旅游服务。

（二）为出口货物提供的邮政服务、收派服务、保险服务。

为出口货物提供的保险服务，包括出口货物保险和出口信用保险。

（三）向境外单位提供的完全在境外消费的下列服务和无形资产：

1. 电信服务。
2. 知识产权服务。
3. 物流辅助服务（仓储服务、收派服务除外）。
4. 鉴证咨询服务。
5. 专业技术服务。
6. 商务辅助服务。
7. 广告投放地在境外的广告服务。
8. 无形资产。

（四）以无运输工具承运方式提供的国际运输服务。

（五）为境外单位之间的货币资金融通及其他金融业务提供的直接收费金融服务，且该服务与境内的货物、无形资产和不动产无关。

（六）财政部和国家税务总局规定的其他服务。

三、按照国家有关规定应取得相关资质的国际运输服务项目，纳税人取得相关资质的，适用增值税零税率政策，未取得的，适用增值税免税政策。

境内的单位或个人提供程租服务，如果租赁的交通工具用于国际运输服务和港澳台运输服务，由出租方按规定申请适用增值税零税率。

境内的单位和个人向境内单位或个人提供期租、湿租服务，如果承租方利用租赁的交通工具向其他单位或个人提供国际运输服务和港澳台运输服务，由承租方适用增值税零税率。境内的单位或个人向境外单位或个人提供期租、湿租服务，由出租方适用增值税零税率。

境内单位和个人以无运输工具承运方式提供的国际运输服务，由境内实际承运人适用增值税零税率；无运输工具承运业务的经营者适用增值税免税政策。

四、境内的单位和个人提供适用增值税零税率的服务或者无形资产，如果属于适用简易计税方法的，实行免征增值税办法。如果属于适用增值税一般计税方法的，生产企业实行免抵退税办法，外贸企业外购服务或者无形资产出口实行免退税办法，外贸企业直接将服务或自行研发的无形资产出口，视同生产企业连同其出口货物统一实行免抵退税办法。

服务和无形资产的退税率为其按照《试点实施办法》第十五条第（一）至（三）项规定适用的增值税税率。实行退（免）税办法的服务和无形资产，如果主管税务机关认定出口价格偏高的，有权按照核定的出口价格计算退（免）税，核定的出口价格低于外贸企业购进价格的，低于部分对应的进项税额不予退税，转入成本。

五、境内的单位和个人销售适用增值税零税率的服务或无形资产的，可以放弃适用增值税零税率，选择免税或按规定缴纳增值税。放弃适用增值税零税率后，36个月内不得再申请适用增值税零税率。

六、境内的单位和个人销售适用增值税零税率的服务或无形资产，按月向主管退税的税务机关申报办理增值税退（免）税手续。具体管理办法由国家税务总局商财政部另行制定。

七、本规定所称完全在境外消费，是指：

（一）服务的实际接受方在境外，且与境内的货物和不动产无关。

（二）无形资产完全在境外使用，且与境内的货物和不动产无关。

（三）财政部和国家税务总局规定的其他情形。

八、境内单位和个人发生的与香港、澳门、台湾有关的应税行为，除本文另有规定外，参照上述规定执行。

九、2016年4月30日前签订的合同，符合《财政部 国家税务总局关于将铁路运输和邮政业纳入营业税改征增值税试点的通知》（财税〔2013〕106号）附件4和《财政部 国家税务总局关于影视等出口服务适用增值税零税率政策的通知》（财税〔2015〕118号）规定的零税率或者免税政策条件的，在合同到期前可以继续享受零税率或者免税政策。

国家税务总局关于发布修订后的《出口退（免）税企业分类管理办法》的公告

（国家税务总局公告 2016 年第 46 号）

为深入贯彻落实《深化国税、地税征管体制改革方案》和《国务院关于促进外贸回稳向好的若干意见》（国发〔2016〕27 号），进一步优化出口退税管理，更好地发挥出口退税支持外贸发展的职能作用，推进社会信用体系建设，国家税务总局对《出口退（免）税企业分类管理办法》（国家税务总局公告 2015 年第 2 号发布）进行了修订，现予重新发布，自 2016 年 9 月 1 日起施行。《国家税务总局关于发布〈出口退（免）税企业分类管理办法〉的公告》（国家税务总局公告 2015 年第 2 号）同时废止。

特此公告。

附件：
1. 生产型出口企业生产能力情况报告
2. 出口退（免）税企业内部风险控制体系建设情况报告
3. 出口退（免）税企业管理类别评定表

国家税务总局
2016 年 7 月 13 日

出口退（免）税企业分类管理办法

第一章 总则

第一条 为进一步优化出口退（免）税管理，提高纳税人税法遵从度，推进社会信用体系建设，充分发挥出口退税支持外贸发展的职能作用，根据《中华人民共和国税收征收管理法》及其实施细则、相关出口税收规定，制定本办法。

第二条 国税机关应按照风险可控、放管服结合、利于遵从、便于办税的原则，对出口退（免）税企业（以下简称出口企业）进行分类管理。

第三条 出口企业管理类别分为一类、二类、三类、四类。

第四条 各省、自治区、直辖市、计划单列市国家税务局（以下简称省国家税务局）负责组织实施本地区出口企业的分类管理工作。

具有出口退（免）税审批权限的国家税务局负责评定所辖出口企业的管理类别。

第二章 出口企业管理类别的评定标准

第五条 一类出口企业的评定标准。

（一）生产企业应同时符合下列条件：

1. 企业的生产能力与上一年度申报出口退（免）税规模相匹配。

2. 近3年（含评定当年，下同）未发生过虚开增值税专用发票或者其他增值税扣税凭证、骗取出口退税行为。

3. [条款废止] 上一年度的年末净资产大于上一年度该企业已办理的出口退税额（不含免抵税额）。

4. 评定时纳税信用级别为A级或B级。

5. 企业内部建立了较为完善的出口退（免）税风险控制体系。

（二）外贸企业应同时符合下列条件：

1. 近3年未发生过虚开增值税专用发票或者其他增值税扣税凭证、骗取出口退税行为。

2. 上一年度的年末净资产大于上一年度该企业已办理出口退税额的60%。

3. 持续经营5年以上（因合并、分立、改制重组等原因新设立企业的情况除外）。

4. 评定时纳税信用级别为A级或B级。

5. 评定时海关企业信用管理类别为高级认证企业或一般认证企业。

6. 评定时外汇管理的分类管理等级为A级。

7. 企业内部建立了较为完善的出口退（免）税风险控制体系。

（三）外贸综合服务企业应同时符合下列条件：

1. 近3年未发生过虚开增值税专用发票或者其他增值税扣税凭证、骗取出口退税行为。

2. 上一年度的年末净资产大于上一年度该企业已办理出口退税额的30%。

3. 上一年度申报从事外贸综合服务业务的出口退税额，大于该企业全部出口退税额的80%。

4. 评定时纳税信用级别为A级或B级。

5. 评定时海关企业信用管理类别为高级认证企业或一般认证企业。

6. 评定时外汇管理的分类管理等级为A级。

7. 企业内部建立了较为完善的出口退（免）税风险控制体系。

第六条 具有下列情形之一的出口企业，其出口企业管理类别应评定为三类：

（一）自首笔申报出口退（免）税之日起至评定时未满12个月。

（二）评定时纳税信用级别为C级，或尚未评价纳税信用级别。

（三）[条款废止] 上一年度累计6个月以上未申报出口退（免）税（从事对外援助、

对外承包、境外投资业务的，以及出口季节性商品或出口生产周期较长的大型设备的出口企业除外）。

（四）上一年度发生过违反出口退（免）税有关规定的情形，但尚未达到税务机关行政处罚标准或司法机关处理标准的。

（五）存在省国家税务局规定的其他失信或风险情形。

第七条 具有下列情形之一的出口企业，其出口企业管理类别应评定为四类：

（一）评定时纳税信用级别为D级。

（二）上一年度发生过拒绝向国税机关提供有关出口退（免）税账簿、原始凭证、申报资料、备案单证等情形。

（三）上一年度因违反出口退（免）税有关规定，被税务机关行政处罚或被司法机关处理过的。

（四）评定时企业因骗取出口退税被停止出口退税权，或者停止出口退税权届满后未满2年。

（五）四类出口企业的法定代表人新成立的出口企业。

（六）列入国家联合惩戒对象的失信企业。

（七）海关企业信用管理类别认定为失信企业。

（八）外汇管理的分类管理等级为C级。

（九）存在省国家税务局规定的其他严重失信或风险情形。

第八条 一类、三类、四类出口企业以外的出口企业，其出口企业管理类别应评定为二类。

第三章 出口企业管理类别评定及调整

第九条 [条款废止部分] 出口企业管理类别评定工作每年进行1次，应于企业纳税信用级别评价结果确定后1个月内完成。评定工作完成的次月起，国税机关对出口企业实施对应的分类管理措施。

第十条 申请出口企业管理类别评定为一类的出口企业，应于企业纳税信用级别评价结果确定的当月向主管国税机关报送《生产型出口企业生产能力情况报告》（仅生产企业填报，样式见附件1）、《出口退（免）税企业内部风险控制体系建设情况报告》（样式见附件2）。

第十一条 县（区）国家税务局负责评定出口企业管理类别的，应于评定工作完成后10个工作日内将评定结果报地（市）国家税务局备案；地（市）国家税务局负责评定的，县（区）国家税务局须进行初评并填报《出口退（免）税企业管理类别评定表》（附件3），报地（市）国家税务局审定。

第十二条 负责评定出口企业管理类别的国税机关，应在评定工作完成后的15个工作日内将评定结果告知出口企业，并主动公开一类、四类的出口企业名单。

第十三条 主管国税机关发现出口企业存在下列情形的，应自发现之日起20个工作日内，调整其出口企业管理类别：

（一）一类、二类、三类出口企业的纳税信用级别发生降级的，可相应调整出口企业管理类别。

（二）一类、二类、三类出口企业发生以下情形之一的，出口企业管理类别应调整为四类：

1. 拒绝提供有关出口退（免）税账簿、原始凭证、申报资料、备案单证的。
2. 因违反出口退（免）税有关规定，被税务机关行政处罚或被司法机关处理。
3. 被列为国家联合惩戒对象的失信企业。

（三）一类、二类出口企业不配合国税机关实施出口退（免）税管理，以及未按规定收集、装订、存放出口退（免）税凭证及备案单证的，出口企业管理类别应调整为三类。

（四）一类、二类出口企业因涉嫌骗取出口退税被立案查处尚未结案的，暂按三类出口企业管理，待案件查结后，依据查处情况相应调整出口企业管理类别；三类、四类出口企业因涉嫌骗取出口退税被立案查处尚未结案的，暂按原类别管理，待案件查结后，依据查处情况调整出口企业管理类别。

（五）在国税机关完成年度管理类别评定后新增办理出口退（免）税备案的出口企业，其出口企业管理类别应确定为三类。

第十四条 负责评定出口企业管理类别的国税机关在评定出口企业的管理类别时，应根据出口企业上一年度的管理类别，按照四类、三类、二类、一类的顺序逐级晋级，原则上不得越级评定。

四类出口企业自评定之日起，12个月内不得评定为其他管理类别。

第十五条 国税机关应提高税源管理部门、纳税服务部门、稽查部门、进出口税收管理部门之间信息共享的质量和效率，建立相应的信息通报制度，及时传递出口企业的纳税信用级别评定结果、纳税评估情况、税务稽查立案及处理情况等信息。

第四章 分类管理及服务措施

第十六条 主管国税机关可为一类出口企业提供绿色办税通道（特约服务区），优先办理出口退税，并建立重点联系制度，及时解决企业有关出口退（免）税问题。

对一类出口企业中纳税信用级别为A级的纳税人，按照《关于对纳税信用A级纳税人实施联合激励措施的合作备忘录》的规定，实施联合激励措施。

第十七条 对一类出口企业申报的出口退（免）税，国税机关经审核，同时符合下列条件的，应自受理企业申报之日起，5个工作日内办结出口退（免）税手续：

（一）申报的电子数据与海关出口货物报关单结关信息、增值税专用发票信息比对无误。

（二）出口退（免）税额计算准确无误。

（三）不涉及税务总局和省国家税务局确定的预警风险信息。

（四）属于外贸企业的，出口的货物是从纳税信用级别为A级或B级的供货企业购进。

（五）属于外贸综合服务企业的，接受其提供服务的中小生产企业的纳税信用级别为A级或B级。

第十八条 对二类出口企业申报的出口退（免）税，国税机关经审核，同时符合下列条件的，应自受理企业申报之日起，10个工作日内办结出口退（免）税手续：

（一）符合出口退（免）税相关规定。

（二）申报的电子数据与海关出口货物报关单结关信息、增值税专用发票信息比对无误。

（三）未发现审核疑点或者审核疑点已排除完毕。

第十九条 对三类出口企业申报的出口退（免）税，国税机关经审核，同时符合下列条件的，应自受理企业申报之日起，15个工作日内办结出口退（免）税手续：

（一）符合出口退（免）税相关规定。

（二）申报的电子数据与海关出口货物报关单结关信息、增值税专用发票信息比对无误。

（三）未发现审核疑点或者审核疑点已排除完毕。

第二十条 对四类出口企业申报的出口退（免）税，国税机关应按下列规定进行审核：

（一）申报的纸质凭证、资料应与电子数据相互匹配且逻辑相符。

（二）申报的电子数据应与海关出口货物报关单结关信息、增值税专用发票信息比对无误。

（三）对该类企业申报出口退（免）税的外购出口货物或视同自产产品，国税机关应对每户供货企业的发票，都要抽取一定的比例发函调查。

（四）属于生产企业的，对其申报出口退（免）税的自产产品，国税机关应对其生产能力、纳税情况进行评估。

国税机关按上述要求完成审核，并排除所有审核疑点后，应自受理企业申报之日起，20个工作日内办结出口退（免）税手续。

第二十一条 出口企业申报的出口退（免）税，国税机关发现存在下列情形之一的，应按规定予以核实，排除相关疑点后，方可办理出口退（免）税，不受本办法有关办结出口退（免）税手续时限的限制：

（一）不符合本办法第十七条、第十八条、第十九条、第二十条规定的。

（二）涉及海关、外汇管理局等出口监管部门提供的风险信息。

第二十二条 各省国家税务局应定期组织对已办理的出口退（免）税情况开展风险分析工作，发现出口企业申报的退（免）税存在骗取出口退税疑点的，应按规定进行评估、核查，发现问题的，应按规定予以处理。

第五章 附则

第二十三条 本办法用语的含义：

"出口退（免）税企业"，指适用出口退（免）税政策的企业和其他单位，以及适用增值税零税率政策的应税服务提供者。按照出口企业适用的出口退（免）税办法和经营业态，分为生产企业、外贸企业、外贸综合服务企业。

"生产企业"，指适用免抵退税办法的出口企业。

"外贸企业"，指适用免退税办法的出口企业。

"一类出口企业""二类出口企业""三类出口企业""四类出口企业"，指出口退（免）税企业分类管理类别分别为一类、二类、三类、四类的出口企业。

"上一年度"，指评定出口退（免）税企业管理类别的上一个自然年度。

"外贸综合服务业务"，应同时符合以下条件：

（一）出口货物为国内生产企业自产的货物。

（二）国内生产企业已将出口货物销售给外贸综合服务企业。

（三）国内生产企业与境外单位或个人已经签订出口合同，并约定货物由外贸综合服务企业出口至境外单位或个人，货款由境外单位或个人支付给外贸综合服务企业。

（四）外贸综合服务企业以自营方式出口。

（五）外贸综合服务企业申报出口退（免）税时，在《外贸企业出口退税进货明细申报表》第15栏（业务类型）、《外贸企业出口退税出口明细申报表》第19栏〔退（免）税业务类型〕填写"WMZHFW"。

"办结出口退（免）税手续"，指国税机关对出口企业申报的符合规定的退（免）税，开具税收收入退还书并传递至国库。

第二十四条 各省国家税务局可以根据本办法制定和细化具体实施办法。

第二十五条 本办法自2016年9月1日起施行，以出口企业申报退（免）税时间为准。

国家税务总局关于出口退（免）税申报有关问题的公告

（国家税务总局公告2018年第16号）

为进一步落实税务系统"放管服"改革要求，简化出口退（免）税手续，优化出口退（免）税服务，持续加快退税进度，支持外贸出口，现就出口退（免）税申报有关问题公告如下：

一、出口企业或其他单位办理出口退（免）税备案手续时，应按规定向主管税务机关填报修改后的《出口退（免）税备案表》（附件1）。

二、出口企业和其他单位申报出口退（免）税时，不再进行退（免）税预申报。主管税务机关确认申报凭证的内容与对应的管理部门电子信息无误后方可受理出口退（免）税申报。

三、实行免抵退税办法的出口企业或其他单位在申报办理出口退（免）税时，不再报送当期《增值税纳税申报表》。

四、出口企业按规定申请开具代理进口货物证明时，不再提供进口货物报关单（加工贸易专用）。

五、外贸企业购进货物需分批申报退（免）税的以及生产企业购进非自产应税消费品需分批申报消费税退税的，出口企业不再向主管税务机关填报《出口退税进货分批申报单》，由主管税务机关通过出口税收管理系统对进货凭证进行核对。

六、出口企业或其他单位在出口退（免）税申报期限截止之日前，申报出口退（免）税的出口报关单、代理出口货物证明、委托出口货物证明、增值税进货凭证仍没有电子信息或凭证的内容与电子信息比对不符的，应在出口退（免）税申报期限截止之日前，向主管税务机关报送《出口退（免）税凭证无相关电子信息申报表》（附件2）。相关退（免）税申报凭证及资料留存企业备查，不再报送。

七、出口企业或其他单位出口货物劳务、发生增值税跨境应税行为，由于以下原因未收齐单证，无法在规定期限内申报的，应在出口退（免）税申报期限截止之日前，向负责管理出口退（免）税的主管税务机关报送《出口退（免）税延期申报申请表》（附件3）及相关举证资料，提出延期申报申请。主管税务机关自受理企业申请之日起20个工作日内完成核准，并将结果告知出口企业或其他单位。

（一）自然灾害、社会突发事件等不可抗力因素；

（二）出口退（免）税申报凭证被盗、抢，或者因邮寄丢失、误递；

（三）有关司法、行政机关在办理业务或者检查中，扣押出口退（免）税申报凭证；

（四）买卖双方因经济纠纷，未能按时取得出口退（免）税申报凭证；

（五）由于企业办税人员伤亡、突发危重疾病或者擅自离职，未能办理交接手续，导致不能按期提供出口退（免）税申报凭证；

（六）由于企业向海关提出修改出口货物报关单申请，在出口退（免）税申报期限截止之日前海关未完成修改，导致不能按期提供出口货物报关单；

（七）有关政府部门在出口退（免）税申报期限截止之日前未出具出口退（免）税申报所需凭证资料；

（八）国家税务总局规定的其他情形。

八、出口企业申报退（免）税的出口货物，应按照《国家税务总局关于出口企业申报出口货物退（免）税提供收汇资料有关问题的公告》（国家税务总局公告2013年第30号，以下称"30号公告"）的规定在出口退（免）税申报截止之日前收汇，未按规定收汇的出口货物适用增值税免税政策。对有下列情形之一的出口企业，在申报出口退（免）税时，须按照30号公告的规定提供收汇资料：

（一）出口退（免）税企业分类管理类别为四类的；

（二）主管税务机关发现出口企业申报的不能收汇原因是虚假的；

（三）主管税务机关发现出口企业提供的出口货物收汇凭证是冒用的。

上述第（一）种情形自出口企业被主管税务机关评定为四类企业的次月起执行；第（二）种至第（三）种情形自主管税务机关通知出口企业之日起24个月内执行。上述情形的执行时间以申报退（免）税时间为准。

出口企业同时存在上述两种以上情形的，执行时间的截止时间为几种情形中的最晚截止时间。

九、生产企业应于每年4月20日前，按以下规定向主管税务机关申请办理上年度海关已核销的进料加工手册（账册）项下的进料加工业务核销手续。4月20日前未进行核销的，对该企业的出口退（免）税业务，主管税务机关暂不办理，在其进行核销后再办理。

（一）生产企业申请核销前，应从主管税务机关获取海关联网监管加工贸易电子数据中的进料加工"电子账册（电子化手册）核销数据"以及进料加工业务的进口和出口货物报关单数据。

生产企业将获取的反馈数据与进料加工手册（账册）实际发生的进口和出口情况核对后，填报《生产企业进料加工业务免抵退税核销表》（附件4）向主管税务机关申请核销。如果核对发现，实际业务与反馈数据不一致的，生产企业还应填写《已核销手册（账册）海关数据调整表》（附件5）连同电子数据和证明材料一并报送主管税务机关。

（二）主管税务机关应将企业报送的电子数据读入出口退税审核系统，对《生产企业进料加工业务免抵退税核销表》和《已核销手册（账册）海关数据调整表》及证明资料进行审核。

（三）主管税务机关确认核销后，生产企业应以《生产企业进料加工业务免抵退税核销表》中的"已核销手册（账册）综合实际分配率"，作为当年度进料加工计划分配率。同时，应在核销确认的次月，根据《生产企业进料加工业务免抵退税核销表》确认的不得免征和抵扣税额在纳税申报时申报调整；应在确认核销后的首次免抵退税申报时，根据《生产企业进料加工业务免抵退税核销表》确认的调整免抵退税额申报调整当期免抵退税额。

（四）生产企业发现核销数据有误的，应在发现次月按照本条第（一）项至第（三）项的有关规定向主管税务机关重新办理核销手续。

十、出口企业因纳税信用级别、海关企业信用管理类别、外汇管理的分类管理等级等发生变化，或者对分类管理类别评定结果有异议的，可以书面向负责评定出口企业管理类别的税务机关提出重新评定管理类别。有关税务机关应按照《国家税务总局关于发布修订后的〈出口退（免）税企业分类管理办法〉的公告》（国家税务总局公告2016年第46号）的规定，自收到企业复评资料之日起20个工作日内完成评定工作。

十一、境内单位提供航天运输服务或在轨交付空间飞行器及相关货物，在进行出口退（免）税申报时，应填报《航天发射业务出口退税申报明细表》（附件6），并提供下列资料及原始凭证的复印件：

（一）签订的发射合同或在轨交付合同；

（二）发射合同或在轨交付合同对应的项目清单项下购进航天运输器及相关货物和空间飞行器及相关货物的增值税专用发票或海关进口增值税专用缴款书、接受发射运行保障服务的增值税专用发票；

（三）从与之签订航天运输服务合同的单位取得收入的收款凭证。

《国家税务总局关于发布〈适用增值税零税率应税服务退（免）税管理办法〉的公告》（国家税务总局公告2014年第11号）第九条第二项第1目规定的其他具有提供商业卫星发射服务资质的证明材料，包括国家国防科技工业局颁发的《民用航天发射项目许可证》。

十二、《废止文件、条款目录》见附件7。

本公告自2018年5月1日起施行。

特此公告。

附件：

1. 出口退（免）税备案表
2. 出口退（免）税凭证无相关电子信息申报表
3. 出口退（免）税延期申报申请表
4. 生产企业进料加工业务免抵退税核销表
5. 已核销手册（账册）海关数据调整表
6. 航天发射业务出口退税申报明细表
7. 废止文件、条款目录

国家税务总局
2018 年 4 月 19 日

附件7：

废止文件、条款目录

序号	标题	文号	废止内容
1	国家税务总局关于发布《出口货物税收函调管理办法》的公告	国家税务总局公告2010年第11号	自 2016 年 1 月 1 日起全文废止
2	国家税务总局关于出口货物退（免）税实行有关单证备案管理制度（暂行）的通知	国税发〔2005〕199 号	全文废止
3	国家税务总局关于发布《出口货物劳务增值税和消费税管理办法》的公告	国家税务总局公告2012年第24号	废止第五条第（二）项第5目第（2）"出口退税进货分批申报单"的内容
			废止第十条第（二）项第2目
			废止第十条第（五）项
4	国家税务总局关于《出口货物劳务增值税和消费税管理办法》有关问题的公告	国家税务总局公告2013年第12号	废止第二条第（二）项、第（十八）项
			废止第二条第（十）项第3目
5	国家税务总局关于出口企业申报出口货物退（免）税提供收汇资料有关问题的公告	国家税务总局公告2013年第30号	废止第二条第二款
6	国家税务总局关于调整出口退（免）税申报办法的公告	国家税务总局公告2013年第61号	废止第一条、第二条、第三条、第四条
7	国家税务总局关于发布《适用增值税零税率应税服务退（免）税管理办法》的公告	国家税务总局公告2014年第11号	废止第十三条第二项
			废止第十三条第五项第2目
8	国家税务总局关于《发布横琴、平潭开发有关增值税和消费税退税管理办法（试行）》的公告	国家税务总局公告2014年第70号	废止第五条第五项第3目"出口退税进货分批单"

国家税务总局关于统一小规模纳税人标准有关出口退（免）税问题的公告

（国家税务总局公告2018年第20号）

根据《财政部税务总局关于统一增值税小规模纳税人标准的通知》（财税〔2018〕33号）、《国家税务总局关于统一小规模纳税人标准等若干增值税问题的公告》（国家税务总局公告2018年第18号）及现行出口退（免）税有关规定，现将统一小规模纳税人标准有关出口退（免）税问题公告如下：

一、一般纳税人转登记为小规模纳税人（以下称转登记纳税人）的，其在一般纳税人期间出口适用增值税退（免）税政策的货物劳务、发生适用增值税零税率跨境应税行为（以下称出口货物劳务、服务），继续按照现行规定申报和办理出口退（免）税相关事项。

自转登记日下期起，转登记纳税人出口货物劳务、服务，适用增值税免税规定，按照现行小规模纳税人的有关规定办理增值税纳税申报。

出口货物劳务、服务的时间，按以下原则确定：属于向海关报关出口的货物劳务，以出口货物报关单上注明的出口日期为准；属于非报关出口销售的货物、发生适用增值税零税率跨境应税行为，以出口发票或普通发票的开具时间为准；属于保税区内出口企业或其他单位出口的货物以及经保税区出口的货物，以货物离境时海关出具的出境货物备案清单上注明的出口日期为准。

二、原实行免抵退税办法的转登记纳税人在一般纳税人期间出口货物劳务、服务，尚未申报抵扣的进项税额以及转登记日当期的期末留抵税额，计入"应交税费—待抵扣进项税额"，并参与免抵退税计算。上述尚未申报抵扣的进项税额应符合国家税务总局公告2018年第18号第四条第二款的规定。

上述转登记纳税人发生国家税务总局公告2018年第18号第五条所述情形、按照本公告第一条第一款规定申报办理出口退（免）税或者退运等情形，需要调整"应交税费—待抵扣进项税额"的，应据实调整，准确核算"应交税费—待抵扣进项税额"的变动情况。

三、原实行免退税办法的转登记纳税人在一般纳税人期间出口货物劳务、服务，尚未申报免退税的进项税额可继续申报免退税。

上述尚未申报免退税的进项税额应符合国家税务总局公告2018年第18号第四条第二款的规定。其中，用于申报免退税的海关进口增值税专用缴款书，转登记纳税人不申请进行电子信息稽核比对，应经主管税务机关查询，确认与海关进口增值税专用缴款书电子信息相符且未被用于抵扣或退税。

四、转登记纳税人结清出口退（免）税款后，应按照规定办理出口退（免）税备案变更。

委托外贸综合服务企业（以下称综服企业）代办退税的转登记纳税人，应在综服企业主管税务机关按规定向综服企业结清该转登记纳税人的代办退税款后，按照规定办理委托代办退税备案撤回。

五、转登记纳税人再次登记为一般纳税人的，应比照新发生出口退（免）税业务的出口企业或其他单位，办理出口退（免）税有关事宜。

六、本公告自 2018 年 5 月 1 日起施行。

特此公告。

国家税务总局

2018 年 4 月 22 日

财政部 税务总局 海关总署关于深化增值税改革有关政策的公告

（财政部、税务总局、海关总署公告2019年第39号）

为贯彻落实党中央、国务院决策部署，推进增值税实质性减税，现将2019年增值税改革有关事项公告如下：

一、增值税一般纳税人（以下称纳税人）发生增值税应税销售行为或者进口货物，原适用16%税率的，税率调整为13%；原适用10%税率的，税率调整为9%。

二、纳税人购进农产品，原适用10%扣除率的，扣除率调整为9%。纳税人购进用于生产或者委托加工13%税率货物的农产品，按照10%的扣除率计算进项税额。

三、原适用16%税率且出口退税率为16%的出口货物劳务，出口退税率调整为13%；原适用10%税率且出口退税率为10%的出口货物、跨境应税行为，出口退税率调整为9%。

2019年6月30日前（含2019年4月1日前），纳税人出口前款所涉货物劳务、发生前款所涉跨境应税行为，适用增值税免退税办法的，购进时已按调整前税率征收增值税的，执行调整前的出口退税率，购进时已按调整后税率征收增值税的，执行调整后的出口退税率；适用增值税免抵退税办法的，执行调整前的出口退税率，在计算免抵退税时，适用税率低于出口退税率的，适用税率与出口退税率之差视为零参与免抵退税计算。

出口退税率的执行时间及出口货物劳务、发生跨境应税行为的时间，按照以下规定执行：报关出口的货物劳务（保税区及经保税区出口除外），以海关出口报关单上注明的出口日期为准；非报关出口的货物劳务、跨境应税行为，以出口发票或普通发票的开具时间为准；保税区及经保税区出口的货物，以货物离境时海关出具的出境货物备案清单上注明的出口日期为准。

四、适用13%税率的境外旅客购物离境退税物品，退税率为11%；适用9%税率的境外旅客购物离境退税物品，退税率为8%。

2019年6月30日前，按调整前税率征收增值税的，执行调整前的退税率；按调整后税率征收增值税的，执行调整后的退税率。

退税率的执行时间，以退税物品增值税普通发票的开具日期为准。

五、自2019年4月1日起，《营业税改征增值税试点有关事项的规定》（财税〔2016〕36号印发）第一条第（四）项第1点、第二条第（一）项第1点停止执行，纳税人取得不动产或者不动产在建工程的进项税额不再分2年抵扣。此前按照上述规定尚未抵扣完毕的待抵扣进项税额，可自2019年4月税款所属期起从销项税额中抵扣。

六、纳税人购进国内旅客运输服务，其进项税额允许从销项税额中抵扣。

（一）纳税人未取得增值税专用发票的，暂按照以下规定确定进项税额：

1. 取得增值税电子普通发票的，为发票上注明的税额；

2. 取得注明旅客身份信息的航空运输电子客票行程单的，为按照下列公式计算进项税额：

航空旅客运输进项税额＝（票价＋燃油附加费）÷（1+9%）×9%

3. 取得注明旅客身份信息的铁路车票的，为按照下列公式计算的进项税额：

铁路旅客运输进项税额＝票面金额÷（1+9%）×9%

4. 取得注明旅客身份信息的公路、水路等其他客票的，按照下列公式计算进项税额：

公路、水路等其他旅客运输进项税额＝票面金额÷（1+3%）×3%

（二）《营业税改征增值税试点实施办法》（财税〔2016〕36号印发）第二十七条第（六）项和《营业税改征增值税试点有关事项的规定》（财税〔2016〕36号印发）第二条第（一）项第5点中"购进的旅客运输服务、贷款服务、餐饮服务、居民日常服务和娱乐服务"修改为"购进的贷款服务、餐饮服务、居民日常服务和娱乐服务"。

七、自2019年4月1日至2021年12月31日，允许生产、生活性服务业纳税人按照当期可抵扣进项税额加计10%，抵减应纳税额（以下称加计抵减政策）。

（一）本公告所称生产、生活性服务业纳税人，是指提供邮政服务、电信服务、现代服务、生活服务（以下称四项服务）取得的销售额占全部销售额的比重超过50%的纳税人。四项服务的具体范围按照《销售服务、无形资产、不动产注释》（财税〔2016〕36号印发）执行。

2019年3月31日前设立的纳税人，自2018年4月至2019年3月期间的销售额（经营期不满12个月的，按照实际经营期的销售额）符合上述规定条件的，自2019年4月1日起适用加计抵减政策。

2019年4月1日后设立的纳税人，自设立之日起3个月的销售额符合上述规定条件的，自登记为一般纳税人之日起适用加计抵减政策。

纳税人确定适用加计抵减政策后，当年内不再调整，以后年度是否适用，根据上年度销售额计算确定。

纳税人可计提但未计提的加计抵减额，可在确定适用加计抵减政策当期一并计提。

（二）纳税人应按照当期可抵扣进项税额的10%计提当期加计抵减额。按照现行规定不得从销项税额中抵扣的进项税额，不得计提加计抵减额；已计提加计抵减额的

进项税额,按规定作进项税额转出的,应在进项税额转出当期,相应调减加计抵减额。计算公式如下:

当期计提加计抵减额=当期可抵扣进项税额×10%

当期可抵减加计抵减额=上期末加计抵减额余额+当期计提加计抵减额-当期调减加计抵减额

(三)纳税人应按照现行规定计算一般计税方法下的应纳税额(以下称抵减前的应纳税额)后,区分以下情形加计抵减:

1. 抵减前的应纳税额等于零的,当期可抵减加计抵减额全部结转下期抵减;

2. 抵减前的应纳税额大于零,且大于当期可抵减加计抵减额的,当期可抵减加计抵减额全额从抵减前的应纳税额中抵减;

3. 抵减前的应纳税额大于零,且小于或等于当期可抵减加计抵减额的,以当期可抵减加计抵减额抵减应纳税额至零。未抵减完的当期可抵减加计抵减额,结转下期继续抵减。

(四)纳税人出口货物劳务、发生跨境应税行为不适用加计抵减政策,其对应的进项税额不得计提加计抵减额。

纳税人兼营出口货物劳务、发生跨境应税行为且无法划分不得计提加计抵减额的进项税额,按照以下公式计算:

不得计提加计抵减额的进项税额=当期无法划分的全部进项税额×当期出口货物劳务和发生跨境应税行为的销售额÷当期全部销售额

(五)纳税人应单独核算加计抵减额的计提、抵减、调减、结余等变动情况。骗取适用加计抵减政策或虚增加计抵减额的,按照《中华人民共和国税收征收管理法》等有关规定处理。

(六)加计抵减政策执行到期后,纳税人不再计提加计抵减额,结余的加计抵减额停止抵减。

八、自 2019 年 4 月 1 日起,试行增值税期末留抵税额退税制度。

(一)同时符合以下条件的纳税人,可以向主管税务机关申请退还增量留抵税额:

1. 自 2019 年 4 月税款所属期起,连续六个月(按季纳税的,连续两个季度)增量留抵税额均大于零,且第六个月增量留抵税额不低于 50 万元;

2. 纳税信用等级为 A 级或者 B 级;

3. 申请退税前 36 个月未发生骗取留抵退税、出口退税或虚开增值税专用发票情形的;

4. 申请退税前 36 个月未因偷税被税务机关处罚两次及以上的;

5. 自 2019 年 4 月 1 日起未享受即征即退、先征后返(退)政策的。

（二）本公告所称增量留抵税额，是指与2019年3月底相比新增加的期末留抵税额。

（三）纳税人当期允许退还的增量留抵税额，按照以下公式计算：

允许退还的增量留抵税额 = 增量留抵税额 × 进项构成比例 × 60%

进项构成比例，为2019年4月至申请退税前一税款所属期内已抵扣的增值税专用发票（含税控机动车销售统一发票）、海关进口增值税专用缴款书、解缴税款完税凭证注明的增值税额占同期全部已抵扣进项税额的比重。

（四）纳税人应在增值税纳税申报期内，向主管税务机关申请退还留抵税额。

（五）纳税人出口货物劳务、发生跨境应税行为，适用免抵退税办法的，办理免抵退税后，仍符合本公告规定条件的，可以申请退还留抵税额；适用免退税办法的，相关进项税额不得用于退还留抵税额。

（六）纳税人取得退还的留抵税额后，应相应调减当期留抵税额。按照本条规定再次满足退税条件的，可以继续向主管税务机关申请退还留抵税额，但本条第（一）项第1点规定的连续期间，不得重复计算。

（七）以虚增进项、虚假申报或其他欺骗手段，骗取留抵退税款的，由税务机关追缴其骗取的退税款，并按照《中华人民共和国税收征收管理法》等有关规定处理。

（八）退还的增量留抵税额中央、地方分担机制另行通知。

九、本公告自2019年4月1日起执行。

特此公告。

财政部
税务总局
海关总署
2019年3月20日

财政部 税务总局关于明确国有农用地出租等增值税政策的公告

（财政部、税务总局公告2020年第2号）

现将国有农用地出租等增值税政策公告如下：

一、纳税人将国有农用地出租给农业生产者用于农业生产，免征增值税。

二、房地产开发企业中的一般纳税人购入未完工的房地产老项目继续开发后，以自己名义立项销售的不动产，属于房地产老项目，可以选择适用简易计税方法按照5%的征收率计算缴纳增值税。

三、保险公司按照《财政部 税务总局关于明确养老机构免征增值税等政策的通知》（财税〔2019〕20号）第四条第（三）项规定抵减以后月份应缴纳增值税，截至2020年12月31日抵减不完的，可以向主管税务机关申请一次性办理退税。

四、纳税人出口货物劳务、发生跨境应税行为，未在规定期限内申报出口退（免）税或者开具《代理出口货物证明》的，在收齐退（免）税凭证及相关电子信息后，即可申报办理出口退（免）税；未在规定期限内收汇或者办理不能收汇手续的，在收汇或者办理不能收汇手续后，即可申报办理退（免）税。

《财政部 国家税务总局关于出口货物劳务增值税和消费税政策的通知》（财税〔2012〕39号）第六条第（一）项第3点、第七条第（一）项第6点"出口企业或其他单位未在国家税务总局规定期限内申报免税核销"及第九条第（二）项第2点的规定相应停止执行。

五、自2019年8月20日起，将《财政部 税务总局关于金融机构小微企业贷款利息收入免征增值税政策的通知》（财税〔2018〕91号）第一条"人民银行同期贷款基准利率"修改为"中国人民银行授权全国银行间同业拆借中心公布的贷款市场报价利率"。

六、纳税人按照《财政部 税务总局海关总署关于深化增值税改革有关政策的公告》（财政部 税务总局海关总署公告2019年第39号）、《财政部 税务总局关于明确部分先进制造业增值税期末留抵退税政策的公告》（财政部 税务总局公告2019年第84号）规定取得增值税留抵退税款的，不得再申请享受增值税即征即退、先征后返（退）政策。

本公告发布之日前，纳税人已按照上述规定取得增值税留抵退税款的，在2020

年 6 月 30 日前将已退还的增值税留抵退税款全部缴回，可以按规定享受增值税即征即退、先征后返（退）政策；否则，不得享受增值税即征即退、先征后返（退）政策。

七、本公告自发布之日起执行。此前已发生未处理的事项，按本公告规定执行。

特此公告。

财政部、税务总局
2020 年 1 月 20 日

国家税务总局关于优化整合出口退税信息系统更好服务纳税人有关事项的公告

（国家税务总局公告2021年第15号）

为贯彻党中央、国务院决策部署，持续深化"放管服"改革、优化营商环境，积极落实中办、国办印发的《关于进一步深化税收征管改革的意见》，更好服务市场主体，按照在党史学习教育中开展好"我为群众办实事"实践活动的要求，税务总局将金税三期工程系统和出口退税管理系统进行了整合，在金税三期工程系统中开发了出口退税管理模块。本次系统整合工作，坚持为民便民，以优化执法服务、办好惠民实事为导向，大幅简并优化了出口退（免）税申报、报送资料、办税程序、证明开具和分类管理等措施，增加了便捷服务功能。现将有关事项公告如下：

一、取消部分出口退（免）税申报事项

（一）纳税人因申报出口退（免）税的出口报关单、代理出口货物证明、委托出口货物证明、增值税进货凭证没有电子信息或凭证内容与电子信息不符，无法在规定期限内申报出口退（免）税或者开具《代理出口货物证明》的，取消出口退（免）税凭证无相关电子信息申报，停止报送《出口退（免）税凭证无相关电子信息申报表》。待收齐退（免）税凭证及相关电子信息后，即可申报办理退（免）税。

（二）纳税人因未收齐出口退（免）税相关单证，无法在规定期限内申报出口退（免）税或者开具《代理出口货物证明》的，取消出口退（免）税延期申报，停止报送《出口退（免）税延期申报申请表》及相关举证资料。待收齐退（免）税凭证及相关电子信息后，即可申报办理退（免）税。

二、简化出口退（免）税报送资料

（一）纳税人办理出口退（免）税备案时，停止报送《对外贸易经营者备案登记表》《中华人民共和国外商投资企业批准证书》《中华人民共和国海关报关单位注册登记证书》。

（二）纳税人办理出口退（免）税备案变更时，在《出口退（免）税备案表》中仅需填报变更的内容。该备案表由《国家税务总局关于出口退（免）税申报有关问题的公告》（2018年第16号）发布。

（三）生产企业办理增值税免抵退税申报时，报送简并优化后的《免抵退税申报汇总表》（附件1）和《生产企业出口货物劳务免抵退税申报明细表》（附件2），停止报送《免抵退税申报汇总表附表》《免抵退税申报资料情况表》《生产企业出口货物扣除国内免税原材料申请表》；办理消费税退税申报时，报送简并优化后的《生产企业出口非自产货物消费税退税申报表》（附件3）。

（四）生产企业办理年度进料加工业务核销时，报送简并优化后的《生产企业进料加工业务免抵退税核销表》（附件4）。企业获取的主管税务机关反馈数据与实际业务不一致的，报送简并优化后的《已核销手册（账册）海关数据调整表》（附件5）。主管税务机关确认核销后，生产企业应根据《生产企业进料加工业务免抵退税核销表》确认的应调整不得免征和抵扣税额在首次纳税申报时申报调整。

（五）外贸企业以及横琴、平潭（以下简称区内）购买企业办理出口退（免）税申报时，报送简并优化后的《外贸企业出口退税进货明细申报表》（附件6）和《外贸企业出口退税出口明细申报表》（附件7），停止报送《外贸企业出口退税汇总申报表》《区内企业退税进货明细申报表》《区内企业退税入区货物明细申报表》《区内企业退税汇总申报表》。

（六）纳税人办理已使用过且未计算抵扣进项税额设备的出口退（免）税申报时，报送简并优化后的《出口已使用过的设备退税申报表》（附件8），停止报送《出口已使用过的设备折旧情况确认表》。

（七）纳税人办理购买水电气、采购国产设备退税时，报送简并优化后的《购进自用货物退税申报表》（附件9），停止报送《购进水电气退税申报表》。

（八）纳税人办理跨境应税行为免抵退税申报时，报送简并优化后的《免抵退税申报汇总表》，停止报送《免抵退税申报汇总表附表》。其中，办理国际运输（港澳台运输）免抵退税申报时，报送简并优化后的《国际运输（港澳台运输）免抵退税申报明细表》（附件10）；办理其他跨境应税行为免抵退税申报时，报送简并优化后的《跨境应税行为免抵退税申报明细表》（附件11）和《跨境应税行为收讫营业款明细清单》（附件12）。

（九）纳税人办理航天运输服务或在轨交付空间飞行器及相关货物免退税申报时，报送简并优化后的《航天发射业务免退税申报明细表》（附件13）；办理其他跨境应税行为免退税申报时，报送简并优化后的《跨境应税行为免退税申报明细表》（附件14），停止报送《外贸企业外购应税服务出口明细申报表》《外贸企业出口退税进货明细申报表》《外贸企业出口退税汇总申报表》。

三、优化出口退（免）税办税程序

（一）纳税人办理出口退（免）税申报时，根据现行规定应在申报表中填写业务类型的，按照优化后的《业务类型代码表》（附件15）填写。

（二）纳税人发现已申报、但尚未经主管税务机关核准的出口退（免）税申报数据有误的，应报送《企业撤回退（免）税申报申请表》（附件16），主管税务机关未发现存在不予退税情形的，即可撤回该批次（所属期）申报数据。

纳税人自愿放弃已申报、但尚未经主管税务机关核准的出口退（免）税的，应报送《企业撤回退（免）税申报申请表》，主管税务机关未发现存在不予退税情形或者因涉嫌骗取出口退税被税务机关稽查部门立案查处未结案的，即可撤回该笔申报数据。已撤回申报数据涉及的相关单证，不得重新用于办理出口退（免）税申报。

（三）国家计划内出口的免税卷烟，因指定口岸海关职能变化不办理报关出口业务，而由其下属海关办理卷烟报关出口业务的，自海关职能变化之日起，下属海关视为指定口岸海关。从上述下属海关出口的免税卷烟，可按规定办理免税核销手续。

已实施通关一体化的地区，自本地区通关一体化实施之日起，从任意海关报关出口的免税卷烟，均可按规定办理免税核销手续。

四、简化出口退（免）税证明开具

（一）纳税人申请开具《代理出口货物证明》时，报送简并优化后的《代理出口货物证明申请表》（附件17），停止报送纸质的《委托出口货物证明》。

（二）纳税人发生退运或者需要修改、撤销出口货物报关单时，报送简并优化后的《出口货物已补税/未退税证明》（附件18），停止报送《退运已补税（未退税）证明申请表》。主管税务机关按照下列规定在《出口货物已补税/未退税证明》上填写核实结果并反馈纳税人。

1. 出口货物未申报出口退（免）税的，核实结果填写"未退税"。

2. 已申报但尚未办理退（免）税的出口货物，适用免抵退税方式的，待纳税人撤销免抵退税申报后，或者向纳税人出具《税务事项通知书》，要求其在本月或次月申报免抵退税时以负数冲减原申报数据后，核实结果分别填写"未退税""已补税"；适用免退税方式的，待纳税人撤销出口退（免）税申报后，核实结果填写"未退税"。

3. 已办理退（免）税的出口货物，适用免抵退税方式的，待向纳税人出具《税务事项通知书》，要求其在本月或次月申报免抵退税时以负数冲减原申报数据后，核实结果填写"已补税"；适用免退税方式的，待纳税人补缴已退税款后，核实结果填写"已补税"。

纳税人委托出口货物发生退运或者需要修改、撤销出口货物报关单时，应由委托方向主管税务机关申请开具《出口货物已补税/未退税证明》转交受托方，受托方凭该证明向主管税务机关申请开具《出口货物已补税/未退税证明》。

纳税人未按规定负数冲减原免抵退税申报数据的，在冲减数据前不得再次申报退（免）税。

（三）纳税人需要作废出口退（免）税相关证明的，应向主管税务机关提出申请，并交回原出具的纸质证明。

五、完善出口退（免）税分类管理

（一）将《出口退（免）税企业分类管理办法》（国家税务总局公告2016年第46号发布，2018年第31号修改）第六条中"评定时纳税信用级别为C级，或尚未评价纳税信用级别"调整为"评定时纳税信用级别为C级、M级或尚未评价纳税信用级别"。

（二）年度评定结果于评定完成后的次月1日起生效，动态调整和复评于评定完成后的次日起生效。新的管理类别生效前，已申报的出口退（免）税，仍按原类别办理。

（三）《出口退（免）税企业分类管理办法》中的"外贸综合服务业务"，应符合《国家税务总局关于调整完善外贸综合服务企业办理出口货物退（免）税有关事项的公告》（2017年第35号）中关于代办退税业务的规定。

六、增加出口退（免）税便捷服务

（一）为便于纳税人申报办理出口退（免）税事项，本次系统整合提供了电子税务局、标准版国际贸易"单一窗口"、出口退税离线申报工具三种免费申报渠道，供纳税人选用。

（二）为便于纳税人办理下列出口退（免）税事项，上述三种免费申报渠道中增加了便捷服务功能，纳税人可通过上述申报渠道，提出相关申请。

1. 出口退（免）税备案撤回；

2. 已办结退税的出口货物免退税申报，发现申报数据有误而作申报调整；

3. 将申请出口退税的增值税专用发票、海关进口增值税专用缴款书用途改为申报抵扣；

4. 出口退（免）税相关证明作废；

5. 进料加工计划分配率调整。

七、本公告未明确的其他出口退（免）税事项，按照现行出口退（免）税相关规定执行。

八、施行时间

本公告自发布之日起施行；其中，江苏省、广西壮族自治区、海南省、四川省、贵州省、云南省、西藏自治区自本地区金税三期工程系统出口退税管理模块上线之日起施行。《废止的文件条款目录》（附件19）中列明的条款相应停止施行。

特此公告。

附件：

1. 免抵退税申报汇总表

2. 生产企业出口货物劳务免抵退税申报明细表

3. 生产企业出口非自产货物消费税退税申报表

4. 生产企业进料加工业务免抵退税核销表

5. 已核销手册（账册）海关数据调整表

6. 外贸企业出口退税进货明细申报表

7. 外贸企业出口退税出口明细申报表

8. 出口已使用过的设备退税申报表

9. 购进自用货物退税申报表

10. 国际运输（港澳台运输）免抵退税申报明细表

11. 跨境应税行为免抵退税申报明细表

12. 跨境应税行为收讫营业款明细清单

13. 航天发射业务免退税申报明细表

14. 跨境应税行为免退税申报明细表

15. 业务类型代码表

16. 企业撤回退（免）税申报申请表

17. 代理出口货物证明申请表

18. 出口货物已补税未退税证明

19. 废止的文件条款目录

国家税务总局

2021 年 6 月 3 日

附件 19：

废止的文件条款目录

序号	标题	文号	废止内容
1	国家税务总局关于发布《出口货物劳务增值税和消费税管理办法》的公告	国家税务总局公告2012年第24号	第四条第二项第1目
			第四条第二项第2目第（1）点中的"附表"
			第四条第二项第2目第（2）点
			第四条第四项中的"并在免税原材料购进之日起至次月的增值税纳税申报期内，填报《生产企业出口货物扣除国内免税原材料申请表》（见附件14），提供正式申报电子数据，向主管税务机关办理申报手续"
			第五条第二项第1目
			第七条第三项第5目
			第十条第三项
			附件4、5、6、7、8、14、15、16、17、18、19、20、32、34、35
2	国家税务总局关于《出口货物劳务增值税和消费税管理办法》有关问题的公告	国家税务总局公告2013年第12号	第四条
			附件21
3	国家税务总局关于出口企业申报出口货物退（免）税提供收汇资料有关问题的公告	国家税务总局公告2013年第30号	第二条中的"对暂未收汇的出口货物，生产企业应在《生产企业出口货物免、抵、退税申报明细表》的'单证不齐标志'栏（第20栏）中填写'W'，暂不参与免抵退税计算，待收汇并填报《出口货物收汇申报表》后，方可参与免抵退税计算"
4	国家税务总局关于出口货物劳务增值税和消费税有关问题的公告	国家税务总局公告2013年第65号	附件3
5	国家税务总局关于发布《适用增值税零税率应税服务退（免）税管理办法》的公告	国家税务总局公告2014年第11号	第十三条第一项中的"附表"
			第十三条第五项第1目中的"填报《增值税零税率应税服务（国际运输/港澳台运输）免抵退税申报明细表》（附件1）"
			附件1
6	国家税务总局关于发布《横琴、平潭开发有关增值税和消费税退税管理办法（试行）》的公告	国家税务总局公告2014年第70号	第五条第一项、第二项、第三项

序号	标题	文号	废止内容
			第六条第一项
			附件1、2、3、4
7	国家税务总局关于部分税务行政审批事项取消后有关管理问题的公告	国家税务总局公告2015年第56号	第三条第一项第2目、第3目
8	国家税务总局关于《适用增值税零税率应税服务退（免）税管理办法》的补充公告	国家税务总局公告2015年第88号	第四条第一项、第二项
			第四条第三项中的"附表"
			第五条第一项、第二项、第三项
			附件2、3、4
9	国家税务总局关于发布修订后的《出口退（免）税企业分类管理办法》的公告	国家税务总局公告2016年第46号	第二十三条中的"'外贸综合服务业务'，应同时符合以下条件：（一）……（二）……（三）……（四）……（五）……"
10	国家税务总局关于出口退（免）税申报有关问题的公告	国家税务总局公告2018年第16号	第六条
			第七条
			第九条第三项中的"同时，应在核销确认的次月，根据《生产企业进料加工业务免抵退税核销表》确认的不得免征和抵扣税额在纳税申报时申报调整"
			附件2、3、4、5、6

【公告解读】

根据工作安排，税务总局制发了《国家税务总局关于优化整合出口退税信息系统更好服务纳税人有关事项的公告》（以下简称《公告》）。现解读如下：

一、《公告》出台的背景

为贯彻党中央、国务院决策部署，持续深化"放管服"改革、优化营商环境，积极落实中办、国办印发的《关于进一步深化税收征管改革的意见》，更好服务市场主体，按照在党史学习教育中开展好"我为群众办实事"实践活动的要求，税务总局将金税三期工程系统和出口退税管理系统进行了整合，在金税三期工程系统中开发了出口退税管理模块。本次系统整合工作，坚持为民便民，以优化执法服务、办好惠民实事为导向，大幅简并优化了出口退（免）税申报、报送资料、办税程序、证明开具和分类管理等措施，增加了便捷服务功能。为明确上述出口退（免）税相关事项，税务总局制发了《公告》。

二、《办法》的主要内容解读

（一）《公告》施行后，纳税人由于申报出口退（免）税的出口报关单没有电子信息，无法在规定期限内申报出口退（免）税的，是否还需要提前进行无相关电子信息申报？

答：不需要。《公告》施行前，纳税人因申报出口退（免）税的出口报关单等退（免）税申报凭证没有电子信息，无法按期申报出口退（免）税的，需在出口退（免）税申报截止期前，先向主管税务机关申请无相关电子信息申报，收齐电子信息后再申报出口退（免）税。为减轻纳税人申报负担，《公告》施行后，对于因退（免）税申报凭证没有电子信息，而无法在规定期限内申报出口退（免）税的纳税人，收齐电子信息后即可直接申报出口退（免）税，不再需要提前办理无相关电子信息申报。

（二）《公告》施行后，纳税人出口货物劳务、跨境应税行为和视同出口货物，以及研发机构采购国产设备，如因未收齐增值税进货凭证，而无法按期申报出口退（免）税，是否均无须提前申请延期申报，待取得增值税进货凭证后，即可直接办理出口退（免）税申报？

答：是的。《公告》施行前纳税人出口货物劳务、跨境应税行为和视同出口货物，以及研发机构采购国产设备，如因与供货企业经济纠纷等原因，未能及时取得增值税进货凭证、出口报关单等退（免）税申报单证，而无法按期申报出口退（免）税的，需在出口退（免）税申报截止期前，先向主管税务机关申请延期申报，收齐申报单证后再申报出口退（免）税。为减轻纳税人申报负担，《公告》施行后，对于因未收齐退（免）税申报单证，而无法按期申报退（免）税的纳税人，收齐申报单证后即可直接申报出口退（免）税，不再需要提前办理延期申报。

（三）《公告》施行前后，纳税人办理出口退（免）税备案时需要报送的表单资料有何变化？

答：《公告》施行前，纳税人办理出口退（免）税备案时，需要报送《出口退（免）税备案表》，以及《对外贸易经营者备案登记表》（或《中华人民共和国外商投资企业批准证书》）《中华人民共和国海关报关单位注册登记证书》2项资料。未办理备案登记发生委托出口业务的生产企业提供委托代理出口协议，无须报送上述2项资料。为减轻纳税人申报负担，《公告》对出口退（免）税备案环节的报送资料进行了简化。简化后，所有纳税人办理出口退（免）税备案时，均不再报送《对外贸易经营者备案登记表》（或《中华人民共和国外商投资企业批准证书》）《中华人民共和国海关报关单位注册登记证书》。

（四）《公告》施行前后，生产企业办理出口货物劳务免抵退税申报时需要报送的表单有何变化？

答：《公告》施行前，生产企业办理出口货物劳务免抵退税申报时，需要同时报送《免抵退税申报汇总表》《免抵退税申报汇总表附表》《免抵退税申报资料情况表》及《生产企业出口货物免抵退税申报明细表》共4张表单，在加工出口货物时使用不计提进项税额的国内免税原材料的，还需同时报送《生产企业出口货物扣除国内免税原材料申请表》。为减轻纳税人申报负担,《公告》对上述申报表单进行了简并优化,凡可通过信息化手段获取的,不再要求纳税人报送。简并优化后,生产企业办理免抵退税申报时,仅需报送《免抵退税申报汇总表》《生产企业出口货物劳务免抵退税申报明细表》2张表单,不再报送其余2张表单。

(五)《公告》施行前后,外贸企业办理出口货物免退税申报时需要报送的表单有何变化?

答:《公告》施行前,外贸企业办理出口货物免退税申报时,需要同时报送《外贸企业出口退税进货明细申报表》《外贸企业出口退税出口明细申报表》和《外贸企业出口退税汇总申报表》3张表单。为减轻纳税人申报负担,《公告》通过进一步完善申报表单间勾稽关系,对现有申报表单及填列项目进行了简并优化。简并优化后,外贸企业办理免退税申报时,仅需报送《外贸企业出口退税进货明细申报表》《外贸企业出口退税出口明细申报表》,不再报送《外贸企业出口退税汇总申报表》。

(六)《公告》施行前后,纳税人办理国际运输免抵退税申报时需要报送的表单有何变化?

答:《公告》施行前,纳税人办理国际运输免抵退税申报时,需要报送《免抵退税申报汇总表》《免抵退税申报汇总表附表》及《增值税零税率应税服务(国际运输/港澳台运输)免抵退税申报明细表》共3张表单。为减轻纳税人申报负担,《公告》通过进一步完善申报表单间勾稽关系,对现有申报表单及填列项目进行了简并优化。简并优化后,办理国际运输免抵退税申报时,仅需报送《免抵退税申报汇总表》《国际运输(港澳台运输)免抵退税申报明细表》,不再报送《免抵退税申报汇总表附表》。

(七)《公告》施行前后,纳税人对外提供研发服务办理免退税申报时需要报送的表单有何变化?

答:《公告》施行前,纳税人对外提供研发服务等跨境应税行为办理免退税申报时,需同时报送《外贸企业出口退税汇总申报表》《外贸企业外购应税服务出口明细申报表》及《外贸企业出口退税进货明细申报表》3张表单。为减轻纳税人申报负担,《公告》对申报表单和填列项目进行了简并优化。简并优化后,纳税人对外提供研发服务等跨境应税行为办理免退税申报时,仅需报送《跨境应税行为免退税申报明细表》1张表单,不再报送其余表单。

(八)纳税人发现已申报、但尚未经主管税务机关核准的出口退(免)税申报数据有误,能否申请撤回申报数据?如何撤回?

答:可以撤回。《公告》明确,纳税人发现已申报、但尚未经主管税务机关核准的出口退(免)税申报数据有误的,可以向税务机关报送《企业撤回退(免)税申报申请表》,申请撤回申报数据。申请撤回时,外贸型出口企业按批次撤回退(免)税申报,生产型出口企业按所属期撤回退（免）税申报。纳税人的主管税务机关未发现相关申报数据存在不予退税情形的，即可撤回申报。

（九）此前国家计划内出口的免税卷烟需直接从指定口岸海关报关出口方可办理免税核销手续。现在海关已全面实施通关一体化，相关税收管理规定是否也有变化？

答：是的。考虑到海关通关一体化全面推行的实际情况，《公告》明确，已实施通关一体化的地区，自本地区通关一体化实施之日起，从任意海关报关出口的免税卷烟，均可按规定办理免税核销手续。

（十）《公告》对纳税人申请开具《代理出口货物证明》时，需报送的《代理出口货物证明申请表》进行了调整，减少了纳税人需要填列的项目总数，仅新增了"委托出口货物证明号码"一个栏次，新增这个栏次的主要考虑是什么？

答：主要考虑是为了能在尽可能减轻纳税人申报负担的同时，也便于实施管理。在增加"委托出口货物证明号码"后，税务机关可以直接通过电子信息索引到对应的《委托出口货物证明》。据此，纳税人申请开具《代理出口货物证明》时，无须报送纸质《委托出口货物证明》，改为由税务机关根据"委托出口货物证明号码"自行查找匹配相应《委托出口货物证明》信息。

（十一）《公告》将原先的《出口货物退运已补税（未退税）证明》调整为《出口货物已补税/未退税证明》，本次调整的内容是否仅为证明名称？

答：《公告》调整的内容不仅包括证明名称，还包括：一是简化表单与填列项目。将纳税人报送的《退运已补税（未退税）证明申请表》和税务机关开具的《出口货物退运已补税（未退税）证明》，简化合并为可通用于纳税人报送、税务机关开具的1张证明表单（《出口货物已补税/未退税证明》），并减少了纳税人需填列的项目。二是拓展证明用途。根据纳税人诉求和海关监管实际，将该证明的使用范围，由原先用于办理出口货物退运手续的单一用途，拓展为现在的用于办理出口货物退运手续、用于修改或撤销出口报关单的多种用途。

（十二）纳税人在出口退（免）税相关证明开具后，发现证明有误，能否申请作废已开具的证明？如何申请？

答：可以申请作废。《公告》施行后，纳税人需要作废出口退（免）税相关证明的，向主管税务机关提出作废申请并交回原出具的纸质证明即可。同时，为便利纳税人申报，税务机关在电子税务局、标准版国际贸易"单一窗口"、出口退税离线申报工具上为纳税人提供了制式申请模板及便捷申请服务功能，纳税人可根据需要，自行选择使用上述功能提交作废申请或自行制作书面申请现场报送税务机关。

（十三）《公告》对《出口退（免）税企业分类管理办法》中三类出口企业的评定标准进行了哪些调整？

答:《公告》施行前，按照《出口退（免）税企业分类管理办法》（国家税务总局公告2016年第46号发布，2018年第31号修改）和《国家税务总局关于加快出口退税进度有关事项的报告》（2018年第48号）的规定，具有下列情形之一的出口企业，其出口企业管理类别应评定为三类：1.自首笔申报出口退（免）税之日起至评定时未满12个月。2.评定时纳税信用级别为C级，或尚未评价纳税信用级别。3.上一年度发生过违反出口退（免）税有关规定的情形，但尚未达到税务机关行政处罚标准或司法机关处理标准的。4.存在省税务局规定的其他失信或风险情形。

根据《国家税务总局关于纳税信用评价有关事项的公告》（2018年第8号）新增纳税信用级别M级的规定，《公告》在三类出口企业评定标准的第二种情形中，增加了纳税信用级别为M级的内容。

（十四）出口退（免）税分类管理类别完成年度评定后，其评定结果自何时开始生效？

答：按照《公告》规定，出口退（免）税分类管理类别的年度评定结果于评定完成后的次月1日起生效。

（十五）《公告》第六条明确，在电子税务局、标准版国际贸易"单一窗口"或出口退税离线申报工具三种免费申报渠道中，增加部分便捷服务功能，主要考虑是什么？

答：主要考虑是为了便利纳税人申报。目前，纳税人在办理出口退（免）税备案撤回、进料加工计划分配率调整等事项时，需根据文件要求向税务机关报送相关申请，并且需要将纸质材料报送到税务机关。为方便纳税人申报，税务机关在电子税务局、标准版国际贸易"单一窗口"及出口退税离线申报工具中，提供了统一的申请样式，并支持相关申请的信息化采集、打印、输出、上传等便捷服务功能。为便于纳税人充分了解有关情况，及时享受便利服务，《公告》第六条发布了出口退（免）税便捷服务的内容。

国家税务总局关于进一步便利出口退税办理促进外贸平稳发展有关事项的公告

（国家税务总局公告2022年第9号）

为深入贯彻党中央、国务院决策部署，积极落实《税务总局等十部门关于进一步加大出口退税支持力度促进外贸平稳发展的通知》（税总货劳发〔2022〕36号），进一步助力企业纾解困难，激发出口企业活力潜力，更优打造外贸营商环境，更好促进外贸平稳发展，现就有关事项公告如下：

一、完善出口退（免）税企业分类管理

出口企业管理类别年度评定工作应于企业纳税信用级别评价结果确定后1个月内完成。

纳税人发生纳税信用修复情形的，可以书面向税务机关提出重新评定管理类别。因纳税信用修复原因重新评定的纳税人，不受《出口退（免）税企业分类管理办法》（国家税务总局公告2016年第46号发布，2018年第31号修改）第十四条中"四类出口企业自评定之日起，12个月内不得评定为其他管理类别"规定限制。

二、优化出口退（免）税备案单证管理

（一）纳税人应在申报出口退（免）税后15日内，将下列备案单证妥善留存，并按照申报退（免）税的时间顺序，制作出口退（免）税备案单证目录，注明单证存放方式，以备税务机关核查。

1. 出口企业的购销合同（包括：出口合同、外贸综合服务合同、外贸企业购货合同、生产企业收购非自产货物出口的购货合同等）；

2. 出口货物的运输单据（包括：海运提单、航空运单、铁路运单、货物承运单据、邮政收据等承运人出具的货物单据，出口企业承付运费的国内运输发票，出口企业承付费用的国际货物运输代理服务费发票等）；

3. 出口企业委托其他单位报关的单据（包括：委托报关协议、受托报关单位为其开具的代理报关服务费发票等）。

纳税人无法取得上述单证的，可用具有相似内容或作用的其他资料进行单证备案。除另有规定外，备案单证由出口企业存放和保管，不得擅自损毁，保存期为5年。

纳税人发生零税率跨境应税行为不实行备案单证管理。

（二）纳税人可以自行选择纸质化、影像化或者数字化方式，留存保管上述备案单证。选择纸质化方式的，还需在出口退（免）税备案单证目录中注明备案单证的存放地点。

（三）税务机关按规定查验备案单证时，纳税人按要求将影像化或者数字化备案单证转换为纸质化备案单证以供查验的，应在纸质化单证上加盖企业印章并签字声明与原数据一致。

三、完善加工贸易出口退税政策

实行免抵退税办法的进料加工出口企业，在国家实行出口产品征退税率一致政策后，因前期征退税率不一致等原因，结转未能抵减的免抵退税"不得免征和抵扣税额抵减额"，企业进行核对确认后，可调转为相应数额的增值税进项税额。

四、精简出口退（免）税报送资料

（一）纳税人办理委托出口货物退（免）税申报时，停止报送代理出口协议副本、复印件。

（二）纳税人办理融资租赁货物出口退（免）税备案和申报时，停止报送融资租赁合同原件，改为报送融资租赁合同复印件（复印件上应注明"与原件一致"并加盖企业印章）。

（三）纳税人办理来料加工委托加工出口货物的免税核销手续时，停止报送加工企业开具的加工费普通发票原件及复印件。

（四）纳税人申请开具《代理出口货物证明》时，停止报送代理出口协议原件。

（五）纳税人申请开具《代理进口货物证明》时，停止报送加工贸易手册原件、代理进口协议原件。

（六）纳税人申请开具《来料加工免税证明》时，停止报送加工费普通发票原件、进口货物报关单原件。

（七）纳税人申请开具《出口货物转内销证明》时，停止报送《出口货物已补税／未退税证明》原件及复印件。

对于本条所述停止报送的资料原件，纳税人应当妥善留存备查。

五、拓展出口退（免）税提醒服务

为便于纳税人及时了解出口退（免）税政策及管理要求的更新情况、出口退（免）税业务申报办理进度，税务机关为纳税人免费提供出口退（免）税政策更新、出口退税率文库升级、尚有未用于退（免）税申报的出口货物报关单、已办结出口退（免）税等提醒服务。纳税人可自行选择订阅提醒服务内容。

六、简化出口退（免）税办理流程

（一）简化外贸综合服务企业代办退税备案流程

外贸综合服务企业在生产企业办理委托代办退税备案后，留存以下资料，即可为该生产企业申报代办退税,无须报送《代办退税情况备案表》(国家税务总局公告2017年第35号发布)和企业代办退税风险管控制度:

1. 与生产企业签订的外贸综合服务合同(协议);
2. 每户委托代办退税生产企业的《代办退税情况备案表》;
3. 外贸综合服务企业代办退税风险管控制度、内部风险管控信息系统建设及应用情况。

生产企业办理委托代办退税备案变更后,外贸综合服务企业将变更后的《代办退税情况备案表》留存备查即可,无须重新报送该表。

(二)推行出口退(免)税实地核查"容缺办理"

1. 对于纳税人按照现行规定需实地核查通过方可办理的首次申报的出口退(免)税以及变更退(免)税办法后首次申报的出口退(免)税,税务机关经审核未发现涉嫌骗税等疑点或者已排除涉嫌骗税等疑点的,应按照"容缺办理"的原则办理退(免)税:在该纳税人累计申报的应退(免)税额未超过限额前,可先行按规定审核办理退(免)税再进行实地核查;在该纳税人累计申报的应退(免)税额超过限额后,超过限额的部分需待实地核查通过后再行办理退(免)税。

上述需经实地核查通过方可审核办理的首次申报的出口退(免)税包括:外贸企业首次申报出口退税(含外贸综合服务企业首次申报自营出口业务退税),生产企业首次申报出口退(免)税(含生产企业首次委托外贸综合服务企业申报代办退税),外贸综合服务企业首次申报代办退税。

上述按照"容缺办理"的原则办理退(免)税,包括纳税人出口货物、视同出口货物、对外提供加工修理修配劳务、发生零税率跨境应税行为涉及的出口退(免)税。

上述累计申报应退(免)税额的限额标准为:外贸企业(含外贸综合服务企业自营出口业务)100万元;生产企业(含生产企业委托代办退税业务)200万元;代办退税的外贸综合服务企业100万元。

2. 税务机关经实地核查发现纳税人已办理退(免)税的业务属于按规定不予办理退(免)税情形的,应追回已退(免)税款。因纳税人拒不配合而无法开展实地核查的,税务机关应按照实地核查不通过处理相关业务,并追回已退(免)税款,对于该纳税人申报的退(免)税业务,不适用"容缺办理"原则。

3. 纳税人申请变更退(免)税方法、变更出口退(免)税主管税务机关、撤回出口退(免)税备案时,存在已"容缺办理"但尚未实地核查的退(免)税业务的,税务机关应当先行开展实地核查。经实地核查通过的,按规定办理相关变更、撤回事项;经实地核查发现属于按规定不予办理退(免)税情形的,应追回已退(免)税款后,再行办理相关变更、撤回事项。

七、简便出口退（免）税办理方式

（一）推广出口退（免）税证明电子化开具和使用

纳税人申请开具《代理出口货物证明》《代理进口货物证明》《委托出口货物证明》《出口货物转内销证明》《中标证明通知书》《来料加工免税证明》的，税务机关为其开具电子证明，并通过电子税务局、国际贸易"单一窗口"等网上渠道（以下简称网上渠道）向纳税人反馈。纳税人申报办理出口退（免）税相关涉税事项时，仅需填报上述电子证明编号等信息，无须另行报送证明的纸质件和电子件。其中，纳税人申请开具《中标证明通知书》时，无须再报送中标企业所在地主管税务机关的名称、地址、邮政编码。

纳税人需要作废上述出口退（免）税电子证明的，应先行确认证明使用情况，已用于申报出口退（免）税相关事项的，不得作废证明；未用于申报出口退（免）税相关事项的，应向税务机关提出作废证明申请，税务机关核对无误后，予以作废。

（二）推广出口退（免）税事项"非接触"办理

纳税人申请办理出口退（免）税备案、证明开具及退（免）税申报等事项时，按照现行规定需要现场报送的纸质表单资料，可选择通过网上渠道，以影像化或者数字化方式提交。纳税人通过网上渠道提交相关电子数据、影像化或者数字化表单资料后，即可完成相关出口退（免）税事项的申请。原需报送的纸质表单资料，以及通过网上渠道提交的影像化或者数字化表单资料，纳税人应妥善留存备查。

税务机关受理上述申请后，按照现行规定为纳税人办理相关事项，并通过网上渠道反馈办理结果。纳税人确需税务机关出具纸质文书的，税务机关应当为纳税人出具。

八、完善出口退（免）税收汇管理

纳税人适用出口退（免）税政策的出口货物，有关收汇事项应按照以下规定执行：

（一）纳税人申报退（免）税的出口货物，应当在出口退（免）税申报期截止之日前收汇。未在规定期限内收汇，但符合《视同收汇原因及举证材料清单》（附件1）所列原因的，纳税人留存《出口货物收汇情况表》（附件2）及举证材料，即可视同收汇；因出口合同约定全部收汇最终日期在退（免）税申报期截止之日后的，应当在合同约定收汇日期前完成收汇。

（二）出口退（免）税管理类别为四类的纳税人，在申报出口退（免）税时，应当向税务机关报送收汇材料。

纳税人在退（免）税申报期截止之日后申报出口货物退（免）税的，应当在申报退（免）税时报送收汇材料。

纳税人被税务机关发现收汇材料为虚假或冒用的，应自税务机关出具书面通知之日起24个月内，在申报出口退（免）税时报送收汇材料。

除上述情形外,纳税人申报出口退(免)税时,无须报送收汇材料,留存举证材料备查即可。税务机关按规定需要查验收汇情况的,纳税人应当按照税务机关要求报送收汇材料。

(三)纳税人申报退(免)税的出口货物,具有下列情形之一,税务机关未办理出口退(免)税的,不得办理出口退(免)税;已办理出口退(免)税的,应在发生相关情形的次月用负数申报冲减原退(免)税申报数据,当期退(免)税额不足冲减的,应补缴差额部分的税款:

1. 因出口合同约定全部收汇最终日期在退(免)税申报期截止之日后的,未在合同约定收汇日期前完成收汇;

2. 未在规定期限内收汇,且不符合视同收汇规定;

3. 未按本条规定留存收汇材料。

纳税人在本公告施行前已发生上述情形但尚未处理的出口货物,应当按照本项规定进行处理;纳税人已按规定处理的出口货物,待收齐收汇材料、退(免)税凭证及相关电子信息后,即可申报办理出口退(免)税。

(四)纳税人确实无法收汇且不符合视同收汇规定的出口货物,适用增值税免税政策。

(五)税务机关发现纳税人申报退(免)税的出口货物收汇材料为虚假或者冒用的,应当按照《中华人民共和国税收征收管理法》有关规定进行处理,相应的出口货物适用增值税征税政策。

本条所述收汇材料是指《出口货物收汇情况表》及举证材料。对于已收汇的出口货物,举证材料为银行收汇凭证或者结汇水单等凭证;出口货物为跨境贸易人民币结算、委托出口并由受托方代为收汇,或者委托代办退税并由外贸综合服务企业代为收汇的,可提供收取人民币的收款凭证;对于视同收汇的出口货物,举证材料按照《视同收汇原因及举证材料清单》确定。

本条所述出口货物,不包括《财政部 国家税务总局关于出口货物劳务增值税和消费税政策的通知》(财税〔2012〕39号)第一条第二项(第2目除外)所列的视同出口货物,以及易货贸易出口货物、边境小额贸易出口货物。

九、施行时间

本公告第一条、第二条、第三条自2022年5月1日起施行,第四条、第五条自2022年6月1日起施行,第六条、第七条、第八条自2022年6月21日起施行。《废止的文件条款目录》(附件3)中列明的条款相应停止施行。

特此公告。

附件1：

1. 视同收汇原因及举证材料清单

附件1视同收汇原因及举证材料清单。一、因国外商品市场行情变动的，提供有关商会出具的证明或有关交易所行情报价资料；由于客观原因无法提供的，提供进口商相关证明材料。二、因出口商品质量原因的，提供进口商的有关函件和进口国商检机构的证明；由于客观原因无法提供进口国商检机构证明的，提供进口商的检验报告等证明材料，或者货物、原材料生产商等第三方证明材料。三、因动物及鲜活产品变质、腐烂、非正常死亡或损耗的，提供进口商的有关函件和进口国商检机构的证明；由于客观原因确实无法提供商检证明的，提供进口商相关证明材料、货物运输等第三方证明材料。四、因自然灾害、战争等不可抗力因素的，提供报刊等新闻媒体的报道材料或中国驻进口国使领馆商务处出具的证明。五、因进口商破产、关闭、解散的，提供以下任一资料：报刊等新闻媒体的报道材料、中国驻进口国使领馆商务处出具的证明、进口商所在地破产清算机构出具的证明、债权申报证明。六、因进口国货币汇率变动的，提供报刊等新闻媒体刊登或人民银行公布的汇率资料。七、因溢短装的，提供提单或其他正式货运单证等商业单证。八、因出口合同约定全部收汇最终日期在申报退（免）税截止期限以后的，提供出口合同。九、因无法收汇而取得出口信用保险赔款的，提供相关出口信用保险合同、保险理赔单据、赔款入账流水等资料。十、因其他原因的，提供合理的佐证材料。

2. 出口货物收汇情况表

附件2：

出口货物收汇情况表

所属期/申报年月： 年 月 申报批次： 纳税人识别号（统一社会信用代码）：□□□□□□□□□□□□□□□□□□

纳税人名称：

金额单位：元（列至角分）

序号	出口货物报关单号	代理出口货物证明号	出口发票号	出口退（免）税销售额			已收汇情况				其中：对应本报关单（代理证明）折合人民币金额	其中：对应本报关单（代理证明）付汇人折合人民币金额	非进口商付汇原因	视同收汇情况				出口合同号	备注
				币种	金额	折合人民币金额	收汇日期	收汇凭证号	收汇凭证币种	凭证总金额				原因代码	原因具体说明	举证材料种类	折合人民币金额	合同约定全部收汇最终日期		
1	2	3	4	5	6	7	8	9	10	11	12	13	14	15	16	17	18	19	20	21	22
合计	—	—	—	—			—	—	—					—	—	—		—	—	—

填表说明：

1."所属期/申报年月"：按本表对应的出口退（免）税申报表的所属期（申报年月）填写。

2."申报批次"：按本表对应的出口退（免）税申报表的申报批次填写。

3. 第 1 栏"序号"：按八位流水号填写，从 00000001 到 99999999。

4. 第 2 栏"出口货物报关单号"：按出口货物报关单上的海关编号+0+项号填写，共 21 位；实际业务无出口货物报关单的按税务机关要求填写；委托出口的此栏不填。同一出口货物报关单号对应多个收汇凭证号、多个视同收汇原因的，此栏仅需填写一次。

5. 第 3 栏"代理出口货物证明号"：按《代理出口货物证明》编号（18 位）+两位项号（01、02……）填写，项号按《代理出口货物证明》所列顺序编写；自营出口的此栏不填。同一代理出口货物证明号对应多个收汇凭证号、多个视同收汇原因的，此栏仅需填写一次。

6. 第 4 栏"出口发票号"：按出口发票的号码填写。视同出口等无须开具出口发票的业务，按税务机关要求填写。同一出口发票号对应多个收汇凭证号、多个视同收汇原因的，此栏仅需填写一次。

7. 第 5 栏至第 7 栏"出口退（免）税销售额"：按本期申报退（免）税的销售额填写。同一出口货物报关单号或代理出口货物证明号对应多个收汇凭证、多个视同收汇原因的，此栏仅需填写一次。

"币种"：按出口货物报关单的币制填写。

"金额"：按本期申报退（免）税的币种离岸价填写。

"折合人民币金额"：按本期申报退（免）税的人民币离岸价填写。

8. 第 8 栏至第 15 栏"已收汇情况"：按本期申报退（免）税出口销售额的已收汇情况填写。同一出口货物报关单号或代理出口货物证明号对应多个收汇凭证的，应分行填写。

"收汇日期"：按银行收取款项的日期填写。

"收汇凭证号"：按银行收取款项的凭证号填写。"凭证币种"：按银行收取款项的币种填写。

"凭证总金额"：按收汇凭证币种的总金额填写。

"对应本报关单（代理证明）金额"：按收汇凭证总金额中对应本出口货物报关单或代理出口货物证明号的金额填写。

"对应本报关单（代理证明）折合人民币金额"：按收汇凭证总金额中对应本出口货物报关单或代理出口货物证明号的折合人民币金额填写。"付汇人"：按收汇凭证中的付款人填写。

"非进口商付汇原因":付汇人与出口合同的购买方不一致的,填写具体原因。

9. 第16栏至第21栏"视同收汇情况":按本期申报退(免)税出口销售额的视同收汇情况填写。同一出口货物报关单号或代理出口货物证明号有多个视同收汇原因的,应分行填写。

"原因代码":按本公告附件1的视同收汇原因代码填写。"原因具体说明":按视同收汇的具体原因填写。

"举证材料种类":按本公告附件1的视同收汇举证材料清单填写。"折合人民币金额":按视同收汇的折合人民币金额填写。

"合同约定全部收汇最终日期":视同收汇原因为"出口合同约定全部收汇最终日期在退(免)税申报截止之日以后的",填写合同约定全部收汇最终日期。

"出口合同号":按出口货物报关单号或代理出口货物证明号对应的出口合同号填写。

附件3:

废止的文件条款目录

序	标题	文号	废止内容	废止时间
1	国家税务总局关于发布《出口货物劳务增值税和消费税管理办法》的公告	2012年第24号	(1)第四条第二项第2目第(5)点④中的"代理出口协议复印件"	自2022年6月1日起废止
			(2)第五条第二项第5目第(4)点中的"代理出口协议副本"	自2022年6月1日起废止
			(3)第七条第三项第二款第2目"代理出口协议"	自2022年6月1日起废止
			(4)第八条第四项	自2022年5月1日起废止
			(5)第九条第四项第2目第(1)点①中的"原件"、②中的"原件"	自2022年6月1日起废止
			(6)第九条第四项第2目第(2)点③	自2022年6月1日起废止
			(7)第十条第一项第一款第1目中的"原件"	自2022年6月1日起废止

序	标题	文号	废止内容	废止时间
			（8）第十条第二项第1目中报送加工贸易手册原件的规定、第3目中的"原件"	自2022年6月1日起废止
			（9）第十条第六项第一款第1目中的"出口货物退运已补税（未退税）证明原件及复印件"	自2022年6月1日起废止
			（10）第十条第七项第3目	自2022年6月21日起废止
2	国家税务总局关于《出口货物劳务增值税和消费税管理办法》有关问题的公告	2013年第12号	附件19	自2022年6月1日起废止
3	国家税务总局关于出口企业申报出口货物退（免）税提供收汇资料有关问题的公告	2013年第30号	全文废止	自2022年6月21日起废止
4	国家税务总局关于发布《融资租赁货物出口退税管理办法》的公告	2014年第56号	第五条第一款第二项"融资租赁合同（有法律效力的中文版）"	自2022年6月1日起废止
5	国家税务总局关于调整完善外贸综合服务企业办理出口货物退（免）税有关事项的公告	2017年第35号	（1）第一条第二项"已向主管税务机关备案" （2）第四条	自2022年6月21日起废止
6	国家税务总局关于出口退（免）税申报有关问题的公告	2018年第16号	第八条	自2022年6月21日起废止
7	国家税务总局关于做好新型冠状病毒感染的肺炎疫情防控期间出口退（免）税有关工作的通知	税总函〔2020〕28号	（1）第三条第二项 （2）第七条第一款	自2022年6月21日起废止
8	国家税务总局关于出口货物退（免）税实行有关单证备案管理制度的补充通知	国税函〔2006〕904号	全文废止（第一条已由国家税务总局公告2012年第24号废止）	自2022年5月1日起废止

国家税务总局

2022年4月29日

关于发布《纳税信用管理办法（试行）》的公告

（国家税务总局公告2014年第40号）

现将《纳税信用管理办法（试行）》予以发布，自2014年10月1日起施行。特此公告。

国家税务总局
2014年7月4日

纳税信用管理办法（试行）

第一章 总 则

第一条 为规范纳税信用管理，促进纳税人诚信自律，提高税法遵从度，推进社会信用体系建设，根据《中华人民共和国税收征收管理法》及其实施细则、《国务院关于促进市场公平竞争维护市场正常秩序的若干意见》（国发〔2014〕20号）和《国务院关于印发社会信用体系建设规划纲要（2014-2020年）的通知》（国发〔2014〕21号），制定本办法。

第二条 本办法所称纳税信用管理，是指税务机关对纳税人的纳税信用信息开展的采集、评价、确定、发布和应用等活动。

第三条 本办法适用于已办理税务登记，从事生产、经营并适用查账征收的企业纳税人（以下简称纳税人）。

扣缴义务人、自然人纳税信用管理办法由国家税务总局另行规定。

个体工商户和其他类型纳税人的纳税信用管理办法由省税务机关制定。

第四条 国家税务总局主管全国纳税信用管理工作。省以下税务机关负责所辖地区纳税信用管理工作的组织和实施。

第五条 纳税信用管理遵循客观公正、标准统一、分级分类、动态调整的原则。

第六条 国家税务总局推行纳税信用管理工作的信息化，规范统一纳税信用管理。

第七条 国家税务局、地方税务局应联合开展纳税信用评价工作。

第八条 税务机关积极参与社会信用体系建设，与相关部门建立信用信息共建共享机制，推动纳税信用与其他社会信用联动管理。

第二章 纳税信用信息采集

第九条 纳税信用信息采集是指税务机关对纳税人纳税信用信息的记录和收集。

第十条 纳税信用信息包括纳税人信用历史信息、税务内部信息、外部信息。

纳税人信用历史信息包括基本信息和评价年度之前的纳税信用记录，以及相关部门评定的优良信用记录和不良信用记录。

税务内部信息包括经常性指标信息和非经常性指标信息。经常性指标信息是指涉税申报信息、税（费）款缴纳信息、发票与税控器具信息、登记与账簿信息等纳税人在评价年度内经常产生的指标信息；非经常性指标信息是指税务检查信息等纳税人在评价年度内不经常产生的指标信息。

外部信息包括外部参考信息和外部评价信息。外部参考信息包括评价年度相关部门评定的优良信用记录和不良信用记录；外部评价信息是指从相关部门取得的影响纳税人纳税信用评价的指标信息。

第十一条 纳税信用信息采集工作由国家税务总局和省税务机关组织实施，按月采集。

第十二条 本办法第十条第二款纳税人信用历史信息中的基本信息由税务机关从税务管理系统中采集，税务管理系统中暂缺的信息由税务机关通过纳税人申报采集；评价年度之前的纳税信用记录，以及相关部门评定的优良信用记录和不良信用记录，从税收管理记录、国家统一信用信息平台等渠道中采集。

第十三条 本办法第十条第三款税务内部信息从税务管理系统中采集。

第十四条 本办法第十条第四款外部信息主要通过税务管理系统、国家统一信用信息平台、相关部门官方网站、新闻媒体或者媒介等渠道采集。通过新闻媒体或者媒介采集的信息应核实后使用。

第三章 纳税信用评价

第十五条 纳税信用评价采取年度评价指标得分和直接判级方式。评价指标包括税务内部信息和外部评价信息。

年度评价指标得分采取扣分方式。纳税人评价年度内经常性指标和非经常性指标信息齐全的，从100分起评；非经常性指标缺失的，从90分起评。

直接判级适用于有严重失信行为的纳税人。

纳税信用评价指标由国家税务总局另行规定。

第十六条 外部参考信息在年度纳税信用评价结果中记录，与纳税信用评价信息形成联动机制。

第十七条 纳税信用评价周期为一个纳税年度，有下列情形之一的纳税人，不参加本期的评价：

（一）纳入纳税信用管理时间不满一个评价年度的；

（二）本评价年度内无生产经营业务收入的；

（三）因涉嫌税收违法被立案查处尚未结案的；

（四）被审计、财政部门依法查出税收违法行为，税务机关正在依法处理，尚未办结的；

（五）已申请税务行政复议、提起行政诉讼尚未结案的；

（六）其他不应参加本期评价的情形。

第十八条　纳税信用级别设A、B、C、D四级。A级纳税信用为年度评价指标得分90分以上的；B级纳税信用为年度评价指标得分70分以上不满90分的；C级纳税信用为年度评价指标得分40分以上不满70分的；D级纳税信用为年度评价指标得分不满40分或者直接判级确定的。

第十九条　有下列情形之一的纳税人，本评价年度不能评为A级：

（一）实际生产经营期不满3年的；

（二）上一评价年度纳税信用评价结果为D级的；

（三）非正常原因一个评价年度内增值税或营业税连续3个月或者累计6个月零申报、负申报的；

（四）不能按照国家统一的会计制度规定设置账簿，并根据合法、有效凭证核算，向税务机关提供准确税务资料的。

第二十条　有下列情形之一的纳税人，本评价年度直接判为D级：

（一）存在逃避缴纳税款、逃避追缴欠税、骗取出口退税、虚开增值税专用发票等行为，经判决构成涉税犯罪的；

（二）存在前项所列行为，未构成犯罪，但偷税（逃避缴纳税款）金额10万元以上且占各税种应纳税总额10%以上，或者存在逃避追缴欠税、骗取出口退税、虚开增值税专用发票等税收违法行为，已缴纳税款、滞纳金、罚款的；

（三）在规定期限内未按税务机关处理结论缴纳或者足额缴纳税款、滞纳金和罚款的；

（四）以暴力、威胁方法拒不缴纳税款或者拒绝、阻挠税务机关依法实施税务稽查执法行为的；

（五）存在违反增值税发票管理规定或者违反其他发票管理规定的行为，导致其他单位或者个人未缴、少缴或者骗取税款的；

（六）提供虚假申报材料享受税收优惠政策的；

（七）骗取国家出口退税款，被停止出口退（免）税资格未到期的；

（八）有非正常户记录或者由非正常户直接责任人员注册登记或者负责经营的；

（九）由D级纳税人的直接责任人员注册登记或者负责经营的；

（十）存在税务机关依法认定的其他严重失信情形的。

第二十一条　纳税人有下列情形的，不影响其纳税信用评价：

（一）由于税务机关原因或者不可抗力，造成纳税人未能及时履行纳税义务的；

（二）非主观故意的计算公式运用错误以及明显的笔误造成未缴或者少缴税款的；

（三）国家税务总局认定的其他不影响纳税信用评价的情形。

第四章　纳税信用评价结果的确定和发布

第二十二条　纳税信用评价结果的确定和发布遵循谁评价、谁确定、谁发布的原则。

第二十三条　税务机关每年4月确定上一年度纳税信用评价结果，并为纳税人提供自我查询服务。

第二十四条　纳税人对纳税信用评价结果有异议的，可以书面向做出评价的税务机关申请复评。做出评价的税务机关应按本办法第三章规定进行复核。

第二十五条　税务机关对纳税人的纳税信用级别实行动态调整。

因税务检查等发现纳税人以前评价年度需扣减信用评价指标得分或者直接判级的，税务机关应按本办法第三章规定调整其以前年度纳税信用评价结果和记录。

纳税人因第十七条第三、四、五项所列情形解除而向税务机关申请补充纳税信用评价的，税务机关应按本办法第三章规定处理。

第二十六条　纳税人信用评价状态变化时，税务机关可采取适当方式通知、提醒纳税人。

第二十七条　税务机关对纳税信用评价结果，按分级分类原则，依法有序开放：

（一）主动公开A级纳税人名单及相关信息；

（二）根据社会信用体系建设需要，以及与相关部门信用信息共建共享合作备忘录、协议等规定，逐步开放B、C、D级纳税人名单及相关信息；

（三）定期或者不定期公布重大税收违法案件信息。具体办法由国家税务总局另行规定。

第五章　纳税信用评价结果的应用

第二十八条　税务机关按照守信激励，失信惩戒的原则，对不同信用级别的纳税人实施分类服务和管理。

第二十九条　对纳税信用评价为A级的纳税人，税务机关予以下列激励措施：

（一）主动向社会公告年度 A 级纳税人名单；

（二）一般纳税人可单次领取 3 个月的增值税发票用量，需要调整增值税发票用量时即时办理；

（三）普通发票按需领用；

（四）连续 3 年被评为 A 级信用级别（简称 3 连 A）的纳税人，除享受以上措施外，还可以由税务机关提供绿色通道或专门人员帮助办理涉税事项；

（五）税务机关与相关部门实施的联合激励措施，以及结合当地实际情况采取的其他激励措施。

第三十条 对纳税信用评价为 B 级的纳税人，税务机关实施正常管理，适时进行税收政策和管理规定的辅导，并视信用评价状态变化趋势选择性地提供本办法第二十九条的激励措施。

第三十一条 对纳税信用评价为 C 级的纳税人，税务机关应依法从严管理，并视信用评价状态变化趋势选择性地采取本办法第三十二条的管理措施。

第三十二条 对纳税信用评价为 D 级的纳税人，税务机关应采取以下措施：

（一）按照本办法第二十七条的规定，公开 D 级纳税人及其直接责任人员名单，对直接责任人员注册登记或者负责经营的其他纳税人纳税信用直接判为 D 级；

（二）增值税专用发票领用按辅导期一般纳税人政策办理，普通发票的领用实行交（验）旧供新、严格限量供应；

（三）加强出口退税审核；

（四）加强纳税评估，严格审核其报送的各种资料；

（五）列入重点监控对象，提高监督检查频次，发现税收违法违规行为的，不得适用规定处罚幅度内的最低标准；

（六）将纳税信用评价结果通报相关部门，建议在经营、投融资、取得政府供应土地、进出口、出入境、注册新公司、工程招投标、政府采购、获得荣誉、安全许可、生产许可、从业任职资格、资质审核等方面予以限制或禁止；

（七）D 级评价保留 2 年，第三年纳税信用不得评价为 A 级；

（八）税务机关与相关部门实施的联合惩戒措施，以及结合实际情况依法采取的其他严格管理措施。

第六章 附　则

第三十三条 省税务机关可以根据本办法制定具体实施办法。

第三十四条 本办法自 2014 年 10 月 1 日起施行。2003 年 7 月 17 日国家税务总局发布的《纳税信用等级评定管理试行办法》（国税发〔2003〕92 号）同时废止。

关于发布《纳税信用评价指标和评价方式（试行）》的公告

（国家税务总局公告 2014 年第 48 号）

为规范纳税信用管理和评价，保证纳税信用评价结果的统一性，提高纳税人依法诚信纳税意识和税法遵从度，根据《纳税信用管理办法（试行）》（国家税务总局公告 2014 年第 40 号），税务总局制定了《纳税信用评价指标和评价方式（试行）》，现予以发布，自 2014 年 10 月 1 日起施行。

特此公告。

税务总局公告 2014 年第 40 号、第 48 号，为规范纳税信用管理和评价，保证纳税信用评价结果的统一性，提高纳税人依法诚信纳税意识和税法遵从度，税务总局制定了《纳税信用评价指标和评价方式（试行）》，自 2014 年 10 月 1 日起施行。老的纳税评级方法作废，新方法国税对企业分为 A,B,C,D 四级，企业在日常纳税申报、退税申报、税收管理中出现问题将被国税扣分，每年 4 月份考核上一年度，评级为 D 类的企业实行重点监管，将会增加国税局稽查、退税函调及纳税评估的频率，给企业的运营带来非常大的税收风险。

纳税评级新考核办法：（10 月 1 日执行）

企业分类级别	考评分数	评价结果应用
A 采取一般纳税人可单次领取 3 个月的增值税发票用量，需要调整增值税发票用量时即时办理； 普通发票按需领用；	90 分以上	实行绿色通道管理
B	70~90	正常管理（比对现在管理）
C	40~70	从严管理（具体业务参考 D 类企业）
D	不满 40 分	增值税专用发票领用按辅导期一般纳税人政策办理，普通发票的领用实行交（验）旧供新、严格限量供应加强出口退税审核 退税凭水单退税 有疑点必须函调（包括供货商）进行纳税评估

纳税信用评价指标和评价方式（试行）

纳税人信用历史信息	基本信息	税务登记信息：纳税人名称，纳税人识别号，注册地址，经营地址……				
		人员信息：法定代表人（姓名＋身份证号码），财务负责人（姓名＋身份证号码），出纳（姓名＋身份证号码），办税人（姓名＋身份证号码）				
		经营信息：××年度经营收入合计××元，已缴税款合计×××元（其中：增值税××元，消费税××元，营业税××元……）				
	评价年度之前优良信用记录	外部门信用最高级别（比如：2010年：海关××，工商××，质检××，环保××，银行××……）（比如：2011年：海关××，工商××，质检××，环保××，银行××……）……				
		本部门A级信用记录（比如：2010年，2011年，2012年……）				
		国/地税稽查无问题年份（比如：2011年、2012年……）				
	评价年度之前不良信用记录	外部门信用最低级别（比如：2010年：海关××，工商××，质检××，环保××，银行××……）（比如：2011年：海关××，工商××，质检××，环保××，银行××……）……				
		本部门D级信用记录（比如：2010年，2011年，2012年……）				
税务内部信息	经常性指标信息	一级指标	二级指标	三级指标	扣分标准	直接判级
		01.涉税申报信息	0101.按照规定申报纳税	010101.未按规定期限纳税申报（按税种按次计算）	5分	
				010102.未按规定期限代扣代缴（按税种按次计算）	5分	
				010103.未按规定期限填报财务报表（按次计算）	3分	
				010104.评价年度内非正常原因增值税或营业税连续3个月或累计6个月零申报、负申报的	11分	
				010105.自纳税人向税务机关办理纳税申报之日起不足3年的	11分	
			0102.增值税抄报税	010201.增值税一般纳税人未按期抄报税的（按次计算）	5分	
			0103.出口退（免）税申报与审核	010301.未在规定期限内办理出口退（免）税资格认定的（按次计算）	3分	
				010302.未按规定设置、使用和保管有关出口货物退（免）税账簿、凭证、资料的；未按规定装订、存放和保管备案单证的（按次计算）	3分	
				010303.未按规定报送出口退税申报资料的（按次计算）	3分	

税务内部信息	经常性指标信息	01.涉税申报信息	0103.出口退（免）税申报与审核	010304.从事进料加工业务的生产企业，未按规定期限办理进料加工登记、申报、核销手续的	3分
				010305.出口企业提供虚假备案单证的	11分
				010306.将应适用增值税征税政策的出口货物劳务及服务申报出口退（免）税	11分
			0104.税收优惠资格资料真实申报	010401.增值税优惠申报材料虚假；010402.消费税优惠申报材料虚假；010403.营业税优惠申报材料虚假；010404.企业所得税优惠申报材料虚假；010405.车船使用税优惠申报材料虚假；010406.印花税优惠申报材料虚假；010407.契税优惠申报材料虚假；010408.土地增值税优惠申报材料虚假；010409.城市维护建设税优惠申报材料虚假；010410.资源税优惠申报材料虚假；010411.耕地占用税优惠申报材料虚假；010412.土地使用税优惠申报材料虚假；010413.房产税优惠申报材料虚假	————	直接判D
			0105.未按规定报送相关涉税资料	010501.未按规定时限报送财务会计制度或财务处理办法；010502.使用计算机记账，未在使用前将会计电算化系统的会计核算软件、使用说明书及有关资料报送主管税务机关备案的；010503.纳税人与其关联企业之间的业务往来应向税务机关提供有关价格、费用标准信息而未提供的；010504.未按规定提供其他涉税资料的（按次计算）	3分
				010505.未在规定时限内向主管税务机关报告开立（变更）账号的	5分
				010506.提供虚假涉税资料，不如实反映或拒绝提供涉税资料的	11分

			0201.欠缴税（费）款次数	020101.未按规定期限缴纳已申报或批准延期申报的应纳税（费）款（按次计算）	5分
		02.税（费）款缴纳信息	0202.欠缴税款金额	020201.至评定期末，已办理纳税申报后纳税人未在税款缴纳期限内缴纳税款或经批准延期缴纳的税款期限已满，纳税人未在税款缴纳期限内缴纳的税款在5万元以上的（含）	11分
				020202.至评定期末，已办理纳税申报后纳税人未在税款缴纳期限内缴纳税款或经批准延期缴纳的税款期限已满，纳税人未在税款缴纳期限内缴纳的税款在5万元以下的	3分
			0203.未按规定履行代扣代缴义务	020301.已代扣代收税款，未按规定解缴的（按次计算）	11分
				020302.未履行扣缴义务，应扣未扣，应收不收税款（按次计算）	3分
			0204.核定征收	020401.日常管理中被税务机关依职权核定计算税款的（按税种）	11分
税务内部信息	经常性指标信息	03.发票与税控器具信息	0301.发票开具、取得、保管、缴销、报告	030101.应当开具而未开具发票；030102.使用电子器具开具发票，未按照规定保存、报送开具发票数据的（按次计算）	5分
				030103.未按规定开具发票；030104.纸质发票未加盖发票专用章；030105.未按规定保管纸质发票并造成发票损毁、遗失的；030106.未按照规定缴销发票；030107.未按规定向税务机关报告发票使用情况的；030108.违规跨境或跨使用区域携带、邮寄、运输或者存放纸质空白发票（按次计算）	3分
				030109.擅自损毁发票的（按次计算）	11分

			030110.虚开增值税专用发票或非善意接收虚开增值税专用发票的；030111.非法代开发票的；030112.私自印制、伪造、变造发票，非法制造发票防伪专用品，伪造发票监制章的；030113.转借、转让、介绍他人转让发票、发票监制章和发票防伪专用品的；030114.知道或者应当知道是私自印制、伪造、变造、非法取得或者废止的发票而受让、开具、存放、携带、邮寄、运输的；030115.违反增值税专用发票管理规定或者违反发票管理规定，导致其他单位或者个人未缴、少缴或者骗取税款的	----	直接判D
		0302.税控器具安装、使用、保管	030201.未按照税务机关的要求安装、使用税控装置的；030202.未按规定申请办理增值税税控系统变更发行的	3分	
			030203.损毁或者擅自改动税控装置的	11分	
			030204.未按规定保管税控专用设备造成遗失的（按次计算）	1分	
04.登记与账簿信息		0401.税务登记	040101.未按规定期限办理税务登记或扣缴税款登记或变更税务登记的；040102.未按规定开具或核销外出经营管理证明的（按次计算）	3分	
			040103.有非正常户记录的纳税人；040104.非正常户直接责任人员注册登记或负责经营的其他纳税户；040105.D级纳税人的直接责任人员注册登记或负责经营的其他纳税户	----	直接判D
			040106.法律规定对纳税人进行强制认定，纳税人未在规定时限内办理税务认定的（如增值税一般纳税人认定等）	5分	

税务内部信息	非经常性指标信息	05.纳税评估、税务审计、反避税调查信息	0402.账簿与凭证	040201.应设置未设置或未按照规定设置账簿、记账凭证以及其他纳税资料的；040202.未按照规定保管账簿、记账凭证以及其他纳税资料的；040203.账目混乱、残缺不全难以查账或原始凭证不合法、不真实的	11分
				040204.不能按照国家统一的会计制度规定设置账簿，并根据合法、有效凭证核算，向税务机关提供准确税务资料的	11分
			0501.纳税评估信息	050101.补税金额不满1万元且占当年应纳税额不满1%，已补缴税款、加收滞纳金、缴纳罚款的	1分
				050102.补税金额不满1万元且占当年应纳税额1%以上，已补缴税款、加收滞纳金、缴纳罚款的	1分+（应补税款/评价期应纳税款×100%）
				050103.补税金额1万元以上且占当年应纳税额不满1%，已补缴税款、加收滞纳金、缴纳罚款的	3分
				050104.补税金额1万元以上且占当年应纳税额1%以上，已补缴税款、加收滞纳金、缴纳罚款的	3分+（应补税款/评价期应纳税款×100%）
				050105.无补税，行为罚2000元或以下且已缴纳（按次计算）	1分
				050106.无补税，行为罚2000元以上且已缴纳（按次计算）	3分
				050107.在规定期限内未补交或足额补缴税款、滞纳金和罚款	---- 直接判D
				050108.拒绝、阻挠税务机关依法进行纳税评估的	11分
			0502.大企业税务审计信息	同050101	1分
				同050102	1分+（应补税款/评价期应纳税款×100%）
				同050103	3分

				同050104	3分+（应补税款/评价期应纳税款×100%）	
				同050105	1分	
				同050106	3分	
				同050107	————	直接判D
				050208.拒绝、阻挠税务机关依法进行大企业税务审计的	11分	
			0503.反避税调查信息	050301.拒绝、阻挠税务机关依法进行反避税调查或拒绝提供反避税调查资料的	11分	
		06.税务稽查信息	0601.涉税犯罪	060101.存在逃避缴纳税款、逃避追缴欠税、骗取出口退税、虚开增值税专用发票等行为，构成犯罪的；060102.骗取国家出口退税款，被停止出口退（免）税资格未到期的；060103.以暴力、威胁方法拒不缴纳税款或者拒绝、阻挠税务机关依法实施税务稽查执法行为的	————	直接判D
			0602.涉税违法被行政处罚	060201.存在偷税行为，未构成犯罪，但偷税（逃避缴纳税款）金额10万元以上且占当年各税种应纳税总额10%以上，已缴纳税款、滞纳金和罚款的	————	直接判D
				060202.存在逃避追缴欠税、骗取出口退税、虚开增值税专用发票等税收违法行为，未构成犯罪，已缴纳税款、滞纳金和罚款的	————	直接判D
税务内部信息	非经常性指标信息	06.税务稽查信息	0603.发现少缴税款行为，做出补缴税款处理	同050101	1分	
				同050102	1分+（应补税款/评价期应纳税款×100%）	
				同050103	3分	
				同050104	3分+（应补税款/评价期应纳税款×100%）	
				同050105	1分	
				同050106	3分	

			0604.拒绝、阻挠税务机关执法	060401.拒绝或阻止税务执法人员依法依规开展入户检查时记录、录音、录像、照相和复制的	11分	
外部信息	外部参考信息	一级指标	二级指标			评级标准
		评价年度优良信用记录	外部门信用最高级别（比如：2014年：海关××，工商××，质检××，环保××，银行××……）			仅记录不扣分
		评价年度不良信用记录	外部门信用最低级别（比如：2014年：海关××，工商××，质检××，环保××，银行××……）			
	外部评价信息	银行	银行账户设置数大于纳税人向税务机关提供数			扣11分
		工商	已经在工商部门完成股权转让变更登记或其他涉税变更登记的纳税人至评价年度结束时未向税务机关报告相关信息			扣11分
		房管、土地管理部门或媒介	欠税5万元以上纳税人处置其不动产或大额资产之前未向税务机关报告			扣11分
		海关	进口货物报关数小于增值税进项申请抵扣数			扣11分
		……	……			……

财政部 税务总局 商务部 海关总署关于跨境电子商务综合试验区零售出口货物税收政策的通知

(财税〔2018〕103号)

全文有效 成文日期:2018-9-28

各省、自治区、直辖市、计划单列市财政厅（局）、商务主管部门，国家税务总局各省、自治区、直辖市、计划单列市税务局，国家税务总局驻各地特派员办事处，海关总署广东分署、各直属海关：

为进一步促进跨境电子商务健康快速发展，培育贸易新业态新模式，现将跨境电子商务综合试验区（以下简称综试区）内的跨境电子商务零售出口（以下简称电子商务出口）货物有关税收政策通知如下：

一、对综试区电子商务出口企业出口未取得有效进货凭证的货物，同时符合下列条件的，试行增值税、消费税免税政策：

（一）电子商务出口企业在综试区注册，并在注册地跨境电子商务线上综合服务平台登记出口日期、货物名称、计量单位、数量、单价、金额。

（二）出口货物通过综试区所在地海关办理电子商务出口申报手续。

（三）出口货物不属于财政部和税务总局根据国务院决定明确取消出口退（免）税的货物。

二、各综试区建设领导小组办公室和商务主管部门应统筹推进部门之间的沟通协作和相关政策落实，加快建立电子商务出口统计监测体系，促进跨境电子商务健康快速发展。

三、海关总署定期将电子商务出口商品申报清单电子信息传输给税务总局。各综试区税务机关根据税务总局清分的出口商品申报清单电子信息加强出口货物免税管理。具体免税管理办法由省级税务部门商财政、商务部门制定。

四、本通知所称综试区，是指经国务院批准的跨境电子商务综合试验区；本通知所称电子商务出口企业，是指自建跨境电子商务销售平台或利用第三方跨境电子商务平台开展电子商务出口的单位和个体工商户。

五、本通知自2018年10月1日起执行，具体日期以出口商品申报清单注明的出口日期为准。

财政部 税务总局 商务部 海关总署
2018年9月28日

国家税务总局
关于印发《出口退税审核关注信息管理办法》的通知

(国税发[2011]022号)

各省、自治区、直辖市和计划单列市国家税务局:

为加强出口退税管理,准确及时办理出口退税,有效防范和打击骗取出口退税违法行为,国家税务总局制定了《出口退税审核关注信息管理办法》(以下简称《办法》),印发给你们,现将有关事宜通知如下,请遵照执行。

一、加强出口退税审核关注信息管理是实现征退税工作衔接,有效防范和打击骗取出口退税违法行为的重要手段。各地税务机关要充分认识准确及时采集信息对保障国家退税款安全的重要意义及误采集信息对审核办理出口退税的影响,严格按照《办法》规定做好相关工作。

二、为保证出口退税审核关注信息采集质量和效率,出口退税审核关注信息由国家税务总局实施一级采集。国家税务总局将加快建立完善从税务系统内部相关税收管理信息系统中提取出口退税审核关注信息的电子化管理系统,实现税务系统内部出口退税审核关注信息一级采集。国家税务总局将与相关部委协调建立各自管理业务的有关信息共享机制,商请相关部委建立或完善有关信息采集、上报的电子化管理系统,通过系统实现有关信息自下而上自动或定期上报汇总功能,并将有关信息传递给国家税务总局,实现税务系统外部出口退税审核关注信息一级采集。

三、国家税务总局在提取出口退税审核关注信息的电子化管理系统逐步建立完善前,采取从现有相关税收管理系统中提取出口退税审核关注信息方式,按照《办法》规定对提取的出口退税审核关注信息进行分类并分别确定出口退税审核关注信息的关注级别,分批下发各地。新下发的出口退税审核关注信息各地税务机关读入出口退税审核系统后替换目前出口退税审核系统中的关注信息。

今后每次国家税务总局追加下发的出口退税审核关注信息各地税务机关要在三个工作日内读入出口退税审核系统,更新出口退税审核关注信息。

四、各地税务机关对照国家税务总局下发的出口退税审核关注信息,发现本地税收管理系统中未按照有关规定录入相关信息及录入信息错误的情况,要及时反馈给信息录入责任部门,及时进行数据维护,并在今后工作中,严格按照各系统有关工作要求,做好系统的数据维护工作,确保国家税务总局从税收管理系统中提取出口退税审核关注信息的准确性、及时性。

五、出口退税审核关注信息是税务机关在出口退税管理工作中为准确核实企业报关出口货物及出口货物在国内纳税等情况的真实性而设置的。各地税务机关要根据出口退税审核系统对关注信息生成的审核疑点提示加强审核，并严格按照《出口货物税收函调管理办法》等规定进行管理。

六、各地税务机关执行《办法》中发现的问题和建议要及时反馈国家税务总局（货物和劳务税司）。

七、国家税务总局将定期通报各地出口退税审核关注信息工作情况。

二〇一一年二月十日

出口退税审核关注信息管理办法

第一条 为正确贯彻国家出口退税政策，加强出口退税管理，准确及时办理出口退税，有效防范和打击骗取出口退税违法行为，制定本办法。

第二条 出口退税审核关注信息是指税务机关在出口退税管理工作中为准确核实企业报关出口货物及出口货物在国内纳税等情况的真实性而设置的有关信息。包括税务系统内部及海关、质检、人民银行、外汇管理、公安、财政、商务等外部有关信息。

第三条 出口退税审核关注信息按照关注级别依次分为国家税务总局预警信息，税务系统内部及外部提供涉嫌骗税线索关注信息，一般关注信息。

（一）国家税务总局预警信息有国家税务总局预警出口企业信息，国家税务总局预警供货企业信息，国家税务总局预警出口商品信息。

1. 国家税务总局预警出口企业信息是指经各级税务机关检查确定为骗取出口退税、偷税、虚开或接受虚开发票（含增值税专用发票、农产品收购发票等）导致少缴增值税并达到一定严重程度的及有关执法部门查处涉及虚假报关、报验、违反出口收入管理规定等问题并达到一定严重程度的出口企业信息；享受增值税优惠政策如即征即退（不含民政福利企业）、超税负返还等和享受财政部门先征后返政策并经各级税务机关检查确定为骗取出口退税、偷税、虚开或接受虚开发票（含增值税专用发票、农产品收购发票等）导致少缴增值税的出口企业信息；税务机关已查处重大违法违规案件的违法违规责任人以企业法定代表人身份注册的其他出口企业信息（包括税务机关已认定为非正常户的企业法定代表人以其身份注册的其他出口企业信息、多次短期内注销税务登记的企业法定代表人以其身份注册的其他出口企业信息）。

2. 国家税务总局预警供货企业信息是指经各级税务机关检查确定为偷税、虚开或接受虚开发票（含增值税专用发票、农产品收购发票等）导致少缴增值税并达到一定严重程度的供货企业信息；享受增值税优惠政策如即征即退（不含民政福利企业）、超税负返还等和享受财政部门先征后返政策并经各级税务机关检查确定为骗取出口退税、偷税、虚开或接受虚开发票（含增值税专用发票、农产品收购发票等）导致少缴增值税的供货企业信息；税务机关已查处重大违法违规案件的违法违规责任人以企业法定代表人身份注册的其他供货企业信息（包括税务机关已认定为非正常户的企业法定代表人以其身份注册的其他供货企业信息、多次短期内注销税务登记的企业法定代表人以其身份注册的其他供货企业信息）。

3. 国家税务总局预警出口商品信息是指经各级税务机关检查确定为发生较多骗取

出口退税的商品信息，已发现或有关方面提供较多具有重大嫌疑涉嫌骗取出口退税的商品信息。

（二）税务系统内部及外部提供涉嫌骗税线索关注信息有税务系统内部提供涉嫌骗税线索的出口企业信息，税务系统内部提供涉嫌骗税线索的供货企业信息，税务系统内部提供涉嫌骗税线索的出口商品信息，税务系统外部提供涉嫌骗税线索的出口企业信息，税务系统外部提供涉嫌骗税线索的供货企业信息及税务系统外部提供涉嫌骗税线索的出口商品信息。

（三）一般关注信息有关注出口企业信息，关注供货企业信息，关注出口商品信息，关注出口口岸信息，关注出口国别（地区）信息及关注出口贸易方式等信息。

1. 关注出口企业信息分为A、B、C、D、E5类。A类是指经各级税务机关检查确定为骗取出口退税、偷税、虚开或接受虚开发票（含增值税专用发票、农产品收购发票等）导致少缴增值税及有关执法部门查处涉及虚假报关、报验、违反出口收入管理规定等问题但未达到国家税务总局预警出口企业标准的出口企业信息。B类是指各级税务机关在涉税审核或检查中发现具有重大嫌疑涉嫌偷税、骗税、涉嫌虚开或涉嫌接受虚开发票（含增值税专用发票、农产品收购发票等）导致少缴增值税的出口企业信息。C类是指偷、骗税企业法定代表人注册的其他出口企业信息。D类是指虚开或接受虚开增值税发票（含增值税专用发票、农产品收购发票等）导致少缴增值税企业法定代表人注册的其他出口企业信息。E类是指经营2年内注销企业法定代表人注册的其他出口企业信息。

2. 关注供货企业（系指所有发生违反本文所列增值税及出口退税等违法违规行为的增值税一般纳税人，不论是否实际发生过向出口企业供货业务）信息分为A、B、C、D、E、F6类。A类是指经各级税务机关检查确定为偷税、虚开或接受虚开发票（含增值税专用发票、农产品收购发票等）导致少缴增值税但未达到国家税务总局预警供货企业标准的企业信息。B类是指各级税务机关在涉税检查中发现具有重大嫌疑涉嫌偷税、涉嫌虚开或涉嫌接受虚开发票（含增值税专用发票、农产品收购发票等）导致少缴增值税企业信息。C类是指偷、骗税企业法定代表人注册的其他企业信息。D类是指虚开或接受虚开增值税发票（含增值税专用发票、农产品收购发票等）导致少缴增值税企业法定代表人注册的其他企业信息。E类是指经营2年内注销企业法定代表人注册的其他企业信息。F类是指享受增值税优惠政策如即征即退（不含民政福利企业）、超税负返还等和享受财政部门先征后返的企业信息（出口退税审核过程中发现供货资金流、货物流有异常情况的）。

3. 关注出口商品信息是指根据骗取出口退税案例分析、出口退税宏观分析及预警监控系统分析等情况确定的出口商品信息。分为A、B、C、D、E、F、G、H8类。A

类为单价较高、退税率高且重量较轻或体积较小的贵重商品信息。B类为单价较高、退税率高且消费者购买一般不要增值税专用发票的耐用商品信息。C类为单价较高、退税率高且消费者购买一般不要增值税专用发票的日用商品信息。D类为单价较高的农产品及其部分制品（经过一两道环节加工）商品信息。E类为零退税率商品可能申报有退税率的商品信息。F类为低退税率商品可能申报高退税率的商品信息。G类为享受增值税优惠政策的商品及其部分制品（经过一两道环节加工）信息。H类为其他出口退税异常商品信息。

4. 关注出口口岸信息指根据骗取出口退税案例分析、出口退税宏观分析及预警监控系统分析及税务系统内外部提供涉嫌出口骗税的出口货物较为集中的报关或离境出口口岸信息。

5. 关注出口国别（地区）信息是指根据骗取出口退税案例分析、出口退税宏观分析及预警监控系统分析及税务系统内外部提供涉嫌出口骗税的出口货物较为集中的出口国别（地区）信息。

6. 关注出口贸易方式信息指根据骗取出口退税案例分析、出口退税宏观分析及预警监控系统分析及税务系统内外部提供涉嫌出口骗税的出口贸易方式信息。

第四条 出口退税审核关注信息关注级别由国家税务总局依据出口企业及供货企业在一定时期内违反本办法所列增值税及出口退税等违法违规行为的次数、涉及偷骗税税额多少、关注信息类型等确定（《出口退税审核关注信息分类定级表》见附件1）。

第五条 国家税务总局负责出口退税审核关注信息的采集、提取、汇总、调整和下发工作。出口退税审核关注信息由国家税务总局实施一级采集，主要是通过出口货物税收函调系统、出口退税宏观分析及预警监控系统、税收征管信息系统、增值税专用发票稽核系统、增值税专用发票审核检查系统、税务稽查协查系统等税收信息管理系统提取及其他有关资料采集和税务系统外部提供。关注企业信息具体采集项目、内容、格式按照《出口退税审核关注企业信息采集表》（见附件2）各表分别采集。

第六条 国家税务总局根据出口退税分析情况、各地出口退税审核情况、出口业务核查、函调等涉及增值税检查情况及各地对出口退税审核关注信息调整建议对出口退税审核关注信息实行动态管理，增加、删除和调整关注出口企业、关注供货企业、关注出口商品及关注程度，调整关注信息采集项目内容等。

第七条 国家税务总局按季度下发出口退税审核关注信息，其中国家税务总局预警信息和税务系统内部及外部提供涉嫌骗税线索关注信息根据情况及时下发。

第八条 各地税务机关出口退税部门要指定专人负责出口退税审核关注信息工作，在出口退税审核关注信息下发三个工作日内将信息下载并读入出口退税审核系统软件，每季度终了20日内汇总上报出口退税审核关注信息调整建议。

第九条 国家税务总局将出口退税审核关注信息在出口退税审核系统软件中设置有关审核疑点提示（包括疑点级别及对疑点的处理方式），各级税务机关应充分利用出口退税审核关注信息按照《出口货物税收函调管理办法》等规定加强出口退税审核工作。

第十条 本办法从 2011 年 3 月 1 日起开始执行。

附件：
1. 出口退税审核关注信息分类定级表
2. 出口退税审核关注企业信息采集表

国家税务总局关于异常增值税扣税凭证管理等有关事项的公告

（国家税务总局公告2019年第38号）

全文有效　成文日期:2019-11-14

现将异常增值税扣税凭证（以下简称"异常凭证"）管理等有关事项公告如下：

一、符合下列情形之一的增值税专用发票，列入异常凭证范围：

（一）纳税人丢失、被盗税控专用设备中未开具或已开具未上传的增值税专用发票；

（二）非正常户纳税人未向税务机关申报或未按规定缴纳税款的增值税专用发票；

（三）增值税发票管理系统稽核比对发现"比对不符""缺联""作废"的增值税专用发票；

（四）经税务总局、省税务局大数据分析发现，纳税人开具的增值税专用发票存在涉嫌虚开、未按规定缴纳消费税等情形的；

（五）属于《国家税务总局关于走逃（失联）企业开具增值税专用发票认定处理有关问题的公告》（国家税务总局公告2016年第76号）第二条第（一）项规定情形的增值税专用发票。

二、增值税一般纳税人申报抵扣异常凭证，同时符合下列情形的，其对应开具的增值税专用发票列入异常凭证范围：

（一）异常凭证进项税额累计占同期全部增值税专用发票进项税额70%（含）以上的；

（二）异常凭证进项税额累计超过5万元的。

纳税人尚未申报抵扣、尚未申报出口退税或已作进项税额转出的异常凭证，其涉及的进项税额不计入异常凭证进项税额的计算。

三、增值税一般纳税人取得的增值税专用发票列入异常凭证范围的，应按照以下规定处理：

（一）尚未申报抵扣增值税进项税额的，暂不允许抵扣。已经申报抵扣增值税进项税额的，除另有规定外，一律作进项税额转出处理。

（二）尚未申报出口退税或者已申报但尚未办理出口退税的，除另有规定外，暂不允许办理出口退税。适用增值税免抵退税办法的纳税人已经办理出口退税的，应根据列入异常凭证范围的增值税专用发票上注明的增值税额作进项税额转出处理；适用增值税免退税办法的纳税人已经办理出口退税的，税务机关应按照现行规定对列入异常凭证范围的增值税专用发票对应的已退税款追回。

纳税人因骗取出口退税停止出口退（免）税期间取得的增值税专用发票列入异常凭证范围的，按照本条第（一）项规定执行。

（三）消费税纳税人以外购或委托加工收回的已税消费品为原料连续生产应税消费品，尚未申报扣除原料已纳消费税税款的，暂不允许抵扣；已经申报抵扣的，冲减当期允许抵扣的消费税税款，当期不足冲减的应当补缴税款。

（四）纳税信用A级纳税人取得异常凭证且已经申报抵扣增值税、办理出口退税或抵扣消费税的，可以自接到税务机关通知之日起10个工作日内，向主管税务机关提出核实申请。经税务机关核实，符合现行增值税进项税额抵扣、出口退税或消费税抵扣相关规定的，可不作进项税额转出、追回已退税款、冲减当期允许抵扣的消费税税款等处理。纳税人逾期未提出核实申请的，应于期满后按照本条第（一）项、第（二）项、第（三）项规定作相关处理。

（五）纳税人对税务机关认定的异常凭证存有异议，可以向主管税务机关提出核实申请。经税务机关核实，符合现行增值税进项税额抵扣或出口退税相关规定的，纳税人可继续申报抵扣或者重新申报出口退税；符合消费税抵扣规定且已缴纳消费税税款的，纳税人可继续申报抵扣消费税税款。

四、经税务总局、省税务局大数据分析发现存在涉税风险的纳税人，不得离线开具发票，其开票人员在使用开票软件时，应当按照税务机关指定的方式进行人员身份信息实名验证。

五、新办理增值税一般纳税人登记的纳税人，自首次开票之日起3个月内不得离线开具发票，按照有关规定不使用网络办税或不具备风险条件的特定纳税人除外。

六、本公告自2020年2月1日起施行。《国家税务总局关于走逃（失联）企业开具增值税专用发票认定处理有关问题的公告》（国家税务总局公告2016年第76号）第二条第（二）项、《国家税务总局关于建立增值税失控发票快速反应机制的通知》（国税发〔2004〕123号文件印发，国家税务总局公告2018年第31号修改）、《国家税务总局关于金税工程增值税征管信息系统发现的涉嫌违规增值税专用发票处理问题的通知》（国税函〔2006〕969号）第一条第（二）项和第二条、《国家税务总局关于认真做好增值税失控发票数据采集工作有关问题的通知》（国税函〔2007〕517号）、《国家税务总局关于失控增值税专用发票处理的批复》（国税函〔2008〕607号）、《国家税务总局关于外贸企业使用增值税专用发票办理出口退税有关问题的公告》（国家税务总局公告2012年第22号）第二条第（二）项同时废止。

特此公告。

国家税务总局
2019年11月14日

国家税务总局关于出口退（免）税有关问题的公告

（国家税务总局公告2015年第29号）

全文有效　成文日期:2015-4-30

注释：

《国家税务总局关于修改部分税收规范性文件的公告》（国家税务总局公告2018年第31号）对本文进行了修改。

为深入开展"便民办税春风行动"，进一步便利企业办理出口退（免）税，持续优化出口退（免）税管理，现就有关问题公告如下：

一、出口企业或其他单位办理出口退（免）税资格认定时，《出口退（免）税资格认定申请表》中的"退税开户银行账号"从税务登记的银行账号中选择一个填报，不再向主管税务机关提供银行开户许可证。

二、生产企业办理进料加工业务核销，按规定向主管税务机关报送《已核销手（账）册海关数据调整报告表（进口报关单/出口报关单）》时，不再提供向报关海关查询情况的书面说明。

三、委托出口的货物，除国家取消出口退税的货物外，委托方不再向主管税务机关报送《委托出口货物证明》，此前未报送《委托出口货物证明》的不再报送；受托方申请开具《代理出口货物证明》时，不再提供委托方主管税务机关签章的《委托出口货物证明》。

四、企业在申报铁路运输服务免抵退税时，属于客运的，应当提供《国际客运（含香港直通车）旅客、行李包裹运输清算函件明细表》（见附件1）；属于货运的，应当提供《中国铁路总公司国际货物运输明细表》（见附件2），或者提供列明本企业清算后的国际联运运输收入的《清算资金通知清单》。

申报铁路运输服务免抵退税的企业，应当将以下原始凭证留存企业备查。主管税务机关对留存企业备查的原始凭证应当定期进行抽查。

（一）属于客运的，留存以下原始凭证：

1.国际客运联运票据（入境除外）；

2.铁路合作组织清算函件；

3.香港直通车售出直通客票月报。

（二）属于货运的，留存以下原始凭证：

1. 运输收入会计报表；

2. 货运联运运单；

3. "发站"或"到站（局）"名称包含"境"字的货票。

企业自2014年1月1日起，提供的适用增值税零税率的铁路运输服务，按本条规定申报免抵退税。

五、出口企业从事来料加工委托加工业务的，应当在海关办结核销手续的次年5月15日前，办理来料加工出口货物免税核销手续；属于2014年及以前海关办理核销的，免税核销期限延长至2015年6月30日。未按规定办理来料加工出口货物免税核销手续或者不符合办理免税核销规定的，委托方应按规定补缴增值税、消费税。

六、以双委托方式（生产企业进口料件、出口成品均委托出口企业办理）从事的进料加工出口业务，委托方在申报免抵退税前，应按代理进口、出口协议及进料加工贸易手册载明的计划进口总值和计划出口总值，向主管税务机关报送《进料加工企业计划分配率备案表》及其电子数据。

七、出口企业不再填报《出口企业预计出口情况报告表》。

八、从事对外承包工程的企业在上一年度内，累计6个月以上未申报退税的，其出口退（免）税企业分类管理类别可不评定为三类。

九、本公告除第四条外，自发布之日起施行。《国家税务总局关于发布〈出口货物劳务增值税和消费税管理办法〉的公告》（国家税务总局公告2012年第24号）第三条第（一）项第3目、《国家税务总局关于〈出口货物劳务增值税和消费税管理办法〉有关问题的公告》（国家税务总局公告2013年第12号）第五条第（十四）项《国家税务总局关于发布〈适用增值税零税率应税服务退（免）税管理办法〉的公告》（国家税务总局公告2014年第11号）第十三条第（五）项第1目之（2）和第十五条第（一）项第4目同时废止。

特此公告。

国家税务总局
2015年4月30日

国家税务总局关于进一步便利出口退税办理 促进外贸平稳发展有关事项的公告

（国家税务总局公告2022年第9号）

全文有效　成文日期：2022-4-29

为深入贯彻党中央、国务院决策部署，积极落实《税务总局等十部门关于进一步加大出口退税支持力度促进外贸平稳发展的通知》（税总货劳发〔2022〕36号），进一步助力企业纾解困难，激发出口企业活力潜力，更优打造外贸营商环境，更好促进外贸平稳发展，现就有关事项公告如下：

一、完善出口退（免）税企业分类管理

出口企业管理类别年度评定工作应于企业纳税信用级别评价结果确定后1个月内完成。

纳税人发生纳税信用修复情形的，可以书面向税务机关提出重新评定管理类别。因纳税信用修复原因重新评定的纳税人，不受《出口退（免）税企业分类管理办法》（国家税务总局公告2016年第46号发布，2018年第31号修改）第十四条中"四类出口企业自评定之日起，12个月内不得评定为其他管理类别"规定限制。

二、优化出口退（免）税备案单证管理

（一）纳税人应在申报出口退（免）税后15日内，将下列备案单证妥善留存，并按照申报退（免）税的时间顺序，制作出口退（免）税备案单证目录，注明单证存放方式，以备税务机关核查。

1. 出口企业的购销合同（包括：出口合同、外贸综合服务合同、外贸企业购货合同、生产企业收购非自产货物出口的购货合同等）；

2. 出口货物的运输单据（包括：海运提单、航空运单、铁路运单、货物承运单据、邮政收据等承运人出具的货物单据，出口企业承付运费的国内运输发票，出口企业承付费用的国际货物运输代理服务费发票等）；

3. 出口企业委托其他单位报关的单据（包括：委托报关协议、受托报关单位为其开具的代理报关服务费发票等）。

纳税人无法取得上述单证的，可用具有相似内容或作用的其他资料进行单证备案。除另有规定外，备案单证由出口企业存放和保管，不得擅自损毁，保存期为5年。

纳税人发生零税率跨境应税行为不实行备案单证管理。

（二）纳税人可以自行选择纸质化、影像化或者数字化方式，留存保管上述备案单证。选择纸质化方式的，还需在出口退（免）税备案单证目录中注明备案单证的存放地点。

（三）税务机关按规定查验备案单证时，纳税人按要求将影像化或者数字化备案单证转换为纸质化备案单证以供查验的，应在纸质化单证上加盖企业印章并签字声明与原数据一致。

三、完善加工贸易出口退税政策

实行免抵退税办法的进料加工出口企业，在国家实行出口产品征退税率一致政策后，因前期征退税率不一致等原因，结转未能抵减的免抵退税"不得免征和抵扣税额抵减额"，企业进行核对确认后，可调转为相应数额的增值税进项税额。

四、精简出口退（免）税报送资料

（一）纳税人办理委托出口货物退（免）税申报时，停止报送代理出口协议副本、复印件。

（二）纳税人办理融资租赁货物出口退（免）税备案和申报时，停止报送融资租赁合同原件，改为报送融资租赁合同复印件（复印件上应注明"与原件一致"并加盖企业印章）。

（三）纳税人办理来料加工委托加工出口货物的免税核销手续时，停止报送加工企业开具的加工费普通发票原件及复印件。

（四）纳税人申请开具《代理出口货物证明》时，停止报送代理出口协议原件。

（五）纳税人申请开具《代理进口货物证明》时，停止报送加工贸易手册原件、代理进口协议原件。

（六）纳税人申请开具《来料加工免税证明》时，停止报送加工费普通发票原件、进口货物报关单原件。

（七）纳税人申请开具《出口货物转内销证明》时，停止报送《出口货物已补税/未退税证明》原件及复印件。

对于本条所述停止报送的资料原件，纳税人应当妥善留存备查。

五、拓展出口退（免）税提醒服务

为便于纳税人及时了解出口退（免）税政策及管理要求的更新情况、出口退（免）税业务申报办理进度，税务机关为纳税人免费提供出口退（免）税政策更新、出口退税率文库升级、尚有未用于退（免）税申报的出口货物报关单、已办结出口退（免）税等提醒服务。纳税人可自行选择订阅提醒服务内容。

六、简化出口退（免）税办理流程

（一）简化外贸综合服务企业代办退税备案流程

外贸综合服务企业在生产企业办理委托代办退税备案后，留存以下资料，即可为该生产企业申报代办退税,无须报送《代办退税情况备案表》(国家税务总局公告2017年第35号发布)和企业代办退税风险管控制度:

1. 与生产企业签订的外贸综合服务合同(协议);
2. 每户委托代办退税生产企业的《代办退税情况备案表》;
3. 外贸综合服务企业代办退税风险管控制度、内部风险管控信息系统建设及应用情况。

生产企业办理委托代办退税备案变更后,外贸综合服务企业将变更后的《代办退税情况备案表》留存备查即可,无须重新报送该表。

(二)推行出口退(免)税实地核查"容缺办理"

1. 对于纳税人按照现行规定需实地核查通过方可办理的首次申报的出口退(免)税以及变更退(免)税办法后首次申报的出口退(免)税,税务机关经审核未发现涉嫌骗税等疑点或者已排除涉嫌骗税等疑点的,应按照"容缺办理"的原则办理退(免)税:在该纳税人累计申报的应退(免)税额未超过限额前,可先行按规定审核办理退(免)税再进行实地核查;在该纳税人累计申报的应退(免)税额超过限额后,超过限额的部分需待实地核查通过后再行办理退(免)税。

上述需经实地核查通过方可审核办理的首次申报的出口退(免)税包括:外贸企业首次申报出口退税(含外贸综合服务企业首次申报自营出口业务退税),生产企业首次申报出口退(免)税(含生产企业首次委托外贸综合服务企业申报代办退税),外贸综合服务企业首次申报代办退税。

上述按照"容缺办理"的原则办理退(免)税,包括纳税人出口货物、视同出口货物、对外提供加工修理修配劳务、发生零税率跨境应税行为涉及的出口退(免)税。

上述累计申报应退(免)税额的限额标准为:外贸企业(含外贸综合服务企业自营出口业务)100万元;生产企业(含生产企业委托代办退税业务)200万元;代办退税的外贸综合服务企业100万元。

2. 税务机关经实地核查发现纳税人已办理退(免)税的业务属于按规定不予办理退(免)税情形的,应追回已退(免)税款。因纳税人拒不配合而无法开展实地核查的,税务机关应按照实地核查不通过处理相关业务,并追回已退(免)税款,对于该纳税人申报的退(免)税业务,不适用"容缺办理"原则。

3. 纳税人申请变更退(免)税方法、变更出口退(免)税主管税务机关、撤回出口退(免)税备案时,存在已"容缺办理"但尚未实地核查的退(免)税业务的,税务机关应当先行开展实地核查。经实地核查通过的,按规定办理相关变更、撤回事项;经实地核查发现属于按规定不予办理退(免)税情形的,应追回已退(免)税款后,再行办理相关变更、撤回事项。

七、简便出口退（免）税办理方式

（一）推广出口退（免）税证明电子化开具和使用

纳税人申请开具《代理出口货物证明》《代理进口货物证明》《委托出口货物证明》《出口货物转内销证明》《中标证明通知书》《来料加工免税证明》的，税务机关为其开具电子证明，并通过电子税务局、国际贸易"单一窗口"等网上渠道（以下简称网上渠道）向纳税人反馈。纳税人申报办理出口退（免）税相关涉税事项时，仅需填报上述电子证明编号等信息，无须另行报送证明的纸质件和电子件。其中，纳税人申请开具《中标证明通知书》时，无须再报送中标企业所在地主管税务机关的名称、地址、邮政编码。

纳税人需要作废上述出口退（免）税电子证明的，应先行确认证明使用情况，已用于申报出口退（免）税相关事项的，不得作废证明；未用于申报出口退（免）税相关事项的，应向税务机关提出作废证明申请，税务机关核对无误后，予以作废。

（二）推广出口退（免）税事项"非接触"办理

纳税人申请办理出口退（免）税备案、证明开具及退（免）税申报等事项时，按照现行规定需要现场报送的纸质表单资料，可选择通过网上渠道，以影像化或者数字化方式提交。纳税人通过网上渠道提交相关电子数据、影像化或者数字化表单资料后，即可完成相关出口退（免）税事项的申请。原需报送的纸质表单资料，以及通过网上渠道提交的影像化或者数字化表单资料，纳税人应妥善留存备查。

税务机关受理上述申请后，按照现行规定为纳税人办理相关事项，并通过网上渠道反馈办理结果。纳税人确需税务机关出具纸质文书的，税务机关应当为纳税人出具。

八、完善出口退（免）税收汇管理

纳税人适用出口退（免）税政策的出口货物，有关收汇事项应按照以下规定执行：

（一）纳税人申报退（免）税的出口货物，应当在出口退（免）税申报期截止之日前收汇。未在规定期限内收汇，但符合《视同收汇原因及举证材料清单》（附件1）所列原因的，纳税人留存《出口货物收汇情况表》（附件2）及举证材料，即可视同收汇；因出口合同约定全部收汇最终日期在退（免）税申报期截止之日后的，应当在合同约定收汇日期前完成收汇。

（二）出口退（免）税管理类别为四类的纳税人，在申报出口退（免）税时，应当向税务机关报送收汇材料。

纳税人在退（免）税申报期截止之日后申报出口货物退（免）税的，应当在申报退（免）税时报送收汇材料。

纳税人被税务机关发现收汇材料为虚假或冒用的，应自税务机关出具书面通知之日起24个月内，在申报出口退（免）税时报送收汇材料。

除上述情形外,纳税人申报出口退(免)税时,无须报送收汇材料,留存举证材料备查即可。税务机关按规定需要查验收汇情况的,纳税人应当按照税务机关要求报送收汇材料。

(三)纳税人申报退(免)税的出口货物,具有下列情形之一,税务机关未办理出口退(免)税的,不得办理出口退(免)税;已办理出口退(免)税的,应在发生相关情形的次月用负数申报冲减原退(免)税申报数据,当期退(免)税额不足冲减的,应补缴差额部分的税款:

1.因出口合同约定全部收汇最终日期在退(免)税申报期截止之日后的,未在合同约定收汇日期前完成收汇;

2.未在规定期限内收汇,且不符合视同收汇规定;

3.未按本条规定留存收汇材料。

纳税人在本公告施行前已发生上述情形但尚未处理的出口货物,应当按照本项规定进行处理;纳税人已按规定处理的出口货物,待收齐收汇材料、退(免)税凭证及相关电子信息后,即可申报办理出口退(免)税。

(四)纳税人确实无法收汇且不符合视同收汇规定的出口货物,适用增值税免税政策。

(五)税务机关发现纳税人申报退(免)税的出口货物收汇材料为虚假或者冒用的,应当按照《中华人民共和国税收征收管理法》有关规定进行处理,相应的出口货物适用增值税征税政策。

本条所述收汇材料是指《出口货物收汇情况表》及举证材料。对于已收汇的出口货物,举证材料为银行收汇凭证或者结汇水单等凭证;出口货物为跨境贸易人民币结算、委托出口并由受托方代为收汇,或者委托代办退税并由外贸综合服务企业代为收汇的,可提供收取人民币的收款凭证;对于视同收汇的出口货物,举证材料按照《视同收汇原因及举证材料清单》确定。

本条所述出口货物,不包括《财政部 国家税务总局关于出口货物劳务增值税和消费税政策的通知》(财税〔2012〕39号)第一条第二项(第2目除外)所列的视同出口货物,以及易货贸易出口货物、边境小额贸易出口货物。

九、施行时间

本公告第一条、第二条、第三条自2022年5月1日起施行,第四条、第五条自2022年6月1日起施行,第六条、第七条、第八条自2022年6月21日起施行。《废止的文件条款目录》(附件3)中列明的条款相应停止施行。

特此公告。

附件：
1. 视同收汇原因及举证材料清单
2. 出口货物收汇情况表
3. 废止的文件条款目录

国家税务总局
2022 年 4 月 29 日

附件 1：视同收汇原因及举证材料清单

一、因国外商品市场行情变动的，提供有关商会出具的证明或有关交易所行情报价资料；由于客观原因无法提供的，提供进口商相关证明材料。

二、因出口商品质量原因的，提供进口商的有关函件和进口国商检机构的证明；由于客观原因无法提供进口国商检机构证明的，提供进口商的检验报告等证明材料，或者货物、原材料生产商等第三方证明材料。

三、因动物及鲜活产品变质、腐烂、非正常死亡或损耗的，提供进口商的有关函件和进口国商检机构的证明；由于客观原因确实无法提供商检证明的，提供进口商相关证明材料、货物运输等第三方证明材料。

四、因自然灾害、战争等不可抗力因素的，提供报刊等新闻媒体的报道材料或中国驻进口国使领馆商务处出具的证明。

五、因进口商破产、关闭、解散的，提供以下任一资料：
报刊等新闻媒体的报道材料、中国驻进口国使领馆商务处出具的证明、进口商所在地破产清算机构出具的证明、债权申报证明。

六、因进口国货币汇率变动的，提供报刊等新闻媒体刊登或人民银行公布的汇率资料。

七、因溢短装的，提供提单或其他正式货运单证等商业单证。

八、因出口合同约定全部收汇最终日期在申报退（免）税截止期限以后的，提供出口合同。

九、因无法收汇而取得出口信用保险赔款的，提供相关出口信用保险合同、保险理赔单据、赔款入账流水等资料。

十、因其他原因的，提供合理的佐证材料。

附件2：

出口货物收汇情况表

所属期/申报年月：　年　月　　申报批次：

纳税人识别号（统一社会信用代码）：□□□□□□□□□□□□□□□□□□

纳税人名称：　　　　　　　　　　　　　　　　　金额单位：元（列至角分）

序号	出口货物报关单号	代理出口货物证明号	出口发票号	出口退（免）税销售额			已收汇情况									视同收汇情况					备注
				币种	金额	折合人民币金额	收汇日期	收汇凭证号	凭证币种	凭证总金额	其中：对应本报关单（代理证明）金额	其中：对应本报关单（代理证明）折合人民币金额	付汇人	非进口商付汇原因	原因代码	原因具体说明	举证材料种类	折合人民币金额	合同约定全部收汇最终日期	出口合同号	
1	2	3	4	5	6	7	8	9	10	11	12	13	14	15	16	17	18	19	20	21	22
合计	—	—	—			—															

填表说明：

1. "所属期/申报年月"：按本表对应的出口退（免）税申报表的所属期（申报年月）填写。
2. "申报批次"：按本表对应的出口退（免）税申报表的申报批次填写。
3. 第1栏"序号"：按八位流水号填写，从00000001到99999999。
4. 第2栏"出口货物报关单号"：按出口货物报关单上的海关编号+0+项号填写，共21位；实际业务无出口货物报关单的按税务机关要求填写；委托出口的此栏不填。同一出口货物报关单号对应多个收汇凭证号、多个视同收汇原因的，此栏仅需填写一次。

附件3：废止的文件条款目录

序	标题	文号	废止内容	废止时间
1	国家税务总局关于发布《出口货物劳务增值税和消费税管理办法》的公告	2012年第24号	（1）第四条第二项第2目第（5）点④中的"代理出口协议复印件"	自2022年6月1日起废止
			（2）第五条第二项第5目第（4）点中的"代理出口协议副本"	自2022年6月1日起废止
			（3）第七条第三项第二款第2目"代理出口协议"	自2022年6月1日起废止
			（4）第八条第四项	自2022年5月1日起废止
			（5）第九条第四项第2目第（1）点①中的"原件"、②中的"原件"	自2022年6月1日起废止
			（6）第九条第四项第2目第（2）点③	自2022年6月1日起废止
			（7）第十条第一项第一款第1目中的"原件"	自2022年6月1日起废止
			（8）第十条第二项第1目中报送加工贸易手册原件的规定、第3目中的"原件"	自2022年6月1日起废止
			（9）第十条第六项第一款第1目中的"出口货物退运已补税（未退税）证明原件及复印件"	自2022年6月1日起废止
			（10）第十条第七项第3目	自2022年6月21日起废止
2	国家税务总局关于《出口货物劳务增值税和消费税管理办法》有关问题的公告	2013年第12号	附件19	自2022年6月1日起废止

序	标题	文号	废止内容	废止时间
3	国家税务总局关于出口企业申报出口货物退（免）税提供收汇资料有关问题的公告	2013年第30号	全文废止	自2022年6月21日起废止
4	国家税务总局关于发布《融资租赁货物出口退税管理办法》的公告	2014年第56号	第五条第一款第二项"融资租赁合同（有法律效力的中文版）"	自2022年6月1日起废止
5	国家税务总局关于调整完善外贸综合服务企业办理出口货物退（免）税有关事项的公告	2017年第35号	（1）第一条第二项"已向主管税务机关备案" （2）第四条	自2022年6月1日起废止
6	国家税务总局关于出口退（免）税申报有关问题的公告	2018年第16号	第八条	自2022年6月21日起废止
7	国家税务总局关于做好新型冠状病毒感染的肺炎疫情防控期间出口退（免）税有关工作的通知	税总函〔2020〕28号	（1）第三条第二项 （2）第7条第一款	自2022年6月21日起废止
8	国家税务总局关于出口货物退（免）税实行有关单证备案管理制度的补充通知	国税函〔2006〕904号	全文废止（第一条已由国家税务总局公告2012年第24号废止）	自2022年5月1日起废止

第九章 出口退税合规申报精华文章节选及附件资料

关于跨境电子商务出口退运商品税收政策的公告

(财政部 海关总署 税务总局公告2023年第4号)

一、对自本公告印发之日起1年内在跨境电子商务海关监管代码(1210、9610、9710、9810)项下申报出口,因滞销、退货原因,自出口之日起6个月内原状退运进境的商品(不含食品),免征进口关税和进口环节增值税、消费税;出口时已征收的出口关税准予退还,出口时已征收的增值税、消费税参照内销货物发生退货有关税收规定执行。其中,监管代码1210项下出口商品,应自海关特殊监管区域或保税物流中心(B型)出区离境之日起6个月内退运至境内区外。

二、对符合第一条规定的商品,已办理出口退税的,企业应当按现行规定补缴已退的税款。企业应当凭主管税务机关出具的《出口货物已补税/未退税证明》,申请办理免征进口关税和进口环节增值税、消费税,退还出口关税手续。

三、第一条中规定的"原状退运进境"是指出口商品退运进境时的最小商品形态应与原出口时的形态基本一致,不得增加任何配件或部件,不能经过任何加工、改装,但经拆箱、检(化)验、安装、调试等仍可视为"原状";退运进境商品应未被使用过,但对于只有经过试用才能发现品质不良或可证明被客户试用后退货的情况除外。

四、对符合第一、二、三条规定的商品,企业应当提交出口商品申报清单或出口报关单、退运原因说明等证明该商品确为因滞销、退货原因而退运进境的材料,并对材料的真实性承担法律责任。对因滞销退运的商品,企业应提供"自我声明"作为退运原因说明材料,承诺为因滞销退运;对因退货退运的商品,企业应提供退货记录(含跨境电子商务平台上的退货记录或拒收记录)、返货协议等作为退运原因说明材料。海关据此办理退运免税等手续。

五、企业偷税、骗税等违法违规行为,按照国家有关法律法规等规定处理。

特此公告。

【文件解读】

跨境退运政策调整解读：是严管也是利好。

跨境电商退运政策利好：滞销的可以回来进行内销处理。

跨境电商退运跟与普通货物存在差别：一同两不同！

相同点：原状退运进境（退运货物名称、规格与原出口必须一致）。

原因不同：跨境退运因滞销、退货原因（提供相关说明或声明），普通货物因质量等原因退运需要提供相关证明（一般指第三方证明）。

时效不同：跨境退运自出口之日起6个月内（在税务机关办理未退税证明之后可以免税进关），普通货物自货物出口之日起1年之内。

出口企业税负核算

"免抵退税"企业：

某时期增值税"税负率"= 当期"各月应纳税额累计数"÷ 当期"应税销售额"。累计数 ={ 当期各月 ["销项税额"–("进项税额"–"进项税额转出")–"上期留抵税额"] 累计数 + 当期"简易征收办法应纳税额"累计数 – 当期"应纳税额减征额"累计数 }÷ 当期"应税销售额"累计数。

1. 月"销项税额"= 每月《增值税纳税申报表》（按适用税率征税货物及劳务销售额 + 免、抵、退办法出口货物销售额）× 适用税率 = 每月《增值税纳税申报表》销项税额 + "虚拟销项税额"即每月《增值税纳税申报表》免、抵、退办法出口货物销售额 × 适用税率。

2. 月"进项税额"= 每月《增值税纳税申报表》进项税额（不剔除征退税率差部分进项税额）+ "虚拟进项税额"即每月进（来）料加工料件金额 × 适用税率。

3. 月"进项税额转出"= 每月《增值税纳税申报表》进项税额转出（包括征退税率差部分进项税额）– 每月《增值税纳税申报表附表2》免抵退税办法出口货物不得抵扣进项税额（即征退税率差部分进项税额）。

4. 月"上期留抵税额"= 每月《增值税纳税申报表》上期留抵税额 – 每月《增值税纳税申报表》上期免抵退货物应退税额。

5. "应税销售额"= 每月《增值税纳税申报表》按适用税率征税货物及劳务销售额 + 免、抵、退办法出口货物销售额 + 按简易征收办法征税货物销售额。

注意事项：

"免抵退税"企业税负率计算过程中，因受企业退税办理时单证信息的影响，上期免抵退货物应退税额会产生异动，导致（上期留抵税额 – 上期免抵退货物应退税额）公式计算结果出现差错，从而会使税负率不同幅度下降。假如某企业上月全部为免、抵、退办法出口货物销售额，由于信息不齐，其上期免抵退货物应退税额为零，则会使（上期留抵税额 – 上期免抵退货物应退税额）变成上月进项税额，这样就会导致上月进项税额在当月重复扣除，当月税负率就有可能成为零。

未消化完的应退税额，最终使企业税负率计算结果不同程度的低于企业实际。

很多地区也有用简单地应用"（所属期'销项税额'累计数 – '进项税额'累计数）÷ '应税销售额'累计数"这一公式进行计算，但出口企业在核算税负的时候，如果

税负不够一定要和税管员沟通,将生产企业当年产生的免抵税额加到税负核算里,这时税负公式就变为了:

免抵退税出口企业增值税税负率=(当期免抵税额+当期应纳税额)÷(当期应税销售额+当期的单证齐全销售额)×100%

外贸企业:

外贸企业税负和内资企业计算税负的方法一致。

纯出口的外贸企业没有税负,纯出口的生产企业税负就是免抵税额÷当期出口额。

关于出口退税申报取消退税申报期政策解析
——现行退税申报业务期限说明

内容提示：

2020年1月财政部、国家税务总局发布了《财政部 税务总局关于明确国有农用地出租等增值税政策的公告》（财政部 税务总局公告2020年第2号），对出口退（免）税管理有关事项进行了修订（申报期限取消，收汇期限，不收汇申报，不收汇业务退税问题，加工贸易期限等）。根据现行的相关政策，结合各地区税局对于政策理解，对2021年出口退（免）税年度申报期问题进行工作提醒及对于2号公告进行业务解读。

一、财政部 税务总局公告2020年第2号第四条的内容：（新政策解析）

纳税人出口货物劳务、发生跨境应税行为，未在规定期限内申报出口退（免）税或者开具《代理出口货物证明》的，在收齐退（免）税凭证及相关电子信息后，即可申报办理出口退（免）税；未在规定期限内收汇或者办理不能收汇手续的，在收汇或者办理不能收汇手续后，即可申报办理退（免）税。

《财政部 国家税务总局关于出口货物劳务增值税和消费税政策的通知》（财税〔2012〕39号）第六条第（一）项第3点、第七条第（一）项第6点"出口企业或其他单位未在国家税务总局规定期限内申报免税核销"及第九条第（二）项第2点的规定相应停止执行。

看到这段文件不知道大家有没有疑惑，文件中提到两个"未在规定期限内"是什么含义？不能收汇手续是什么含义？第一个"未在规定期限内"申报出口退税是指退税最后申报期限（次年4月15日）取消了吗？第二个未在规定期限内收汇，之后收汇也可以申报退税，那么这个规定期限的意义是什么？要明白上面的疑问首先得知道两个名词：

解析一：

1. 规定申报期限（出自文件：国税发2012年24号公告；财税发2012年39号文件）

规定期限指的是出口货物劳务、发生跨境应税行为的次年四月份增值税纳税申报期（即次年4月15日之前）。

业务提示：根据2号公告的文件精神，税局已经明确出口退税申报期限已经取消，即2020年的出口业务（包括以前年度的出口业务）不用必须在2021年4月15日之前进行申报，企业可以根据自己的业务要求来申报。

风险提示：有进料加工的生产企业，进料加工的出口业务必须在4月15日之前申报退税，否则会影响手册核销，给企业造成税收损失（具体原因以后会介绍）。

2. 规定收汇申报期限（出自文件：国税发 2013 年 30 号公告）

出口企业申报退（免）税的出口货物，须在退（免）税申报期截止之日内收汇（跨境贸易人民币结算的为收取人民币，下同），并按本公告的规定提供收汇资料；未在退（免）税申报期截止之日内收汇的出口货物，除本公告第五条所列不能收汇或不能在出口货物退（免）税申报期的截止之日内收汇的出口货物外，适用增值税免税政策。（即次年 4 月 15 日必须收汇）

业务提示：2 号公告没有取消收汇期限，只是再次强调不收汇不能办理出口退税。所以出口企业已经办理 2020 年出口业务退税的必须在 2021 年 4 月 15 日之前收汇。如果没有收汇的企业必须归还出口退税，否则被税局核查出的业务会被处罚。

解决方法：不能及时收汇的企业必须根据 2013 年 30 号公告要求进行收汇备案。

特殊业务：如果 2020 年出口业务在 4 月 15 日之前没有收汇也没有申报，该业务如何处理？企业在 4 月 15 日之前可以暂不申报，但以后在申报的时候必须收汇之后才可以申报，有的税局还会让企业填写收汇明细表。

3. 不能收汇手续（参考文件：国税发 2013 年 30 号公告）

不能收汇手续指的是出口不能收汇申报。原规定非提供收汇资料的企业未收汇可以先申报退税，但需要在次年四月份增值税纳税申报期截止日前收汇。如果没有收汇，但符合国家税务总局 2013 年第 30 号文规定的视同收汇的 9 类情形，需要在次年四月份增值税纳税申报期截止日前做出口不能收汇申报。

业务提示：2 号公告对于出口之后不能收汇的业务（即坏账）进行明确的解释，对于符合税局要求的不收汇业务，例如：进口商关闭，产品质量原因，汇率因素等，向税局进行不收汇申报之后，税局审批之后出口业务可以继续退税。

风险提示：这个业务存在一定的不确定性，就是各地税局对于政策的理解不同，和对企业提供的证明材料的真实性审核要求不同，所以有这样业务的企业应该事前与税局沟通之后再申报该业务。

解析二：

第一个"未在规定期限内"申报出口退税是指退税最后申报期限（次年 4 月 15 日）取消了吗？

公告 2020 年第 2 号实施后，对于 2019 年的出口业务或以后年度的出口业务，如在规定期限内因单证不齐、信息不齐、未足额收汇等情形，暂不能申报办理出口退（免）税的，根据公告 2020 年第 2 号第四条的规定，可待符合出口退（免）税申报条件后，继续申报办理退（免）税。

二、年出口退（免）税申报工作提醒

财政部 税务总局公告2020年第2号（以下简称"公告2020年第2号"）实施后，各出口企业办理2019年出口业务出口退（免）税申报时，应注意以下相关事项及时限：

（一）出口退（免）税年度申报期

根据国家税务总局公告2012年第24号第四条第（一）项、第五条第（一）项的相关规定，对于2019年的出口货物劳务，发生跨境应税行为（出口货物劳务以出口货物报关单上注明的出口日期为准；发生跨境应税行为以出口发票或普通发票的开具时间为准），其规定申报期限为2020年4月30日前的各增值税纳税申报期。

公告2020年第2号实施后，对于2019年的出口业务，如在规定期限内因单证不齐、信息不齐、未足额收汇等情形，暂不能申报办理出口退（免）税的，根据公告2020年第2号第四条的规定，可待符合出口退（免）税申报条件后，继续申报办理退（免）税。

例如：某出口企业在2019年10月出口的货物，全额收汇后因缺少退（免）税相关申报凭证，未能在2020年4月30日前的各增值税纳税申报期内申报办理出口退（免）税。企业在2020年7月取得相关凭证后，即可在2020年7月起的各增值税纳税申报期内申报办理退（免）税。

对于出口退税业务，如在规定期限内已符合出口退（免）税申报条件的，建议出口企业仍应在4月30日前的各增值税纳税申报期内申报办理出口退（免）税。

（二）出口退（免）税延期申报申请、出口退（免）税凭证无相关电子信息备案

根据公告2020年第2号的规定，出口企业未能在规定期限内申请开具相关证明或申报出口退（免）税的，待收齐退（免）税凭证及相关电子信息后，即可向主管税务机关申请开具相关证明或申报办理退（免）税。出口企业不需要办理出口退（免）税延期申报，及报送《出口退（免）税凭证无相关电子信息申报表》。

（三）出口退（免）税收汇管理制度

根据国家税务总局公告2022年9号公告规定，出口企业申报退（免）税的出口货物，须在出口退（免）税申报期截止之日内收汇。例如2019年出口并已在规定申报期限前已申报退（免）税的出口货物，出口企业仍须按照现行规定在2020年4月份增值税纳税申报期内收汇或办理不能收汇申报手续。

出口企业在规定期限内未收汇或未办理不能收汇手续的，未办理出口退（免）税申报的，待收汇或者办理不能收汇手续后，即可申报办理退（免）税；已办理申报出口退（免）税的，企业应负数申报冲减原退（免）税申报数据或追回已退税款，待收汇或者办理不能收汇申报手续后，再重新申报办理退（免）税。

对超过规定申报期限申报的2019年出口业务，出口企业需提供已收汇或已办理不能收汇手续的相关数据及凭证，税务机关核实企业已收汇或者办理不能收汇手续后，才受理退（免）税申报。

出口企业已确定无法收汇且不属于可办理不能收汇手续情形的出口货物，应在确定的次月的增值税纳税申报期内办理增值税免税申报手续。

例如：1. 某生产企业在2019年10月出口的机械设备，因客观原因导致未能在2020年4月增值税纳税申报期内全额收汇。经与外商协商，外商明确在2020年8月可全额付汇。对于该批出口货物，如企业前期已申报办理出口退（免）税的，应用负数冲减原申报数据，待2020年8月全额收汇后，按规定向主管税务机关申报办理退（免）税。如尚未申报办理退（免）税的，同样可待全额收汇后，按规定申请办理。

2. 某出口企业在2019年12月出口一批服装，企业已确定无法收汇且不属于可办理不能收汇手续情形。对于该批出口货物，如企业前期已申报办理出口退（免）税的，应用负数冲减原申报数据或追回已退税款，并按规定进行免税申报。如尚未办理出口退（免）税申报的，不再申报办理退（免）税，按规定进行免税申报。

（四）适用免税政策、征税政策的出口货物的申报原则

1. 适用增值税免税政策的出口货物劳务，出口企业或其他单位应在货物劳务免税业务发生的次月，向主管税务机关办理免税申报手续。

2. 适用增值税征税政策的出口货物劳务，出口企业或其他单位申报缴纳增值税，按内销货物缴纳增值税的统一规定执行。

（五）来料加工免税证明开具时限

根据国家税务总局公告2012年第24号的规定，从事来料加工委托加工业务的出口企业，在取得加工企业开具的加工费的普通发票后，应在加工费的普通发票开具之日起至次月的增值税纳税申报期内，向主管税务机关申报办理《来料加工免税证明》。

（六）来料加工免税证明核销时限

根据国家税务总局公告2015年第29号的规定，出口企业从事来料加工委托加工业务的，应当在海关办结核销手续的次年5月15日前，办理来料加工出口货物免税核销手续。

（七）委托出口货物证明、代理出口货物证明

根据国家税务总局公告2013年第65号的规定，委托出口的货物按规定需办理《委托出口货物证明》的，委托方应自货物报关出口之日起至次年3月15日前，向主管税务机关申报办理。

公告2020年第2号实施后，出口企业未在报关出口之日起至次年4月15日前开具《代理出口货物证明》的，可在收齐退（免）税凭证后继续申请开具。

（八）生产企业进料加工手册核销

根据国家税务总局公告2018年第16号的规定，生产企业应于每年4月20日前，按规定向主管税务机关申请办理上年度海关已核销的进料加工手册（账册）项下的进

料加工业务核销手续。

公告 2020 年第 2 号实施后，如生产企业在申报办理手册（账册）核销申报时，手册（账册）项下仍有出口报关单未能申报办理退（免）税的，须待该部分的报关单办理申报后，按规定流程对该手册（账册）再次进行核销处理。（注：还是按老规矩先申报完退税再启动核销）

（九）出口货物单证备案

根据国家税务总局公告 2022 年第 9 号的规定，出口企业应在申报出口退（免）税后 15 日内，按规定进行单证备案。

（十）出口企业报关单（代理出口货物证明）数据统计

各出口企业可登录以下路径："电子税务局——我要办税——出口退税管理——退税申报——外部数据——报关单信息（代理出口货物证明信息）"，对本企业的出口数据进行查询及统计，税务机关不再另行发布各企业 2019 年的未申报出口数据。

出口退税必须关联业务
——海关企业信用管理制度考核解析

《中华人民共和国海关注册登记和备案企业信用管理办法》正式公布,并将于11月1日起施行。这标志着海关全面深化信用管理改革进入实施阶段,海关信用管理体系再次全新升级。这个办法对所有进出口企业都有实际的影响,每个企业都应该关注自己所在海关的信用等级,而且海关的信用等级对于外汇的分类,出口退税的等级都有实质的影响。

新制度的"亮点":

(1)信用监管范围更全面

新《办法》将标题由"中华人民共和国海关企业信用管理办法"调整为"中华人民共和国海关注册登记和备案企业信用管理办法",监管范围实现了对所有海关注册登记企业和备案企业的全覆盖。(新政策对于所有企业都实行监管)

(2)信用监管结构更优化

新《办法》将企业信用等级由原来的四级优化为三级:对信用状况最好、符合高级认证标准的,认定为"高级认证企业";对存在相关失信情形的,认定为"失信企业";对其他海关注册登记和备案企业,无须认定或认证,实施惯常的管理措施。同时对合并后的存量中间等级,释放改革红利,保留或提升便利措施。

(3)信用监管手段更健全

新《办法》在海关业务领域正式建立了企业信用修复制度,根据失信行为社会危害性程度,明确失信企业修复标准及程序,为失信企业纠正失信行为、消除不良影响,重塑市场主体信用提供路径。

(4)信用监管程序更规范

新《办法》将"高级认证企业的认证标准和程序"和"失信企业的认定标准、程序和信用修复"分别独立成章,使高级认证企业和失信企业评判标准更科学、执法程序更规范。

(5)信用监管措施更丰富

新《办法》落实守信激励、失信惩戒原则,对高级认证企业的便利化措施进一步增加;对失信企业中涉及食品、化妆品、非法进口固体废物且符合一定条件的,新增纳入"严重失信主体名单"的管理制度措施,海关将依照法律、行政法规等有关规定实施联合惩戒。

财务指标影响你的海关认证！（影响海关等级水平）

新制度上线后，将实行联合惩戒，更加鼓励守信企业，但海关信用体系考评是一个完整体系，今天先给大家介绍一下关于财务指标考核要素。关于公布《海关认证企业标准》财务状况类指标认定标准的公告海关总署公告2019年第46号：

一、会计信息认定标准

企业申请认证的，应当提交当年度会计师事务所出具的审计报告；企业重新认证的，应当提交自成为认证企业或者最近一次重新认证后每一年度会计师事务所出具的审计报告。海关按照下列情形对"会计信息"标准是否达标进行认定：

（一）提交无保留意见审计报告的，该项标准为达标；

（二）提交带保留意见审计报告的，该项标准为基本达标；

（三）提交否定意见或者无法表示意见的审计报告，或者不能提交审计报告的，该项标准为不达标。

二、综合财务状况认定标准

（一）"综合财务状况"认证标准。

海关按照下列情形对"综合财务状况"标准是否达标进行认定：

1."资产负债率"为达标、"综合分值"为达标的，该项标准为达标；

2."资产负债率"为达标、"综合分值"为基本达标的，该项标准为基本达标；

3."资产负债率"和"综合分值"任意一项为不达标的，该项标准为不达标。

企业重新认证的，自成为认证企业或者最近一次重新认证后，每一年度"综合财务状况"标准应当为达标或者基本达标。

（二）"资产负债率"和"综合分值"认定标准。

1.资产负债率≤95%，为达标；资产负债率>95%，为不达标。

2.综合分值≥0，为达标；–1≤综合分值<0，为基本达标；综合分值<–1，为不达标。

综合分值 = 营业利润率分值 *0.21+ 净资产收益率分值 *0.21+ 速动比率分值 *0.161+ 现金流动负债比率分值 *0.161+ 资产负债率分值 *0.258。

（三）指标计算公式。

1.营业利润率 = 营业利润 / 营业收入净额；

2.净资产收益率 = 净利润 / 平均净资产；

平均净资产 =（年初所有者权益 + 年末所有者权益）/2；

3.速动比率 = 速动资产 / 流动负债；

速动资产 =（流动资产 – 存货）；

4.现金流动负债比率 = 经营性现金净流量 / 流动负债；

5. 资产负债率 = 负债总额 / 资产总额。

营业利润、营业收入净额、净利润、经营性现金净流量为本期金额；流动资产、存货、流动负债、负债总额、资产总额为期末值。

（四）指标分值。

1. 高级认证企业。

营业利润率、净资产收益率、速动比率、现金流动负债比率大于等于优秀值的为 2 分、大于等于良好值小于优秀值的为 1 分、大于等于平均值小于良好值的为 0 分、大于等于较差值小于平均值的为 –1 分、小于较差值的为 –2 分。

资产负债率小于等于优秀值的为 2 分、小于等于良好值大于优秀值的为 1 分、小于等于平均值大于良好值的为 0 分、小于等于较差值大于平均值的为 –1 分、大于较差值的为 –2 分。

2. 一般认证企业。

营业利润率、净资产收益率、速动比率、现金流动负债比率大于等于良好值的为 2 分、大于等于平均值小于良好值的为 1 分、大于等于较低值小于平均值的为 0 分、大于等于较差值小于较低值的为 –1 分、小于较差值的为 –2 分。

资产负债率小于等于良好值的为 2 分、小于等于平均值大于良好值的为 1 分、小于等于较低值大于平均值的为 0 分、小于等于较差值大于较低值的为 –1 分、大于较差值的为 –2 分。

出口退税必须关联业务
——外汇局现场核查业务解析

一、14 号文件出台后外汇监管 6 项核心内容

（1）新规出台之后贸易信贷报告的期限及合理性，分析不做报告后果及补做报告的危害。

（2）易信贷报告制度发生重大变化，增加批量申报，外汇企业报告超期可网上补申报，漏申报会降级及办理正常的收付汇业务。

1. 出口收汇是否及时（超过 90 天收汇业务监管方法）– 参考 2017 年 3 号公告及 2020 年 14 号文件。

2. 进口付汇是否按时付汇（超过 90 天付汇业务监管方法）。

3. 预付货款后进口货物是否及时（是否超过 30 天进口，是否按时报告，是否按时核注）。

4. 大额预收货款真实性考核（涉及 2021 年敏感收汇国家及预收报告操作）。

重点介绍：5-6 外汇局监管两条红线，触碰红线企业必降级。

5. 进出口业务是否存在"主体不一致业务"（是否做到谁出口谁收收，谁进口谁付汇 – 外汇局重点核查业务，介绍外汇局对主体不一致业务监管方法）——参考文件汇发 2020 年 14 号文件。

6. 进出口企业是否在"代收代付"业务（收支两条线，不能以收抵支—外汇局第 2 条监管红线【核查指标为资金货物比】）——参考文件汇发 2012 年 1 号公告。

二、引发现场核查的条件：

参考文件：汇发 2020 年 14 号文件。

对核查期内存在下列情况之一的企业，外汇局可实施现场核查：

（1）任一总量核查指标与本地区指标阈值偏离程度 50% 以上；

（2）任一总量核查指标连续四个核查期超过本地区指标阈值；

（3）预收货款余额比率、预付货款余额比率、延期收款余额比率或延期付款余额比率大于 25%；

（4）一年期以上的预收货款、预付货款、延期收款或延期付款各项贸易信贷发生额比率大于 10%；

（5）来料加工工缴费率大于 30%；

（6）转口贸易收支差额占支出比率大于 20%；

（7）单笔退汇金额超过等值 50 万美元且退汇笔数大于 12 次；
（8）外汇局认定的需要现场核查的其他情况。

三、外汇核查方式解析

现场核查方式：集中式核查。集中式核查就是外汇管部门从重点监测企业里面挑选单向资金流动较大的企业和资金流与货物流严重不匹配的企业，核查方法是随机筛选，集中式核查是通过风险提示函通知企业。

图样：

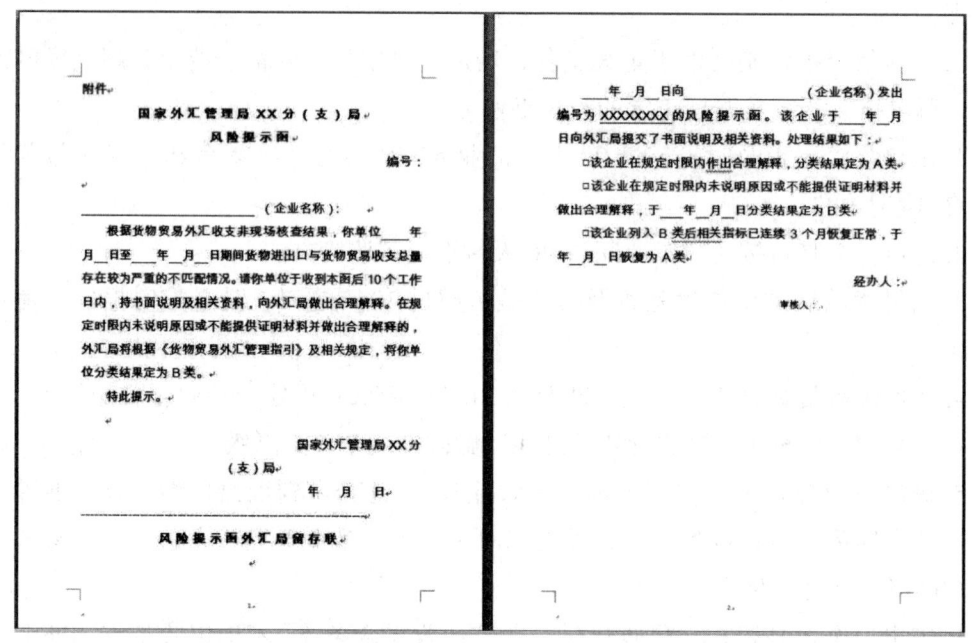

针对性核查：针对性检查就是外汇管理部门通过每个月非总量核查中筛选总量核查指标严重超标且持续偏离的企业进行核查。他的核查标准是否就是你们公司的总量核查指标呢？总量核查指标分为总量差额、总量差率、资金货物比、贸易信贷余额比率等。这些指标持续偏离的企业被作为核查企业。针对性核查还通过企业贸易信贷报告的不合理性造成指标的偏差，补报告过多的企业也会被作为核查的一个重点。还有就是上一期被核查通知过的企业，也会被作为针对性核查的样本。外汇局通知核查时候会给企业发放核查通知书，文件中会明确提出被核查原因，给出核查业务范围。核查不通过的企业会被降为 B 类企业，一年不能升级的企业，第 2 年会被将为 C 类。降级之后对于进出口影响会造成不良影响，影响进出口业务、海关业务、退税业务等。

图样：

[国家外汇管理局深圳市分局现场核查通知书图样]

四、核查企业案例指标图样：（这些都是被核查企业总量核查指标不合格的图例）

1. 这是必核查指标，属于严重超标企业，一般为少收汇或者多付汇。

2. 这种是因为多收汇造成指标严重偏离。

3. 这是2020年之后标准的指标总量核查指标超标的企业样本。

4. 这是 2021 外汇局核查重点指标图样。

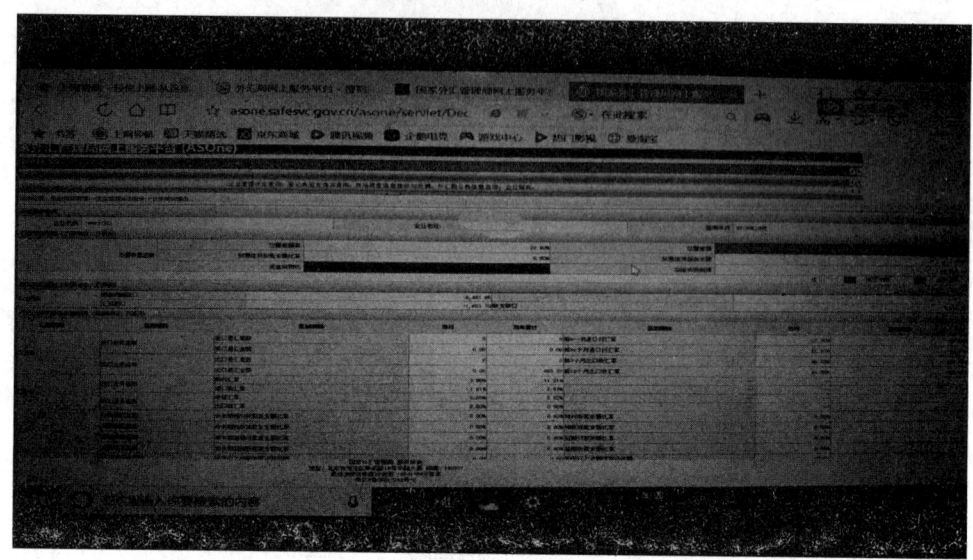

5. 这是 2021 年重点核查指标：贸易信贷余额比例，现在这样核查企业非常多。

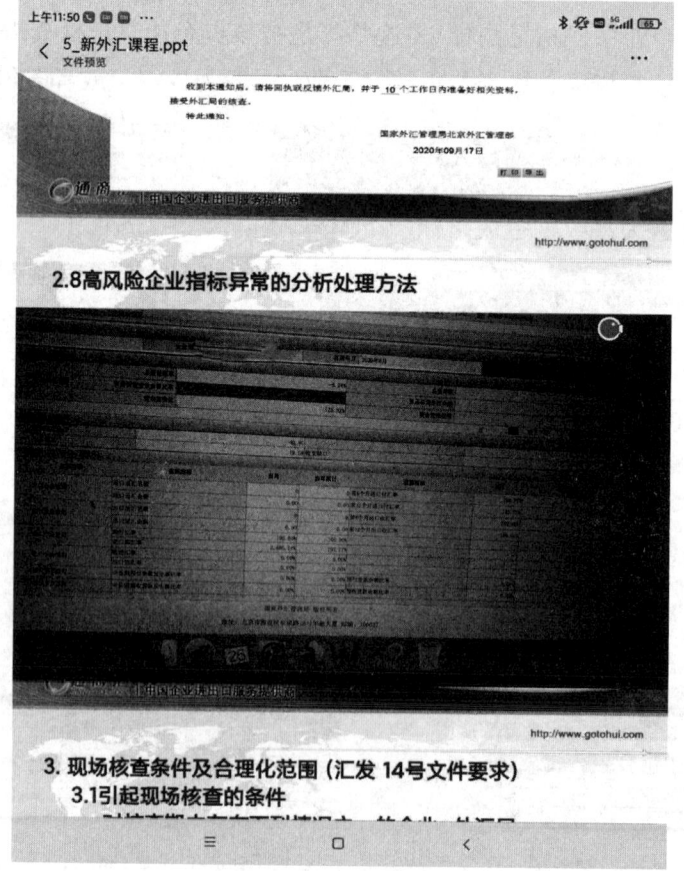

关于出口退税企业建立并报送"企业出口退（免）税风险控制体系"的内容规范

根据国家税务总局分类管理的要求，出口退税企业应建立出口退（免）税风险控制体系。在5月份此次出口退税分类管理的评级中，出口退税企业必须建立严格的"出口退（免）税风险内部控制体系"方可评定为一、二类企业，没有报送的，根据总局分类管理的规定，不得认定为一类企业。

具体要求如下：

一、公司内部有健全的出口退税管理制度，制定并切实落实《企业出口退税业务管理流程》。

主要包括以下内容：

（一）设置出口退（免）税风险控制机构和责任人。明确公司财务部门和生产、营销、采购部门相关岗位应履行的职责，明确各个业务部门在办理出口退税过程中的岗位职责和权限。

（二）规定各出口关键环节所必需的合规性文件及须办理的手续、相关单证及提交时间等，明确出口退税业务操作流程规范。

（三）应建立部门间的工作交流与衔接规范。明确部门间相关单证传递的流程、时间要求和操作规范，做好登记和保管单据交接记录，建立责任追究制度。

（四）对购货和销货环节的合同、物流、收付款风险进行控制。明确规范和约束供应商和货运代理商在出口退税环节中的职责，其中应包括相应的惩罚条款，加强对税务总局关注商品和供货关注企业的风险控制。

二、设置专人对相关单据进行合规性检查。

（一）财务部应设专职办税员，负责具体的审单、申报和备案工作。

（二）各相关业务部门应设专人负责开具、收集和审核增值税专用发票、普通发票及出口报关单。

三、按规定收集、装订、存放出口退税凭证及备案单证。

按照国家税务总局2012年第24号公告的要求，及时填写《出口货物备案单证目录》，注明备案单证存放地点，以备主管税务机关核查。主要包括下列单证：外贸企业购货合同、生产企业收购非自产货物出口的购货合同，包括一笔购销合同下签订的补充合同等；出口货物装货单；出口货物运输单据等。

出口企业应该按照以上提出的具体要求建立风险控制体系。

生产企业退税风险点详解

一、新企业第一次退（免）备案时间（出口企业办理退税的第一步，也是关键的一步，备案错误会造成首笔退税失败，同时给税局带来不好的印象）。

业务提示：

按照税务局相关政策，退税备案的时间一般是出口企业获得批准证书或对外经营者备案表的次月去审批，超期未操作的企业按征管法进行处罚。随着业务发展，有的税局将备案的时间进行了调整，有的要求在首笔出口之后去税局备案，有的是要求在首笔退税之前去税局备案，所以出口企业第一次出口之前或者首次退税之前，具体和税局专管员沟通，防止备案超期，备案超期后果很严重，首笔退税就不够申报了。

二、企业有备案变更事项，一般变更事项为注册地址，退税银行、法人，退税会计联系电话，海关代码等。

业务提示：账户变更必须在30天之内（即下次退税之前）；地址变更如果不跨区和专管员联系，如跨区必须要在30天之内（注意出口日期在变更之前原区退税机关予以征回），注意跨区业务变更时要及时沟通双方税局；海关代码变更一定把老代码业务申报退税结束之后再做变更。

三、出口收入确认时间（退税企业薄弱环节，很多企业确认收入存在误区，收入确认时限和方法错误造成退税失败，尤其首笔退税的企业，税局下户时需要看账，看账主要看收入的确认和成本费用）。

业务提示：参考国税发2012年24号公告，尽量做到当月出口当月确认，最晚不能够跨年。汇率以出口日期为准，选择出口日期当月的第一个工作日或1号。

出口收入确认的三种错误方法：

（1）等报关单确认收入（现在电子口岸非常方便，随时可以查询）。

（2）等收回货款确认。

（3）等境外客户确认收货之后。

四、生产企业对于报关单要求（出口货物报关单是税局审核退税重要单据之一，一笔成功的退税必须报关单单证齐和信息齐，而且报关单的填写也是准确的）。

业务提示：

（1）报关单一定是出口退税联：从中国电子口岸打印中出口退税联网稽查系统中打印。

（2）境内货源地：出口企业所在地。例如北京生产企业就应该写北京，生产企业存在外加工的时候也要写工厂所在地，不要写加工地。

（3）自营出口业务发货人与生产销售单位填写一致。

（4）出口币种：如不是美元的注意要使用电子口岸上的统计美元价格，保证数据与电子口岸一致。

（5）运抵国：为中国境内，向客户询问是否经保税区出口。

（6）口岸代码：一般生产企业口岸代码应该与生产企业所在地一致。

五、税局对于自产能力调查（生产企业办理退税必须具备自产能力，不具备自产能力的生产企业是不能够退税的，只能享受免税）。

业务提示：

（1）一般生产企业享受退税的货物必须是自产货物或者存在视同自产货物，这两种方式退税的前提都是该生产企业必须具备自产能力，所谓自产能力就是该企业应具备的厂房（应该有租赁协议或产权证），工人，设备（应该检查账面和实际物品），有的税局还要核查水电费的发票，如不具备可以通知企业不能够退税。

（2）委托加工是否可以划分为自产业务，委加业务为视同自产，需要到税局审批视同自产之后才能够退税，如不备案按政策被查出国税局对该笔业务不办理退税。一般委托加工比重超过公司所有业务50%的生产企业，税局会对该企业的退税资格重新审核。

税控盘被锁死情况

税盘锁死情形一：

未开票收入栏填写负数，税控盘将被锁死！（尤其是出口企业用未开票收入去冲减出口收入，申报增值税会有异常信息）

以往不法分子利用"未开票收入"栏任意填写负数，从而产生"暴力虚开"的违法行为，因此税总发〔2017〕124号文件对这一缺陷进行了相应修正。本条比对规则实施后，未开票收入如填报负数，将造成比对异常，税控设备锁死后，纳税人需前往税务机关，税务机关专设申报异常处理岗对异常比对结果进行核实，核实无问题后才能对纳税人税控设备进行解锁。

税盘锁死情形二：

进项税额转出栏金额为负数，税控盘将被锁死！

出口企业尤其是生产企业在申报增值税的时候填写附表2第18栏一定不能够填写错误，因为这个栏次和汇总表是要比对的，而且如果企业有其他进项税额转出需求时，调整的时候也不能够写18栏。

以往纳税人用进项税额"负数"转出来增加进项，调减或少交税款，本次新规出台后，进项税额转出金额如小于零，将造成比对异常，税控设备锁死，纳税人须前往税务机关接受核实，经核实无问题后才能解锁，否则无法开具发票。

税盘锁死情形三：

申报免税销售额或者即征即退优惠政策未备案，税控盘将被锁死！

出口企业在填写免税销售额时，都需要填写减免税表，如果是服务贸易必须备案才能填写，否则会有问题。

除了小微免征增值税等优惠无须办理备案手续外，享受其他增值税免税优惠的纳税人如"未备案，先申报享受"，将造成比对异常，税控设备锁死后，纳税人须前往税务机关，尽管对于此类比对异常信息，税务机关会直接进行解锁，但往返税务机关和税控锁死导致无法开票会给纳税人经营带来不便，建议纳税人在申报免税之前先办理备案手续。

外贸企业退税风险点详解

新企业第一次退（免）备案时间（出口企业办理退税的第一步，也是关键的一步，备案错误会造成首笔退税失败，同时给税局带来不好的印象）。

政策依据：《国家税务总局关于＜出口货物劳务增值税和消费税管理办法＞有关问题的公告》（国家税务总局公告 2013 年第 12 号）第一条。

凡出口企业在办理出口退税之前必须到所在地的国家税务局进出口管理科办理出口退税认定工作，办理的时限为自"批准证书"或"对外经营者备案表"下发之日起 30 天内办理完毕，如果逾期未办按税法做相应的处罚并不予办理退税。

办理出口退税的认定需准备的相关资料：

出口退税认定表，国税登记证，组织机构代码证，海关登记证，银行开户许可证，及税务局要求的其他资料。

一、出口退（免）税资格认定

（一）出口企业或其他单位申请办理出口退（免）税资格认定时，除提供《管理办法》规定的资料外，还应提供《出口退（免）税资格认定申请表》电子数据。

（二）出口企业或其他单位申请变更退（免）税办法的，经主管税务机关批准变更的次月起按照变更后的退（免）税办法申报退（免）税。企业应将批准变更前全部出口货物按变更前退（免）税办法申报退（免）税，变更后不得申报变更前出口货物退（免）税。

业务提示：

按照税务局相关政策，退税备案的时间一般是出口企业获得批准证书或对外经营者备案表的次月去审批，超期未操作的企业按征管法进行处罚。随着业务发展有的税局将备案的时间进行了调整，有的是要求在首笔出口之后去税局备案，有的是要求在首笔退税之前去税局备案，所以出口企业第一次出口之前或者首次退税之前，具体和税局专管员沟通，防止备案超期，备案超期后果很严重，首笔退税就不够申报了。

二、企业有备案变更事项，一般变更事项为注册地址、退税银行、法人、退税会计联系电话、海关代码等。

业务提示：账户变更必须在 30 天之内（即下次退税之前）；地址变更如果不跨区和专管员联系，如跨区必须要在 30 天之内（注意出口日期在变更之前原区退税机关予以征回），注意跨区业务变更时要及时沟通双方税局；海关代码变更一定把老代码业务申报退税结束之后再做变更。

三、出口收入确认时间（退税企业薄弱环节，很多企业确认收入存在误区，收入确认时限和方法错误造成退税失败，尤其首笔退税的企业，税局下户时需要看账，看账主要看收入的确认和成本费用）。

政策依据：

参考国税发 2012 年 24 号公告第四项中（一）申报程序和期限

企业当月出口的货物须在次月的增值税纳税申报期内，向主管税务机关办理增值税纳税申报、免抵退税相关申报及消费税免税申报。

业务提示：

出口企业发生的货物贸易应做到当月出口当月申报，如果在 12 月 31 日确认收入有困难也尽量在 1 月份或者是退税申报之前确认，但最晚不应超过次年 4 月 15 日。应先确认收入再申报出口退税。

出口企业发生的服务贸易应参考国税发 2016 年 29 号相关规定，应在合同签署之日或业务发生的当月确认免税收入，最晚不要超过 12 月 31 日（不要在收汇时确认收入）。汇率以出口日期为准，选择出口日期当月的第一个工作或 1 号。

出口收入确认的三种错误方法：

（1）等报关单确认收入（现在电子口岸非常方便，随时可以查询）；

（2）等收回货款确认；

（3）等境外客户确认收货之后。

四、外贸企业对于报关单要求（出口货物报关单是税局审核退税重要单据之一，一笔成功的退税必须报关单单证齐和信息齐，而且报关单的填写也是准确的）。

业务提示：

（1）报关单一定是出口退税联：从中国电子口岸打印中出口退税联网稽查系统中打印。

（2）货物名称：必须一致（商品名称不一致是不能够退税的，依据国税发 2013 年 12 号公告相关要求，需要内销处理）。

（3）发票规格栏：尽量一致，有的税局也有要求，如果报关单有规格，开具的发票必须有规格。

（4）单位：进货发票上至少有一个单位必须与报关单相符，否则不能够退税，依据国税发 2013 年 12 号公告。

（5）发票数量：必须大于或等于报关单数量，如果对方发票数量开具不足，必须问您具体原因，是否同意按实际发票数量。

（6）进货发票的不含税金额：必须小于出口销售价格（公司产品必须有利润），即换汇成本必须小于 8。高于 8 的业务按照新的审核系统是不能够退税的。

（7）境内货源地：必须与进货发票所在地一致。依据政策是国税发2013年65号公告。

（8）自营出口业务发货人与生产销售单位填写一致。

（9）出口币种：如不是美元的注意要电子口岸上的统计美元价格，保证数据与电子口岸一致。

（10）运抵国：为中国境内，如果是经保税区出口的货物，必须用离境备案清单退税。

五、出口收入确认时间

业务提示：

参考国税发2012年24号公告相关规定，一般当月确认出口收入，实在有困难不能够确认的必须在退税之前确认，最晚不能够跨年。国税局对于没有确认收入的出口不给企业办理退税。

六、进货发票必须准确勾选

业务提示：

必须勾选用于退税，保证勾选准确（如是客户自己勾选，每个月必须提供勾选明细，必须和客户明确说明勾选错误不能够退税）。

外贸企业应单独设账核算出口货物的购进金额和进项税额，外贸企业购进货物时不能确定是用于出口的，先记入出口库存账，用于其他用途时再从出口库存账转出，并办理相应的税务手续；外贸企业购进出口货物劳务取得的增值税专用发票，其进项税额已计算抵扣，不得在申报出口退（免）税时提供；外贸企业出口货物取得增值税专用发票并认证后，出口货物取得的进项税额应填报在《增值税纳税申报表附列资料（二）》中"待抵扣进项税额"项下；退税率低于适用税率的，相应计算出的差额部分的税额计入出口货物成本。

七、每月提供的出口单据和明细

业务提示：

（1）出口发票

（2）箱单

（3）装货单（又称为无纸化放行通知书）

（4）报关单（出口退税联）

（5）提单（必须有，和客户说没有不能过退税，参考文件为国税发2013年12号公告，没有提单检查出来内销）

如为第一次办理退税：和税局沟通其余单据

例如：国内运输发票，海运发票，收汇凭证

注意：（1）—（5）是日常提供单据，是单证备案检查必须提供单据，税局检查没有都为免税，而且这些单据必须保存 5 年。

八、退税业务必须收汇

业务提示：

参考国税发 2013 年 30 号公告，不收汇业务不能够退税，收汇的时间是次年 4 月 15 日之前，不能按时收汇的已退税业务必须提供给代理方，因为不按时收汇业务需要向税局备案，在次年 4 月 15 日。不备案的企业也没有收汇的企业必须归还出口退税。

九、函调

业务提示：

第一次办理退税必须函调，或者第一次出口的货物必须发函（与退税金额有关），因为函调退税速度就会减慢，一般快则一个月，慢大约 3~4 个月，取决于供货商的配合程度、企业类型、纳税等级、是否有生产能力、物流情况、发货单时间等，发函不成功不能够退税，第一次退税发函也是高风险业务，因为牵扯供货商，供货商的等级也非常重要，出口企业必须定期核查供货商。核查一：供应商不具备持续经营能力，购进货物的供货纳税人办理税务登记 2 年内，被税务机关认定为非正常户或被认定为增值税一般纳税人 2 年内注销税务登记，核查二：供应商纳税信用级别较低，外面企业申报出口退（免）税的出口货物是从纳税信用级别为 C 级或 D 级的供货企业购进。

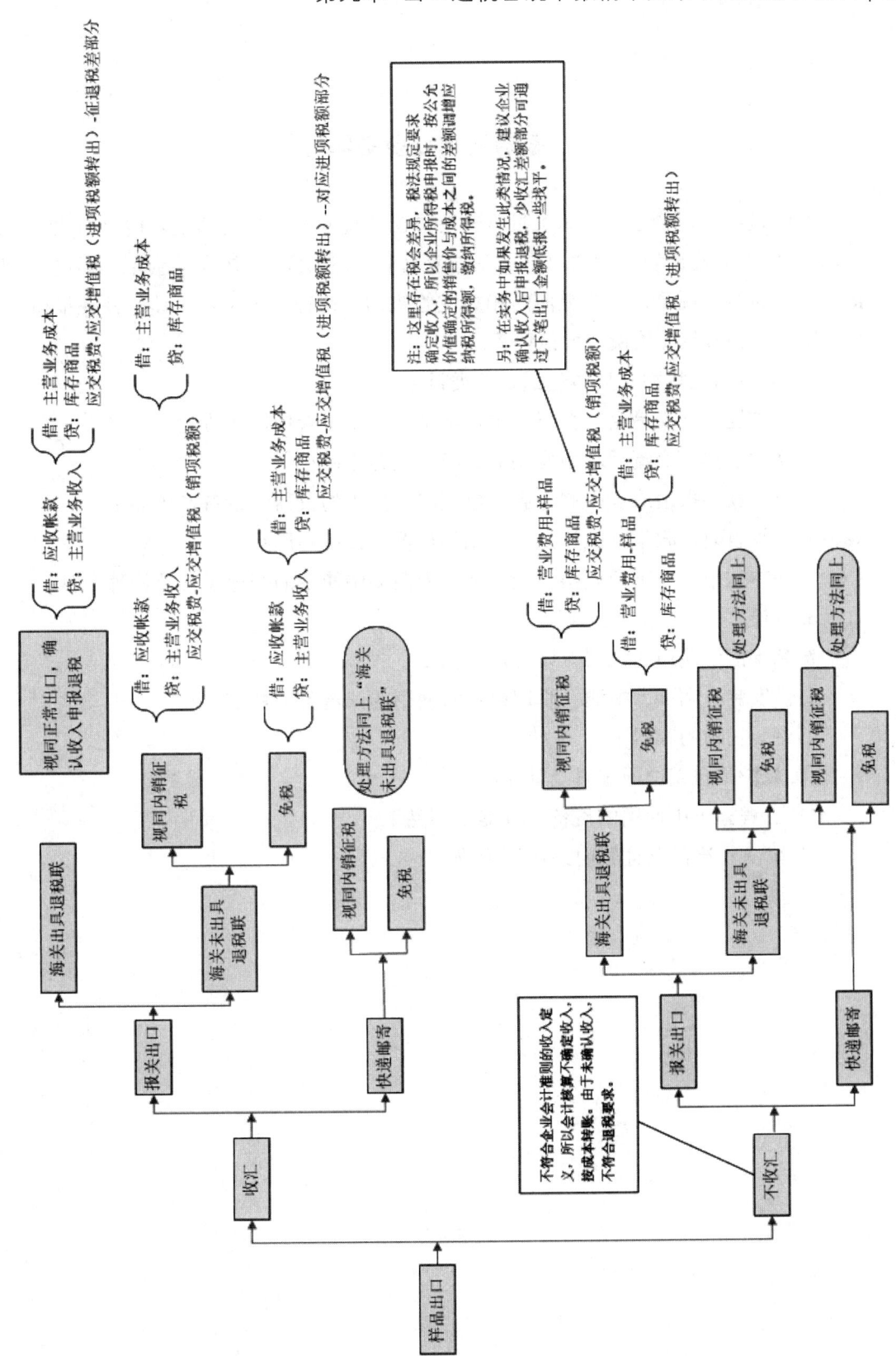

暂时进出口业务解析

暂时进出境货物是指经海关批准暂时进出关境并且在规定的期限内复运出境、进境的货物，暂时进出境的货物原则上在进境地不允许销售、捐赠或者遗弃，如发生销售、捐赠或者遗弃的现象，需要提前向相关主管机构申请补办进出口手续，并在征得主管机构同意后补缴相应关税、增值税等。

"暂时进出境货物"具体包括如下类目：

1. 在展览会、交易会、会议及类似活动中展示或者使用的货物；
2. 文化、体育交流活动中使用的表演、比赛用品；
3. 进行新闻报道或者摄制电影、电视节目使用的仪器、设备及用品；
4. 开展科研、教学、医疗活动使用的仪器、设备和用品；
5. 在本款第（一）项至第（四）项所列活动中使用的交通工具及特种车辆；
6. 货样；
7. 慈善活动使用的仪器、设备及用品；
8. 供安装、调试、检测、修理设备时使用的仪器及工具；
9. 盛装货物的容器；
10. 旅游用自驾交通工具及其用品；
11. 工程施工中使用的设备、仪器及用品；
12. 海关批准的其他暂时进出境货物。

单一窗口退税申报系统解析

一、总体介绍

"单一窗口"出口退税申报系统,对接中国电子口岸数据中心和出口退税综合服务平台的端口,企业用户通过"单一窗口"一点接入一次提交满足国家税务总局要求的标准化单证和电子信息数据,监管部门按照确定的规则进行审核,并将审核回执结果通过"单一窗口"统一反馈,便于企业查询。

业务流程图解:

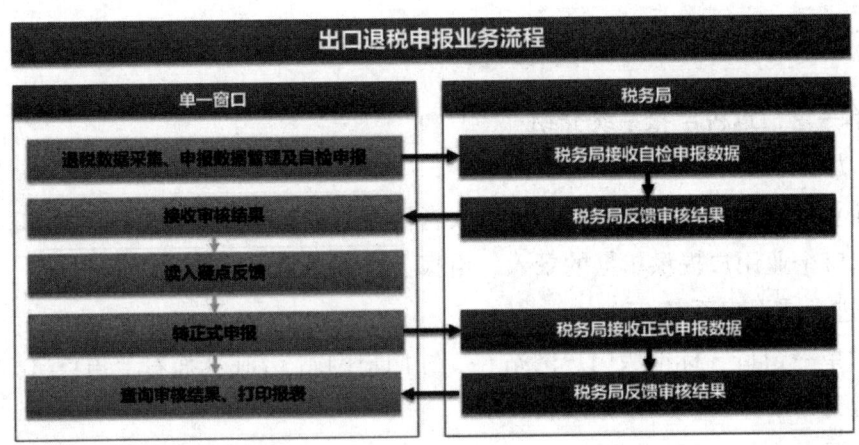

二、操作系统须准备的事项

(一)门户网站

"单一窗口"标准版为网页形式,用户打开浏览器输入 http://www.singlewindow.cn 即可访问。注意部分地区使用地方版"单一窗口",但操作方法相同。

(二)系统环境

1. 操作系统

Windows 7 或 10 (32 位或 64 位操作系统均可) 不推荐 windows XP 系统。

2. 浏览器

Chrome 20 及以上版本

若用户使用 windows7 及以上操作系统 (推荐使用 Chrome50 及以上版本)

若用户使用 windows XP 系统 (推荐使用 Chrome 26 版本的浏览器)

IE 9 及以上版本 (推荐使用 IE 10 以上的版本)

3. 重要提醒

（1）关于登录方式

录入、暂存、查询：

可以使用用户名、口令方式登录。

申报：

必须使用电子口岸 IC 卡登陆申报，法人卡和操作员卡均可操作业务。如未插卡，申报会提示输入卡密码。

三、单一窗口退税申报系统介绍

（一）功能简介

出口企业可以通过出口退税（外贸版或者生产版本）系统完成出口退税申报操作。本系统为出口企业用户提供单据的录入、申报、查询以及打印等功能。

（二）进入或退出系统

打开"单一窗口"标准版门户网站（如图 门户网站），在页面右上角点击"登录"按钮，跳转到登录界面（如图 标准版登录）。

如果您是首次打开网站，也可点击门户网站标题旁"全部应用"展开菜单或进入"业务应用——标准版应用"界面，直接选择要使用的应用，系统同样会跳转到登录界面。

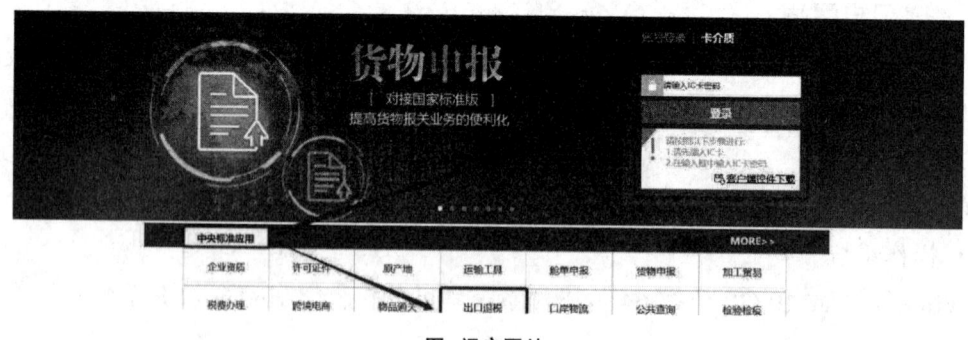

图 门户网站

第九章　出口退税合规申报精华文章节选及附件资料 | 659

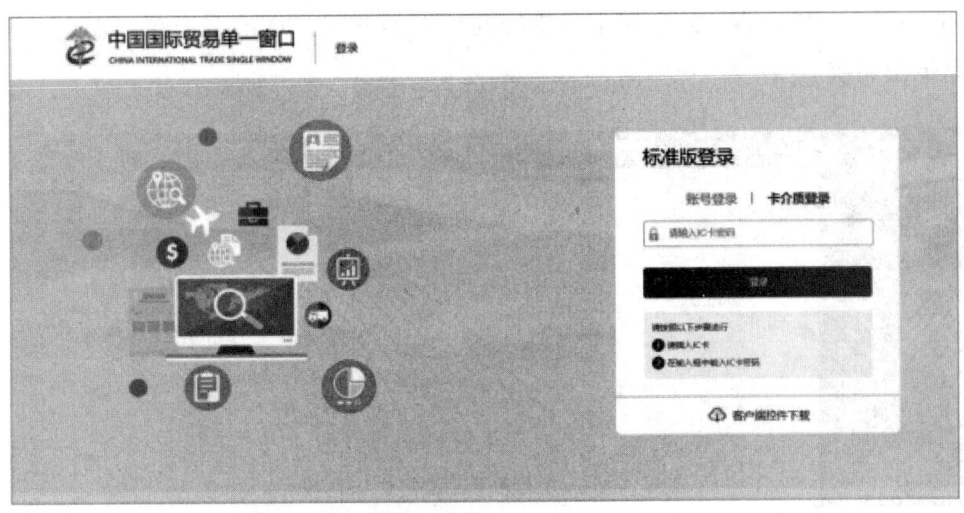

图　标准版登录

确认您的电脑中已安装好客户端控件,将卡介质正确连接在电脑中,输入卡密码,点击"登录"按钮(如图 标准版登录)。

进入出口退税申报(外贸版或生产版)子系统操作:选择"业务应用"–"标准版应用"–"出口退税"–"出口退税(外贸版外贸版或生产版)",即可进入出口退税子系统。

进入出口退税申报（外贸版）子系统的界面如下图，点击右上角"退出"字样，可安全退出系统。

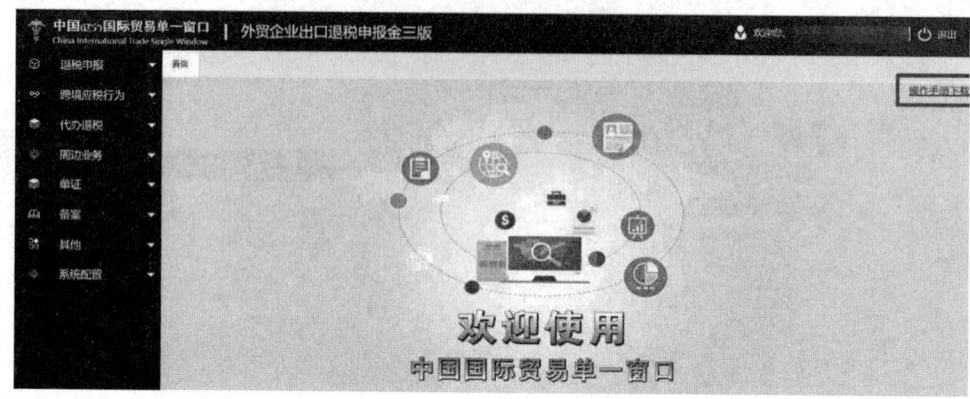

图 出口退税申报（外贸版）主界面

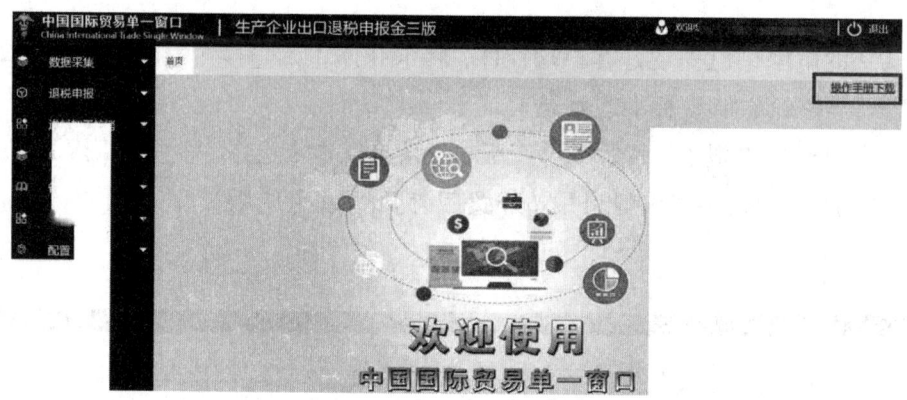

图 出口退税申报（生产版）主界面

四、单一窗口退税申报系统操作说明
（一）外贸退税申报系统操作说明
1. 退税申报

"退税申报"模块中包含"外部数据管理"和"退税数据管理"两个模块。

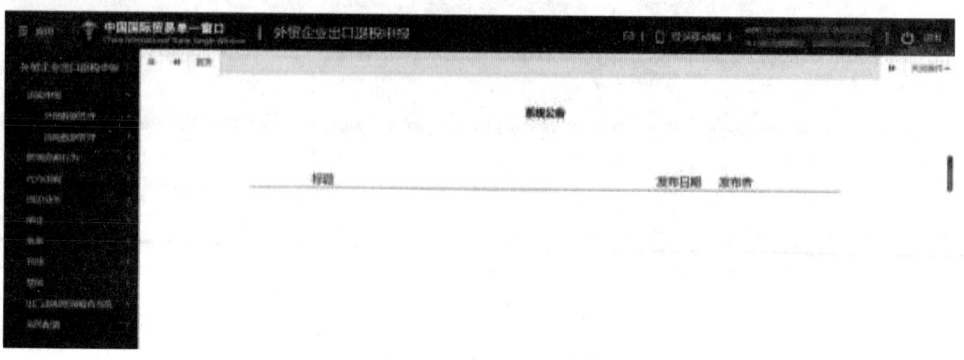

（1）外部数据管理

"外部数据管理"模块中包括"报关单管理""代理出口证明管理""发票管理"和"数据匹配"四个功能模块。

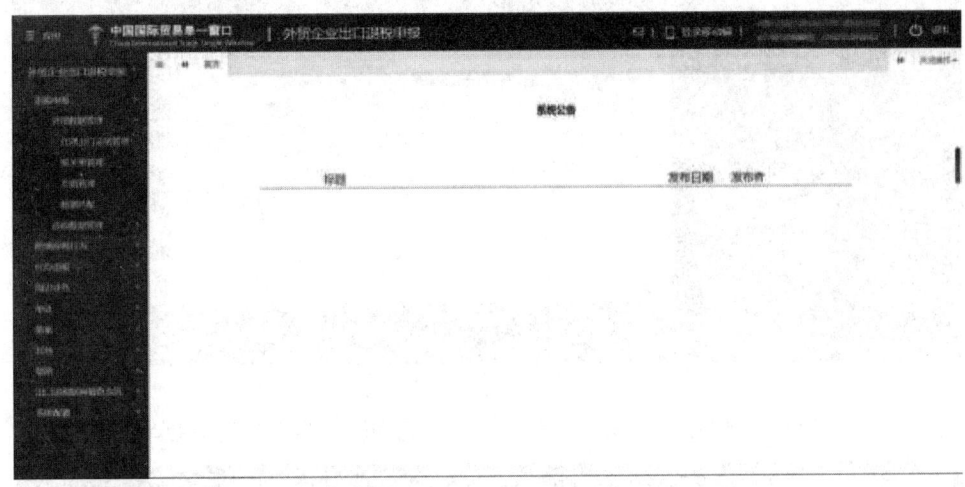

①代理出口证明管理

代理出口数据证明管理页面，可以进行代理出口证明数据的新增、导入、状态修改操作；

点击"数据读入"按钮，可以下载EXCEL模板，导入数据。

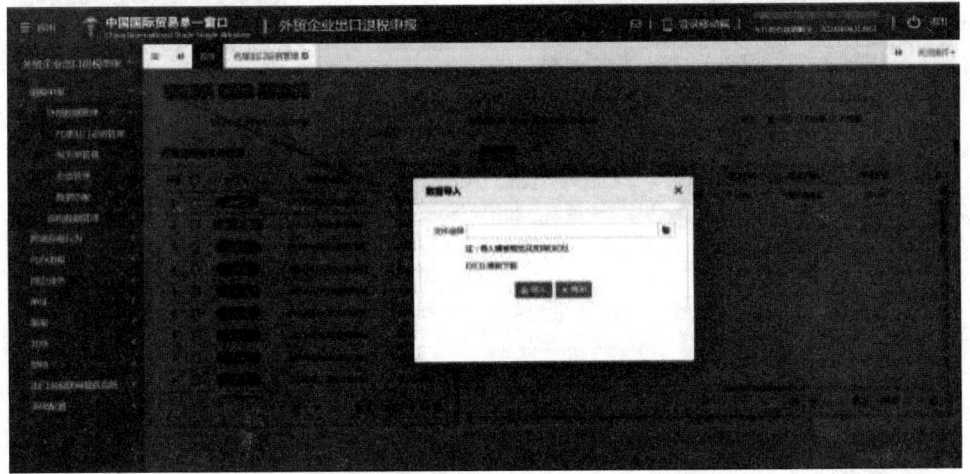

点击"新增"按钮,可以录入一条代理出口证明数据。

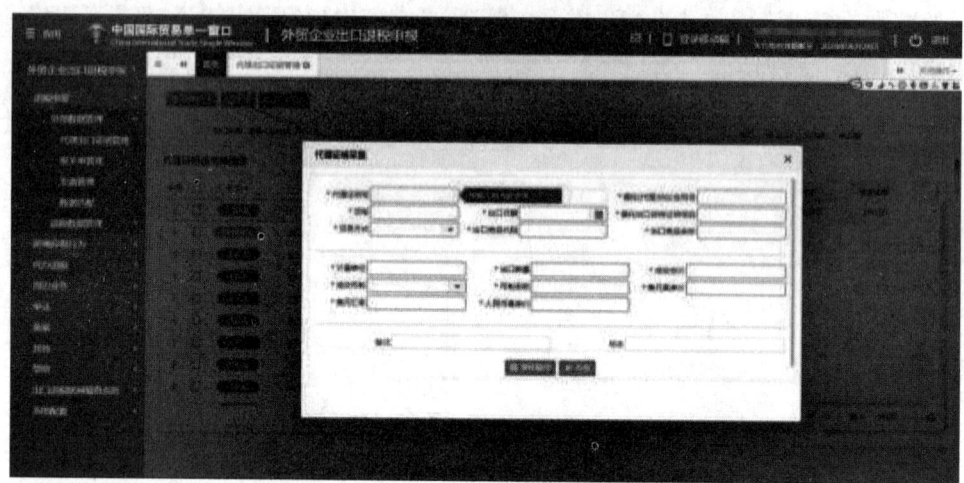

勾选代理出口证明数据,点击"状态修改"按钮,可以修改数据状态。

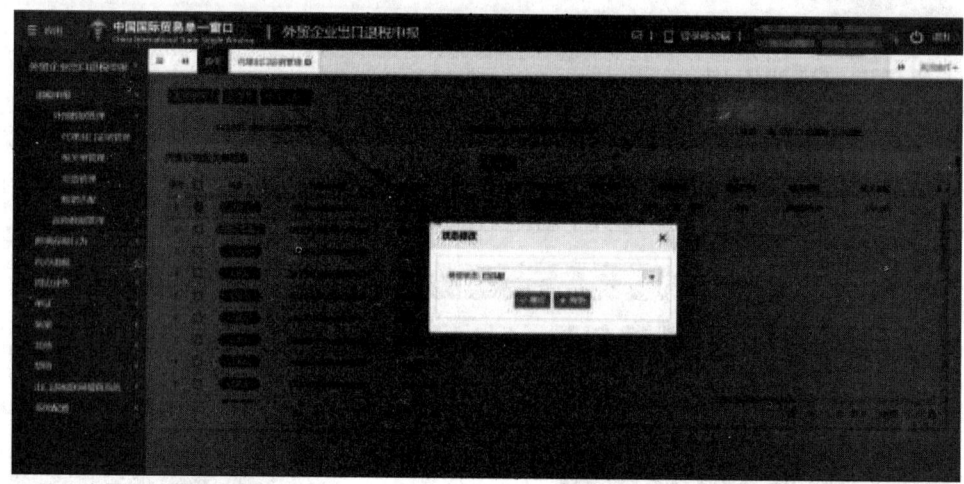

②报关单管理

报关单管理页面,可以对报关单进行报关单下载、数据检查、删除、报关单状态修改操作。点击"报关单下载"按钮,录入出口日期、报关单号可以下载出口报关单数据。

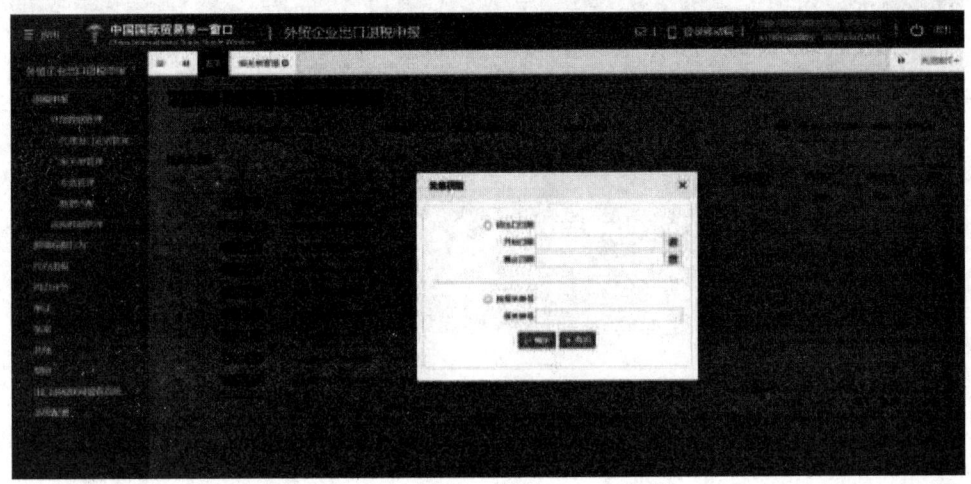

勾选列表未匹配数据,点击"数据检查"按钮,做数据初步检查。数据检查可能弹出汇率配置界面,汇率以 100 元为单位换算,如美元汇率填写 690,100 美元兑换 690 人民币元,千万不要填写 6.9。否则导致美元离岸价,人民币离岸价计算错误。

数据检查后,退税标识是"退税"的商品可以申报退税,后续可以操作数据匹配。

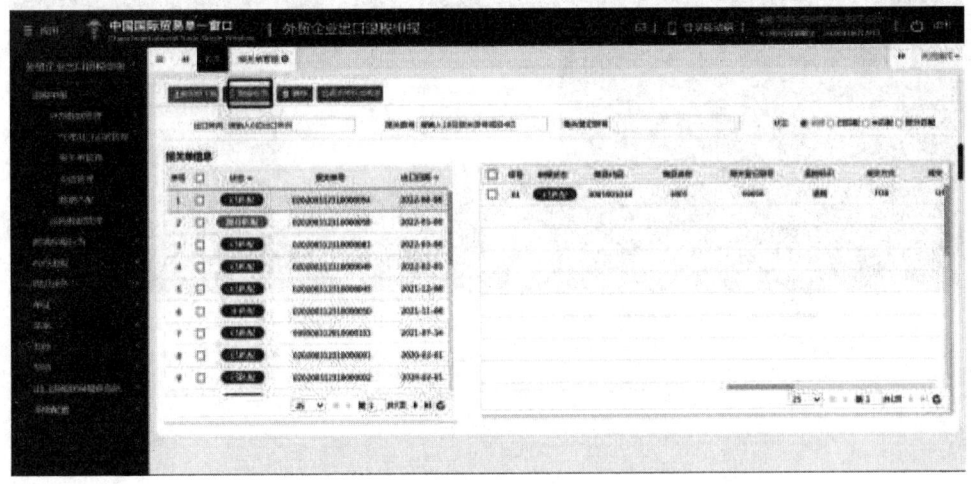

点击"报关单状态修改"按钮,可以修改出口报关单数据状态。

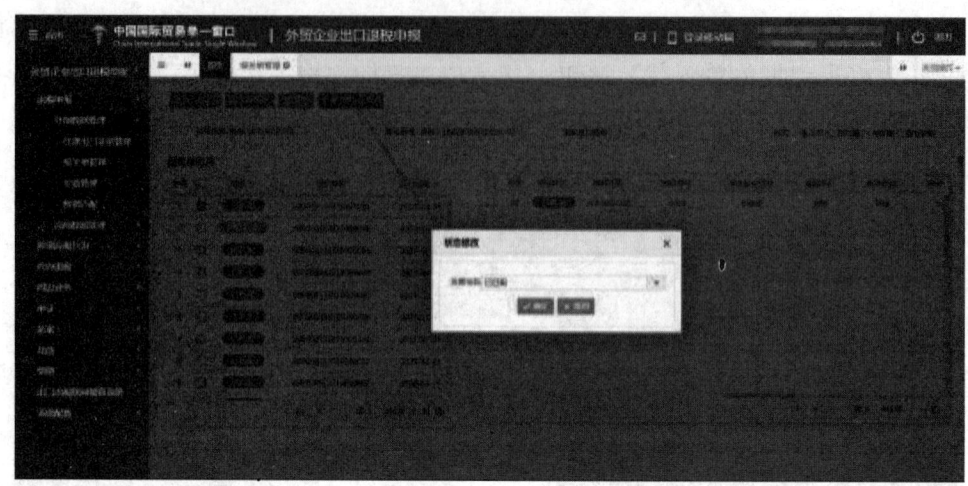

③发票管理

在发票管理页面可以对发票进行导入、修改、新增、删除操作,点击"发票导入",下载导入模板,可以导入批量发票数据。

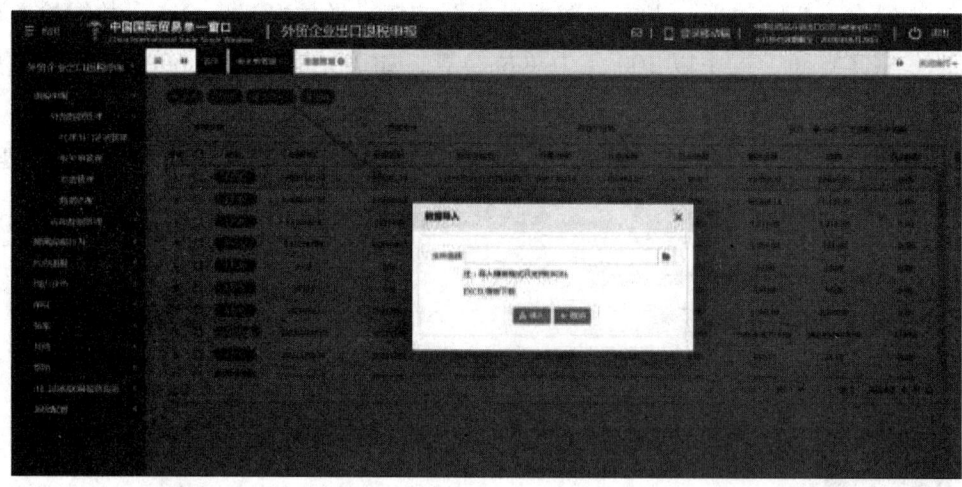

击"新建",可以手动新增发票信息。

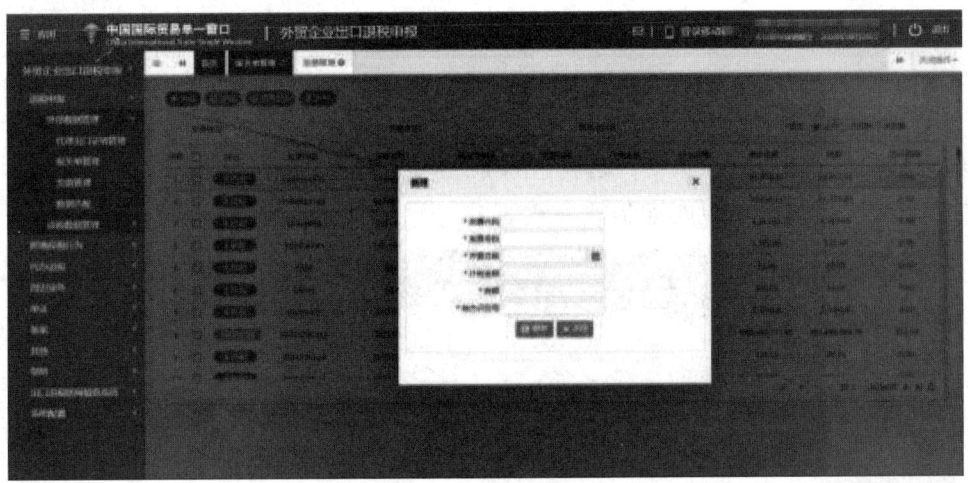

勾选列表数据,点击"修改"按钮,可以修改发票信息。

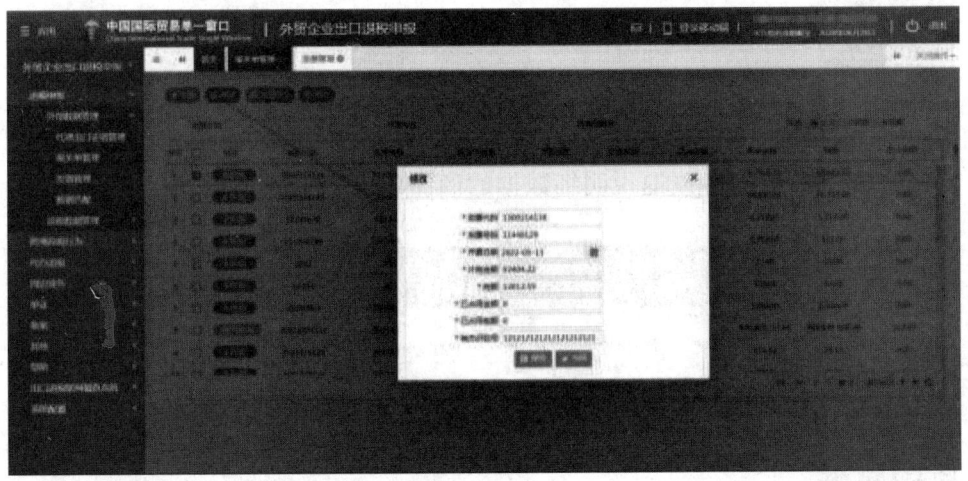

④ 数据匹配

在该页面可以对报关单采集、代理出口证明采集的数据匹配发票信息。数据匹配的目的是选择报关单和它匹配的发票,生成对应的出口明细和进货明细数据。

报关单匹配步骤:

a. 在报关单管理页面数据检查通过后的报关单信息(退税标识显示"退税"的报关单项,才会显示在配单列表里),粘贴到报关单号字段,或下拉选个报关单。

b. 选择匹配的发票信息,发票信息来自于发票管理中增加的发票信息。

c. 填写出口形式发票号,选择左下角的业务类型。

d. 勾选要提交的数据,提交报关单信息到退税数据管理流程。

注意：数据匹配时，数量以报关单商品的数量为准，并核实匹配发票张数、申报数量，计税金额是否正确。退税额与发票上的退税额，允许有一分钱误差，请以系统计算值为准！

代理证明匹配流程：

a. 代理出口证明管理页面，选择代理证明号，拷贝到数据匹配页面中。

b. 后续步骤与报关单匹配步骤一致。

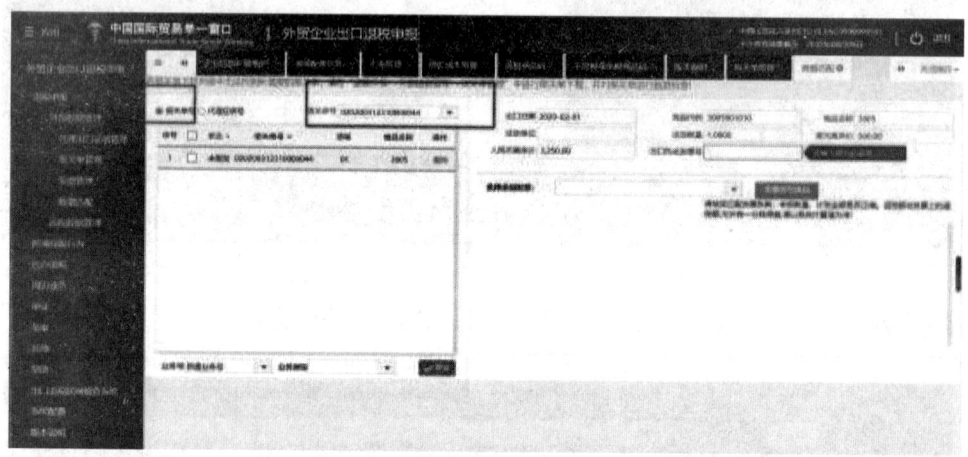

注意：左侧报关单列表蓝色是选中用于配单的商品项。

勾选中的是提交时生成退税明细数据的商品项。

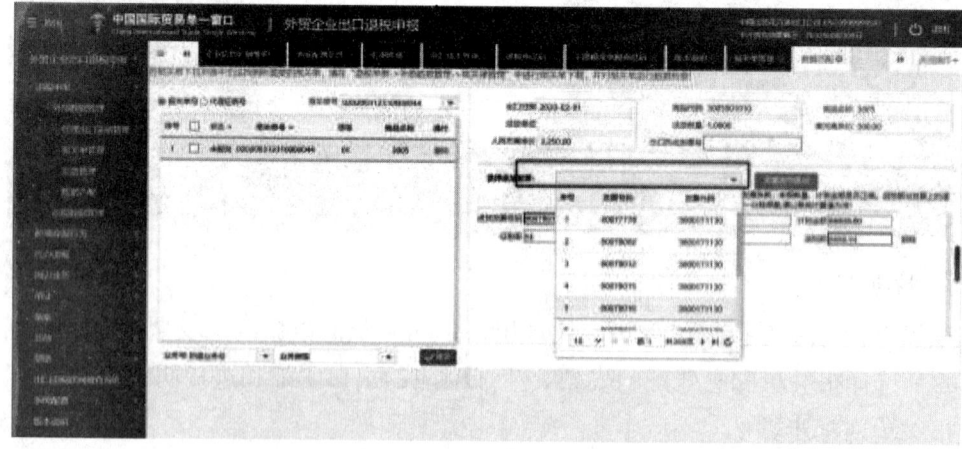

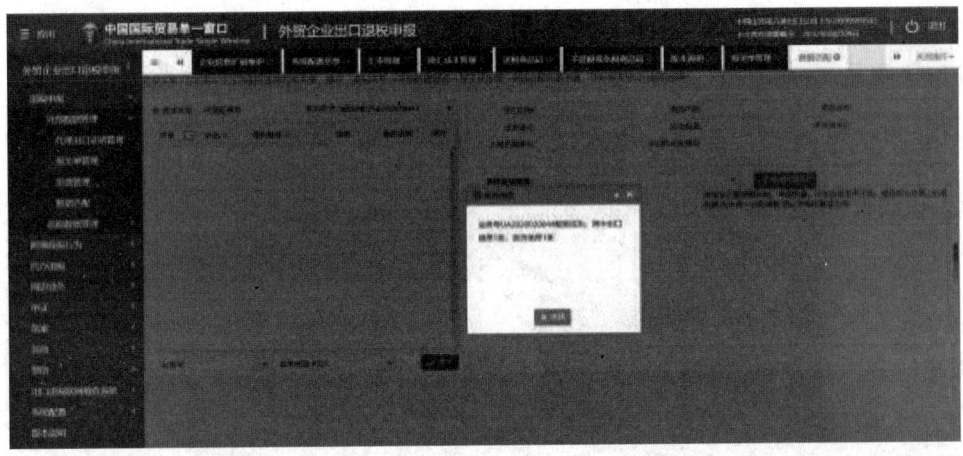

（2）退税数据管理

①申报数据管理明细

匹配成功的数据，在申报数据管理明细页面可以继续操作，在该页面可以对进口数据、出口数据进行增、删、改、小计等操作，修改完成后，进行数据初步检查，检查无误后，可以点击"生成待申报数据"，生成成功后，数据转到待申报数据管理页面。

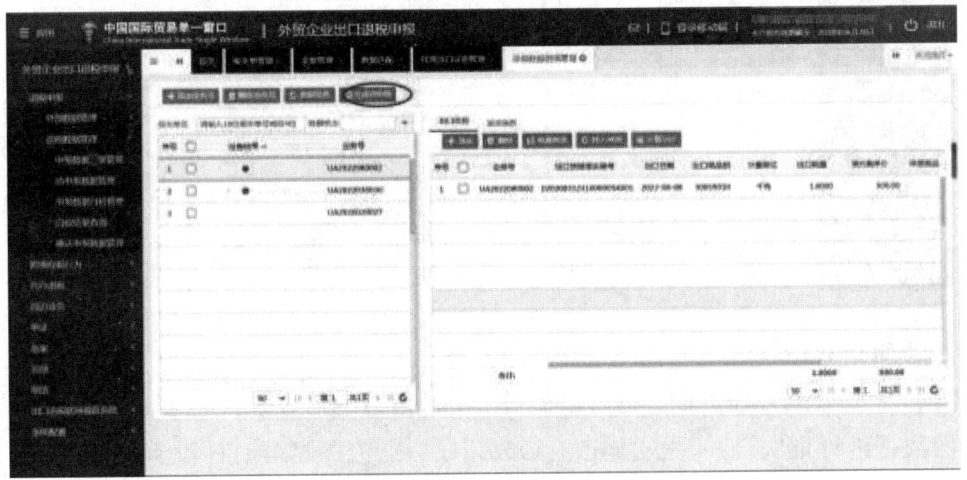

勾选要生成的待申报数据，点击"生成待申报"按钮，录入申报年月、申报批次、起始关联号、备注字段，点击"确定"按钮后，数据转到待申报数据管理页面。

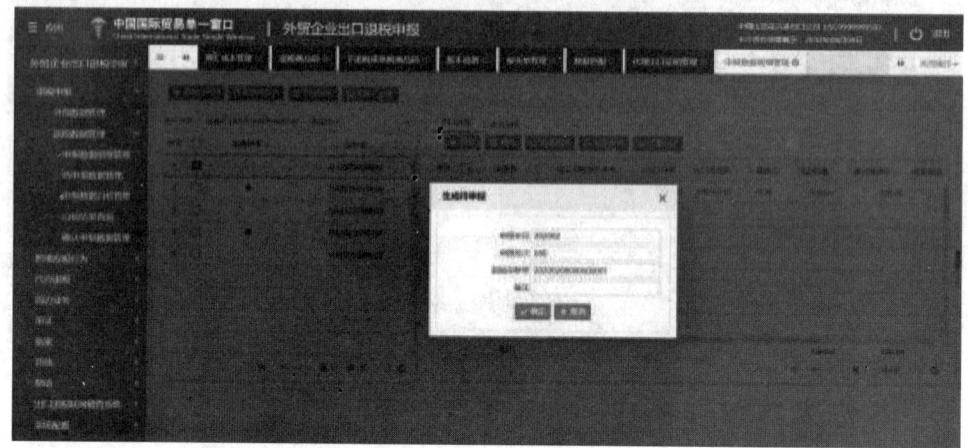

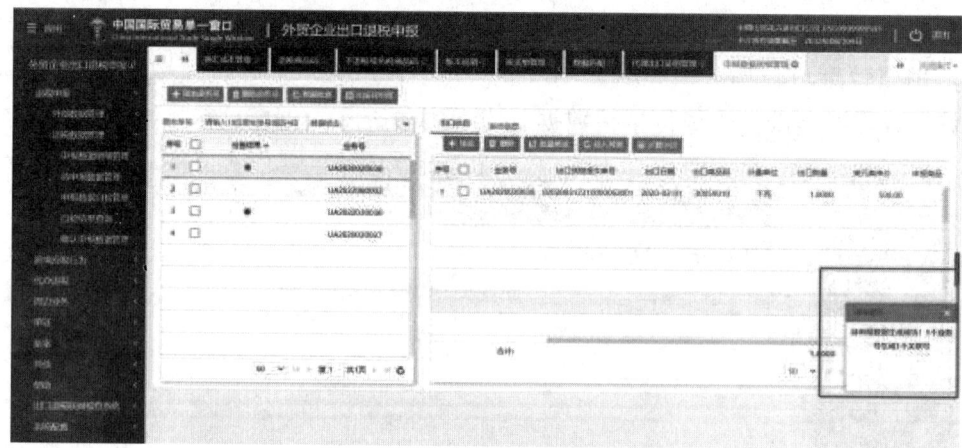

②待申报数据管理

在待申报数据管理页面，也可以做进、出口信息的修改。并且可以对该申报年月、批次的数据进行批次合并、批次修改。修改完成后点击"数据检查"没有问题后，点击"转入申报"，数据转到申报数据自检管理页面。

数据检查：在该页面做了相关数据修改后，可以先点击"数据检查"按钮进行自查。

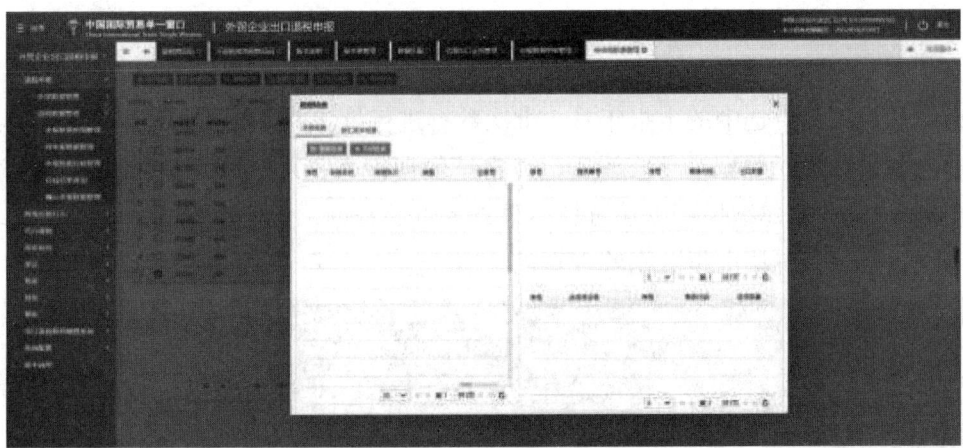

数据检查无误后,可以继续申报报错,勾选需要生成的申报数据,点击"转入申报"按钮,成功后,数据转到申报数据自检管理页面。

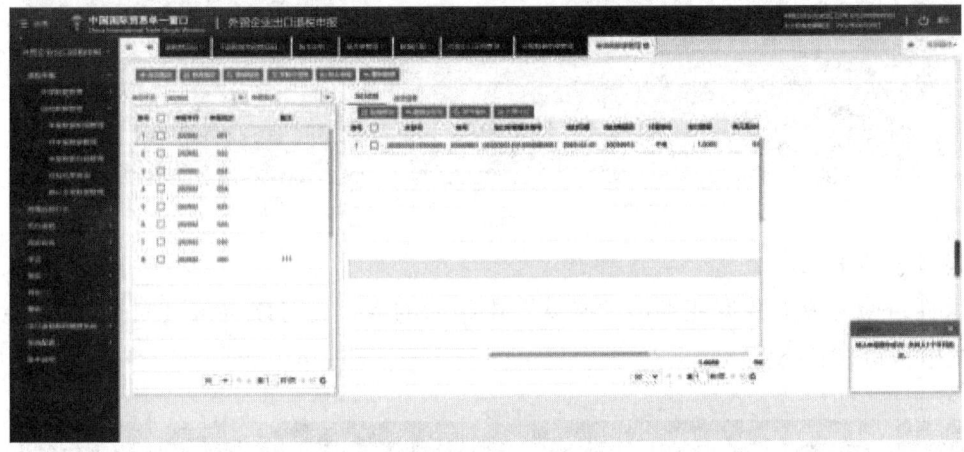

点击"撤回数据",数据可以返回到上一层申报数据明细管理页面。

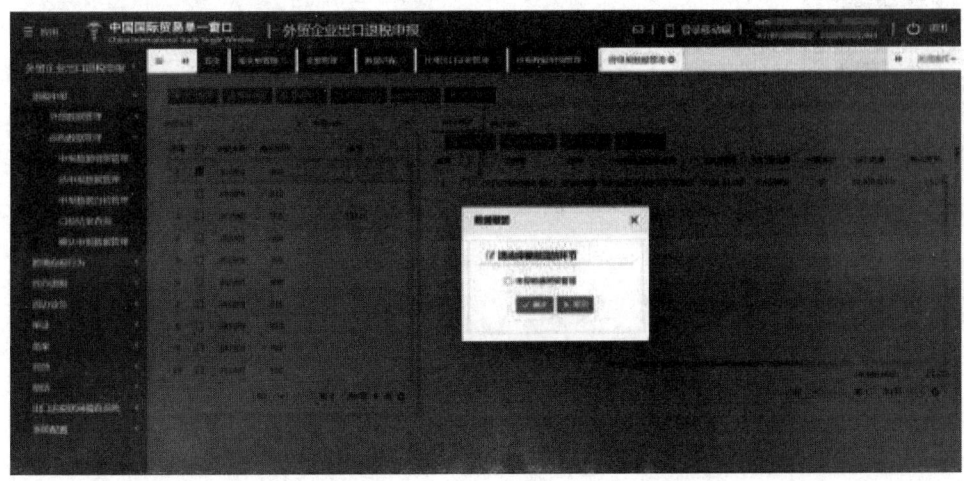

③申报数据自检管理

申报数据自检管理页面，可以新增商品码调整信息、出口货物收汇信息、免退调整信息。并且可以对选中的申报年月、批次数据进行批次修改、报表打印、数据拆分、打印疑点等操作。对数据进行修改后，点击"数据检查"无问题，就可以点击"远程自检按钮"，远程自建结果可以在自检结果查询页面查询，自检完成后，可以点击"确认"申报，数据被确认申报数据管理页面。

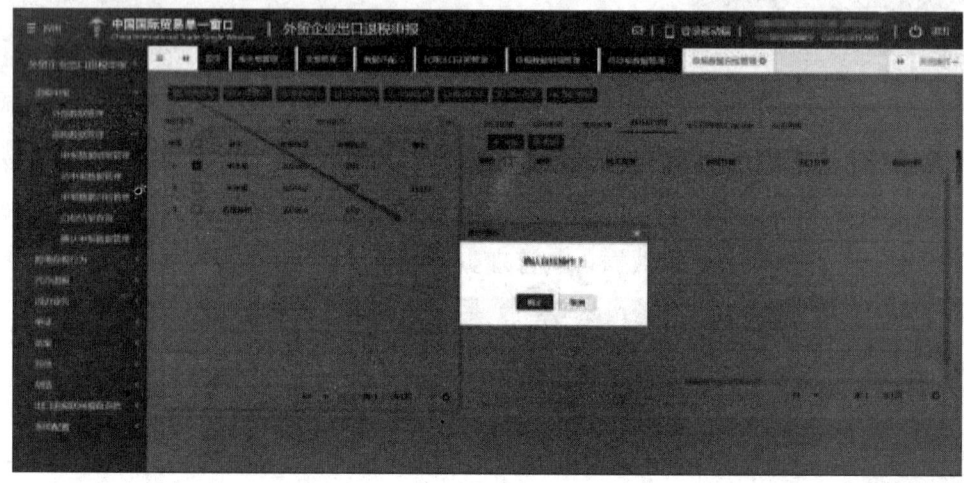

④自检结果查询

远程自检完成的数据或点击"确认"申报后的数据，可以再该页面查询自检状态与正式申报审核状态。

自检申报 1 分钟后，注意刷新这个页面，注意自检状态是否显示自检完成或自检失败。如果未完成，可以手动点击"自检申报状态查询"按钮。

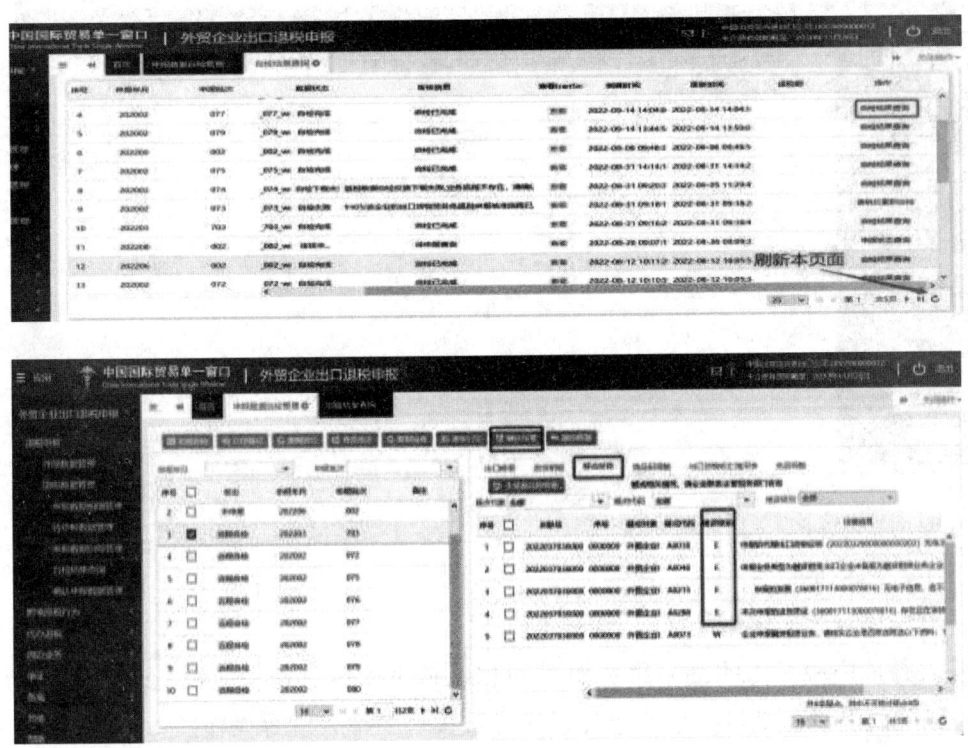

自检完成的数据，先查看自检疑点，有错误级别 =E 的疑点都需要处理，然后重新自检申报。没有错误级别 =E 的疑点后，可以点击上面的"确认申报"按钮，提交正式申报。正式申报成功后，退税明细数据，转到确认申报数据菜单下查询。正式申报流程一般需要几天，正式申报状态需要手动点击"申报状态查询"更新，如下图。

⑤确认申报数据管理

在确认申报数据管理页面，可以做报表打印、撤回数据、修改状态操作。

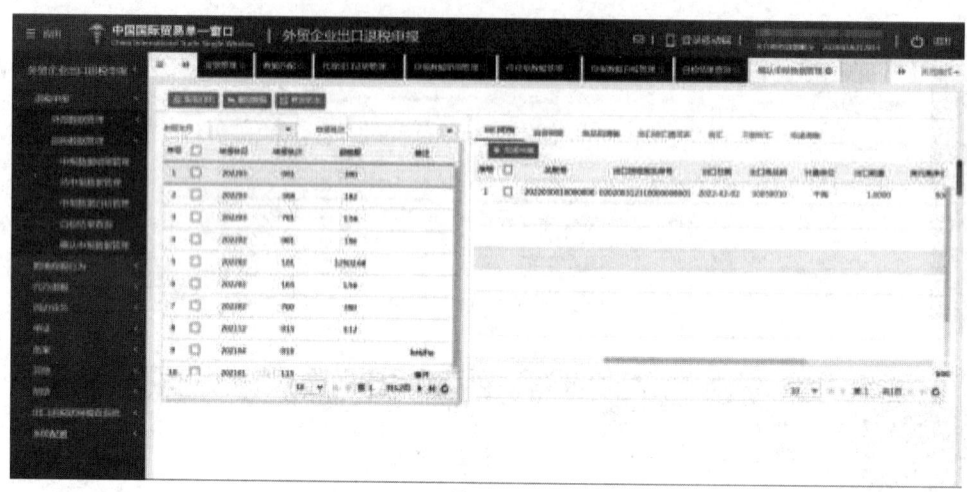

2. 跨境应税行为

（1）数据采集

跨境应税行为明细采集

进入跨境应税行为明细采集页面，可以在该页面进行跨境应税行为明细的新建、打开、删除、复制、批量导出、小计、序号重排、明细处理等操作。

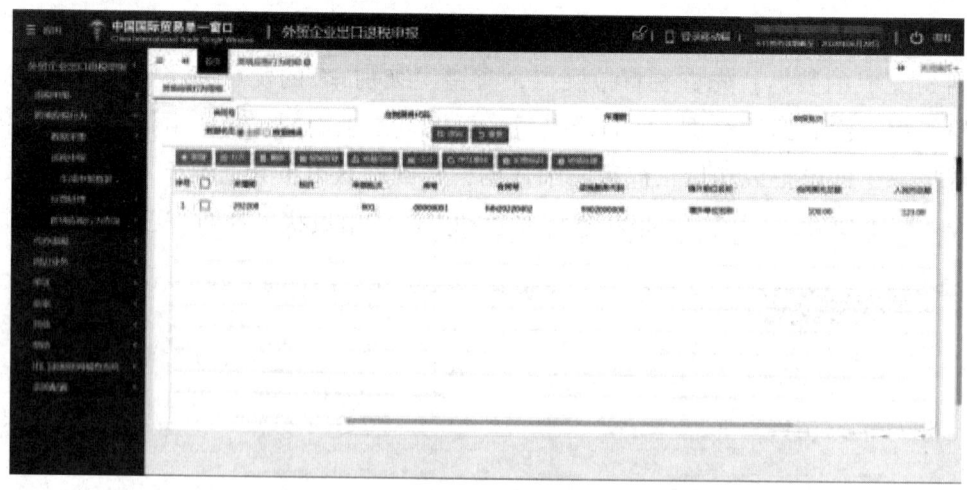

新建:点击"新建"按钮后,在弹框中录入数据,点击"保存并增加"或者"保存"按钮,录入数据。

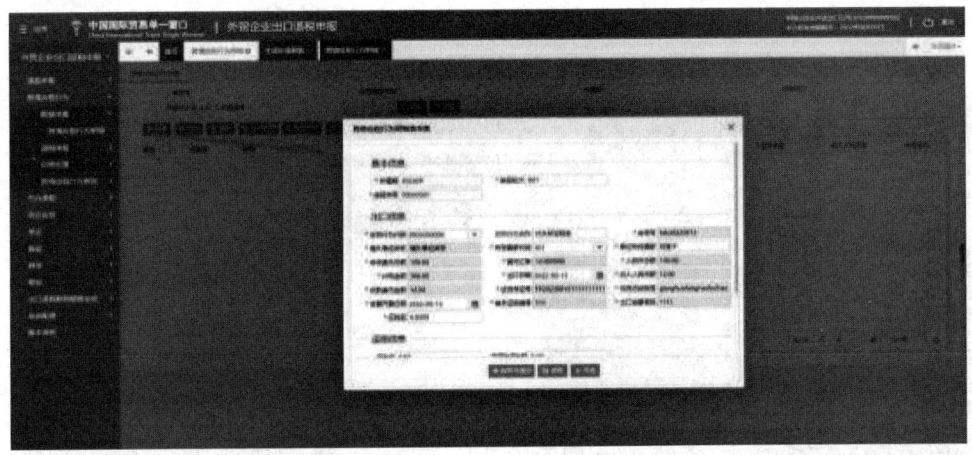

打开:勾选列表中想要修改的数据,点击"打开"按钮,弹出详细信息,点击"修改"按钮后,可对数据进行修改。

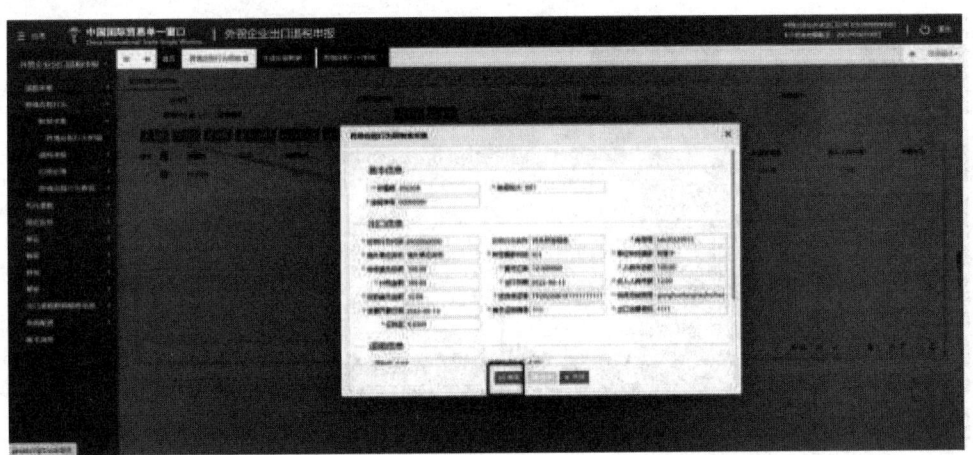

删除：勾选列表中想要删除的数据，点击"删除"按钮即可。

复制新建：选择要复制的数据，点击"复制新建"按钮即可。

批量导出：勾选列表想要导出的数据，点击"批量导出"按钮，选择要导出的字段，点击"导出"按钮，即可下载到电脑本地文件。

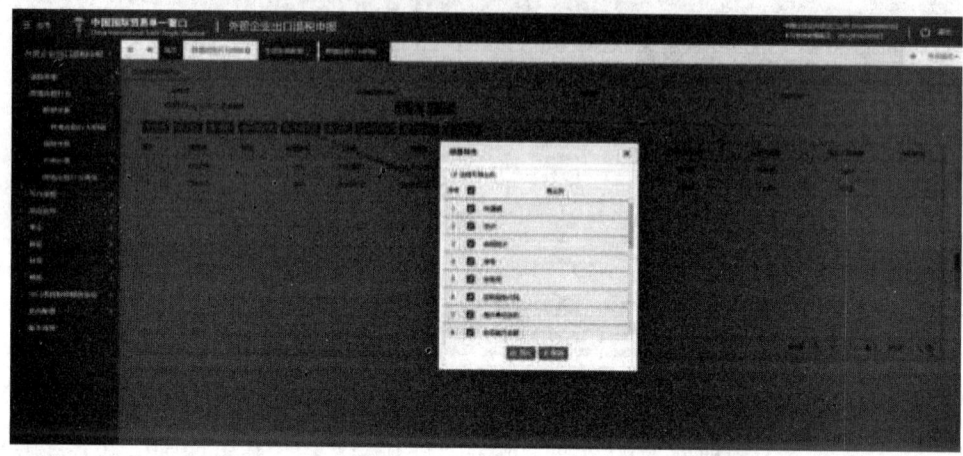

小计：勾选列表数据，点击"小计"按钮，点击"保存"到文件即可下载到本地文件。

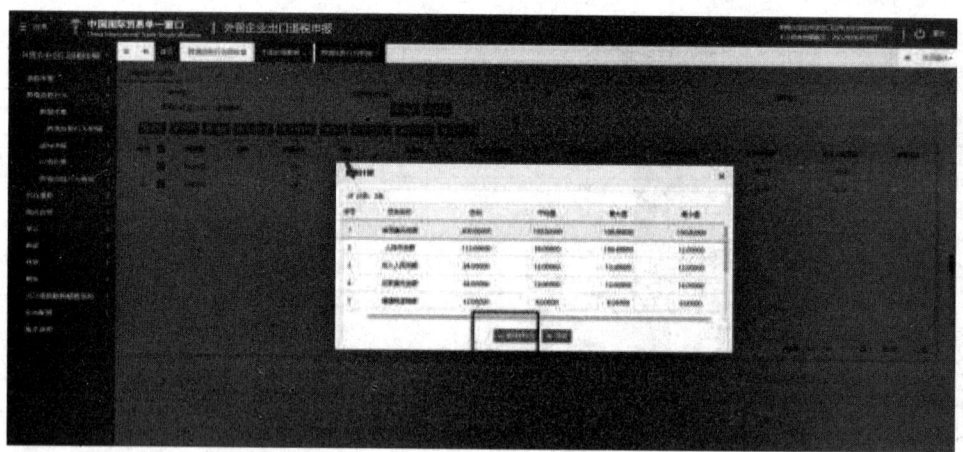

序号重排：勾选数据，点击"序号重排"按钮，即可做序号重排操作。

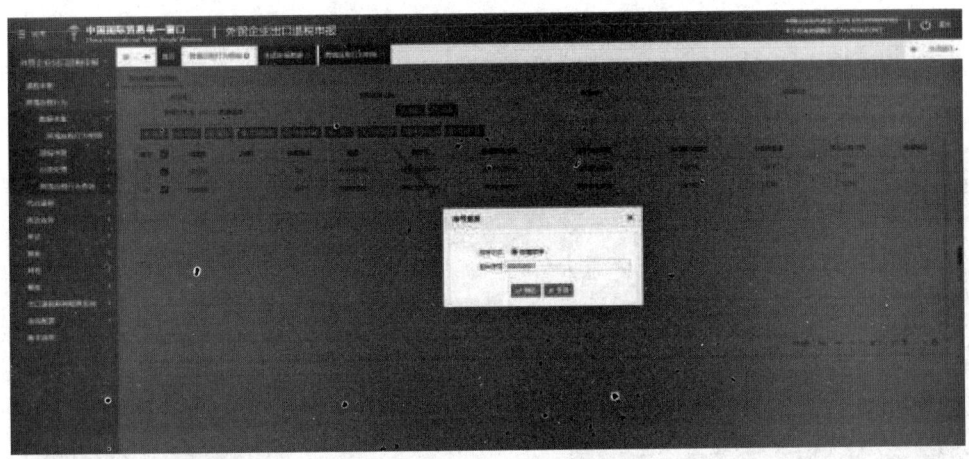

设置标识：选中数据，点击"设置标识"按钮。

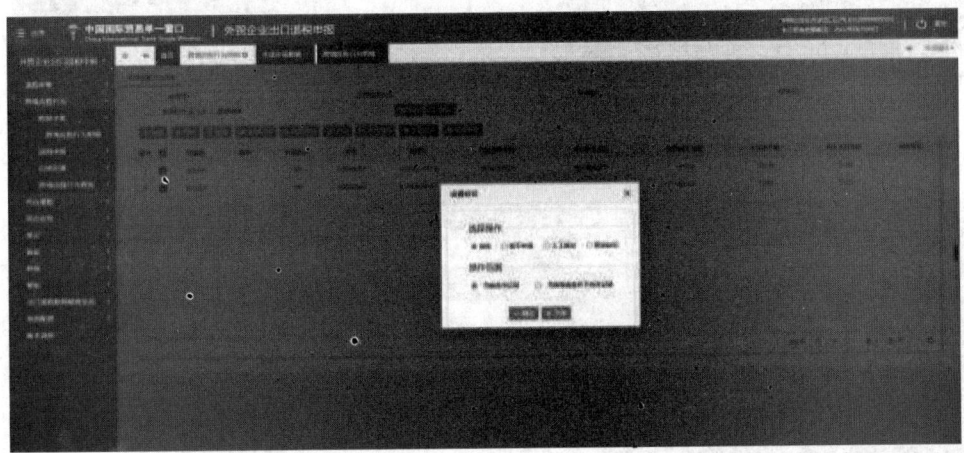

明细处理：点击"明细处理"按钮，确认明细。

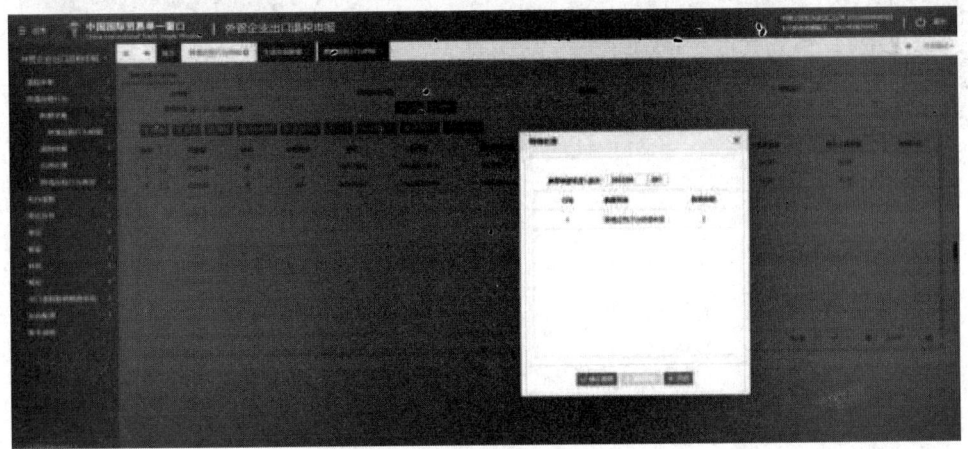

(2) 退税申报

①生成申报数据

生成申报数据,在确认明细数据查询页面,可以点开查看数据。点击"撤销明细"按钮,也可以撤销数据。

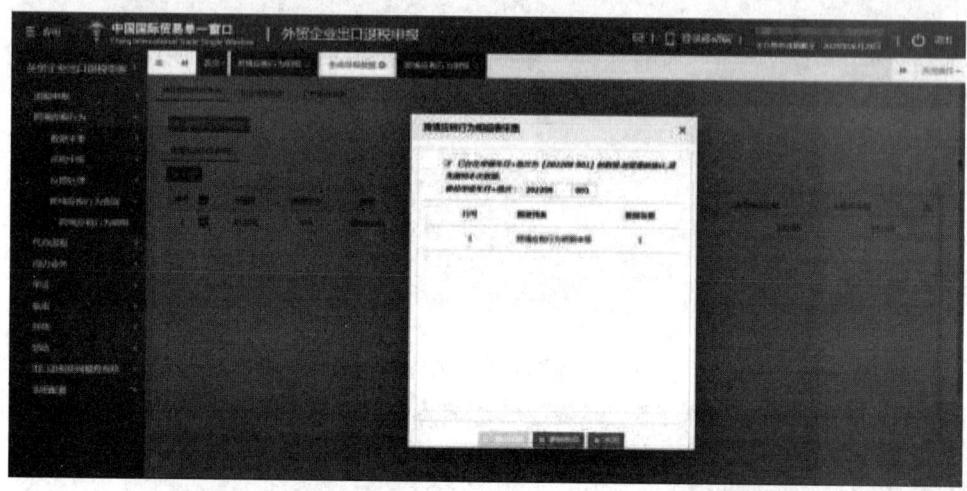

在生成申报数据页面,点击"生成申报数据",可以生成申报数据。

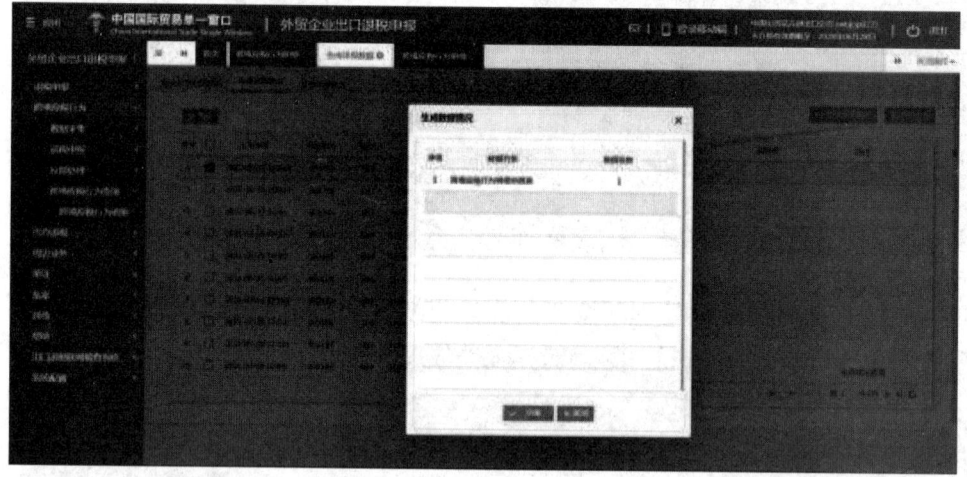

勾选想要远程申报的数据，点击"远程申报"按钮，即可做远程申报操作。

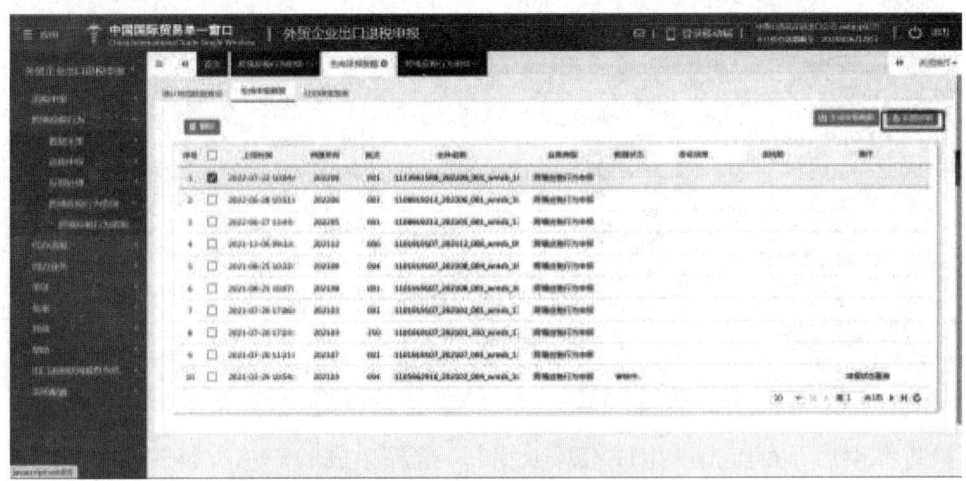

在打印报表页面，可以打印跨境应税行为报表数据。

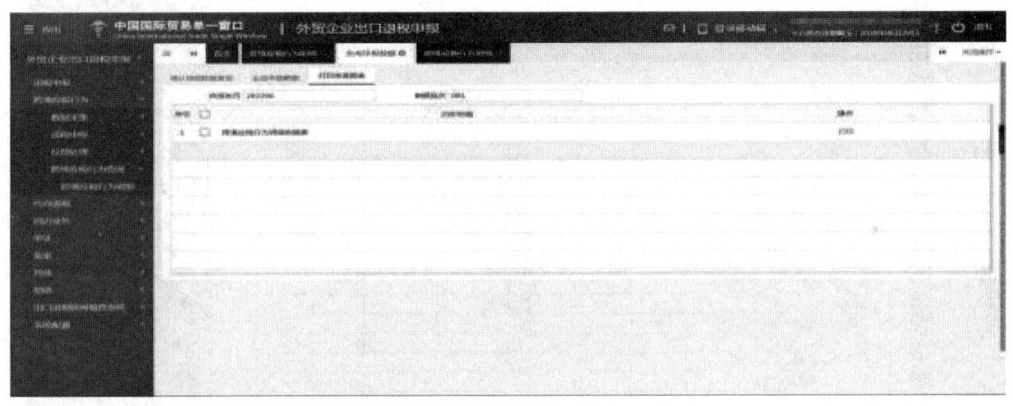

②生成退税申报数据

进入"生成退税申报数据"，可以对前面确认无误的明细数据进行检查、汇总生成以及生成数据进行上传和申报。

按照右上角的按钮顺序进行操作。首先点击"进行数据一致性检查"。

如果数据存在问题会在界面中显示相关提示；显示为空白则代表数据没有任何问题。

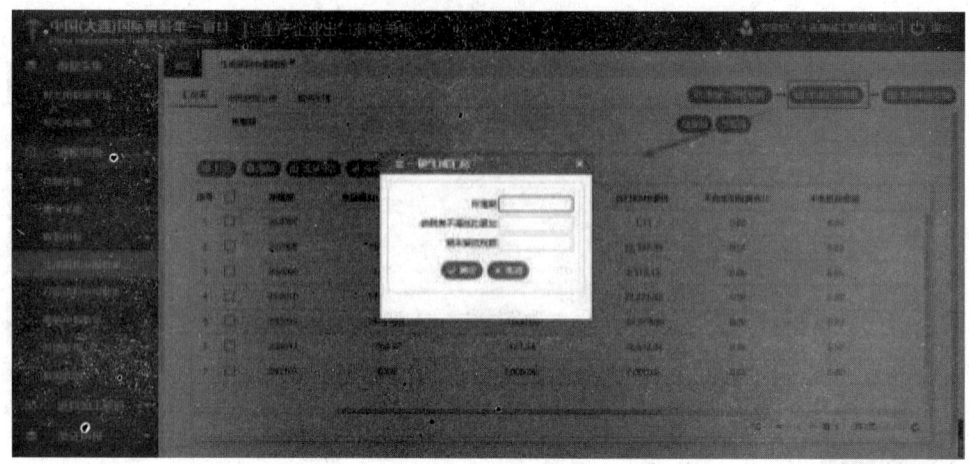

检查无误后,再点击"生成汇总数据",选择生成的汇总所属期,填写当期的不得抵扣税额累加和期末留底税额。

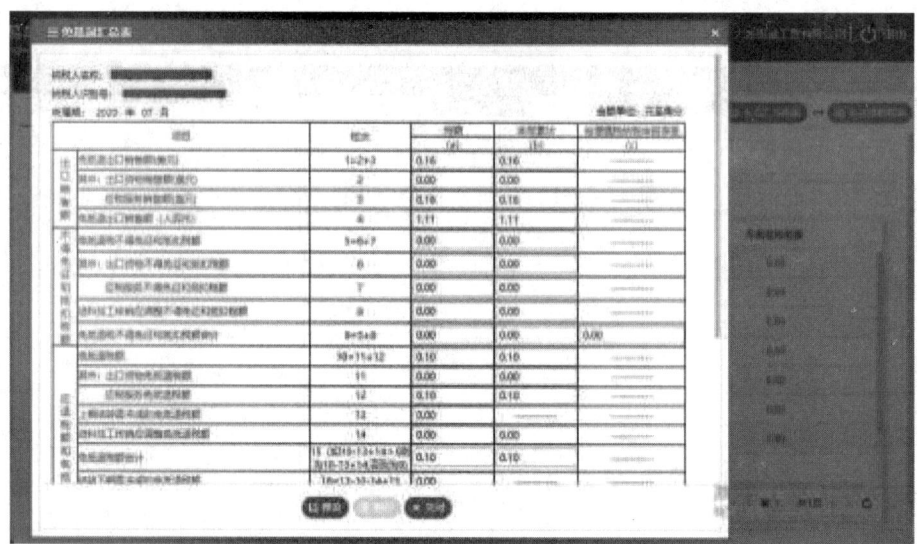

数据确认无误后,点击"生成申报数据",选择所属期,可以生成退税申报数据。

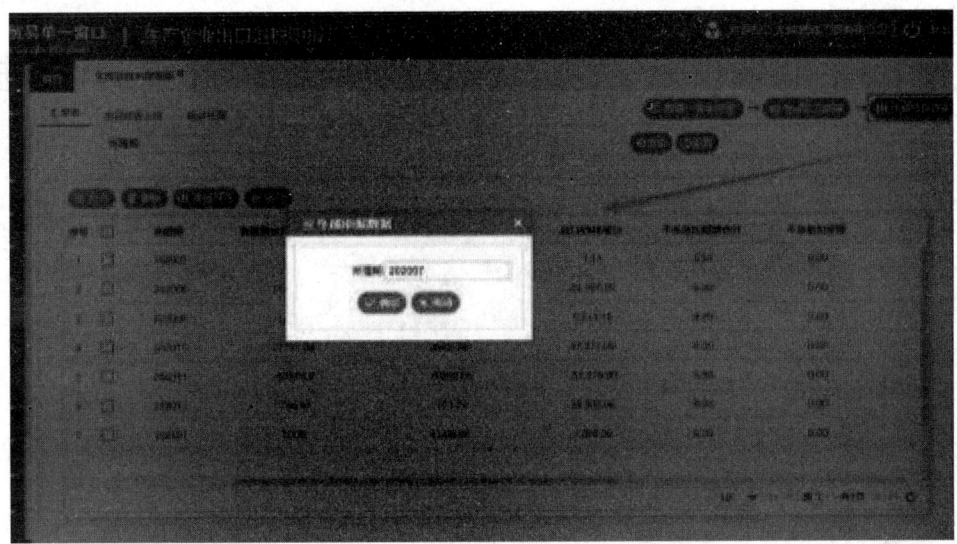

生成数据后,会在"申报数据上传"这个页签中生成数据记录,随后勾选这笔数据点击"数据自检"将数据上传进行自检申报。点击"自检状态查询"可以刷新自检进度。

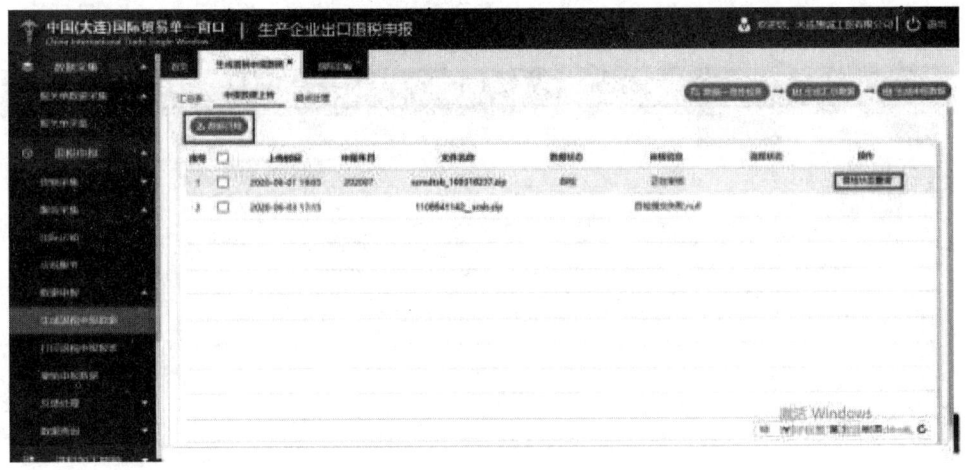

刷新自检进度，待数据自检完成后，自检的疑点反馈自动读入系统，进入"疑点反馈"页签查看是否存在疑点。

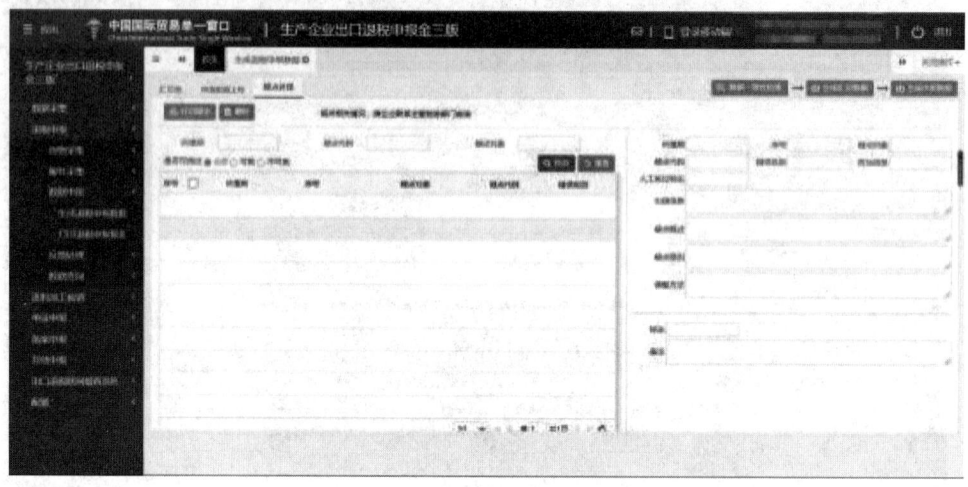

如果数据不存在不可跳过疑点，返回"申报数据上传"页签，在数据后面（图中红框位置）点击"确认申报"将数据转为正式申报。

已生成申报的数据，自检存在不可跳过疑点需要撤回修改数据或转为正式申报的数据被税局退回，都可以点击"撤销申报数据"撤回数据进行修改和调整。

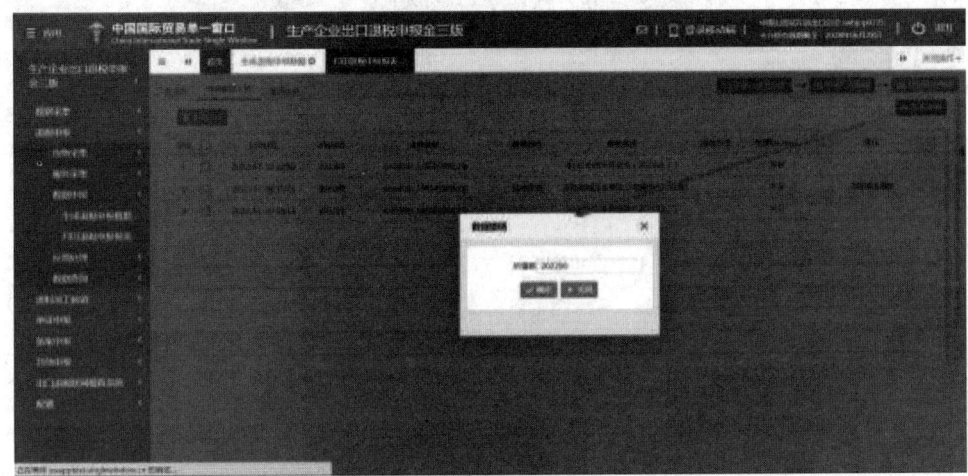

③打印退税申报报表

完成数据正式申报后，进入"打印退税申报报表模块"打印相关纸质资料。

(3)反馈处理

进入"反馈处理",在反馈信息处理页面,可以查询与打印疑点信息。

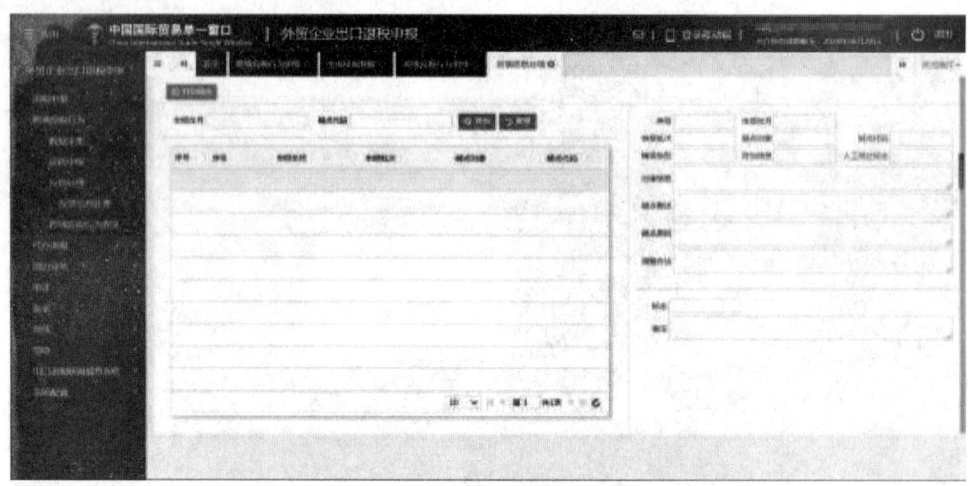

(4)跨境应税行为查询

跨境应税行为明细查询页面,可以查询到已申报的数据,进行批量导出、小计、撤回操作。

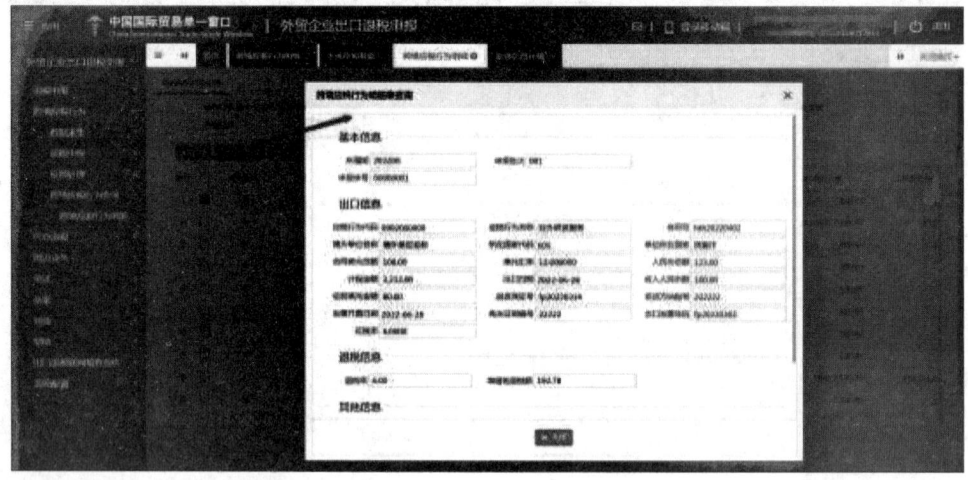

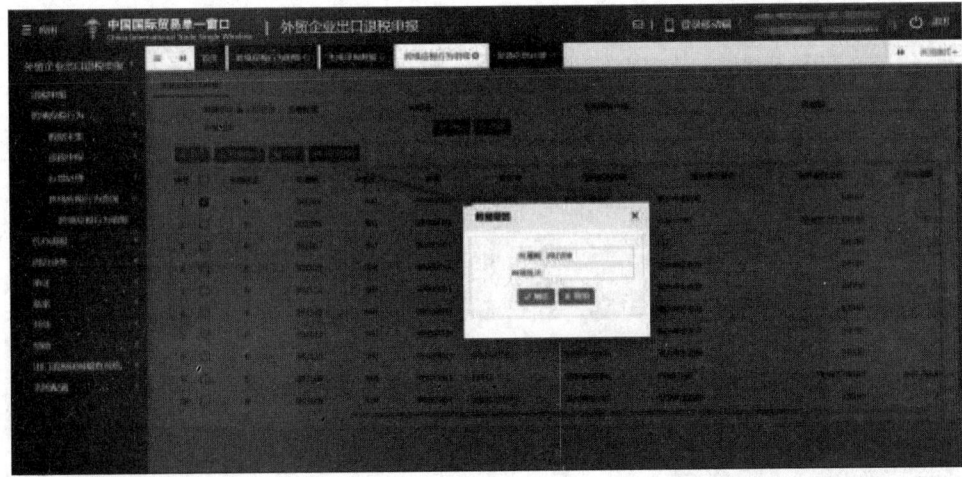

3. 代办退税

（1）数据采集

①代办退税明细

进入"代办退税明细"，可以新增、删除、修改、代办退税明细数据，并且也可以做批量导出与序号重排操作。

点击"新建"按钮，录入数据。

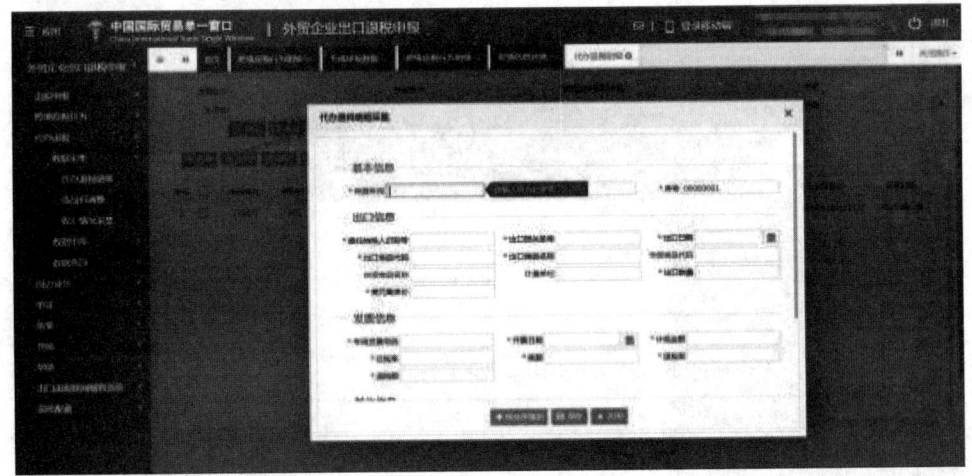

② 商品码调整

进入"商品码调整",可以新增、删除、修改、商品码调整数据,并且也可以做批量导出与序号重排操作。

点击"新建"按钮,录入数据:

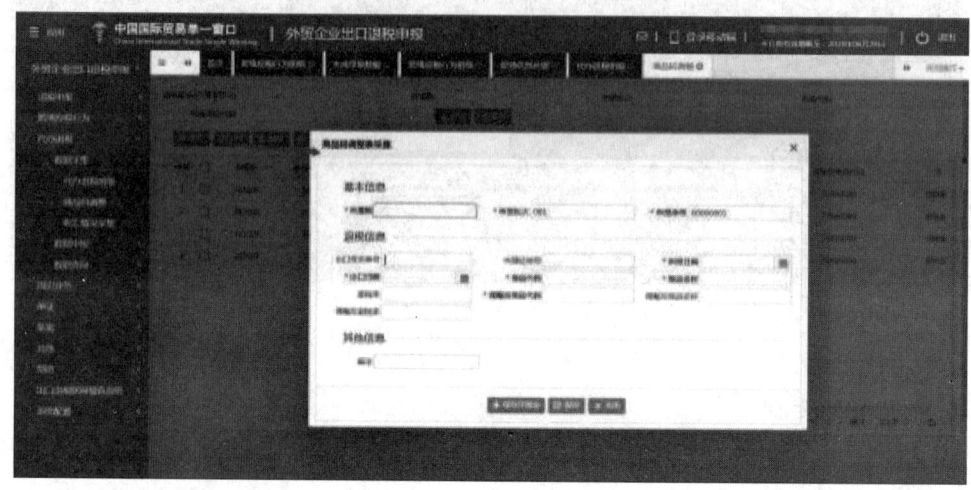

③ 收汇情况采集

进入"出口货物收汇情况表",可以新增、删除、修改出口货物收汇情况数据,并且也可以做批量导出与序号重排操作。

点击"新建"按钮,录入数据:

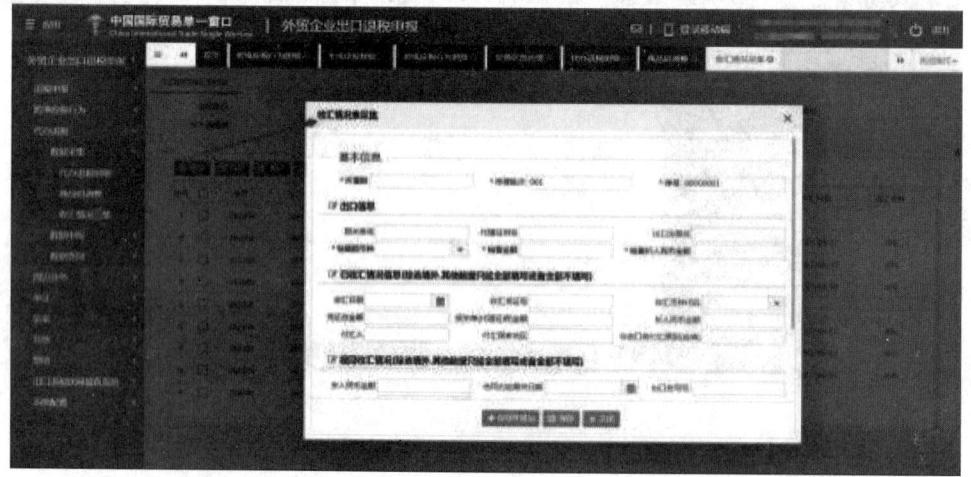

（2）数据申报

数据申报模块，包含"生成申报数据""打印申报数据"两个页面。

①生成申报数据

数据采集完毕后，进入"生成申报数据"，点击"生成申报数据"，录入所属期和批次生成电子数据。

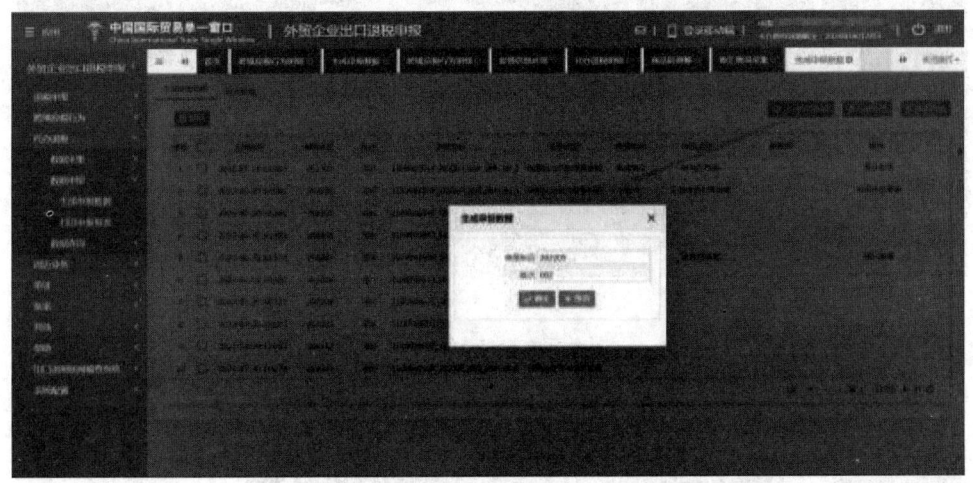

勾选数据点击"远程申报"进行申报。

已申报的数据,点击"数据撤销"录入所属期和批次,即可撤销数据。

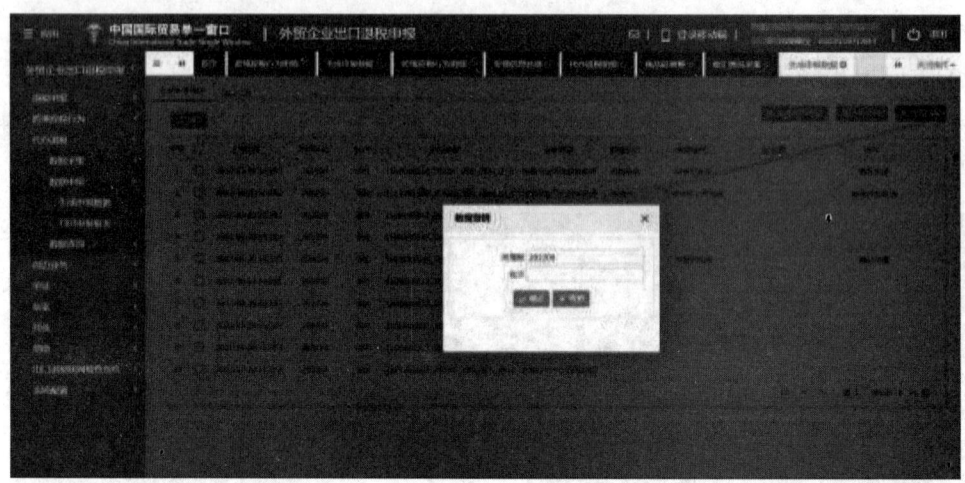

②打印申报数据

进入"打印申报报表",录入申报年月+申报批次,可以打印相关的业务表单。

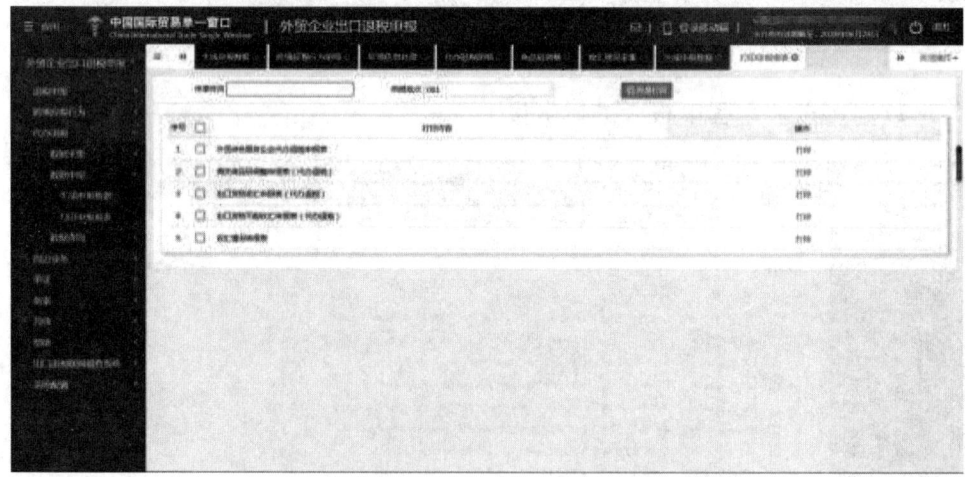

（3）数据查询

进入"数据查询",选择对应的业务,可以对已申报的数据进行查询。

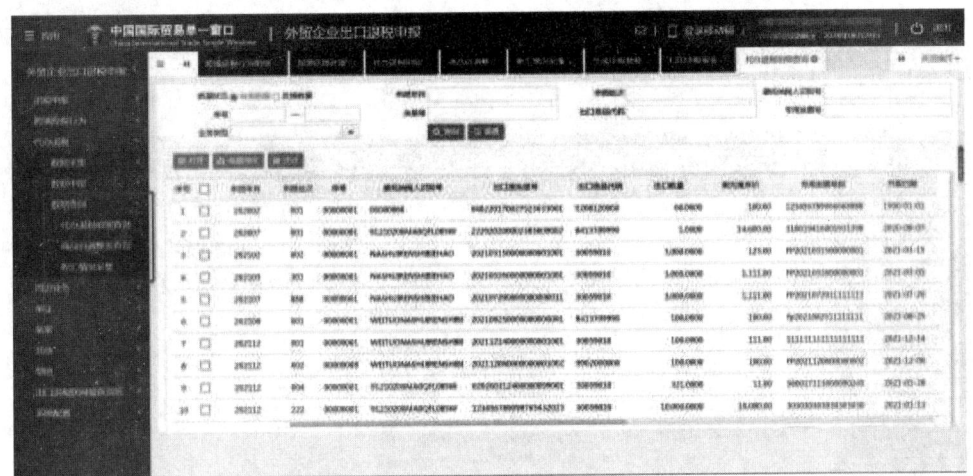

4.周边业务

单证业务模块包含数据采集、数据申报、反馈处理、数据查询。

（1）数据采集

点击数据采集,可以选择"购进自用货物申报""出口已使用设备申报""航天发射业务退税申报",选择想要申报的业务进入页面,点击"新建"按钮,录入数据。

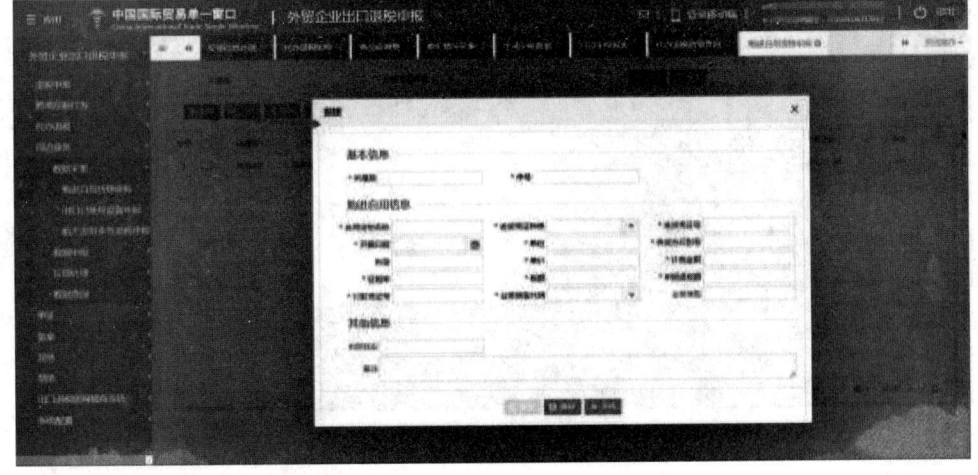

(2)数据申报

①生成申报数据

进入"生成申报数据"页面中进行数据申报。点击右上角的"生成申报数据",选择想要申报的业务可以生成电子数据包;

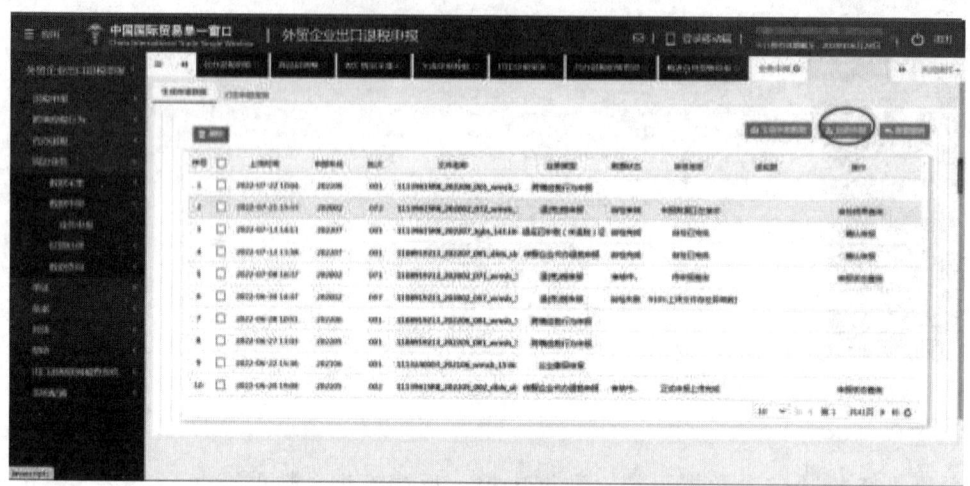

点击"数据撤销",可以撤销生成的申报数据。

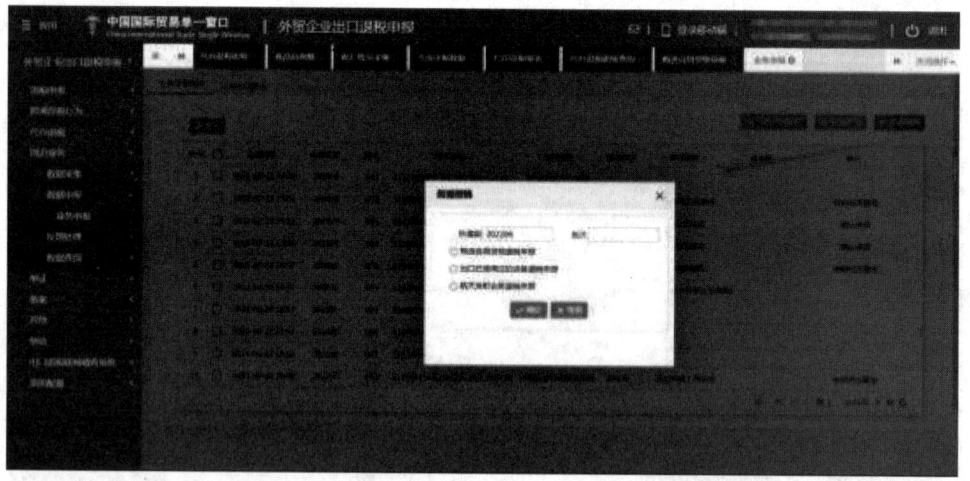

②打印申报报表

进入"打印申报报表",可以对生成申报数据完毕的数据进行打印和数据上传。首先在"打印申报报表"页面中可以打印出相关单证报表。

(3)反馈信息处理

在反馈信息处理页面,可以查询到反馈的疑点数据,并且进行疑点打印操作。

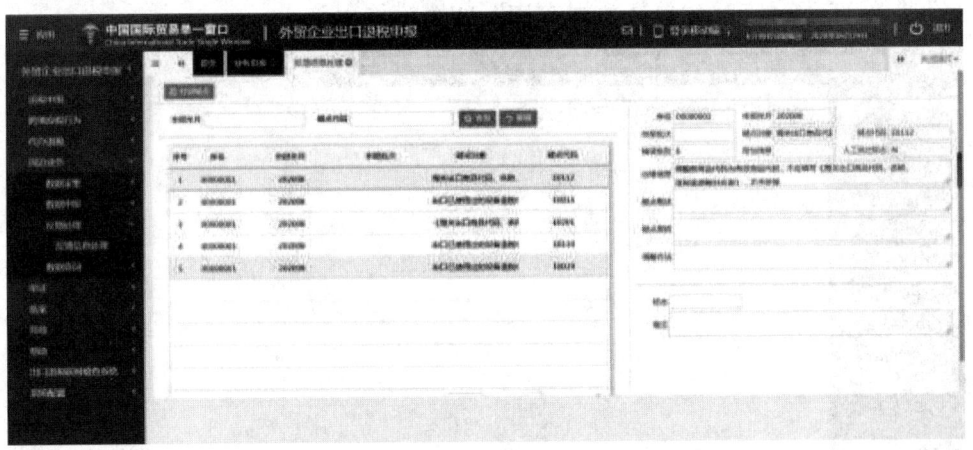

(4) 数据查询

在"数据查询"中可以查看申报成功的周边业务的历史数据以及通过反馈下载的往期周边业务申报数据。

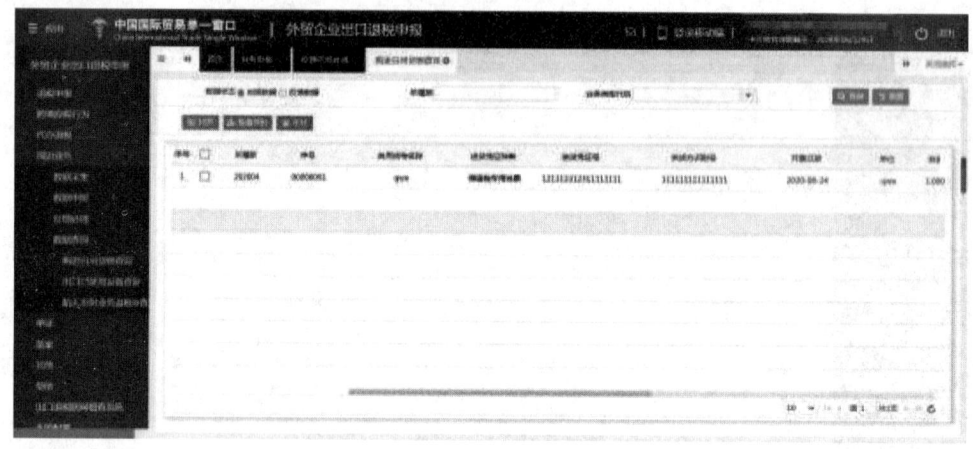

5. 单证申报

"单证申报"指向税务局办理的相关业务证明和申请，模块中包含"数据采集""数据申报""单证反馈处理""单证数据查询"四个模块。

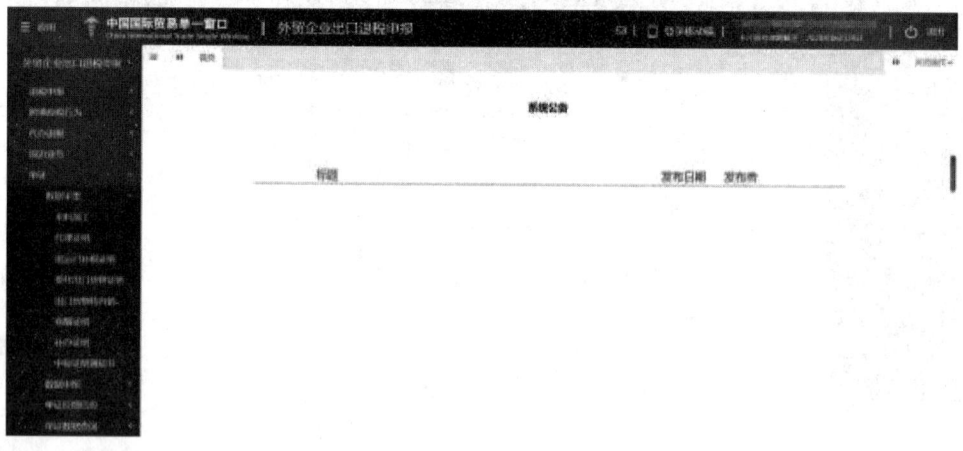

(1) 数据采集

点击数据采集，可以选择采集"来料加工""代理证明""退运已补税证明""委托出口货物证明""出口货物转内销""卷烟证明""补办证明"以及"中标证明通知书"的相关数据。选择想要申报的业务进入后点击"新建"进行采集。

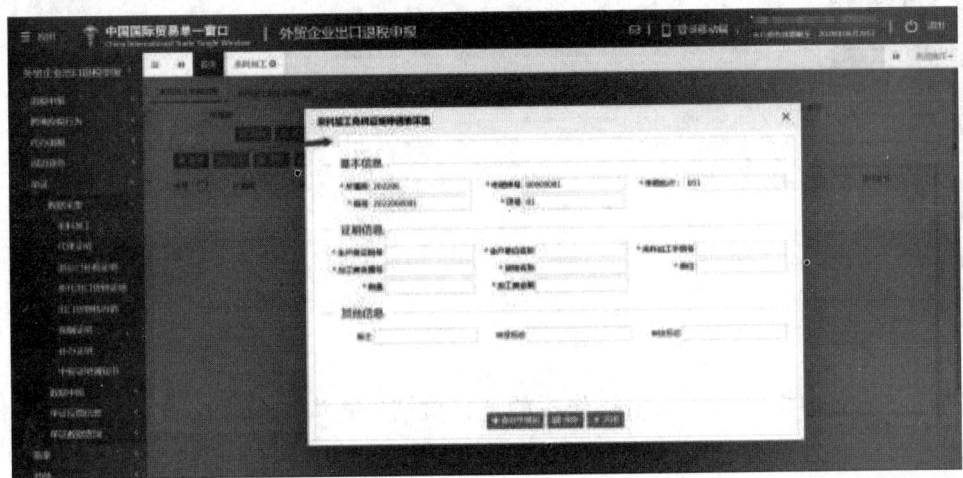

(2) 数据申报

① 生成申报数据

进入"生成单证申报数据"模块中进行数据申报。点击右上角的"生成申报数据"，选择想要申报的业务可以生成电子数据包；

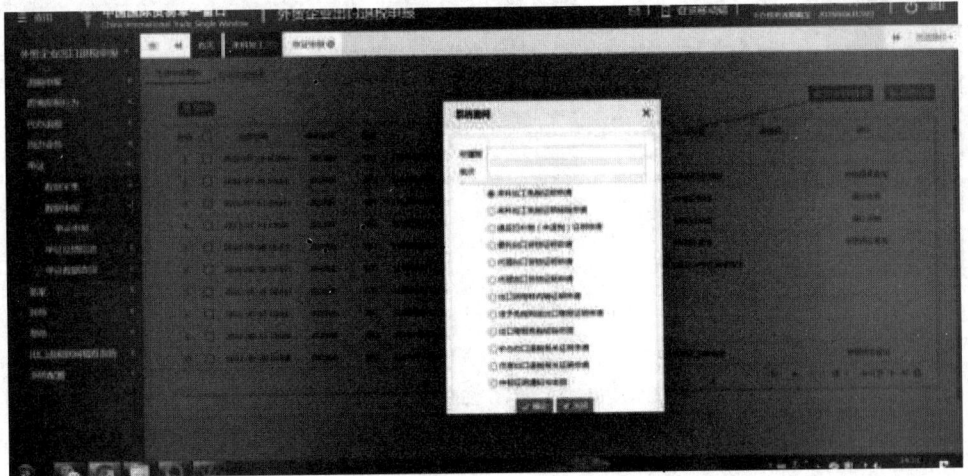

随后选择刚刚生成的电子数据包进行"远程申报";

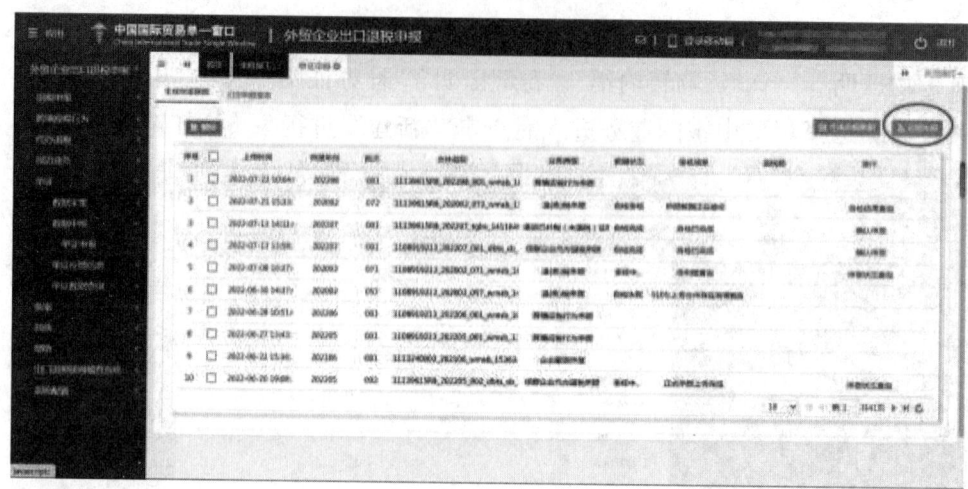

进行"远程申报"后,点击操作栏的"自检结果查询"可以刷新数据状态;自检无误后可以将数据正式申报,随后携带纸质资料去现场办理。

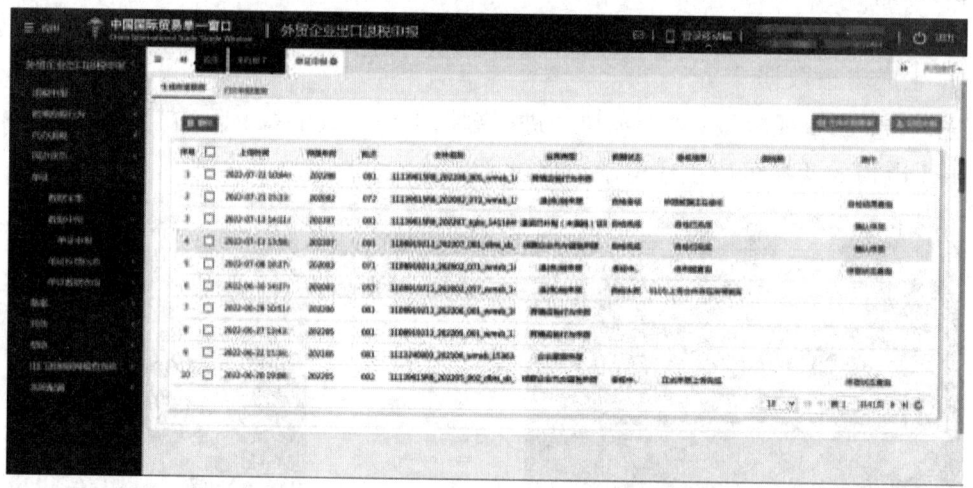

② 打印申报报表

进入"打印单证申报报表",可以对生成申报数据完毕的数据进行打印。

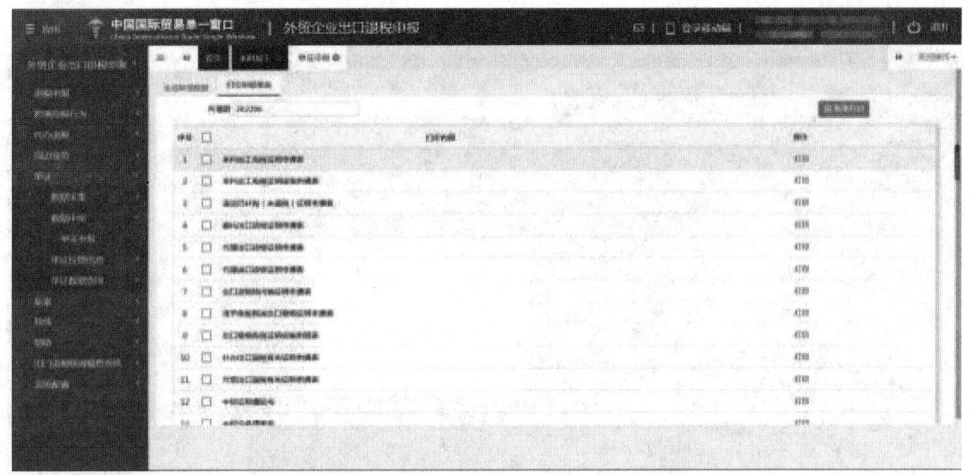

(3) 单证反馈处理

① 反馈信息处理

自检完成后的数据,可以再反馈信息下载页面,查询到反馈的疑点数据。

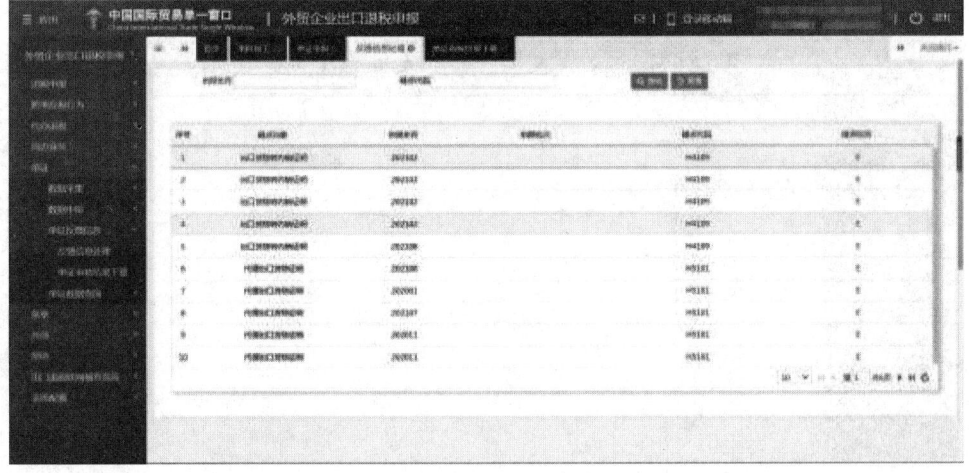

② 单证审核结果下载

"单证审核结果下载"页面中,可以通过端口下载往期申报的单证各业务审核结果的历史数据。

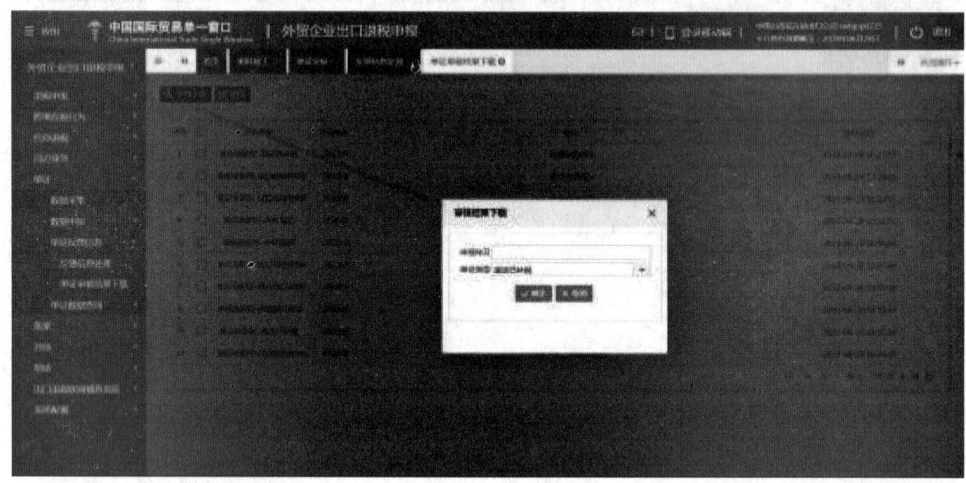

(4)单证数据查询

在"单证数据查询"中可以查看申报成功的单证业务的历史数据以及通过反馈下载的往期单证业务申报数据。

6. 备案申报

"备案申报"指企业向税局进行退税备案、变更以及注销等备案操作，模块中包含"数据采集""数据申报""数据反馈""数据查询"四个模块。

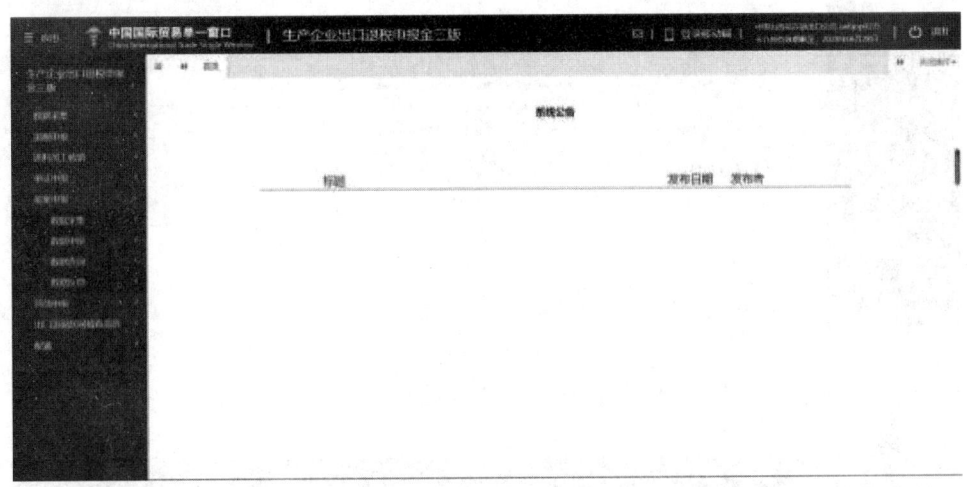

（1）数据采集

点击数据采集，可以选择采集"出口退（免）税备案""集团公司企业备案""放弃业务""出口退税业务提醒申请""以边境小额贸易"的业务数据。选择想要申报的业务进入后点击"新建"进行采集。

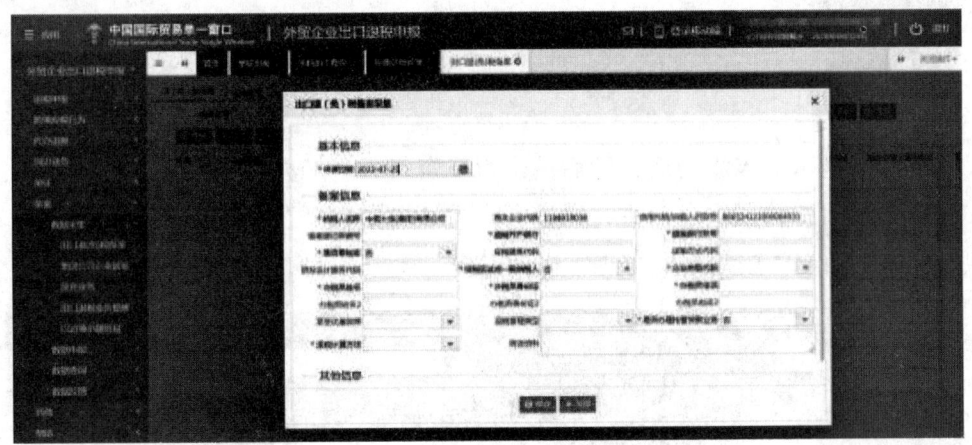

（2）数据申报

进入"数据申报"中的"生成申报数据""打印申报报表"，可以对采集完毕的数据进行数据上传，或者将生成的申报数据进行打印。

①生成申报数据

进入"生成申报数据"模块打印后点击右上角的"生成申报数据"，选择想要申报的业务可以生成电子数据包；

随后选择刚刚生成的电子数据包进行"远程申报"；

数据状态显示上传成功后，随后携带纸质资料去现场办理。

已申报成功的数据也可以进行撤销，点击"撤销数据"按钮，选择要撤销的业务类型，点击"确定"按钮，即可进行撤销操作。

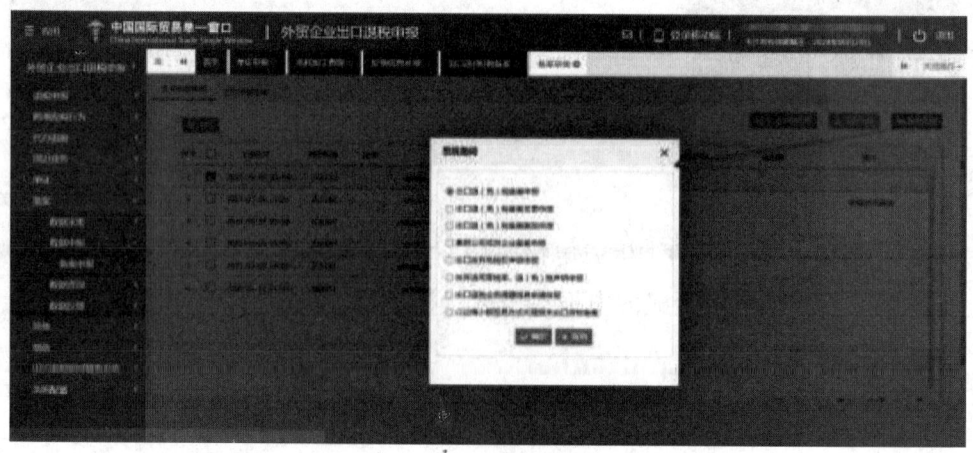

②打印申报报表

在"打印申报报表"模块中可以打印出相关备案申请表;

(3)数据反馈

①提醒反馈结果下载

进入"提醒反馈数据下载"页面,可以下载审核反馈结果。

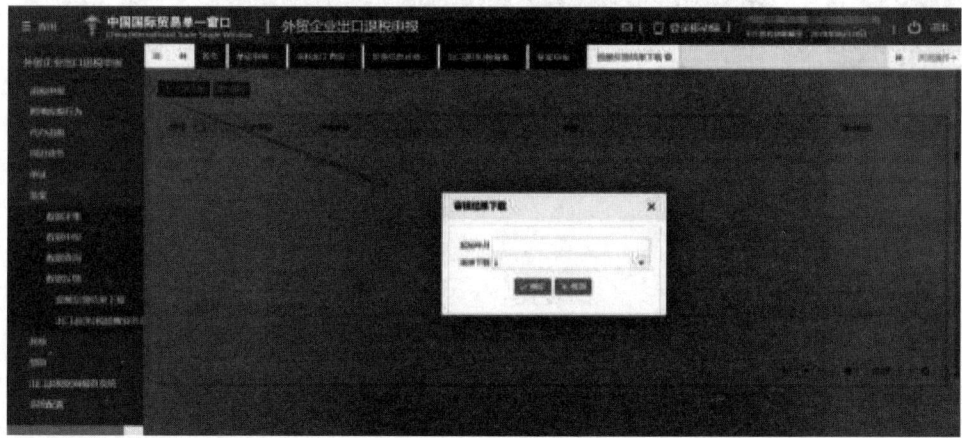

② 出口退(免)税提醒业务查询

下载的反馈数据,可以在出口退(免)税提醒业务查询页面中查询到。

(4)数据查询

在"数据查询"中可以查看申报成功的备案业务的数据。

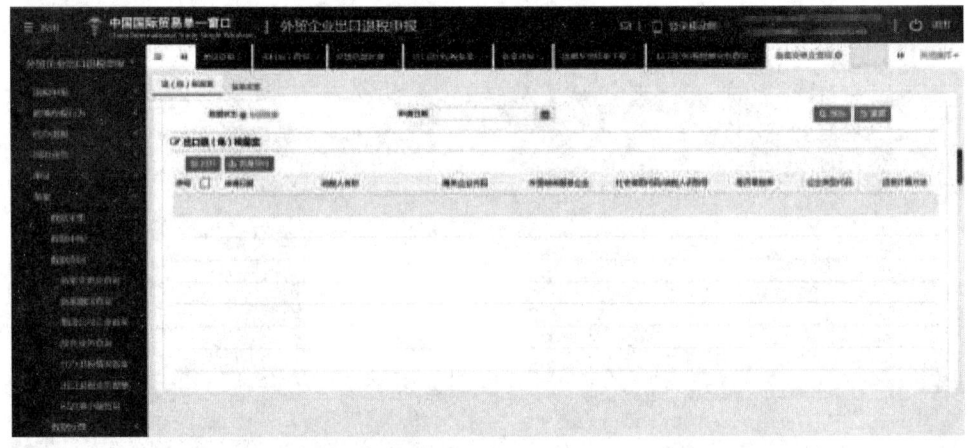

7. 其他申报

"其他申报"模块中包含"数据采集""数据申报""数据查询""反馈处理"四个模块。

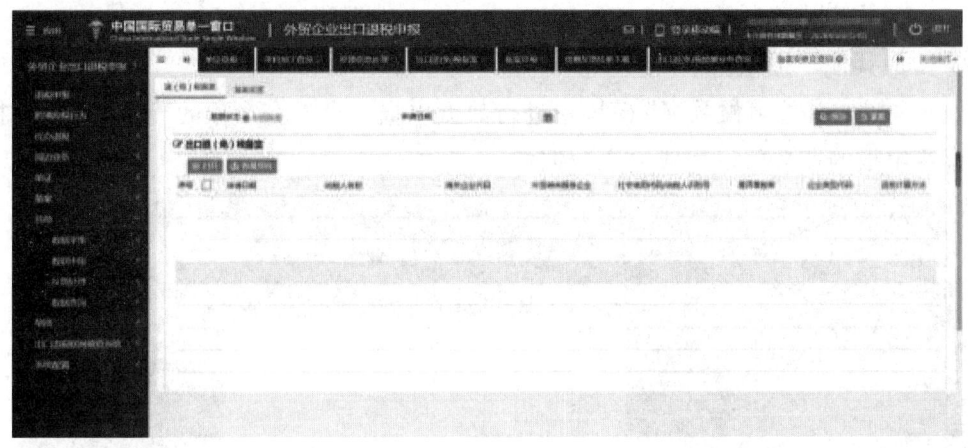

（1）数据采集

其他申报模块数据采集包含"企业撤回申报申请""出口企业分类管理复评""出口信息查询申请""企业内部风控体系""进货凭证信息回退"等业务的采集。选择要操作的业务类型采集页面，点击"新建"按钮，录入数据。

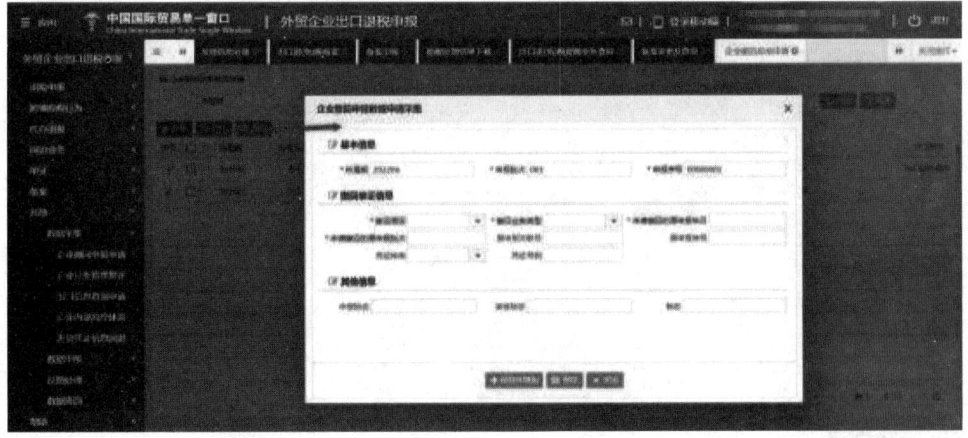

企业撤回申报申请，当已提交的申报批次有问题，不能审核通过时，可以提交企业撤回申报申请。税局审核端可以根据此申请，作废对应的已申报批次。

（2）数据申报

①生成其他申报数据

进入"生成其他申报数据"模块中进行数据申报。点击右上角的"生成申报数据"，选择想要申报的业务可以生成电子数据包；

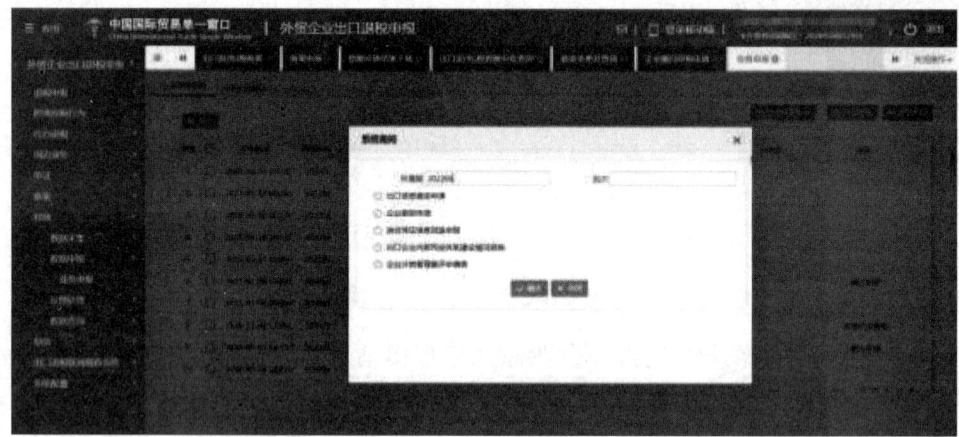

随后选择刚刚生成的电子数据包进行"远程申报"；

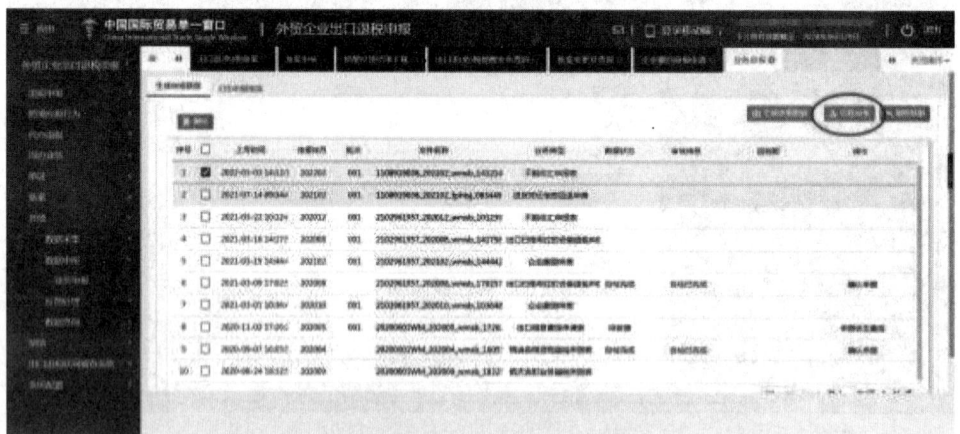

申报后的数据也可以做撤销操作,点击"撤销数据"按钮,录入所属期和批次选择业务后,即可撤回数据。

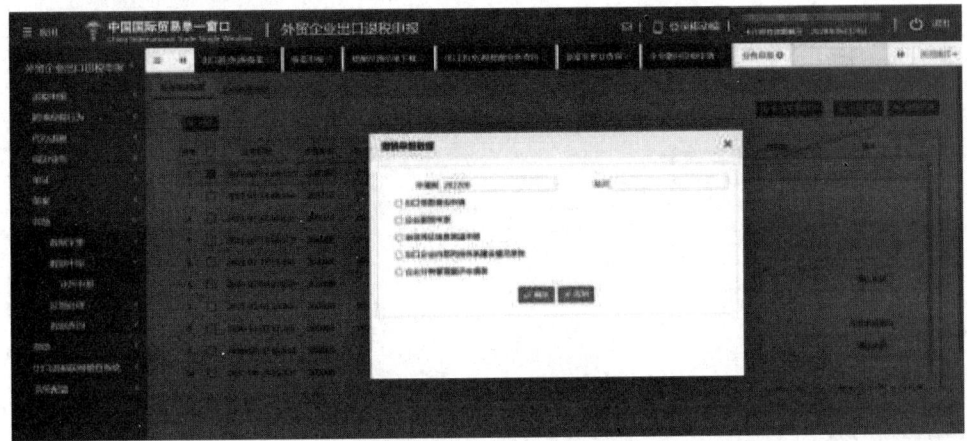

②打印申报报表

进入"打印申报报表"模块中可以打印相关业务报表去现场办理。

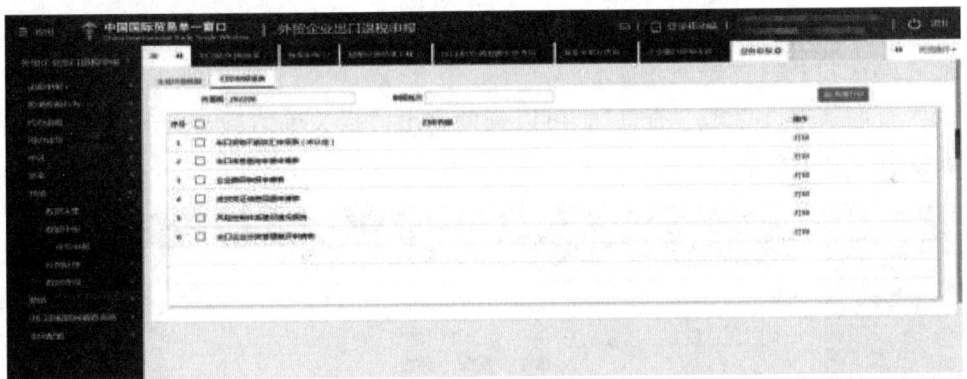

(3)反馈处理

远程申报后,可以在疑点处理页面查询到疑点,并且打印疑点。

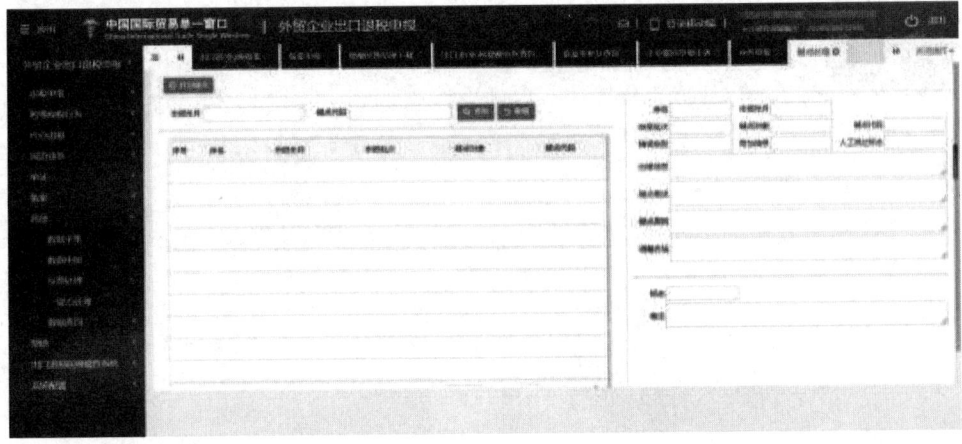

（4）数据查询

在该模块中可以查看已申报成功的业务申报数据。

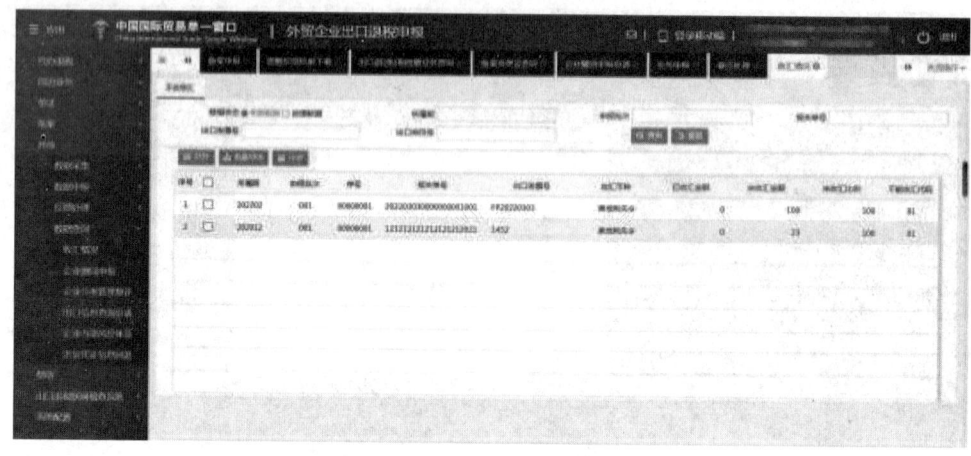

8.出口退税联网稽查系统

该模块可以查询以及下载出口报关单数据。

报关单查询下载

录入查询条件，点击"查询"，可以查询到出口报关单信息；点击"下载"按钮，可以下载出口报关单信息。

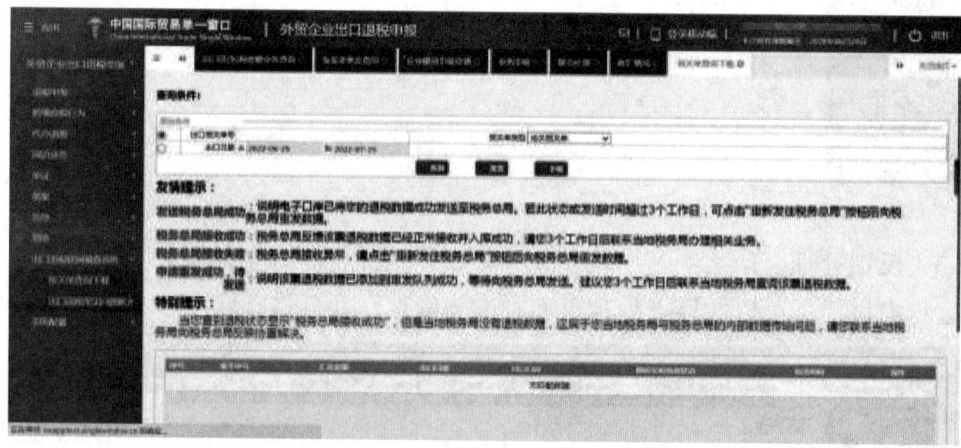

9. 配置

（1）业务配置

①自用业务配置

币别、委托企业以及自用到货地点的相关维护，点击"业务配置"中的"自用业务配置"模块。

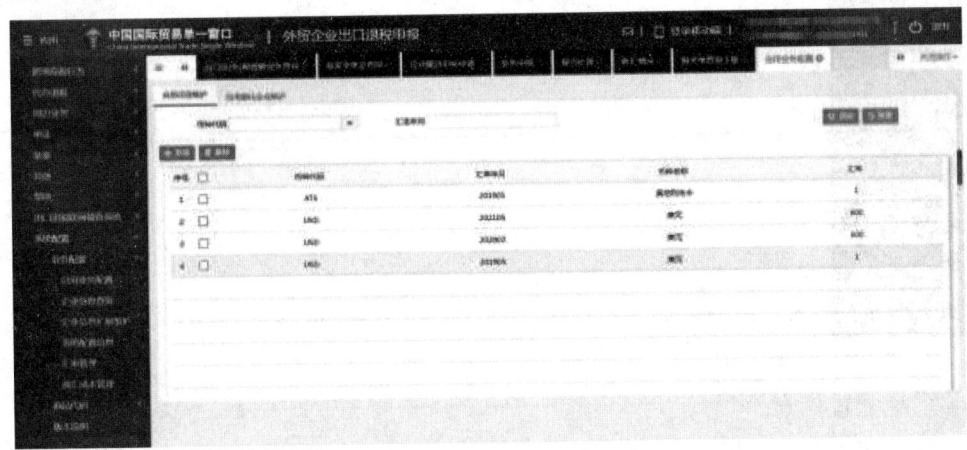

②企业信息查询

查看企业相关信息，点击"业务配置"中的"企业信息查询"模块。

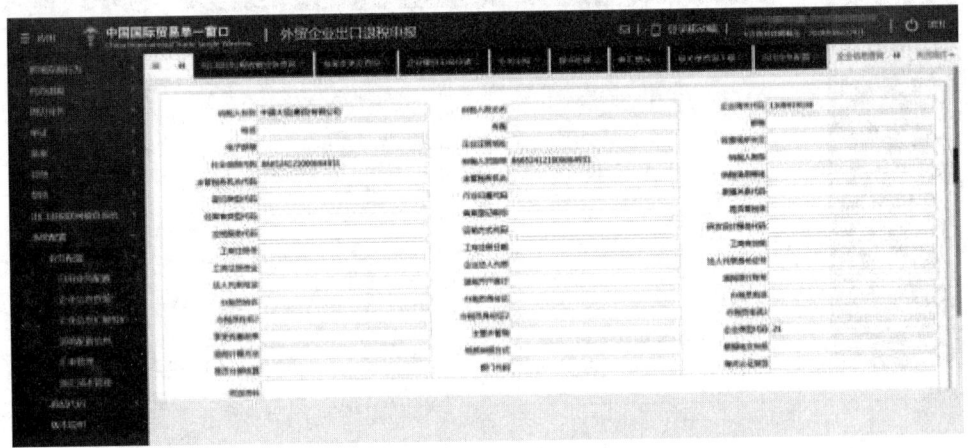

③企业信息扩展维护

查看扩展类型代码、添加设置无纸化标志，点击"业务配置"中的"企业扩展信息维护"模块。

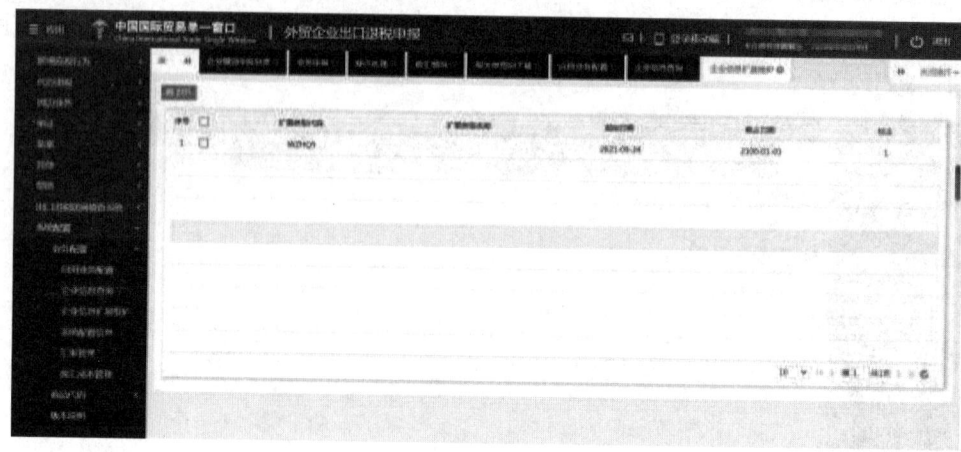

④系统配置信息

选择所属地区、完善企业信息等，点击"业务配置"中的"系统参数设置与修改"模块。

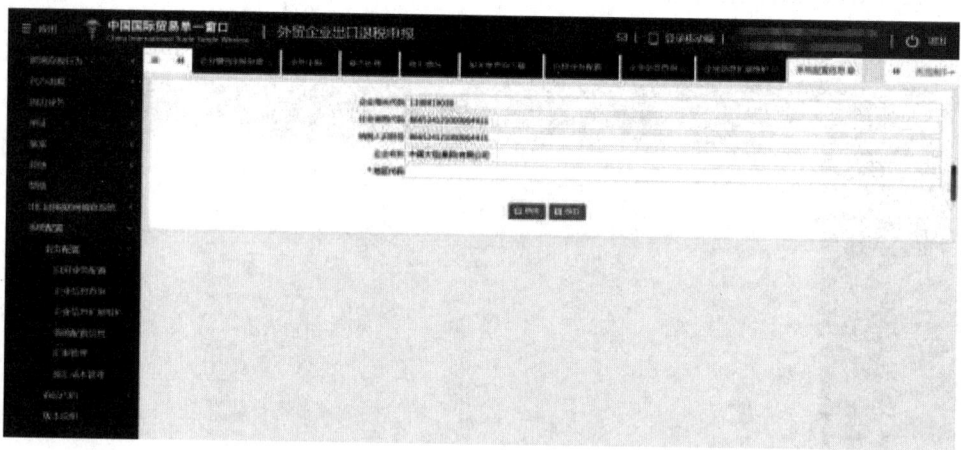

⑤ 汇率管理

汇率管理页面可以做汇率的新增、修改、删除操作。

⑥ 换汇成本管理

换汇成本管理页面，可以做换汇成本的新增、修改、删除操作。

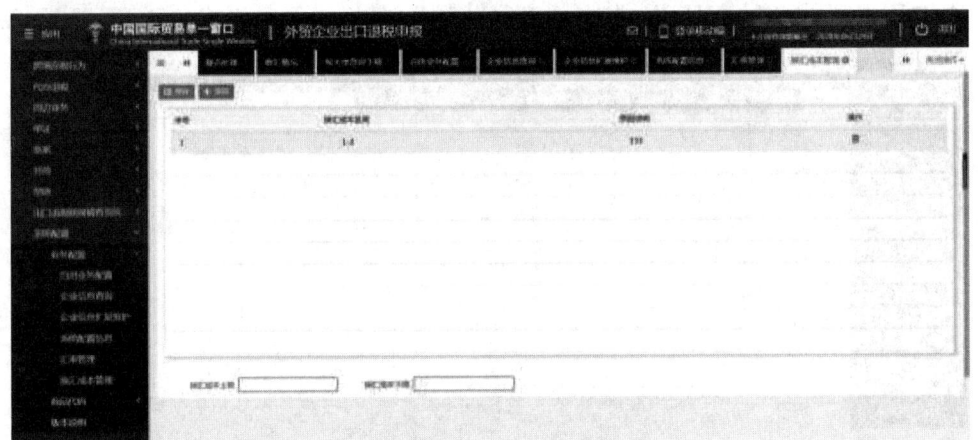

（2）商品代码

①退税商品码

查询退税商品码，点击"商品代码"中的"退税商品码"模块。

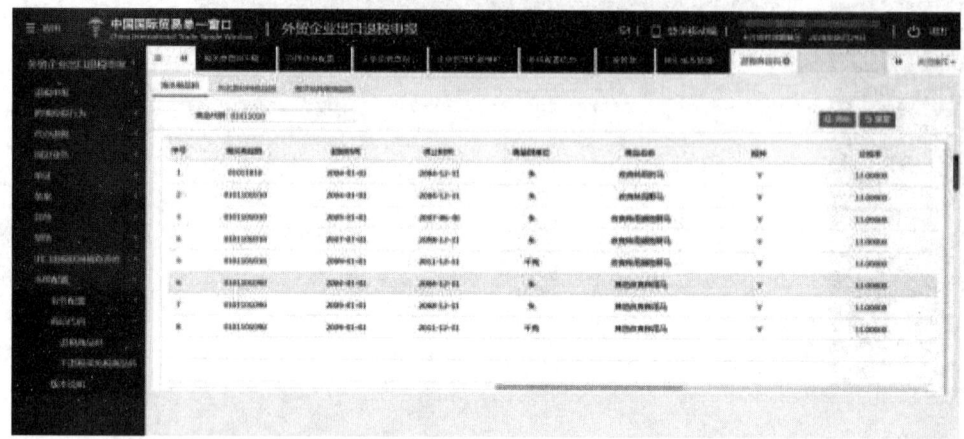

②不退税或免税商品码

查询不退税或免税商品码，点击"商品代码"中的"不退税或免税商品码"模块。

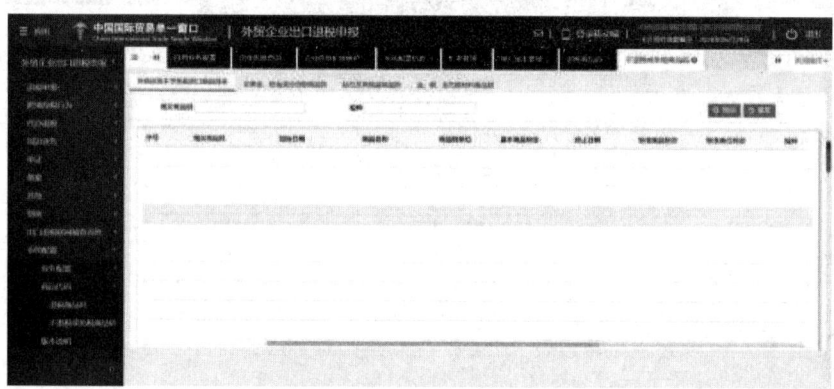

生产退税申报系统操作说明

在单一窗口出口退税（生产版）系统中申报退税数据，企业首先需要在出口退税系统中对退税数据进行采集，并对采集到的数据生成申报数据，进行管理和自检申报的操作；

税务局在接收到企业申报的自检数据后，会把审核结果发送到单一窗口，单一窗口在接收到审批结果后会读入企业自检数据中的疑点，通过远程自检的数据可以直接转为正式申报，有疑点的数据企业在修改完成后重新进行远程自检，通过远程自检后确认申报即可；

在单一窗口确认正式申报后，税务局即可接收企业的正式申报数据。

1. 操作说明

点击"信息下载"下载报关单。可以根据出口日期的开始和截止日期区间下载报关单，也可以按报关单号单张下载。

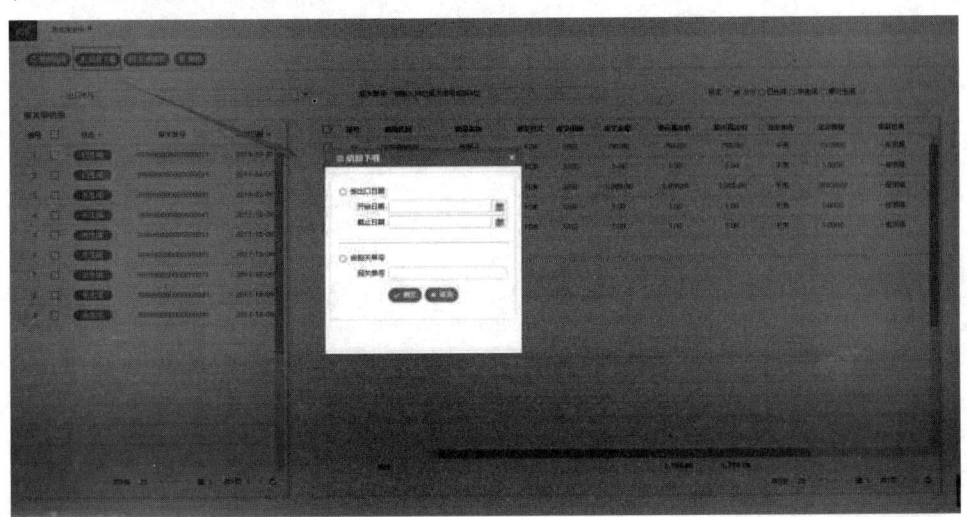

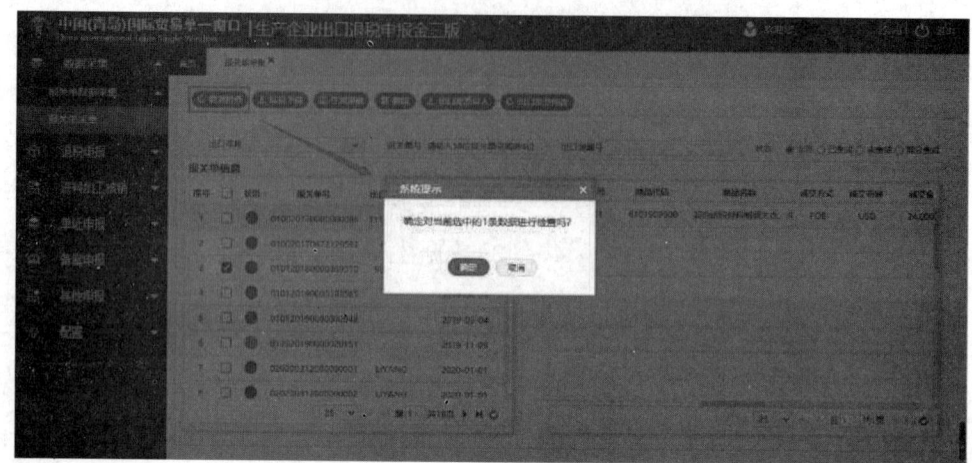

数据检查后，勾选将要申报的报关单，点击"生成退税"生成数据。需要设置该笔数据的所属期、业务类型、出口发票号以及出口合同号。点击"确定"后数据会自动生成出口明细显示在下面的模块中。

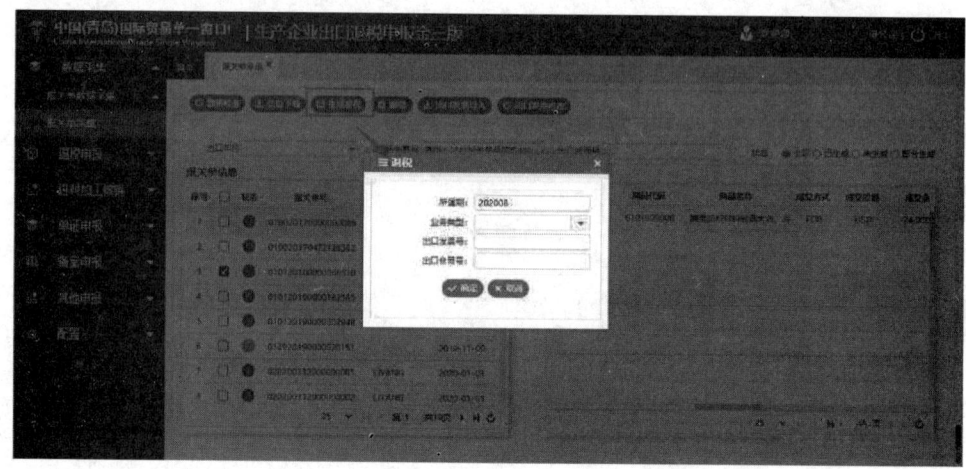

点击"出口发票导入"可以下载 Excel 模板，批量的将报关单所对应的出口发票号导入并读入系统。

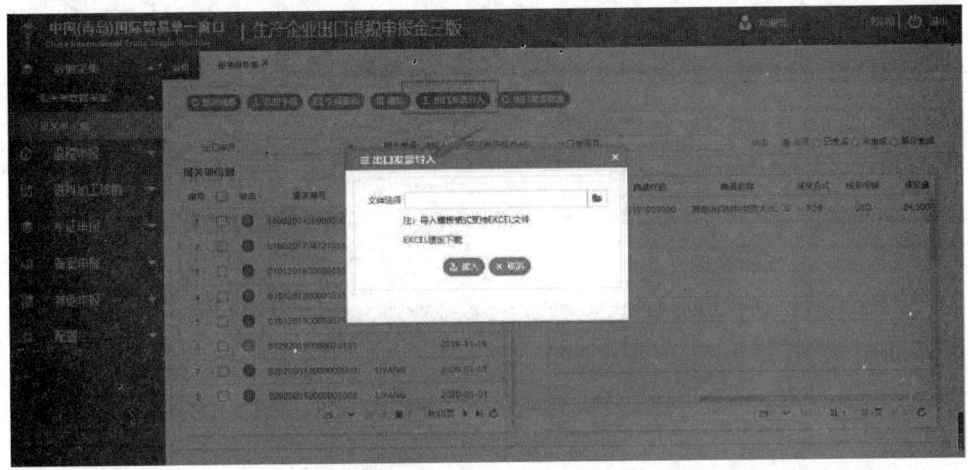

勾选报关单，点击"出口发票修改"可以直接修改所选报关单对应的出口发票号。

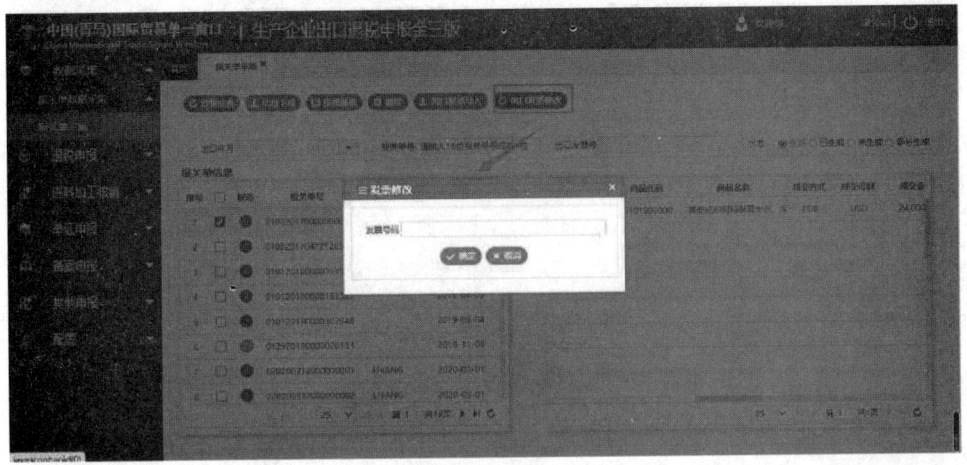

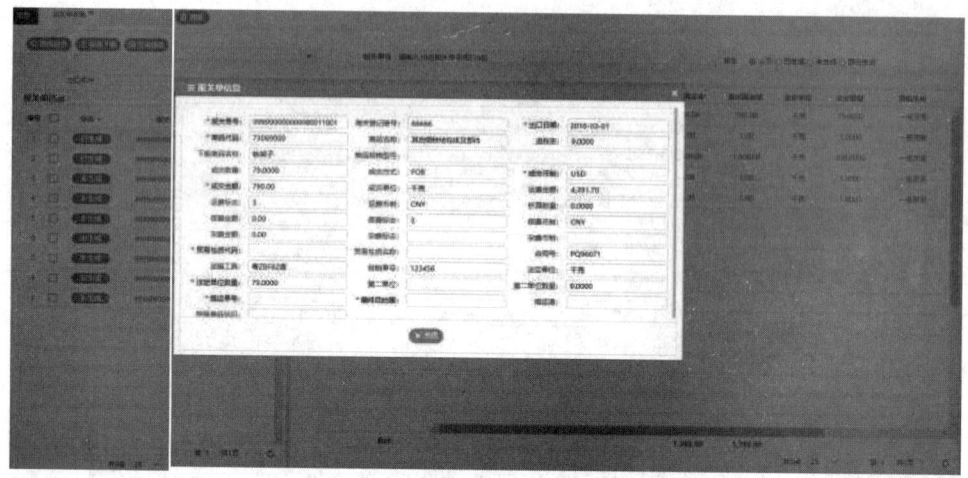

可以根据出口年月、报关单号、出口发票号报关单生成状态查询筛选报关单。

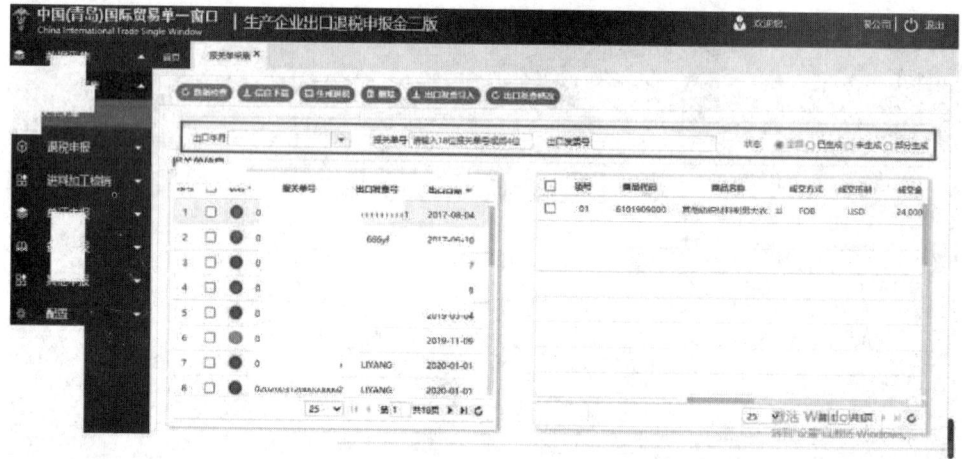

2. 退税申报

（1）货物采集

①出口货物明细采集

进入"出口货物明细采集"，"生成退税"报关单会在该模块中生成出口货物明细。双击可以打开查看具体的明细数据。

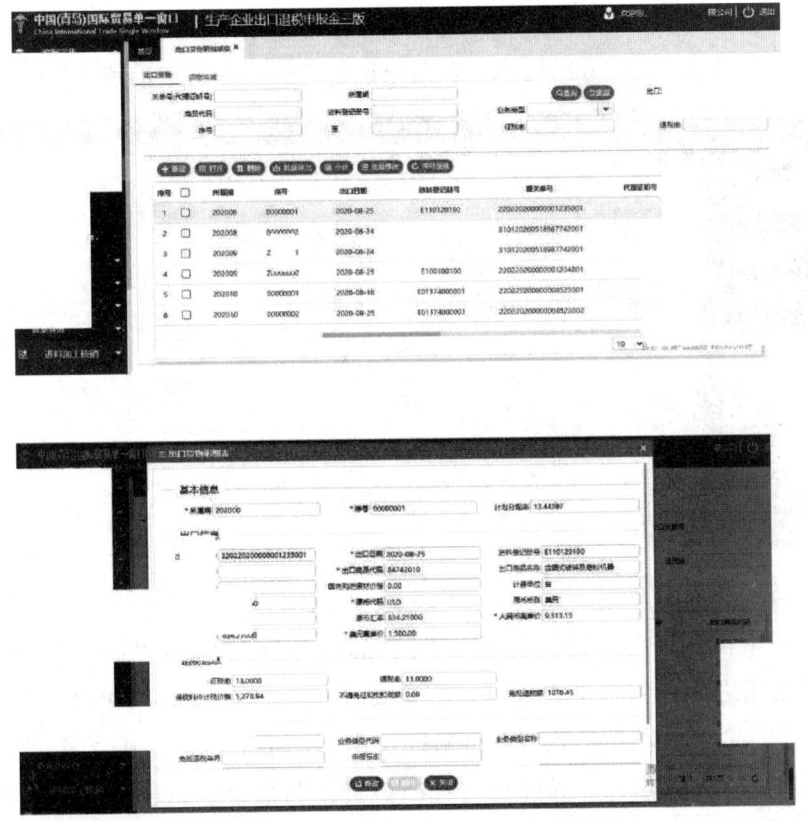

该模块中也可以点击新建按钮手工录入出口明细中的数据。

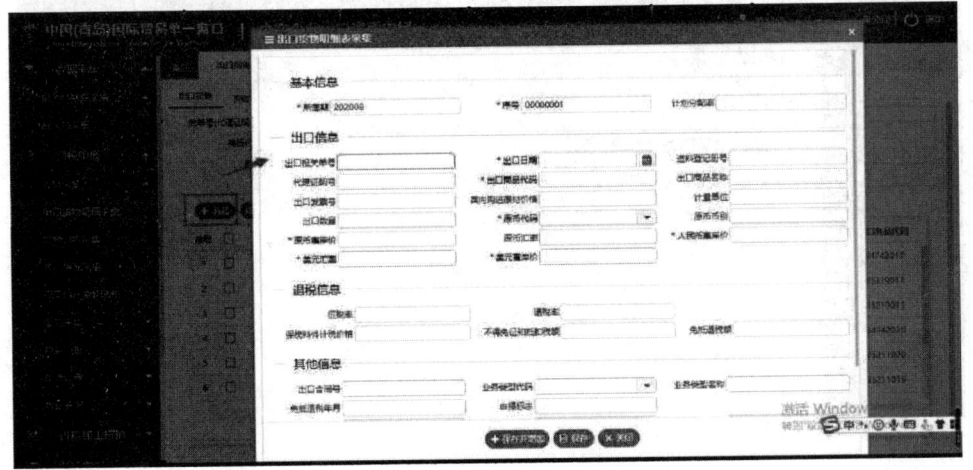

另外还有批量导出、批量修改等多个可以对数据进行检查和调整的功能按钮。出口明细数据确认无误，就可以进入"数据申报"中的"生成申报数据"进行下一步申报。

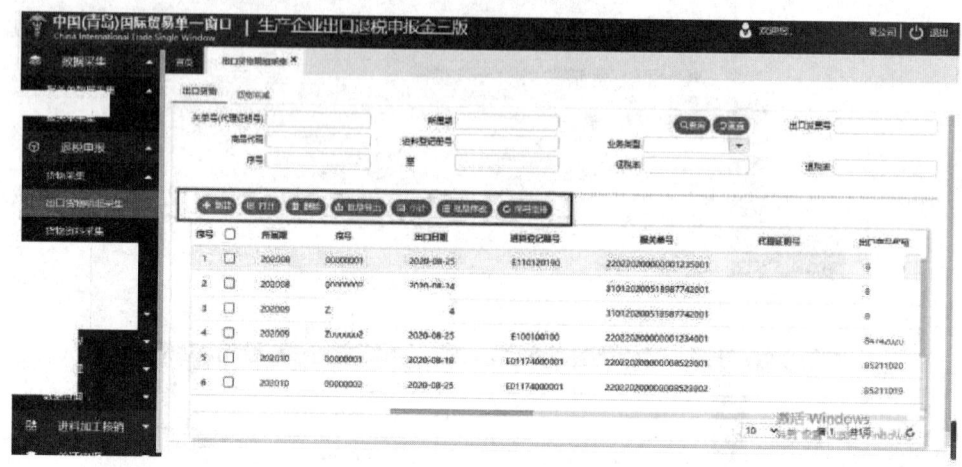

涉及已申报退税的货物发生退运等情况时，需要做货物冲减（冲减，即冲销。指收入或者费用之间相互抵消，冲减可以部分冲掉，也可以全额冲掉。用于已退税的货物因发生退运或申报数据有误时，冲减掉已申报的金额）的，进入"货物冲减"模块，勾选数据点击"冲减出口"按钮即可在出口货物明细中生成负数的冲减出口明细。

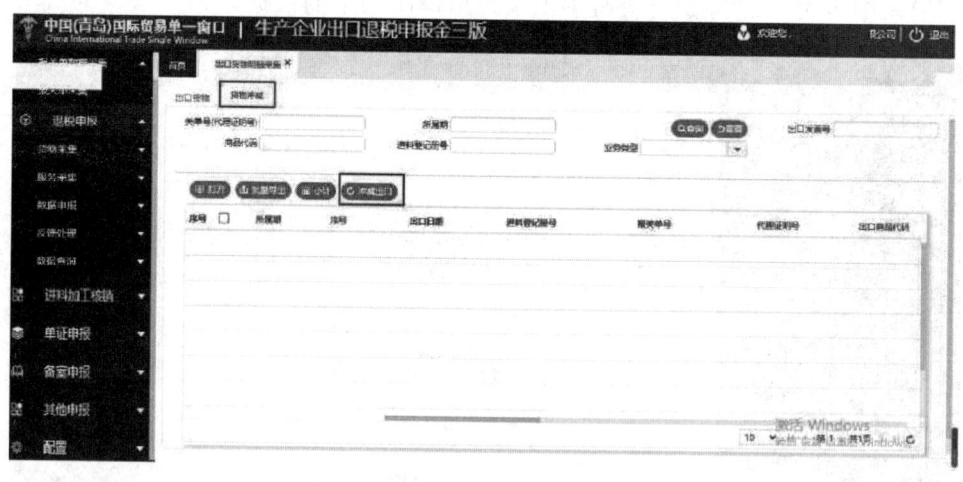

② 货物资料采集

涉及商品码失效调整、美元离岸价存在差异以及先退税后核销的，进入"货物采集"模块，选择对应的业务点击"新建"进行录入相应的业务表单。

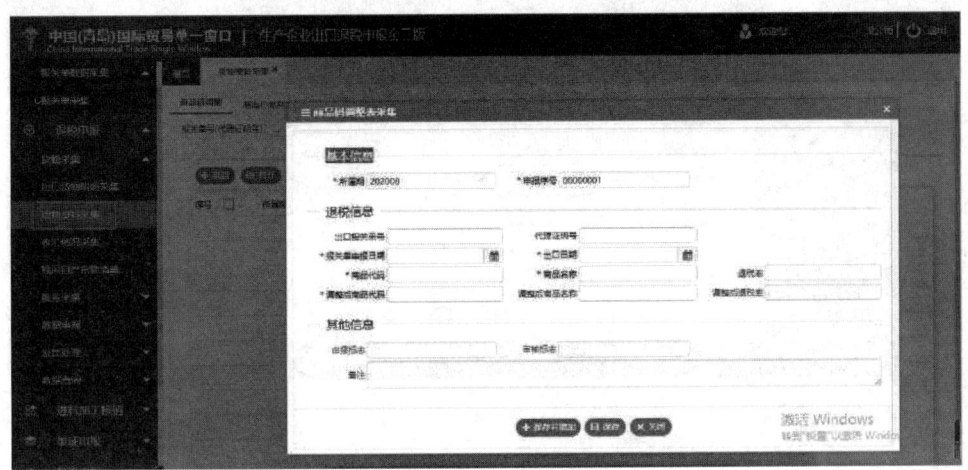

③ 收汇情况采集

进入"收汇情况采集"，可供四类企业录入收汇证明或不能收汇证明。

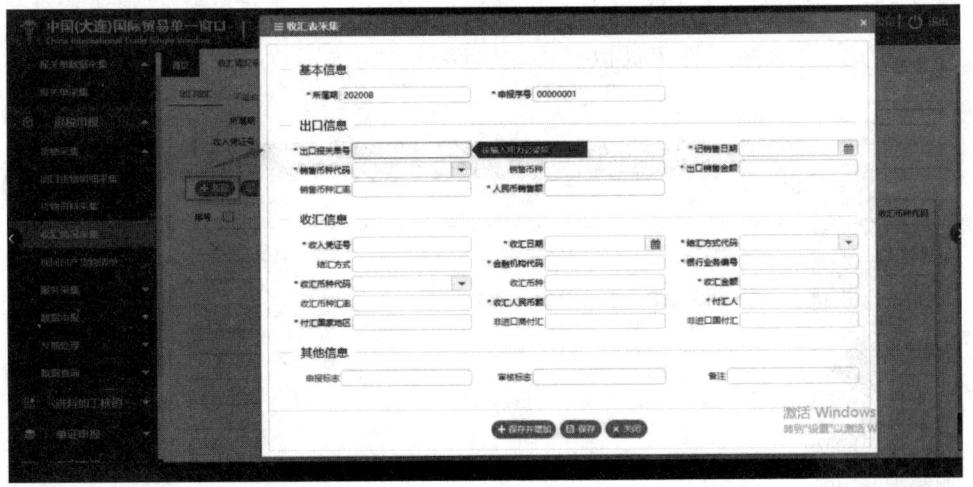

④视同自产货物清单

进入"视同自产货物清单",点击"新建"可以录入该清单报表。

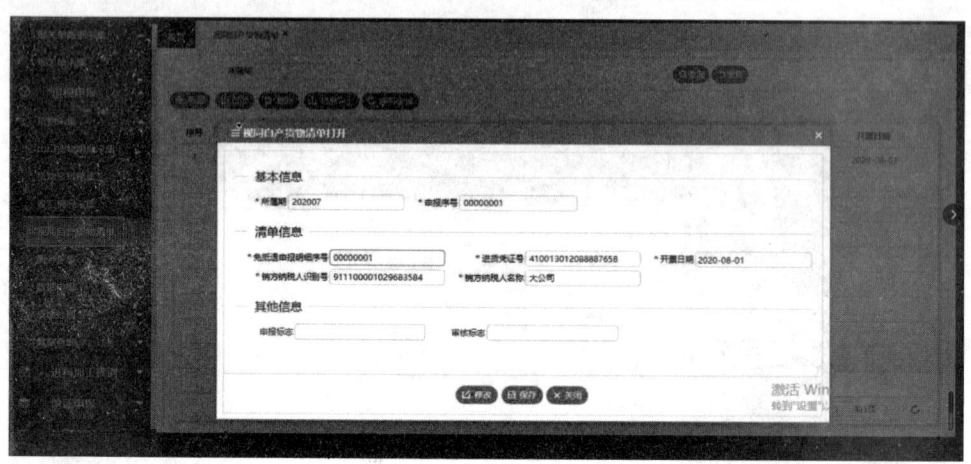

(2)服务采集

"服务采集模块"中包含了"国际运输服务"和"跨境应税服务"两大服务类业务的数据采集功能。

① 国际运输

进入"国际运输",可以申报国际/港澳台运输申报、航天运输收入清算账单、国际旅客/行李包裹运输清算函件以及中国铁路总公司国际货物明细。点击"新建"即可录入。

②应税服务

进入"应税服务"模块，可以采集跨境应税服务相关的明细清单。

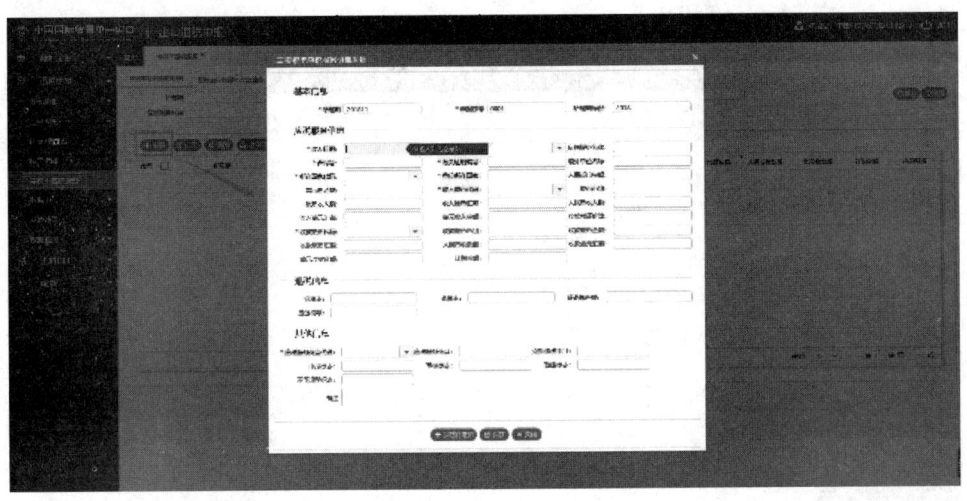

（3）数据申报

"数据申报"模块中，包含"生成退税申报数据""打印退税申报数据""撤销申报数据"三个模块，可以对退税进行检查、上传申报、打印纸质报表和对已申报数据进行撤回等操作。

① 生成退税申报数据

进入"生成退税申报数据",可以对前面确认无误的明细数据进行检查、汇总生成以及生成数据进行上传和申报。

按照右上角的按钮顺序进行操作。首先点击"数据一致性检查"。

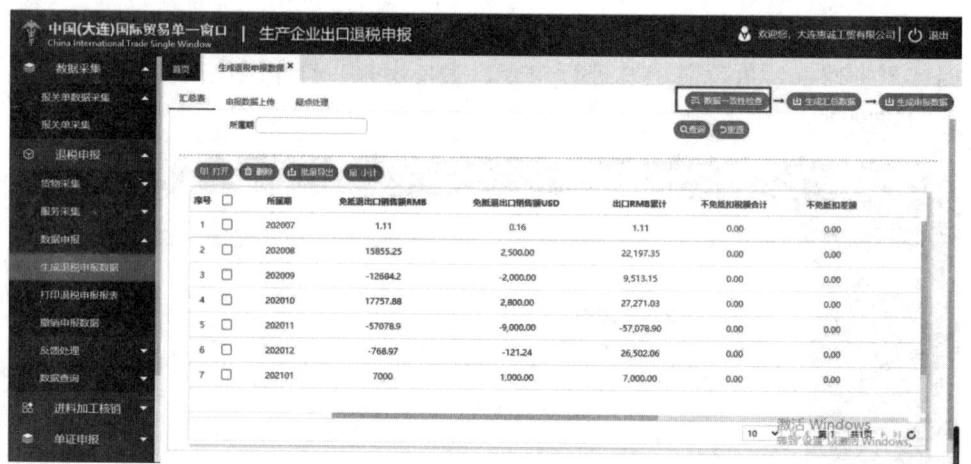

如果数据存在问题会在界面中显示相关提示；显示为空白则代表数据没有任何问题。

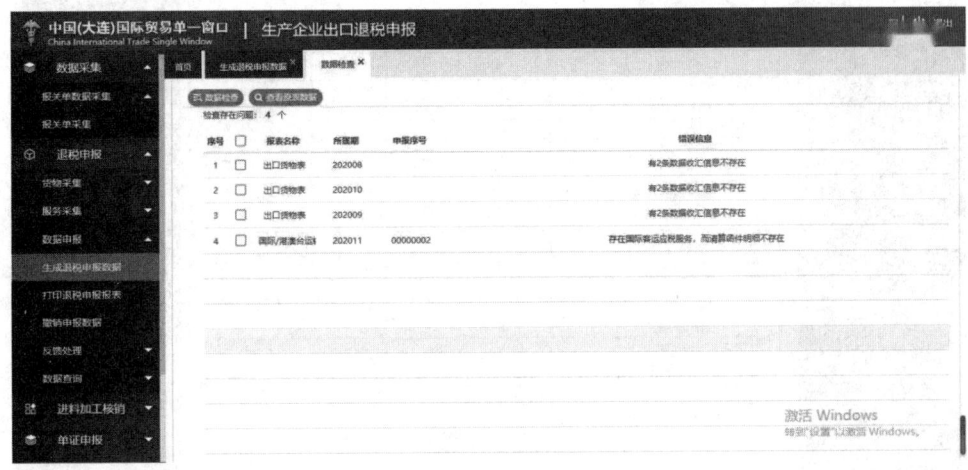

检查无误后，再点击生成"生成汇总数据"，选择生成的汇总所属期，填写当期的不得抵扣税额累加和期末留底税额。

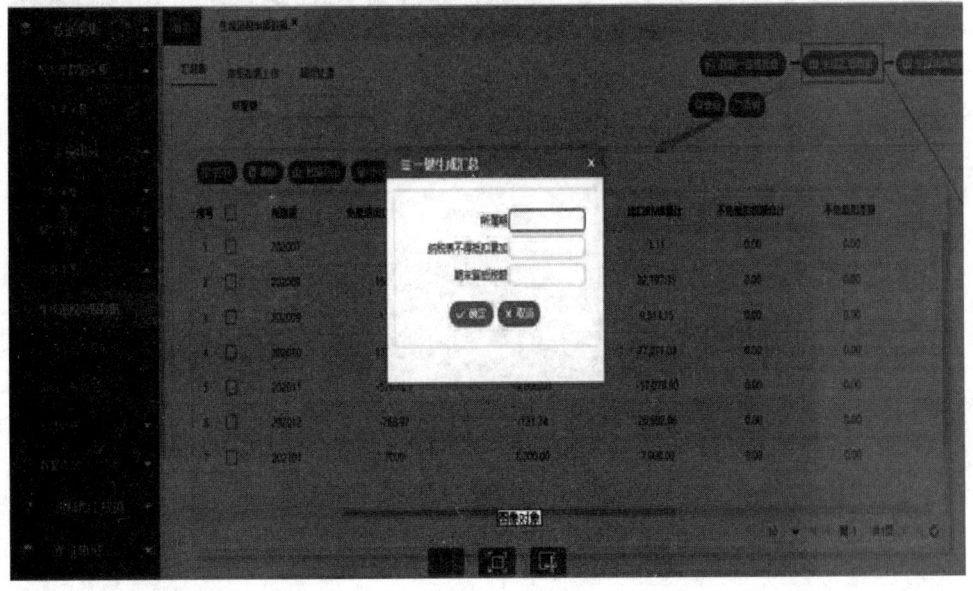

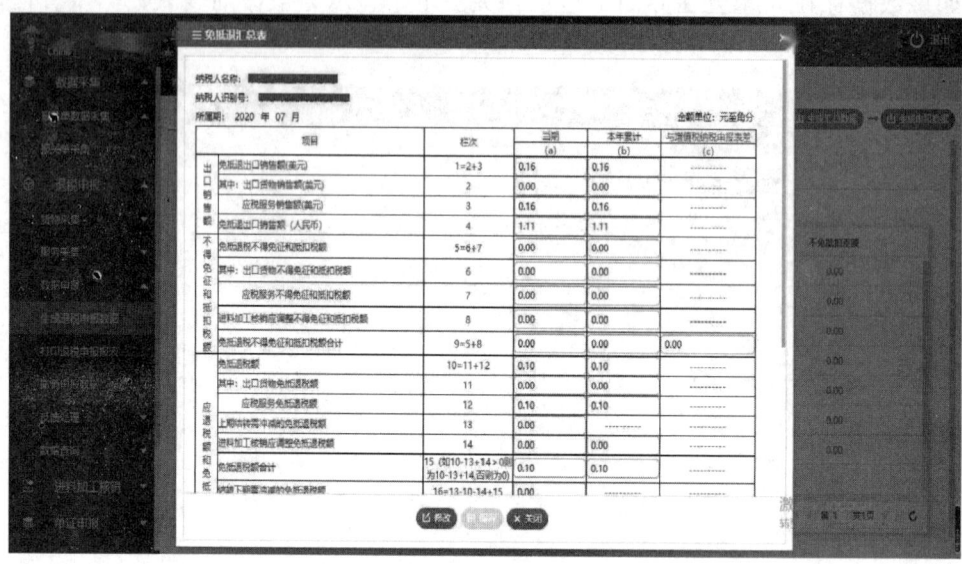

数据确认无误后,点击"生成申报数据",选择所属期,可以生成退税申报数据。

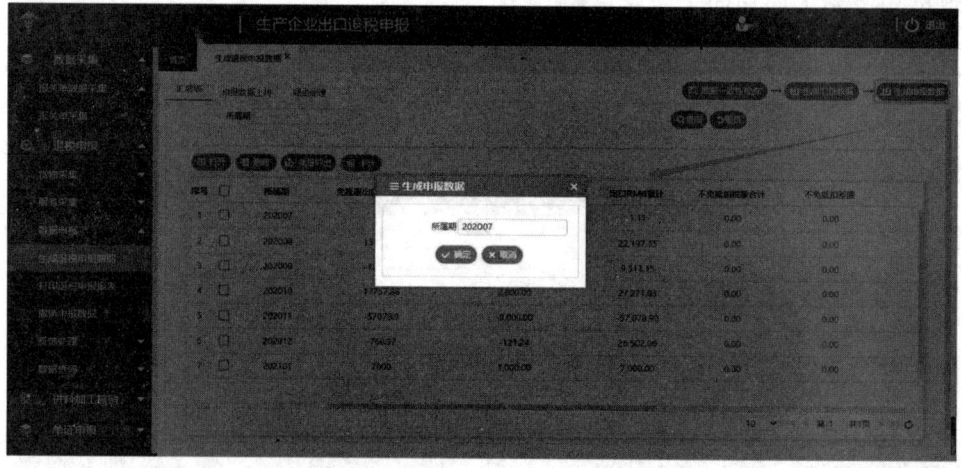

生成数据后，会在"申报数据上传"这个页签中生成数据记录，随后勾选这笔数据点击"数据自检"将数据上传进行自检申报。点击"自检状态查询"可以刷新自检进度。

刷新自检进度，待数据自检完成后，自检的疑点反馈自动读入系统，进入"疑点反馈"页签查看是否存在疑点。

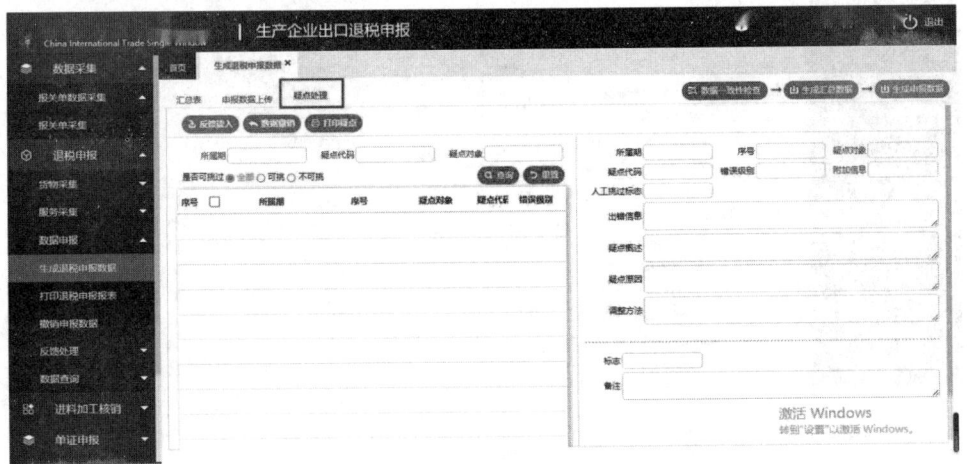

如果数据不存在不可跳过疑点，返回"申报数据上传"页签，在数据后面（图中红框位置）点击"确认申报"将数据转为正式申报。

②打印退税申报报表

完成数据正式申报后，进入"打印退税申报报表模块"打印相关纸质资料。

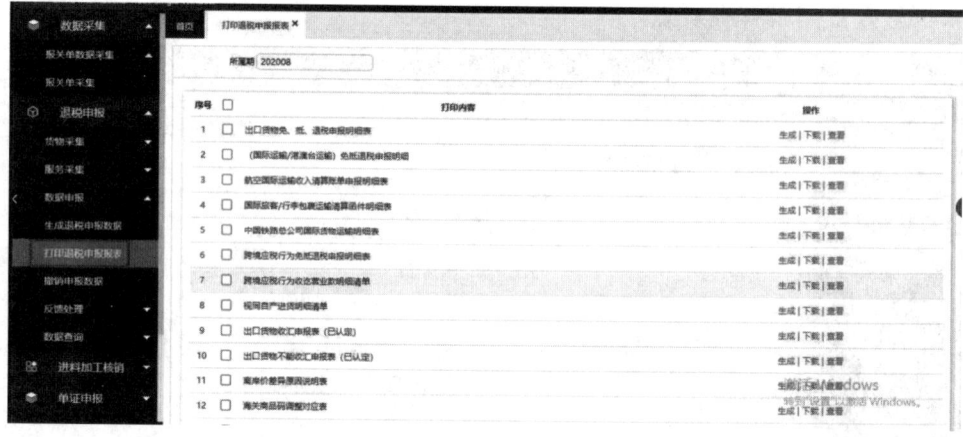

③撤销申报数据

已生成申报的数据，自检存在不可跳过疑点需要撤回修改数据，或转为正式申报的数据被税局退回，都可以点击"撤销申报数据"撤回数据进行修改和调整。

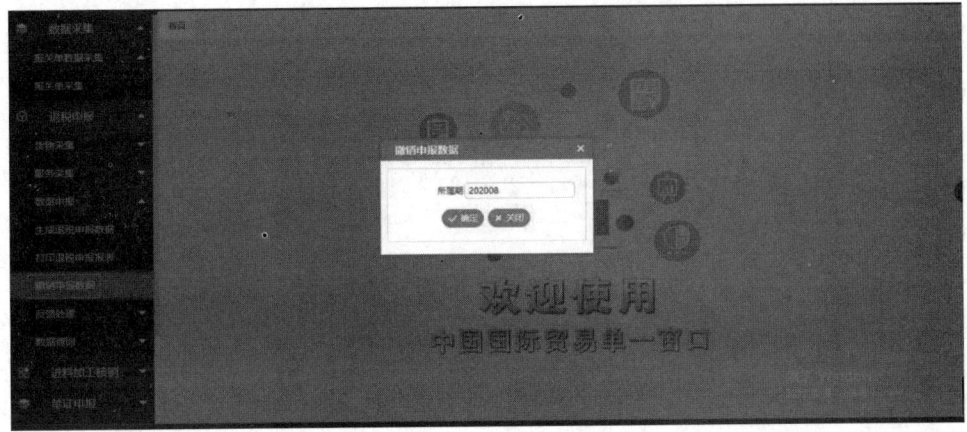

（4）反馈处理

在系统中读入退税审核结果反馈，可以获取到往期的历史申报数据，并同步更新企业最新的退税备案信息。

①反馈读入

点击"反馈读入"可以手工读入税局给予的退税审核结果反馈。

②退税审核结果下载

进入"退税审核结果下载",可以通过单一窗口的端口下载退税审核结果反馈。点击"申请下载"输入所属期,可以下载对应的审核结果反馈读入系统。

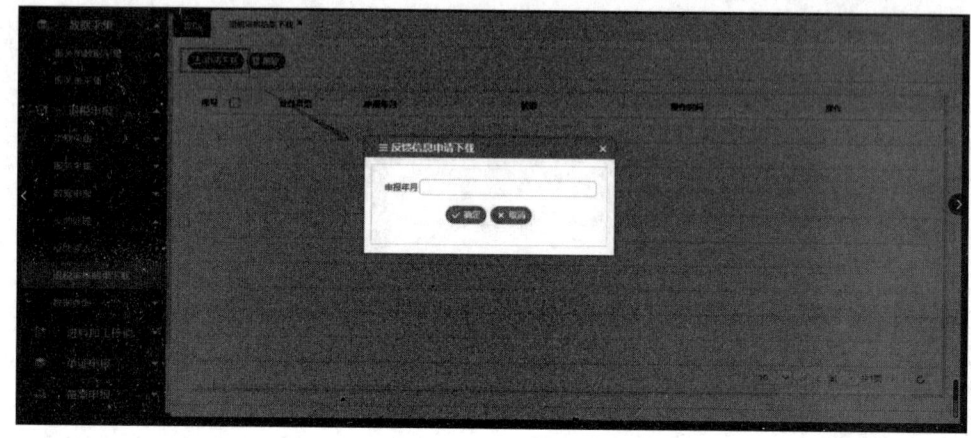

(5)数据查询

进入"数据查询",选择对应的业务,可以对已申报的数据进行查询。

选择想要查看的已申报业务点击进入查看即可。在系统中申报的数据和通过反馈获取的数据都可以在"数据查询"中查看。

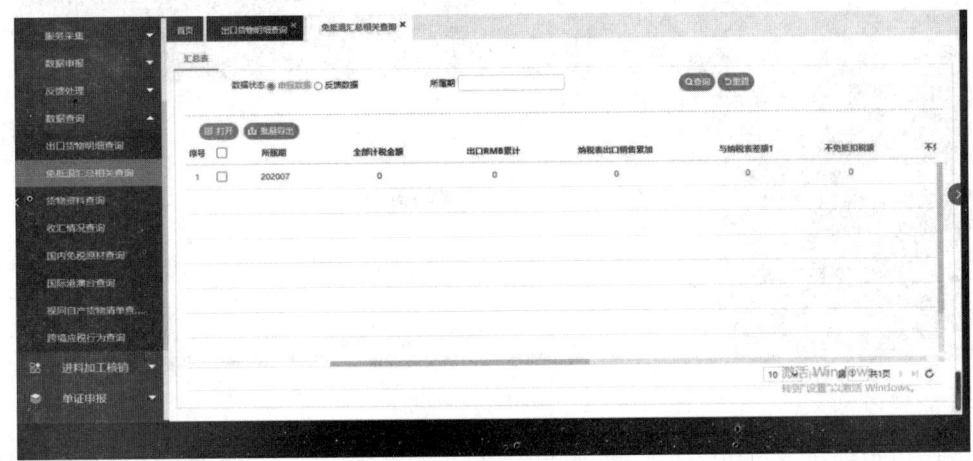

3. 进料加工核销

生产企业在进行进料加工登记手册上计划进口和计划出口的货物全部进口、出口完毕后，在向海关申请核销前，应将进料加工登记手册上的全部进口、出口明细记录进行复印，在海关将手册核销后，持下列资料到主管退税机关办理手册核销手续。

（1）数据采集

①计划分配率备案及变更

进入"计划分配率备案及变更"，进入想要申报的业务对应的页签中点击"新建"可以采集数据。

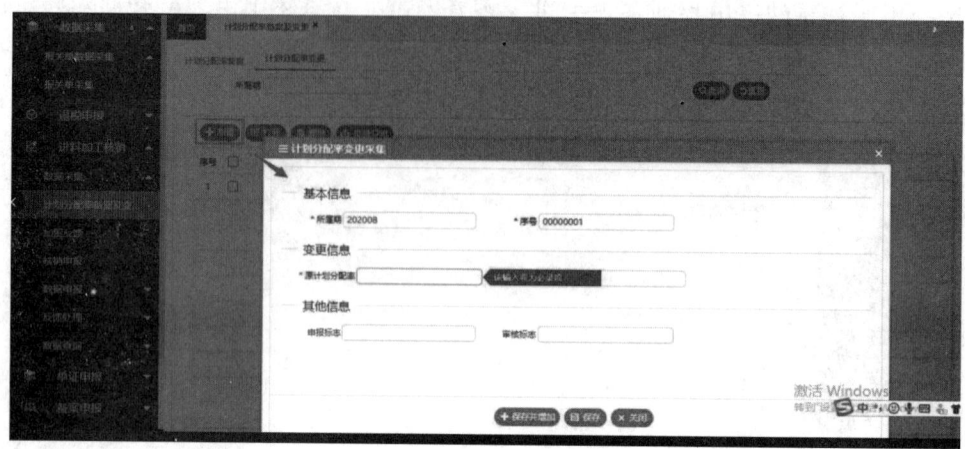

② 加贸反馈

核销申报前需要读入"加贸反馈"。进入"加贸反馈",点击"反馈读入"可以手动读入税务局给予的反馈。

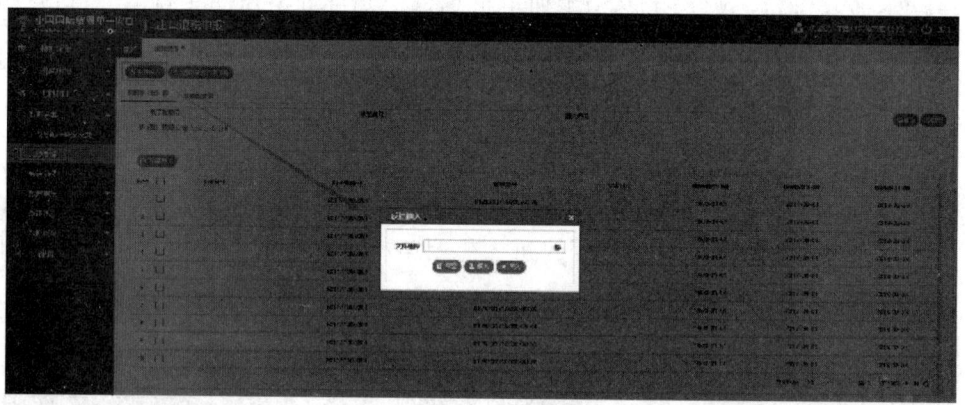

点击"进料审核结果下载"进入下载界面,可以通过系统的端口下载反馈。点击"申请下载"输入申报年可以下载加贸反馈。

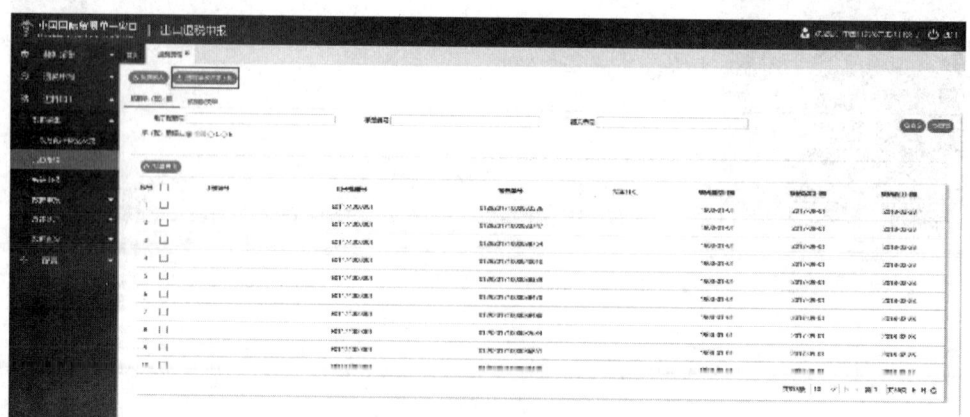

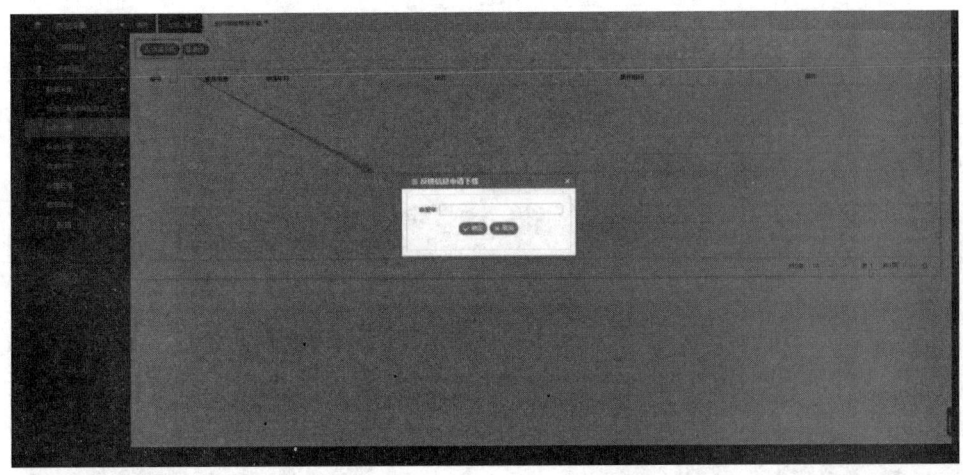

③核销申报

读入加贸反馈后,进入"核销申报",进入"免抵退核销申报",点击"新建"可以录入核销申请表。

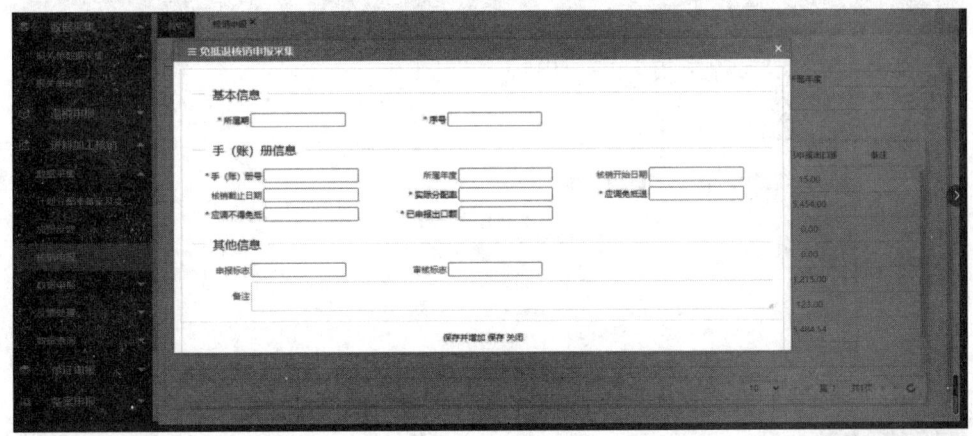

进入"已核销手(账)册海关数据调整表",点击"新建"可以录入核销调整表。

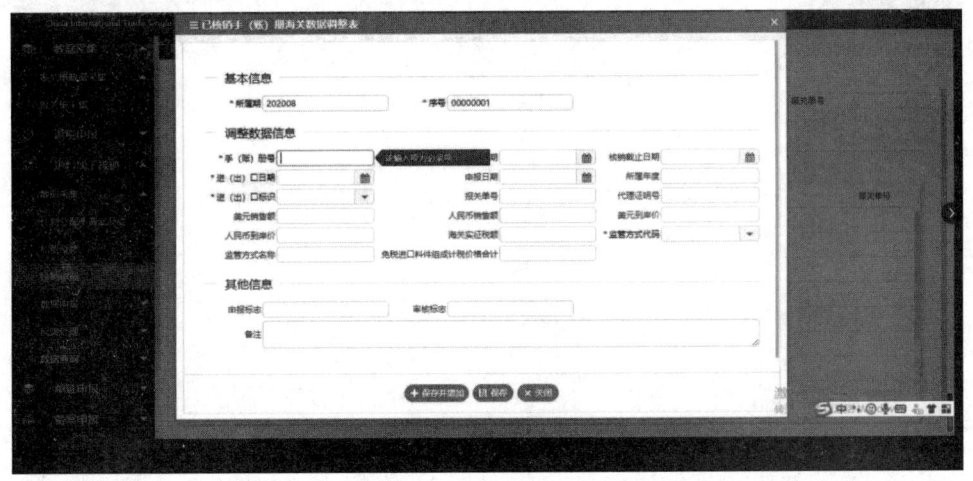

（2）数据申报

①生成进料申报数据

数据采集完毕后，进入"生成进料申报数据"，点击"生成申报数据"，选择所属期和要申报的业务生成电子数据。

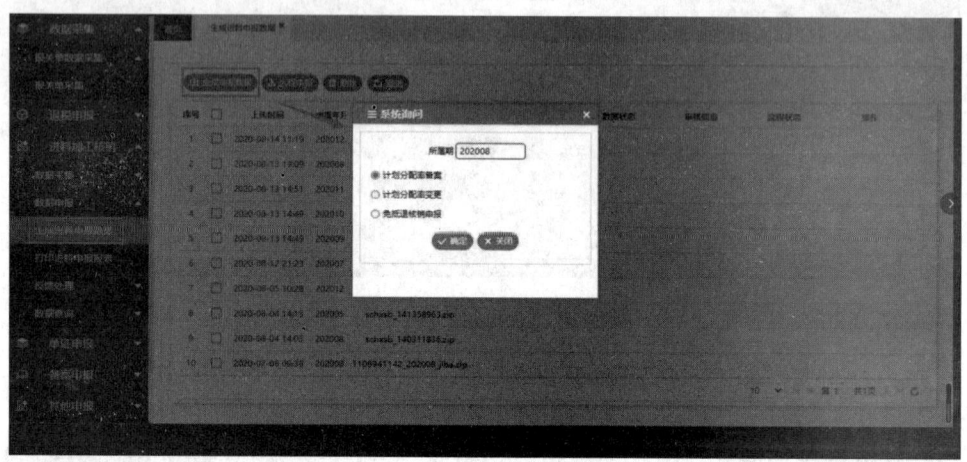

勾选数据点击"远程申报"进行申报。

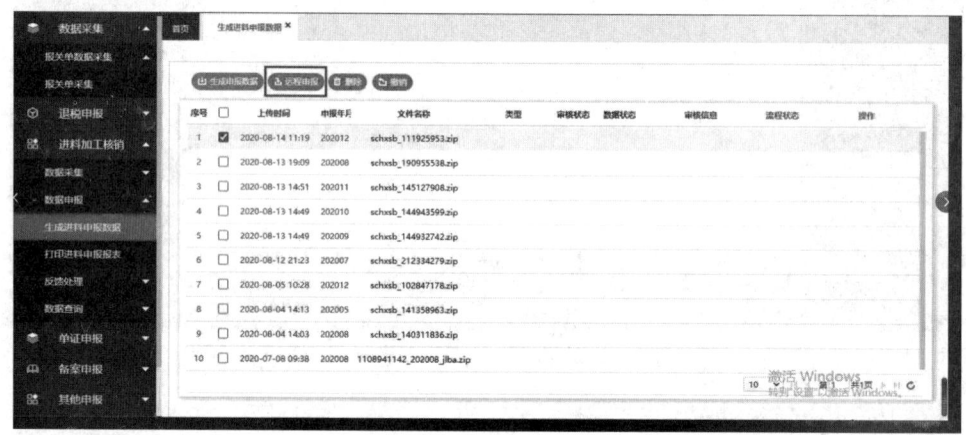

②打印进料申报报表

进入"打印进料申报报表",可以打印相关的业务表单。

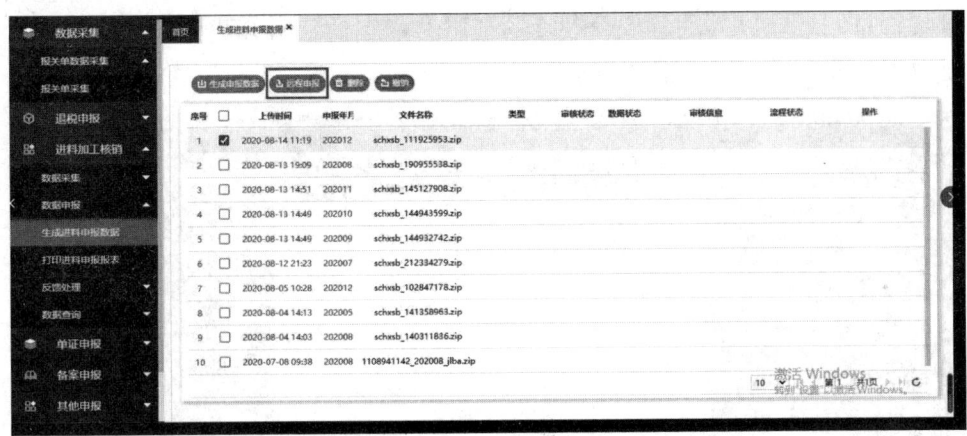

4. 单证申报

"单证申报"指向税务局办理的相关业务证明和申请,模块中包含"数据采集""数据申报""单证反馈处理""单证数据查询"四个模块。

(1) 数据采集

点击数据采集，可以选择采集"来料加工""代理证明""退运已补税证明""委托出口货物证明""卷烟证明""补办证明"以及"中标证明通知书"的相关数据。选择想要申报的业务进入后点击"新建"进行采集。

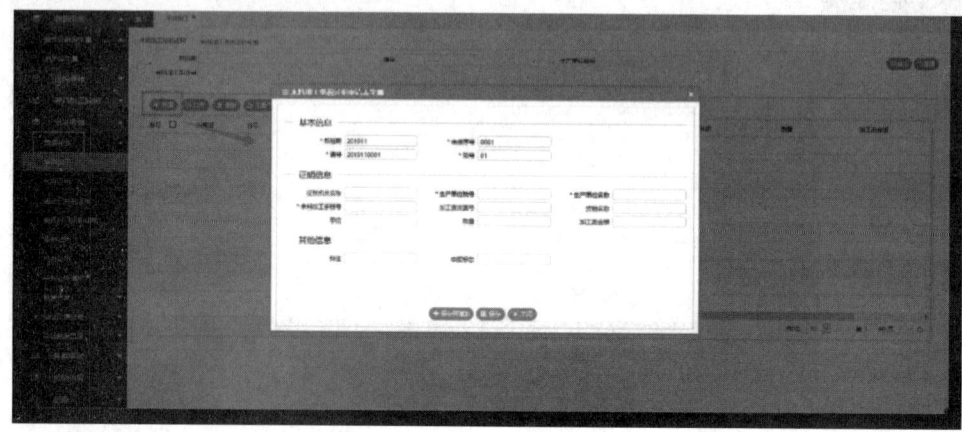

(2) 数据申报

进入"数据申报"中的"单证申报"，可以对采集完毕的数据进行打印和数据上传。首先在"打印单证申报报表"模块中可以打印出相关单证报表；

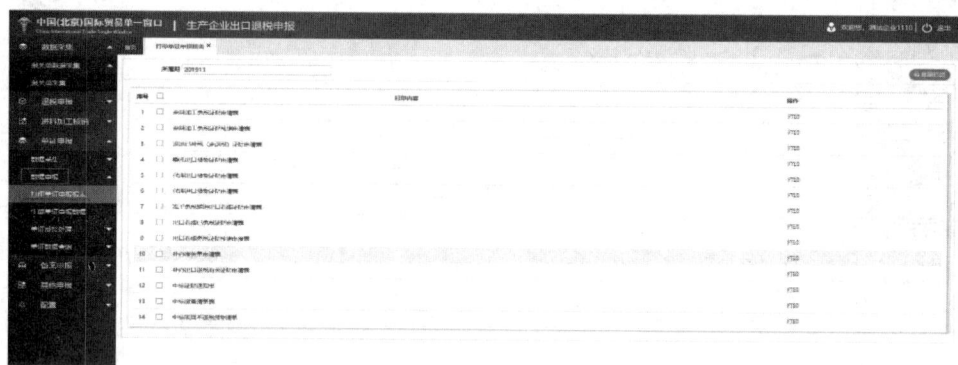

打印后进入"生成单证申报数据"模块中进行数据申报。点击右上角的"生成申报数据"，选择想要申报的业务可以生成电子数据包；

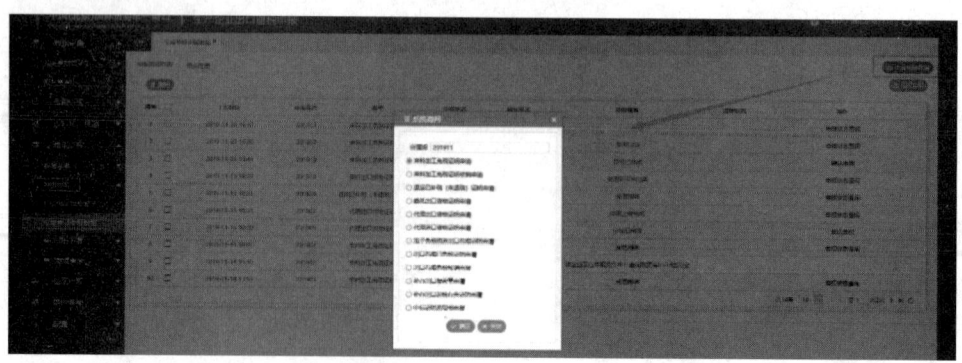

随后选择刚刚生成的电子数据包进行"远程申报";

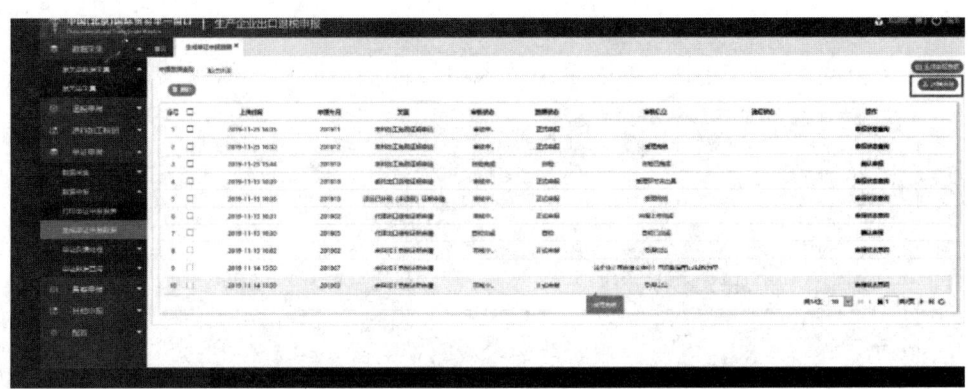

进行"远程申报"后,点击操作栏的"自检结果查询"可以刷新数据状态;自检完成后进入"疑点处理"中可以查看疑点;自检无误后可以将数据正式申报,随后携带纸质资料去现场办理。

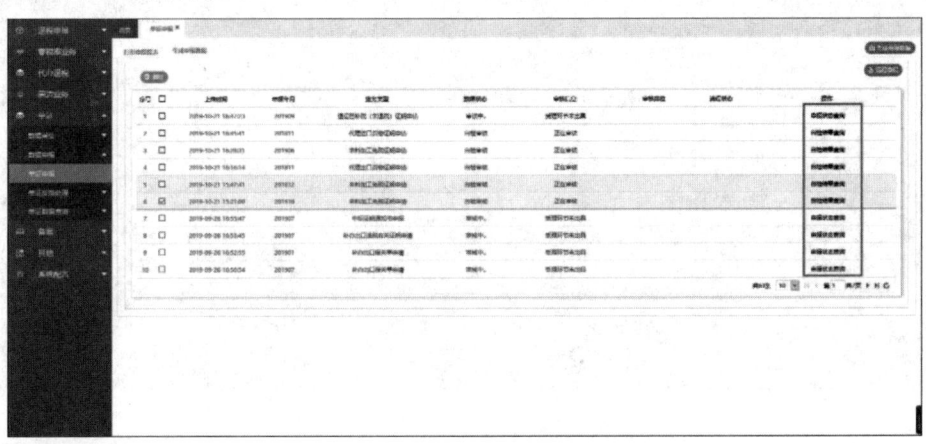

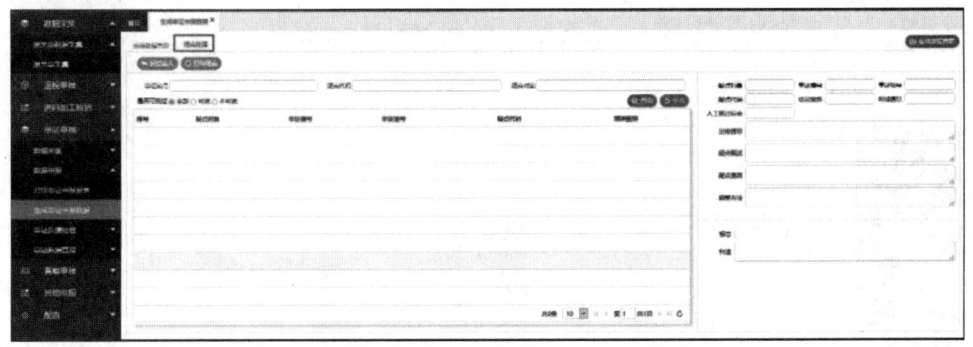

(3)单证反馈处理

①反馈读入

在"反馈读入"模块中,可以手工读入申报成功后的审核结果反馈数据包。

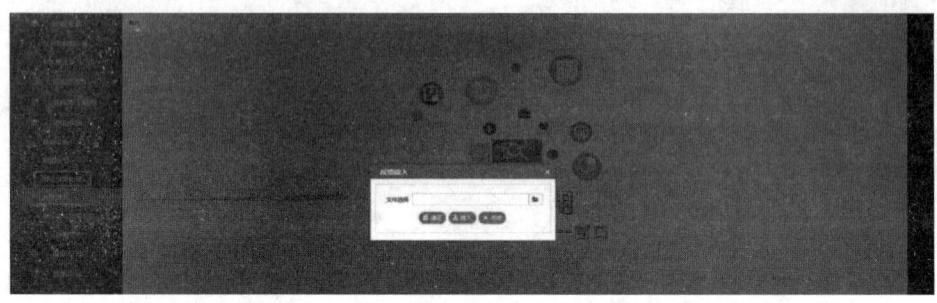

②单证审核结果下载

"单证审核结果下载"模块中,可以通过端口下载往期申报的单证业务历史数据。

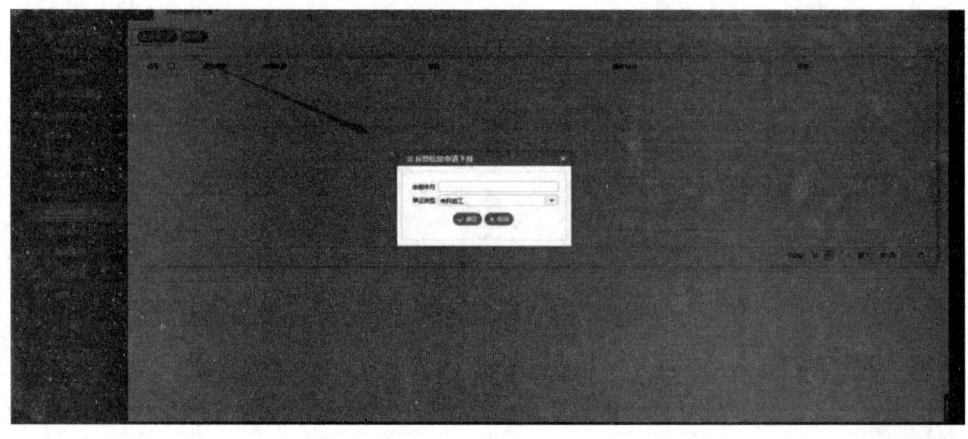

(4)单证数据查询

在"单证数据查询"中可以查看申报成功的单证业务的历史数据以及通过反馈下载的往期单证业务申报数据。

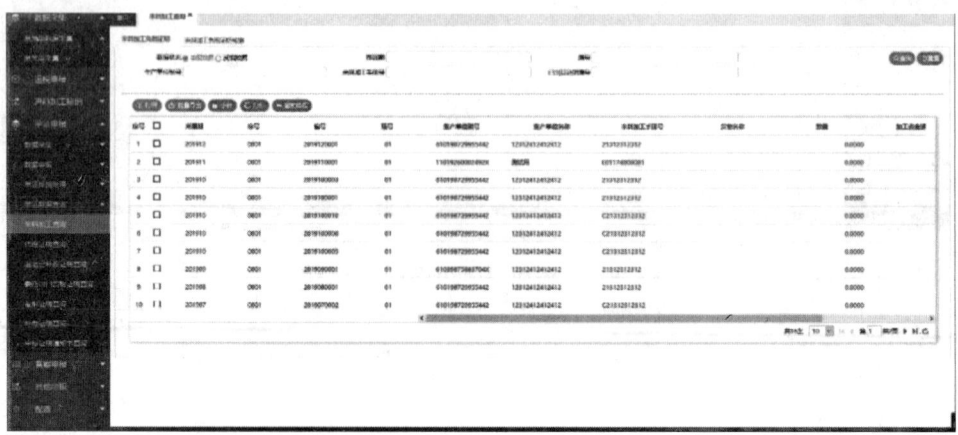

5. 备案申报

"备案申报"指企业向税局进行退税备案、变更以及注销等备案操作,模块中包含"数据采集""数据申报""反馈处理""数据查询"四个模块。

(1)数据采集

点击数据采集,可以选择采集"备案及变更""备案撤回""先退税后核销资格申请""集团公司成员企业备案""放弃业务""出口退税业务提醒申请""恢复适用出口退免税""委托代办退税备案"以及"委托代办退税备案撤回"的业务数据。选择想要申报的业务进入后点击"新建"进行采集。

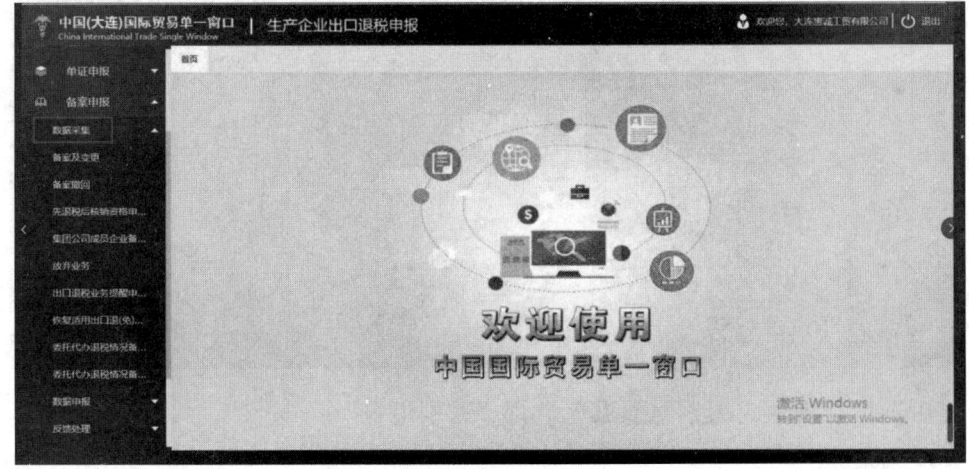

(2)数据申报

进入"数据申报"中的"备案申报",可以对采集完毕的数据进行打印和数据上传。首先在"打印备案申报报表"模块中可以打印出相关备案申请表;

进入"生成备案申报数据"模块打印后点击右上角的"生成申报数据",选择想要申报的业务可以生成电子数据包;

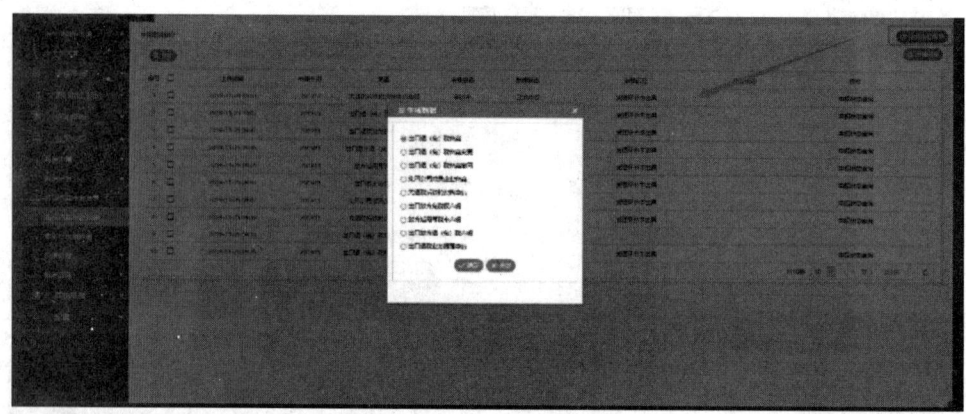

随后选择刚刚生成的电子数据包进行"远程申报";

数据状态显示上传成功后，随后携带纸质资料去现场办理。

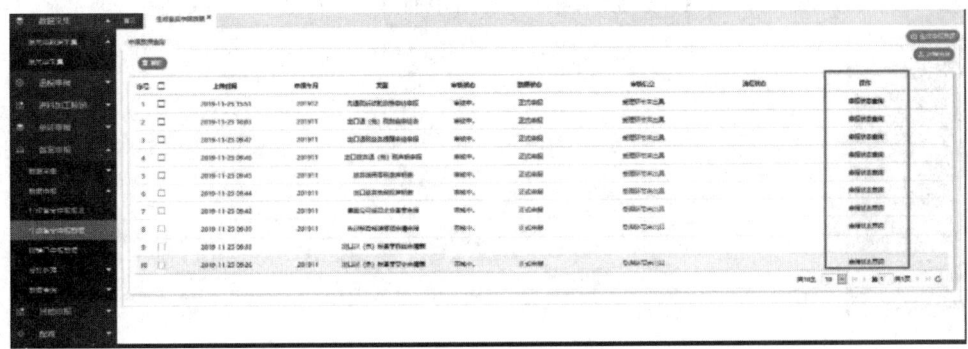

（3）反馈处理

进入"反馈处理"中的"反馈读入"，可以手工读入申报成功后的审核结果反馈数据包。

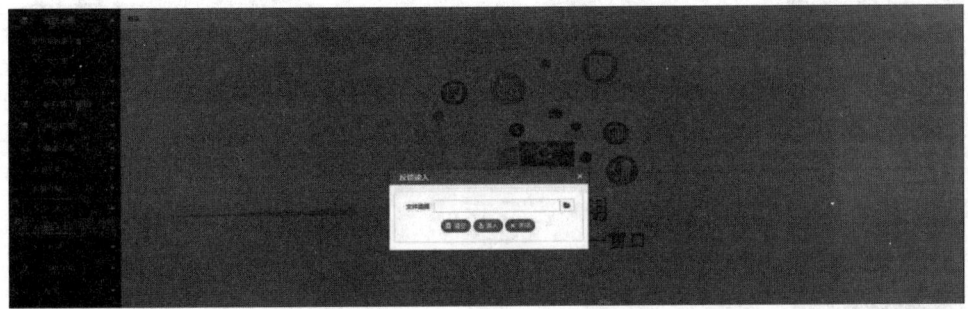

（4）数据查询

在"数据查询"中可以查看申报成功的备案业务的数据。

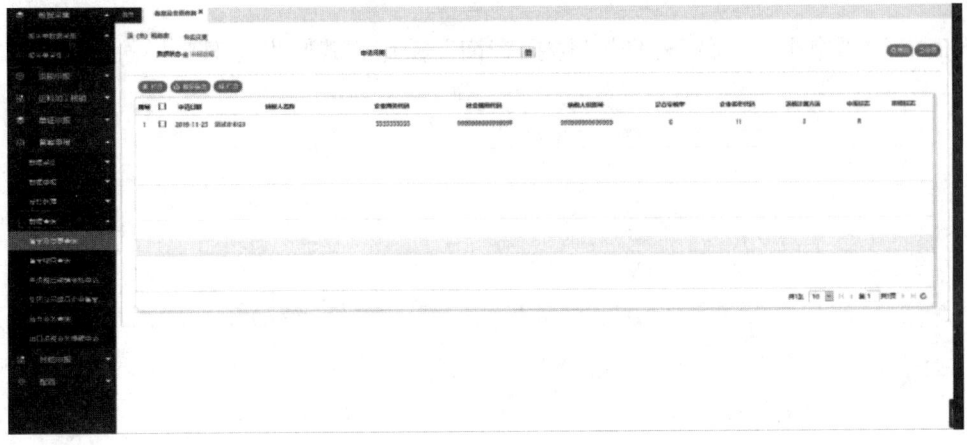

6. 其他申报

"其他申报"模块中包含"数据采集""数据申报""反馈处理""数据查询"四个模块。

（1）数据采集

收汇情况

点击数据采集中的"收汇情况",可供一至三类企业录入收汇情况的表单。点击"新建"可以采集收汇证明的相关数据。

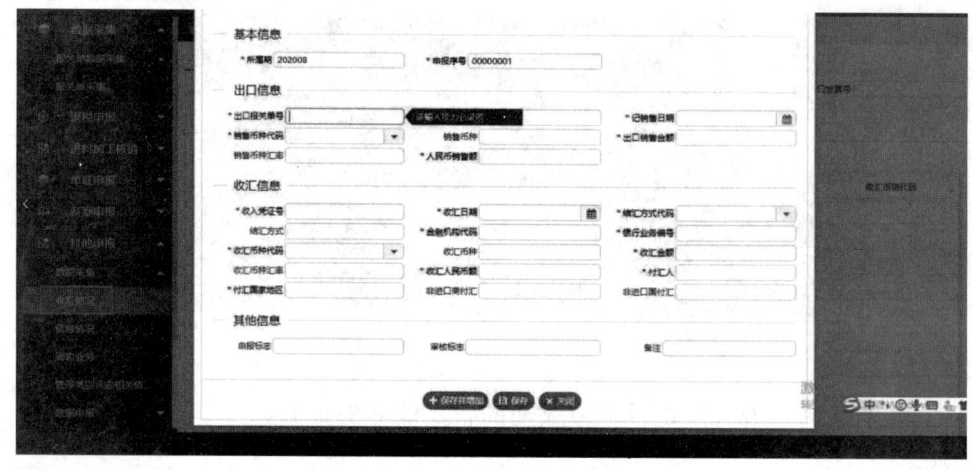

（2）"数据申报""反馈处理""数据查询"操作方式同上述对应模块的操作方法。

附件1：取消出口退税的钢铁产品清单

序号	商品代码	商品名称
1	72052100	合金钢粉末
2	72092500	厚度≥3mm的冷轧非卷材（除冷轧外未进一步加工，宽≥600mm，未包、镀、涂层）
3	72092600	3mm＞厚度＞1mm的冷轧非卷材（除冷轧外未进一步加工，宽≥600mm，未包、镀、涂层）
4	72092700	1mm≥厚度≥0.5mm的冷轧非卷材（未进一步加工，宽≥600mm，未包、镀、涂层）
5	72092800	厚度小于0.5mm的冷轧非卷材（除冷轧外未进一步加工，宽≥600mm，未包、镀、涂层）
6	72099000	其他冷轧铁或非合金钢宽平轧材（除冷轧外，未进一步加工，宽度≥600mm，未包、镀、涂层）
7	72101100	镀（涂）锡的非合金钢厚宽平板轧材（厚≥0.5mm，宽≥600mm）
8	72102000	镀或涂铅的铁或非合金钢平板轧材（包括镀铅锡钢板，宽度在600mm及以上）
9	72104100	镀锌的瓦楞形铁或非合金钢宽板材（电镀锌的除外，宽≥600mm）
10	72105000	镀或涂氧化铬的铁或非合金钢宽板材（宽度≥600mm）
11	72106900	其他镀或涂铝的铁宽平板轧材（包括非合金钢的，宽度≥600mm）
12	72107010	厚度＜1.5毫米的涂漆或涂塑的宽度在600毫米及以上的铁或非合金钢平板轧材
13	72107090	其他涂漆或涂塑的宽度在600毫米及以上的铁或非合金钢平板轧材
14	72109000	经包覆或涂镀其他材料的宽度在600毫米及以上的铁或非合金钢平板轧材
15	72124000	涂漆或涂塑的铁或非合金钢窄板材（宽度＜600mm）
16	72141000	铁或非合金钢的锻造条、杆（除热加工外未进一步加工）
17	72172000	镀或涂锌的铁或非合金钢丝
18	72173010	镀或涂铜的铁或非合金钢丝
19	72173090	镀或涂其他贱金属的铁或非合金钢丝
20	72191100	厚度＞10mm热轧不锈钢卷板（除热轧外未经进一步加工宽度≥600mm）
21	72191210	4.75mm≤厚≤10mm且600mm≤宽度≤1800mm热轧不锈钢卷板（除热轧外未经进一步加工宽度≥600mm）
22	72191290	其他4.75mm≤厚≤10mm热轧不锈钢卷板（除热轧外未经进一步加工宽度≥600mm）
23	72191319	3mm≤厚＜4.75mm未经酸洗的其他热轧不锈钢卷板（除热轧外未经进一步加工宽度≥600mm）
24	72191329	3mm≤厚＜4.75mm经酸洗的其他热轧不锈钢卷板（除热轧外未经进一步加工宽度≥600mm）
25	72191419	厚度＜3mm未经酸洗的其他热轧不锈钢卷板（除热轧外未经进一步加工宽度≥600mm）
26	72191429	厚度＜3mm经酸洗的其他热轧不锈钢卷板（除热轧外未经进一步加工宽度≥600mm）
27	72192100	厚度＞10mm热轧不锈钢平板（除热轧外未经进一步加工宽度≥600mm）
28	72192200	4.75mm≤厚≤10mm热轧不锈钢平板（除热轧外未经进一步加工宽度≥600mm）

序号	商品代码	商品名称
29	72192300	3mm≤厚<4.75mm 热轧不锈钢平板（除热轧外未经进一步加工宽度≥600mm）
30	72192410	1mm<厚度<3mm 热轧不锈钢平板（除热轧外未经进一步加工宽度≥600mm）
31	72192420	0.5mm≤厚≤1mm 热轧不锈钢平板（除热轧外未经进一步加工宽度≥600mm）
32	72192430	厚度<0.5mm 热轧不锈钢平板（除热轧外未经进一步加工宽度≥600mm）
33	72193100	厚度≥4.75mm 冷轧不锈钢板（除冷轧外未经进一步加工，宽度≥600mm）
34	72193210	3mm≤厚<4.75mm且600mm≤宽度≤1800mm 冷轧不锈钢板材（除冷轧外未经进一步加工，宽度≥600mm）
35	72193290	其他 3mm≤厚<4.75mm 冷轧不锈钢板材（除冷轧外未经进一步加工，宽度≥600mm）
36	72193310	1mm<厚<3mm，按重量计含锰量在5.5%及以上的铬锰系不锈钢（除冷轧外未经进一步加工，宽度≥600mm）
37	72193390	其他 1mm<厚<3mm 冷轧不锈钢板材（除冷轧外未经进一步加工，宽度≥600mm）
38	72193400	0.5mm≤厚≤1mm 冷轧不锈钢板材（除冷轧外未经进一步加工，宽度≥600mm）
39	72193500	厚度<0.5mm 冷轧不锈钢板材（除冷轧外未经进一步加工，宽度≥600mm）
40	72199000	其他不锈钢冷轧板材（热轧或冷轧后经进一步加工，非卷材，宽度≥600mm）
41	72201100	热轧不锈钢带材厚度≥4.75mm（除热轧外未经进一步加工宽度<600mm）
42	72201200	热轧不锈钢带材厚度<4.75mm（除热轧外未经进一步加工宽度<600mm）
43	72202020	厚度≤0.35mm 冷轧不锈钢带材（除冷轧外未经进一步加工，宽度<600mm）
44	72202030	0.35mm<厚度<3mm 的冷轧不锈钢带材（除冷轧外未经进一步加工，宽度<600mm）
45	72202040	厚度≥3mm 的冷轧不锈钢带材（除冷轧外未经进一步加工，宽度<600mm）
46	72209000	其他不锈钢带材（热轧或冷轧后经进一步加工宽度<600mm）
47	72210000	不锈钢热轧条、杆（不规则盘卷的不锈钢热轧条、杆）
48	72221100	圆形截面的热加工不锈钢条、杆（除热加工外未经进一步加工）
49	72221900	其他截面形状的热加工不锈钢条、杆（除热加工外未经进一步加工）
50	72222000	冷成形或冷加工的不锈钢条、杆（除冷加工外未经进一步加工的不锈钢条、杆）
51	72223000	其他不锈钢条、杆（除热加工或冷加工外未经进一步加工的不锈钢条、杆）
52	72224000	不锈钢角材、型材及异型材
53	72230000	不锈钢丝
54	72253000	宽度≥600mm 热轧其他合金钢卷材（除热轧外未经进一步加工）
55	72254010	宽≥600mm 热轧工具钢材（除热轧外未经进一步加工）
56	72254099	宽≥600mm 热轧其他合金钢材（除热轧外未经进一步加工）
57	72259910	宽≥600mm 的高速钢制平板轧材
58	72259990	宽≥600mm 的其他合金钢平板轧材
59	72262000	宽度<600mm 的高速钢平板轧材
60	72269110	宽度<600mm 热轧工具钢材（除热轧外未经进一步加工）
61	72269199	其他除热轧外未经进一步加工的合金钢平板轧材，宽度小于600毫米
62	72269200	宽度<600mm 冷轧其他合金钢板材（除冷轧外未经进一步加工）
63	72269910	电镀锌的其他合金钢窄平板轧材（宽度<600mm）
64	72269920	用其他方法镀或涂锌的其他合金钢窄板材（宽度<600mm）
65	72269990	宽度<600mm 的其他合金板材
66	72271000	高速钢的热轧盘条（不规则盘卷的）

序号	商品代码	商品名称
67	72272000	硅锰钢的热轧盘条（不规则盘卷的）
68	72279090	不规则盘卷的其他合金钢热轧条杆
69	72281000	其他高速钢的条、杆
70	72283090	其他合金钢热加工条、杆（除热轧，热拉拔或热挤压外未经进一步加工的）
71	72284000	其他合金钢锻造条、杆（除锻造外未经进一步加工的）
72	72285000	其他合金钢冷成形或冷加工条、杆（除冷成形或冷加工外未进一步加工）
73	72286000	其他合金钢条、杆（热加工或冷加工后经进一步加工）
74	72287010	履带板合金型钢
75	72287090	其他合金钢角材、型材及异型材
76	72288000	其他合金钢空心钻钢（包括非合金钢）
77	72292000	硅锰钢丝
78	72299010	高速钢丝
79	72299090	其他合金钢丝
80	73011000	钢铁板桩（不论是否钻孔、扎眼或组装）
81	73012000	焊接的钢铁角材、型材及异型材
82	73023000	道岔尖轨、辙叉、尖轨拉杆（及其他岔道段体）
83	73024000	钢铁制鱼尾板、钢轨垫板
84	73029010	钢铁轨枕
85	73029090	其他铁道电车道铺轨用钢铁材料
86	73030010	内径＞500mm的铸铁圆形截面管
87	73030090	其他铸铁管及空心异型材
88	73041110	不锈钢制215.9mm≤外径≤406.4mm的管道管（石油或天然气无缝钢铁管道管）
89	73041120	不锈钢制114.3mm＜外径＜215.9mm的管道管（石油或天然气无缝钢铁管道管）
90	73041130	不锈钢制外径≤114.3mm的管道管（石油或天然气无缝钢铁管道管）
91	73041190	其他不锈钢制管道管（石油或天然气无缝钢铁管道管）
92	73041910	其他215.9mm≤外径≤406.4mm的管道管（石油或天然气无缝钢铁管道管铸铁的除外）
93	73041920	其他114.3mm＜外径＜215.9mm的管道管（石油或天然气无缝钢铁管道管铸铁的除外）
94	73041930	其他外径≤114.3mm的管道管（石油或天然气无缝钢铁管道管铸铁的除外）
95	73041990	其他管道管（石油或天然气无缝钢铁管道管铸铁的除外）
96	73042210	不锈钢制外径≤168.3mm钻管（钻探石油及天然气用）
97	73042290	其他不锈钢制钻管（钻探石油及天然气用）
98	73042310	其他外径≤168.3mm钻管（钻探石油及天然气用，铸铁的除外）
99	73042390	其他钻管（钻探石油及天然气用铸铁的除外）
100	73042400	其他不锈钢制钻探石油及天然气用的套管及导管
101	73043110	冷轧的钢铁制无缝锅炉管（冷拔或冷轧的铁或非合金钢制，包括内螺纹）
102	73043120	冷轧的铁制无缝地质钻管、套管（冷拔或冷轧的铁或非合金钢制的）
103	73043190	其他冷轧的铁制无缝圆形截面管（冷拔或冷轧的铁或非合金钢制的）
104	73043910	非冷拔或冷轧的铁制无缝锅炉管
105	73043920	非冷轧的铁制无缝地质钻管、套管（非冷拔或冷轧的铁或非合金钢制的）
106	73043990	非冷轧的铁制其他无缝管（非冷拔或冷轧的铁或非合金钢制的）
107	73044110	冷轧的不锈钢制无缝锅炉管（冷拔或冷轧的，包括内螺纹）
108	73044190	冷轧的不锈钢制的其他无缝管（冷拔或冷轧的）
109	73044910	非冷轧（拔）不锈钢制无缝锅炉管（包括内螺纹）
110	73044990	非冷轧的不锈钢制其他无缝管（冷拔或冷轧的除外）

序号	商品代码	商品名称
111	73045110	冷拔或冷轧的其他合金钢无缝锅炉管
112	73045120	冷轧的其他合金钢无缝地质钻管、套管（冷拔或冷轧的）
113	73045190	冷拔或冷轧的其他合金钢制其他无缝管
114	73045910	非冷拔或冷轧其他合金钢无缝锅炉管
115	73045920	非冷轧其他合金钢无缝地质钻管、套管（冷拔或冷轧的除外）
116	73045990	非冷轧其他合金钢制无缝圆形截面
117	73049000	未列名无缝钢铁管及空心异型材（铸铁除外）
118	73051100	纵向埋弧焊接石油、天然气粗钢管（粗钢管指外径超过406.4mm）
119	73051200	其他纵向焊接石油、天然气粗钢管（粗钢管指外径超过406.4mm）
120	73051900	其他石油、天然气粗钢管（粗钢管指外径超过406.4mm）
121	73052000	其他钻探石油、天然气用粗套管（粗套管指外径超过406.4mm）
122	73053100	纵向焊接的其他粗钢铁管（粗钢铁管指外径超过406.4mm）
123	73053900	其他方法焊接其他粗钢铁管（粗钢铁管指外径超过406.4mm）
124	73059000	未列名圆形截面粗钢铁管（粗钢铁管指外径超过406.4mm）
125	73061100	不锈钢焊缝石油及天然气管道管
126	73061900	非不锈钢焊缝石油及天然气管道管
127	73062100	不锈钢焊缝钻探石油及天然气用套管及导管
128	73062900	其他钻探石油及天然气用套管及导管
129	73063011	其他铁或非合金钢圆形截面焊缝管外径≤10毫米,壁厚≤0.7毫米（细焊缝管指外径不超过406.4mm）
130	73063019	其他铁或非合金钢圆形截面焊缝管外径≤10毫米,壁厚＞0.7毫米（细焊缝管指外径不超过406.4mm）
131	73063090	其他铁或非合金钢圆形截面焊缝管,外径＞10毫米（细焊缝管指外径不超过406.4mm）
132	73064000	不锈钢其他圆形截面细焊缝管（细焊缝管指外径不超过406.4mm）
133	73065000	其他合金钢的圆形截面细焊缝管（细焊缝管指外径不超过406.4mm）
134	73066100	矩形或正方形截面的其他焊缝管
135	73066900	其他非圆形截面的其他焊缝管
136	73069000	未列名其他钢铁管及空心异型材
137	73071100	无可锻性铸铁制管子附件
138	73071900	可锻性铸铁及铸钢管子附件
139	73072100	不锈钢制法兰
140	73072200	不锈钢制螺纹肘管、弯管、管套
141	73072300	不锈钢制对焊件
142	73072900	不锈钢制其他管子附件
143	73079100	未列名钢铁制法兰（不锈钢除外）
144	73079200	未列名钢铁制螺纹肘管、弯管、管套（不锈钢除外）
145	73079300	未列名钢铁制对焊件（不锈钢除外）
146	73079900	未列名钢铁制其他管子附件（不锈钢除外）

附件2：出口货物备案目录表

编号：

序号	出口货物报关单号	购货合同	出口合同	出口货物装货单	出口货物运输单据	委托报关协议	委托报关服务发票	海运费发票	国内运输发票	备案日期	备注

企业制表人（签字）：　　　企业财务负责人（签字）：　　　填表日期：　年　月　日

（企业公章）

填表说明：

1. "序号"填写应该与每个申报批次出口退税的序号保持一致。
2. "编号"填备案的出口退税申报号码的关联号前8位。
3. "购货合同"栏填写同一合同的，如填"同上"即可。购货合同的纸质资料只需在首次备案时存放。
4. "出口货物装货单""出口货物运输单据"等栏填写相应单证的份数并注明是原件还是复印件。例如有原件1份即填"原1"。
5. "备案日期"栏填写到"年月日"。
6. "备注"如采用纸质备案方法填写保存地点，但应在备注资料中补充文字说明以备日后检查。如采用其他备案方式填写"备案方式"，例如：数字化备案或影像化备案。
7. "出口货物装货单"根据2022年9号公告，2022年之后的出口业务可以不用进行备案。
8. "购货合同"如果生产企业存在视同自产的业务办理出口退税，须提供购货合同，其他业务可以不提供。

附件3：出口收汇信息报告台账表

货物流					资金流				备注	
报关单编号	报关日期	币种	金额	折美元金额	国际收支申报号码	收汇日期	币种	金额	折美元金额	是否已办理退税	是否已经报告	收汇凭证号码
021720210000462096	2021/12/13	USD	70,600.00		12010400010 1210112Q7A0	2021/2/18	USD	70600.00				
			70,600.00	0.00				70,600.00	0.00			

附件4:提高出口退税率的产品清单

序号	产品编码	产品名称	调整后退税率(%)
1	0101210090	其他改良种用马	9
2	0101290090	非改良种用其他马	9
3	0101301090	改良种用的其他驴	9
4	0101309090	非改良种用其他驴	9
5	01019000	骡	9
6	01022100	改良种用家牛	9
7	01022900	非改良种用家牛	9
8	0102310090	改良种用其他水牛	9
9	0102390090	非改良种用其他水牛	9
10	0102901090	其他改良种用牛	9
11	0102909090	非改良种用其他牛	9
12	01031000	改良种用猪	9
13	01039110	重量在10千克以下的猪	9
14	01039120	10≤重量<50千克的猪	9
15	01039200	重量在50千克及以上的猪	9
16	01041010	改良种用的绵羊	9
17	01041090	其他绵羊(改良种用的除外)	9
18	01042010	改良种用的山羊	9
19	01042090	非改良种用山羊	9
20	01051110	不超过185克的改良种用鸡	9
21	01051190	不超过185克的其他鸡(改良种用的除外)	9
22	01051210	不超过185克的改良种用火鸡	9
23	01051290	不超过185克的其他火鸡(改良种用的除外)	9
24	01051310	不超过185克的改良种用鸭	9
25	01051390	不超过185克的其他鸭(改良种用的除外)	9
26	01051410	不超过185克的改良种用鹅	9
27	01051490	不超过185克的其他鹅(改良种用的除外)	9
28	01051510	不超过185克的改良种用珍珠鸡	9
29	01051590	不超过185克的其他珍珠鸡(改良种用的除外)	9
30	01059410	超过185克改良种用鸡	9
31	01059490	超过185克其他鸡(改良种用的除外)	9
32	01059910	超过185克的其他改良种用家禽	9
33	01059991	超过185克的非改良种用鸭	9
34	01059992	超过185克的非改良种用鹅	9
35	01059993	超过185克的非改良种用珍珠鸡	9
36	01059994	超过185克的非改良种用火鸡	9
37	01061110	改良种用灵长目哺乳动物(包括人工驯养、繁殖的)	9
38	01061190	其他灵长目哺乳动物(包括人工驯养、繁殖的)	9
39	01061211	改良种用鲸、海豚及鼠海豚(鲸目哺乳动物);改良种用海牛及儒艮(海牛目哺乳动物)(包括人工驯养、繁殖的)	9
40	01061219	非改良种用鲸、海豚及鼠海豚(鲸目哺乳动物);非改良种用海牛及儒艮(海牛目哺乳动物)(包括人工驯养、繁殖的)	9

序号	产品编码	产品名称	调整后退税率（%）
41	01061221	改良种用海豹、海狮及海象（鳍足亚目哺乳动物）（包括人工驯养、繁殖的）	9
42	01061229	非改良种用海豹、海狮及海象（鳍足亚目哺乳动物）（包括人工驯养、繁殖的）	9
43	0106131090	其他改良种用骆驼及其他骆驼科动物	9
44	0106139090	其他骆驼及其他骆驼科动物	9
45	0106141090	改良种用家兔及其他改良种用野兔	9
46	0106149090	其他家兔及野兔	9
47	0106191090	其他改良种用哺乳动物	9
48	0106199090	其他哺乳动物	9
49	01062011	改良种用鳄鱼苗（包括人工驯养、繁殖的）	9
50	01062019	其他改良种用爬行动物（包括人工驯养、繁殖的）	9
51	0106202010	食用蛇（包括人工驯养、繁殖的）	9
52	0106202029	其他食用龟鳖（包括人工驯养、繁殖的）	9
53	0106202099	其他食用爬行动物（包括人工驯养、繁殖的）	9
54	0106209090	其他爬行动物（包括人工驯养、繁殖的）	9
55	01063110	改良种用猛禽（包括人工驯养、繁殖的）	9
56	01063190	其他猛禽（包括人工驯养、繁殖的）	9
57	01063210	改良种用鹦形目的鸟（包括人工驯养、繁殖的）	9
58	01063290	非改良种用鹦形目的鸟（包括人工驯养、繁殖的）	9
59	0106331090	其他改良种用鸵鸟和改良种用鸸鹋	9
60	0106339090	其他鸵鸟、鸸鹋	9
61	0106391090	其他改良种用的鸟	9
62	01063921	食用乳鸽	9
63	01063923	食用野鸭	9
64	0106392990	其他食用鸟	9
65	0106399090	其他鸟	9
66	01064110	改良种用蜂	9
67	01064190	其他蜂	9
68	0106491090	其他改良种用非濒危昆虫	9
69	0106499001	捕食螨	9
70	0106499090	其他非濒危昆虫	9
71	0106901190	其他改良种用蛙苗	9
72	0106901990	其他改良种用动物	9
73	0106909090	其他动物	9
74	02011000	整头及半头鲜、冷牛肉	9
75	02012000	鲜、冷的带骨牛肉	9
76	0201300010	鲜或冷藏的去骨野牛肉	9
77	02021000	冻的整头及半头牛肉	9
78	02022000	冻的带骨牛肉	9
79	0202300010	冻藏的去骨野牛肉	9
80	02031110	鲜、冷的整头及半头乳猪肉	9
81	02031190	其他鲜、冷的整头及半头猪肉	9
82	02031200	鲜、冷的带骨猪前腿、后腿及其肉块	9
83	02031900	其他鲜、冷猪肉	9
84	02032110	冻整头及半头乳猪肉	9
85	02032190	其他冻整头及半头猪肉	9

序号	产品编码	产品名称	调整后退税率（%）
86	02032200	冻的带骨猪前腿、后腿及其肉块	9
87	02041000	鲜或冷藏的整头及半头羔羊肉	9
88	02042100	鲜或冷藏的整头及半头绵羊肉	9
89	02042200	鲜或冷藏的带骨绵羊肉	9
90	02042300	鲜或冷藏的去骨绵羊肉	9
91	02043000	冻藏的整头及半头羔羊肉	9
92	02044100	冻藏的整头及半头绵羊肉	9
93	02044200	冻藏的其他带骨绵羊肉	9
94	0205000090	鲜、冷或冻的马、驴、骡肉	9
95	02062100	冻牛舌	9
96	02062200	冻牛肝	9
97	02062900	其他冻牛杂碎	9
98	02063000	鲜或冷藏的猪杂碎	9
99	02064100	冻猪肝	9
100	02064900	其他冻猪杂碎	9
101	02068000	鲜、冷的羊、马、驴、骡杂碎	9
102	02069000	冻的羊、马、驴、骡杂碎	9
103	02071100	鲜或冷藏的整只鸡	9
104	02071200	冻的整只鸡	9
105	02071329	鲜或冷的其他鸡杂碎	9
106	02071422	冻的鸡爪	9
107	02071429	冻的其他食用鸡杂碎（包括鸡翅尖、鸡肝等）	9
108	02072400	鲜或冷的整只火鸡	9
109	02072500	冻的整只火鸡	9
110	02072600001	除分割火鸡块以外的鲜或冷的火鸡块及杂碎	9
111	02072700001	除分割火鸡块以外的冻的火鸡块及杂碎	9
112	02074100	鲜或冷的整只鸭	9
113	02074200	冻的整只鸭	9
114	02074300	鲜或冷的鸭肥肝	9
115	02074400001	除分割鸭块以外的鲜或冷的鸭块及食用杂碎	9
116	02074500001	除分割鸭块以外的冻的鸭块及食用杂碎	9
117	02075100	鲜或冷的整只鹅	9
118	02075200	冻的整只鹅	9
119	02075300	鲜或冷的鹅肥肝	9
120	02075400001	除分割鹅块以外的鲜或冷的鹅块及食用杂碎	9
121	02075500001	除分割鹅块以外的冻的鹅块及食用杂碎	9
122	02076000001	除分割珍珠鸡块以外的鲜、冷、冻的整只珍珠鸡、珍珠鸡块及食用杂碎	9
123	02083000	鲜、冷或冻的灵长目动物肉及食用杂碎	9
124	02084000	鲜、冷或冻的鲸、海豚及鼠海豚（鲸目哺乳动物）的；鲜、冷或冻的海牛及儒艮（海牛目哺乳动物）的；鲜、冷或冻的海豹、海狮及海象（鳍足亚目哺乳动物）的肉及食用杂碎（鲜、冷或冻的鲸、海豚、鼠海豚、海牛、儒艮、海豹、海狮及海象的肉及食用杂碎）	9
125	02085000	鲜、冷或冻的爬行动物肉及食用杂碎	9
126	0208600090	其他鲜、冷或冻骆驼及其他骆驼科动物的肉及食用杂碎	9
127	02089010	鲜、冷或冻的乳鸽肉及其杂碎	9

序号	产品编码	产品名称	调整后退税率（%）
128	02091000	未炼制或用其他方法提取的不带瘦肉的肥猪肉、猪脂肪（包括鲜、冷、冻、干、熏、盐制的）	9
129	02099000	未炼制或用其他方法提取的家禽脂肪（包括鲜、冷、冻、干、熏、盐制的）	9
130	02101110	干、熏、盐制的带骨猪腿	9
131	02101190	干、熏、盐制的带骨猪腿肉块	9
132	02101200	干、熏、盐制的猪腹肉	9
133	0210200090	干、熏、盐制的其他牛肉	9
134	02109100	干、熏、盐制的灵长目动物肉及食用杂碎	9
135	02109200	干、熏、盐制的鲸、海豚及鼠海豚（鲸目哺乳动物）的；干、熏、盐制的海牛及儒艮（海牛目哺乳动物）的；干、熏、盐制的海豹、海狮及海象（鳍足亚目哺乳动物）的肉及食用杂碎（包括可供食用的肉或杂碎的细粉、粗粉）	9
136	02109300	干、熏、盐制的爬行动物肉及食用杂碎（包括食用的肉及杂碎的细粉、粗粉）	9
137	0210990090	干、熏、盐制的其他肉及食用杂碎（包括可供食用的肉或杂碎的细粉、粗粉）	9
138	0301110090	观赏用其他淡水鱼	9
139	03028910	鲜或冷带鱼（子目0302.91至0302.99的可食用鱼杂碎除外）	9
140	03028920	鲜或冷黄鱼（子目0302.91至0302.99的可食用鱼杂碎除外）	9
141	03028930	鲜或冷鲳鱼（子目0302.91至0302.99的可食用鱼杂碎除外）	9
142	03028940	鲜或冷的鲀（子目0302.91至0302.99的可食用鱼杂碎除外）	9
143	03071900	其他干、盐腌或盐渍牡蛎（蚝）(包括熏制的带壳或去壳的，不论在熏制前或熏制过程中是否烹煮）	9
144	0307911090	其他软体动物的种苗	9
145	03089012	活、鲜或冷的沙蚕，种苗除外	9
146	04011000001	脂肪含量≤1%未浓缩的乳及奶油	9
147	04012000001	1%<脂肪含量≤6%的未浓缩的乳及奶油	9
148	04014000001	6%<脂肪含量≤10%的未浓缩的乳及奶油	9
149	04015000001	脂肪含量>10%未浓缩的乳及奶油	9
150	04029100001	浓缩但未加糖的非固状乳及奶油	9
151	04029900001	浓缩并已加糖的非固状乳及奶油	9
152	0407110090	孵化用受精的其他鸡的蛋	9
153	04079010	带壳咸蛋	9
154	04079020	带壳皮蛋	9
155	04089100001	干的其他去壳禽蛋	9
156	05021020001	猪毛	9
157	05021030	猪鬃或猪毛的废料	9
158	0502902090	其他獾毛及其他制刷用兽毛的废料	9
159	05040021	冷，冻的鸡胗（即鸡胃）	9
160	05040029	整个或切块的其他动物的胃（包括鲜、冷、冻、干、熏、盐腌或盐渍的,鱼除外）	9
161	05040090	整个或切块的其他动物肠、膀胱（包括鲜、冷、冻、干、熏、盐腌或盐渍的,鱼除外）	9
162	05059010	羽毛或不完整羽毛的粉末及废料	9
163	0507100010	犀牛角	9
164	0507100030	其他兽牙	9

序号	产品编码	产品名称	调整后退税率（%）
165	0507100090	其他兽牙粉末及废料	9
166	05079010	羚羊角及其粉末和废料	9
167	05079020	鹿茸及其粉末	9
168	0507909090	其他动物角（包括蹄，甲，爪及喙及其粉末和废料）	9
169	05100010	黄药	9
170	05100020	龙涎香、海狸香、灵猫香	9
171	05100040	斑蝥	9
172	0510009090	胆汁，配药用腺体及其他动物产品（不论是否干制；鲜，冷，冻或用其他方法暂时保藏的）	9
173	0511911190	其他受精鱼卵	9
174	0511911990	其他鱼的非食用产品（包括鱼肚）	9
175	0511991090	其他动物精液（牛的精液除外）	9
176	0511992090	其他动物胚胎	9
177	05119930	蚕种	9
178	05119940101	废马毛	9
179	05119940901	其他马毛	9
180	0511999090	其他编号未列名的动物产品（包括不适合供人食用的第一章的死动物）	9
181	06011010	休眠的番红花球茎	9
182	0601109110	种用休眠的兰花块茎（包括球茎、根颈及根茎）	9
183	0601109199	种用休眠的其他鳞茎、块茎、块根（包括球茎、根颈及根茎）	9
184	0601109910	其他休眠的兰花块茎（包括球茎、根颈及根茎）	9
185	0601109999	其他休眠的其他鳞茎、块茎、块根（包括球茎、根颈及根茎）	9
186	0601200010	生长或开花的兰花块茎（包括球茎、根颈及根茎）	9
187	0601200020	生长或开花的仙客来鳞茎	9
188	0601200099	生长或开花的其他鳞茎及菊苣植物（包括块茎、块根、球茎、根颈及根茎，品目1212的根除外）	9
189	0602100090	其他无根插枝及接穗	9
190	06022090	其他食用水果、坚果树及灌木（不论是否嫁接）	9
191	06023010	种用杜鹃（不论是否嫁接）	9
192	06023090	其他杜鹃（不论是否嫁接）	9
193	06024010	种用玫瑰（不论是否嫁接）	9
194	06024090	其他玫瑰（不论是否嫁接）	9
195	06029010	蘑菇菌丝	9
196	06029092	其他兰花（种用除外）	9
197	06029093002	其他菊花	9
198	0602909410	芦荟（种用除外）	9
199	06029095	其他康乃馨（种用除外）	9
200	0602909910	苏铁（铁树）类	9
201	0602909920	仙人掌（包括仙人球、仙人柱、仙人指）	9
202	0602909999	其他活植物（种用除外）	9
203	06031100	鲜的玫瑰（制花束或装饰用的）	9
204	06031200	鲜的康乃馨（制花束或装饰用的）	9
205	06031300	鲜的兰花（制花束或装饰用的）	9
206	06031400	鲜的菊花（制花束或装饰用的）	9
207	06031500	鲜的百合花（百合属）（制花束或装饰用的）	9
208	0603190090	其他鲜的插花及花蕾（制花束或装饰用的）	9

序号	产品编码	产品名称	调整后退税率（%）
209	0603900090	其他干或染色等加工的插花及花蕾（制花束或装饰用的，鲜的除外）	9
210	06042010	鲜的苔藓及地衣	9
211	0604209090	其他鲜植物枝、叶或其他部分，草（枝、叶或其他部分是指制花束或装饰用并且不带花及花蕾）	9
212	06049010	其他苔藓及地衣	9
213	0604909090	其他染色或加工的植物枝、叶或其他部分，草（枝、叶或其他部分是指制花束或装饰用并且不带花及花蕾）	9
214	07099100	鲜或冷藏的洋蓟	9
215	07099200	鲜或冷藏的油橄榄	9
216	07102210002	蒸煮的冷冻的红小豆（赤豆）	9
217	07108020002	蒸煮的冷冻薹苔及蒜苗（包括青蒜）	9
218	07108030002	蒸煮的冷冻蒜头	9
219	07112000	暂时保藏的油橄榄（用二氧化硫气体、盐水等物质处理，但不适于直接食用的）	9
220	07115990	暂时保藏的其他蘑菇及菌块	9
221	07119031	盐水竹笋	9
222	07119034	盐水大蒜	9
223	07119039	盐水的其他蔬菜及什锦蔬菜（不适于直接食用的）	9
224	07129020002	破碎或制成粉状的紫萁（薇菜干）	9
225	07129030002	破碎或制成粉状的干金针菜（黄花菜）	9
226	07129040002	破碎或制成粉状的蕨菜干	9
227	07129091002	按9%征税的干辣根	9
228	07136010	种用干木豆（木豆属）（不论是否去皮或分瓣）	9
229	08012100	鲜或干的未去壳巴西果	9
230	08012200	鲜或干的去壳巴西果	9
231	08022100	鲜或干的未去壳榛子	9
232	08024290	鲜或干的其他去壳栗子（板栗除外）（不论是否去皮）	9
233	08026110	鲜或干的种用未去壳马卡达姆坚果（夏威夷果）	9
234	08026190	鲜或干的其他未去壳马卡达姆坚果（夏威夷果）	9
235	08027000	鲜或干的可乐果（可乐果属）（不论是否去壳或去皮）	9
236	08028000	鲜或干的槟榔果	9
237	08029020	鲜或干的白果（不论是否去壳或去皮）	9
238	08044000	鲜或干的鳄梨	9
239	08045010	鲜或干番石榴	9
240	08045020	鲜或干芒果	9
241	08045030	鲜或干的山竹果	9
242	08052110	鲜或干的蕉柑	9
243	08052200	鲜或干的克里曼丁橘	9
244	08054000	鲜或干的葡萄柚，包括柚	9
245	08055000	鲜或干的柠檬及酸橙	9
246	08061000	鲜葡萄	9
247	08071100	鲜西瓜	9
248	08071910	鲜哈密瓜	9
249	08071920	鲜罗马甜瓜及加勒比甜瓜	9
250	08071990	其他鲜甜瓜	9
251	08072000	鲜木瓜	9
252	08083020	鲜香梨	9

序号	产品编码	产品名称	调整后退税率（%）
253	08091000	鲜杏	9
254	08092100	鲜欧洲酸樱桃	9
255	08094000	鲜梅及李	9
256	08105000	鲜猕猴桃	9
257	08106000	鲜榴莲	9
258	08109010	鲜荔枝	9
259	08109030	鲜龙眼	9
260	08109040	鲜红毛丹	9
261	08109050	鲜蕃荔枝	9
262	08109060	鲜杨桃	9
263	08109070	鲜莲雾	9
264	08109080	鲜火龙果	9
265	08121000	暂时保藏的樱桃（用二氧化硫气体，盐水等物质处理，但不适于直接食用的）	9
266	08134010	龙眼干、肉（品目0801至0806的干果除外）	9
267	08134020	柿饼（品目0801至0806的干果除外）	9
268	08134030	干红枣（品目0801至0806的干果除外）	9
269	08134040	荔枝干（品目0801至0806的干果除外）	9
270	09011100	未浸除咖啡碱的未焙炒咖啡	9
271	09011200	已浸除咖啡碱的未焙炒咖啡	9
272	09019010	咖啡豆荚及咖啡豆皮	9
273	09021010001	按9%征税的每件净重不超过3千克的花茶	9
274	09021090001	每件净重不超过3千克的其他绿茶	9
275	09022010001	每件净重超过3千克的花茶	9
276	09022090001	每件净重超过3千克的其他绿茶	9
277	09023010001	每件净重不超过3千克的乌龙茶	9
278	09023020001	每件净重不超过3千克的普洱茶	9
279	09023090001	红茶内包装每件净重不超过3千克	9
280	09024010001	每件净重超过3千克的乌龙茶	9
281	09024020001	每件净重超过3千克的普洱茶	9
282	09024090001	红茶（内包装每件净重超过3千克）（包括其他半发酵茶）	9
283	09041100	未磨胡椒	9
284	09042200001	按9%征税的已磨辣椒	9
285	09051000	未磨的香子兰豆	9
286	09052000	已磨的香子兰豆	9
287	09061100	未磨锡兰肉桂	9
288	09061900	其他未磨肉桂及肉桂花	9
289	09071000	未磨的丁香（母丁香、公丁香及丁香梗）	9
290	09072000	已磨的丁香（母丁香、公丁香及丁香梗）	9
291	09081100	未磨的肉豆蔻	9
292	09081200	已磨的肉豆蔻	9
293	09082100	未磨的肉豆蔻衣	9
294	09082200	已磨的肉豆蔻衣	9
295	09083100	未磨的豆蔻	9
296	09092100	未磨的芫荽子	9
297	09093100	未磨的枯茗子	9
298	09096110	未磨的八角茴香	9

序号	产品编码	产品名称	调整后退税率（%）
299	09096190	未磨其他茴香	9
300	09101200	已磨的姜	9
301	09102000001	番红花	9
302	09103000	姜黄	9
303	09109900001	其他调味香料	9
304	12030000	干椰子肉	9
305	1207101090	其他种用棕榈果及棕榈仁	9
306	1207109090	其他棕榈果及棕榈仁（不论是否破碎）	9
307	12072100	种用棉子	9
308	12072900	其他棉子（不论是否破碎）	9
309	12073010	种用蓖麻子	9
310	12073090	其他蓖麻子（不论是否破碎）	9
311	12079991	牛油树果（不论是否破碎）	9
312	12079999	其他含油子仁及果实（不论是否破碎）	9
313	12129100	鲜、冷、冻或干的甜菜（不论是否碾磨）	9
314	12129300	鲜、冷、冻或干的甘蔗（不论是否碾磨）	9
315	12129400	菊苣根（不论是否碾磨）	9
316	13012000	阿拉伯胶	9
317	13019010	胶黄耆树胶	9
318	13019020	乳香、没药及血竭	9
319	13019030	阿魏	9
320	1301904090	其他松脂	9
321	1301909010	龙血树脂、大戟脂、愈疮树脂	9
322	1301909020	大麻脂	9
323	1301909099	其他天然树胶、树脂（包括天然树胶、树脂及其他油树脂（例如香树脂））	9
324	13021910	生漆	9
325	13021920	印楝素	9
326	15029000	其他牛、羊脂肪（但品目1503的货品除外）	9
327	15153000	蓖麻油及其分离品（不论是否精制，但未经化学改性）	13
328	15159010	希蒙得木油及其分离品（不论是否精制，但未经化学改性）	13
329	15159020	印楝油及其分离品（不论是否精制，但未经化学改性）	13
330	15159030	桐油及其分离品（不论是否精制，但未经化学改性）	13
331	16010030901	未经过熟制的用含其他动物成分的香肠制的食品	9
332	16023991001	未经过熟制的其他方法制作或保藏的鸭	9
333	18010000001	按9%征税的生的整颗或破碎的可可豆	9
334	18020000	可可荚、壳、皮及废料	9
335	19012000001	按9%征税的供烘焙品目1905所列面包糕饼用的调制品及面团	9
336	19021100	未包馅或未制作的含蛋生面食	9
337	19024000001	古斯古斯面食	9
338	20086090001	非用醋制作的樱桃，罐头除外	9
339	20089100001	按9%征税的非用醋制作的棕榈芯	9
340	20089932001	按9%征税的盐腌海带	9
341	20089933001	按9%征税的盐腌裙带菜	9
342	20089939001	按9%征税的海草及其他藻类制品	9
343	21061000001	按9%征税的浓缩蛋白质及人造蛋白物质	9
344	21069090901	按9%征税的其他编号未列名的食品	9

序号	产品编码	产品名称	调整后退税率（%）
345	23032000001	甜菜渣、甘蔗渣及类似残渣	9
346	28112210	二氧化硅硅胶	13
347	28112290	其他二氧化硅	13
348	28129011	三氟化氮	13
349	28272000	氯化钙	13
350	28281000	商品次氯酸钙及其他钙的次氯酸盐	13
351	28332930	硫酸锌	13
352	28352520	食品级的正磷酸氢钙（磷酸二钙）	13
353	28353911	食品级的六偏磷酸钠	13
354	28362000	碳酸钠（纯碱）	13
355	28363000	碳酸氢钠（小苏打）	13
356	29011000	饱和无环烃	13
357	29012100	乙烯	13
358	29012200	丙烯	13
359	29012310	1-丁烯	13
360	29012320	2-丁烯	13
361	29012330	2-甲基丙烯	13
362	29012420	异戊二烯	13
363	29012910	异戊烯	13
364	29012920	乙炔	13
365	29012990102	按13%征税的诱虫烯	13
366	2901299090	其他不饱和无环烃	13
367	29021100	环己烷	13
368	29021910	蒎烯	13
369	29021920	4-烷基-4'-烷基双环己烷	13
370	29021990112	按13%征税的1-甲基环丙烯	13
371	29021990122	按13%征税的d-柠檬烯	13
372	2902199090	其他环烷烃、环烯及环萜烯	13
373	29024100	邻二甲苯	13
374	29024200	间二甲苯	13
375	29025000	苯乙烯	13
376	29026000	乙苯	13
377	29027000	异丙基苯	13
378	29029010	四氢萘	13
379	29029020	精萘	13
380	29029030	十二烷基苯	13
381	29029090002	按13%征税的其他环烃	13
382	29031100	一氯甲烷及氯乙烷	13
383	29031200	二氯甲烷	13
384	29031300	三氯甲烷（氯仿）	13
385	29031400	四氯化碳	13
386	29031910	1,1,1-三氯乙烷（甲基氯仿）	13
387	29031990	其他无环烃的饱和氯化衍生物	13
388	29032100	氯乙烯	13
389	29032200	三氯乙烯	13
390	29032300	四氯乙烯	13
391	29032910	3-氯-1-丙烯（氯丙烯）	13

序号	产品编码	产品名称	调整后退税率（%）
392	29032990	其他无环烃的不饱和氯化衍生物	13
393	29033910	1,1,3,3,3-五氟-2-三氟甲基-1-丙烯（全氟异丁烯；八氟异丁烯）	13
394	2903399010	二溴甲烷	13
395	29037200	二氯三氟乙烷	13
396	29037300	二氯一氟乙烷	13
397	29037400	一氯二氟乙烷	13
398	29037500	二氯五氟丙烷	13
399	29037600	溴氯二氟甲烷、溴三氟甲烷及二溴四氟乙烷	13
400	29037710	三氯氟甲烷（CFC-11）	13
401	29037720	其他仅含氟和氯的甲烷、乙烷及丙烷的全卤化物	13
402	29037800	其他无环烃全卤化衍生物（指含两种或两种以上不同卤素的）	13
403	29037910	其他仅含氟和氯的甲烷、乙烷及丙烷的卤化衍生物	13
404	29037990	其他含有两种或两种以上不同卤素的无环烃卤化衍生物	13
405	29039110	邻二氯苯	13
406	29039190102	按13%征税的1,4-二氯苯	13
407	2903919090	氯苯	13
408	29039300	五氯苯	13
409	29039400	六溴联苯	13
410	29039910	对氯甲苯	13
411	29039920	3,4-二氯三氟甲苯	13
412	2903999010	多氯联苯、多溴联苯	13
413	2903999030	多氯三联苯（PCT）	13
414	2903999090	其他芳烃卤化衍生物	13
415	29041000	仅含磺基的衍生物及其盐和乙酯	13
416	29042010	硝基苯	13
417	29042020	硝基甲苯	13
418	29042030	二硝基甲苯	13
419	29042040	三硝基甲苯（TNT）	13
420	29042090	其他仅含硝基或亚硝基衍生物	13
421	29043100	全氟辛基磺酸	13
422	29043200	全氟辛基磺酸铵	13
423	29043300	全氟辛基磺酸锂	13
424	29043400	全氟辛基磺酸钾	13
425	29043500	其他全氟辛基磺酸盐	13
426	29043600	全氟辛基磺酰氟	13
427	2904990090	其他烃的磺化、硝化、亚硝化衍生物（不论是否卤化）	13
428	29051210	正丙醇	13
429	29051220	异丙醇	13
430	29051410	异丁醇	13
431	29051420	仲丁醇	13
432	29051430	叔丁醇	13
433	29051690	辛醇的异构体	13
434	29051700	十二醇、十六醇及十八醇	13
435	29051910	3,3-二甲基丁-2-醇（频哪基醇）	13
436	29052290	其他无环萜烯醇	13
437	29053100	1,2-乙二醇	13
438	29053200	1,2-丙二醇	13

序号	产品编码	产品名称	调整后退税率（%）
439	29053910	2,5-二甲基己二醇	13
440	2905399001	1,3-丙二醇	13
441	2905399002	1,4-丁二醇	13
442	2905399090102	按13%征税的驱蚊醇	13
443	2905399091	白消安	13
444	2905399099	其他二元醇（因拆分抗癌药品原料药产生的兜底税号）	13
445	29054100	三羟甲基丙烷(2-乙基-2-(羟甲基)丙烷-1,3-二醇)	13
446	29054910	木糖醇	13
447	29054990	其他多元醇	13
448	29055100	乙氯维诺(INN)	13
449	2905590010	乙氯维诺的盐	13
450	2905590020	2-氯乙醇	13
451	29055900402	按13%征税的鼠甘伏	13
452	2905590090	其他无环醇的卤化、磺化等衍生物	13
453	29061200	环己醇、甲基环己醇、二甲基环己醇	13
454	29061310	固醇	13
455	29061320	肌醇	13
456	29061910	萜品醇	13
457	29062100	苄醇	13
458	29062910	2-苯基乙醇	13
459	29062990102	按13%征税的三氯杀螨醇、杀螨醇	13
460	2906299090	其他芳香醇	13
461	29071190	苯酚的盐	13
462	29071211	间甲酚	13
463	29071212	邻甲酚	13
464	29071219	其他甲酚	13
465	29071290	甲酚的盐	13
466	29071310	壬基酚、对壬基酚、支链-4-壬基酚（包括4-壬基苯酚、壬基苯酚）	13
467	29071390	辛基酚及其异构体（包括辛基酚及其异构体的盐和壬基酚盐）	13
468	29071510	β-萘酚(2-萘酚)	13
469	29071590	其他萘酚及萘酚盐	13
470	29071910	邻仲丁苯酚、邻异丙基酚	13
471	2907199090	其他一元酚	13
472	29072100	间苯二酚及其盐	13
473	29072210	对苯二酚	13
474	29072290	对苯二酚的盐	13
475	29072300	4,4'-异亚丙基联苯酚（双酚A）及其盐	13
476	29072910	邻苯二酚	13
477	2907299001	特丁基对苯二酚	13
478	2907299090	其他多元酚；酚醇	13
479	29081910	对氯苯酚	13
480	2908199090	其他仅含卤素取代基的衍生物及盐	13
481	29089200	4,6-二硝基邻甲酚〔二硝酚（ISO）〕及其盐	13
482	2908991010	4-硝基苯酚（对硝基苯酚）	13
483	2908999030	苦味酸（2,4,6-三硝基苯酚）	13
484	2908999090	其他酚及酚醇的卤化等衍生物（包括其磺化、硝化或亚硝化衍生物）	13
485	29091100	乙醚	13

序号	产品编码	产品名称	调整后退税率（%）
486	29092000	环烷醚、环烯醚或环萜烯醚及其卤化、磺化、硝化或亚硝化衍生物	13
487	29093010	1-烷氧基-4-（4-乙烯基环己基）-2,3-二氟苯	13
488	29093090122	按13%征税的醚菊酯、苄螨醚、三氟醚	13
489	29093090132	按13%征税的氯苄甲醚、甲氧除草醚	13
490	29093090142	按13%征税的三氟硝草醚、草枯醚	13
491	29093090152	按13%征税的氟除草醚、乙氧氟草醚	13
492	2909309016	四溴二苯醚、五溴二苯醚、六溴二苯醚、七溴二苯醚	13
493	2909309090	其他芳香醚及其卤化、磺化、硝化衍生物（包括其亚硝化衍生物）	13
494	29094100	2,2-氧联二乙醇（二甘醇）	13
495	29094300	乙二醇或二甘醇的单丁醚	13
496	29094400	乙二醇或二甘醇的其他单烷基醚	13
497	29094910	间苯氧基苄醇	13
498	29094990	其他醚醇及其衍生物（包括其卤化、磺化、硝化或亚硝化衍生物）	13
499	29095000	醚酚、醚醇酚及其衍生物（包括其卤化、磺化、硝化或亚硝化衍生物）	13
500	29096000	过氧化醇、过氧化醚、过氧化酮（含其卤化、磺化、硝化或亚硝化衍生物）	13
501	29110000	缩醛及半缩醛，不论含否其他含氧基（包括其卤化，磺化，硝化或亚硝化的衍生物）	13
502	29121100	甲醛	13
503	29121200	乙醛	13
504	29122100	苯甲醛	13
505	29122910	铃兰醛（即对叔丁基-α-甲基-氧化肉桂醛)	13
506	29124990	其他醛醚、醛酚、其他含氧基的醛	13
507	29125000102	按13%征税的四聚乙醛	13
508	2912500090	其他环聚醛	13
509	29126000	多聚甲醛	13
510	29130000	税目2912所列产品的卤化、磺化、硝化或亚硝化的衍生物	13
511	29141200	丁酮[甲基乙基（甲）酮]（甲乙酮）	13
512	29141300	4-甲基-2-戊酮（甲基异丁基（甲）酮）	13
513	2914190010	频哪酮	13
514	29141900901	其他不含其他含氧基的无环酮	13
515	29142200	环己酮及甲基环己酮	13
516	29142910002	按13%征税的樟脑	13
517	29143100	苯丙酮（苯基丙-2-酮）	13
518	29143910	苯乙酮	13
519	29143990112	按13%征税的杀鼠酮	13
520	29143990132	按13%征税的敌鼠	13
521	29143990142	按13%征税的邻氯苯基环戊酮	13
522	2914400020	表雄酮（3β-羟基-5α-雄烷-17-酮）、表睾酮	13
523	2914400030	1-表雄酮（3β-羟基-5α-雄甾-1-烯-17-酮）	13
524	2914400090	其他酮醇及酮醛	13
525	29145019	其他酮酚	13
526	29145020	2-羟基-4-甲氧基二苯甲酮	13
527	29145090112	按13%征税的苯草酮，双炔酰菌胺	13
528	29145090122	按13%征税的甲氧虫酰肼	13
529	2914509090	含其他含氧基的酮	13

序号	产品编码	产品名称	调整后退税率（%）
530	29146100	蒽醌	13
531	29146900	其他酮及醌的卤化、磺化、硝化或亚硝化衍生物	13
532	29147100	十氯酮	13
533	29147900152	按13%征税的氯敌鼠钠盐	13
534	2914790016	1-苯基-2-溴-1-丙酮	13
535	2914790090	其他酮及醌的卤化、磺化衍生物（包括硝化或亚硝化衍生物）	13
536	29151100	甲酸	13
537	29151200	甲酸盐	13
538	29151300	甲酸酯	13
539	29152111	食品级冰乙酸(冰醋酸)(GB1903-2008)	13
540	29152119	其他冰乙酸（冰醋酸）	13
541	29152190	其他乙酸	13
542	29152400	乙酸酐（醋酸酐）	13
543	29152910	乙酸钠	13
544	29152990112	按13%征税的乙酸铜	13
545	2915299023	乙酸铅（醋酸铅）	13
546	2915299090	其他乙酸盐	13
547	29153100	乙酸乙酯	13
548	29153300	乙酸正丁酯	13
549	29154000090	其他一氯代乙酸的盐和酯（包括二氯乙酸或三氯乙酸的盐和酯）	13
550	29155010	丙酸	13
551	29155090	丙酸盐和酯	13
552	29156000	丁酸、戊酸及其盐和酯	13
553	29157010	硬脂酸（以干燥重量计，纯度在90%及以上）	13
554	29159000132	按13%征税的四氟丙酸	13
555	2915900020	氟乙酸钠	13
556	2915900090	其他饱和无环一元羧酸及其酸酐((酰卤、过氧)化物,过氧酸及其卤化、硝化、磺化、亚硝化衍生物)	13
557	29161100	丙烯酸及其盐	13
558	29161210	丙烯酸甲酯	13
559	29161220	丙烯酸乙酯	13
560	29161230	丙烯酸丁酯	13
561	29161240	丙烯酸异辛酯	13
562	29161290	其他丙烯酸酯	13
563	29161500	油酸、亚油酸或亚麻酸及盐和酯	13
564	29161900112	按13%征税的烯虫乙酯	13
565	29161900122	按13%征税的烯虫炔酯	13
566	29161900132	按13%征税的消螨普	13
567	2916190090	其他不饱和无环一元羧酸（包括其酸酐,酰卤化物,过氧化物和过氧酸及它们的衍生物）	13
568	29162010	DV菊酸甲酯、二溴菊酸	13
569	29162090212	按13%征税的苄菊酯、苯醚菊酯（包括右旋苯醚菊酯、富右旋反式苯醚菊酯）	13
570	29162090222	按13%征税的苄烯菊酯、氯菊酯（包括生物氯菊酯）	13
571	29162090232	按13%征税的氯烯炔菊酯、联苯菊酯	13
572	29162090242	按13%征税的七氟菊酯、四氟菊酯、五氟苯菊酯、七氟甲醚菊酯（包括甲氧苄氟菊酯、氯氟醚菊酯）	13

序号	产品编码	产品名称	调整后退税率（%）
573	29162090252	按13%征税的戊菊酯、环螨酯	13
574	29162090262	按13%征税的四氟甲醚菊酯、烯炔菊酯、四氟醚菊酯（包括右旋烯炔菊酯、富右旋反式烯炔菊酯）	13
575	29162090272	按13%征税的炔丙菊酯（包括右旋炔丙菊酯、富右旋反式炔丙菊酯）	13
576	29162090282	按13%征税的氯丙炔菊酯（包括右旋反式氯丙炔菊酯）	13
577	2916209090	其他（环烷、环烯、环萜烯）一元羧酸（包括酸酐，酰卤化物，过氧化物和过氧酸及其衍生物）	13
578	29163100	其他苯甲酸及其盐和酯	13
579	29163200	过氧化苯甲酰及苯甲酰氯	13
580	29163400	苯乙酸及其盐	13
581	29163910	邻甲基苯甲酸	13
582	29163920	布洛芬	13
583	29163990122	按13%征税的草芽畏、燕麦酯	13
584	29163990142	按13%征税的对氯苯氧乙酸及其盐	13
585	29163990162	按13%征税的萘乙酸	13
586	29163990172	按13%征税的伐草克	13
587	29163990182	按13%征税的α-萘乙酸及其盐	13
588	2916399090	其他芳香一元羧酸	13
589	29171110	草酸	13
590	29171120	草酸钴	13
591	29171190	其他草酸盐和酯	13
592	29171310	癸二酸及其盐和酯	13
593	29171390	壬二酸及其盐和酯	13
594	29171400	马来酐	13
595	2917190090	其他无环多元羧酸	13
596	29172010	四氢苯酐	13
597	2917209090	其他（环烷、环烯、环萜烯）多元羧酸	13
598	29173200	邻苯二甲酸二辛酯	13
599	29173300	邻苯二甲酸二壬酯等（包括邻苯二甲酸二癸酯）	13
600	2917341090	其他邻苯二甲酸二丁酯	13
601	29173490	其他邻苯二甲酸酯	13
602	29173500	邻苯二甲酸酐（苯酐）	13
603	29173619	其他对苯二甲酸	13
604	29173690	对苯二甲酸盐	13
605	29173700	对苯二甲酸二甲酯	13
606	29173910	间苯二甲酸	13
607	29173990112	按13%征税的酞菌酯	13
608	29173990122	按13%征税的氯酞酸甲酯	13
609	29173990132	按13%征税的氯酞酸	13
610	2917399090	其他芳香多元羧酸	13
611	29181200	酒石酸	13
612	29181300	酒石酸盐及酒石酸酯	13
613	29181700	2,2-二苯基-2-羟基乙酸（二苯羟乙酸；二苯乙醇酸）	13
614	2918190010	二苯乙醇酸甲酯（包括其酸酐，酰卤化物，过氧化物和过氧酸及其衍生物）	13
615	2918190030	γ-羟基丁酸及其盐	13

序号	产品编码	产品名称	调整后退税率（%）
616	29181900422	按13%征税的溴螨酯	13
617	29181900432	按13%征税的苄丁酯	13
618	29181900442	按13%征税的整形醇	13
619	2918190090	其他含醇基但不含其他含氧基羧酸（包括其酸酐，酰卤化物，过氧化物和过氧酸及其衍生物）	13
620	29182110	水杨酸、水杨酸钠	13
621	29182190	其他水杨酸盐	13
622	29182210	邻乙酰水杨酸（阿斯匹林）	13
623	29182290	邻乙酰水杨酸盐和酯	13
624	29182900	其他含酚基但不含其他含氧基羧酸（包括其酸酐，酰卤化物，过氧化物和过氧酸及其衍生物	13
625	29191000	三(2,3-二溴丙基)磷酸酯	13
626	2919900020	磷酸三丁酯	13
627	29199000312	按13%征税的敌敌钙、敌敌畏	13
628	29199000322	按13%征税的速灭磷、二溴磷	13
629	29199000362	按13%征税的三乙膦酸铝、乙膦酸	13
630	29199000902	按13%征税的其他磷酸酯及其盐（包括乳磷酸盐）（包括它们的卤化，磺化，硝化或亚硝化衍生物）	13
631	29201900132	按13%征税的杀螟硫磷、除线磷	13
632	29201900142	按13%征税的异氯磷、皮蝇磷	13
633	29201900152	按13%征税的溴硫磷、乙基溴硫磷、硝虫硫磷	13
634	29201900182	按13%征税的甲基立枯磷、克菌磷	13
635	29201900192	按13%征税的速杀硫磷、丰丙磷	13
636	2920190090	其他硫代磷酸酯及其盐（包括它们的卤化，磺化，硝化或亚硝化衍生物）	13
637	29202100	亚磷酸二甲酯	13
638	29202200	亚磷酸二乙酯	13
639	29202300	亚磷酸三甲酯	13
640	29202400	亚磷酸三乙酯	13
641	29202910002	按13%征税的其他亚磷酸酯	13
642	2920299090	其他亚磷酸酯及其盐以及它们的卤化、磺化、硝化或亚硝化衍生物	13
643	2920900011	碳酸二苯酯	13
644	29209000142	按13%征税的炔螨特	13
645	2920900016	三乙基砷酸酯	13
646	2920900020	太安(PETN)（季戊四醇四硝酸酯）	13
647	2920900090	其他无机酸酯（不包括卤化氢的酯）（包括其盐以及它们的卤化，磺化，硝化或亚硝化衍生物）	13
648	29211100	甲胺、二甲胺或三甲胺及其盐	13
649	29211200	2-（N,N-二甲基氨基）氯乙烷盐酸盐	13
650	29211300	2-（N,N-二乙基氨基）氯乙烷盐酸盐	13
651	29211400	2-（N,N-二异丙基氨基）氯乙烷盐酸盐	13
652	29211910	二正丙胺	13
653	29211920	异丙胺	13
654	29211930	N,N-二(2-氯乙基)乙胺	13
655	29211940	N,N-二(2-氯乙基)甲胺	13
656	29211950	三(2-氯乙基)胺	13

序号	产品编码	产品名称	调整后退税率（%）
657	29211960	二烷氨基乙基-2-氯及相应质子盐（其中烷基指甲、乙、正丙或异丙基）	13
658	2921199011	三乙胺（单一成分，用做点火剂）	13
659	2921199020	二异丙胺	13
660	29211990332	按13%征税的胺鲜酯	13
661	2921199090	其他无环单胺及其衍生物及其盐	13
662	29212110	乙二胺	13
663	29212190	乙二胺盐	13
664	29212210	己二酸己二胺盐（尼龙-66盐）	13
665	29212290	六亚甲基二胺及其他盐	13
666	29212900	其他无环多胺及其衍生物，及它们的盐	13
667	2921300010	丙己君及其盐	13
668	29213000302	按13%征税的氨基羧酸环丙烷	13
669	2921300040	乙撑亚胺	13
670	2921300090	其他环（烷、烯、萜烯）单胺或多胺（包括其衍生物及它们的盐）	13
671	29214110	苯胺	13
672	29214190	苯胺盐	13
673	29214200122	按13%征税的敌锈钠	13
674	29214200132	按13%征税的苯草醚	13
675	2921420020	邻氯对硝基苯胺	13
676	2921420090	其他苯胺衍生物及其盐	13
677	2921430001	间甲苯胺或对甲苯胺	13
678	29214300102	按13%征税的氟乐灵	13
679	2921430020	邻甲苯胺	13
680	29214300322	按13%征税的乙丁氟灵	13
681	29214300332	按13%征税的氯乙氟灵	13
682	29214300342	按13%征税的环丙氟灵	13
683	29214300352	按13%征税的乙丁烯氟灵	13
684	29214300362	按13%征税的地乐灵	13
685	29214300372	按13%征税的氯乙灵	13
686	29214300382	按13%征税的氟节胺	13
687	2921430090	甲苯胺盐、甲苯胺衍生物及其盐	13
688	29214500	1-萘胺、2-萘胺及其衍生物以及它们的盐	13
689	29214600	安非他明、苄非他明、右苯丙胺、乙非他明、芬坎法明、利非他明、左苯丙胺、美芬雷司、苯丁胺以及它们的盐	13
690	29215110	邻苯二胺	13
691	29215190112	按13%征税的氨氟灵	13
692	29215190122	按13%征税的氨氟乐灵	13
693	2921590010	三氨基三硝基苯	13
694	2921590020	联苯胺(4,4'-二氨基联苯)	13
695	2921590031	4,4'-二氨基-3,3'-二氯二苯基甲烷	13
696	2921590032	3,3'-二氯联苯胺	13
697	29221100	单乙醇胺及其盐	13
698	29221200	二乙醇胺及其盐	13
699	29221400	右丙氧吩(INN)及其盐	13
700	29221500	三乙醇胺	13
701	29221600	全氟辛基磺酸二乙醇胺	13

序号	产品编码	产品名称	调整后退税率（%）
702	29221700001	乙基二乙醇胺	13
703	29221922	二乙氨基乙醇及其质子化盐	13
704	29221929	其他二烷氨基乙-2-醇及质子化盐（烷基指正丙或异丙基）	13
705	29221930	乙基二乙醇胺的盐	13
706	2922199041	三乙醇胺盐酸盐	13
707	2922199049	其他三乙醇胺的盐	13
708	29223100	安非拉酮、美沙酮和去甲美沙酮以及它们的盐	13
709	29223910	4-甲基甲卡西酮及其盐	13
710	2922399010	氯胺酮及其盐	13
711	29223990202	按13%征税的灭藻醌	13
712	2922399030	异美沙酮及其盐	13
713	2922399040	甲卡西酮及其盐	13
714	2922399050	4-甲基乙卡西酮（4-MEC）(4-Methylethcathinone;CAS号：1225617-18-4)	13
715	2922399090	其他氨基醛、氨基酮及其盐（包括氨基醌及其盐，但含有一种以上含氧基的除外）	13
716	29224210	谷氨酸	13
717	29224290	其他谷氨酸盐	13
718	29224310	邻氨基苯甲酸（氨茴酸）	13
719	29224390	邻氨基苯甲酸（氨茴酸）盐	13
720	29224400	替利定(INN)及其盐	13
721	29224999112	按13%征税的草灭畏	13
722	29224999122	按13%征税的灭杀威、灭除威、混灭威等（害扑威、速灭威、残杀威、猛杀威）	13
723	29224999142	按13%征税的异丙威	13
724	29224999152	按13%征税的仲丁威、畜虫威、合杀威	13
725	29224999162	按13%征税的甲萘威、地麦威、蝉虱威	13
726	29224999172	按13%征税的除线威	13
727	29224999182	按13%征税的氨酰丙酸（盐酸盐）	13
728	2922499990	其他氨基酸及其酯及它们的盐（含有一种以上含氧基的除外）	13
729	29225020	莱克多巴胺和盐酸莱克多巴胺	13
730	29231000	胆碱及其盐	13
731	29232000	卵磷脂及其他磷氨基类脂	13
732	29233000	全氟辛基磺酸四乙基铵	13
733	29234000	全氟辛基磺酸二癸基二甲基铵	13
734	29239000112	按13%征税的矮壮素	13
735	29239000122	按13%征税的菊胺酯	13
736	2923900090	其他季铵盐及季铵碱	13
737	29241100	甲丙氨酯(INN)	13
738	29241910	二甲基甲酰胺	13
739	2924199 0142	按13%征税的霜霉威	13
740	29241990162	按13%征税的二丙烯草胺	13
741	29241990182	按13%征税的驱蚊酯	13
742	2924199030	甲丙氨酯的盐	13
743	2924199040	丙烯酰胺	13
744	29242100102	按13%征税的氟环脲	13
745	2924210020	绿麦隆	13

序号	产品编码	产品名称	调整后退税率（%）
746	2924210090	其他酰脲及其衍生物以及它们的盐	13
747	29242300	2-乙酰氨基苯甲酸（N-乙酰邻氨基苯甲酸）及其盐	13
748	29242400	炔已蚁胺(INN)	13
749	29242910	对乙酰氨基苯乙醚（非那西丁）	13
750	29242920	对乙酰氨基酚（扑热息痛）	13
751	29251100	糖精及其盐	13
752	29251200	格鲁米特(INN)	13
753	2925190010	格鲁米特的盐	13
754	29251900212	按13%征税的腐霉利	13
755	29251900222	按13%征税的菌核净、菌核利、甲菌利、乙菌利	13
756	29251900232	按13%征税的氟烯草酸	13
757	29251900242	按13%征税的胺菊酯（包括右旋胺菊酯、右旋反式胺菊酯、富右旋反式胺菊酯）	13
758	2925190090	其他酰亚胺及其衍生物、盐	13
759	29252900112	按13%征税的杀螨特、杀螨脒	13
760	29252900122	按13%征税的单甲脒、伐虫脒、丙烷脒	13
761	29252900132	按13%征税的烯肟菌胺、烯肟菌酯、醚菌酯	13
762	29252900142	按13%征税的双胍辛胺、多果啶、双胍辛胺乙酸盐等（包括双胍三辛烷基苯磺酸盐）	13
763	29252900152	按13%征税的禾草灭、氟草醚、增产肟	13
764	29252900162	按13%征税的氯代水杨胺、双胍辛乙酸盐、顺已烯醇	13
765	2925290020	羟亚胺及其盐	13
766	29252900302	按13%征税的双甲脒	13
767	2925290090	其他亚胺及其衍生物以及它们的盐	13
768	29263000	芬普雷司及其盐；美沙酮中间体（4-氰基-2-二甲氨基-4,4-二苯基丁烷）	13
769	29264000	α-苯基乙酰基乙腈	13
770	29269010	对氯氰苄	13
771	29269020	间苯二甲腈	13
772	29269090102	按13%征税的甲氰菊酯、S-氰戊菊酯、氯氟氰菊酯（包括氰氟虫腙）	13
773	2926909020	己二腈	13
774	29269090312	按13%征税的氯氰菊酯、氟氯氰菊酯等（包括高效氯氰菊酯、高效反式氯氰菊酯、高效氟氯氰菊酯）	13
775	29269090322	按13%征税的杀螟腈、甲基辛硫磷等（包括敌草腈、碘苯腈、辛酰碘苯腈、溴苯腈、辛酰溴苯腈）	13
776	29269090332	按13%征税的氯辛硫磷、戊氰威、苯醚氰菊酯等（包括稻瘟酰胺、丙螨氰、右旋苯醚氰菊酯）	13
777	29269090342	按13%征税的戊烯氰氯菊酯、溴氯氰菊酯（包括高效氯氟氰菊酯、精高效氯氟氰菊酯）	13
778	29269090352	按13%征税的溴氰菊酯、四溴菊酯、氟丙菊酯	13
779	29269090362	按13%征税的氟氯苯菊酯、氟戊菊酯、乙氰菊酯	13
780	29269090372	按13%征税的氟氰戊菊酯、溴氟菊酯、溴灭菊酯	13
781	29269090382	按13%征税的氰菌胺、百菌清、霜脲氰、溴菌腈	13
782	29269090392	按13%征税的氟胺氰菊酯、氰氟草酯（包括富右旋反式苯氰菊酯）	13
783	2926909041	氰烯菌酯	13
784	2926909050	辛硫磷	13
785	2926909060	丁氟螨酯	13

序号	产品编码	产品名称	调整后退税率（%）
786	2926909070	3-氧-2-苯基丁腈	13
787	2926909090	其他腈基化合物	13
788	29270000102	按13%征税的敌磺钠（包括氧化偶氮化合物）	13
789	2927000090	其他重氮化合物、偶氮化合物等（包括氧化偶氮化合物）	13
790	2928000010	偏二甲肼	13
791	2928000020	甲基肼	13
792	29280000312	按13%征税的抑食肼，虫酰肼，丁酰肼，联苯肼酯（包括肟菌酯，苯氧菌胺）	13
793	29280000322	按13%征税的绿谷隆、溴谷隆、利谷隆、氯溴隆	13
794	29280000332	按13%征税的溴酚肟、乙二肟	13
795	29280000342	按13%征税的苯螨特	13
796	29280000352	按13%征税的醚肟腈	13
797	29280000362	按13%征税的三甲苯草酮	13
798	2928000090	其他肼（联氨）及胲（羟胺）的有机衍生物	13
799	29291010	甲苯二异氰酸酯(TDI)	13
800	29291020	二甲苯二异氰酸酯(TODI)	13
801	29291040	六亚基甲烷二异氰酸酯	13
802	29299010	环己基氨基磺酸钠（甜蜜素）	13
803	29299020	二烷氨基膦酰二卤（其中烷基指甲、乙、正丙或异丙基）	13
804	29299030	二烷氨基膦酸二烷酯（其中烷基指甲、乙、正丙或异丙基）	13
805	29299040002	按13%征税的乙酰甲胺磷	13
806	29299090112	按13%征税的胺丙畏、胺草磷、抑草磷，丁苯草酮等（包括甲基胺草磷）	13
807	29299090132	按13%征税的八甲磷、育畜磷、甘氨硫磷等（包括甲氟磷、毒鼠磷、水胺硫磷）	13
808	2929909090	其他含氮基化合物	13
809	29302000112	按13%征税的禾草丹、杀螟丹	13
810	29302000122	按13%征税的威百亩、代森钠、丙森锌、福美铁等（包括福美锌、代森福美锌、安百亩）	13
811	29302000132	按13%征税的燕麦敌、野麦畏、硫草敌	13
812	29302000142	按13%征税的苄草丹、戊草丹、坪草丹、仲草丹	13
813	29302000152	按13%征税的丁草敌、克草敌、茵草敌、灭草敌等（包括环草敌）	13
814	29302000162	按13%征税的硫菌威、菜草畏	13
815	2930200090	其他硫代氨基甲酸盐（或酯）（包括二硫代氨基甲酸盐）	13
816	29303000102	按13%征税的福美双	13
817	2930300090	其他一硫化二烃氨基硫羰等（包括二硫化二烃氨基硫羰及四硫化二烃氨基硫羰）	13
818	29307000	硫二甘醇（二(2-羟乙基)硫醚、硫代双乙醇）	13
819	29309010	双硫丙氨酸（胱氨酸）	13
820	29309090112	按13%征税的烯禾啶，双环磺草酮，氟虫酰胺，氟苯虫酰胺	13
821	2930909013	2-氯乙基氯甲基硫醚	13
822	2930909014	二(2-氯乙基)硫醚（即芥子气）	13
823	2930909015	二(2-氯乙硫基)甲烷	13
824	2930909016	1,2-二(2-氯乙硫基)乙烷（即倍半芥气）	13
825	2930909017	1,3-二(2-氯乙硫基)正丙烷	13
826	2930909018	1,4-二(2-氯乙硫基)正丁烷	13
827	2930909019	1,5-二(2-氯乙硫基)正戊烷	13

序号	产品编码	产品名称	调整后退税率（%）
828	2930909021	二（2-氯乙硫基甲基）醚	13
829	2930909022	二（2-氯乙硫基乙基）醚（即氧芥气）	13
830	2930909023	胺吸膦（硫代磷酸二乙基-S-2-二乙氨基乙酯及烷基化或质子化盐）	13
831	2930909024	烷基氨基乙-2-硫醇及相应质子盐	13
832	2930909026	烷基硫代膦酸烷S-2-二烷氨基乙酯（包括相应烷基化盐，质子化盐，烷基指甲，乙，正丙，异丙基）	13
833	2930909027	含一磷原子与甲、乙、丙基结合化合物（不包括地虫磷）	13
834	2930909028	内吸磷	13
835	2930909031	4-甲基硫基安非他明	13
836	2930909032	莫达非尼	13
837	29300909512	按13%征税的甲基硫菌灵、硫菌灵、苯螨醚等（包括乙蒜素、敌灭生、丁酮威、丁酮砜威、棉铃威）	13
838	29309090532	按13%征税的丁醚脲、久效威、苯硫威等（包括敌螨特、2甲4氯乙硫酯）	13
839	29309090542	按13%征税的杀虫双、杀虫单、灭虫脲等（包括避虫醇、烯虫硫酯、三氯杀螨砜、杀螨醚、杀螨酯）	13
840	29309090552	按13%征税的代森锌、代森锰、代森锰锌等（包括福美肼、福美甲肼、代森铵、代森联）	13
841	29309090562	按13%征税的烯草酮、磺草酮、嗪草酸甲酯、硝磺草酮等（包括苯氟磺胺、甲磺乐灵、氯硫酰草胺、脱叶磷）	13
842	29309090572	按13%征税的灭菌丹、克菌丹、杀螨硫醚等（包括氟杀螨、硫肟醚、莠不生）	13
843	29309090582	按13%征税的稻瘟净、异稻瘟净、稻丰散等（包括敌瘟磷）	13
844	29309090592	按13%征税的安妥、灭鼠特、二硫氰基甲烷等（包括灭鼠肼、氟硫隆）	13
845	29309090612	按13%征税的马拉硫磷、苏硫磷、赛硫磷等（包括丙虫磷、双硫磷、亚砜磷、异亚砜磷）	13
846	29309090622	按13%征税的丙溴磷、田乐磷、特丁硫磷等（包括硫丙磷、地虫硫膦、乙硫磷、丙硫磷、甲基乙拌磷）	13
847	29309090632	按13%征税的乐果、益硫磷、氧乐果等（包括甲拌磷、乙拌磷、虫螨磷、果虫磷）	13
848	29309090642	按13%征税的氯胺磷、家蝇磷、灭蚜磷等（包括安硫磷、四甲磷、丁苯硫磷、苯线磷、蚜灭磷）	13
849	29309090652	按13%征税的硫线磷、氯甲硫磷、杀虫磺等（包括砜吸磷、砜拌磷、异拌磷、三硫磷、芬硫磷）	13
850	29309090662	按13%征税的倍硫磷、甲基内吸磷、乙酯磷等（包括丰索磷、内吸磷、发硫磷）	13
851	29309090672	按13%征税的灭线磷	13
852	29311000	四甲基铅及四乙基铅	13
853	29313100	甲基膦酸二甲酯	13
854	29313200	丙基膦酸二甲酯	13
855	29313300	乙基膦酸二乙酯	13
856	29313400	3-(三羟基硅烷基)丙基甲基膦酸钠	13
857	29313500	1-丙基膦酸环酐	13
858	29313600	(5-乙基-2-甲基-2-氧代-1,3,2-二氧磷杂环己-5-基)甲基膦酸二甲酯(CAS号：41203-81-0)	13

序号	产品编码	产品名称	调整后退税率（%）
859	29313700	双[(5-乙基-2-甲基-2-氧代-1,3,2-二氧磷杂环己-5-基)甲基]甲基膦酸酯（阻燃剂FRC-1）(CAS号：42595-45-9)	13
860	29313800	甲基膦酸和脒基尿素（1:1）生成的盐	13
861	2931399011	烷基亚膦酰烷基-2-二烷氨基乙酯（包括相应烷基化盐或质子化盐）	13
862	2931399012	氯沙林、氯梭曼（氯沙林即甲基氯膦酸异丙酯，氯梭曼即甲基氯膦酸频那酯）	13
863	2931399013	烷基氟膦酸烷酯，10碳原子以下（烷基指甲，乙，正丙，异丙基，例如沙林，梭曼）	13
864	2931399014	二烷氨基氰膦酸烷酯10碳原子以下（烷基指甲，乙，正丙，异丙基，例如塔崩）	13
865	2931399015	烷基膦酰二氟（烷基指甲，乙，正丙，异丙基，例如，DF：甲基膦酰二氟）	13
866	29313990172	按13%征税的草铵膦，草硫膦，杀木膦等（包括双丙氨膦，增甘膦及其盐）	13
867	29313990182	按13%征税的三丁氯苄鏻	13
868	29313990192	按13%征税的乙烯利	13
869	29313990212	按13%征税的敌百虫，氟硅菊酯，毒壤膦等（包括苯硫膦，溴苯膦，苯腈膦，丁酯膦）	13
870	29313990222	按13%征税的甲基膦酰二氯、丙基膦酸、甲基膦酸、甲基膦酸二聚乙二醇酯（CAS号：294675-51-7）（甲基膦酸二[5-（5-乙基-2-甲基-2-氧代-1,3,2-二氧磷杂环己基)甲基]酯(CAS号：42595-45-9)，地虫磷除外）	13
871	29313990902	按13%征税的其他含磷原子的有机-无机化合物	13
872	2931900001	六甲基环三硅氧烷（包括八甲基环四硅氧烷，十甲基环五硅氧烷，十二甲基环六硅氧烷）	13
873	2931900017	硫酸三乙基锡，二丁基氧化锡等（包括氧化二丁基锡，乙酸三乙基锡，三乙基酸锡）	13
874	2931900018	四乙基锡，乙酸三甲基锡（四乙锡，醋酸三甲基锡）	13
875	2931900019	毒菌锡（三苯基羟基锡（含量>20%))	13
876	29319000282	按13%征税的三苯锡，三苯基乙酸锡等（包括三苯基氯化锡，三苯基氢氧化锡，苯丁锡，三唑锡）	13
877	29319000312	按13%征税的乙烯硅	13
878	29321100	四氢呋喃	13
879	29321200002	按13%征税的2-糠醛	13
880	29321300	糠醇及四氢糠醇	13
881	29321900112	按13%征税的喃烯菊酯，炔呋菊酯等（包括甲呋炔菊酯，溴苄呋菊酯，右旋炔呋菊酯）	13
882	29321900122	按13%征税的呋菌胺，酯菌胺，抑霉胺等（包括环菌胺，甲呋酰胺，二甲呋酰胺,)	13
883	29321900132	按13%征税的呋氧草醚，环庚草醚，呋草酮等（包括茵多酸）	13
884	29321900142	按13%征税的楝素，呋霜灵等（包括呋菌隆，螺螨酯）	13
885	29321900152	按13%征税的苄呋菊酯（包括右旋苄呋菊酯，生物苄呋菊酯）	13
886	29321900162	按13%征税的呋虫胺	13
887	2932190020	呋芬雷司	13
888	2932190030	恩格列净	13
889	2932190090	其他结构上有非稠合呋喃环化合物	13

序号	产品编码	产品名称	调整后退税率（%）
890	29329100	4-丙烯基-1,2-亚甲二氧基苯（即异黄樟脑）	13
891	29329200	1-(1,3-苯并二噁茂-5-基)丙烷-2-酮（即3,4-亚甲基二氧苯基-2-丙酮）	13
892	29329500	四氢大麻酚（所有异构体）	13
893	29331100	二甲基苯基吡唑酮及其衍生物（二甲基苯基吡唑酮即安替比林）	13
894	29331920	安乃近	13
895	29332100	乙内酰脲及其衍生物	13
896	29333100	吡啶及其盐	13
897	29333210	哌啶（六氢吡啶）	13
898	29333220	哌啶（六氢吡啶）盐	13
899	29333300	阿芬太尼、阿尼利定、氰苯双哌酰胺、澳西泮、地芬诺新、地芬诺酯、地匹哌酮、芬太尼、凯托米酮、哌醋甲酯、喷他左辛、哌替啶、哌替啶中间体A、苯环利定、苯哌利定、哌苯甲醇、哌氰米特、丙吡兰和三甲利定以及它们的盐	13
900	29333910	二苯乙醇酸-3-奎宁环酯（即BZ)	13
901	29333920	奎宁环-3-醇	13
902	29334100	左非诺(INN)及其盐	13
903	29335200	丙二酰脲（巴比妥酸）及其盐	13
904	29335300	阿洛巴比妥、异戊巴比妥、巴比妥、布他比妥、正丁巴比妥、环己巴比妥、甲苯巴比妥、戊巴比妥、苯巴比妥、仲丁巴比妥、司可巴比妥和乙烯比妥以及他们的盐	13
905	29335400	其他丙二酰脲的衍生物及它们的盐	13
906	29335500	氯普唑仑、甲氯喹酮等以及他们的盐	13
907	29335920	环丙氟哌酸	13
908	29336100	三聚氰胺（蜜胺）	13
909	29336910	三聚氰氯	13
910	29336921	二氯异氰脲酸	13
911	29336922	三氯异氰脲酸	13
912	29336929	其他异氰脲酸氯化衍生物	13
913	29336990112	按13%征税的西玛津,莠去津,扑灭津,草达津等（包括特丁津,氰草津,环丙津,甘扑津,甘草津）	13
914	29336990122	按13%征税的西草净,扑草净,敌草净,莠灭净等（包括特丁净,异丙净,异戊乙净,氰草净,氟草净,甲氧丙净）	13
915	29336990132	按13%征税的扑灭通,仲丁通	13
916	29336990142	按13%征税的丁嗪草酮,环嗪酮,嗪草酮等（包括苯嗪草酮,乙嗪草酮）	13
917	29336990152	按13%征税的灭蚜硫磷,灭蝇胺,吡蚜酮等（包括敌菌灵）	13
918	29336990162	按13%征税的三嗪氟草胺	13
919	2933699091	奥替拉西钾	13
920	2933699099	其他结构上含非稠合三嗪环化合物（因拆分抗癌药品原料药产生的兜底税号）	13
921	29337100	6-己内酰胺	13
922	29337200	氯巴占和甲乙哌酮(INN)	13
923	2933790010	氯巴占和甲乙哌酮的盐	13
924	2933790020	按13%征税的灭菌磷,螺虫乙酯	13
925	2933790030	佐匹克隆(Zopiclone；CAS号：43200-80-2)	13
926	2933790042	吡非尼酮	13

序号	产品编码	产品名称	调整后退税率（%）
927	2933790091	来那度胺	13
928	2933790099	其他内酰胺	13
929	29341090112	按13%征税的噻螨酮	13
930	29341090122	按13%征税的噻唑膦，噻唑硫磷	13
931	29341090132	按13%征税的噻唑烟酸，噻唑菌胺	13
932	29341090142	按13%征税的氯噻啉，氟螨噻	13
933	29341090152	按13%征税的噻菌灵，噻菌胺，噻丙腈	13
934	29341090162	按13%征税的噻呋酰胺、噻虫胺、噻虫嗪、噻虫啉	13
935	29341090172	按13%征税的辛噻酮，拌种灵	13
936	29341090182	按13%征税的稻瘟灵	13
937	29341090192	按13%征税的甲噻诱胺	13
938	2934109091	达沙替尼	13
939	2934109099	其他结构上含有非稠合噻唑环的化合物（非稠合噻唑环不论是否氢化）（因拆分抗癌药品原料药产生的兜底税号）	13
940	29342000112	按13%征税的噻螨威，噻霉酮	13
941	29342000122	按13%征税的苯噻硫氰	13
942	29342000132	按13%征税的烯丙苯噻唑	13
943	29342000142	按13%征税的草除灵	13
944	29342000152	按13%征税的噻唑禾草灵	13
945	29342000162	按13%征税的苯噻隆	13
946	29342000172	按13%征税的甲基苯噻隆	13
947	29342000182	按13%征税的苯噻酰草胺	13
948	29349960001	7-苯乙酰氨基-3-氯甲基-4-头孢烷酸对甲氧基苄酯	13
949	29351000002	按13%征税的N-甲基全氟辛基磺酰胺	13
950	29352000002	按13%征税的N-乙基全氟辛基磺酰胺	13
951	29353000002	按13%征税的N-乙基-N-（2-羟乙基）全氟辛基磺酰胺	13
952	29354000002	按13%征税的N-（2-羟乙基）-N-甲基全氟辛基磺酰胺	13
953	29355000	其他全氟辛基磺酰胺	13
954	29359000112	按13%征税的氟唑磺隆，氟吡磺隆，磺酰磺隆，氯酯磺草胺等（包括甲酰氨基嘧磺隆，乙氧磺隆，氯磺隆，甲磺隆，苯磺隆，胺苯磺隆）	13
955	29359000122	按13%征税的醚苯磺隆，噻吩磺隆，醚磺隆，氟啶嘧磺隆等（包括氟胺磺隆，氟磺隆，甲嘧磺隆，氯嘧磺隆，氟嘧磺隆）	13
956	29359000132	按13%征税的苄嘧磺隆，吡嘧磺隆，烟嘧磺隆，双氯磺草胺等（包括啶嘧磺隆，砜嘧磺隆，唑嘧磺隆）	13
957	29359000142	按13%征税的四唑嘧磺隆，唑吡嘧磺隆，三氟甲磺隆等（包括氯吡嘧磺隆，酰嘧磺隆，环丙嘧磺隆，甲基二磺隆）	13
958	29359000152	按13%征税的氟磺酰草胺，甲磺草胺，嘧苯胺磺隆等（包括唑嘧磺草胺，双氟磺草胺，五氟磺草胺）	13
959	29359000162	按13%征税的氟磺胺草醚，磺草灵，吲唑磺菌胺等（包括单嘧磺酯，磺草唑胺，三氟啶磺隆钠）	13
960	29359000172	按13%征税的磺草膦，氨磺乐灵，三氟啶磺隆，啶磺草胺等（包括甲基碘磺隆钠盐）	13
961	29359000182	按13%征税的磺菌胺，增糖胺等（包括甲苯氟磺胺，氟虫胺）	13
962	29359000192	按13%征税的畜蜱磷，伐灭磷，地散磷等（包括磺菌威，氰霜唑）	13
963	29359000202	按13%征税的环氧嘧磺隆	13
964	29359000312	按13%征税的苯嘧磺草胺	13
965	29359000322	按13%征税的噻酮磺隆	13

序号	产品编码	产品名称	调整后退税率（%）
966	2935900033	磺胺嘧啶	13
967	2935900034	磺胺双甲基嘧啶	13
968	2935900035	磺胺甲噁唑（磺胺甲基异噁唑，新诺明、新明磺）	13
969	2935900036	波生坦	13
970	2935900090	其他磺（酰）胺	13
971	29372100	可的松、氢化可的松等（包括脱氢皮（质甾）醇）	13
972	29372210	地塞米松	13
973	29372290	其他肾上腺皮质激素的卤化衍生物	13
974	29375000	前列腺素、血栓烷和白细胞三烯（包括它们的衍生物和结构类似物）	13
975	29379000	其他天然或合成再制的激素及其衍生物和结构类似物，包括主要用作激素的改性链多肽	13
976	29393000	咖啡因及其盐	13
977	29420000	其他有机化合物	13
978	32041700	颜料及以其为基本成分的制品	13
979	33011200	橙油（包括浸膏及净油）	13
980	33011910	白柠檬油（酸橙油）（包括浸膏及净油）	13
981	33011990	其他柑橘属果实的精油（包括浸膏及净油）	13
982	33012400	胡椒薄荷油（包括浸膏及净油）	13
983	33012910	樟脑油（包括浸膏及精油）	13
984	33012920	香茅油（包括浸膏及净油）	13
985	33012940	桂油（包括浸膏及净油）	13
986	33012950	山苍子油（包括浸膏及净油）	13
987	33012960	桉叶油（包括浸膏及净油）	13
988	33012991	老鹳草油（香叶油）（包括浸膏及精油）	13
989	3301299910	黄樟油	13
990	3301299999	其他非柑橘属果实的精油（包括浸膏及净油）	13
991	3301309090	其他香膏	13
992	3301901090	其他提取的油树脂	13
993	33019020	柑橘属果实精油脱萜的萜烯副产品	13
994	33019090	吸取浸渍法制成含浓缩精油的脂肪（含固定油、蜡及类似品，精油水溶液及水馏液）	13
995	33061090	其他洁齿品	13
996	33062000	清洁牙缝用的纱线（牙线）	13
997	34070010	牙科用蜡及造型膏（成套、零售包装或制成片状、马蹄形、条状及类似形状的）	13
998	34070020	以熟石膏为成分的牙科用其他制品（包括以煅石膏或硫酸钙为基本成分的）	13
999	34070090	其他塑型用膏（包括供儿童娱乐用物品）	13
1000	38085200001	按9%征税的DDT（ISO）[滴滴涕（INN）]，每包净重不超过300克	9
1001	38085200002	按13%征税的DDT（ISO）[滴滴涕（INN）]，每包净重不超过300克	13
1002	38085910101	按9%征税的零售包装含一种第38章子目注释一所列物质的货品	9
1003	38085910102	按13%征税的零售包装含一种第38章子目注释一所列物质的货品	13
1004	38085910901	按9%征税的零售包装含多种第38章子目注释一所列物质的货品	9

序号	产品编码	产品名称	调整后退税率（%）
1005	38085910902	按13%征税的零售包装含多种第38章子目注释一所列物质的货品	13
1006	38085990101	按9%征税的非零售包装的含有一种第38章子目注释一所列物质的货品	9
1007	38085990102	按13%征税的非零售包装的含有一种第38章子目注释一所列物质的货品	13
1008	38085990901	按9%征税的非零售包装含多种第38章子目注释一所列物质的货品	9
1009	38085990902	按13%征税的非零售包装含多种第38章子目注释一所列物质的货品	13
1010	38086100001	按9%征税的含第38章子目注释二所列物质的货品，每包净重不超过300克	9
1011	38086100002	按13%征税的含第38章子目注释二所列物质的货品，每包净重不超过300克	13
1012	38086200001	按9%征税的含第38章子目注释二所列物质的货品，每包净重超过300克，但不超过7.5千克	9
1013	38086200002	按13%征税的含第38章子目注释二所列物质的货品，每包净重超过300克，但不超过7.5千克	13
1014	38086900	其他含第38章子目注释二所列物质的货品	9
1015	38089111001	按9%征税的蚊香（不含有一种或多种第38章子目注释一所列物质的货品）	9
1016	38089111002	按13%征税的蚊香（不含有一种或多种第38章子目注释一所列物质的货品）	13
1017	38089112001	按9%征税的零售包装的生物杀虫剂	9
1018	38089112002	按13%征税的零售包装的生物杀虫剂	13
1019	38089119001	按9%征税的零售包装的其他杀虫剂成药	9
1020	38089119002	按13%征税的零售包装的其他杀虫剂成药	13
1021	38089190	非零售包装杀虫剂成药	9
1022	38089210001	按9%征税的零售包装的杀菌剂成药	9
1023	38089210002	按13%征税的零售包装的杀菌剂成药	13
1024	38089290101	按9%征税的非零售包装的医用杀菌剂	9
1025	38089290102	按13%征税的非零售包装的医用杀菌剂	13
1026	38089290211	按9%征税的经农药杀菌剂浸渍的纸质水果套袋	9
1027	38089290212	按13%征税的经农药杀菌剂浸渍的纸质水果套袋	13
1028	38089290291	按9%征税的非零售包装的其他农用杀菌剂成药	9
1029	38089290292	按13%征税的非零售包装的其他农用杀菌剂成药	13
1030	38089290901	按9%征税的非零售包装的非农用杀菌剂成药（包括非医用杀菌剂）	9
1031	38089290902	按13%征税的非零售包装的非农用杀菌剂成药（包括非医用杀菌剂）	13
1032	38089311	零售包装的除草剂成药	9
1033	38089319	非零售包装的除草剂	9
1034	38089391	零售包装抗萌剂及植物生长调节剂	9
1035	38089399	非零售抗萌剂及植物生长调节剂	9
1036	38089400	消毒剂	13
1037	38089910001	按9%征税的零售包装的杀鼠剂及其他农药（包括类似品）	9
1038	38089990001	按9%征税的非零售包装的杀鼠剂及其他农药（包括类似品）	9
1039	38122000	橡胶或塑料用复合增塑剂	13

序号	产品编码	产品名称	调整后退税率（%）
1040	38123100	2,2,4-三甲基-1,2-二氢化喹啉（TMQ）低聚体混合物	13
1041	38123910	其他橡胶防老剂	13
1042	38123990	其他橡胶或塑料用抗氧制剂及其他复合稳定剂	13
1043	38231200	油酸	13
1044	38241000	铸模及铸芯用粘合剂	13
1045	38248600	含五氯苯（ISO）或六氯苯（ISO）的	13
1046	38248700	含全氟辛基磺酸及其盐，全氟辛基磺胺或全氟辛基磺酰氯的	13
1047	38248800	含四、五、六、七或八溴联苯醚的	13
1048	38249100	主要由(5-乙基-2-甲基-2氧代-1,3,2-二氧磷杂环己-5-基)甲基膦酸二甲酯和双[(5-乙基-2-甲基-2氧代-1,3,2-二氧磷杂环己-5-基)甲基]甲基膦酸酯（阻燃剂FRC-1）组成的混合物及制品	13
1049	38249993	表层包覆钴化合物的氢氧化镍（掺杂碳）	13
1050	3824999950	三乙醇胺混合物、甲基二乙醇胺混合物、环状膦酸酯A和环状膦酸酯B的混合物	13
1051	3824999970	核苷酸类食品添加剂	13
1052	3824999991	短链氯化石蜡（不具有人造蜡特性）	13
1053	3824999999	其他编号未列名的化工产品（包括水解物或水解料、DMC（六甲基环三硅氧烷，八甲基环四硅氧烷，十甲基环五硅氧烷，十二甲基环六硅氧烷中任何2种,3种或4种组成的混合物））	13
1054	39013000	初级形状乙烯-乙酸乙烯酯共聚物	13
1055	39014010	乙烯-丙烯共聚物（乙丙橡胶）	13
1056	39019010	其他乙烯-丙烯共聚物（乙丙橡胶）(初级形状，乙烯单体单元的含量大于丙烯单体单元)	13
1057	39022000	初级形状的聚异丁烯	13
1058	39023010	乙烯-丙烯共聚物（乙丙橡胶）(丙烯单体单元的含量大于乙烯单体单元)	13
1059	39029000	其他初级形状的烯烃聚合物	13
1060	39031100	初级形状的可发性聚苯乙烯	13
1061	39031990	其他初级形状的聚苯乙烯	13
1062	39032000	初级形状苯乙烯-丙烯腈共聚物	13
1063	39033090	其他丙烯腈-丁二烯-苯乙烯共聚物（初级形状的ABS树脂）	13
1064	39039000	初级形状的其他苯乙烯聚合物	13
1065	39043000	氯乙烯-乙酸乙烯酯共聚物（初级形状的）	13
1066	39044000	初级形状的其他氯乙烯共聚物	13
1067	39045000	初级形状的偏二氯乙烯聚合物	13
1068	39049000	初级形状的其他卤化烯烃聚合物	13
1069	39051200	聚乙酸乙烯酯的水分散体	13
1070	39051900	其他初级形状聚乙酸乙烯酯	13
1071	39052100	乙酸乙烯酯共聚物的水分散体	13
1072	39052900	其他初级形状的乙酸乙烯酯共聚物	13
1073	39053000	初级形状的聚乙烯醇（不论是否含有未水解的乙酸酯基）	13
1074	39059100	其他乙烯酯或乙烯基的共聚物（初级形状的）	13
1075	39059900	其他乙烯酯或乙烯基的聚合物（初级形状的，共聚物除外）	13
1076	39069010	聚丙烯酰胺	13
1077	39069090001	丙烯酸钠聚合物	13
1078	39071090	其他初级形状的聚缩醛	13

序号	产品编码	产品名称	调整后退税率（%）
1079	39072010	聚四亚甲基醚二醇	13
1080	39073000	初级形状的环氧树脂	13
1081	39075000	初级形状的醇酸树脂	13
1082	39077000	初级形状的聚乳酸	13
1083	39079100	初级形状的不饱和聚酯	13
1084	39079991	聚对苯二甲酸－己二酸－丁二醇酯	13
1085	39079999	其他聚酯	13
1086	39081090	其他初级形状的聚酰胺－6,6等（包括聚酰胺－6;-6,9;-6,10;-6,12;-11;-12）	13
1087	39089010	初级形状的芳香族聚酰胺及其共聚物	13
1088	39089020	初级形状的半芳香族聚酰胺及其共聚物	13
1089	39089090	初级形状的其他聚酰胺	13
1090	39091000	初级形状的尿素树脂及硫尿树脂	13
1091	39092000	初级形状的蜜胺树脂	13
1092	39093900	其他初级形状的氨基树脂	13
1093	39094000	初级形状的酚醛树脂	13
1094	39111000	初级形状的石油树脂等（等指苯并呋喃树脂、茚树脂、苯并呋喃－茚树脂及多萜树脂）	13
1095	3911900001	芳基酸与芳基胺预缩聚物	13
1096	3911900003	改性三羟乙基脲酸酯类预缩聚物	13
1097	3911900005	偏苯三酸酐和异氰酸预缩聚物	13
1098	39121100002	未塑化的二、三醋酸纤维素	13
1099	39140000	初级形状的离子交换剂（以品目3901至3913的聚合物为基本成分的）	13
1100	3920209090	非泡沫丙烯聚合物板,片,膜,箔及扁条（未用其他材料强化,层压,支撑或用类似方法合制,非农用）	13
1101	3920430090	氯乙烯聚合物板,片,膜,箔及扁条（增塑剂含量≥6%,未用其他材料强化、层压、支撑）	13
1102	3920490090	其他氯乙烯聚合物板,片,膜,箔及扁条（非泡沫料的,未用其他材料强化,层压,支撑,非农用）	13
1103	40021110	羧基丁苯橡胶胶乳	13
1104	40021190	其他胶乳	13
1105	40021912	初级形状充油丁苯橡胶（溶聚的除外）（胶乳除外）	13
1106	40021913	初级形状热塑丁苯橡胶（胶乳除外）	13
1107	40021914	初级形状充油热塑丁苯橡胶（胶乳除外）	13
1108	40021916	初级形状充油溶聚丁苯橡胶（胶乳除外）	13
1109	40021919	其他初级形状羧基丁苯橡胶等（胶乳除外）	13
1110	4002199001	简单处理的丁苯橡胶,热塑或充油热塑丁苯橡胶除外（指为便于运输,对初级形状进行压缩、挤压等简单成型处理）	13
1111	40022010	初级形状的丁二烯橡胶	13
1112	40023110	初级形状的异丁烯－异戊二烯橡胶	13
1113	40023910	初级形状的其他卤代丁基橡胶	13
1114	40024100	氯丁二烯橡胶胶乳	13
1115	40024910	初级形状的氯丁二烯橡胶（胶乳除外）	13
1116	40025100	丁腈橡胶胶乳	13
1117	40025910	初级形状的丁腈橡胶（胶乳除外）	13
1118	40026010	初级形状的异戊二烯橡胶	13

序号	产品编码	产品名称	调整后退税率（%）
1119	40027010	初级形状的乙丙非共轭二烯橡胶	13
1120	40091200	未加强或其他材料合制硫化橡胶管（装有附件、硬质橡胶除外）	13
1121	40094200	加强或与其他材料合制硫化橡胶管（装有附件、硬质橡胶除外）	13
1122	40170010	各种形状的硬质橡胶	13
1123	42060000	肠线、肠膜、膀胱或筋腱制品（不包括外科用无菌肠线或制成乐器弦的肠线，蚕胶丝除外）	13
1124	43021100	已鞣未缝制的整张水貂皮（不论是否带头，尾或爪）	13
1125	4302191020	已鞣未缝制的兰狐皮、银狐皮	13
1126	4302192090	已鞣未缝制的整张兔皮（不论是否带头，尾或爪）	13
1127	43021930	已鞣未缝制阿斯特拉罕等羔羊皮（还包括喀拉科尔，波斯，印度，中国或蒙古羔羊皮）	13
1128	4302199090	已鞣未缝制的其他毛皮	13
1129	4302200090	已鞣未缝制的头，尾，爪及其他块片	13
1130	4302301010	已鞣已缝制貂皮、狐皮及其块、片（蓝狐、银狐、水貂、艾虎的整张毛皮及块、片除外）	13
1131	4302309090	已鞣已缝制的其他整张毛皮及块片	13
1132	4412310010	至少有一表层为桃花心木薄板制胶合板（每层厚度≤6mm）	13
1133	4412310020	至少有一表层为拉敏木薄板制胶合板（每层厚度≤6mm）	13
1134	4412941010	至少有一表层是桃花心木的木块芯胶合板等（还包括侧板条芯胶合板及板条芯胶合板）	13
1135	4412941020	至少有一表层是拉敏木的木块芯胶合板等（还包括侧板条芯胶合板及板条芯胶合板）	13
1136	44129910102	至少有一表层是桃花心木的多层板	13
1137	44129910202	至少有一表层是拉敏木的多层板	13
1138	4415100010	拉敏木制木箱及类似包装容器（电缆卷筒）	13
1139	44152010	辐射松木制托板、箱形托盘及其他装载用辐射松木板（包括辐射松木制托盘护框）	13
1140	4415209010	拉敏木托板、箱形托盘及装载木板（包括拉敏木制托盘护框）	13
1141	44181010	辐射松木制的木窗，落地窗及其框架	13
1142	4418109010	拉敏木制木窗，落地窗及其框架	13
1143	4418200010	拉敏木制的木门及其框架和门槛	13
1144	4418990010	拉敏木制其他建筑用木工制品（包括蜂窝结构的木镶板）	13
1145	4419909010	拉敏木制的其他餐具及厨房用具	13
1146	4419909090	其他木制其他餐具及厨房用具	13
1147	4420901010	拉敏木制的镶嵌木	13
1148	4420909010	拉敏木盒及类似品，非落地木家具（前者用于装珠宝或家具；后者不包括第九十四章的家具）	13
1149	4421100010	拉敏木制木衣架	13
1150	4421999010	拉敏木制的未列名的木制品	13
1151	48181000	小卷（张）卫生纸（成卷或矩形成张的宽度≤36cm，或制成特殊形状的）	13
1152	48182000	小卷（张）纸手帕及纸面巾（成卷或矩形成张的宽度≤36cm，或制成特殊形状的）	13
1153	48183000	小卷（张）纸台布及纸餐巾（成卷或矩形成张的宽度≤36cm，或制成特殊形状的）	13
1154	5102191090	其他未梳兔毛	9
1155	5103109090	其他动物细毛的落毛	9

序号	产品编码	产品名称	调整后退税率（%）
1156	51032010	羊毛废料（包括废纱线，不包括回收纤维）	9
1157	5103209090	其他动物细毛废料（包括废纱线，不包括回收纤维）	9
1158	5103300090	其他动物粗毛废料（包括废纱线，不包括回收纤维）	9
1159	51040010	羊毛的回收纤维	9
1160	53050092	生的或经加工、未纺织的椰壳纤维（包括短纤，落麻，废料，废椰壳纱线及回收纤维）	9
1161	67030000	经梳理、稀疏等方法加工的人发（包括作假发及类似品用羊毛、其他动物毛或其他纺织材料）	13
1162	67041100	合成纺织材料制整头假发	13
1163	67041900	合成纺织材料制其他假发、须等（不包括整头假发）	13
1164	67042000	人发制假发，须，眉及类似品（包括整头假发）	13
1165	67049000	其他材料制假发、须、眉及类似品（包括整头假发）	13
1166	68030010	已加工板岩及板岩制品	13
1167	68030090	粘聚板岩制品	13
1168	68041000	碾磨或磨浆用石磨，石碾	13
1169	68042110	粘聚合成或天然金刚石制的砂轮	13
1170	68042190	粘聚合成或天然金刚石制的其他石磨、石碾及类似品	13
1171	68042210	其他砂轮（由其他粘聚磨料或陶瓷所制）	13
1172	68042290	其他石磨，石碾及类似品（由其他粘聚磨料或陶瓷所制）	13
1173	68042310	天然石料制的砂轮	13
1174	68042390	天然石料制其他石磨，石碾等（包括类似品）	13
1175	68043010	手用琢磨油石	13
1176	68043090	手用其他磨石及抛光石	13
1177	68051000	砂布（不论是否裁切，缝合或用其他方法加工成型）	13
1178	68052000	砂纸（不论是否裁切，缝合或用其他方法加工成型）	13
1179	68053000	不以布或纸为底的砂纸类似品	13
1180	68061010	硅酸铝纤维及其制品	13
1181	68061090	其他矿渣棉、岩石棉及类似的矿质棉（包括其相互混合物），块状、成片或成卷	13
1182	68080000	镶板，平板，瓦，砖及类似品（以水泥等矿物为材料将植物纤维，稻草，刨花等粘合而成）	13
1183	68091100	未饰的石膏板、片、砖、瓦及类似品（包含以石膏为主成分的混合物制品．用纸，纸板贴面或加强）	13
1184	68091900	以其他材料贴面加强的未饰石膏板（含片，砖，瓦及类似品包含以石膏为主成分的混合物制品）	13
1185	68099000	其他石膏制品（包括以石膏为主成分的混合材料制品）	13
1186	68101100	水泥制建筑用砖及石砌块（包括混凝土或人造石制，不论是否加强）	13
1187	68101910	人造石制砖，瓦，扁平石（含类似品，不论是否加强）	13
1188	68101990	水泥或混凝土制其他砖，瓦，扁平石（含类似品，不论是否加强）	13
1189	68109110	钢筋混凝土和预应力混凝土管等（包括杆、板、桩等，无论是否加强）	13
1190	68109190	水泥制建筑或土木工程用预制构件（包括混凝土或人造石制，不论是否加强）	13
1191	68109910	铁道用水泥枕	13
1192	68109990	水泥，混凝土或人造石制其他制品	13
1193	68114010	含石棉的瓦楞板	13
1194	68114020	含石棉的片、板、砖、瓦及类似品	13
1195	68114030	含石棉的管子及管子附件	13

序号	产品编码	产品名称	调整后退税率（%）
1196	68114090	含石棉的其他制品	13
1197	68118100	不含石棉的瓦楞板	13
1198	68118200	不含石棉的片、板、砖、瓦及类似品	13
1199	68118910	不含石棉的管子及管子附件	13
1200	68118990	不含石棉的其他制品	13
1201	68128000	青石棉或青石棉混合物及其制品（包含服装、衣着附件、帽及鞋靴、毡子、接合纤维及其他青石棉制品）	13
1202	68129100	其他石棉或石棉混合物制的服装（包含衣着附件、帽子及鞋靴）	13
1203	68129200	其他石棉或石棉混合物制的纸、麻丝板（包含毡子）	13
1204	68129300	成片或成卷的压缩石棉纤维接合材料（不含青石棉制品）	13
1205	68129900	其他石棉或石棉混合物制品	13
1206	68132010	含石棉的闸衬、闸垫（由石棉为基本成分的摩擦材料所制）	13
1207	68132090	含石棉的摩擦材料及其他用于制动等用途的制品（摩擦材料由石棉为主原料构成）	13
1208	68138100	其他闸衬、闸垫（其他矿物或纤维素为基本成分的摩擦材料所制）	13
1209	68138900	其他摩擦材料及用于制动等用途的制品（摩擦材料由其他矿物或纤维素为主原料构成）	13
1210	68149000	其他已加工的云母及其制品（包括粘聚或复制的云母及其他制品）	13
1211	69101000	瓷制脸盆、浴缸及类似卫生器具（包括洗涤槽、抽水马桶、小便池等）	13
1212	69109000	陶制脸盆、浴缸及类似卫生器具（包括洗涤槽、抽水马桶、小便池等）	13
1213	70010000	废碎玻璃及玻璃块料	13
1214	7003190001	液晶或有机发光二极管（OLED）显示屏用原板玻璃，包括保护屏用含碱玻璃（铸、轧制的非夹丝玻璃板、片，未着色，透明及不具吸收层的，未经其他加工）	13
1215	7005290002	液晶或有机发光二极管（OLED）显示屏用原板玻璃，包括保护屏用含碱玻璃（非夹丝浮法玻璃板、片）	13
1216	70112090	阴极射线管用其他玻壳及零件	13
1217	70119010	电子管未封口玻璃外壳及玻璃零件（未装有配件）	13
1218	70191100	长度≤50mm的短切玻璃纤维	13
1219	70191200	玻璃纤维粗纱	13
1220	70191900	其他玻璃纤维、梳条、粗砂、纱线及短切纤维	13
1221	70193100	玻璃纤维（包括玻璃棉）制的席	13
1222	70193200	玻璃纤维（包括玻璃棉）制的薄片（也称巴厘纱）	13
1223	70193910	玻璃纤维制的垫	13
1224	70193990	其他玻璃纤维制的网、板及类似无纺产品	13
1225	70194000	玻璃纤维粗纱机织物	13
1226	70195100	宽度≤30mm的玻璃纤维机织物	13
1227	70195200	宽度超过30厘米的玻璃长丝平纹织物，每平方米重量不超过250克，单根纱线细度不超过136特克斯	13
1228	70195900	其他玻璃纤维机织物	13
1229	70199010	玻璃棉及其制品	13
1230	70199021001	玻璃纤维布浸胶制品	13
1231	70199029	其他玻璃纤维布浸胶制品（每平方米重量≥450克）	13
1232	71011011001	按9%征税的未分级的天然黑珍珠（不论是否加工，但未制成制品）	9
1233	71011011002	按13%征税的未分级的天然黑珍珠（不论是否加工，但未制成制品）	13

序号	产品编码	产品名称	调整后退税率（%）
1234	71011019001	按9%征税的其他未分级的天然珍珠（不论是否加工，但未制成制品）	9
1235	71011019002	按13%征税的其他未分级的天然珍珠（不论是否加工，但未制成制品）	13
1236	71011091001	按9%征税的其他天然黑珍珠（不论是否加工，但未制成制品）	9
1237	71011091002	按13%征税的其他天然黑珍珠（不论是否加工，但未制成制品）	13
1238	71011099001	按9%征税的其他天然珍珠（不论是否加工，但未制成制品）	9
1239	71011099002	按13%征税的其他天然珍珠（不论是否加工，但未制成制品）	13
1240	71012110	未分级、未加工的养殖珍珠	9
1241	71012190	其他未加工的养殖珍珠	9
1242	71012210	未分级、已加工的养殖珍珠	13
1243	71012290	其他已加工的养殖珍珠	13
1244	71022100001	按9%征税的工业用钻石（未加工或经简单锯开，劈开或粗磨未镶嵌）	9
1245	71022100002	按13%征税的工业用钻石（未加工或经简单锯开，劈开或粗磨未镶嵌）	13
1246	71022900001	按9%征税的工业用其他钻石（未镶嵌）	9
1247	71022900002	按13%征税的工业用其他钻石（未镶嵌）	13
1248	71031000001	按9%征税的未加工宝石或半宝石（经简单锯开或粗制成形，未成串或镶嵌）	9
1249	71031000002	按13%征税的未加工宝石或半宝石（经简单锯开或粗制成形，未成串或镶嵌）	13
1250	71039100	经其他加工的红宝石，蓝宝石，祖母绿（未成串或镶嵌）	13
1251	71039910	经其他加工的翡翠（未成串或镶嵌）	13
1252	71039920	经其他加工的水晶（未成串或镶嵌）	13
1253	71039930	经其他加工的碧玺（未成串或镶嵌）	13
1254	71039940	经其他加工的软玉（未成串或镶嵌）	13
1255	71039990	经其他加工的其他宝石或半宝石（未成串或镶嵌）	13
1256	71041000	压电石英	13
1257	71042090	未加工合成或再造其他宝石半宝石（经简单锯开或粗制成形，未成串或镶嵌）	13
1258	71049011	其他工业用合成或再造的钻石	13
1259	71049019	其他工业用合成或再造宝石半宝石	13
1260	71049099	其他非工业用合成宝石或半宝石（未成串或镶嵌）	13
1261	71051020	人工合成的钻石粉末	13
1262	71059000	其他天然或合成宝石或半宝石粉末	13
1263	71070000	以贱金属为底的包银材料	13
1264	71090000	以贱金属或银为底的包金材料	13
1265	71110000002	银焊料	13
1266	71123010	含有银或银化合物的灰（主要用于回收银）	13
1267	71129910	含有银及银化合物的废碎料（主要用于回收银）	13
1268	7113119090	其他银首饰及其零件（不论是否包、镀其他贵金属）	13
1269	7113209090	其他以贱金属为底的包贵金属制首饰（包括零件）	13
1270	7114110090	其他银器及零件（不论是否包、镀贵金属）	13
1271	71142000902	镀银铁碟	13
1272	7115901010	银制工业，实验室用制品	13
1273	71159010902	银线，铱坩埚，银铜化合物	13

序号	产品编码	产品名称	调整后退税率（%）
1274	71159090002	电弧焊用，锡合焊锡丝	13
1275	71161000	天然或养殖珍珠制品	13
1276	71162000002	其他宝石或半宝石制品	13
1277	71171100	贱金属制袖扣、饰扣（不论是否镀贵金属）	13
1278	71171900	其他贱金属制仿首饰	13
1279	71179000	未列名材料制仿首饰	13
1280	71181000	非法定货币的硬币（金币除外）	13
1281	72052100	合金钢粉末	13
1282	72124000	涂漆或涂塑的铁或非合金钢窄板材（宽度＜600mm）	13
1283	72141000	铁或非合金钢的锻造条、杆（除热加工外未进一步加工）	13
1284	72172000	镀或涂锌的铁或非合金钢丝	13
1285	72173010	镀或涂铜的铁或非合金钢丝	13
1286	72201100	热轧不锈钢带材厚度≥4.75mm（除热轧外未经进一步加工宽度＜600mm）	13
1287	72201200	热轧不锈钢带材厚度＜4.75mm（除热轧外未经进一步加工宽度＜600mm）	13
1288	72202020	厚度≤0.35mm冷轧不锈钢带材（除冷轧外未经进一步加工，宽度＜600mm）	13
1289	72202030	0.35mm＜厚度＜3mm的冷轧不锈钢带材（除冷轧外未经进一步加工，宽度＜600mm）	13
1290	72202040	厚度≥3mm的冷轧不锈钢带材（除冷轧外未经进一步加工，宽度＜600mm）	13
1291	72209000	其他不锈钢带材（热轧或冷轧后经进一步加工宽度＜600mm）	13
1292	72221100	圆形截面的热加工不锈钢条、杆（除热加工外未进一步加工）	13
1293	72221900	其他截面形状的热加工不锈钢条、杆（除热加工外未进一步加工）	13
1294	72222000	冷成形或冷加工的不锈钢条、杆（除冷加工外未进一步加工的不锈钢条、杆）	13
1295	72223000	其他不锈钢条、杆（除热加工或冷加工外未进一步加工的不锈钢条、杆）	13
1296	72224000	不锈钢角材、型材及异型材	13
1297	72230000	不锈钢丝	13
1298	72253000	宽度≥600mm 热轧其他合金钢卷材（除热轧外未经进一步加工）	13
1299	72259100	电镀锌的其他合金钢宽平板轧材（宽≥600mm）	13
1300	72259200	其他镀或涂锌的其他合金钢宽板材（宽≥600mm）	13
1301	72259910	宽≥600mm 的高速钢制平板轧材	13
1302	72259990	宽≥600mm 的其他合金钢平板轧材	13
1303	72262000	宽度＜600mm 的高速钢平板轧材	13
1304	72269110	宽度＜600mm 热轧工具钢材（除热轧外未经进一步加工）	13
1305	72269199	其他除热轧外未经进一步加工的合金钢平板轧材，宽度小于600毫米	13
1306	72269200	宽度＜600mm 冷轧其他合金钢板材（除冷轧外未经进一步加工）	13
1307	72269910	电镀锌的其他合金钢窄平板轧材（宽度＜600mm）	13
1308	72269920	用其他方法镀或涂锌的其他合金钢窄板材（宽度＜600mm）	13
1309	72269990	宽度＜600mm 的其他合金板材	13
1310	72271000	高速钢的热轧盘条（不规则盘卷的）	13
1311	72272000	硅锰钢的热轧盘条（不规则盘卷的）	13
1312	72279090	不规则盘卷的其他合金钢热轧条杆	13

序号	产品编码	产品名称	调整后退税率（%）
1313	72286000	其他合金钢条、杆（热加工或冷加工后经进一步加工）	13
1314	72287010	履带板合金型钢	13
1315	72287090	其他合金钢角材、型材及异型材	13
1316	72292000	硅锰钢丝	13
1317	72299090	其他合金钢丝	13
1318	73043190	其他冷轧的铁制无缝圆形截面管（冷拔或冷轧的铁或非合金钢制的）	13
1319	73043910	非冷拔或冷轧的铁制无缝锅炉管	13
1320	73043920	非冷轧的铁制无缝地质钻管、套管（非冷拔或冷轧的铁或非合金钢制的）	13
1321	73043990	非冷轧的铁制其他无缝管（非冷拔或冷轧的铁或非合金钢制的）	13
1322	73044110	冷轧的不锈钢制无缝锅炉管（冷拔或冷轧的，包括内螺纹）	13
1323	73044990	非冷轧的不锈钢制其他无缝管（冷拔或冷轧的除外）	13
1324	73045110	冷拔或冷轧的其他合金钢无缝锅炉管	13
1325	73045120	冷轧的其他合金钢无缝地质钻管、套管（冷拔或冷轧的）	13
1326	73045190	冷拔或冷轧的其他合金钢制其他无缝管	13
1327	73045910	非冷拔或冷轧其他合金钢无缝锅炉管	13
1328	73045920	非冷轧其他合金钢无缝地质钻管、套管（冷拔或冷轧的除外）	13
1329	73045990	非冷轧其他合金钢制无缝圆形截面	13
1330	73049000	未列名无缝钢铁管及空心异型材（铸铁除外）	13
1331	73053100	纵向焊接的其他粗钢铁管（粗钢铁管指外径超过406.4mm）	13
1332	73053900	其他方法焊接其他粗钢铁管（粗钢铁管指外径超过406.4mm）	13
1333	73059000	未列名圆形截面粗钢铁管（粗钢铁管指外径超过406.4mm）	13
1334	73063019	其他铁或非合金钢圆形截面焊缝管外径≤10毫米，壁厚＞0.7毫米（细焊缝管指外径不超过406.4mm）	13
1335	73063090	其他铁或非合金钢圆形截面焊缝管，外径＞10毫米（细焊缝管指外径不超过406.4mm）	13
1336	73064000	不锈钢其他圆形截面细焊缝管（细焊缝管指外径不超过406.4mm）	13
1337	73065000	其他合金钢的圆形截面细焊缝管（细焊缝管指外径不超过406.4mm）	13
1338	73066100	矩形或正方形截面的其他焊缝管	13
1339	73066900	其他非圆形截面的其他焊缝管	13
1340	73069000	未列名其他钢铁管及空心异型材	13
1341	73090000	容积＞300升钢铁制盛物容器（容积＞300升的囤、柜、桶、罐、听及类似容器）	13
1342	73101000	盛装物料的钢铁柜、桶、罐、听盒及类似容器，50L≤容积≤300L	13
1343	73102110	容积＜50升的焊边或卷边接合钢铁易拉罐及罐体	13
1344	73102190	容积＜50升的其他焊边或卷边接合钢铁罐	13
1345	73102910	容积＜50升的其他易拉罐及罐体（焊边或卷边接合的除外）	13
1346	73110010	装压缩或液化气的钢铁容器（指零售包装用）	13
1347	73121000	非绝缘的钢铁绞股线、绳、缆	13
1348	73129000	非绝缘钢铁编带、吊索及类似品	13
1349	73130000	带刺钢铁丝、围篱用钢铁绞带（还包括单股扁丝及松绞的双股丝）	13
1350	73141200	不锈钢制的机器环形带	13
1351	73141400	不锈钢制的其他机织品	13
1352	73141900	其他钢丝制机织品	13

序号	产品编码	产品名称	调整后退税率（%）
1353	73142000	交点焊接的粗钢铁丝网、篱及格栅（其丝的最大截面尺寸≥3mm，网眼尺寸≥100平方厘米）	13
1354	73143100	交点焊接的镀或涂锌细钢铁丝网、篱及隔栅（其丝的最大截面尺寸＜3mm，网眼尺寸＜100平方厘米）	13
1355	73143900	交点焊接的其他细钢铁丝网、篱及隔栅（其丝的最大截面尺寸＜3mm，网眼尺寸＜100平方厘米）	13
1356	73144100	镀或涂锌的钢铁丝网、篱及格栅	13
1357	73144200	涂塑的钢铁丝网、篱及格栅	13
1358	73144900	其他钢铁丝网、篱及格栅	13
1359	73145000	网眼钢铁板	13
1360	73170000	铁钉、图钉、平头钉及类似品（不论钉头是否用其他材料制成，但不包括铜头钉）	13
1361	73181100	方头螺钉	13
1362	73181200	其他木螺钉	13
1363	73181300	钩头螺钉及环头螺钉	13
1364	73181400	自攻螺钉	13
1365	73181510	抗拉强度在800兆帕及以上的螺钉及螺栓，不论是否带有螺母或垫圈	13
1366	73181590	其他螺钉及螺栓	13
1367	73181600	螺母	13
1368	73181900	未列名螺纹制品	13
1369	73182100	弹簧垫圈及其他防松垫圈	13
1370	73182200	其他垫圈	13
1371	73182300	铆钉	13
1372	73182400	销及开尾销	13
1373	73182900	其他无螺纹紧固件	13
1374	73194010	安全别针（钢铁制）	13
1375	73194090	其他别针（钢铁制）	13
1376	73199000	未列名钢铁制针及类似品	13
1377	73201010	铁道车辆用片簧及簧片	13
1378	73201020	汽车用片簧及簧片	13
1379	73201090	其他片簧及簧片	13
1380	73202010	铁道车辆用螺旋弹簧	13
1381	73202090	其他螺旋弹簧	13
1382	73209010	铁道车辆用其他弹簧	13
1383	73209090	其他弹簧	13
1384	73211210	煤油炉	13
1385	73218100	可使用气体燃料的其他家用器具	13
1386	73218200	使用液体燃料的其他家用器具	13
1387	73221100	非电热铸铁制集中供暖用散热器（包括零件）	13
1388	73221900	非电热钢制集中供暖用散热器（包括零件）	13
1389	73229000	非电热空气加热器、暖气分布器（包括零件）	13
1390	73231000	钢铁丝绒、擦锅器、洗擦用块垫等	13
1391	73239100	餐桌、厨房等家用铸铁制器具（包括零件、非搪瓷的）	13
1392	73251010	工业用无可锻性铸铁制品	13
1393	73251090	其他无可锻性铸铁制品	13
1394	73259100	可锻性铸铁及铸钢研磨机的研磨球（包括其类似品）	13

序号	产品编码	产品名称	调整后退税率（%）
1395	73259910	工业用未列名可锻性铸铁制品（包括铸钢制品）	13
1396	73259990	非工业用未列名可锻性铸铁制品（包括铸钢制品）	13
1397	73261910	工业用未列名钢铁制品（经锻造或冲压后，未经进一步加工）	13
1398	73261990	非工业用钢铁制品（经锻造或冲压后，未经进一步加工）	13
1399	73262010	工业用钢铁丝制品	13
1400	73269011	其他工业用钢铁纤维及其制品	13
1401	73269019	其他工业用钢铁制品	13
1402	73269090	其他非工业用钢铁制品	13
1403	74181010	擦锅器及洗刷擦光用的块垫、手套（包括类似品，铜制）	13
1404	74181020	非电热的铜制家用烹饪器具及其零件	13
1405	74181090	其他餐桌厨房等家用铜制器具及其零件	13
1406	74182000	铜制卫生器具及其零件	13
1407	74199190	非工业用铸造，模压，冲压铜制品（未进一步加工）	13
1408	74199920	铜弹簧	13
1409	74199930	铜丝制的布（包括环形带）	13
1410	74199940	铜丝制的网、格栅、网眼铜板	13
1411	74199950	非电热的铜制家用供暖器	13
1412	74199999	非工业用其他铜制品	13
1413	75040010	非合金镍粉及片状粉末	13
1414	75040020	合金镍粉及片状粉末	13
1415	75051100	纯镍条、杆、型材	13
1416	75052100	纯镍丝	13
1417	75061000	纯镍板、片、带、箔	13
1418	78041100	铅片、带及厚度≤0.2mm的箔（铅箔衬背厚度不受0.2mm限制）	13
1419	80070030	锡箔，厚度（衬背除外）≤0.2毫米，锡粉及片状粉末（锡箔不论是否印花或用纸、纸板、塑料或类似材料衬背）	13
1420	81019600	钨丝	13
1421	81029600	钼丝	13
1422	8104902010	镁金属基复合材料（包括各种结构件和制品、各种预成形件，其中增强材料的比拉伸强度大于7.62×10^4m和比模量大于3.18×10^6m）	13
1423	8106009010	高纯度铋及铋制品（纯度≥99.99%，含银量低于十万分之一）	13
1424	8109900010	锆管（铪与锆重量比低于1:500的锆金属和合金的管或组件）	13
1425	81129910	其他锗及其制品	13
1426	82011000102	按13%征税的含植物性材料的锹及铲	13
1427	82011000902	按13%征税的其他锹及铲	13
1428	82013000102	按13%征税的含植物性材料的镐、锄、耙	13
1429	82013000902	按13%征税的其他镐、锄、耙	13
1430	82014000102	按13%征税的含植物性材料的砍伐工具（包括斧子、钩刀及类似砍伐工具）	13
1431	82014000902	按13%征税的其他斧子、钩刀及类似砍伐工具	13
1432	82015000102	按13%征税的含植物性材料的单手操作农用剪（包括家禽剪）	13
1433	82015000902	按13%征税的其他修枝剪等单手操作农用剪（包括家禽剪）	13
1434	82019090102	按13%征税的含植物性材料的园艺用手工工具	13
1435	82019090902	按13%征税的其他园艺用手工工具	13
1436	82021000002	按13%征税的手工锯	13
1437	82084000002	按13%征税的农、林业机器用刀及刀片	13
1438	82111000	以刀为主的成套货品	13

序号	产品编码	产品名称	调整后退税率（%）
1439	82119100	刃面固定的餐刀	13
1440	82119200	刃面固定的其他刀	13
1441	82121000	剃刀	13
1442	82122000	安全剃刀片（包括未分开的刀片条）	13
1443	82129000	剃刀零件	13
1444	82130000	剪刀、裁缝剪刀及类似品、剪刀片	13
1445	82141000	裁纸刀、信刀、改错刀、铅笔刀及刀片	13
1446	82142000	修指甲及修脚用具（包括指甲锉）	13
1447	82149000	理发推子、切菜刀等其他利口器	13
1448	82151000	成套含镀贵金属制厨房或餐桌用具（成套货品，至少其中一件是镀贵金属的）	13
1449	82152000	成套的其他厨房或餐桌用具（成套货品，没有一件是镀贵金属的）	13
1450	82159100	非成套镀贵金属制厨房或餐桌用具（非成套货品，镀贵金属的）	13
1451	83011000	挂锁	13
1452	83013000	家具用锁	13
1453	83014000	其他锁	13
1454	83015000	带锁的扣环及扣环框架	13
1455	83016000	锁零件	13
1456	83017000	钥匙	13
1457	83024200	家具用贱金属配件及架座	13
1458	83040000	贱金属档案柜，文件箱等办公用具（品目9403的办公室家具除外）	13
1459	83051000	活页夹或宗卷夹的附件	13
1460	83052000	成条订书钉	13
1461	83059000	信夹，信角，文件夹等办公用品及零件	13
1462	83061000	非电动铃，钟，锣及其类似品	13
1463	83062100	镀贵金属的雕塑像及其他装饰品（贱金属制）	13
1464	96200000002	独脚架、双脚架、三脚架及类似品（拉敏木制的未列名的木制品；其他工业用钢铁制品）	13